FASCISM AND EUROPEAN LITERATURE
FASCHISMUS UND EUROPÄISCHE LITERATUR

FASCISM AND EUROPEAN LITERATURE

FASCHISMUS UND EUROPÄISCHE LITERATUR

Edited by / Herausgegeben von
STEIN UGELVIK LARSEN and BEATRICE SANDBERG

with / in Zusammenarbeit mit
RONALD SPEIRS

PETER LANG
Bern · Berlin · Frankfurt · New York · Paris · Wien

Published with the assistance of
The Norwegian Research Council for Science and the Humanities
(NAVF)

CIP-Kurztitelaufnahme der Deutschen Bibliothek

Fascism and European Literature
= Faschismus und europäische Literatur / ed. by Stein Ugelvik Larsen
and Beatrice Sandberg with Ronald Speirs. –
Bern; Berlin; Frankfurt; New York; Paris; Wien: Lang, 1991
ISBN 3-261-04379-2
NE: Larsen, Stein Ugelvik [Hrsg.]; PT

1000568477

t

© Peter Lang Publishers, Inc., Berne 1991
Successors of Herbert Lang & Co. Inc., Berne

Printed by Weihert-Druck GmbH, Darmstadt (Germany)

CONTENTS

FASCISM AND LITERATURE IN OCCUPIED COUNTRIES

FASCISM AND LITERATURE IN NEUTRAL COUNTRIES

PREFACE

This volume is the outcome of a collective effort over a number of years to carry out an international and interdisciplinary research project on literature and fascism. In it we have attempted to bring together the disciplines of comparative literature and social science with the intention of opening up new approaches to the general problem of understanding how fascism was possible and how it developed in Europe.

The topic of the project has gradually been elaborated since we first attempted to formulate the problem and sent out those early ideas with letters of invitation to a group of colleagues from various European countries. After preparatory meetings in Kiel in 1985, where Eberhard Mannack gave us invaluable support and inspiration, and in Bad Homburg in 1986, the findings of colleagues were presented at a large and stimulating conference in Bergen in June 1986. A small follow-up meeting then took place in Bad Homburg in 1987. This joint volume has therefore gone through many stages of discussion, comment and editing before reaching the final form in which our findings are presented here.

This long process of scholarly collaboration was made possible by the generous support of a number of foundations and institutions. We wish to express our sincere thanks to the Werner-Reimers-Stiftung in Bad Homburg for its subvention of the preparatory and follow-up conferences and to the University of Kiel, the Norwegian Scientific Research Council (NAVF), the Meltzer Foundation and the University of Bergen for supporting the main conference and this publication. We are indebted, too, to all those contributors whose researches provided the substance of the book, and thankful both for their patience during the lengthy process of bringing the results to print and their tolerance of editorial queries and suggestions. The German contributions and abstracts were edited and, where necessary, translated by Beatrice Sandberg, while the contributions and abstracts in English were translated or edited by Ronald Speirs, who joined the project at a later stage and whose participation has been of inestimable value. Generally speaking we have taken the view that "le style c'est l'homme même" and have therefore refrained as far as possible from changing the formulations of individual contributors. The dual-language character of the publication was a natural choice in the light both of the comparatist subject matter and the varied nationalities of the contributors. We hope that it will also make the results accessible to the international readership which we know to be interested in the historical –but not yet *only* historical – problems of fascism.

Bergen, October 1990   The editors

Beatrice Sandberg, Bergen

EINFÜHRUNG IN DIE PROBLEMSTELLUNG

Es gibt heute eine umfassende Literatur über Faschismus und Nationalsozialismus[1] innerhalb der europäischen und amerikanischen Gesellschaftswissenschaften. Die Untersuchungen befassen sich im wesentlichen mit
einzelnen Ländern, doch finden sich zunehmend Studien, die das Phänomen
komparativ behandeln und die Entwicklung in verschiedenen Ländern
miteinander vergleichen. Ebenso gibt es zahlreiche Untersuchungen über
Faschismus und Literatur, doch auch innerhalb dieses Gebietes beschäftigen sich die meisten Arbeiten mit einzelnen Nationalliteraturen und
deren Verhältnis zum Faschismus.[2]

Die Absicht der vorliegenden Untersuchungen war, zwei ungleiche For-
schungsgebiete in einem Projekt zu vereinen, um herauszufinden, wie die
verschiedenen Literaturen europäischer Länder, die vom Faschismus in
ungleicher Weise berührt wurden, auf dieses Phänomen reagierten, es
darzustellen oder zu erklären suchen (ein Prozeß, der noch keineswegs
abgeschlossen ist), und weiter zu analysieren, auf welche Weise kompa-
rative literarische Erkenntnisse die historischen Faschismus-Auffassungen
verändern oder ergänzen könnten. Dabei sollte auch überprüft werden, ob
oder inwieweit die bestehenden Faschismus-Vorstellungen einseitig aus
deutschen Faschismus-Modellen abgeleitet sind.

In seinem Beitrag "Literatur und NS-Vergangenheit" weist Martin Broszat
auf die "befremdliche Beziehungslosigkeit zwischen historischer und
literarischer Verarbeitung" der Nazizeit hin, die nicht auf mangelnden
Informationsaustausch zwischen den Facheinheiten, sondern auf "schwerer
überwindbare Positionen" grundsätzlicher Art zurückzuführen seien.[3] Es
sind Erfahrungen, die auch die Initianten des vorliegenden Unternehmens
mehrfach machten bei dem Versuch, die von Sozialwissenschaftlern gestellte
Frage nach der Ergiebigkeit von Literatur in bezug auf die faschistische
Herausforderung, die an Europa herantrat, zu überprüfen. Die Skepsis
gegenüber der Zusammenarbeit zwischen methodisch so unterschiedlich
vorgehenden Disziplinen ist vor allem unter Literaturwissenschaftlern der
Bundesrepublik noch stärker als etwa in den skandinavischen Ländern, wo
unkonventionelle Gemeinschaftsprojekte positive Impulse gaben und von den
Partnern als fruchtbar empfunden wurden.

Um in der komplexen Vielfalt möglicher Themen und Aspekte der Gefahr
völliger Konturlosigkeit allgemeiner Faschismusdarstellungen zu entgehen,
wurden die einzelnen Mitarbeiter aufgefordert, ihre Untersuchungen so weit

11

wie möglich von der Frage nach dem "Who and Why" aus anzugehen, d.h. literarische Werke daraufhin zu prüfen, ob sich Antworten auf die Frage nach den Gründen für die Faszination großer Bevölkerungsschichten durch den Faschismus und nach der Herkunft individueller Mitläufer oder Faschisten finden lassen.[4] Dabei sollten *dichterische* Texte aller Gattungen berücksichtigt werden, Essays, Tagebücher oder reine Dokumentarberichte aber ausgeklammert bleiben, weil diese zum gewöhnlichen Quellenmaterial zu rechnen sind und in unserem Zusammenhang gerade die fiktive dichterische Gestaltung der politischen oder historischen Ereignisse erwünscht war.[5]

Literaturwissenschaftler stehen einer solchen Fragestellung im allgemeinen skeptisch gegenüber, weil der spezielle Charakter des Kunstwerks die Literatur vom Grundlagenmaterial der Gesellschaftswissenschaften wesentlich unterscheidet und deshalb auch methodisch andere Ansatzpunkte erfordert. Im Gegensatz zum empirischen Material repräsentiert ein literarisches Werk eine von einem Autor geschaffene Eigenwelt, die zwar ein Abbild der Wirklichkeit vorstellen kann, auch mit der Erfahrungswelt in enger Verbindung steht, jedoch ohne diese zu sein oder sie direkt abzubilden. Ein elementarer methodischer Grundsatz lautet daher, daß sich Literatur nicht als "Widerspiegelung" von Alltagswelt, historischen Ereignissen oder Wirklichkeit schlechthin begreifen läßt. Literatur schafft ihre eigene Wirklichkeit und steht zum abgebildeten Gegenstand in einem meist mehrfach gebrochenen Verhältnis. Eine der wichtigsten Brechungen ist dabei jene durch die Person des Autors: die Art, in der ein Schriftsteller Personen beschreibt oder nach Gründen für deren Verhalten sucht, hängt zusammen mit seinen eigenen Wünschen und Enttäuschungen, seinem eigenen sozialen Kontext, d. h. den Fragen und Problemen, die seine eigene Gesellschaftsschicht betreffen. Es geht deshalb nicht an, von einem literarischen Werk unmittelbar auf den Realitätsgehalt des Dargestellten zu schließen. Wenn Erkenntnisse über historisches Geschehen daraus gewonnen werden wollen, so müssen eine Reihe von Umformungsprozessen bedacht werden, wobei die Eruierung der Vermittlungsstrategien durch den Autor ihrerseits wiederum wesentliche Aufschlüsse über den jeweiligen Bewußtseinsstand des Autors (und seiner Schicht) wie der aktuellen Faschismusdebatte geben können.

Wenn der Literaturwissenschaftler auf eine so konkret formulierte Fragestellung eingeht, tut er es deshalb mit dem Vorbehalt, wie dies oft eingangs der Untersuchungen vermerkt ist, daß er sich reserviert zeigt gegenüber jenen undifferenzierten soziologischen Übertragungsmethoden, die Literatur als empirische Quellendokumente behandeln und in positivistischer Weise Kausalzusammenhänge ableiten zwischen Wirklichkeit und literarischer Darstellung. Eine solche Art von Literaturbetrachtung lag nie im Interesse der Fragestellung dieses Projekts, vielmehr ging es gerade darum, die Literatur von ihren Prämissen her ernst zu nehmen und daher Literaturfachleute mit diesen Untersuchungen zu beauftragen in der Hoffnung, daß sie ein Erkenntnispotential freisetzen, das sich die Sozial- und Geschichtswissenschaften zunutze machen können.

Als eine erste methodische Voraussetzung wird deshalb in den Beiträgen entsprechend dem Untersuchungsgegenstand differenziert[6], in welcher Weise die behandelten Werke innerhalb der verschiedenen Literaturen und Zeitabschnitte für die Fragestellung nutzbar gemacht werden können, was die Schaffensweise von Autoren hergibt oder verweigert, inwieweit literarische Traditionen der Fragestellung entgegenkommen oder sich ihr entziehen. Literatur kann sehr wohl Wirklichkeitsmodelle anbieten, deren Studium erhellend ist für das Verständnis geschichtlicher Ereignisse. Doch zeigt gerade das Studium faschistischer Texte, daß Literatur auch die Wirklichkeit verzerren kann und daß diese Deformation der Wahrheit ganz bestimmten Wünschen der Ideologien entgegenkommt oder von ihnen in Auftrag gegeben sein kann. Auch solche Literatur gibt aber Auskunft über ihre Autoren, ihre Zeit oder ihren Entstehungshintergrund, doch lassen sich diese Erkenntnisse niemals in direkter Herleitung gewinnen.

Ein möglicher Einwand gegen die Fragestellung wäre das Problem, eine Bewegung, die in großem Ausmaß ein Massenphänomen war, mit der Frage nach dem individuellen "Wer" erfassen zu wollen. Hier zeigen aber die verschiedenen Beiträge, daß die Literatur sowohl die individuelle als auch die kollektive Seite der Problematik angeht durch die Entscheidung für eine mehr psychologisch-subjektausgerichtete oder eine soziologisch-politische Darstellungsweise. Welche der beiden dem Gegenstand angemessener ist, ist wieder eine andere Frage, die nicht generell zu beantworten ist und auf die wir später zurückkommen.

Was die eingangs erwähnten Schwierigkeiten der Überwindung unterschiedlicher Fachpositionen betrifft, so gilt es auch, gegensätzliche Auffassungen innerhalb der Fachgrenzen zu überwinden. Im Hinblick auf das Verhältnis von Literatur und Geschichte, präziser: die Auffassung vom Nutzen der Literatur für die Geschichtswissenschaft, kann im allgemeinen von einem Konsens ausgegangen werden, daß das Studium der Literatur (und anderer Kunstgattungen) eine Notwendigkeit zum besseren Verständnis von Geschichte darstellt. Literarischen Texten wird ein eigener Erkenntniswert zugestanden, der über den der historischen Dokumentation hinausgeht. Stellvertretend für diese Ansicht sei Günter Grass erwähnt, der den Poeten den Lückenbüßer der Geschichtsschreibung nennt oder Konrad Ehlich, welcher der literarischen Verarbeitung, den "Geschichten", jene Fähigkeit zuspricht, das Nicht-Erlebte so zu konkretisieren, daß "Geschichte erst individuell faßbar" wird[7]. Horst Steinmetz macht auf das Paradox aufmerksam, daß der Literatur zwar oft geschichtliche Einsichten zugebilligt werden, diese aber von den Historikern nicht in dem Maße ernstgenommen werden, daß sie als tatsächliche Beiträge zur Erkenntnis geschichtlicher Phänomene in die Historik integriert werden.[8]

Den Skeptikern, welche allenfalls der Dokumentarliteratur diese Funktion zusprechen, in der Anwendung raffinierterer Kunstmittel oder verfremdender Techniken aber eine Verminderung des Übertragungswertes sehen, ist die Argumentation von T. J. Reed entgegenzuhalten[9], der die literarischen Werke einteilt in eine Mehrzahl, die unmittelbare Erfahrungen und Beobachtungen festhalten und damit – abgesehen vom ästhetischen Wert – Dokumente ihrer Periode und als solche für die Historiker relevant sind. Daneben stellt er die Werke, die sich selbst interpretieren und ihre eigene Position zu erklären suchen, indem der Autor selbst das Dargestellte in einen Verstehenszusammenhang setzt und die Arbeit des Historikers vorwegnimmt. Reed schreibt solchen Werken eine engere Verbindung zwischen der Beobachtung von Phänomenen und dem Verständnis für die zugrundeliegenden Kräfte zu, als sie u. U. dem späteren Historiker möglich sind. Als Beispiel nennt er den *Zauberberg* von Th. Mann. An diesem Werk weist er nach, wie sich historisches Verstehen im literarischen Text manifestiert und als solches unterscheiden läßt (beispielsweise von der satirischen Darstellung eines Brecht), und er stellt Kriterien auf, weshalb Mann in diesem Roman als Historiker seiner Zeit bezeichnet werden kann.[10] Für unseren Zusammenhang wichtig ist Reeds These, daß, je komplexer die dargestellten Phänomene sind, wie etwa dort, wo Mann die Entstehung des Faschismus behandelt, desto notwendiger gerade die Komplexität der Kunst wird, um diese hochkomplizierten Zusammenhänge durchschaubar machen zu können. Ja, die Kunst ist besser in der Lage, diese Aufgabe zu erfüllen, als alle Kategorisierungen der Historiker und Sozialwissenschaftler, die Erklärungsmodelle der Psychologen und empirischen Wissenschaftler oder das Moralisieren der Kritiker. Die Literatur gibt nicht die ganze oder die einzige Antwort, aber eine wichtige, und besonders dann, wenn der Autor als Zeitgenosse ein Verstehensmodell entwirft.[11] Diese These wird von den vorliegenden Untersuchungen mehrfach bestätigt: zwar geben oft psychologische oder sozialrealistische Beschreibungen mit ihren schwarz–weiß kontrastierenden Typisierungen von Faschisten und Antifaschisten, Henkern und Opfern, kein sehr viel erhellenderes Bild über das Bekannte hinaus, und doch machen sie einleuchtend, wie z. B. die spezifisch faschistische Orientierung aus einer allgemeinen Orientierung auf Ordnung, Tradition und feste Werte erwachsen konnte und diese "Unmenschen" sich selbst als Kämpfer für die gute Sache verstehen konnten (vgl. etwa die Beiträge von M. Muñoz, F. Caudet). Diese im persönlichen Leben wurzelnde Perspektive ist ein wichtiger Beitrag der Literatur zur Frage des

Wer und Warum, auch wenn man sie rückblickend als erschreckend naiv empfinden mag. Andererseits werfen reine Objektnähe, größtmögliche Authentizität oder rigoroser Dokumentarismus, im Deutschen repräsentiert als Stufen literarischer Faschismus-Darstellung etwa durch Rolf Hochhuth, Peter Weiss oder Walter Kempowski, die Frage auf, ob der historische Erkenntniswert solcher Literatur im Vergleich zu komplexeren Formen künstlerischer Vermittlung nicht doch geringer sei, wobei der starke Aufrüttelungseffekt des dramatischen Wirkungspotentials, das von Hochhuths und Weiss' Dramen ausging, keineswegs unterschätzt werden soll.[12]

Das vorliegende Forschungsobjekt umfaßt sowohl präfaschistische wie faschistische Werke, Exil-Literatur und Nachkriegsliteratur, d.h. literarische Werke, die aus der Zeitgenossenschaft heraus geschrieben sind, Eigenerfahrungen und Selbsterlebtes mitteilen, aber auch solche, für deren Autoren der Problemkomplex zur Vergangenheit gehört, die sich anhand von Quellen und Überlieferung mit dem Stoff beschäftigen. Hier wäre anhand des vorliegenden Materials zu fragen, ob da Trennungslinien gehen, die näher zu differenzieren sind und überprüft werden müßten. Schreibt ein Autor aus eigener Anschauung, versucht er, Rechenschaft abzulegen über Selbsterlebtes wie etwa Thomas Mann oder Kassák, Hoel oder Moravia, so sichert die Zeitgenossenschaft eine Sachnähe und Vertrautheit mit dem Atmosphärischen, die einen klaren Vorteil bedeutet gegenüber der Information aus zweiter Hand, mit der sich die nachgeborenen Autoren oder Historiker begnügen müssen. Nicht alles Selbsterlebte verbürgt jedoch Authentizität oder tieferes Verständnis, ebensowenig wie Distanz mit größerer Objektivität und besserer Urteilsmöglichkeit gleichzusetzen wäre. Verformungen, Deformationen können sowohl aus der Nähe als auch aus der Ferne geschehen. Sie können aus mangelndem Wissen, aus ideologischen Gründen oder aus anderen Absichten erfolgen, und es ist Aufgabe des Interpreten, anhand von vergleichenden Studien und durch das Heranziehen von Hintergrundmaterial herauszufinden, wo Historisches von subjektiven oder kollektiven Umdeutungen entstellt ist. Dabei müssen auch die angewandten rhetorischen Mittel auf ihre Funktion und Wirkung hin untersucht werden.[13]

Was von den Schriftstellern gilt, müßte auch auf die Historiker zutreffen, - nämlich daß Zeitgenossenschaft für beide einen gewissen Vorteil gegenüber den Nachgeborenen darstellen muß. Die Frage wäre jedoch, inwieweit ein nachgeborener Autor diesen äußeren Nachteil durch Intuition im Erfassen der sogenannten "inneren Wahrheit" dem nachgeborenen Historiker mit seiner wohl größeren Informationsfülle gegenüber auszugleichen vermag, ob also ein zeitgenössischer Autor einem nachgeborenen Historiker gegenüber Vorzüge aufweist, die literarischen Werken über historische Phänomene zugute kommen.

In diesen Zusammenhang gehören die Thesen E. Mannacks und Th. Elms. Mannack meint, daß sorgfältig konzipierte Faschismus-Darstellungen wie diejenigen von Günter Grass, besonders aber jene von Uwe Johnson, auf jahrelangem Recherchieren, genauem Quellenstudium sowie der Mitverwertung relevanter Erkenntnisse auf philosophischem, psychologischem und soziologischem Gebiet beruhen. Solche Literatur steht somit auf der Höhe der Geschichtswissenschaft und entspricht deren Erkenntnisstand, steuert aber außerdem noch eigene Erfahrungen hinzu. Elm schreibt der Literatur besonders in der Nachkriegszeit eine zusätzliche Kulturfunktion zu, indem er nachweist, wie die Literatur in die Lücke sprang, wo die deutsche Historik versagte, Problemkomplexe aufgriff, lange bevor die deutsche Geschichtswissenschaft sich damit beschäftigte, immer wieder verknöcherte Positionen in Geschichte und Politik aufbricht, dogmatische Thesen ersetzt und mit der Deutungsoffenheit, der Komplexität und Paradoxie subjektiver Erfahrungen zugleich die persönliche Verantwortung und Betroffenheit wieder lebendig werden läßt, welche in der historischen Erklärungslogik, in Theorien und Begrifflichkeiten verschwand.

Die vorliegenden Untersuchungen bestätigen in mehreren Fällen, daß die Literatur eine ihrer wichtigsten Aufgaben zu erfüllen hat, wo sie als Gewissen der Nation die Lücke füllt, welche die Historik durch ihr Schweigen hinterläßt. Aber auch dort, wo Geschichte geschrieben wird, ersetzt sie nicht die Literatur. Ihre Darstellung subjektiver Entscheidungsprozesse in verschiedensten Situationen, die Einsicht in innere und äußere Vorgänge des menschlichen Alltags und ihre Intuition, welche die Komplexität und Widersprüchlichkeit individueller Verhaltensweisen vermittelt und trotz moderner Techniken durch das Wiedererkennen die kathartische Funktion wirksam werden läßt, sie gehören zu den Leistungen, die die Historik nicht in dem Maße erbringen kann. Wo literarische Darstellung gelingt, ermöglicht die Mannigfaltigkeit ihrer verschiedenen Perspektiven und Annäherungsweisen an die Themen und Probleme die Erfahrbarkeit komplexer menschlicher Wirklichkeit. Irregeleitete Wünsche und Hoffnungen junger, idealistisch eingestellter Menschen werden einsichtig durch den suggestiven Appell faschistischer Ästhetik und Rhetorik (Spanien, Deutschland). Der Mißbrauch der jugendlichen Ideale und des Enthusiasmus durch die Machthaber ist uns bekannt durch das nachträgliche Wissen und die Erkenntnis von Zusammenhängen und Konsequenzen, aber er wird uns in fast unerträglich eindringlicher Weise als bestialische Grausamkeit vor Augen geführt etwa im jugoslawischen Beispiel. Die vielfältigen, unterschiedlichen Zeugnisse literarischer Faschismus-Verarbeitung, die in diesem Band vorgelegt werden, bestätigen die ebenso vielfältige, komplexe und subjektive Erfahrungsweise der Schreibenden in den verschiedenen Ländern mit ihren mannigfachen Ausformungen faschistischer Machtausübung einerseits und unterschiedlichen literarischen

Rezeptionsformen und Traditionen andererseits. Die Unzulänglichkeit der traditionellen theoretischen Faschismusauffassungen, welche allzu undifferenziert von den dominanten faschistischen Systemen und deren Ideologien ausgehen und diese auf Staaten wie Ungarn, Jugoslawien, Finnland oder Portugal übertragen, bestätigt sich durch die Befunde des literarischen Materials. Die Spannweite zwischen deutschem, spanischem und italienischem Faschismus, und von diesen wieder zu jugoslawischen, finnischen oder ungarischen Ausformungen ist so groß, daß gerade die grundlegenden Unterschiede zugunsten einer möglichst breiten Gültigkeit des Begriffes außer acht gelassen werden müssen. Von Theorien auszugehen und die literarischen Befunde auf diese zu projizieren, hieße hier von vornherein einen Rahmen zurechtzimmern, der nachher einem Prokrustes-Bett gleichkommt und damit wiederholen, was sich auf dem Gebiet der Historik als unheilvoll erwiesen hat.

Da die Unhaltbarkeit der geltenden Übertragungsmechanismen innerhalb der Faschismustheorien sich so deutlich bestätigt, stellt sich erneut die Frage nach der Erkenntnisleistung der literarischen Faschismusdarstellung und damit der Faschismuskritik. Sie hängt zusammen mit der Frage nach den spezifischen Bewußtseinsformen der literarischen Geschichtsdarstellung und ihrer Möglichkeiten in den einzelnen Literaturen. Aus verschiedenen Beiträgen geht hervor, daß die Literatur u. U. Funktionen übernimmt, die von der Historik vernachlässigt werden. Die Schriftsteller erfüllen damit eine Aufgabe, die unersetzlich ist: sie werden zum Gewissen der Nation. Die Literatur verhindert, daß Vergangenheit bloß "bewältigt" wird durch das Erstellen von Kategorien und logischen Erklärungsmodellen, wie es innerhalb bestimmter Richtungen der empirischen Forschung der Fall ist. Durch die Vergegenwärtigung und Verlebendigung des Vergangenen in individuellen Schicksalen weckt sie Betroffenheit und macht Geschichte zur persönlichen Herausforderung.

Auch Projekte wie dieses haben ihre Geschichte und ihre zeitlichen wie umfangmäßigen Begrenzungen. Nicht alle relevanten Länder konnten in diesem Band berücksichtigt werden, wie es ursprünglich geplant war. Nach den in geradezu bestürzendem Tempo abgelaufenen Entwicklungen im Ostblock mutet es heute fast unwahrscheinlich an, daß es noch vor kurzem, von den Ausnahmen abgesehen, für Forscher aus dem Ostblock nicht möglich war, dieses heikle Thema dort zu behandeln trotz persönlicher Bereitschaft. Frankreich und Österreich fehlen aus praktischen Gründen: in diesen beiden Fällen sei auf einschlägige Literatur zum Thema verwiesen.[14]

Das gewählte Einteilungsprinzip folgt dem politischen Status, den der Faschismus in den betreffenden Gebieten hatte: ob die Faschisten die

Regierungs- oder die Okkupationsmacht darstellten, ob es sich um mit faschistischen Staaten alliierte oder um neutrale Staaten handelte. Abhängig von diesem Status variierte die Kulturpolitik entscheidend, waren die Arbeits- und Publikationsmöglichkeiten grundverschieden. Im Ausgangspunkt interessierte die Frage, ob die Literatur gleichmäßig reagiert auf politische Impulse gleicher Art, also ähnlich in den Ländern, wo der faschistische Impuls von innen kam (Italien, Deutschland, Spanien), aber anders dort, wo er von außen aufgezwungen wurde (z.B. Holland, Ungarn, Norwegen), oder ob andere Faktoren wirksam sind und die Rolle der Literatur beeinflussen. Das Einteilungsprinzip trennt weniger scharf in faschistische und nicht-faschistische Literatur als es üblich ist, doch ist die Trennung durch die chronologische Unterteilung innerhalb der einzelnen Literaturen gewährleistet, während gleichzeitig die Probleme des Übergangs, der Kontinuitätssuche sichtbar werden.

Die faschistische Literatur unterscheidet sich von der nicht-faschistischen Literatur, d. h. jener, die sich retrospektiv mit den Phänomenen des Faschismus befaßt, vor allem aufgrund ihrer Funktion, die eine grundsätzlich politische ist, auch wenn sie nicht vordergründig als solche in Erscheinung tritt. Weiter kommt hinzu, daß die faschistische Ideologie[15] die literarische Ästhetik und Rhetorik vereinnahmt und in den Dienst ihrer Propaganda stellt. Der Beitrag von F. Caudet zeigt, wie die faschistische Rhetorik etwas evoziert, was noch ohne Substanz ist: sie schafft Mythen und Bilder, stimuliert ins Ekstatische reichende Gefühle, die sie sakralisiert und ritualisiert mit Hilfe religiöser Formeln und Vokabeln. Selbstauslöschung und Opfertod, belohnt mit himmlischer Glorie, werden dem Gefolgsmann als letzte Sinngebung verheißen. Vondungs und Ketelsens Analysen zeigen ähnliche Linien auf innerhalb der nationalsozialistischen Vorstellungsideologie: das Auslöschen des Individuums, sein Aufgehen im Volksganzen kommt einem Befreiungsakt gleich in der faschistisch-ästhetischen Welt. Das Fehlen von Individualität kann als ein durchgehender Zug faschistischer Literatur gelten. Auch in den skandinavischen und jugoslawischen Darstellungen kommen nur Typen vor, nie individuelle Charaktere. Die Steuerung durch - zwar uneinheitliche, widersprüchliche und verworrene - ideologische Impulse und Programme verleiht den faschistischen Werken der verschiedenen Länder auf fiktiver, sprachlicher, formaler und ästhetischer Ebene auffallende Ähnlichkeiten, obwohl sonst tiefgreifende Unterschiede vorhanden sind. Wie sehr der italienische Faschismus sich manifestiert als Ästhetik, als Sprache und Diskurs wird greifbar in den Ausführungen von L. Klem. Als ästhetizistische Richtung ist er dem elitären Prinzip verpflichtet (vgl. d'Annunzio, der sich an die Edlen des Geistes wendet[16]), ebenso wie der spanische literarische Faschismus der "Gedankengang einer Minderheit für eine Minderheit" (Caudet) war und der französische Faschismus sich als ästhetisch-literarisches Experiment einiger Schriftsteller manifestiert. Der deutsche Nationalsozialismus aber wendet sich an die Massen und arbeitet mit Hilfe einer Bild- und Begriffswelt, die teils vorpolitisch (Fichte, Hegel, Schopenhauer, Wagner, Nietzsche u.a.)[17] und teils religiös ist, und die er politisch funktionalisiert. Die Ausnützung der religiösen Begrifflichkeit findet sich auch im katholischen (Spanien, Österreich, Schweiz) wie im protestantischen Rechtsextremismus (Norwegen, Finnland) und ist in diesen Bereichen auch literarisch mit der Verteidigung christlicher Werte in Form eines militanten Antikommunismus gekoppelt.

Die faschistische Literatur nimmt nur den kleineren Teil der vorliegenden Untersuchungen in Anspruch. Das Hauptgewicht liegt auf der Literatur, die sich im Exil und nach 1945 mit dem "Who and Why" befaßt. Hier machen sich nun die großen Unterschiede bemerkbar. Hier reagieren die Literaturen der verschiedenen Länder, obwohl sie während der Kriegsjahre ein ähnliches Schicksal teilten, sehr unterschiedlich. Historische, politische und soziopsychologische Gegebenheiten machen sich geltend, die schon vor der faschistischen Bewegung in dem betreffenden Land eine Rolle spielten und beeinflussen nun die Auseinandersetzung mit der Vergangenheit. Diesen Vorbedingungen sind auch die Autoren unterworfen, die Literatur reagiert nicht aus der Vogelperspektive, sondern aus dem psychosozialen und individuellen Hintergrund ihrer Schriftsteller heraus. Ein illustratives Beispiel dafür ist die unterschiedliche Reaktion zweier politisch getrennter, sprachlich aber identischer Literaturen: der niederländischsprachigen in Holland und in Belgien. Die Diskrepanz beruht auf den politischen und sozialen Unterschieden, welche dominanter sind als die gemeinsame Sprachkultur. In der Schweiz reagieren alle drei Sprachgebiete uneinheitlich. Trotz der Berufung auf die schweizerische Identität in verschiedenen Zusammenhängen, bestimmt in der französisch- und deutschsprachigen Literatur das kulturelle Zugehörigkeitsgefühl zum Sprachraum das Bild, wobei allerdings im deutschen Sprachraum die kritische Beschäftigung mit dem Faschismus erst viel später einsetzt als in Deutschland.

Voraussetzungen und Vorgeschichte der faschistischen Anschauungen sind wichtig für das Verständnis der Phänomene selbst, aber auch für die spätere literarische Rezeption des Faschismus und die Probleme im Umgang mit der Geschichte. Deshalb gehen den literarischen Analysen kurze Überblicke voraus, die Entwicklungslinien und Tendenzen der behandelten Nationalliteraturen aufzeigen und - mit Ausnahme von Deutschland - auch die geschichtliche Situation skizzieren. R. C. Speirs warnt in seinem Beitrag zu recht vor dem Fehler, dem sowohl Autoren als Wissenschaftler verfallen, wenn sie alle Linien retrospektiv mit dem Faschismus verknüpfen und als "präfaschistisch" bezeichnen, was in Wahrheit nichts mit der späteren "Verhunzung" (Th. Mann) von Ideen und Begriffen oder der Umfunktionierung literarischer Formen zu tun hat. Beispiele dafür aus unserem Material wären u. a. die an Blut und Boden erinnernden Elemente von Heimatdichtung, die zur Abwehr faschistischer Einflüsse und als Mittel nationaler Selbstbesinnung in der Kunst und Literatur Norwegens und der Schweiz geltend gemacht wurden, während die gleichen Elemente in Deutschland und Österreich zum typischen Inventar nationalsozialistischer Propagandaliteratur gehörten. Oder es gilt für die Tendenz, die sich seit Beginn der dreißiger Jahre in allen Literaturen abzeichnet als Abkehr von den experimentellen und avantgardistischen Formen und Rückkehr zu klassischen Ausdrucksmitteln, zu Naturlyrik, Verinnerlichung und Mythisierung. Die aufkommenden wirtschaftlichen und sozialen Krisen trugen weiter zur Verstärkung dieser Entwicklung bei und es wäre problematisch, sie vorwiegend rechts-reaktionären Kräften zuzuschreiben, die sich allerdings diese Entwicklung zunutze machten.[18]

Die Aufarbeitung der Vergangenheit stellte Deutschland vor weit schwierigere Aufgaben als die meisten anderen Länder. Sie sind abzulesen an der Geschichtsforschung mit ihren verschiedenen Faschismustheorien, die zwischen Verdrängung, Bewältigung, Kritik und Rehabilitierung schwanken, und sie finden ihren Niederschlag in den Texten, die sich mit der faschistischen Vergangenheit beschäftigen.

Daß es Jahre dauerte, bis die enthistorisierend mythisierenden, allegorisierenden oder typisierenden Erklärungsmodelle der Kollektivschuldphase abgelöst werden konnten von individuell-psychologischen oder sozialpolitischen Darstellungsweisen, mag – abgesehen von der größeren Distanz und dem Generationenwechsel – auch damit zusammenhängen, daß Adorno mit seiner Ansicht, die Greuel des Faschismus ließen sich nicht darstellen, eine Auffassung vertrat, die von zahlreichen Autoren geteilt wurde. Vom Schweigen über das Aussparen bis zu den minutiös detaillierten Alltagsschilderungen geht ein langer Weg und er wird durchbrochen von andern Darstellungsmodellen transrealistischer oder verfremdender Art. Dabei ist die Frage gestellt worden, was damit überhaupt erreicht sei. Kommt man näher an das Massenphänomen und die Frage des "Warum?" heran, indem man dem Individuum auf den Leib rückt und wichtige Faktoren der Massenpsychologie dabei außer acht läßt? Gibt die Zuwendung zum Privaten, die Rückführung des Verhaltens auf moralische Verpflichtungen überhaupt ein Erklärungsmodell ab oder bewirkt die Rekonstruktion persönlicher Erfahrungen nicht zugleich auch eine Reduktion des Faschismusproblems aufs Persönliche? Vom literarischen Standpunkt aus gesehen erscheint die Aufarbeitung des Problems desto überzeugender, je privater sie gestaltet ist. Sie ersetzt die Projizierung des Unheils ins Kosmologische durch eine subjektiv-existentielle Wahrnehmung der Zeitgeschichte (von Böll bis zu jungen Autoren), die auch eine moralische Wertung einschließt. Die erfolgreiche Rezeption dieser Autoren im Ausland ist in erster Linie der Wirkung solcher Erklärungsmodelle zuzuschreiben. Die *Blechtrommel* wird gelesen als Antwort auf die Frage: Wie war es möglich, warum konnte dies in Deutschland geschehen? Das subjektiv-psychologische Erklärungsmodell wird überführt in ein soziologisches Erklärungsmodell, eine Funktion, die ihm von seiten des Autors sicher auch zugedacht war. Die psychologisch-individuelle Ausrichtung braucht daher nicht am Massenphänomen vorbeizugehen, sondern vermag es oft zu integrieren. Die typisierende oder allegorisierende Darstellung (Frisch, Brecht, Th. Mann u.a.) rückt die Vorgänge in die Ferne, nimmt den Figuren etwas von ihrer Lebensnähe und Glaubwürdigkeit und verlangt vom Leser die stete Sinngebung des Bedeuteten durch den Bezug auf das Allgemeine.

Es ist bezeichnend, daß alle Erklärungsmodelle und Interpretationsversuche zeitbedingt und abhängig sind vom Erkenntnisstand anderer Gebiete, ebenso wie von aktuellen Ereignissen und Entwicklungen. Insofern verlaufen verschiedene Rezeptionsphasen über die Landesgrenzen hinweg parallel, weil sie denselben Impulsen ausgesetzt sind. Es wäre deshalb verfehlt, einem zeitbedingten Verstehens-Modell den Vorrang über die anderen zu geben. Vielmehr scheint es angemessen, in all den verschiedenen Versuchen ein fortgesetztes Bemühen zu sehen, Gründe für das Geschehen der Vergangenheit zu finden, um daraus für die Zukunft zu lernen.

Nicht alle Länder haben ein gleich großes Quantum an Schuld und Verantwortung aufzuarbeiten. Von daher gesehen steht die deutsche Literatur in einer Sonderstellung, die sie von den meisten anderen Literaturen unterscheidet. Gleichzeitig aber hat sie in gewissem Sinn auch einen Vorbildcharakter für jene Länder, die vom Faschismus deutscher Prägung beeinflußt waren und mit ihrer Vergangenheit abrechnen müssen. Aus diesem Grunde wurde ihren Verarbeitungsstrategien hier vergleichsweise viel Platz eingeräumt. In Italien spielen Faschismus und Krieg nach wie vor eine große Rolle im Bewußtsein der Bevölkerung, und die Bucherscheinungen und Filmschöpfungen sind Ausdruck einer fortdauernden Beschäftigung mit dem Thema. Wie andere Literaturen reagieren, läßt sich aus dem vorliegenden Material ersehen, soweit dies innerhalb des gegebenen Umfangs möglich war. Für einige ist der Faschismus historisch und literarisch nur ein Randproblem, das sogar distanzierten Humor zuläßt (Finnland), andernorts bedeutete er zwar auch keine reelle interne Gefahr, nimmt aber doch einen bedeutenden Platz ein in Literatur und Film (Dänemark). Andere wiederum sahen lange die Schuld nur bei den Nachbarn und dachten nicht daran, auch das eigene Verhalten einer Überprüfung zu unterziehen (Schweiz). Was in der neuesten Literatur als "Faschist" bezeichnet wird, entspricht oft dem zum Schimpfwort verkommenen Begriff, der unhistorisch und unkritisch verallgemeinert ist. In Ungarn schwankt die Haltung zwischen Extremen, indem der Faschismus erst kaum zur Kenntnis genommen wird und damit auch literarisch eine periphere Rolle spielt, dann in einzelnen Werken als eine die ganze Gesellschaft umfassende Ungeheuerlichkeit auftaucht, bis er schließlich in den sechziger Jahren nur noch den Hintergrund abgibt für menschliche Entscheidungssituationen zwischen Gut und Böse. Die Rezeption wendet sich ins Existentielle, eine Entwicklung, wie sie auch für die zweite Rezeptionsphase in Norwegen, Dänemark und der Schweiz typisch ist. Grundverschieden davon und als Ausdruck der barbarischen Härte der Balkan-Faschismen erweisen sich die ausgewählten Beispiele aus der jugoslawischen Literatur, wo die Grausamkeiten faschistischer rivalisierender Fraktionen nur die Extreme des Schweigens und Verdrängens oder der brutalsten Veranschaulichung zulassen. Die Vermutung, daß solcher Darstellung grundlegend andere literarische Traditionen und soziale Verhaltensweisen zugrunde liegen müssen, drängt sich auf etwa im Vergleich zur gänzlich andersartigen, indirekten, durch mannigfache Umformungsprozesse gefilterten Darstellungsweise etwa eines Thomas Mann oder anderer Exilautoren (Winkler). Die deutsche Exilliteratur zeichnet sich besonders aus durch den häufigen Gebrauch literarisch vermittelter Muster und erprobter Wirkungsstrategien in der Darstellung faschistischer Personen und Handlungsweisen. Hier scheinen der Abstand zum Geschehen und die gestörte direkte Kommunikation zwischen Autor und Leser auch eine literarische Distanzierungsweise zu bewirken, welche für andere Autoren und Literaturen undenkbar wäre.

Nicht alle literarischen Materialien sind gleich gut geeignet für eine so instruktive Darstellung der Fragen "Who and Why", wie es z. B. beim dänischen Beitrag der Fall ist. Er zeigt die Bedeutung starker demokratischer Traditionen, die für alle nordischen Länder entscheidend waren und ein Gegengewicht zu bilden vermochten gegenüber dem auch hier verbreiteten Hang zur Gleichgültigkeit in politischen Dingen. Die literarische Auseinandersetzung mit dem Faschismus ist charakterisiert durch die verschiedenen Stadien des Interesses am Forschungsgegenstand als auch durch die wechselnden Positionen der Erklärungsmodelle, ein Verlauf, wie er auch für andere Länder typisch ist. In Norwegen weicht das Modell insofern ab, als die kontroversiellen Debatten über die Frage des Landesverrats eines der bedeutendsten Dichter des Landes, Knut Hamsuns, für den ganzen Problemkomplex von grundlegender Bedeutung sind. Sein Kasus prägt, neben dem Fall Quisling, die norwegische Auseinandersetzung mit dem Faschismus und macht die Frage des "Who and Why" zu einem Grundproblem und einer nie zu erschöpfenden Diskussionsquelle, während sie für andere nur am Rande ins Blickfeld rückt. Daß der Kollaborateur auch in der niederländischen Literatur eine bedeutende Rolle spielt, verbindet die Problematik der okkupierten Länder miteinander, wo der

Landesverrat im wesentlichen eine Frage des Individuums war, und unterscheidet sie von den faschistischen Ländern, wo der Faschismus vor allem als ein Massenphänomen in Erscheinung trat.

So zeigt sich anhand des untersuchten Materials, daß die Literatur zwar oft gleichartige, aber nie allgemeinverbindliche Antworten auf Fragen nach der Bedeutung wichtiger historischer Ereignisse gibt. Trotz der Allgemein-menschlichkeit und der Grundsätzlichkeit vieler Probleme geht sie dieselben individuell und den historischen, sozialen und literarischen Traditionen entsprechend differenziert an, so daß sich ein vielschichtiges Phänomen auch literarisch gleichermaßen vielschichtig niederschlägt und sich groben Kategorisierungsrastern auf vielfältige Weise entzieht.

ANMERKUNGEN

1. Thamer und Wippermann halten fest, daß "die Verwendung eines allgemeinen, aber in sich differenzierten Faschismusbegriffs legitim zu sein scheint, da zu den Gemeinsamkeiten, die im strukturellen Bereich liegen, auch solche kommen, die auf der phänomenologischen Ebene zu finden sind". In: Thamer, Hans-Ulrich/ Wippermann, Wolfgang: *Faschismus und neofaschistische Bewegungen*, Darmstadt 1977, S. 246. Im folgenden wird Faschismus als Oberbegriff stellvertretend für alle Ausformungen gebraucht, doch wird auch der Begriff Nationalsozialismus verwendet, wenn die deutschen Verhältnisse gemeint sind.

2. Auf bibliographische Hinweise zum Forschungsstand der einzelnen Nationallite-raturen und der jeweiligen Faschismusdebatte mußte aus Gründen des Umfangs verzichtet werden. Die Verfasser der einzelnen Beiträge haben ihre Literaturan-gaben nach eigener Abwägung dosiert, wobei sie zwischen zwei Extremen wählen konnten: einer Überfülle von Forschungsliteratur wie im Falle von Deutschland, Italien und Spanien u.a. Ländern, oder extrem wenig wie im Falle von Finnland und Jugoslawien.

3. In: *Nach Hitler. Der schwierige Umgang mit unserer Geschichte*. Beiträge von Martin Broszat, hg. von H. Graml und Klaus Dietmar Henke, München 1986, S. 122–130, S. 122.

4. Beispielsweise erschienen von 1980 bis 1981 in der Bundesrepublik mehr als 60 Titel Belletristik zum Thema Faschismus, ein Indiz dafür, daß das Thema zum Unterhal-tungsstoff abgesunken ist. Vgl. dazu Ulrike Theilig / Michael Töteberg, "Das braune Reich - Staffage oder Thema? Tendenzen literarischer Faschismusdarstellung 1980/81" in: *Sammlung* 4 (1981), S. 57–72. Auch das Thema Kriegsliteratur/Dar-stellung des 2. Weltkriegs sollte vermieden werden, da dies allein ein umfassendes Forschungsgebiet ist.

5. Dabei mußten grundlegende Untersuchungen und scharfsinnige Analysen von Schriftstellern, wie etwa Elias Canettis Werk *Masse und Macht* (1960), das hier stellvertretend für alle anderen erwähnt sei, außer acht gelassen werden. Der Umfang des zu berücksichtigenden Materials wäre nicht mehr zu bewältigen gewesen und hätte vor allem die Konturen des Fiktionalen durchbrochen, auf das es hier ankommt.

6.   Vgl. dazu die Überlegungen von Uwe-K. Ketelsen/Klaus Vondung: "What Answers does National Socialist Literature offer to the Questions 'Who' and 'Why'?" in diesem Band S. 37.

7.   "Über den Faschismus sprechen – Analyse und Diskurs", in: *Sprache im Faschismus*, hg. von K. Ehlich, stwiss 760, Frankfurt/M. 1989, S. 7-34, S. 7.

8.   Vgl. dazu die Studie *Literatur und Geschichte*. Vier Versuche, München 1988. Steinmetz gibt einen kurzen Blick auf die historische Entwicklung des Verhältnisses von Literatur und Geschichte, von der Überordnung der Literatur über die Geschichte im 18. Jh. bis zur Auflösung der Grenzen im 20. Jh., wo die historische Wahrheit der fiktiven Wahrheit gleichgestellt wird, Geschichtsbildung als ein Prozeß parallel zur Fiktionsbildung gesehen wird, Geschichte ein fiktives Konstrukt wird.

9.   Vgl. dazu seinen Artikel "Thomas Mann: The Writer as a Historian of his Time", in: *The Modern Language Review* 71 (1976) 1, S. 82-96. Den Hinweis darauf verdanke ich Ronald C. Speirs.

10.   Reed geht auch – aber weniger ausführlich – auf den *Dr. Faustus*-Roman ein, der in unserem Zusammenhang relevant ist. Vgl. dazu den Beitrag von H.-J. Sandberg "Faschismuskritik als Selbstkritik bei Thomas Mann vor 1933 und im Exil" in diesem Band S.115ff.

11.   Siehe Anm. 9, S. 93ff.

12.   Vgl. dazu die Arbeiten von Norbert Mecklenburg und Wolfgang Nehring in: *Gegenwartsliteratur und Drittes Reich*. Deutsche Autoren in der Auseinandersetzung mit der Vergangenheit, hg. von Hans Wagener, Stuttgart 1977.

13.   Daß es eine Fiktion wäre zu glauben, historische Darstellungen seien nicht den gleichen Verformungen ausgesetzt, braucht nicht näher ausgeführt zu werden.

14.   In Anbetracht der umfangreichen Forschungsliteratur zum Thema Faschismus soll nur auf einige wenige Werke hingewiesen werden.

       Zu Frankreich: Tarmo Kunnas: *Drieu la Rochelle, Céline, Brasillach et la tentation fasciste*, Paris 1972. – K. Kohut (Hg.): *Literatur der Résistance und Kollaboration in Frankreich*, Bd. 1-3, Wiesbaden/Tübingen 1982-1984. – Hermann Hofer, "Gegen eine Literaturgeschichte der Vergeßlichkeit. Les sept couleurs von Robert Brasillach", in: *Lendemains* 29 (1983), S. 43-51. –H. H., "Un fascisme littéraire à la française: le cas Robert Brasillach", in: *De l'oeuvre et de l'aventure. Mélanges offerts à P. O. Walzer*, Neuchâtel 1985, S. 147-160. – *La littérature française sous l'Occupation*, Reims 1989.

       Zu Österreich: K. Amann/A. Berger (Hg.), *Österreichische Literatur der dreißiger Jahre. Ideologische Verhältnisse. Institutionelle Voraussetzungen*. Fallstudien, Wien/Köln 1985. – Gerhard Renner, *Österreichische Schriftsteller und der Nationalsozialismus*, Frankfurt/M. 1986. – Klaus Amann, "Die Brückenbauer. Zur 'Österreich'-Ideologie der völkisch-nationalen Autoren in den dreißiger Jahren", in: H. Orlowski/G. Hartung (Hg.), *Traditionen und Traditionssuche des deutschen Faschismus*, 2. Protokollband, Poznan 1988, S. 69-88. – ders.: *Der Anschluß österreichischer Schriftsteller an das Dritte Reich. Institutionelle und bewußtseinsgeschichtliche Aspekte*, Frankfurt/M. 1988. – Joseph McVeigh, *Kontinuität und Vergangenheitsbewältigung in der österreichischen Literatur nach 1945*, Wien 1988.

15.· Der Begriff wird mit allen Vorbehalten verwendet, sowohl wegen seiner Variabilität als auch der Uneinheitlichkeit seiner Vorstellungsfetzen, welche die Bezeichnung "Ideologie" nicht verdienen. Ehlich spricht von der "ideologischen Amalgamierung", von der "Funktionalisierbarkeit" der unterschiedlichen Ideologeme, welche die Widersprüche je nach politischer Opportunität neu arrangieren oder abstoßen konnte. Vgl. Anm. 7, S. 16.

16. Von dieser Haltung beeinflußt auch Thomas Mann mit seinem elitären Ästhetizismus, den er später verwirft, oder Knut Hamsun, der sich in die Einsamkeit des dichterischen Genies zurückzieht und den Kontakt zu seiner sozialen und politischen Umwelt verliert. Vgl. dazu Harald Naess, "Der Fall Hamsun" in: R. Grimm/ J. Hermand, *Faschismus und Avantgarde*, Königstein/Ts. 1980, S. 66–82.

17. Vgl. dazu die Ausführungen des Basler Philosophen Arnold Künzli "'Zwei in Eins vereinigen'. Nachdenken über Deutschland", in: *Einspruch* 21 (1990), S. 5–18, die den Nationalsozialismus in einem beunruhigenden Traditionszusammenhang deutscher Denkmuster seit Fichte stellen.

18. Daß der italienische Faschismus vom Avantgardismus der Futuristen getragen wird, relativiert den Schematismus. Für den deutschen Faschismus wäre zu fragen, ob die Vorstellungsängste und Utopien der technischen Entwicklung durch den Blut und Boden-Mythos, die Rückbindung an die Scholle, abgefangen werden sollten.

ABSTRACT

The papers collected in this volume combine two areas of research, literary history and social science, in a single project, with the aim of discovering how different national literatures in Europe reacted to fascism, a phenomenon which affected all of them in different ways and to differing degrees. In order to limit and unify the basis of comparison, all contributors were asked to take as their starting point the questions "Who?" and "Why?". Firstly, what picture of the fascists do the authors draw in the different historical phases (pre-fascist, fascist and post-fascist), and how does this relate to the specific political and social conditions in different countries during the war, depending on whether the country was occupied by the fascist powers or was free? Secondly, what explanations does literature offer of the problem of mass support for fascism on the one hand, and of the personal motives of individuals on the other? Does literature give answers to these questions which could supplement the insights of historians and which should therefore be taken account of in historical interpretation? The literary historians involved had to find ways of overcoming the differences in approach between the arts and the social sciences so that literature would not be reduced to a set of data to which positivist sociological questions were addressed. It was necessary to stress the complex, "prismatic" character of literary representation that arises from the many and varying factors at work in the process of transforming "reality" into literature. The differentiating effect of divergent literary traditions, for example, was one such factor of particular importance. Not only was fascism a many layered, heterogeneous phenomenon, so also were the literary responses it called forth. Thus no simple answers could be expected which would fit into pre-conceived explanatory frameworks, although of course a certain amount of common ground could be shown to exist. The most important contributions of literature proved to be the insight it gives into the variety of subjective perspectives on "common" historical phenomena, and its power to confront the reader with personal experiences in a way which takes history out of the realm of abstract, all too familiar generalities and confronts him with a personal moral challenge.

FASCISM AND LITERATURE IN COUNTRIES WITH FASCIST GOVERNMENTS

Ronald C. Speirs, Birmingham

THE EMBATTLED INTELLECT: DEVELOPMENTS IN MODERN GERMAN LITERATURE AND THE ADVENT OF FASCISM

When an event as major and as cataclysmic in its consequences as the emergence of fascism in German society has occurred, there is a strong · tendency for that event to dominate any subsequent interpretation of history. The events of preceding decades in the spheres of political, social, intellectual and cultural life are then combed through minutely for any evidence they might offer of an emerging trend towards fascism or some explanation of the phenomenon. Although perfectly understandable, this historical response contains various dangers: the danger of a narrowing of perspective so that the variety of historical events and possibilities is lost sight of; the danger of excessive determinism, of regarding history as if it were *bound* to take this and no other course; the danger of biased interpretation whereby a construction is imposed retrospectively on events which makes them seem to prefigure later ones.

One small example from the writings of Thomas Mann may illustrate the point in relation to the evidence of imaginative literature. During the First World War Mann (like a good number of leading intellectuals) had considered it to be his patriotic duty to supply an intellectual defence of the German cause. This he did in a number of essays[1] which stressed the uniqueness of the German character – of which "der soldatische Geist" was alleged to be an important element – and the loftiness of Germany's spiritual–cultural mission in Europe. After the war Mann's political sympathies shifted progressively away from his earlier anti–democratic conservatism and towards parliamentary democracy, and he became one of the boldest spokesmen against the forces of reaction in the Weimar Republic. When the Nazis had seized control, however, Mann's guilt about his earlier association with the kind of reactionary political ideology – and ways of feeling, above all – which, in new, more radical variants, had helped National Socialism to power, led Mann to see in his own novella *Der Tod in Venedig* (1912) an "anticipation of 'National Socialism' twenty years ahead of its time".[2] By this Mann meant that the same irrationalist currents in modern life as found their political expression in National Socialism were pre–figured in the writer Gustav von Aschenbach's self–abandonment (in an orgiastic dream) to the self-destructive consequences of unfettered (homosexual) passion. Attractive as the interpretive link may seem between decadent homoeroticism and fascination with the warrior–ideal (particularly in view of the allegedly widespread homosexuality in the S. A. and in some Nazi party circles)[3], Mann's hindsight causes him to distort the significance of his own work by over-generalization and -simplification. Aschenbach's inner surrender to the "advantages of chaos" comes about as a result of the complicated stresses of a life that has incurred a large libidinal "debt" through prolonged dedication to the service of art; not only is this the story of an artist but it is the story "of this particular artist" which derives its coherence from his family background, his physical and psychological constitution, his desire for fame. While the story is undoubtedly successful in making the sick and ageing artist's last, desperate infatuation for the beautiful boy Tadzio seem not merely plausible but indeed compelling, it is an all but impossible feat of the imagination to think of a mind as complex and a sensibility as fastidious as Aschenbach's responding with anything but revulsion to the real face of German fascism (as indeed did Thomas Mann himself). The case of the poet Stefan George, a contemporary who resembles Aschenbach in certain respects, strengthens the point; having heralded an *ideal* "Drittes Reich" in his poetry, George preferred to be buried in Switzerland rather than in his beloved Germany once the National Socialists had come to power there.

Der Tod in Venedig cannot, then, be turned into a general anticipation or explanation of the advent of fascism without doing violence to the particulars of the story on the one hand and, on the other, ignoring the complex economic, social and political developments which must figure prominently in any explanation of the Germans' mass electoral support for National Socialism in the early 1930s. On the other hand, Mann's novella does shed some possible light on the question of why movements *like* fascism were attractive to artists and other intellectuals, provided the story is analysed at an appropriate level of generality. What the novella illuminates is one of the recurrent, problematic features of modernity, namely the intellectual and emotional stresses produced by the complex, relativistic, modern understanding of the world and the resultant temptation to rid oneself of these stresses by embracing some "firm" and simple creed or principle, often one based on emotional intuition rather than on "arid" intellectual analysis. The problem was not restricted to Germany, but was a feature of modern intellectual life throughout Europe, the restless search for new creeds to fill the vacuum of uncertainty being evident in the proliferation of artistic, intellectual and political "-isms" in many countries since the end of the nineteenth century. In Germany, tragically, one of the "isms" that offered itself as an object of identification to those prepared to make the necessary sacrifice of the intellect was fascism, or more specifically National Socialism. And indeed a number of writers and intellectuals (and much larger numbers of the "intellectual youth" of the time) did become supporters of fascism, particularly in the years before it had achieved political power. The following observations do not intend, however, to place the emergence of fascism at the centre of the development of modern

German literature, particularly since the relations between writing and fascism are dealt with in other papers in this volume. What follows, rather, is a sketch of various strands in the wider literary context in which specifically fascist or pro-fascist forms of writing emerged.

Modern German literature has no simple, clearly defined beginning. The advance into new modes of writing, thinking and feeling established itself gradually, but ever more noticeably, in the last three decades of the nineteenth century. In part this development is attributable to Bismarck's creation of the (Second) German Empire in 1870/71. For the first time in its history Germany thereby became a united, centralized, modern nation-state. It also entered the first rank of European powers by virtue not only of its military strength but also the economic, scientific and technological base on which its might rested. After unification the pace of modernization quickened enormously in Germany and the country transformed itself in the space of thirty years from a relatively backward, predominantly rural society into a highly successful industrialised urban society. This rapid shift of population from country to town, and the social problems which inevitably accompanied it, were reflected most directly in the literature of Naturalism, the first of the new modes of writing to be imported into Germany in the effort to encompass the new reality. The Naturalists sought to confront readers (and more especially audiences) with the often destructive impact of the proud new German Empire on those whose way of life the bourgeoisie and upper classes would have preferred to ignore. Gerhart Hauptmann, for example, showed (in *Vor Sonnenaufgang*, 1889) the bestialisation of peasants suddenly grown rich because of the ore discovered on their land, or (in *Die Weber*, 1892) the degradation of Silesian weavers forced to lead a hand-to-mouth existence by the effects of industrial competition on the backward German linen industry. In a sense, the Naturalists turned back on Imperial Germany one of its own proudest instruments of "progress", in that they sought to base their writing on the scientific principles which in other fields had provided the foundations for the country's rapid technical and industrial advances.

In addition to the material and social problems associated with the new science and technology, the Naturalists also exposed the intellectual, moral and emotional problems accompanying the age of science, problems which were to remain after the immediate social and material problems of industrialization had been ameliorated. The dissociation of scientific expertise and moral sensibility that was to wreak such havoc in the Third Reich is already evident in the failure of Hauptmann's fictive engineer Alfred Loth (in *Vor Sonnenaufgang*) to meet the moral challenge presented by the individual plight of Helene. Even more significant is the conflict Hauptmann embodies in Johannes Vockerath, a scientist-philosopher who, although attracted away from his traditional wife Käthe by the university-educated Anna, betrays by his choice of house some distance from the city and his ideal of a garden surrounded by a high wall a deep-seated fear of the new, urban world to which he belongs by virtue of his profession. Such conflicts between the intellect and the emotions, cast in the form of a conflict between past and future, are a central feature of modern German literature. Indeed, the ambivalence experienced by Vockerath may help to explain indirectly *some* of the psychological appeal of fascism. Amongst other things, fascism offered a paradoxical combination of technological progress with emotional stasis or even regression – "hochtechnifizierte Romantik", as it has often been called. On the level of ideology, National Socialism promised a return to the supposedly simple values and traditional forms of social relationship (e. g. between the leader and the led) which were threatened by the corrosive forces of critical, modern (and allegedly "Jewish") intellectuality, "rootless" international capitalism and "divisive" liberal democracy on the one hand, and egalitarian bolshevism on the other. At the same time the fascists promised to bring the benefits of technological progress (the "Volkswagen") to the ordinary citizen. To support fascism was thus to be able to cling to a backward-looking image of self and of society, comforting in its seeming stability, while at the same time participating profitably in the ruthless competition characteristic of the modern world. After beginning his career as a social critic, Hauptmann turned to less contentious, imaginary, even mythical modes of writing, and was able to accommodate himself to the National Socialist regime in the 1930s.

The forms of writing that fitted in most easily with the fascist outlook were those that did not undermine the hypocritical pact between material self-interest on the one hand and the cherished illusion of emotional continuity with an uncomplicated, traditional image of the German way of life on the other. The officially approved "Blut und Boden" literature of the Nazi years was a more fervent (and perhaps for that reason less successful) variant on the literature of provincial life that had been one of the most popular strains of writing in Germany throughout the nineteenth century, from the "village stories" of Berthold Auerbach through the "Heimatkunst" movement at the turn of the century when, however, this kind of writing had already developed the backward looking, implicitly political orientation that was symptomatic of the writers' and very many readers' emotional rejection of modernity. This popular taste was also fed at that time by such long essays in xenophobic cultural pessimism as Paul de Lagarde's *Deutsche Schriften* (1886) or Julius Langbehn's *Rembrandt als Erzieher* (1890). Langbehn's title, modelled on Friedrich Nietzsche's *Schopenhauer als Erzieher* (1873), in itself implied an alternative outlook to the strenuous intellectuality of the philosopher who was probably the most pervasive influence on the modernist movement in Germany.

The German Empire had hardly come into being when Nietzsche began to see the dangers for German intellectual culture in the overweening pride that was spreading throughout Germany as a consequence of the Prussian defeat of the old enemy and "oppressor", France. In 1871 Nietzsche was already calling for vigilance lest arrogance should result in "die Niederlage, ja die Exstirpation des deutschen Geistes zugunsten des 'Deutschen Reiches'"[4]. Yet it was not his intellectuality alone that made Nietzsche so influential on generation after generation of modern German authors. His influence is attributable rather to the fact that his writings are shaped and sustained by an intense conflict between a sharp intellect that is driven to discover the truth about man and his world, however painful that truth might prove to be, and a profound distrust of the order imposed on experience by the intellect, a distrust rooted in a sense that life is fundamentally irrational, driven by contradictory instincts rather than by logic. Nietzsche's obsessive, dramatic exploration of the dichotomy between the "Dionysian" (dark, instinctual, chaotic, musical) and the "Apolline" (light, rational, ordering, sculptural) forces in life, with its constant shifts of emphasis and evaluation, fed into the work of artists (musicians and painters as well as poets, dramatists and novelists) of widely differing temperaments and persuasions. Whereas the sympathies of the dramatist Wedekind, for example, tended to lie with the disruptive energy of the Dionysian (embodied, inter alia, in Lulu, the heroine of *Erdgeist*, 1895, and *Die Büchse der Pandora*, 1902), the lyric poetry of Stefan George and his circle sought to harness and direct such wild energies by means of the carefully controlled, Apolline structures of their verse. Thanks largely to Nietzsche, the conflict between Classicism and Romanticism which had erupted as the eighteenth century gave way to the nineteenth broke out again in exacerbated form as the twentieth century approached.

In the world of the next, "Expressionist" generation (1911–19) such conflicts reached a higher, even frenetic pitch of intensity. In Georg Heym's poem "Der Gott der Stadt" (1911) an entire city is darkened by the lowering presence of the angry "god" created and worshipped by the instincts of the city-dwellers. The Dionysian regeneration of life out of death is presented in a savagely ironic variant on the Ophelia theme in "Schöne Jugend" (1912), Gottfried Benn's poem about a drowned girl in whose womb a family of rats has made its home. The conflict between the ordering mind and a world governed by unfathomable forces is mirrored in the lucid prose employed by Franz Kafka to describe his often horrifying "dreamlike inner life".

During the Weimar Republic (1918–33), Germany's first, short-lived experiment with parliamentary democracy, German literature continued to follow almost as many diverging and conflicting lines as it had done when

Modernism first emerged at the end of the nineteenth century. At the end of the war and during the first years of the Republic, Expressionism reached a new and final peak of activity. In many cases the writers' response to the horrors of the "Materialschlacht" was to call for the rebirth of the human spirit in "The New Man", whom they conceived as part of a universal brotherhood of man bound together by a love generated out of the common experience of suffering during the war. For these later, "rhetorical" Expressionists, Schopenhauer's ethic of "Mitleiden" was a more acceptable response to the devastation wrought by an unfettered political and military "will to power" than the vitalistic affirmation of the Will once preached by Nietzsche. On the other hand the experience of the war had done nothing to diminish the attraction felt by certain important writers towards the latter's "dionysian" interpretation and evaluation of reality. On the contrary, for Ernst Jünger the war in the trenches (which inspired his war-diary, *In Stahlgewittern*, 1920) had confirmed the need for a heroic-nihilistic endorsement of man's primitive aggressive instincts. Similarly, Gottfried Benn continued to seek refuge from the "coldness" of the modern scientific analysis of reality (he was himself a doctor) in the inspiring "Rausch" (a key Nietzschean term) that could only arise from the excitement of the "Blut". Benn also embraced a theory of racial superiority which initially gained him approval in official Nazi circles, so that he joined the "Sektion Dichtkunst" of the "Preußische Akademie der Künste" and remained a member after the majority of critical intellectuals had resigned from it. However, even Benn proved to be too much of an intellectual maverick for the honeymoon with Nazism to last long. Equally, Jünger, despite – or perhaps because of – his devotion to the ideal of heroic struggle, rejected the overtures of the Nazis. It was left to writers of much lesser intellectual calibre (such as Hanns Johst) to enjoy anything more than a fleeting relationship with fascism once this had moved from the realm of ideas to that of political reality.

At the opposite end of the political–ideological spectrum from Benn or Jünger there emerged in the Weimar Republic a lively political literature of a radical socialist or communist persuasion. This was particularly the case in the theatre (potentially the most political of literary genres because of the directness of its address to a large body of the public), where Erwin Piscator developed in various forms his conception of political theatre, to be followed towards the end of the decade by Brecht's "Lehrstücke" (such as *Die Maßnahme*, 1930) and his dramatic analyses of the machinations of modern capitalism, as in *Die heilige Johanna der Schlachthöfe* (1932). For these left–wing writers the intellect was not something to recoil from in existential horror but a means of changing reality through a "scientific" (in the Marxian sense) analysis of historical and social processes. On the other hand these writers often showed just as much contempt for Germany's first experiment with democracy as did the right-wing opponents of the Weimar Republic. For the radicals on the Left Weimar was a "fauler Kompromiß", a betrayal of the true revolution that ought to have been completed in 1918-19, a façade legitimating the continued bourgeois exploitation of the masses. Even in the early thirties, by which time National Socialism had clearly become a major political force, Brecht was still directing much of his polemic in *Die heilige Johanna* at "social reformism", i. e. the policies of the rival Social Democrats (condemned by the official communist line from Moscow as "social fascism"), instead of aiming his attack at the true enemies of working-class interests, the Nazis. By the time he had completed a play on the rise of fascism (*Die Rundköpfe und die Spitzköpfe*, 1934) Brecht had himself been forced to flee into exile because Germany's fascists, profiting from the divisions between the parties of the Left, had already seized power in Germany.

In fact, the credit for providing the most penetrating early psychological analysis of fascism in German literature must go to Thomas Mann (in his *Mario und der Zauberer*, 1930) who, possibly because of his own earlier attraction to the Romantic strain of German conservatism, recognized from a very early date in the history of Weimar that the threat posed by fascism had to be taken seriously and combatted in the cultural as well as the political sphere. *Mario* contained, amongst other things, a warning that the power of fascism over the masses could induce in even the intelligent, cultured, critical observer a sense of fascinated helplessness. The mood of resigned, ironic observation and reluctance to make any political commit- ment, one of the features of the literature of "Neue Sachlichkeit" through- out the Weimar years (from Brecht's early *Trommeln in der Nacht* of 1922 to Erich Kästner's *Fabian* of 1931), formed the immediate background to Mann's timely warning, although the tradition of the "non-political" German, whose lack of interest in such matters effectively endorses the status quo, is a much older one.

After the Nazi "Machtergreifung" many of the most prominent representa- tives of modern German literature, with widely differing philosophical and political outlooks, either had to go into exile or, if they remained in Germany, had to withdraw into an "innere Emigration" in the hope of preserving, at least in a few minds, some standards of moral and cultural dignity. Of those who went into exile a good number devoted themselves to reflecting on the past, in novels, plays or essays, in an effort to understand how the German catastrophe had come about or to find historical parallels in other periods of oppression which might offer models of resistance or survival. These initial attempts at "Bewältigung der Vergangenheit" (mastering the past) continued, with specific reference to the immediate, Nazi past, for a good many years after the defeat of fascism, particularly in West German literature (the task having been made much more difficult for writers in East Germany by the offical doctrine that there existed absolutely no continuity between the GDR and Hitler's Germany). For a writer like Heinrich Böll, the way forward lay in breaking with the German tradition of "high" literature that had haughtily neglected the "banal" concrete problems of everyday life in favour of philosophical speculation about the relationship of "Geist" to "Leben". The much more reflective literary work of Günter Grass, on the other hand, although equally fired by the author's anger and shame at Germany's fascist past, is evidence that larger philosophical questions of this kind continue to be of central concern to the experimental modernist writer in Germany, and indeed may be relevant to an understanding of the subconscious impulses which are not without consequence for the world of politics.

NOTES

1.   The principal essays were *Gedanken im Kriege* (1914), *Friedrich und die große Koalition* (1914) and the vast *Betrachtungen eines Unpolitischen* (1918).

2.   "Ich sprach über den um 20 Jahre vorweggenommenen 'National-Sozialismus' des T.i.V.", Thomas Mann, *Tagebücher 1937–39* (Fischer), Frankfurt a.M., 1980, p. 166.

3.   Vgl. Kl. Theweleit, *Männerphantasien*, Bd. 2: *Zur Psychoanalyse des Weißen Terrors*, (rororo) Reinbek bei Hamburg, 1987.

4.   Friedrich Nietzsche, *Unzeitgemäße Betrachtungen*, (Goldmann) München, 1964, p. 7.

Uwe-K. Ketelsen, Bochum / Klaus Vondung, Siegen

WHAT ANSWERS DOES NATIONAL SOCIALIST LITERATURE OFFER TO THE QUESTIONS "WHO" AND "WHY"? SOME THEOR-ETICAL AND METHODOLOGICAL CONSIDERATIONS

Literature is not a mere reflexion of the reality of facts and events; thus it is not possible to draw inferences from National Socialist literature to the social and political reality of the National Socialist movement and of the Third Reich. Above all, National Socialist literature offers no direct answers to the questions as to which persons became National Socialists and for what reasons. On the other hand, National Socialist literature must not be dismissed as a mere collection of ideological phrases serving the purpose of propaganda. Such a view, strictly functional in its way, would exclude questions which could lead to new, or at least to more differentiated insights into the literature as well as into the historical phenomenon of National Socialism.

Works of National Socialist literature, like all literary works, are aesthetic products; they thus represent an independent, aesthetic reality. Initially, aesthetic quality is not of any importance in this respect. What is meant by the assertion that a work of literature represents an independent reality? It means that a literary work depicts an "image" of the world, or of a segment of the world, or of human beings. This "image" is a result of experiences and wishes, as well as projections and repressions, of its authors; it is therefore rooted, at least indirectly, in the socio-historical reality of the "context of experiences" of its author. But as an "image" it has a specific form and consists of fictive elements, plot, actions, invented persons and things, metaphors and symbols, which, taken together, reflect the structure of thought and feeling, in particular the structure of imagination, and which, above all, obey aesthetic laws and traditions.

However, National Socialist literature is part of the total phenomenon of National Socialism, despite its status as an aesthetic reality, distinct from the reality of facts and events; and the phenomenon of National Socialism is not restricted to social facts and political events. For that reason, an analysis of the image of the "fascist personality" in National Socialist literature must consider carefully the differences as well as the connections mentioned above.

Uwe-K. Ketelsen, Bochum

HANNS JOHSTS *THOMAS PAINE* – EIN IMAGINIERTER HELD DER NATIONALSOZIALISTEN

1. "Mir fällt zu Hitler nichts ein." (Karl Kraus)[1]

Ohne Zweifel stellt das Jahr 1933 das bedeutendste Datum der neueren Geschichte Deutschlands dar, und so muß es den Literarhistoriker erstaunen, wie wenige Zeichen in der Literatur der zwanziger Jahre darauf vorausdeuteten. Erst nachträglich lesen sich viele Texte jenes Jahrzehnts anders. Die nationalsozialistische "Lösung" der Krise der deutschen Gesellschaft und der europäischen Mächtekonstellation wurde von deutschsprachigen Schriftstellern in nur geringem Maße vorausgeahnt.[2] Einmal ganz von der Frage abgesehen, welchen Wert literarische Texte als historisch-politische Zeugnisse überhaupt besitzen können: Literatur spielte in der Erhellung dessen, was in einem politisch-praktischen Sinn als Nationalsozialismus/Faschismus gilt, als historische Quelle kaum eine nennenswerte Rolle (selbst für kommunistische Historiker nicht, bei denen man das aufgrund ihrer Thesen über die Entstehung des Faschismus noch am ehesten erwarten sollte).

Gelegentlich stößt man indes auch in der literarischen Produktion während der Weimarer Republik auf Texte, die sich mit dem Heraufziehen der Nationalsozialisten in den zwanziger Jahren thematisch beschäftigen. (Zu einem zentralen Thema wurde das allerdings erst im Exil.) Zu nennen wären etwa Ernst Tollers *Der entfesselte Wotan* (1923),[3] Hans Grimms *Volk ohne Raum* (1926),[4] Thomas Manns *Mario und der Zauberer* (1930),[5] Hans Falladas *Bauern, Bonzen, Bomben* (1931)[6] Hermann Brochs *Huguenau oder die Sachlichkeit* 1918 (1932)[7]. Bei intensiverer Durchforschung der Bestände käme sicher noch manches ans Licht, vor allem auch an kleineren Formen, wie etwa Erich Kästners Gedicht "Ganz rechts zu singen",[8] oder im Figurengewirr der damals in Mode stehenden Zeitromane wie etwa in Kästners *Fabian* (1931)[9] oder auch in Ernst Ottwalds *Denn sie wissen, was sie tun* (1931)[10]; auch wäre in jener Literatur zu suchen, die zumeist außerhalb des Blickfelds des Literarhistorikers liegt, wie etwa in Joseph Goebbels' *Michael* (1929)[11]. Insgesamt aber dürfte die Feststellung von Karl Kraus, zu Hitler falle ihm nichts ein, für die große Zahl der deutschen Schriftsteller gegolten haben.

Zur Erklärung dieser "Einfallslosigkeit" läßt sich sicherlich eine ganze Reihe von Gründen aufzählen; schon der Hinweis auf die Zensur erklärt manches.[12] Aber andere Ursachen dürften wohl eine noch größere Rolle gespielt haben, etwa eine traditionelle literarische Kultur, die für das, was man naserümpfend als "braunen Spuk" abtat, im wahrsten Sinn des Wortes sprachlos blieb, oder auch eine politische Blindheit, die das historisch Neue, das der Faschismus im krisengeschüttelten Staat der bürgerlichen Tradition bedeutete, nicht erkennen und stattdessen die Reaktion nur in den anachronistischen Uniformen eines wiederkehrenden kaiserlichen Deutschlands vorstellen ließ. Viele Autoren – wie etwa Tucholsky – sahen in einem restaurierten Militarismus, in Chauvinismus und alt-bourgeoisem Kapitalismus die eigentliche Gefahr. Den orthodoxen Marxisten ist es sogar gelungen, in ihrer "Dimitroff-These" diese Enge des Blicks in den Rang einer "Theorie" zu erheben.[13] Für diese Verkennung der Situation erscheint es symptomatisch, daß Erwin Piscator 1927 in seiner Inszenierung von Ernst Tollers *Hoppla, wir leben!* ein Chanson von Walter Mehring einfügte, das zur Revolution gegen die Restauration aufruft. Und wer repräsentiert für Mehring diese Restauration?

> In diesem Hôtel zur Erde
>   Ist die Crème der Gesellschaft zu Gast –
> Sie trug mit leichter Gebärde
>   Die schwere Lebenslast!
> [...]
> Die Minister, die Denker und Dichter:
> Es sind wieder dieselben Gesichter!
> Es ist wieder ganz wie vor dem Krieg –
> Vor dem nächsten Kriege eben – – –
> Im Charleston liegt die Schlachtmusik:
> Hopla! (sic!) *sie* leben!
> Wann rechnen mit ihnen wir ab![14]

In solchen Vorstellungen kommt noch nicht einmal die kleinbürgerliche Massenbasis des Nationalsozialismus vor.

Nur könnte dieses negative Ergebnis allerdings bis zu einem gewissen Grade die Konsequenz von nicht bedachten Prämissen sein. Eine solche umstandslose Suche nach "Nationalsozialisten" in der deutschen Literatur vor 1933 geht z.B. von einem speziellen Bild aus, das einen Nationalsozialisten repräsentieren soll. Es wäre etwa auch zu fragen, ob es diese gesuchte Figur überhaupt gegeben habe (die Zeitgeschichtsforschung neigt in weitem Umfang dazu, dieses zu verneinen und von einer Mehrzahl von Zentren auszugehen, die in ihrem Zusammen- und Widerspiel das Geschehen vorwärtstrieben); es wäre außerdem zu fragen, wer dieses Bild denn überhaupt entwirft, das in der Literatur zu suchen wäre, denn zwischen Brechts Hitler nach Maßgabe Al Capones[15], den SS-Schergen im Stile der *Barbarella*-Welt oder den Eigendarstellungen von Nationalsozialisten klaffen doch Welten. Scheint in der Frage danach, wer und warum in der Literatur der zwanziger Jahre als Nationalsozialist dargestellt wird, nicht überhaupt die liberale Geschichtsdoktrin noch einmal auf, nach der (große) Männer die Geschichte machen, wobei aus dem Blick gerät, wie sehr Strukturen und Tendenzen das Handeln bestimmen und "Männer" allenfalls mehr oder minder ästhetisierend die Protagonisten eines historischen Schauspiels mimen?[16] Zudem wäre zu fragen, ob "die" Nationalsozialisten nach 1933, auf die hin doch alles gedacht wird, noch dieselben waren, die das Bild "der" Nationalsozialisten am Ende der zwanziger Jahre bestimmten, wo doch Leute wie Stinnes, Strasser oder Röhm in den parteiinternen Kämpfen mittlerweile auf der Strecke geblieben waren. Hitler blies die "Revolution" bekanntlich ab; zumindest er wollte, daß sich wenigstens das Erscheinungsbild des Nationalsozialismus wandle. Der beinharte "Alte Kämpfer" sollte im Magazin der Parteigeschichte verschwinden, aus der er nur aus Anlaß der jährlichen Feiern zum 9. November in Erinnerung an den "Marsch zur Feldherrnhalle" hervorgeholt wurde. Es wäre schließlich zu fragen, ob vor allem jene kulturbürgerlichen Kreise, die vielleicht nicht "dem" Nationalsozialismus, aber doch dem von ihm versprochenen "Dritten Reich" positiv gegenüberstanden, überhaupt "einen Nationalsozialisten" vor Augen hatten, wenn sie sich literarisch in eine ihrer Meinung nach erfreuliche Zukunft träumten, oder ob sie nicht viel eher an einen "geistigen Menschen" vom alten Schlage dachten, dem "Kulturbolschewismus" und "Amerikanismus" ein Greuel waren. Fragen über Fragen also.

2. "Das Schreiben selbst scheint ein Vorgang der Aggressionsabfuhr zu sein" (Theweleit)[17]

Wird man somit bei der Behandlung der Frage nach dem Bild "des" Nationalsozialisten in der deutschsprachigen Literatur der zwanziger Jahre schon aus politischen Gründen nicht generell von einer direkten Reproduktion realer Verhältnisse in literarischen Texten ausgehen dürfen, so wird man außerdem aus literaturtheoretischen Gründen die Komplexität und Eigentümlichkeit der Zusammenhänge zwischen historischer Realität (was immer das sein mag) und ihrer fiktionalen Darstellung berücksichtigen müssen. So sind etwa die Zeichnung der Figuren und ihre Konfigurationen im Drama des Dritten Reichs von literarischen Konventionen abhängig, die als Gattungsgesetze teilweise über Jahrhunderte tradiert sind.[18] Gerade die – im weitesten Sinn – konservativen literarischen Schulen (nicht allein auf der politischen Rechten!) insistierten auf der Beobachtung transformierender Regeln (etwa des Symbolisierens) bei der Umsetzung von Realität in Fiktion (während die Neuerer – wie etwa Brecht[19] – auf eine Störung solcher Regularien aus waren). So wäre zu vermuten, daß in der Literatur der zwanziger Jahre möglicherweise dort (und vielleicht gerade dort) Nationalsozialisten dargestellt werden, wo nicht von braunen/schwarzen Uniformen, Mitgliedsnummern und Aufnahmeanträgen die Rede ist. 1937 meinte etwa der Literarhistoriker Hellmuth Langenbucher über Gustav Frenssens Erfolgsroman *Jörn Uhl* (1901)[20], in dem nun wahrlich kein Braunhemd auftaucht, dieser werde "als Darstellung der Landschaft und des Volkstums der Marsch und als Gestaltung nordischen Menschentums seinen Platz in der deutschen Dichtung auch in den kommenden Jahrzehnten behaupten."[21] Zumindest er – und mit ihm wohl auch die Völkischen – fanden in diesem Roman sich selbst wieder, auch wenn keine seiner Figuren Mitglied der Partei wurde. Wiedererkennende Identifikation wurde durch symbolische Transformation – also gerade durch (konventionalisierte) Verfahren des Verfremdens – bewerkstelligt.

Einen wesentlichen Schritt weiter ging Klaus Theweleit mit seiner viel zitierten Darstellung der sog. Freicorps–Romane, also von (Auto)Biographien des Schlages von Arnolt Bronnens *Roßbach* (1930)[22] oder Ernst von Salomons *Die Geächteten* (1930)[23]. Mit dem Titel seiner Studie *Männerphantasien* gibt er deren Blickrichtung an. Die in diesen Büchern darge-stellten historischen Fakten interessieren ihn als solche gar nicht; er nimmt sie im Sinne der Freudschen Traumanalyse als Trauminhalte, als narrative Transformationen von Traumstoffen, die nun allerdings nicht als individual-psychologische Sedimente betrachtet werden, sondern als Produkte einer kollektiven, klassenspezifischen Sozialisation der (männlichen) Triebstruk-tur[24] unter den Bedingungen der kapitalistischen Gesellschaft: der faschisti-tische Mann ist – kurz gesprochen – jener, der in der kapitalistischen Welt nicht zu Ende geboren werden konnte, der in seiner verkrüppelten Trieb-struktur eingedämmt worden ist, der sich panzert gegen das Ungebundene, das Flutende des Lebens, das als Bedrohung erlebt und deswegen mit äußerster Aggressivität abgewiesen wird. Und schließlich wird das Schreiben selbst Teil der Bändigung von gestauter Aggressivität, ist die Schrift ein Stück in jenem Panzer gegen die unendlichen Fluten des dynamischen Lebens. So bekommt plötzlich die Eigenbestimmung von Faschisten, die ihren Stil als einen "kalten" bezeichnen – wie etwa Armin Mohler das tut[25] – ihren Sinn. Man mag gegen diese an Freud und vor allem an Wilhelm Reich orientierte Denkweise manches einwenden[26], aber sie führt doch in eine richtige Richtung, insofern sie die Motive und ihre narrative Ver-knüpfung in fiktionalen Texten nicht einfach als verbale Äquivalente einer selbst noch dunklen historischen Realität nimmt.

So gewendet, wäre das historische Faktum nicht die in den literarischen Texten thematisierte Welt. Die Texte sagen offen über die Realität kaum Verläßliches (auch wo sie nicht bewußt lügen); das haben etwa schmerzlich in einem ganz banalen Sinn nach 1945 die Entnazifizierungsoffiziere einsehen müssen – ganz zu schweigen von jenen, die (wie Peter Weiss[27] oder Claude Lanzmann[28]) das Unsagbare faschistischer Herrschaft Sprache finden lassen wollten. Das historische Faktum wäre vielmehr die (literari–

sche) Imagination, die die thematisierten Welten überhaupt erst hervorbringt. Diese Imagination ist allerdings bei weitem keine autonome; sie ist vielmehr bestimmt durch die historische Realität und die Erfahrungen, die die Autoren darin machen, und sie ist ihrerseits – indem sie die Erfahrungen von Realität möglich macht – selbst Teil der historischen Realität (etwa indem sie projektiv Handlungsspielräume und Reaktionsschemata absteckt).

Neuere Auseinandersetzungen mit der Welt des Faschismus sind – wenngleich wissenschaftstheoretisch anders orientiert als Theweleit – auch in diese Richtung gegangen (damit durchaus – wohl eher unbewußt – Fragestellungen des jungen Brechts, Walter Benjamins oder Ernst Blochs aufgreifend), so etwa Susan Sontag[29], Fredric Jameson[30], Furio Jesi[31] oder Saul Friedländer[32]. Bei manchen Unterschieden ist ihnen gemeinsam, daß sie ideologische Konstellationen nicht allein, ja nicht einmal primär auf der Ebene des Thematischen finden wollen: "Die Attraktivität des Nazismus lag keineswegs nur in seiner explizit propagierten Doktrin, sondern mindestens ebenso auch in der Kraft seiner Emotionen, in den von ihm geweckten Bildern und Phantasmen [...]."[33] In den emotional hergestellten bildlichen Assoziationen verbirgt sich "ein latenter und ein von einer tieferen Logik gelenkter Diskurs."[34] Solche Beobachtungen eröffnen der literaturwissenschaftlichen Faschismusforschung nicht nur neue Perspektiven, sie weisen nicht allein – was die Kunstwissenschaftler (teilweise in Berufung auf Walter Benjamin) seit langem tun – auf die ästhetischen Dimensionen im Faschismus selbst hin, sie gewinnen vor allem dem Literaturwissenschaftler eine genuin literaturanalytische Dimension der Auseinandersetzung mit dieser Literatur.

Allerdings ist die literaturwissenschaftliche Analyse dieses Diskurses (wenn es denn überhaupt ein einziger sein sollte!) noch nicht sehr weit gediehen, vor allem sind die genannten Studien mehr oder minder intensiv einer Schreibweise verpflichtet, die man mit pejorativem Zungenschlag "essayistisch" nennt. Das macht eine simple "Anwendung" schwierig. In jedem Fall aber sprengt eine solche Akzentuierung des Fragens den engen Rahmen, der einem nur thematisch orientierten Interesse gezogen ist.

3. Hanns Johsts *Thomas Paine* – ein Standbild "hell und kämpferisch im Lichte des nationalsozialistischen Durchbruchs" (Josef Magnus Wehner)[35]

Es ist sehr fraglich, ob es eine, *die* nationalsozialistische/faschistische Weise gegeben habe, eine nationalsozialistisch/faschistisch bestimmte Welt literarisch zu imaginieren. Es ist ja noch nicht einmal klar, welche Autoren bzw.

welche Texte überhaupt als Zeugen für eine solche nationalsozialistische Sichtweise zu reklamieren wären. Die Nationalsozialisten taten sich jedenfalls nach 1933 nicht ganz leicht in der Bestimmung dessen, was in ihren Kanon zu gehören habe[36] (von den Fremdbestimmungen einmal völlig abgesehen: Man braucht nur an die marxistische Kafka-Diskussion der fünfziger und sechziger Jahre zu erinnern[37]). Im Blick jedenfalls auf Dramen und Romane wie Erwin Guido Kolbenheyers *Paracelsus* (1917–1925)[38], desselben Autors *Gregor und Heinrich* (1934)[39], Hans Grimms *Volk ohne Raum* (1926)[40], Ernst Jüngers *In Stahlgewittern* (1920)[41], Hanns Johsts *Thomas Paine* (1927)[42], Paul Fechters *Die Rückkehr zur Natur* (1929)[43], Friedrich Grieses *Die Weißköpfe* (1939)[44] oder Josefa Berens-Totenohls *Der Femhof* (1934)[45] – von der Fülle heute vollständig verschollener Literatur[46] ganz zu schweigen – wird man einigermaßen zurückhaltend mit generalisierenden Zuordnungen sein. Zwar lassen sich durchaus gewisse thematische Ähnlichkeiten beobachten (etwa daß politische und weltanschauliche Positionen von den Figuren zumeist nicht als Ergebnis verarbeiteter Erfahrungen gewonnen werden, sondern im Durchbruch zunächst unbewußten Wissens ins Bewußtsein drängen), dennoch sind zugleich auch erhebliche Divergenzen zu beobachten, die vorschnelle Verallgemeinerungen verbieten. Deswegen mag es sinnvoll erscheinen, sich zunächst auf einen einzigen Text zu beschränken, um dabei gleichsam exemplarisch, aber nicht mit dem Anspruch auf Repräsentativität interne Regularien der Phantasieproduktion zu studieren, wie sie sich – mit Rücksicht auf die "Who and Why"-Frage – in die Textstruktur, vor allem in der Konstitution der dramatis personae, ihrer Konfigurationen und deren narrative Ausweitungen eingezeichnet haben. Ein brauchbares Objekt könnte dabei Hanns Johsts Erfolgsdrama *Thomas Paine* aus dem Jahre 1927 abgeben.

Hanns Johst (1890-1978)[47], der während des Dritten Reichs einer der einflußreichsten Kulturfunktionäre war, galt in den zwanziger Jahren als einer der markantesten Schriftsteller der politischen Rechten. Nach Jugendjahren in Leipzig ging Johst 1907 als Pfleger nach Bethel, studierte in Leipzig Medizin, in München, Wien und Berlin Philologie und Kunstwissenschaft, wurde Schauspieler. 1914 meldete er sich als Kriegsfreiwilliger, seit 1918 lebte er als freier Schriftsteller. 1933 wurde er Dramaturg am Schauspielhaus Berlin, das er nach Verstimmungen wegen des *Schlageters* verließ. Seit 1933 war er auch Preußischer Staatsrat und Präsident der Deutschen Akademie der Dichtung, ab 1935 administrierte er als Präsident der Reichsschrifttumskammer die Personalpolitik des Staats im Bereich der Literaturproduktion. Er war Reichskultursenator und SS-Brigadeführer. Nach seiner Internierung in der Nachkriegszeit lebte er wieder in München. Johst verfaßte vor allem Dramen und proklamatorische Aufsätze. Er begann im Sinne des Expressionismus als Kritiker der bürgerlichen Industrie- und Erwerbsgesellschaft, der er das blanke "Leben", die Verzückungen des

Todes, die mannhafte Entscheidung zur befreienden Tat entgegensetzte, wobei das Theater zur Vitalisierung des Zuschauers beitragen sollte. Seine Entwicklung führte ihn in einer Brutalisierung dieses Irrationalismus zum nationalsozialistischen Kampfstück *Schlageter*[48]. Für ästhetische Fragen ist ihm im Zusammenhang einer solchen Konzeption einer Kunst des Vitalen kein Platz: "Der ästhetische Raum, das ist ein Hohlraum."[49] Johst war einer der wenigen, die vom Typus her den politischen Schriftsteller verkörperten, wie ihn die aktionistische Fraktion der Nationalsozialisten propagierte und etwa in Eberhard Wolfgang Möller (geb. 1906), Gerhard Schumann (geb. 1913) oder Friedrich Wilhelm Hymmen (geb. 1913) als Vertretern einer jungen Generation – der "Jungen Mannschaft" – repräsentiert fand. Johst gehörte – etwa mit Josef Magnus Wehner (geb. 1891), Sigmund Graff (geb. 1898), Kurt Heynicke (geb. 1891) oder Werner Beumelburg (geb. 1899) zur mittleren Generation der mit dem Nationalsozialismus verbundenen Autoren. Die diese Schriftsteller prägende Erfahrung waren der Weltkrieg und die ersten Jahre der Weimarer Republik gewesen; sie hatten noch Teil am Bildungsidealismus der älteren Generation – zu der etwa Erwin Guido Kolbenheyer (geb. 1878), Hans Grimm (geb. 1875), Börries von Münchhausen (geb. 1874) oder Agnes Miegel (geb. 1879) zu zählen sind – sie zeigten aber schon jenen eingreifenden Aktionismus, den die "Junge Mannschaft" dann pflegen wird. Johst selbst meinte, mit dem *Thomas Paine* den Durchbruch zum politischen Schriftsteller gefunden zu haben. Daß er nach 1933 tatsächlich in Machtpositionen gelangte, tat dieser Qualifikation durchaus Abbruch; er transformierte sich vom – im Sinne der Nationalsozialisten – politischen Schriftsteller zum Kulturapparatschik.

Obwohl die Personen in Johsts Stück historische Namen tragen (Green, Washington, Adams, Ludwig XVI., Thomas Paine) und obwohl sie in etwa in ihren geschichtlichen Funktionen auftreten,[50] handelt es sich dennoch um kein historisches Drama. Der Autor will weder Auskunft über Vorfälle aus der Zeit der amerikanischen Freiheitskriege geben (mit deren Darstellung er dann auch in der gehörigen poetischen Großzügigkeit umgeht), noch will er seine eigenen Positionen aus der Autorität eines bemerkenswerten politischen Denkens ableiten (um etwa auf diese Weise dem Nationalsozialismus historische Weihen zu verschaffen); schon gar nicht will er den exemplarischen Fall einer geglückten Revolution darstellen, der vorbildhafte Einblicke in die Handlungsmechanismen einer modernen Staatsumwälzung geben könnte. Er hat anderes, "Tieferes" im Sinn. Seine Figuren sind keine Charaktere, in ihnen laufen keine psychologischen Bewegungen ab, ja sie handeln noch nicht einmal im eigentlichen Sinn so, daß die von ihnen ausgehenden Impulse die Handlung vorantreiben. Sie sind Schablonen, deren bunte Bemalung vor allem dem Regisseur und dem Ausstatter gewisse konventionalisierte Möglichkeiten bieten, Stereotype der politischen Imagination auf der Bühne wahrnehmbar zu gestalten. Johst entwirft seine Personen allein und ausschließlich im Hinblick auf ihre (politische) Wirkung beim Zuschauer: "[...] ich sehe ein Drama, das die Kraft in sich birgt, [...] alle Beteiligten dergestalt zu überwältigen, daß der Zuschauer am Ende nicht den Abend abschließt, indem er die Garderobe stürmt, sondern daß dieses Drama sich wie ein Elexier in ihm aufzulösen beginnt. Daß er sich erlebnismäßig überschattet fühlt von der Begegnung mit etwas Metaphysischem [...]."[51]

Die Handlung des Schauspiels ergibt sich somit konsequenterweise nicht aus dem Zusammenspiel von Intentionen und Aktionen agierender Personen, ja das Stück hat im konventionellen Sinn gar keine Handlung; seine syntagmatische Achse ist wie bei einem Stationenstück, möglicherweise sogar wie bei einer Revue strukturiert: szenisch bunt wird in neun "Bildern" ein insgesamt handlungsarmes Geschehen entwickelt:

> Als sich die amerikanischen Kolonien von England lösen, formuliert der Schriftsteller Thomas Paine flammend die Ideale der Freiheit und gibt so der Unabhängigkeitsbewegung des jungen Volks, das sich vor allem in Soldaten repräsentiert, eine geistig-seelische Mitte (Bild 1); auch in militärisch schwierigen Situationen bewährt sich sein Pathos: wider alle strategische Vernunft bewegt er die militärischen Führer vor dem Druck der Engländer ins Unbekannte, in die noch weißen Regionen der Landkarte Nordamerikas auszuweichen und von dort den Angriff gegen sie vorzutragen (Bild 2). Als die Engländer nach dem amerikanischen Sieg den neuen Staat binden wollen, wird Paine – ohne Wissen der amerikanischen Bürger – nach Paris geschickt, um Unterstützung beim revolutionären Frankreich zu suchen (Bild 3). Paine erhebt in den revolutionären Wirren die Stimme der Gerechtigkeit und der Freiheit und setzt sich menschlich für den entmachteten Ludwig XVI. ein, woraufhin er eingekerkert wird (Bild 4). Im Gefängnis lernt er Ludwig XVI. als einen überzeugten Vertreter einer Idee kennen (Bild 5). In Amerika gibt das französische Geld Spielraum gegen England (Bild 6). Nach 17 Jahren kommt der mittlerweile vergessene Paine frei (Bild 7) und kehrt nach Amerika zurück (Bild 8). Seine Person ist dort unbekannt, er ertrinkt unerkannt im Hafenbecken; aber sein Revolutionslied lebt, mit dem er einst den Aufbruch des jungen Volkes ins Unbekannte, ins noch nicht Kartierte anfeuerte – es ist der Ausdruck der Jugend Amerikas (Bild 9).

Dieses Geschehen wird über einer fundamentalen Opposition, um die es dem Autor geht, organisiert und in ihrer Spannung am Ende aufgelöst: über dem Widerspruch zwischen "dem Menschen" und seiner ihn unter Zwang setzenden Situation.

Johsts "Bericht" aus dem amerikanischen Unabhängigkeitskrieg liegt ein ganz anderes erzählerisches Darbietungsschema zugrunde als der historiographischen Erzählung (deren Darbietungsschema am Ende auch die "Who and Why"-Frage verpflichtet ist): ein Zustand A (z.B. die Person xy ist Royalist/Demokrat/...) wird durch das Eintreten eines Ereignisses B derart verändert, daß sich ein Zustand C ergibt (die Person ist zum Republikaner/ Faschisten/... geworden). Johsts literarische Imagination folgt einem ganz anderen Entwicklungsschema. Die Ausfaltung des dramatischen Prozesses spielt sich nicht – um in der dramaturgischen Terminologie des 19. Jahrhunderts zu sprechen – auf der Ebene des Kausalnexus ab, sondern auf derjenigen des Idealnexus. Es geht überhaupt nicht um Personen, die Träger einer Handlung werden könnten; Protagonist des Stücks ist eine Idee, die Idee vom freien, jungen Amerika. Wie diese sich durch die Personen hindurch ausbreitet und Raum gewinnt, das macht die Erzählung des Dramas aus. Die Figuren werden von einer Idee ergriffen, und die einzelnen Stationen der Handlung sind – mit Ausnahme von Bild 8 – nur Belege für den jeweiligen Stand dieser Ausweitung. Die Idee benutzt die Personen im wahrsten Sinn des Wortes als Lautsprecher: sie ergreift sie, überwältigt sie und spricht dann aus ihnen heraus. Indem sie körperlich wird, verschwinden die Körper der Personen, die sie in Besitz genommen hat, und zwar ganz wörtlich. Sie verschwinden im Wasser und im Dunkeln. Am Ende des Stücks hört der Theaterbesucher von der verdunkelten Bühne nur noch die Idee tönen, die Idee des "jungen Amerika".

Johst führt die Theaterzuschauer nun nicht etwa argumentativ oder gar raisonierend durch diese Gedankenwelt, er läßt seine Figuren – das wäre für ihn "Bildungstheater" – nicht politische Anschauungen predigerhaft vortragen oder erörtern (da beschränken sie sich auf das Notwendigste), er setzt die politische "Botschaft" vielmehr um in sinnliches Erlebnis für die Zuschauer. Diese werden in ihren Affekten gepackt. Darin war Johst ein sehr geschickter Praktiker des Theatereffekts. So läßt er etwa das vierte Bild, das im Paris der Französischen Revolution spielt, auf diese Weise enden: Paine hat sich nach der Entmachtung des Königs für den Menschen Ludwig eingesetzt, weswegen er von dem ehemaligen Franziskaner und jetzigen Schreckensmann Chabet der Konspiraton mit dem Adel bezichtigt wird. "DIE MENGE (rasend) Die Guillotine!... Es lebe Chabet!... Die Guillotine!! Die Guillotine (Licht erlischt jäh, aus dem Dunkel: die Guillotine!) Vorhang." (75) Johst organisiert in seinen Texten ein Feld für ein affektives Erleben seiner Botschaften, das von plötzlichen Choks und von starken Oppositionen bestimmt ist, wobei er entschieden auf emotionale Clichés zurückgreift. Das ganze Stück ist nicht als ein gedanklicher Bogen entworfen (wie im Extrem das Freytagsche Handlungsschema es vorzeichnet), sondern als eine Kette von gefühlsauslösenden Zeichen, die sich zu Oppositionen ordnen: die Orte der bürgerlichen Welt und die Orte des "jungen Volkes", Orte der Enge – Orte der Weite. Der Zuschauer wird in diese Topik hineingerissen.

Johst läßt das Stück in der Enge der bürgerlichen Welt beginnen, er versetzt den Zuschauer fast ins arcanum des Liberalismus des 19. Jahrhunderts: in die Redaktionsstube einer Zeitung. Der alte, gegen die Herrschaft der Krone rebellierende General Greene besucht den Verleger der in Philadelphia erscheinenden anti-britischen Zeitung *Magazin*. Damit der Zuschauer die Enge der bürgerlichen Erwerbswelt nicht allein optisch erlebt, greift der Autor gleichsam über die Rampe und zieht den Theaterbesucher auch akustisch in die bedrängende Geschäftigkeit dieses bürgerlichen Ortes par excellence: Laut Regieanweisung hat "zunächst" werktätiger Lärm zu herrschen; der erste Satz des Stücks – er wird bezeichnenderweise vom Soldaten Greene gesprochen – taucht förmlich aus dem Lärm auf: "... hier hört man sein eigenes Wort kaum, wie soll man sich da verständigen." Der Verleger Stone, dessen Lebensraum diese Redaktionstube darstellt, führt den aggressiven Lärm denn auch gleich auf die Prinzipien der bürgerlichen Welt zurück: Greene höre da den "Marschschritt unsrer Kolonnen", den "Sturmtrupp der neuen Zeit" (11)! Hier betreiben die (wenig später auf der Bühne erscheinenden) Bürger ihre Geschäfte, und wenn sie von Freiheit reden, dann weiß der Zuschauer gleich, was für eine Freiheit da beschworen wird: es sind die Freiheiten der (liberalen) Pfeffersäcke, und ihre Zeit wird hektisch, eng und profitabel sein wie die Redaktionsstube des *Magazin*. So ist es denn kein Wunder, daß sich die Bürger vor einer Entscheidung drücken, die der Soldat Greene von ihnen verlangt.

Als diese enge Welt in Gefahr steht zu kollabieren (weil sich die Personen beinahe in die Haare geraten und verbal übereinanderherfallen), reißt Johst sie auf, und zwar im ganz eigentlichen Sinn des Wortes: Während Washington und die Bürger jeweils vom Bürodiener angemeldet auf der Bühne erscheinen, akzeptiert Paine diesen Riegel nicht, er zerbricht ihn und erscheint umstandslos, indem er den Bürodiener glatt überrennt und unvermittelt mit den Worten "'Da bin ich!!', sagt er... Nichts für ungut!..." (28) in die Redaktionsstube platzt. In seinen Repliken zerreißt er sogleich die engen Gedankengespinste der Pfeffersäcke und entwirft dem bislang orientierungslosen Handeln ein Ziel: den Staat Amerika. Auf diese Weise präludiert Johst gleich zu Beginn seines Stücks dessen affektive Grundstruktur. Im weiteren Verlauf kommt nichts Neues hinzu. In den einzelnen Nummern bzw. in ihrer Kombination wiederholt sich das immer gleiche Spiel zwischen Enge und Weite. Angesichts dieser Konfiguration stellt sich dem Zuschauer die pragmatische Frage aus liberalem Geist nach dem "Who and Why" erst gar nicht. Zum einen aus theaterkonzeptionellen Gründen nicht, denn die Figuren, die er auf der Bühne erscheinen sieht, sind keine individuellen Personen im Sinne des Lessing-Schillerschen Theatermodells, die aus eigener ("moralischer") Verantwortung handelten und die damit zu erklären wären. Sie repräsentieren vielmehr Typen: den idealistischen General, den großsinnigen und brausenden Idealisten, den rechnenden bürgerlichen Kaufmann. Als solche sind sie, die sie sind. Die Reaktion des Zuschauers auf sie hat sich in einer langen Theatertradition habitualisiert. Zum andern stellt sich die Frage angesichts dieses Produkts nationalsozialistischer Phantasie aus ideologischen Gründen nicht. Warum Paine ein so begeisterter Vertreter der Freiheit Amerikas ist, wird nie zum Problem. Er ist es seiner Natur nach. Angesichts seines Ungestüms fragt keiner warum und wieso.

Das zweite Bild, das in der rasch aufsteigenden Spannungskurve des Stücks sogleich dessen Zentrum bildet, demonstriert das Verhältnis zwischen Enge und Weite ad oculos. Die Szenerie ist von jener Art, wie sie die Ästheten des Dritten Reichs besonders liebten[52]. "Schlucht. Abend. Lagerfeuer. Anfangs von fernher dunkelnder (!) Geschützabschuß" verlangt die Regiebemerkung (39). Die Insurgentenarmee ist von den britischen Truppen im Norden, Osten und Süden eingeschlossen, die militärische Lage ist hoffnungslos. Die Bürger träumen von weichen Betten in Philadelphia, vom Gang der Geschäfte oder schlicht von ihren Kindern; kurz und gut, um das flackernde Feuer sitzt keine Armee von Siegern. Da erscheint Paine erneut: er rüttelt Washington mit dem Plan auf, dem Druck der englischen Truppen einfach dadurch auszuweichen, daß man sich in den noch nicht erkundeten Westen zurückzieht, gewissermaßen ins Weiße der Landkarte verschwindet. Nun gibt der Militär Washington nicht etwa mit rationalen Argumenten logistische Schwierigkeiten zu bedenken, er antwortet vielmehr emotional: "Wer sagt mir, daß die Welt da nicht mit Brettern vernagelt ist?" (46). Dieser Mangel an Haltung läßt sich, da er emotional ist, nur emotional überwinden: Paine wirft sich – ganz wörtlich – zum Trommler für die Idee auf, er stimmt das Lied von der Weite Amerikas und der Tatkraft der jungen Nation an:

> Was wäre das Meer,
> wenn es die Flüsse nicht speisten...
> Die Flüsse Amerikas!...? (48)

Diese Strophe singt Paine zunächst allein, in den folgenden Strophen strömen von überall die Kameraden herbei und schließlich fallen nach der letzten Strophe:

> Nichts wäre Amerika,
> wären wir Amerikaner nicht,
> Wir, Kameraden, wir!! (48)

alle "jubelnd" (wie die Regiebemerkung verlangt) in den Refrain ein:

> Wir, Kameraden, wir!
> Wir, Kameraden, wir!! (49)

Nach diesem Höhepunkt fällt die Stimmungskurve ab, das Stück zieht sich hin. Es muß eigentlich nur eine Zeitspanne von 17 Jahren überbrückt werden. Nach Szenen der Enge (3. Bild / Redaktionszimmer, 4. Bild / Saal in der Tuilerien, 5. Bild / Gefängnisgewölbe, 6. Bild / Independence Hall,

7. Bild / Gefängnisgewölbe) weitet sich das Szenarium wieder (8. Bild / Strand bei Le Havre) bis es schließlich im letzten, im neunten Bild (Hafen von Philadelphia) sich ins Freie und am Ende wenn nicht gar ins Universelle, so doch ins Kontinentale öffnet: Nachdem Paine aus 17jähriger französischer Einkerkerung freigekommen ist, landet er unerkannt im Hafen von Philadelphia. Obwohl das Leben der liberalen Koofmiche seinen Gang nimmt, herrscht die Idee des freien Amerika. Die emsigen Bürger können in ihrer Betriebsamkeit nur vorübergehend die Sicht versperren (sie lassen eine Ehrenformation für ihre englischen Geschäftspartner aufmarschieren, die dann aber noch nicht einmal ins Blickfeld gelangen), aber sie beherrschen die Szene lediglich für Augenblicke, ihre Aktionen sind banal und nebensächlich.

Die Szene beherrschen tun die neuen Menschen der freien Gemeinschaft. Um das sichtbar zu machen, sprengt Johst im Dienste seiner Idee am Schluß des Stücks den Bildrahmen der Bühne, indem er zunächst den Bug des Schiffs, mit dem Paine nach Amerika zurückkehrt, sichtbar werden läßt, dann aber vor allem, indem er die Träger der Idee, die Vertreter des jungen Amerika, das Lied singen läßt, mit dem sie einst ihre Identität gewonnen haben, das einst die Soldaten mitriß und aus den Insurgenten gegen England das junge Volk der Amerikaner machte. Johst will das Lied nicht nur auf der Bühne gesungen wissen, sondern auch außerhalb der Szene. Schließlich erlischt auf der Bühne das Licht: "Aus dem Dunkel hymnisch" (120) verlangt die Regieanweisung den Schlußruf: "Wir Kameraden, wir...!!", das den geschäftigen Lärm der bürgerlichen Welt, der die Eingangsszene quälend beherrscht hat, mächtig übertönt: Der enge Raum des bürgerlichen Treibens hat sich in einem mythischen Akt, den die Kunst reproduziert und ins Publikum trägt, in die Weite des "Lebens" geöffnet; aus dem diffusen Lärm, dem "weißen Rauschen" alltäglicher Geschäftigkeit, aus richtungsloser Vereinzelung bürgerlicher Individuen wird den Figuren des Texts und wird den Zuschauern der Auf- und Durchbruch in die grenzenlose Weite der völkischen Gemeinschaft, ins allgemeine "Wir" suggeriert, in dem das Individuum versinkt. Der Einzelne wird zum Träger einer Idee des freien, des unbegrenzten Lebens, das sich jenseits der Einzelnen, durch sie hindurch verwirklicht. Die Ordnung, die der Tod der Libido ist, weicht der Unendlichkeit des "Lebens", in das sich der Einzelne verströmt. Der Himmel, die Sterne, die Ströme, die Jugend und das "Wir" der Kameradschaft, wie es in Paines Lied heißt, bilden eine einzige Bildebene. Und am Ende das Dunkel und der hymnische Gesang, in denen sich die Figuren verlieren. Sie verlöschen wie Thomas Paine, den niemand mehr kennt oder niemand mehr kennen will, als er nach 17 Jahren aus Frankreich zurückkehrt, dessen Lied aber alle singen können. Im Tod gebiert sich paradoxerweise das "Leben".

Das Schema, nach dem Johst sein Stück aufbaut, ist ein ganz generelles; der Leser, der auch nur ein wenig vertraut ist mit der dramatischen Produktion der Autoren, die hier zur Diskussion stehen, wird unter der Oberfläche der "Handlung" leicht ein Grundmuster entdeckt haben, das immer wieder Stücke dieses Schlages bestimmt. Strukturalistisch spielend könnte man sagen, Johsts *Thomas Paine* sei eine der Bild-Oberflächen, die aus einer Tiefenstruktur faschistisch imaginierten Handelns transformiert sei (und es machte wenig Mühe, aber vielleicht wenig Spaß sich selbst neue Szenarien auszudenken, die diese Tiefenstruktur mit verändertem Spielmaterial immer wieder neu realisieren).

Der Durchbruch der Idee bildet das Zentrum solcher Stücke. Von ihm her ist alles gedacht. Auf der Ebene der Motive vollzieht er sich in der Überwindung der liberalen Welt der pragmatischen Zusammenhänge: nicht die bessere Taktik, bessere Kampfmoral oder auch nur schlicht die bessere Ortskenntnis machen die Amerikaner den Engländern militärisch überlegen, sondern ihr Enthusiasmus, ihr Schwung, der sie gerade dazu befähigt, die abwägenden Berechnungen hinter sich zu lassen. Der Durchbruch vollzieht sich in der Überwindung des bürgerlichen Individuums. Die Unbedingtheit des Wollens hält den Lauf der pragmatischen Geschichte an und ermöglicht in diesem Moment des Innehaltens den Lauf der Geschichte zu ändern. Zwar braucht das Volk den großen Mann, der sozusagen die Initialzündung gibt, aber in der Dynamik des Prozesses scheiden sich die Ereignisse von ihm, das Individuum löst sich auf, an seine Stelle tritt die "Gemeinschaft" der "Kameraden", das Wir. "Über dem Triumph des Einzelwesens, über der Verzweiflung der Verwesung strahlt: das Leben. Mein und dein, ich und du, Leiden und Sterben sind weichende, fliehende Schatten in seiner Erscheinung, in seinem Fegefeuer, in seiner Läuterung", verlautet Johst in einer Vorbemerkung zum Stück (5).

4. "Ein Teil des Faschismus in Deutschland ist gleichsam der schiefe Statthalter der Revolution" (Ernst Bloch)[53]

Was meint Johst eigentlich mit dem Ausdruck "Freiheit"? Eines ist jedenfalls sicher: es ist damit nicht die Freiheit des liberalen Wirtschaftssystems gemeint, im Gegenteil. Für Johst – und nicht nur für ihn – verweist der Begriff nicht auf einen zu beschreibenden Sachverhalt oder auf einen Zustand (z.B. darauf, daß die amerikanischen Kolonisten ihre Steuern selbst festlegen können). "Freiheit" ist eher als ein Gestus zu verstehen, etwa als Entschluß zur Aktion. Deren Ziel und Inhalt sind nahezu gleichgültig, weswegen das Johstsche Stück ja auch in Amerika spielen kann, ohne einer nationalistischen Orientierung auf deutsche Zusammenhänge irgend einen Abbruch zu tun. Diese Konstruktion stil- und geistesgeschichtlich auf den

Expressionismus zurückzuführen, bedeutet verhältnismäßig wenig, weil man dann die politische Dimension des Bühnenwerks übersähe. So ist es denn auch kein beiläufiger handwerklicher Trick des seiner Mittel sicheren Dramatikers Johst, daß ausgerechnet im Singen eines Liedes sich das Tor vom Ich zum Wir öffnet. Gerade in diesem Motiv bekommt die Funktion, die Johst dem Ästhetischen zuschreibt, ihre äußerste Zuspitzung: im Singen des Liedes werden die gesellschaftlichen Divergenzen überwunden, und zwar auf der Textebene unter den Figuren (sie stimmen am Ende alle in den Gesang ein) wie auf der pragmatischen Ebene der Theaterzuschauer: "Das Volk ist die Einheit der Menschen, denen ein Stück Erde, ein Land gemeinsam gehört. Mag der einzelne Arbeiter [...] des Gefühls für seinen Besitz an diesem Lande, der metaphysischen Zugehörigkeit zu dieser Heimat verlustig gegangen sein, so ist es Aufgabe und Pflicht der geistigen Führung des Staatswesens, diesen Volksgenossen ihren ideellen Anteil an der Nation klar und eindringlich, sinnlich und unzweideutig nahe zu bringen", kommentiert Johst seine Anschauungen einmal.[54] Literatur hat also nachgerade die Funktion, die reale Integration in die Gesellschaft, die verloren gegangen ist, durch eine ideelle einzutauschen!

Im Ästhetischen werden die Individuen homogenisiert; über eine begrifflich entleerte Idee, über den Gestus des Entschlusses zur Tat sollen sie an die Gesellschaft gebunden und in sie integriert werden.[55] Diese Ästhetisierung gesellschaftlicher Homogenisierungsprozesse als ein Spezifikum einer nationalsozialistischen Gesellschaftsauffassung zu klassifizieren, bleibt zumindest solange vorschnell, wie nicht die gesellschaftlichen Integrationspraktiken beschrieben werden, die nicht oder doch nicht primär auf die liberale Theorie der Einbindung von Individualinteressen gründen. (Es mag eine persönliche Obsession sein – aber in der Beobachtung etwa der Effekte von Jimmi Hendrix' Woodstock-Song "I'm going home" oder von John Lennons "Give Peace a Chance" ist mir immer Hanns Johsts "Was wäre das Meer" aus dem *Thomas Paine* eingefallen, und zwar nicht hinsichtlich seines Inhalts, sondern wegen der masseninintegrativen Funktionen.)

Es wäre zu fragen, ob hier nicht – im Sinne des Adornoschen Ideologiebegriffs[56] – in der Vortäuschung einer gesellschaftlichen Realität eine Wahrheit des Textes von Johst zu suchen wäre, die auch dessen Erfolg zu erklären vermöchte. Johst knüpft ja durchaus an historische Erfahrungen an, die breite gesellschaftliche Gruppen im Deutschland der zwanziger Jahre machten: an die Erfahrung mangelnder Integration ins Weimarianische Machtsystem. (Die mangelnde Integration hatte übrigens auch ihre kulturellen Dimensionen, die hier bei Johst indes keine Rolle spielen dürften, wohl aber bei anderen Autoren, vor allem bei jenen, die dem traditionsorientierten Bürgertum zuzurechnen sind.) Diese Erfahrung mangelnder Integration war eine höchst praktische; die Krisen der Weimarer Republik schlugen bekanntlich unmittelbar auf die Masse der Bevölkerung durch, nicht nur auf dem ökonomischen Sektor, dort aber besonders schmerzlich. Johst imaginierte in diesem Stück nun nicht eine Gesellschaft, in welcher dieses Problem der mangelnden Integration ihrer Mitglieder und eine Homogenisierung der sie durchziehenden Interessen gelöst wäre (das hätte angesichts der Zustände eine soziale Idylle ergeben), er imaginierte vielmehr einen Integrations*prozeß* (dessen Dynamik und Universalität er – wie angedeutet – mit dramaturgischen Mitteln geschickt in Szene setzte). Insofern versteht er den *Thomas Paine* als ein revolutionäres Stück. Das Charakteristische dieser Revolutionsphantasmagorie ist – wie ich hoffe, deutlich gemacht zu haben –, daß der historische Prozeß nicht durch die Tat eines revolutionären Subjekts vorwärtsgetrieben wird, sondern sich in einem ästhetischen Akt manifestiert, in welchem das Individuum als Subjekt gerade untergeht. Johst benutzt die traditionelle Institution Kunst, um Einsichten in das "tiefere" Muster unter allen historischen Vorgängen zu gewinnen.

Obwohl Johst im *Thomas Paine* die Phantasie weit schweifen läßt und sie in die Dynamik des historischen Prozesses zu ziehen versucht, führt er doch seine Leser und Zuschauer geistig nicht in weite Fernen. Das Rettende, auf das die geweckte Hoffnung gespannt wird, liegt nahe. Das ideologische Rüstzeug, mit dessen Hilfe die imaginierten Bilder zu entschlüsseln sind, ist ein altvertrautes. Wer mit der deutschen Literatur des ausgehenden 19. und des beginnenden 20. Jahrhunderts auch nur ein wenig vertraut ist, kennt es: Es entstammt – ideologiegeschichtlich gesehen – dem Schopenhauerschen Pessimismus, den Wagnerianischen Volksgemeinschaftsmythen[57], der Lebensphilosophie und dem daraus geborenen Nietzschekult, der germania germanicissima bildungsbürgerlicher Schwärmerei und den kulturkritischen Träumen von Ultima Thule; der Theaterzuschauer begegnet den gängigen Oppositionen zwischen Jugend und Establishment, gebärender Unbegrenztheit des Lebens und toter Ordnung der rationalen Zwecke, zwischen berufenem Einzelnen und träger Masse, zwischen Geist und Schrift, Leben und Tod. Sie sind leicht im Text wiederzuerkennen und bedürfen deswegen keiner langen Erläuterungen. Gerade weil diese Ideologeme dem Publikum vielfältig vertraut waren, weil sie Elemente gleichsam der alltäglichen Weltdeutung darstellten, konnten solche Stoffe aus den kollektiven Träumen zumindest des Bildungsbürgertums im Dienste der Beglaubigung der imaginierten Vorgänge stehen. Hier fühlte man an altbekannte Wahrheiten gerührt. Darauf konnte Johst bauen: Er fordere vom Zuschauer, so führte er in einer programmatischen Rede aus, daß dieser "sich erlebnismäßig überschattet fühlt von der Begegnung mit etwas Metaphysischem, was zu ihm persönlich drängt [...] und ihn nicht ruhen läßt, bis er [...] für die Begegnung eine Lösung, seine Erlösung, errungen, gefunden hat."[58] Hier verfügen alle, Autor wie Zuschauer/Leser, über Durchblick; anders als in der "Moderne", im Roman eines Döblin oder Walser etwa, wird ästhetisch erzeugt, was die Realität als Erfahrung verweigerte: eine Totalität der Wahrnehmung. Vor dem "tieferen" Muster historisch-gesellschaftlicher Perspektive entwirrt sich auch die Gegenwart, vor dieser Folie scheint sie beherrschbar zu werden. Das reale Gefühl der Ohnmacht wird kompensiert durch das ästhetische Gefühl der Dominanz: Geschichte ist – wie man auf der Bühne leibhaftig zu sehen meint – kein dunkles Geschehen, sie folgt keinen blinden Gesetzen; menschliches Tun setzt Sinn, auch wenn es den Einzelnen löscht, ja gerade wenn es ihn löscht.

Indem sich die Individuen ästhetisch vernichten und (zugunsten des Gesanges und schließlich im empedoklcischen Selbstopfer Paines zugunsten des Schweigens) sich ihres Wortes begeben, überwinden sie ein Gesellschaftsmodell: die Gesellschaft des liberalen Bürgertums. In dieser Überwindung wird ein neuer Staat geboren: die Gemeinschaft des mythischen Volksstaats, der sich gar nicht anders als ästhetisch manifestieren kann.

ANMERKUNGEN

1. Karl Kraus, *Die dritte Walpurgisnacht*, München 1952, S. 9.

2. Einen informativen Überblick über einschlägige Quellentexte gibt Anton Kaes (Hrsg.), *Manifeste und Dokumente zur deutschen Literatur*, Bd. 4: Weimarer Republik, Stuttgart 1983, S. 485–568 (Stimmen pro), S. 569–601 (Stimmen contra).

3. Ernst Toller, "Der entfesselte Wotan", in: E. T., *Gesammelte Werke*, Bd. 2, hrsg. von John M. Spalek und Wolfgang Frühwald, München 1978, S. 249–302.

4. Hans Grimm, *Volk ohne Raum*, 2 Bde, München 1926.

5. Thomas Mann, *Mario und der Zauberer*, Berlin 1930 (Vergl. Gert Sautermeister, *Thomas Mann, "Mario und der Zauberer"*, München 1981).

6. Hans Fallada, *Bauern, Bomben, Bonzen*, Berlin 1931.

7. Hermann Broch, *Huguenau oder die Sachlichkeit 1918*, Zürich 1932.

8. Erich Kästner, *Gesammelte Schriften*, Bd. 1: Gedichte, Frankfurt/M. 1958, S. 299–301.

9. Erich Kästner, *Fabian*, Stuttgart 1931.

10. Ernst Ottwald, *Denn sie wissen, was sie tun*. Ein deutscher Justiz-Roman, Berlin 1931.

11. Joseph Goebbels, *Michael*. Ein deutsches Schicksal in Tagebuchblättern, München 1934.

12.   Vergl. Hans-Albert Walter, *Deutsche Exilliteratur 1933-1950*, Bd. 1: Bedrohung und Verfolgung bis 1933, Darmstadt 1972.

13.   Vergl. Wolfgang Wippermann, *Faschismustheorien*, Darmstadt [4]1975.

14.   Ernst Toller, *Hoppla, wir leben!*, in: E.T., *Gesammelte Werke*, Bd. 3 (= Anm. 3), S. 332 u. 334.

15.   Vergl. Raimund Gerz (Hrsg.), *Materialien zu Brechts "Aufhaltsamer Aufstieg des Arturo Ui"*, Frankfurt/M. 1983.

16.   Vergl. Walter Hinck (Hrsg.), *Geschichte als Schauspiel*, Frankfurt/M. 1981.

17.   Klaus Theweleit, *Männerphantasien*, Bd. 1: Frauen, Fluten, Körper, Geschichte, [2]Reinbek 1980, S. 93.

18.   Vergl. Uwe-K. Ketelsen, *Von heroischem Sein und völkischem Tod. Zur Dramatik des Dritten Reiches*, Bonn 1970, S. 299-371.

19.   Vergl. Uwe-K. Ketelsen, "Kunst im Klassenkampf: *Die heilige Johanna der Schlachthöfe*", In: Walter Hinderer (Hrsg.), *Brechts Dramen. Neue Interpretationen*, Stuttgart 1984, S. 106-124.

20.   Gustav Frenssen, *Jörn Uhl*, Berlin 1901 (Vergl. Uwe-K. Ketelsen, "Literatur in der Industrialisierungskrise der Jahrhundertwende. Eine historische Analyse der Erzähl-konzeption in Gustav Frenssens Roman 'Jörn Uhl'", *Jahrbuch der Raabe-Gesell-schaft* 1984, S. 173-197).

21.   Hellmuth Langenbucher, *Volkhafte Dichtung der Zeit*, Berlin [3]1937, S. 89.

22.   Arnolt Bronnen, *Roßbach*, Berlin 1930.

23.   Ernst von Salomon, *Die Geächteten*, Berlin 1930.

24.   Vergl. auch Alice Yaeger Kaplan, *Reproduction of Banality. Fascism, Literature, and French Intellectual Life*, Minneapolis 1986.

25.   Armin Mohler, "Der faschistische Stil" in: A. M., *Von rechts gesehen*, Stuttgart 1974, S. 179-221.

26.   So bleibt Theweleits Erklärungsapparat ideologiegeschichtlich dem Destruierten stärker verbunden, als es dem Verfasser lieb sein dürfte, was möglicherweise den faszinierten Ekel begreiflich machen würde, der die Analyse des Gelesenen durchzieht. Vor allem aber werden in der Reduktion der Texte auf die in ihrer Tiefe verborgen liegenden Triebstrukturen des faschistischen Mannes alle erzähleri-schen Motive als Oberflächenphänomene unwesentlich und alle Unterschiede als Marginalerscheinungen belanglos.

27.   Peter Weiss, *Die Ermittlung. Oratorium in 11 Gesängen*, Frankfurt/M. 1965.

28.   Claude Lanzmann, *Shoah*, Düsseldorf 1986.

29.   Susan Sontag, "Fascinating Fascism", *The New York Review of Books* vom 6.2.1965.

54

30.   Fredric Jameson, *Fables of Aggression*, Berkeley 1979.

31.   Furio Jesi, *Cultura di destra*, Mailand 1979, deutsch: *Kultur von Rechts*, Basel 1984.

32.   Saul Friedländer, *Reflets du Nazisme*, Paris 1982, deutsch: *Kitsch und Tod. Der Wiederschein des Nazismus*, München 1984.

33.   Ebd., S. 12.

34.   Ebd., S. 19.

35.   Josef Magnus Wehner, *Vom Glanz und Leben deutscher Bühne. Eine Münchner Dramaturgie*, Hamburg 1944, S. 341.

36.   Vergl. Uwe-K. Ketelsen, *Völkisch-nationale und nationalsozialistische Literatur in Deutschland. 1890-1945*, Stuttgart 1976, S. 58-78; ders., "Literatur und Faschismus", in: Thomas Koebner (Hrsg.), *Zwischen den Weltkriegen*, Wiesbaden 1983, S. 35-54 (= *Neues Handbuch der Literaturwissenschaft*, Bd. 20); Viktor Žmegač (Hrsg.), *Geschichte der deutschen Literatur*, Bd. III,1: 1918-1945, Königstein 1984, S. 79-111; Horst Albert Glaser (Hrsg.), *Deutsche Literatur. Eine Sozialgeschichte*, Bd. 9: 1918-1945, Reinbek 1983, S. 144-154, 189-199, 212-218.

37.   Vergl. z. B. Eduard Goldstücker u. a. (Hrsg.), *Franz Kafka aus Prager Sicht*, Berlin 1966.

38.   Erwin Guido Kolbenheyer, *Paracelsus. Romantrilogie*, München 1917, 1921, 1925.

39.   Ders., *Gregor und Heinrich. Schauspiel*, München 1934.

40.   Vergl. Anm. 4.

41.   Ernst Jünger *In Stahlgewittern. Aus dem Tagebuch eines Stoßtruppführers*, München 1920.

42.   Hanns Johst, *Thomas Paine. Schauspiel*, München 1927 (nach dieser Ausgabe wird im folgenden fortlaufend im Text zitiert).

43.   Paul Fechter, *Die Rückkehr zur Natur*, Stuttgart 1929.

44.   Friedrich Griese, *Die Weißköfe*, Hamburg 1939.

45.   Josefa Berens-Totenohl, *Der Femhof*, Jena 1934.

46.   Vgl. etwa Peter Zimmermann, *Der Bauernroman. Antifeudalismus – Konservatismus – Faschismus*, Stuttgart 1975, S. 125-153; Godele von der Decken, *Emanzipation auf Abwegen. Frauenkultur und Frauenliteratur im Umkreis des Nationalsozialismus*, Frankfurt 1988. Spezielle Untersuchungen zur dramatischen Literatur liegen vor etwa von Bruno Fischli, *Die Deutschen-Dämmerung. Zur Genealogie des völkisch-faschistischen Dramas und Theaters*, Bonn 1976, S. 70-197; Uwe-K. Ketelsen, "Das völkisch-heroische Drama", in: Walter Hinck (Hrsg.) *Handbuch des deutschen Dramas*, Düsseldorf 1980, S. 419-430; Ulf-Thomas Lesle, *Das niederdeutsche Theater. Von 'völkischer Not' zum Literaturtrost*, Hamburg 1986, S. 117-151; Manfred Frank, "Vom 'Bühnenweihefestspiel' zum 'Thingspiel'. Zur Wirkungsgeschichte der 'Neuen

Mythologie' bei Nietzsche, Wagner und Johst", in: *Poetik und Hermeneutik* XIV, 1989.

47.   Vergl. Siegfried Casper, *Hanns Johst*, München 1940; Helmut F. Pfanner, *Vom Expressionismus zum Nationalsozialismus*, The Hague 1970. Beide Darstellungen sind – jeweils aus der Perspektive ihrer Entstehungszeit akzentuiert – ideologiege-schichtlich orientiert.

48.   Hanns Johst, *Schlageter. Schauspiel*, München 1933 (Text auch in Günther Rühle (Hrsg.), *Zeit und Theater*, Bd. 3: Diktatur und Exil, 1933–1945, S. 77–139, mit – auch zeitgeschichtlich – aufschlußreichem Kommentar).

49.   Im Hinblick auf Johsts proklamatorische Kunstvorstellungen vergl. seine beiden Bändchen *Ich glaube! Bekenntnisse*, München 1928 und *Standpunkt und Fortschritt*, Oldenburg 1933.

50.   Die Figur des Stücks trägt allerdings kaum mehr als den Namen des historischen Thomas Paine (1737–1809). Dieser war ein Engländer, der 1774 nach Amerika emi-grierte und zum Parteigänger der amerikanischen Unabhängigkeitsbewegung wurde; 1787 kehrte er voll der neuen Ideale nach Europa zurück, ging nach Frankreich, publizierte 1791 und 1792 in London die zweibändige Kampfschrift *Rights of Man* gegen Burkes Angriffe auf die französische Nationalversammlung, floh nach Frankreich. Da er gegen die Hinrichtung Ludwigs XVI. auftrat, inhaftierten ihn die Republikaner. 1802 wurde er freigelassen; er kehrte nach Amerika zurück, wo er 1809 verbittert und vergessen starb. Johsts Titelfigur ist weit entfernt davon, dem Ruf des Galilei "Tanta vis est veritatis" die Painesche neuzeitliche politische Fassung zu geben: "But such is the irresistible nature of truth, that all it asks, and all it wants, is the liberty of appearing", solcherweise Wahrheit mit politischer Freiheit verbindend.

51.   Hanns Johst, "Vom neuen Drama", in: H. J., *Ich glaube!* (= Anm. 49).

52.   Hanns Johst, "Vom neuen Drama", in: H. J., *Ich glaube!* (= Anm. 49).

53.   Ernst Bloch, "Erinnerung: Hitlers Gewalt" (1924), in: E. B., *Gesamtausgabe*, Bd. 4: Erbschaft dieser Zeit, Frankfurt/M. 1962, S. 164.

54.   Hanns Johst, "Vom neuen Drama", in: H. J., *Ich glaube!* (= Anm. 49).

55.   Dieses ist immer wieder Gegenstand germanistischer Reflexionen gewesen; vergl. z.B. Hans–Jochen Gamm, *Der braune Kult. Das Dritte Reich und seine Ersatzreligion*, Hamburg 1962; Rainer Stolemann, *Ästhetisierung der Politik. Literaturstudien zum subjektiven Faschismus*, Stuttgart 1978; Klaus Vondung, "'Apokalyptische Erwartung'. Zur Jugendrevolte in der deutschen Literatur zwischen 1910 und 1930", in: Thomas Koebner u. a. (Hrsg.), *"Mit uns zieht die neue Zeit". Der Mythos Jugend*, Frankfurt/M. 1985, S. 519–545.

56.   Theodor W. Adorno, *Prismen*, Frankfurt/M. 1955, S. 28.

57.   Veit Veltzke, *Vom Patron zum Paladin. Wagnervereinigungen im Kaiserreich von der Reichsgründung bis zur Jahrhundertwende*, Bochum 1987.

58.   Hanns Johst, "Vom neuen Drama", in: Heinz Kindermann (Hrsg.), *Des deutschen Dichters Sendung in der Gegenwart*, Leipzig 1933, S. 208f.

ABSTRACT

The figure of the National Socialist is rarely depicted and discussed directly in the literature of the Weimar Republic. If, however, one interprets National Socialism in a broader sense, as more than merely a political party, it is at least an important topic for the Right. Yet the National Socialists themselves found it difficult to determine which authors belonged to their movement and especially which works were characteristically National Socialist literature. It is not possible to discern a unified literary movement; one must rather speak of strains differing greatly from one another.

An important author of the National Socialists in the 1920s was Hanns Johst. Born in 1890, he is among the second generation of National Socialist writers. He considered his drama *Thomas Paine* as having achieved a breakthrough to political theatre. The protagonist of his drama has little in common with the historical Thomas Paine (1737–1808). The characters in the play are types and representatives (the enthusiastic idealist, the bourgeois). There is no connected plot; rather the triumphant development of an idea is portrayed – the idea of "free life". It is difficult to determine exactly the meaning of this concept, but it is at least clear that it is intended to stand in opposition to commercially oriented life. It is attained through the sacrifice of individuality, which ultimately occurs even in a physical sense. The individual is subsumed in the "we" of a "community" ("Gemeinschaft") – the "Young America" which transcends the political dimension.

This concept must not be misinterpreted as an escape from the problems of the liberal capitalistic society of modern times. It contains an expression of the powerlessness of the individual when faced with the crisis of liberal society. The idea has its origins in the 19th century (Schopenhauer, Wagner) and projects a concept by which individuals are reintegrated into a disintegrating society, a process which occurs, however, through emotional and aesthetic rather than through political means. Aesthetics thus acquires the political function of integration. Traditional elements of ideological right-wing philosophy (e.g. the opposition between youth and establishment, between "life" and society, between life and death) are incorporated in this aesthetic and ideological vision of social integration. In the metaphor of the theatre a new national entity, transcending the political dimension, is created for the National Socialists: the mythical community of the people (Volksgemeinschaft).

Klaus Vondung, Siegen

DAS BILD DER "FASCHISTISCHEN PERSÖNLICHKEIT" IN DER NATIONALSOZIALISTISCHEN LITERATUR NACH 1933: AM BEISPIEL CHORISCHER DICHTUNGEN GERHARD SCHUMANNS

Bei meinem Versuch, Aussagen über das Bild der "faschistischen Persönlichkeit" in der nationalsozialistischen Literatur nach 1933 zu machen, beschränke ich mich auf einen Schriftsteller, Gerhard Schumann, und aus dessen Werk auf Texte einer Gattung, der sogenannten "chorischen Dichtungen". Ich werde sogar im wesentlichen nur zwei dieser Texte untersuchen, die chorischen Dichtungen *Tod und Leben* sowie *Größe der Schöpfung*, die 1935 gemeinsam unter dem Titel *Siegendes Leben* erschienen.[1] Anders als durch eine solche Beschränkung scheinen mir in begrenztem Rahmen auf die stipulierte Fragestellung keine Antworten möglich zu sein, die über pauschale und längst bekannte Feststellungen hinausgingen.

Selbstverständlich kann nicht erwartet werden, daß die Untersuchung eines solch schmalen Ausschnitts der nationalsozialistischen Literatur nach 1933 repräsentative Ergebnisse zeitigen könnte. Ich unterstelle jedoch, daß die zu gewinnenden Einsichten exemplarischen Charakter haben, und zwar aufgrund der von mir getroffenen Auswahl: Gerhard Schumann ist ein Vertreter der sogenannten "jungen Mannschaft"[2] nationalsozialistischer Schriftsteller, zu der Autoren gehören wie Hans Baumann, Herbert Böhme, Wolfram Brockmeier, Kurt Eggers, Herybert Menzel, Eberhard Wolfgang Möller, Hans Jürgen Nierentz; sie weisen wichtige gemeinsame Merkmale auf: Keiner von ihnen war zu Beginn des Dritten Reichs älter als dreißig (Gerhard Schumann war erst 22 Jahre alt), kaum einer hatte vor 1933 schon etwas veröffentlicht. Alle verbanden sie im Dritten Reich ihre schriftstellerische Karriere mit politischer Tätigkeit; sie bekleideten Ämter in den unterschiedlichsten Institutionen der Partei, von der Reichspropagandaleitung über die Oberste SA-Führung bis zur Reichsjugendführung. Vor allem aber schrieben sie alle, zumindest die oben genannten, chorische Dichtungen. Gerhard Schumann war zweifellos der interessanteste und begabteste unter ihnen.

Chorische Dichtungen stehen zwischen den Gattungen Lyrik und Drama; es sind Texte für einen oder mehrere Sprecher und Chöre mit sparsamer Handlung oder sogar ohne jede Handlung. In größerer Zahl entstanden solche Dichtungen erst nach 1933, während der ersten Jahre des Dritten Reichs erfreuten sie sich auch besonderer öffentlicher Förderung. Sie dienten vorzugsweise zur Ausgestaltung nationalsozialistischer Feiern,

Schumanns *Größe der Schöpfung* z. B. ging am 23. Juni 1935 als Morgen-
feier der HJ über alle deutschen Sender. Unter den Autoren chorischer
Dichtungen gab es kaum Angehörige der älteren Generation nationalsozialistischer Schriftsteller, deren wichtigste Werke schon vor 1933
erschienen waren; als neuartige Produkte gerade der jungen Generation
sind daher chorische Dichtungen – neben der Lyrik – besonders charakteristisch für die eigentliche Literatur des Dritten Reichs.[3]

Wenn ich mich nun der Frage zuwende, welches Bild von der "faschistischen Persönlichkeit" die genannten chorischen Dichtungen Gerhard
Schumanns entwerfen, so sind verschiedene Ebenen der Analyse zu
unterscheiden:

(1)   eine Oberflächenstruktur unmittelbar zugänglicher "Inhalte" und
        "Aussagen";

(2)   eine Tiefenstruktur psychischer Bedürfnisse, Ängste und Projek-
        tionen, die dem Verfasser nicht notwendigerweise bewußt sind;

(3)   ein Ensemble formaler Elemente – vom einzelnen Sprachbild bis
        zur Komposition des ganzen Werks –, das Oberflächen- und
        Tiefenstruktur überhaupt erst "sichtbar", also zum "Bild" macht.
        Insofern prägen die ästhetischen Aspekte auch die beiden ersten
        Ebenen, d. h. deren volle Bedeutung wird erst unter Berücksich-
        tigung ihrer ästhetischen Erscheinung faßbar.

Zu (1): Das oberflächlich "ausgesagte" Erscheinungsbild der faschistischen
Persönlichkeit ist leicht zu fassen: Der beispielhafte Nationalsozialist ist
gläubig, d. h. er glaubt an den Führer, an Volk und Reich, an Blut und
Boden und an die Fahne als Symbol für die nationalsozialistische Ideologie.
Er ist heroisch, d. h. bereit, für Führer und Fahne zu kämpfen. Er ist
hingabebereit, d. h. er gliedert sich in die Gemeinschaft ein und dem Befehl
des Führers unter, und er ist bereit, sich selbst zu opfern. Würde die
Untersuchung des literarischen Werks hier abgebrochen, könnte man in der
Tat zu dem Ergebnis kommen, hier seien lediglich ideologische Phrasen
aufbereitet. Eine daran anschließende funktionalistische Betrachtung müßte
folgern, diese Art von Literatur sei ausschließlich Propagandainstrument
und diene dazu, Inhalte der nationalsozialistischen Ideologie mundgerecht
zu verpacken und die Leser oder Hörer für die Ziele der nationalsozialistischen Politik verfügbar zu machen. Daß die NS-Literatur *auch*
diese Funktion besaß oder annahm, ist unbestritten, aber darin erschöpft
sich nicht ihre "Bedeutung". Diese Bedeutung, hier vor allem soweit sie das
Bild der faschistischen Persönlichkeit, deren Beweggründe und Bestrebungen

betrifft, wird erst in der ästhetischen Präsentation der äußerlichen Persönlichkeitsmerkmale sichtbar.

Zu (2): Die Tiefenstruktur ist wesentlich weniger leicht zu fassen als das oberflächliche Erscheinungsbild des exemplarischen Nationalsozialisten. Hier sind wir darauf angewiesen, sofort die ästhetische Gestalt der ins Bild gesetzten Persönlichkeit zu berücksichtigen und deren Elemente – Handlungszüge, Metaphern und Symbole – zu entschlüsseln. Ich setze an der "Gläubigkeit" der faschistischen Persönlichkeit an, die von Schumann – und vielen anderen Autoren – immer wieder betont wird. Ihren intensivsten symbolischen Ausdruck findet sie im Glauben an die Fahne, die von anderen jungen Schriftstellern auch als "Heiligtum",[4] "Testament" und "neues Sakrament"[5] bezeichnet wird. Es ist demnach als erstes festzustellen, daß in den chorischen Dichtungen die nationalsozialistische Ideologie in religiösem Gewand erscheint, als "Glaubensinhalt", daß sie in Symbolen religiösen Rangs vergegenwärtigt wird und daß die Artikulation des Glaubens an die Inhalte und Symbole der Ideologie häufig den Eindruck geradezu religiöser Inbrunst entstehen läßt.

Bei Schumann nun – und wiederum nicht nur bei ihm – wird der Glaube an das höchste Symbol der Fahne in Bildern zum Ausdruck gebracht, in die sich eindeutig sexuelle Phantasien hineinmengen. Die folgenden Zitate stammen alle aus der einen chorischen Dichtung *Tod und Leben*: "Wie ein Turm steigt dieser Glaube aus mir."[6] – "Wie sich der Schaft zum Himmel reckt."[7] – "Hab ich den hochgereckten Willen nicht wie eine Fahne mir vorausgetragen?"[8] – Wenn "die Fahne steht", "steht der Mensch im Sonnensturm der Lust" und "atmet er in flammender Begattung".[9] Auch hier würde die Analyse vorschnell beendet, wenn lediglich konstatiert würde, sexuelle Triebe seien auf Inhalte der nationalsozialistischen Ideologie projiziert, dadurch sublimiert und zugleich verdrängt. Die sexuellen Bilder sind ihrerseits Ausdruck noch tiefer liegender Phantasien und Wünsche. Es geht weder um die propagandistische Proklamation ideologischer Inhalte, noch um sublimes Abreagieren sexueller Triebe, sondern es geht in der Tat um "Tod und Leben", wie der Titel des Werks zu erkennen gibt. Das heißt, es geht um die existenzzentrale Frage, wie angesichts des Todes das Leben sich behaupten kann, und diese Frage wird als Frage nach dem "Sinn" des Lebens immer wieder gestellt. Die Antwort wird im Symbol der Fahne gefunden, wobei wir zunächst dahingestellt sein lassen, was das genau bedeutet: "Die Fahne darf nicht sinken. Wenn sie sinkt, dann ist der Sinn verloren, den sie trägt."[10] Die Bilder phallischer Erektion sind intensivster Ausdruck des Lebendigsein-Wollens: "Wie sich der Schaft zum Himmel reckt... Das Tuch, das Tote auferweckt";[11] die religiöse Inbrunst des Glaubens ist Ausdruck verzweifelten Verlangens nach Überwindung des Todes, d. h. der Sinnlosigkeit der Existenz. Das Ineins religiöser und sexueller Erregung verrät, daß eine Antwort von höchster existentieller Bedeutung gefunden wurde.

Zu (3): Wer ist nun diese Persönlichkeit, die angesichts des Todes so verzweifelt nach dem Sinn des Lebens fragt? Es gibt sie nicht in der ästhetischen Vergegenwärtigung, nicht im Sinne einer identifizierbaren Person. Hauptfigur in *Tod und Leben* ist "der Mann" (in anderen chorischen Dichtungen "Einer" oder "der Einzelne"), ihm zugesellt ist "die Frau", ihnen gegenüber steht die allegorische Figur des "Todes", umrahmt werden sie von "den Kameraden", dem "Chor der Lebenden" und dem "Chor der Toten". Der "Mann" und die "Frau" tragen keine individuellen Züge. Auch die Gemeinschaft der "Kameraden" ist unpersönlich und vor allem inhaltslos: sie ist Gemeinschaft um ihrer selbst willen, die darin besteht, daß jeder sich für den Fortbestand der Gemeinschaft zu opfern bereit ist. Der "Sinn" des Lebens besteht seinerseits lediglich darin, daß es weitergeht. Dementsprechend dominieren Bilder aus der biologischen Sphäre – "Die Frucht! Weiter und weiter",[12] – "den Samen in die Zukunft hinverschwenden"[13] – und kosmisch-naturhafte Bilder – Sterne und Sonnen, Sturm und Donner, Feuer und Flammen.

Welche Schlußfolgerungen lassen sich aus den Beobachtungen zur ästhetischen Gestaltung ziehen? Die fiktionale Figur des "Mannes" ist keine "Person", kein identifizierbares Ich. Die phallischen Bilder, in denen sich das Lebendigsein-Wollen verrät und die zunächst als Ausdruck ich-bezogenen Willens gesehen werden könnten, münden immer wieder in Bilder der Hingabe und der Auflösung des Ich, in "strahlendes Entschweben".[14] In *Größe der Schöpfung* sind die Bilder der Hingabe und der Entgrenzung, des Aufgehens und Verfließens noch intensiver: "Ihr sollt verströmen wie der Strom verströmt."[15] – "Münden ist Scheiden, stumm sich verlieren – Hingenommen ins Größere."[16] Formal entspricht der Auflösung des Ich die Dominanz personperipherer Bilder aus dem biologischen und naturhaften Bereich sowie vor allem das Aufgehen des "Einzelnen" im "Chor".

Wenn wir nun den Autor ins Spiel bringen, so scheinen folgende Annahmen plausibel zu sein: Existenzangst – ins Bild gebracht als Angst vor dem Tod – und mangelnder Lebenssinn (biographische und sozialhistorische Hintergründe können hier nicht ausgeführt werden)[17] führen zum verzweifelten Wunsch, lebendig zu sein. Um wirklich lebendig zu sein, muß man "Ich" sein. "Ich" zu sein bedeutet aber Abgrenzung; ich verweise hier lediglich auf Fichte, der das Ich als wirklich nur in Opposition zu einem Nicht-Ich definiert,[18] und auf psychologische Einsichten neueren Datums.[19] Abgrenzung jedoch ist nicht nur eine schwierige Aufgabe in der modernen Massengesellschaft, sondern auch ein schwer zu bewältigendes psychisches Problem. (Arno Schmidt: "Es ist über alle Maaßen entsetzlich, ich zu sein!!"[20]. Die Problematik ist für die zwanziger und dreißiger Jahre geläufig, sie wurde auch von Döblin in *Berlin Alexanderplatz* oder von Musil in *Der Mann ohne Eigenschaften* aufgegriffen. Mit diesen Romanen als Folie wird die Besonderheit der ästhetischen Projektion Schumanns deutlich. Die Problematik wird nicht kritisch durchgearbeitet, indem etwa sozialhistorische Bedingungen und psychische Defekte durchsichtig gemacht werden, vielmehr wird das Dilemma zwischen dem Verlangen nach Lebenssinn und der Unmöglichkeit oder Unfähigkeit, Ich zu sein, durch eine Schein-Lösung verdrängt, die aber dadurch befriedigt, daß sie in ästhetischer Gestalt Lust erzeugt.

Die angebotene Lösung ist paradox, denn die Hingabe, in die das Lebendigsein-Wollen mündet, bedeutet in letzter Konsequenz Selbstopfer, also Tod. Die chorische Dichtung *Tod und Leben* endet mit den Versen:

> Das Leben lebt, weil einer sich verschwendet,
> Der mehr als sich die wehende Fahne liebt.
> Das stürmische Leben, welches niemals endet,
> Solange einer sich zum Opfer gibt.[21]

Diese Zeilen reflektieren die ideologische Maxime, daß der einzelne sich für die Gemeinschaft opfern muß. Psychisch akzeptabel wird diese Maxime erst, wenn das Ich, das den Tod fürchtet, sich auflöst. Die Auflösung des Ich aber wird ästhetisch aktualisiert, und zwar so, daß sie Lust erzeugt. Die Bilder für das "Verströmen" und "sich verlieren – hingenommen ins Größere" der nationalsozialistischen Gemeinschaft gewinnen ihren verführerischen Reiz, weil es Bilder der Auflösung des Ich im Liebesakt sind, wie ein Vergleich mit einem Liebesgedicht Schumanns zeigt, das den Titel *Hingebung* trägt:

> Nicht mehr ich und du. – Wir enden,
> Uns ins Ganze zu verschwenden
> In dem Sternenfeuer unsrer Lust.[22]

Die ästhetische Realisierung der chorischen Dichtung verschiebt so die vorübergehende Auflösung des Ich in der Liebesvereinigung zur definitiven Auflösung des Einzelnen im Chor der Gemeinschaft, letztlich im Opfer für die Gemeinschaft, und täuscht damit den Sieg des Lebens vor.

ANMERKUNGEN

1. Gerhard Schumann: *Siegendes Leben.* Dichtungen für eine Gemeinschaft, Oldenburg/Berlin 1935.

2. Adolf Bartels: *Geschichte der deutschen Literatur.* Braunschweig/ Berlin/Hamburg (19. Aufl.) 1943, S. 667.

3.   Zu chorischen Dichtungen und deren Zelebration vgl. meine Studie *Magie und Manipulation. Ideologischer Kult und politische Religion des Nationalsozialismus*, Göttingen 1971.

4.   Herbert Böhme: *Bekenntnisse eines jungen Deutschen*. München 1935, S. 5.

5.   Eberhard Wolfgang Möller: *Die Verpflichtung*. Berlin 1935, S. 5f.

6.   Schumann: *Siegendes Leben*, S. 13.

7.   Ebd. S. 25.

8.   Ebd. S. 10.

9.   Ebd. S. 11.

10. Ebd. S. 24.

11. Ebd. S. 25.

12. Ebd. S. 19.

13. Ebd. S. 12.

14. Ebd. S. 11.

15. Ebd. S. 45.

16. Ebd. S. 43.

17. Vgl. hierzu meine Studie *Magie und Manipulation*, S. 199 ff.; sowie meine Untersuchung *Die Apokalypse in Deutschland*. München 1988, S. 472 ff.

18. Johann Gottlieb Fichte: *Das System der Sittenlehre*. Ausgewählte Werke in sechs Bänden. Hrsg. v. Fritz Medicus. 2. Bd., Darmstadt 1962, S. 485 ff.

19. Neben den einschlägigen Arbeiten Freuds ist für den vorliegenden Kontext besonders interessant Ronald D. Laing: *Self and Others*, London 1969.

20. Arno Schmidt: *Aus dem Leben eines Fauns*. Frankfurt/M. 1973, S. 145.

21. Schumann: *Siegendes Leben*. S. 27.

22. Gerhard Schumann: *Wir dürfen dienen*. Gedichte. München 1937, S. 58.

ABSTRACT

The investigation confines itself to a detailed and close interpretation of a few texts: the so-called "chorische Dichtungen" of Gerhard Schumann. Schumann was a representative of the "young guard" of National Socialist writers, who were younger than thirty at the beginning of the Third Reich, and who combined their literary career with functions in different institutions of the National Socialist Party after 1933. "Chorische Dichtungen" are a specific literary genre between lyric poetry and drama, which were written for single speakers and choirs, and which served as liturgical texts, so to speak, for various National Socialist festivities and celebrations.

The analysis of the image which Schumann's "chorische Dichtungen" present of the ideal National Socialist personality is carried out on three different levels:

1) On the surface a sample of characteristics can be gathered, which is well-known and not very interesting: the ideal National Socialist believes in the National Socialist ideology and in the flag as its highest symbol. He is heroic, i.e. ready to fight for the ideology. He is faithful, i.e. willing to sacrifice himself for "Führer" and "Volk".

2) On a deeper level one can detect that the National Socialist ideology is represented in an attitude of religious belief, while at the same time the respective images disclose sexual excitement. The particular wishes, fears, projections, and repressions hidden behind these images are analysed. The mortal terror of an existence void of meaning leads to the longing for the "victory of life" (which is the title of two of the "chorische Dichtungen"), found in National Socialism, and expresses itself in a state of ecstasy combined of religious and sexual excitement.

3) The aesthetic representation of the "Fascist Personality" in Schumann's "chorische Dichtungen" discloses the motives and objectives, as well as the derailments and paradoxes of Schumann's design. First, there is no "personality" in the sense that somebody could be identified as an individual person. The hero of his "Dichtung" appears as "The Man" (in other "Dichtungen" just as "One"). Second, the religious and sexual excitement leads to total abandon, up to the readiness to sacrifice himself. Thus, the solution to the problem of mortal terror leads, paradoxically, to death. This solution becomes acceptable only if the individual personality is abandoned and dissolved, and this is brought about through aesthetic means which create feelings of excitement and pleasure.

Theo Elm, Erlangen

LITERATUR ALS KULTURFUNKTION. "VERGANGENHEITS-BEWÄLTIGUNG" IM WESTDEUTSCHEN NACHKRIEGSROMAN

I

Der Begriff "Vergangenheitsbewältigung" wurde – so steht es im "Büchmann" – zuerst 1955 gebraucht. Seither gehört er in der Bundesrepublik zum öffentlichen Diskurs über Faschismus und Drittes Reich. Wer ihn geprägt hat, weiß man nicht. Ob es ein, wie Reich-Ranicki überlegt, alter Nazi war? Denn der Begriff suggeriert doch, daß man die Vergangenheit, die hier gemeint ist, die des Dritten Reichs, irgendwie bewältigen, das heißt erledigen und tilgen kann.[1]

Es ist dies ein Verdacht, der sich heute im treuherzigen Nachgeborenenargument vom Ende der Geschichtsverantwortung durch die "Gnade der späten Geburt" bestätigt und damit zugleich dorthin führt, woher das Argument kommt: aus der Historik selbst als der für die Erforschung des Dritten Reichs doch verantwortlichen Institution – aus der Historik und dem Geschichtsverständnis der 50er Jahre.

Historikgeschichtlich gesehen ist die westdeutsche Geschichtswissenschaft der Nachkriegszeit vorkriegszeitlich bestimmt. Historiker wie Carl Joachim Friedrich, Karl Dietrich Erdmann, Alfred Heuß, Gerhard Ritter, Theodor Schieder und Reinhard Wittmann sowie deren Schüler behaupten noch bis Ende der 60er Jahre die Bastionen eines in den 20er und 30er Jahren restaurierten Historismus.[2] Das heißt: (1) Noch dominiert der die Verantwortlichkeit des einzelnen entlastende Blick für alles vermeintlich Objektive, für Institutionen, politische Führer sowie den Staat als alleinige Geschichtsträger. Ein Objektivismus also, ein Werterelativismus, der nicht zuletzt auch der nachkriegszeitlichen Ideologiefurcht in Deutschland entspricht. Überdies (2) beherrscht die Historik der Null-Punkt-Glaube an die Einmaligkeit, Individualität und Abgeschlossenheit historischer Erscheinungen, also – beruhigend genug – auch des Dritten Reichs. Das Dritte Reich aber gilt (3) aus idealistischem Vorurteil als "Unfall der Geschichte"[3], weil man von der Vernunft und Sinnhaftigkeit der Geschichte überzeugt ist. – Es sind dies Prinzipien aus der deutschen Geschichtsschreibung des neunzehnten Jahrhunderts. Sie wiederholen Treitschkes Historiker-Empfehlung für die "res gestae der Völker, die Taten der Staaten und ihrer führenden Männer"[4], sie erneuern Rankes Dekret der Gottesunmittelbarkeit jeder Epoche[5], sie bestätigen Mommsens These von der Geschichte als "den unwandelbaren Gesetzen des Notwendigen, die ewig feststehen wie die Alpen"[6]. So bilden diese Prinzipien, lange tradiert, noch den Rahmen für die westdeutschen Theorien zum Faschismus als einem Phänomen des zwanzigsten Jahrhunderts. Ein Widerspruch, der die geschichtswissenschaftliche Kritik am Dritten Reich grundsätzlich in Frage stellt. Doch worum geht es ihr?

Im wesentlichen geht es ihr um zwei Thesen[7]: zum einen um die Auffassung, der Faschismus sei ein Produkt der politischen Führung, insbesondere also des "Führers" Adolf Hitler, zum anderen um das Verständnis des Faschismus als Totalitarismus, als einer Form diktatorischer Herrschaft überhaupt. Die Führerthese entspricht dem Interesse des Historismus für das Einmalige und Individuelle, für die "großen Männer", die "die Geschichte machen" – mit Treitschke zu sprechen. Daher die ständige Rede vom "Hitlerismus" in Friedrich Meineckes Rückblick auf "die deutsche Katastrophe " (1946). Daher Veit Valentins Urteil über Hitler als der "Macht des Individuellen in der Geschichte" (*Geschichte der Deutschen*, 1947). Und noch Joachim C. Fests spektakuläre Hitler-Biographie von 1973 reduziert die sozialen und mentalen Bedingungskomplexe des Faschismus auf den "düsteren Macht- und monströsen Einsatzwillen Hitlers", wie Fest dämonisierend bemerkt (S. 593). – Die andere, die Totalitarismustheorie, gründet auf dem Objektivismus und der Politik- bzw. Institutionenorientierung des Historismus. Sie will beweisen, so der Historiker Carl Joachim Friedrich, "daß die faschistischen und kommunistischen totalitären Diktaturen in ihren wesentlichen Zügen gleich sind"[8]. Damit bleibt die Totalitarismustheorie notwendig auf die Form politischen Handelns beschränkt, auf die Methode terroristisch-allgegenwärtiger Willkürherrschaft, ohne deren Zweck und Inhalt zu untersuchen. Ihre Aktualität (und Fragwürdigkeit) erwies sie im jüngst vergangenen "Streit" bundesdeutscher Historiker um die Einzigartigkeit oder Vergleichbarkeit nationalsozialistischer Judenvernichtung.[9]

Hier also abstrakter Institutionalismus, dort willkürlicher Individualismus und dazu das bloß archivarische Interesse am Dritten Reich als einem abgeschlossenen Kapitel im Buch der Geschichte. Wenn in dieser Weise Vergangenheit bereits am grünen Holze der Historik verdorrt – wie ergeht es ihr dann erst bei jener anderen Kulturinstitution, die seit dem 18. Jahrhundert mit der Geschichtsschreibung um die Wahrheit der Geschichte konkurriert[10], mit der schönen Literatur? Ist sie doch, in der Tradition ihrer aristotelischen Bestimmung (Aristoteles, *Poetik* § 9), überhaupt nicht für das Besondere und tatsächlich Gewesene zuständig, sondern für das Allgemeine und Mögliche, nicht zuständig für historische Personen, sondern für den Menschen überhaupt. In der Tat geben die westdeutschen Zeitromane der frühen 50er Jahre eine andere Antwort auf das Dritte Reich als die Quellendeutungen der Historiker. Es ist dies eine Antwort zugleich auf die

Geschichtswissenschaft als Institution bundesrepublikanischer Vergangenheitsbewältigung. Eine Antwort? Sagen wir ruhig: eine Antwort mit
Zeitzünder, wie sich Jahre später, in den Romanen um 1960, erweist.

II

1949 erscheint in der Bundesrepublik ein Buch, das bis weit in die 50er
Jahre hinein zahllose Auflagen erfährt und schließlich als Paperback von
Hunderttausenden gekauft wird. Heute ist es nahezu vergessen. Es ist
Hermann Kasacks Roman *Die Stadt hinter dem Strom*. Es ist die Geschichte
eines Historikers, und es ist die Geschichte einer Abkehr von der
akademischen Geschichtsschreibung.

Doktor Robert Lindhoff, Erforscher einer antiken Chronik, des *Gilga-
mesch*-Epos, folgt dem Auftrag des "Präfekten": Er soll in der Stadt hinter
dem Strom die verwaiste Stelle eines Chronisten antreten. Lindhoff
vertauscht die Vergangenheitsgeschichte mit der Zeitgeschichte. Doch statt
an der Chronik zu arbeiten, macht sich Lindhoff selbst auf den Weg durch
die Institutionen der Stadt. Statt die Zeitgeschichte aus dem Archivmaterial
der öffentlichen Einrichtungen zu erschreiben, erlebt er sie. Er erlebt eine
Ruinen- und Bunkerstadt, reglementiert von einer in hierarchischen Höhen
gipfelnden Bürokratie; an ihrer Spitze der Präfekt. Es ist dies ein Spiegel
nationalsozialistischer Kriegswirklichkeit jenseits des Romans. Freilich ist es
ein Zerrspiegel, denn die Stadt erweist sich, wie Lindhoff entdeckt, als
Totenstadt. Bekannte, eine Freundin, die er – ein anderer Orpheus, ein
moderner Dante – hier wiedertrifft, sind bereits Gestorbene, die für eine
Weile noch als Individuen in der Stadt leben, bevor sie namenlos vergehen.

Die transgeschichtliche Perspektive des Romans, der Blick auf das Dritte
Reich aus dem Jenseits der Totenstadt, relativiert den geschichtlichen
Horizont. Er entgrenzt ihn über Räume und Zeiten hinweg ins Grundbe-
findliche menschlichen Daseins. Geschichte ist da nur ein Augenblick
zwischen dem immer gleichen Kommen und Vergehen der Menschen ins
"offene Nichts"[11] jenseits der Stadt. In der Bildform der Sinnleere (Walter
Benjamin[12]), in Allegorien, hält der Roman den Kreislauf der Geschichte
fest: Da ist das ökonomische Bild der "Gegenfabriken", die steril und
fruchtlos Kunststeine nur zum Zweck ihrer Vernichtung herstellen, um aus
dem anfallenden Steinmehl neue Steine zu produzieren. Da ist das
militärische Bild der Kriegsheere, die, angeführt von spartanischen Kriegern
und preußischen Soldaten am Schluß, an Lindhoff vorbeiziehen: Beispiele
der "Wiederholung von Krieg zu Krieg", "ein Leichenzug der Historie" –
wie Lindhoff bemerkt (295). Auch die Allegorie der Theologie sieht
Lindhoff – eine alte, in die Erde eingesunkene, zerborstene Kathedrale,
schon halb zur Natur zurückgekehrt. Und endlich der Atavismus willkür-

licher Macht, das Zerrbild der Konzentrationslager: In den Katakomben der Totenstadt begegnet der Besucher einer Versammlung, einem Chor – hier grünen todesfahlen Maskengesichtern, nackt, geschunden die Körper, dort groben gedunsenen, rot glühenden Puppen in schwarzen Blusen, schwarzen Hosen mit Stulpenstiefeln – angedeuteten SS-Uniformen. Die verharmlosende Stilisierung der Realgeschichte und andere ästhetische Polituren – Alliterationen, liturgische Formeln, Metaphern – erklären Adornos Ästhetikverbot nach Auschwitz[13]; sie entsprechen jedoch der Absicht dieses Romans, der Abkehr von der Geschichte. Aus den geschichtsträchtigen Institutionen der Ökonomie, des Militärs, der Theologie und der exekutiven Gewalt wird sie getilgt, die Geschichte. Ersetzt der Roman sie? Wodurch ersetzt er sie?

Sinnquelle dieses Buches ist der "Meister Magus". Sein Ort ist tief unter dem Stadtarchiv, wo bewahrt wird, was die Zeiten überdauert: der "Bestand der geistigen Welt", die "reinen Zeugnisse der Dichtung". So lesen wir im Text (310). Gegen den buchstäblich tief-sinnigen Magus, wie er da in "silbergrauer Toga" und mit "Pergamentrolle" in seiner "Krypta" sitzt, sind die weisen Alten des deutschen Bildungsromans von Wielands Archytas bis Stifters Risach die oberflächlichsten Naturburschen. Magus übertrumpft sie alle mit seinem "Brunnenauge", in dem der Autor den verhinderten Chronisten Lindhoff ein "Wissen jenseits irdischer Fragen" entdecken läßt. Welches Wissen? Magus deutet das Dritte Reich und seine Verbrechen als kosmischen Vorgang. Sie erzwingen, raunt der Weise, den naturhaften Ausgleich zwischen sich neigender rationalistisch-europäischer und künftiger mystisch-asiatischer Kultur im "Kreislauf des ewigen Daseins". Und während oben die KZ- und Kriegstoten in die Ruinenstadt fluten, wird unten die Notwendigkeit des millionenfachen Mordens behauptet: damit "für die andrängenden Wiedergeburten Platz geschaffen werde" (315). Anders als Kafkas Landvermesser K., berufen auch er über den Fluß in einen numinosen Ort mit bürokratischer Herrschaft, erhält Lindhoff in dieser Weise Auskunft über den "Sinn des Ganzen", wie es im Roman heißt. Und dieser metaphysische Sinn, die zyklisch-kosmische Faschismustheorie des Magus, versöhnt ihn mit dem Untergang des Abendlandes, den er 500 Seiten lang erlebt. Es ist eine abstruse, in ihrer Abwegigkeit herbeigezwungene, der durchaus kafkaesk-unfaßbaren Geschichtsrealität von KZ und Krieg abgepreßte Beruhigung. Es ist eine überzeitliche Spekulation. Aber Lindhoff, abgekehrt vom Chronistenauftrag, von der Geschichtsschreibung als einer Wissenschaft von der Zeit, nimmt die zeitlose Botschaft an.

So präsentiert sich Kasacks Buch als Abwehr historischer Geschichtsschreibung – und zeigt doch nur deren wahres Gesicht. Denn hier, abseits des historiographischen Kulturauftrags, erweist sich die wissenschaftliche Totalitarismustheorie und die Führerthese der Faschismusforschung als

Verschleierung grundsätzlich geschichtsloser Mentalität. Frei von der Verpflichtung gegenüber den Fakten der Geschichte gehe es der Poesie um die menschliche Existenz und das Wesen der Dinge, betont Aristoteles. Und eben darauf baut Kasacks geschichtsflüchtiger Zeitroman. Der Totalitarismustheorie, die den NS-Faschismus aus seiner raum-zeitlichen Bindung löst, entspricht hier die kosmologische Universalisierung der Geschichte zum "Kreislauf des Lebens", wie der Roman mit Anspielungen auf Schopenhauer, Nietzsche, Spengler und Hermann Hesse bemerkt (312ff). Und die Führerthese – Faschismus als dämonische Alleingewalt – diabolisiert nur die Kasacksche Erhöhung der macht- und geistaristokratischen Stadtführer des Präfekten und großen Magus. Ohne es zu wollen, decouvriert Kasacks Roman die Vergangenheitsbewältigung der Historik, reduziert deren zeitgeschichtliche Theorien auf zwei mentale Standards: als metaphysische Sinnorientierung und elitärer Individualismus weisen sie auf die deutsche Bewußtseinsgeschichte des 19. Jahrhunderts zurück. Sie behindern die kritische Auseinandersetzung mit der Geschichte und sie begünstigen mit ihrer Geschichtsgleichgültigkeit das Aufkommen solch geschichtsaktiver und geschichtsbewußter "Bewegungen" wie der des Faschismus.

Die späten 40er und frühen 50er Jahre sind in dieser Gesinnung Kasack-Jahre. "Kafkasack-Romane" mokierte sich damals der Germanist Karl Ludwig Schneider über die Literatur, die nun entstand.[14] Er selbst erhielt Kasacks Beleidigungsklage, die Kafka-Kasack-Epigonen aber hatten den Erfolg. Zu ihrem Umfeld gehört Hans Erich Nossacks Roman *Nekyia* (1947). Es ist dies ein von der Tageskritik gerühmter Nachkriegsklassiker, der bereits mit der Titelanspielung auf Odysseus in der Unterwelt die historische Wucht der Weltkriegserfahrung, konkret: der Bombenvernichtung Hamburgs, mythologisch aufhebt. Da ist auch Elisabeth Langgässers vielgelesener Roman *Das unauslöschliche Siegel* (1946). Er deutet die Judenverfolgung im Dritten Reich als Gleichnis für den Sündenfall und den getauften Juden Lazarus Belfontaine als Inkarnation der leidenden Menschheit zwischen teuflischen Versuchungen und göttlicher Gnade. Thomas Manns *Doktor Faustus* (1947) wiederum erweitert in den Aufzeichnungen des Serenus Zeitblom die Zeitgeschichte zur abendländischen Bildungsgeschichte. Der alte Fauststoff wird zur Allegorie faschistischen Größenwahns und der Faschismus zum dämonischen Pakt mit dem Teufel, woran der Musiker Leverkühn als Inbild verstiegener Aufklärung zugrundegeht. Und endlich Wolfgang Koeppens zeitkritische Bücher *Tauben im Gras* (1951), *Das Treibhaus* (1953) und *Tod in Rom* (1954). Gewiß demonstrieren sie mit ihrer ebenso realistischen wie enthüllenden Verschränkung von Vergangenheit und Gegenwart, Faschismus und Wirtschaftswunder Geschichte überhaupt erst als kritische Bewußtseinsform. Gewiß benennen sie das ökonomische, soziale und politische Bedingungsgeflecht des Faschismus – aber indem sie es archetypisieren, folgen auch sie den enthistorisierenden Bahnen der frühen Nachkriegsliteratur: Koeppen verwandelt den historischen Prozeß zum Strom der Geschichte (*Tauben im Gras*), Geschichte zum "alten Blindenführer" (*Tod in Rom*); das von Jahrtausenden gezeichnete Rom ist ein "dem Tod verfallender Leib", Politik ein "Treibhaus", die Gesellschaft ein "Taubengeflatter im Gras" und der SS-General Judejahn ein "stinkender Bock"[15], ein "Ochsenfrosch" (68) und "Schlangenzüchter" (68). Zeitgeschichte als Naturzwang. Das Geschichtstabu erfaßt selbst die "Gruppe 47". Kompensatorisch entstanden aus dem Verbot der linkspolitischen Zeitschrift *Der Ruf* (1946/47), verschrieb sich die "Gruppe" dem Thema politisch bewußter Zeitkritik.[16] Doch was schon 1950 bei einzelnen Autoren davon geblieben ist, zeigt der Roman des jungen "Gruppe-47"-Autors Walter Jens: *Nein. Die Welt der Angeklagten*. Sein Held Walter Sturm, Chronist auch er wie Manns Serenus Zeitblom und Kasacks Lindhoff, herausgerissen auch er aus akademischem Winkel, soll sich zur totalitären Weltdiktatur, in der er lebt, bekennen. Sein heroisches, sein moralisches "Nein" gegen das Regime bewahrt das aufklärerisch-idealistische Prinzip der Individualität und Humanität – aber auch den Fortbestand der politischen Diktatur mit ihren Anspielungen auf das Dritte Reich.

Antike Mythen, religiöser Glaube, abendländische Bildung, Naturnotwendigkeit und überzeitliche Moral – mit solchen Geschichtsverwandlungen weisen westdeutsche Bestsellerromane immer wieder auf den zeitlosen Bewußtseinskern früher Vergangenheitsbewältigung. Sicherlich, in Dutzenden von Quellenbänden und einer Flut von Forschungsarbeiten erschließt seit 1951 das Institut für Zeitgeschichte in München die Fakten des Faschismus. Aber zugleich verraten die erfolgreichen Fiktionen der genannten Autoren die Mentalität der Geschichtslosigkeit. Im Tagwerk der Historik, im Umgang mit den Res factae der Geschichte, bleibt die untergründige Geschichtsverneinung – auch der westdeutschen Faschismusforschung – verborgen. Und so ergibt sich für die Historik selbst kein Anlaß zum Umdenken, kein Innovationszwang.[17] Trotz der Warnungen des Historikers Alfred Heuß vor dem "Verlust der Geschichte" in einer erinnerungslos antiquierten Geschichtswissenschaft[18], setzt man noch um 1960 ganz auf den Historismus – das Fach "steht und fällt mit ihm", behauptet sein Kollege Reinhard Wittram.[19] Anders in der Literatur. Exemplarisch zeigt ja Kasacks Text, wie sich in Bildungsroman- und Kafka-Epigonalität, in erbaulicher Gleichnishaftigkeit und ästhetischem Anachronismus eine lang tradierte Erfahrung erschöpft. Geprägt vom Glauben an metaphysische Wahrheit, zeitlose Prinzipien oder die Kraft des Individuums, wurde sie von der Katastrophengeschichte des Dritten Reichs überholt. Der literarische Glaubwürdigkeitsverlust, in dem sich bei Kasack und anderen der alte Erfahrungshorizont schließt, öffnet aber zugleich den

Erwartungshorizont[20] hin auf ein zeitgemäßeres Modell bisher mißlungener Vergangenheitskritik. Welches Modell? Eben jenes sozialkritische, womit die "Gruppe 47" im ganzen das liberalsozialistische Gründungskapital der Zeitschrift *Ruf* reaktiviert. Verwirklicht wird es erstmals mit großer Publizität um 1960 in Heinrich Bölls *Billard um halbzehn* und *Ansichten eines Clowns*, in Günter Grass' *Blechtrommel* und *Hundejahre*, in Uwe Johnsons *Drittes Buch über Achim*, Martin Walsers *Halbzeit* und noch Jahre später in Siegfried Lenz' *Deutschstunde*. Worin besteht der geschichtliche Aufklärungswert dieser Romane? Was macht ihren eigenen historischen Charakter aus? Welche Bedeutung haben sie in der frühen Bundesrepublik?

III

Der 1959 erscheinende Wälzer eines jungen Gelegenheitspoeten kleinbürgerlicher Herkunft wird sofort ein Bestseller wie 12 Jahre vorher der Roman des etablierten Verlagslektors Kasack. Freilich gründet der Erfolg diesmal nicht auf dem allgemeinen Einverständnis der Leser, sondern auf dem Skandal, den das Buch in der Öffentlichkeit hervorruft. Nichts könnte um 1960 den literarischen Umbruch vom Erfahrungs- zum Erwartungshorizont deutlicher markieren als eben dies: Hier der Verriß des Romans, weil, so Günter Blöcker noch ganz in Kasack-Manier, seine Faschismusdarstellung nicht die "Höhe erhabener Schrecken" erreiche, nicht "tragisch" und "sinnvoll" sei, dort Hans Magnus Enzensbergers Applaus für die erzählte "Zerfledderung der Welthistorie", bis ihr "Unterfutter in seiner ganzen Schäbigkeit" zutagetrete.[21] Das Buch sei "ehrlich", so die einen, und die anderen, es sei "gräßlich"[22]. Von Günter Grass ist exemplarisch die Rede, vom Roman *Die Blechtrommel*. Sie sei eine Kritik an Kasack und seinem Roman-Modell, betont Grass in einem Interview: "Das spielte alles im Niemandsland, am namenlosen Ort. Die Leute sprachen ein reines, klingendes Literaturdeutsch."[23]

Was Grass' Erzähler und Held Oskar Matzerath aufschreibt - nein, nicht wie ein Historiker aufschreibt, sondern dem gewalttätigen Thema gemäß ertrommelt, nein, nicht nur ertrommelt, sondern zugleich erinnert, ist die Geschichte des deutschen Faschismus, gebrochen durch die eigene Biographie. Geschichte als Alltag, Lebensgefühl und Daseinserfahrung. Die historistische Politikgeschichte ist daher, provokant genug, an den Rand von Oskars Danziger Kindheit und Jugend gedrängt. Der Frankreichfeldzug, Juli 1940, - "damals begann die Badesaison an der Ostsee"; das schwere Kriegsjahr 1944 mit dem Fall Stalingrads - "es war ein gutes Kirschenjahr"; und die Reichskristallnacht scheint nur von Belang, weil in ihr Oskars Spielzeug vernichtet wurde. In solchen Gegensätzen wird aber nicht das eine gegen das andere ausgespielt, vielmehr werden beide vernichtet - die

Hochgeschichte der Historik, weil sie den Menschen verfehlt, aber auch die Privatgeschichte als genuines Terrain des Romans. Dieses Terrain wird hier kritisch genützt. Es steht im Dienst einer Faschismuskritik, die sich gerade an der privatistischen Horizontbeschränkung der kleinen Leute entzündet, aus deren Mitte Oskar stammt. Als Zwerg und zurückgebliebenes Kind ist er ihre infantile Karikatur – wäre da nicht der Autor, der Oskars Blick und Tun mit geschichtssatirischer Absicht lenkt. Oskar als Kunstfigur: das ist der Kinderblick von unten und zugleich der historische Überblick des Autors. Deshalb der Wechsel zwischen Ich- und Er-Erzählform, zwischen naiver Identifizierung mit der Geschichte und deren kalter Verarbeitung. Beides zusammen ergibt Oskars Verfremdungsoptik, ergibt ein Panoptikum von Episoden und Bildern, die nicht nur Oskars Lebensweg persiflieren, sondern zugleich ein Soziogramm des deutschen Faschismus entwerfen – Jahre vor dem Anschluß der Historik an Soziologie und Sozialpsychologie.[24]

Weit greift der Erzähler aus, verwurzelt seine Familie zu Beginn des Jahrhunderts nicht in Adelsrang, nicht in großbürgerlichem Wohlleben oder proletarischer Revolutionsgesinnung, sondern auf der Ackerscholle pommerscher Kleinbauern. Genauer: Er begründet sein Herkommen unter den Röcken der Großmutter Anna Bronski – in atavistischer Dumpfheit. Dumpfheit und Enge prägen dann auch das Danziger Wohnküchenmilieu der Matzeraths. Es ist ein Leben aus zweiter Hand – dieser ereignislose Status quo des Kolonialwarenhändlers Alfred Matzerath und seiner Familie zwischen "Falschem Hasen" und Skatrunden am Sonntag, zwischen Zierobstschalen und Tintorettokopien und müd gewordener Ehe, die es nur noch als wohlanständigen Schein für die Nachbarschaft gibt. Doch auch die Nachbarn und Freunde, die Händler und Angestellten am Labesweg in Danzig-Langfuhr – sie sind vom gleichen Schlag. Öde und Zerfall scheint auch ihr Schicksal: Frau Greff "vermodert" im Bett, Gretchen Scheffler bleibt trotz aller Mühe kinderlos, und der Trompeter Meyn konserviert sich im Alkohol. Die Windstille der Geschichte. Und doch wird gerade sie überaus geschichtsmächtig, bedeutet am Labesweg den geschichtsträchtigen Beginn des Faschismus. Denn die Nazi-"Bewegung" erscheint hier als Befreiung aus existentieller Erstarrung, erscheint als Lösung vom ausweglosen Bann – eine Erlösung, die in den Schoß fällt, die man nicht erringen muß. Sie verspricht als Patriotismus erhebende Gefühle, wo Gefühle erstorben sind, spendet Zuwachs an Selbstwert und Daseinsberechtigung im Verbund der Gleichgesinnten und öffnet eine Zukunftsperspektive zu Wohlstand und Erfolg hin, die es bisher nicht gab. Gretchen Scheffler findet endlich ihre mütterliche Aufgabe im Winterhilfswerk; Trompeter Meyn befreit die Mitgliedschaft in der SA vom Suff; Alfred Matzerath, ohne Erfolg im ehelichen Schlafzimmer, wird durch die Partei wieder zum Mann. So harmlos, als Lösung privater Probleme, und doch so zwingend beginnt alles aus bewußtloser Angepaßtheit in Denken und Tun: Selbst bei Regen marschiert Matzerath mit, denn, so tautologisiert er, dividiert und kombiniert er zugleich Politik und Idylle in hirnloser Einheit: "Dienst ist Dienst (...), und Schnaps ist Schnaps"[25]. Schon früh ist er in die Partei eingetreten, denn, so bemerkt der Erzähler, "es war so seine Angewohnheit, immer zu winken, wenn andere winkten, immer zu schreien (...), wenn andere schrien." (122)

Kasacks Romanmodell will die faschistische Geschichte – und die historistische Historik seiner Zeit – in elitärer Geschichtsdistanz überwinden; es verrät damit jedoch nur einen Bedingungsfaktor des Faschismus – und die Unverbindlichkeit der Geschichtswissenschaft. Bildungsbewußt geht es ihm um die Entfernung von der konkreten Geschichte in Mystik und Mythos. Komplementär zielt dagegen der Zeitroman um und nach 1960 auf die Befangenheit im allzu nahen, allzu konkreten Privatmilieu, dessen geschichtliche Bedeutung den Romanfiguren verborgen bleibt. Alle sind sie geschichtsblind – Alfred Matzerath, aber auch Heinrich und Robert Fähmel in Bölls *Billard um halbzehn*, beide versunken in Frühstücksritual und immer gleichem Billardspiel, sowie in *Ansichten eines Clowns* der Industrielle Schnier im schweigenden Arrangement mit den Nazis und ebenso in Lenz' *Deutschstunde* der Polizist Jepsen, der "nur" seine Pflicht tut. Noch Grass' Nachkriegsraffkes, Bölls Katholikenklüngel und Lenz' dümmliche Pauker bezeugen die Kontinuität der Geschichtsabstinenz bis in die Gegenwart.

Gegenwart und Vergangenheit – dazwischen die Brücke der Erinnerung. Sie, die Erinnerung der Erzähler Oskar Matzerath, der Fähmels, Hans Schniers und Siggi Jepsens, macht Geschichte als Zeit überhaupt erst erkennbar, Zeit als Geschichte sinnlich erfahrbar. Aber ist das noch Geschichte, was die subjektive Erinnerung bewahrt – Geschichte als Privatgeschichte, von innen und unten her, aus dumpfer Mentalität und geducktem Dasein? Sind die Romane nicht auch selbst infiziert von der Geschichtsblindheit ihrer Figuren, aus deren Erlebniswelt sie berichten?[26] In statischen Schnappschüssen aus dem erstarrten Milieu bebildern sie ihre Theorie vom bürgerlichen Mittelstand als Unterfutter der NS-Herrschaft: Hitler- und Beethovenbild über Chaiselongue und Büffet demontieren jene adorierte Einheit von Macht und Geist, die noch für Kasack in Gestalt des Präfekten und des weisen Magus außer Zweifel stand. Da ist die Danzigerin Agnes, Oskars Mutter, zwischen dem rheinländischen Matzerath und Jan Bronski aus dem polnischen Hinterland, dem einen ist sie in Vernunftehe zugetan, dem anderen in Liebeshörigkeit verfallen – Danzigs historisches Schicksal zwischen Deutschland und Polen. Nicht zu vergessen die Szene an der Straßenbahnhaltestelle: "frierende häßliche Mädchen" mit der Plakatbotschaft des Korintherbriefs "Glaube – Hoffnung – Liebe", während die SA durch die Kristallnacht tobt, der Musiker Meyn sich als Schläger bewährt und der Spielzeughändler Markus tot in den Trümmern seines Ladens liegt. Gewiß, der witzige Knalleffekt solcher Bildkürzel ist offensichtlich, aber gering ist ihr geschichtlicher Aufklärungswert.[27] Agnes Matzeraths allegorische Zwangsliebe zu Jan Bronski bleibt so unerklärt wie Otto Fähmels Anschluß an die SS in Bölls *Billard um halbzehn*, wie Mutter Schniers ideologischer Fanatismus in *Ansichten eines Clowns* oder die Pflichtmanie des Polizisten Jepsen in Lenz' *Deutschstunde*. Nein, mit der Erklärungslogik der professionellen Historik können sie es nicht aufnehmen – diese Zeitromane. Und doch übertreffen sie die Wahrheit der Historik. Wodurch? Wozu?

Fast gleichzeitig mit der *Blechtrommel* erscheint 1960 Karl Dietrich Erdmanns Handbuch *Deutschland unter der Herrschaft des Nationalsozialismus*. Hier wird das Dritte Reich in historistischer Konvention von oben her verständlich. Es ist der "Führerstaat", objektiviert am Zustand der öffentlichen Einrichtungen, aber auch die geschichtlichen Phänomene selbst unterliegen ordnender Vernunft. Die Reichskristallnacht vom November 1938, der Pogrom gegen jüdische Kirchen und Geschäfte, wird in einer logischen Kette historisch erklärt – von der antisemitischen Rassenpolitik der Kaiserzeit bis zu Hitlers Rassendoktrin, Wirtschaftspolitik, Kampfideologie und dem jüdischen Attentat auf die deutsche Botschaft in Paris (München 1980, S.151 ff). Das mag so sein – und doch auch nicht. Denn was der Kausalnexus des Historikers überspielt, ist die Widerständigkeit des subjektiv erlebten Details. Was abseits der Quellen und Dokumente, jenseits der Institutionen und Führerzentren geschieht, widersteht der Vernunftkonstruktion ex post.[28] Daß alles Wirkliche auch logisch sei, mag noch die Prämisse der traditionellen Geschichtsromanciers von Scott über Zola bis Feuchtwanger gewesen sein. Sie gilt nicht mehr für die modernen, historikkritischen Autoren seit 1960. In ihren jähen Blitzlichtbildern erscheint Geschichte deutungsoffen wie moderne Literatur – von Rilke bis Musil, von Kafka bis Beckett. Nicht linear und logisch erscheint die Geschichte, sondern komplex und paradox. In der Tat: so erscheint sie – zufällig, blind, offen im Augenblick subjektiver Erfahrung. Nicht die Begründung historischer Tatsachen konstruieren die Romanciers, sondern sie rekonstruieren deren Erfahrungshorizont. Wozu?

Die Historik vermöge nur historische Personen darzustellen, die Poesie aber den Menschen überhaupt, bemerkt Aristoteles. Das existentielle Interesse der Poesie imprägniert offenbar auch die literarische Geschichtsschreibung um 1960 gegenüber dem Szientismus der Historik. Geschichtsverantwortung erscheint da als "Engagement" im Jargon der Zeit, das heißt als Selbstverantwortung. Das zeigt sich von zwei Seiten her, zunächst von der Seite des Lesers, insofern die Sinnoffenheit der erzählten Geschichtserfahrung den

Leser zur Nachdenklichkeit zwingt. Es ist jene Nachdenklichkeit, jenes Zugleich von Lächeln und Mitleid, Rührung und Schmerz über den toten Spielzeughändler Markus, wie er da mit seinen Ärmelschonern und Kopfschuppen über dem Kontortisch liegt, und jenes ironisch gebrochene Erbarmen mit den "häßlichen" Mädchen, die samt ihren religiösen Geboten auf verlorenem Posten stehen – kurz, es ist jene Kopf- und Sinnbeteiligung des Lesers, die nicht der logisch erklärende Historiker Erdmann, sondern der paradox fabulierende Romancier Grass erzeugt. Engagement – darin bestärken den Leser auf der anderen Seite die Erzähl- und Perspektivfiguren. Oskar Matzerath gewinnt im kritischen Durchgang durch die Geschichte des Faschismus auch über sich selbst als Akteur der Geschichte Aufschluß. Siggi Jepsen erfährt – im Sinne von Mitscherlichs Trauerappell an die Deutschen[29] – geschichtliche Erinnerung als psychotherapeutische Anamnese. Und erst über die Reflexion eigener Geschichtsverschuldung gelingt Bölls Fähmel-Familie die Selbstannahme, die Annahme ihrer Hirtenpflicht gegenüber den Lämmern, den Opfern der Geschichte. – So ist das Letzte dieser Romane nicht der Faschismus selbst, nicht die Zeitgeschichte, sondern die Verantwortung des einzelnen im Erfahrungshorizont der Zeitgeschichte.[30] Während die Lehrstuhlhistorik als Archivwissenschaft die Vergangenheit in der Tat "bewältigt", das heißt notiert und abhakt, bleibt sie im Roman als moralische Verpflichtung präsent und aktuell. Der Erzähltext weigert sich, mit Grass' Oskar gesprochen, "zur Historie zu erklären, was uns gestern noch frisch und lebendig als Tat oder Untat von der Hand ging." (362)

Literatur und Geschichte, Literatur und Geschichtswissenschaft. Welches Fazit ergibt sich am Ende aus solcher Nachbarschaft? Betrachten wir einmal Literatur aufgrund ihrer kulturellen Vielbezüglichkeit und prinzipiellen Sinnoffenheit als Mittelpunkt eines Systems geistiger Instanzen, die den Diskurs der Kultur tragen und bestimmen: Literatur – umgeben von Naturwissenschaft, Ökonomie, Politik, Philosophie, Theologie oder Historik. Die Historik steht dann dem westdeutschen Zeitroman wohl am nächsten. Er antwortet ihr – sei es, daß er, wie bei Kasack, heraustreibt und unwillkürlich aufdeckt, was die offizielle Geschichtsschreibung verschleiert, sei es, daß er, wie bei Grass, ausgleicht, was die Historik nicht zu leisten vermag. Ob nun Literatur Defekte der Historik kenntlich macht oder kompensiert – sie übernimmt eine notwendige Aufgabe im Zusammenhang des kulturellen Systems und verändert dadurch auch ihre eigene Thematik und Gestalt. Literaturgeschichte läßt sich in dieser, nämlich in der hier vorgestellten Weise auch als Funktionsgeschichte des kulturellen Systems begreifen. Das bekannte Dilemma literatursoziologischer Vermittlung zwischen ästhetischer Fiktion und gesellschaftlicher Erfahrung[31] wird unerheblich, wenn statt der Einheit die Spannung in der Zweiheit von Literatur und Kultur und wenn statt der literarischen Botschaft die

Funktion der Literatur in der Kultur betont wird. Im vorgestellten Fall initiiert sie, Ende der 50er Jahre, einen Wandel im westdeutschen Zeit- und Geschichtsbewußtsein, den der verknöcherte Konservatismus historistischer Geschichtswissenschaft blockiert. Vorbereitet ist er in der frühnachkriegszeitlichen Veränderungsprovokation des Kasackschen Romanmodells.

All dies gilt – die Dauerarbeit am Dritten Reich als Beispiel – über den Nachkriegsroman hinaus auch für spätere Zeiten. In den 60er Jahren ergänzt die Literatur der Bundesrepublik das Dokumentarmaterial antiquarischer Historik mit dem Stachel der Politik – bei Hochhuth, Kipphardt und Weiss: Ersatz steril gewordener Politik. Und später widerlegt Literatur politisch bedingte Restaurationen der Führerthese und der Totalitarismustheorie[32] mit der Geste autobiographischer Glaubwürdigkeit – von Bernward Vespers *Reise* (1977), Christoph Meckels *Suchbild* (1980), Horst Bieneks *Gleiwitz*-Tetralogie (1979–82) bis zu Cordelia Edvardsons Auschwitz–Bericht *Gebranntes Kind sucht das Feuer* (1986). Im Rahmen des Kulturauftrags "Vergangenheitsbewältigung" korrigieren ihre ebenso autoritätskritischen wie authentischen Zeiterinnerungen erneut die Kulturinstitution Historik. Literatur als Geschichtsschreibung? Mehr noch: Literatur als Kulturfunktion.[33]

ANMERKUNGEN

1. Vgl. Marcel Reich–Ranicki, *Lauter Lobreden*, Stuttgart 1985, S. 96.

2. Karl Heussi, *Die Krisis des Historismus*, Tübingen 1932.– Zur Situation der Nachkriegshistorik s. insb.: Werner Conze, "Die deutsche Geschichtswissenschaft seit 1945". In: *Historische Zeitschrift* 225 (1977), S. 1–28. – Bernd Faulenbach (Hrsg.), *Geschichtswissenschaft in Deutschland*, München 1974, darin vor allem: Hans Mommsens Beiträge S. 9–16, 112–120, 138–146. – Immanuel Geiss, "Die westdeutsche Geschichtsschreibung seit 1945", in: *Jb. des Instituts für Deutsche Geschichte in Tel Aviv* 3 (1974), S. 417–455. – Georg G. Iggers, *Deutsche Geschichtswissenschaft jenseits des Historismus*, Düsseldorf 1971.

3. So der renommierte Historiker Gerhard Ritter (*Europa und die deutsche Frage*, München 1948). Friedrich Meinecke (*Die deutsche Katastrophe*, Wiesbaden 1946, S. 9) spricht von einer "Entartungserscheinung" der Geschichte.

4. Heinrich von Treitschke, "Die Aufgabe des Geschichtsschreibers", in: T., *Aufsätze, Reden und Briefe*, hg. v. K. M. Schiller, Meersburg 1929, S. 788.

5. Leopold von Ranke, "Wie der Begriff 'Fortschritt' in der Geschichte aufzufassen sei", in: R., *Geschichte und Politik*. Ausgewählte Aufsätze und Meisterschaften, hg. v. H. Hofmann, Stuttgart 1942, S. 141.

6. Theodor Mommsen, "Die Schweiz in römischer Zeit". Zit. nach Ch. Meier, "Das Begreifen des Notwendigen. Zu Th. Mommsens 'Römischer Geschichte', in: *Theorie der Geschichte*, Bd. 4, hg. v. R. Koselleck u. a., München 1982, S. 203.

7. Vgl. die kritische Übersicht bei Reinhard Kühnl, *Faschismustheorien*. Texte zur Faschismusdiskussion 2. Ein Leitfaden, Reinbek 1979.

8. Carl Joachim Friedrich, *Totalitäre Diktatur*, Stuttgart 1958, S. 15.

9. *Historiker–Streit*. Die Dokumentation der Kontroverse um die Einzigartigkeit der nationalsozialistischen Judenvernichtung, München 1987 (Serie Piper 816).

10. Gemeint ist vor allem der Roman. Interessiert am Individuum und nicht an poetologischen Regeln, profitierte er im 18. Jh. dank seiner inneren Wahrheit, seiner psychologischen Konsequenz und Sinnhaftigkeit – s. Friedrich v. Blanckenburgs *Versuch über den Roman* (1774) – vom Wirklichkeitsrenomee der Historik: "Histoire de Gil Blas", "History of Tom Jones", "Die Geschichte des Agathon". Die Historiker ihrerseits begannen mit der erkenntniskritischen Einsicht in den "Sehepunkt", in die Subjektivität aller Geschichtsschreibung (Chladenius: *Zur Geschichte der Perspektivreflexion in der Historik* s. R. Koselleck, "Standortbindung und Zeitlichkeit", in: K., *Vergangene Zukunft*, Frankfurt a. Main ⁴1985, S. 176–207), die Erzählfiktion als Appell an die Vorstellungskraft ihrer Leser einzusetzen. Überhaupt: Das Interesse für das Individuum statt die Regel prägte ja nicht nur den Roman, sondern auch die Historik. Sie versteht sich seither – mit Hermann Lübbe (Was heißt "Das kann man nur historisch erklären?" Zur Analyse der Struktur historischer Prozesse. In: *Poetik und Hermeneutik V*, hg. v. R. Koselleck u. a., München 1973, S. 542–554) – als Notiz der individuellen Abweichung vom System, das heißt von jeweiligen Normen des menschlichen Zusammenlebens. In der Tat kann der geschichtliche Prozeß als Historia immer nur individualisierend nacherzählt, nie systematisch berechnet werden. Daher die Reserve vor abstrakten Fachbegriffen und Theorien in der Historik. – Roman als Geschichte – Geschichte als Roman: Natürlich bleiben Unterschiede, die für die hier vorgelegten Gedanken von Belang sind. Es sind die Unterschiede zwischen Scotts Geschichtsromanen und Rankes Geschichtsschreibung, zwischen Döblins "Wallenstein"-Roman und Golo Manns "Wallenstein"-Monographie. Es sind Unterschiede des Interesseakzents und der Erkenntnisleistung in Literatur und Historik.

11. Hermann Kasack, *Die Stadt hinter dem Strom*, Frankfurt/Main 1981 (Bibliothek Suhrkamp 296), S. 10. Seitenangaben in Klammern nach dieser Ausgabe.

12. Walter Benjamin, *Ursprung des deutschen Trauerspiels*, Frankfurt/M. 1972 (st 69), S. 174ff.

13. Theodor W. Adorno, "Kulturkritik und Gesellschaft", in: A., *Prismen*, Frankfurt/M. (atw 178), S. 31.

14. Nach einer Erinnerung Ulrich Fulleborns.

15. Wolfgang Koeppen, *Der Tod in Rom*, Frankfurt/Main 1975 (suhrkamp taschenbuch 241), S. 22. Seitenangaben nach dieser Ausgabe.

16. Vgl. *Almanach der Gruppe 47. 1947–1962*, Hg. H. W. Richter, Reinbek 1962. Siehe auch Friedhelm Kröll, *Gruppe 47*, Stuttgart 1979 (Sammlung Metzler 181).

17. Der kommt erst am Ende der 60er und zu Beginn der 70er Jahre von außen her, von der ideologiekritischen Hermeneutik der Sozialwissenschaften. (Georg G. Iggers, *Neue Geschichtswissenschaft. Vom Historismus zur Historischen Sozialwissenschaft*, München 1978).

18. Alfred Heuß, *Verlust der Geschichte*, Göttingen 1959.

19. Reinhard Wittram, *Das Interesse an der Geschichte*. Zwölf Vorlesungen über Fragen des zeitgenössischen Geschichtsverständnisses, Göttingen 1958, S. 60.

20. Reinhart Koselleck, "'Erfahrungsraum' und 'Erwartungshorizont' – zwei historische Kategorien." In: Koselleck, *Vergangene Zukunft*, Frankfurt/Main [4]1985, S. 349–375.

21. Günter Blöcker, "Rückkehr zur Nabelschnur", in: *Frankfurter Allgemeine Zeitung*, 28. 11. 1959. – Hans Magnus Enzensberger, "Wilhelm Meister, auf Blech getrommelt", in: *Süddeutscher Rundfunk Stuttgart*, 18. 11. 1959. – Beide sowie weitere "Blechtrommel"–Rezensionen in: Gert Loschütz, *Von Buch zu Buch – Günter Grass in der Kritik*. Eine Dokumentation, Neuwied u. Berlin 1968.

22. S. o.: exemplarisch Enzensberger und Blöcker.

23. "Gespräche mit Grass", in: *Günter Grass*. Werkausgabe in zehn Bänden, hg. v. V. Neuhaus, Bd. X (hg. v. K. Stallbaum), Darmstadt/Neuwied 1987, S. 25 (Gespräch mit Günter Gaus).

24. S. o. Anm. 11 und: Hans Mommsen, "Die Herausforderung durch die modernen Sozialwissenschaften", in: Faulenbach (Hrsg.), s. o. Anm. 2, S. 138–146.

25. Günter Grass, *Die Blechtrommel*, Gütersloh o. J., S. 93. Nachfolgende Seitenangaben nach dieser Ausgabe. – Zur Repräsentativität der *Blechtrommel*-Figuren als Exemplare des zeitgenössischen Kleinbürgertums s. a. Eberhard Mannack, "Oskars Lektüre. Zum Verweisungszusammenhang in Günter Grass' *Blechtrommel*". In: *From Wolfram and Petrarch to Goethe and Grass*. Festschrift Leonard Forster, hg. v. D. H. Green u. a., Baden–Baden 1982, S. 587–600.

26. Siehe Reinhard Baumgart, "Kleinbürgertum und Realismus. Überlegungen zu Romanen von Böll, Grass und Johnson", in: *Neue Rundschau* 75 (1964), S. 650–664.

27. Siehe etwa: Gisbert Ter–Nedden, "Allegorie und Geschichte. Zeit– und Sozialkritik als Formproblem des deutschen Romans der Gegenwart", in: Wolfgang Kuttenkeuler (Hrsg.), *Poesie und Politik. Zur Situation der Literatur in Deutschland*, Stuttgart u. a. 1973, S. 155–183.

28. Vgl. Hans Robert Jauss, "Der Gebrauch der Fiktion in Formen der Anschauung und Darstellung der Geschichte", in: *Formen der Geschichtsschreibung*, hg. v. R. Koselleck u. a. (Theorie der Geschichte. Beiträge zur Historik, Bd. 4), München 1982, S. 415–451.

29. Alexander und Margarete Mitscherlich, *Die Unfähigkeit zu trauern*. Grundlagen kollektiven Verhaltens, München 1977.

30. Wer die zeitgeschichtlichen Romane nicht vor dem Hintergrund der zeitgenössischen Historik liest, interpretiert den Sachverhalt als Widerspruch – als Widerspruch von politischer Einsicht und moralischer Begründung, von geschichtlicher Thematik und existentieller Argumentation: z.B. Kurt Batt, "Die Lücke und der Rahmen. Vergangenheitsbewältigung in westdeutscher Prosa", in: Batt, *Revolte intern*. Betrachtungen zur Literatur der Bundesrepublik Deutschland, München 1975, S. 75–100. – Reinhard Baumgart, "Kleinbürgertum und Realismus", s. Anm. 26. – Gertrude Cepl-Kaufmann, *Günter Grass*. Eine Analyse des Gesamtwerks unter dem Aspekt von

Literatur und Politik, Kronberg 1975. – Gisbert Ter–Nedden, *Das Problem des zeitkritischen Romans nach dem Historismus. Eine Untersuchung zum Roman "Die Blechtrommel" von Günter Grass*, Diss. Erlangen 1973 (Masch.).

31. Siehe etwa die Kritik an den Literaturgeschichten von Žmegač, Grimminger und H. A. Glaser. Exemplarisch: Heinz–Dieter Weber, "Literaturgeschichte als Sozialgeschichte?" In: *Der Deutschunterricht* 33 (1981), S. 56–78.

32. Reinhard Kühnl (Anm. 7), S. 285–291.– Hans Mommsen, "Die Last der Vergangenheit", in: *Stichworte zur 'Geistigen Situation der Zeit'*, hg. v. Jürgen Habermas, 1. Bd. Nation und Republik, Frankfurt/Main 1979 (edition suhrkamp 1000), S. 164–184; insb. S. 173–184. Siehe auch oben Anm. 9.

33. Zum Verständnis der Literatur als "Kulturfuhktion" s. den überaus anregenden Aufsatz von Erwin Wolff, dem ich wesentliche Einsichten verdanke: "Sir Walter Scott und Dr. Dryasdust. Zum Problem der Entstehung des historischen Romans im 19. Jahrhundert", in: *Dargestellte Geschichte in der europäischen Literatur des 19. Jahrhunderts*, hg. v. Wolfgang Iser u.a., Frankfurt/Main 1970, S. 15–32.

ABSTRACT

The question considered here concerns the intellectual contribution made by West German Novels of contemporary life to the cultural task of "mastering the past" ("Vergangenheitsbewältigung") – i. e. the exploration and critique of the Third Reich. A historical task. Historiography itself is not up to the task. Its obsolete historicism, its orientation on institutions, leader–figures and the state as the sole bearer of history, its habit of thinking in epochs and its belief in the rationality of history, all these provide the basis for the two theories of fascism which dominated the 1950s – the "Führer"–argument, which reduces fascism to the daemonic power of the individual leader, Adolf Hitler, and the "Totalitarianism" argument, which thinks only about the universal principles of despotic rule, without considering the concrete historical purpose and content of such rule. Apart from this the Third Reich is seen as a self–enclosed epoch and "accident of history".

The novel of the early 1950s, on the other hand, "masters" recent history by "de–historicising" it. In Kasack's *Die Stadt hinter dem Strom*, Nossack's *Nekyia*, Langgässer's *Das unauslöschliche Siegel*, Th. Mann's *Doktor Faustus*, Koeppen's *Das Treibhaus* and *Tod in Rom*, Jens's *Nein. Die Welt der Angeklagten* history is reduced to cosmology, myth, religion, education, nature and morality. But common to all these works are two mental standards which can be related by analogy to the theories of fascism favoured by historiography and which reveal the denial of history latent in these theories: an elitist awareness of individualism and conceptual universalism. Admittedly, West German historiography remained blind to its own denial of history (despite warnings from within the profession) as it went about its daily task of examining the res factae of history. Matters were different in literature. In novels dealing with the contemporary world, the tendency towards timelessness in the presentation of reality became manifest as a loss of aesthetic credibility (anachronism and epigonal imitations of Kafka). This is why the contemporary novel (in contrast to historiography) felt compelled to innovate, to open up the horizon of expectations; and why there occurred the seemingly spontaneous paradigm-change around and after 1960 in the conception of recent history in the works of Böll (*Billard um halbzehn*, and *Ansichten eines Clowns*), Grass (*Die Blechtrommel*), Johnson (*Das Dritte Buch über Achim*) and Lenz (*Stadtgespräch* and *Deutschstunde*. They respond not only to historiography but also to the early post-war novels of "mastering the past" in the following ways:

1. By introducing narrator-figures they foreground the theme of historical memory. They then begin to make history recognizable as time, and to make time something that can be sensuously experienced as history. Beyond this, they present historical memory as a form of psychotherapeutic anamnesis – in the sense of Mitscherlich's appeal to the Germans to mourn.

2. Here for the first time history is interpreted from below, in relation to the social milieu of the middle classes; this brings into focus psycho-social pre-conditions of fascism, and thus the history of a mentality, something unknown to academic historiography.

3. Whereas the historians (and early post-war literature) were concerned with constructing the rationality of history, conceptual patterns that made sense of what had happened, these narrators are concerned with the re-construction of the historical horizon of expectation, and they do so through the resistance of subjective experience to all rationalization. At the moment of experience history emerges as fortuitous, blind.

These are insights offered by widely read contemporary novels which herald and promote at the end of the 1950s a transformation in the West German understanding of time and history, a transformation blocked by the conservatism of academic historiography. This shows how literature, because of its fundamental multi-relationality and semantic openness is able to take on tasks otherwise neglected in the system of cultural functions (e.g. philosophy, theology, natural sciences or historiography). Seen in this way, literary history can also be understood as a history of the way the cultural system functions. For literature, surrounded by neighbouring cultural functions, can either expose or compensate for changes, disturbances and losses of function, thereby also changing its own themes and form.

Eberhard Mannack, Kiel

AUSEINANDERSETZUNG MIT DEM FASCHISMUS IN DER
DEUTSCHEN ERZÄHLLITERATUR NACH 1945

Einen Überblick über die Auseinandersetzung mit dem Nationalsozialismus
und seinen Repräsentanten in der erzählenden Literatur nach 1945 zu
skizzieren, bereitet angesichts der Materialfülle wie auch der unterschiedlichen Versuche einige Schwierigkeiten. Das gilt schon für die ersten
fünfzehn Jahre, über deren Bewertung und Deutung noch immer kontrovers
diskutiert wird.[1] Sehr oft meldeten sich damals Autoren zu Wort, die das
Dritte Reich und vor allem den Krieg aus eigener Erfahrung kannten, ihr
passives Mitwirken als Schuld empfanden und ihr Schreiben als Wiedergut-
machung verstanden. Da sie nicht führenden Schichten, sondern zumeist
dem sogenannten Kleinbürgertum angehörten, sahen sie sich als Opfer einer
Politik, die letztlich dem Führer sowie dem engeren Kreis der Vollstrecker
seines Willens angelastet wurde. Bestätigte deshalb nicht zuletzt die den
Krieg thematisierende Literatur oft unreflektiert die sogenannte Führer-
theorie, so verführte die strenge Scheidung zwischen großen Schuldigen und
kleinen Sündern zu einer dichotomischen Gestaltung sowie Symbolik, die
den Rückgriff auf mythische bzw. religiöse Modelle nahelegte. Nicht mehr
identifizierbare Monstren, machthungrige Büffel oder teuflische Wesen
herrschten über Sklaven, Lämmer oder engelreine Opfer und verliehen dem
Erdenleben höllische Züge.[2] Das klingt noch bei G. Grass an, der sich zwar
bewußt von solchen Vereinfachungen absetzte, dem Trommler Oskar aber
(als "Trommler" war Hitler lange Zeit bezeichnet worden) doch noch
monströse Züge verlieh. So verlor der Nationalsozialismus seine Besonderheit und erhielt er den Charakter einer historischen Variante, die ein zykli-
sches Geschichtsverständnis nahelegte. Das Stichwort der *Wiederkehr des
Gleichen* leistete eine schon erprobte Poetisierung und machte eine
konkret-historische Analyse letztlich überflüssig. Mit den Namen Kasack
und Nossack, Langgässer, Wiechert und Böll sowie Koeppen und Siegfried
Lenz sind diese bei unterschiedlichen Bekenntnissen erstaunlich konver-
gierenden Bemühungen umschrieben, mit denen oft genug aus der NS-
Ära überkommene Vorurteile abgebaut werden sollten.

Davon abweichende Versuche blieben die Ausnahme, wurden mißver-
standen oder nicht beachtet. Dazu zählt der *Faustus*-Roman Thomas
Manns (1947), der größtes Interesse fand, aber erst in der jüngsten
Forschung in seiner Differenziertheit erkannt und interpretiert worden ist.
Kaum größere Beachtung fand der erste längere Prosatext von Alfred
Andersch, *Die Kirschen der Freiheit* (1952), der Rechtfertigung einer
erzwungenen inneren Emigration und Bekenntnis zur Fahnenflucht

vereinigt. Der Emigrant Thomas Mann griff weit in die Geschichte zurück, weil er Ursachen gerade für die spezifisch deutsche, besonders brutale Entwicklung des Faschismus ermitteln wollte, und sah bei Luther die entscheidende Weichenstellung. Deutsche Charaktereigenschaften wie Bedürfnis nach Unterwerfung, Vorliebe für Mystizismus, Grobianismus, Verachtung des Lebens bis hin zur Todessehnsucht legten danach den Grund für den Sieg des einmalig perversen Faschismus in Deutschland, wobei der zahlenmäßig große Mittelstand sich besonders anfällig zeigte. Eine Relativierung, die beim Ironiker nicht unerwartet erscheint, tritt insofern ein, als die Erklärung einem Gymnasiallehrer in den Mund gelegt wird, der eben nur eine geistesgeschichtliche Herleitung zu akzeptieren bereit ist, obschon er die Notwendigkeit einer sozio-ökonomischen Analyse nicht leugnet.[3]

Alfred Andersch spricht in seinen *Kirschen der Freiheit* zwar von einer totalen Introversion, unterscheidet sich von vielen inneren Emigranten aber durch seinen Antifaschismus, der ihn zweimal ins KZ gebracht hatte. Der stark autobiographisch geprägte, aber höchst kunstvoll arrangierte Text enthält auch eine Auseinandersetzung mit dem Vater, dessen Schicksal der Sohn bedauert, in dem er jedoch den Prototyp des Faschisten abbildet:

> Während er die Gewerbe eines kleinbürgerlichen Kaufmanns und Zivilisten – Versicherungen, Immobilien und Derartiges – sehr mangelhaft betrieb, so daß die Familie immer tiefer in Schulden geriet, fühlte er sich in Wahrheit als jener Hauptmann der Reserve, als der er, mit Dekorationen und Verwundungen übersät, aus den Infanteriestellungen in den Vogesen zurückgekehrt war. Als er dem Zug [...] entstieg, wurden ihm von Revolutionären die Achselstücke heruntergerissen. Er kam nach Hause, nicht nur ein geschlagener, sondern auch ein entehrter Held, und führte von da an ein halbmilitärisches Leben in Verbänden weiter, die 'Reichskriegsflagge' oder 'Deutschlands Erneuerung' hießen.[4]

Diese Beschreibung enthält ein Psychogramm des ersten Kaders des Nationalsozialismus. Es waren Männer, die vier Jahre für die Ehre Deutschlands gekämpft zu haben glaubten, mit der Niederlage aber sich mit dem Verlust des Ansehens wie der sozialen Sicherung konfrontiert sahen. Mehrfach fällt das Wort Kleinbürger, das hier konkret den "alten Mittelstand" meint und damit jene Schicht bezeichnet, die sich vom Großkapital einerseits und Proletariat andererseits existenzbedrohend umgeben sah.[5] Schuld an allem gaben sie den Sozialisten bzw. Marxisten, deren revolutionärem Treiben sie teilweise unmittelbar ausgesetzt waren, und Ersatz für das Gemeinschaftserlebnis an der Front suchten sie in Verbänden, die Solidaritätsgefühl auf nationaler Ebene garantierten. Deren terroristische Komponente erschien als Reaktion auf die Habgier einiger Siegermächte und das Verhalten der extremen Linken gerechtfertigt. Enttäuschte Helden dieser Art gab es eine Menge, doch gelangten ihre Bünde jahrelang nicht über den Status einer Sekte hinaus. Weshalb diese dann doch zur Massenbewegung von einmaliger Geschlossenheit werden konnte, versucht Andersch vor allem mit einer eigenen Erfahrung, die ihn tief beschämte, zu verdeutlichen. Als Hitler, schon im Besitz der Macht, in München an einem der vielen Gedenktage an der "Mauer aus Menschen" vorbeifuhr, "da öffnete auch ich meinen Mund und schrie 'Heil'!".[6] Diese beunruhigende Erfahrung des vom Versagen der Linksparteien zwar enttäuschten, in bezug auf Ziele und Handeln der Faschisten aber klarsehenden Mannes hat seinen Austritt aus der Gesellschaft in Form einer ästhetischen Existenz und letzlich seine Desertion zur Folge.

Die scharfsinnige Analyse der Kerntruppe von Nationalsozialisten wird also um eine Beschreibung erweitert, die einen konstitutiven Zug des Faschismus überhaupt betrifft. Es handelt sich um jene Mobilisierung von Massen, die sich eines umfassenden Propaganda-Apparates und des Einsatzes ästhetischer Mittel im politischen Leben bedient. Ihr kaum erklärbarer Charakter wird am ehesten erhellt durch sozialpsychologische bzw. psychoanalytische Deutungsansätze. Andersch bekennt ausdrücklich, daß ihm diese neben anderen vertraut sind, er sie alle aber als "nachträgliche Erklärungen" fur nicht stichhaltig ansehe.

Der Text von Andersch nimmt vieles, das sich in der Literatur der Folgezeit findet, vorweg, weicht aber in mancher Hinsicht auch davon ab. Repräsentativ ist er insofern, als ein Schriftsteller aus dem Kleinbürgermilieu die ihm vertraute soziale Schicht beschreibt und ihre Anfälligkeit für den NS hervorhebt. Als Nachfolger dürfen Böll und Siegfried Lenz, Grass und Hermann Lenz und auch W. Kempowski, dessen Familie nur im Selbstverständnis sich über den Mittelstand heraushebt, gelten. Im Kleinbürgertum spielen noch der Hochhuth-Roman *Eine Liebe in Deutschland* (1978) und auf weite Strecken auch Johnsons monumentales Opus *Jahrestage* (1970-1983). Im Vergleich zu Andersch jedoch fallen Analysen über Anhänger des NS zumeist mager aus, weil sie nicht im Mittelpunkt des Geschehens stehen. Wohl setzt Böll bei einem KZ-Kommandanten, der eine Mischung von Hitler und Himmler darstellt, zu einer Art sozialpsychologischer Studie an, doch sie mündet in eine dämonische Überhöhung, die der Glorifizierung seines jüdischen Opfers dient.[7] Das Gefährliche einer solchen Wiedergutmachungsleistung hat Grass erkannt, der in seiner Romantrilogie zumeist kleinbürgerliche Anpasser - auf Grund ökonomischer Vorteile oder einfacher Massenhysterie - vorführt, in den *Hundejahren* zudem im SA-Schläger Matern jenen psychologisch interpretierten Typus des Täters nachzeichnet, der von seinem Opfer umfassend abhängig ist und diesem in manchen Zügen gleicht. Neben den gedankenlosen, das Verhalten anderer imitierenden Anpassern, die vielfach vertreten sind, erscheinen Bürger, die sich zu einzelnen Parolen des NS bekennen und deshalb halbherzig mitmachen, oder zumeist humanistisch Gebildete, deren vorwiegend ästhetisches Empfinden zur Distanzierung vom Barbarischen des Faschismus führt. Dennoch wird dem deutschen Schulmeister, der Helden- kult treibt und poetisch verbrämten Nationalismus ausstreut, eine erhebliche Mitverantwortung schon recht früh aufgebürdet.[8] Bei den meisten Darstel- lungen fließen Phänomene ein, die im NS eine herausragende Bedeutung besaßen und offenbar in Deutschland besonders heimisch sind – ich nenne nur die Trennung von öffentlicher und privater Moral, das Verschwinden in der anonymen Masse bei gleichzeitigem Bedürfnis nach Selbsterhöhung, das eine Uniform befriedigt, oder einfach eine alles Denken verabschie- dende Gläubigkeit, die sehr schnell zur Leichtgläubigkeit verkommt.[9]

Solche allgemeinen Diagnosen durchziehen die Texte als ein Verweisungs- geflecht – und wenn dies nicht gelingt, greift man zum einfacheren Mittel des Einschubes. Davon machte schon Wiechert Gebrauch und neuerdings auch Max von der Grün, weil er nur so die Antwort auf die anspruchsvolle Frage "Wie war das eigentlich?" geben zu können meint – ein Mitarbeiter hat ihm statistisches Material und Erkenntnisse von Historikern zusammen- gestellt.[10] Eine fragwürdige Variante stellt Hochhuths weitgehend authen- tische Geschichte von der Hinrichtung eines polnischen Kriegsgefangenen dar; ihr sind Krankenblätter eingelegt, die gutgemeinte Erkenntnisse des Amateurhistorikers Hochhuth mit der nicht eben neuen Unterstellung von partiellem Wahnsinn bei den höchsten NS-Führern verknüpfen. Weil Wahnsinn dieser Art ansteckend ist, ergreift er sodann auch die unter- schiedlichen Garnituren von Funktionären.

Die differenzierteste Behandlung unserer Thematik bietet zweifelsohne der vierbändige Roman *Jahrestage* aus der Feder Uwe Johnsons. Die einstige, 1933 geborene Bewohnerin einer mecklenburgischen Provinzstadt, die nun in New York lebt und deutschen Juden begegnet, sieht sich veranlaßt, ihrer Tochter über die NS-Zeit ausführlich zu berichten. Das wird mit der Erzählung über den Vater geleistet, der sich in den Mittelstand herauf- arbeitete, enttäuscht von der SPD abwandte, nach England ging und gegen seinen Willen nach Hitlerdeutschland zurückkehrte. So kann er einer Vereinnahmung für die Rüstung sich nicht entziehen, die er durch Mitarbeit für den englischen Geheimdienst zu kompensieren sucht. Als Bürger des Dritten Reiches kommt er freilich mit Nationalsozialisten in Berührung, die teilweise nur am Rande erscheinen, deren Charakterisie- rungen aber als besonders aufschlußreich gelten dürfen, da sie von einem Dichter stammen, der auch im fiktiven Text in nahezu manischer Weise auf Authentizität bedacht war. Johnson führt ungefähr ein Dutzend Nationalso- zialisten ein – es sind Inhaber von öffentlichen Ämtern, die wie die anderen der Partei oder deren Unterorganisationen (SA, SS, HJ) angehö- ren. Sie rekrutieren sich aus unterschiedlichen sozialen Schichten, wobei auffällt, daß typische Mittelstandsangehörige unterrepräsentiert sind.

Vorgestellt wird ein Sattler, der in die NS-Partei gegangen war, als ein Geschäftsmann, dem die Entmachtung des Großhandels und der Warenhausketten versprochen war. Damit nennt er die eigentlichen Angstgegner der Kleinhändler und Handwerker, wie Untersuchungen zur Entwicklung des deutschen alten Mittelstandes zeigen. Der knappe Kommentar ist typisch für einen Dichter, der die genaue Beschreibung zum obersten Prinzip erhebt und Erklärungen nur beiläufig einbringt. Um eine vordergründige wirtschaftliche Absicherung handelt es sich bei vier NS-Anhängern unterschiedlicher Herkunft, wobei zwei aufgrund eines gescheiterten Studiums eben über die Partei in das Amt des Bürgermeisters gelangen. Umfassend gescheitert ist ein Gelegenheitsarbeiter, der seine kriminelle Vergangenheit durch Teilnahme an staatlich gebilligten Verbrechen gleichsam zu legalisieren sucht. Und schließlich geht es in einem Fall einfach darum, "das Brot für die Familie zu sichern". Auf psychische Defekte verweist das NS-Engagement zweier Söhne eines autoritären Gutsherren; während der eine seine vom Vater verspottete Schwächlichkeit durch militantes Gehabe, wie es die NS-Organisationen begünstigten, kompensieren will, entwickelt der andere die ererbte Rücksichtslosigkeit zum Sadismus, den er als SS-Führer auszuleben vermag. Daß freilich eine erfolgreiche akademische Ausbildung keine Immunisierung gegen Parolen und primitive Wahrheiten nach sich zieht, dokumentieren die volkswirtschaftliche Ablehnung der Juden durch einen Doktor der Ökonomie und die senile Begeisterung eines protestantischen Geistlichen, der preußische Gesinnung und deutschlutherischen Nationalismus im Nazireich aufbewahrt sieht.

Die Breite des Spektrums von gläubigen Anhängern und bewußten Mittätern unterschiedlicher Herkunft entspricht – sieht man von der zählenmässigen Repräsentanz des Mittelstandes ab – den von Soziologen und Historikern ermittelten Fakten.[11] So setzt Johnson in poetische Wirklichkeit um, was Grass in Abwehr von Mißverständnissen über seine *Blechtrommel* nachzutragen für nötig hielt – kleinbürgerlich nämlich verstehe er nicht so sehr als soziale, sondern vorwiegend als mentale Kategorie. Es zeichnet Johnson zugleich aus, daß er bei aller Fixierung auf die Empirie, die auch bei anderen Autoren aus jüngerer Zeit zu beobachten ist, einem übergreifenden Geschichtsverständnis nicht entsagt. Wenn er die an zentraler Stelle des Kapitalismus arbeitende Gesine vorwiegend zum Erzähler bzw. Sprachrohr erhebt, so geschieht das aus der Überzeugung, daß der Kapitalismus die Bedingung für die Möglichkeit des Faschismus abgibt – ich übernehme diese Formulierung aus Winklers Versuch einer Faschismus-Herleitung.[12] Diese Überzeugung mündet konsequenterweise in das Bekenntnis zu einem humanen demokratischen Sozialismus, wobei er nicht verschweigt, daß der real existierende Sozialismus Erscheinungsformen des faschistischen Terrors reproduziert oder auch schon vorwegnahm.

Uwe Johnson ist ein besonders evidentes Beispiel dafür, daß deutsche Literatur nach 1945 sich nicht einfach teilen läßt, und das nicht zuletzt wegen einer gemeinsamen Geschichte, der sich die Literatur in der SBZ und DDR schon sehr früh zuwandte. In der Frühphase gehen Geschichts- und Literaturtheorie der fiktiven Darstellung voraus, wobei im Sinne der marxistisch-leninistischen Philosophie Erkenntnisstreben zugleich die Absicht der Veränderung impliziert. Ein von spätbürgerlichen Vorstellungen und faschistischen Relikten geprägtes Volk galt es zum Antifaschismus zu erziehen, indem man Ursprung wie Folgen faschistischer Herrschaft enthüllte. Das geschah durch Übernahme der von der Komintern verkündeten Agententheorie, wonach die NS-Führer als bloße Werkzeuge des Großkapitals fungierten, das aus Angst vor dem Kommunismus Hitler zur Macht verhalf. Diese theoretischen Vorgaben führten zu vergröberten Darstellungen aktiver Nazis, die in ihrer moralischen Verworfenheit (oft in Gestalt von Trunksucht und Hurerei) den Monstern der frühen westdeutschen Literatur gleichen. Ausnahmen davon bilden Kellermanns *Totentanz* (1947), der den Weg eines ehrbaren Bürgers aus Gründen der ökonomischen Sicherung und des sozialen Prestiges in den NS nachzeichnet, und das Zeitpanorama *Die Toten bleiben jung* (1949) von Anna Seghers, die ähnlich wie Andersch den verlorenen Krieg und die Unsicherheit der enttäuschten militärischen Führer als wesentliche Voraussetzung für die Entstehung des Nationalsozialismus betrachtet. Antikommunismus und Profitstreben sind sodann die eigentlichen Beweggründe der ausschließlich dem Bürgertum angehörenden Personen für die Unterstützung der neuen Bewegung.

Im Mittelpunkt freilich steht – im Rahmen des Erziehungsauftrages – der positive Held, der als Identifikationsfigur angeboten wird. Dies ist naheze ausnahmslos ein Arbeiter, dem die Partei und deren Ideologie das Rüstzeug für den Kampf gegen rechten Terror und Weltimperialismus an die Hand geben. Zu diesen Altgenossen gesellen sich des öfteren gemischte Charaktere, die durch Elternhaus oder Schule geschädigt wurden, sich aber einen Kern an moralischer Integrität bewahrten, der den Keim für eine Entwicklung zum überzeugten Kommunisten abgibt. Die Kriegsliteratur, für die Dieter Nolls *Die Abenteuer des Werner Holt* (1. Teil, 1960) als idealtypischer Text gelten darf, konzentriert sich vor allem auf den verführten Jugendlichen, dem die Brutalität aus preußisch-militärischer Tradition in die Wiege gelegt oder die Begeisterung für die braune Bewegung durch Schule, Elternhaus und Hitlerjugend eingepflanzt wurde. Auch hier geht es nicht darum zu zeigen, wie jemand Nationalsozialist wurde, sondern wie er diese Vergangenheit überwindet. Nachdem von höchster Stelle diese Problematik für erledigt erklärt wurde, verschwanden NS-Zeit und Krieg weitgehend aus der fiktiven Literatur.

Eine Ausnahme davon machte Franz Fühmann, dessen Werk in bezug auf die weitere Literaturentwicklung der DDR paradigmatischen Charakter besitzt. Dabei unterscheidet sich der Autor durchaus von den meisten schreibenden Zeitgenossen. Fühmann stammt aus dem sogenannten Grenzland (Sudeten) und dem vielberufenen Kleinbürgertum, d. h. dem alten Mittelstand; dies verbindet ihn mit Grass. Aber er ist fünf Jahre älter als Grass (1922 geb.), und das bezeichnet zugleich einen evidenten Unterschied. Denn Fühmann bekannte sich situationsbedingt zum Nationalsozialismus, trat in die SA ein und meldete sich freiwillig zum Kriegsdienst. Erst die Antifa-Schule in der Sowjetunion öffnet ihm die Augen und erklärt ihm die sozio-ökonomischen Gesetzmäßigkeiten der historischen Entwicklung, in die er sich mit dem Bekenntnis zum Sozialismus einreiht. Das *Judenauto* (1962) schildert eindrucksvoll die Verfehlung und Bekehrung des Erzählers im historischen Kontext und folgt – wie zahlreiche Texte der damaligen Zeit – dem Schema des Entwicklungsromans.

Nach offiziellem Verständnis beseitigt der Sozialismus mit der grundsätzlichen Veränderung der Eigentumsverhältnisse alle Bedingungen für die Möglichkeit des Faschismus, und das war Anlaß auch für den durch Grenzland, soziale Herkunft und nationalistische Erziehung geprägten Fühmann, den kritischen Blick von sich abzuwenden und westwärts zu richten. Doch das epochale Erklärungs- und zugleich Entlastungsmodell vermochte Fühmann auf Dauer nicht zu beruhigen, meldete er sich doch 1973 mit dem Reisetagebuch *22 Tage oder Die Hälfte des Lebens* zu Wort, das die Entlastungsargumentation problematisiert und den Blick gnadenlos auf die eigene Vergangenheit und die persönliche Verantwortung zurücklenkt. Fühmann erkennt nun mit Schaudern, daß er auch in Auschwitz als Bewacher funktioniert hätte, und sucht nach den eigentlichen Ursachen für sein Versagen und die als wahrscheinlich zu unterstellende Bereitschaft zu verbrecherischen Handlungen. Diese an Augustinus' gnadenlose Selbsterkundung gemahnende Suche hat er bis zu seinem Tode weitergetrieben und in unterschiedlichen Texten beschrieben. Eindeutige Antworten werden dabei immer schwieriger; schließlich glaubt er, Ursachen für sein Versagen schon in grausamen Spielen der Kindheit zu erkennen.[13]

Auch wenn Fühmanns Schicksal von dem vieler anderer DDR-Autoren sich unterscheidet, bezeichnet sein Tagebuch doch eine Wende in der Literatur der DDR. Um 1970 nämlich scheint die Erledigung der NS-Zeit durch eine Faschismustheorie, die auf den Wandel der Gesellschaft allein vertraut, vielen fragwürdig zu werden, wie das Interesse für privates Verhalten in Vergangenheit und Gegenwart verrät. Nicht zufällig treten dabei die Schicht der Kleinbürger, auf die sich die Aufmerksamkeit der westdeutschen Schriftsteller schon länger konzentriert, und das Handeln von Einzelpersonen in den Vordergrund. Die Betroffenheit darüber, daß der

Faschismus offensichtlich kein endgültig überwundenes Phänomen ist, führt nun auch dazu, daß weitere Erklärungsmodelle zumindest in Betracht gezogen werden. Helga Schütz thematisiert 1970, was dann als alltäglicher oder gewöhnlicher Faschismus zum Etikett geworden ist;[14] Schlesingers *Michael* (1971), Davids *Die Überlebende* (1972) und Kants *Der Aufenthalt* (1977) erkunden, was dem Teilnehmer am Kriegsgeschehen als persönliche Hypothek geblieben ist. Ein Jahr davor hatte Christa Wolf mit dem *Kindheitsmuster* (1976) die Geschichte ihrer mittelständischen Familie vom ersten bis kurz nach Ende des zweiten Weltkrieges erzählt und dabei – ähnlich wie Johnson – historische Zusammenhänge und Perspektiven eingebracht. Ziel ihres Schreibens ist es, der totalen Amnesie und dem Verdrängen entgegenzuwirken, das sie als wesentliche Ursache für das Versagen der Mehrheit der Bevölkerung kenntlich macht. Ein Beispiel mag dies verdeutlichen: Noch bei Kriegsende will ihre Mutter nicht glauben, daß man ins KZ kam, nur weil man Kommunist war. Die Erzählerin konfrontiert diese Überzeugung mit einem authentischen Zitat aus dem Jahre 1933, das ihre Eltern der offiziellen Bekanntmachung über die Einrichtung von KZs ihrer damaligen Tageszeitung entnehmen konnten.

Diese moralische Sichtweise der Erzählerin wird freilich von ihrem mit der technischen Welt vertrauten Bruder insofern in Frage gestellt, als er in der Industriezivilisation der Moderne überhaupt den eiglichen Nährboden für den Faschismus zu erkennen meint. Alle Völker, so kommentiert er, seien durch ein Terrorsystem zu unterdrücken und zu unmenschlichen Handlungen zu treiben, weil die Masse stets schweige oder mitmache und ein heldisches Betragen nicht mehr zur Norm erhoben werden könne:

> Ja glaubt ihr denn [...] man könnte unsere Industriezivilisation haben [...], die Fließbandarbeit, die ihr immer noch zugrunde liegt, und obendrein den 'guten Menschen' als Massenerscheinung?[15]

Das erinnert in der Betonung der "neuen Technik" an den frühen Text von Andersch, der zudem ein heldisches Betragen angesichts des umfassend organisierten Gebildes aus Terror und Propaganda für rührend altmodisch hält. Deutungen dieser Art, d. h. Faschismus als konstitutive Möglichkeit der modernistischen Gesellschaft überhaupt, könnten vielleicht dafür verantwortlich sein, daß in der deutschen Literatur nach 1945 der Nationalsozialismus aus Überzeugung eher eine Randerscheinung bleibt und der Nationalsozialist aus dem Bedürfnis imitierenden Mitmachens oder aus Angst vor Nachteilen die literarische Szene weitgehend beherrscht.

ANMERKUNGEN

1.   Die Kontroverse wird besonders bei der Bewertung von Thomas Manns *Doktor Faustus* deutlich, der noch in jüngster Zeit wegen "Überhöhung" und "Tendenz zur Abstraktion von der gesellschaftlichen Wirklichkeit" kritisiert wird. Ralf Schnell, "Die Literatur der Bundesrepublik", in: *Deutsche Literaturgeschichte. Von den Anfängen bis zur Gegenwart*. Stuttgart ²1984 S. 507. Vgl. dagegen die sorgfältige Analyse bei Franz Futterknecht: *Das Dritte Reich im deutschen Roman der Nachkriegszeit*. Bonn 1976, S. 183ff.

2.   Repräsentativ hierfür ist bes. die Erzählliteratur zwischen 1950 und 1959 von Heinrich Böll.

3.   Vgl. dazu Futterknecht, Anm. 1.

4.   Alfred Andersch: *Die Kirschen der Freiheit*. Zürich 1968, S. 14f.

5.   Heinrich August Winkler: *Mittelstand, Demokratie und Nationalsozialismus*. Köln 1971.

6.   Siehe Anm. 4, S. 33.

7.   Die Jüdin erscheint engelrein, der KZ-Kommandant dagegen satanisch in: *Wo warst Du, Adam?*.

8.   Vgl. dazu Bölls *Wanderer, kommst du nach Spa...*; Th. Manns *Doktor Faustus*; Grass' *Katz und Maus*; S. Lenz' *Deutschstunde*.

9.   Herausragendes Beispiel hierfür ist Grass' *Blechtrommel*. Frühe Beispiele schon in den Erzählungen von E. Langgässer.

10.   Ernst Wiechert: *Der Totenwald*. Frankfurt/M. und Berlin 1946. Max von der Grün: *Wie war das eigentlich?* Darmstadt und Neuwied 1979. Rolf Hochhuth: *Eine Liebe in Deutschland*. Reinbek bei Hamburg 1978.

11.   Vgl. bes. die Untersuchungen von Martin Broszat.

12.   Vgl. Anm. 5.

13.   Franz Fühmann: *Den Katzenartigen wollten wir verbrennen*.

14.   Helga Schütz: *Vorgeschichten oder Schöne Gegend Probstein*. Berlin und Weimar 1970.

15.   Christa Wolf: *Kindheitsmuster*. Berlin und Weimar, 1985, S. 423f.

ABSTRACT

Between 1945 and 1960 fascism was discussed mainly by authors of petit-bourgeois background who considered themselves to be victims of the policies of the Führer. The dichotomy between persecutors and victims was reflected in the manner of presentation which frequently had recourse to mythical or religious models of interpretation. Exceptions to this rule were Thomas Mann's *Doktor Faustus* (1947) and Alfred Andersch's *Kirschen der Freiheit* (1952). Andersch supplies a psychogram of a member of the middle class, a type which was to acquire representative status in works of the 70s and 80s although it already figures centrally in the works of Günter Grass published between 1959 and 1963 in which he advances a variety of explanatory models. The most differentiated description of the Nazi years is contained in Uwe Johnson's *Jahrestage* (1970–83). Johnson's characters exhibit a whole range of motives underlying the willingness of people from different sections of society to support the Nazis. Whereas West German authors begin to make reference to theories of fascism from the end of the 1950s, the literature of the GDR starts with an already formulated "Agententheorie", according to which responsibility lay with the capitalists who had used the fascist leaders as tools to maintain their own economic power. In most texts the correct anti–fascist attitude is embodied in a communist resistance–fighter with whose stance the reader is invited to identify. This corresponds to the new "Entwicklungsroman" (novel of development) which describes the transformation of a young, convinced Nazi into a socialist.

After the leadership of the party had declared an end to literary preoccupation with the past the Nazi period and the war years effectively disppeared from fiction in the GDR. An exception to this rule was the work of Franz Fühmann, a German of middle class origins from the Sudetenland who was determined to come to terms with his past. He too emphasizes his conversion to socialism, but at the beginning of the 70s he begins to reflect on this transformation and attempts to discover personal motives for his behaviour (which included criminal acts). This process began with his *Reisetagebuch 22 Tage oder die Hälfte des Lebens* (1973) and his merciless self–probing continued until his death. Other GDR authors too began to regard the past as something problematic. While Helga Schütz describes "everyday fascism", other authors like David, Schlesinger and Kant pursue the question of personal responsibility during the Nazi years which is not simply dealt with by confessing allegiance to socialism. In 1976 Christa Wolf published her novel *Kindheitsmuster* in which she describes fascism explicitly and reflects on its pre–conditions. She discusses modern industrial civilization as the basis on which fascism, mass–manipulation and terrorism become possible, arguing that fascism is inherent as a possibility in any modern society. This explains why so much literature depicts members of the middle classes drifting into allegiance to fascism without ever having made a conscious decision to do so.

Michael Winkler, Houston

JUGEND UNTER DEM NATIONALSOZIALISMUS. ZUR VERSÖHNUNG VON AUTORITÄT UND GENIE IN FASCHISTISCHER IDEOLOGIE UND IN WERKEN DER EXILLITERATUR

Zum 30. Januar 1934 erschien als "historische Darstellung in Tagebuchblättern" ein Buch mit dem Titel *Vom Kaiserhof zur Reichskanzlei*[1]. Es ist "dem Führer" gewidmet und berichtet in glossierender Rekapitulation vor allem über die Wahlkämpfe der vergangenen zwei Jahre. Sein Autor Dr. Joseph Goebbels spricht hier im eigenen Namen und zugleich stellvertretend für "die alte Garde Hitlers, die niemals wankte" in jener Zeit, als sie "zusammen die Macht erobert" (14) haben. Die Botschaft des Bandes läßt sich leicht als Parteipropaganda durchschauen und abtun; als Selbstdarstellung mit der Absicht, Glauben zu befestigen und den noch Unschlüssigen einen beispielhaften Weg in die Zukunft zu weisen, verdient sie dennoch sorgfältige Aufmerksamkeit. Dafür spricht schon die Tatsache, daß das Buch nicht unbeachtet blieb, lassen sich doch bis 1939 25 Auflagen und ein Gesamtumsatz von 440 000 Exemplaren verzeichnen, die gewiß nicht alle ungelesen als Geschenk weitergegeben wurden.

Goebbels wendet sich primär an eine kleinbürgerliche Leserschaft. Er bedient sich dazu des Tagebuchberichts, der die Faktentreue einer dokumentarisch aufs Hauptsächliche beschränkten Bestandsaufnahme mit der Authentizität persönlicher Aussagen zu verbinden verspricht. So läßt sich aus der scheinbar perspektivisch gestaffelten Vielfalt der Absichten, Figuren, Probleme und Taten doch immer die Einheitlichkeit eines verbindlich ordnenden und deswegen autoritativ wirkenden Standpunktes erkennen. Darüber hinaus unternimmt der Verfasser gewisse Konventionen des Staatsromans, dessen elitäres Tugend- und Lebensideal der Leser nicht nur im neuen Führungsstand verkörpert sehen soll, sondern auch – zumindest als Potenz – in dessen Gefolgschaft wiederfinden kann. Zugleich umspielt das Buch seine proklamativ didaktischen Absichten durch die Einschaltung von Versatzstücken und Anspielungen, die sich auf die Tradition des für die bürgerliche Erzählliteratur Deutschlands mustergültigen Bekenntnis- und Bildungsromans berufen.

Damit übernimmt der Autor auch hier eine Schreibhaltung, die schon seinen ersten, den spätexpressionistischen "Roman in Tagebuchblättern" *Michael. Ein deutsches Schicksal* (geschrieben 1923/24, veröffentlicht 1929) prägt. Er hat jedoch dessen personalistisch begrenzte Perspektive überwunden, indem er die immer schon beispielhafte Suche eines Einzelmenschen nach sinnvoller Lebensgestaltung nun zum Kampf einer ganzen Bewegung um Selbstverwirklichung ausweitet und überhöht.

Es geht dabei nicht nur darum, den Weg, ja fast den Leidensweg dieser seiner Elite bis zur Machtübernahme nachzuzeichnen. Die erkämpfte Macht muß auch als legitim erworbene Autorität zu rechtfertigen sein. Deswegen erinnert er immer wieder daran, daß Herrschaftsgewalt errungen, also weder von den einen leichtfertig preisgegeben, noch von den anderen usurpiert worden ist. Es liegt ihm daran zu zeigen, daß Macht und Autorität wieder in guten, in den rechtmäßigen Händen liegen, die in schwierigen Zeiten einen historischen Auftrag zu erfüllen haben. Damit bleibt die wiederholt beschworene "nationale Erneuerung" als revolutionärer Prozeß auf eine stärkere Zukunft bezogen und auf die nicht minder starken Ansprüche einer sich aus der Unterdrückung befreienden Vergangenheit.

Mit der Eindringlichkeit einer beispielhaften Abbreviatur ordnet dieses Rechtfertigungsschema den zentralen Abschnitt des Buches, die Eintragungen zum 30. Januar 1933:

> Es ist wie ein Traum. Die Wilhelmstraße gehört uns. Der Führer arbeitet bereits in der Reichskanzlei. Wir stehen oben am Fenster, und Hunderttausende und Hunderttausende von Menschen ziehen im lodernden Schein der Fackeln am greisen Reichspräsidenten und jungen Kanzler vorbei und rufen ihnen ihre Dankbarkeit und ihren Jubel zu. (251)

Es wird eine traumhaft wirkende Überrealität evoziert und zugleich bleibt der Bezug zur Alltagswelt zäher Arbeit erhalten: "Der weitere Tag verläuft wie ein Traum. Alles mutet an, als wäre es ein Märchen," obwohl sich die verantwortlichen Herren nicht von ihren Pflichten ablenken lassen. Außerdem ergänzen sich die stumme Ergriffenheit derer, die drinnen (und oben) dem Führer die Hand drücken, "als würde unser alter Treuebund aufs neue beschlossen" (252), während draußen (und unten) der Jubel des Volkes ausbricht – "in einer spontanen Explosion," doch gebannt in disziplinierter Ordnung:

> Endlos, endlos, von 7 Uhr abends bis 1 Uhr nachts marschieren unten an der Reichskanzlei die Menschen vorbei. SA-Männer, SS-Männer, Hitlerjugend, Zivilisten, Männer, Frauen, Väter, die ihre Kinder auf dem Arm tragen und zum Fenster des Führers emporheben. Es herrscht ein unbeschreiblicher Jubel. (253)

Den Bericht darüber kennzeichnet die Konvergenz von rhetorischem Enthusiasmus und dokumentarischer Pedanterie. Seinen Höhepunkt erreicht er mit der Schilderung einer Situation, in der der einzelne in der Masse aufgeht und Teil einer großen Einheit wird, dennoch aber auch als junger Kämpfer eine ganz ihm eigene Rolle zugesprochen erhält.

Bei aller Distanz der Mächtigen von ihrem Volk kommen die Oberen der Masse im Bekenntnis zum populären Ritual auch wieder entgegen. Denn die ganze Veranstaltung soll den Eindruck erwecken, daß es sich eher um eine nationale Siegerehrung nach zermürbenden Ausscheidungskämpfen als um einen feierlichen Staatsakt handle. Nicht weniger charakteristisch ist die Konstellation, die das Verhältnis der sich ergänzenden Autoritäten illustriert: der greise Reichspräsident und der junge Kanzler. Es ist ein mythisierendes Modell, das den natürlichen Gegensatz der Generationen und die gesellschaftlichen Unterschiede in ein polar-extremes Bezugsverhältnis überhöht und damit als sozialpolitische Wirklichkeit praktisch ausklammert. Das bringt eine essentielle Aufwertung der Jugend mit sich, was besonders deutlich die Eintragung zum 7. Januar erkennen läßt. Sie berichtet kurz vor dem dramatischen Höhepunkt der erzählten Zeitgeschichte vom Tod eines jugendlichen Mitkämpfers:

> Der Hitlerjunge Wagnitz wird zu Grabe getragen. Mit einer Beteiligung des Berliner Volkes, als wäre er ein König. Wir holen ihn mittags im Leichenschauhaus ab, und dann geht ein endlos langer Zug durch den rieselnden Regen der Berliner Vorstädte. Es ist ein ergreifendes Bild. Wir gehen alle 2 1/2 Stunden hinter dem Totenwagen dieses ermordeten Knaben her. Durch ewige Menschenmauern. Die ganze SA., SS. und Hitler-Jugend gibt dem Jungen das Geleit. Hunderttausende sind auf den Beinen. Bei einbrechender Dunkelheit langt der Leichenzug auf dem Friedhof an, und wir betten dann den Toten in den mütterlichen Schoß der Erde zurück. (236f.)

Der sechzehnjährige Tote, schon zum Märtyrer für seine Überzeugungen erhoben, wird den Kämpfern und Blutzeugen der alten Garde gleichgestellt: *alle* Kameraden nehmen ihn in eine große Gemeinschaft auf. Ja, in dem Augenblick, wo sich "sein kurzer Lebenslauf" schließt, steht er in der öffentlichen Anerkennung selbst dem Führer zumindest symbolisch nicht nach. So wird auch dieses kleine Element persönlicher Vergangenheit eingebettet in den Strom der Zeit und dadurch gerettet für eine bessere Zukunft. Daher ist es nur zu sinnvoll, daß nach dem Trauerzug bald wieder der Rausch der Begeisterung eines Triumphzuges ausbricht. Mit einer Kundgebung auf dem Tempelhofer Feld zum 1. Mai 1933 schließt die Darstellung:

> Dann ein Jubelsturm: im Auto erscheinen, nebeneinander sitzend, der Reichspräsident und der Führer. Alter und Jugend vereinigt. Ein wunderbares Symbol des neuen Deutschlands, das wir aufgerichtet haben. [...] Der Reichspräsident spricht zur Jugend, als wäre er einer aus unserem Alter. Er ermahnt zur Treue, Beharrlichkeit, Fleiß und Achtung vor der Vergangenheit. Der Führer bringt auf ihn ein dreifaches Hoch aus, in das die Jugend mit Begeisterung und Inbrunst einstimmt. (305 f.)

Die öffentliche Erfahrung nationaler Einheit wird also zur Schau gestellt anläßlich einer Veranstaltung, die Elemente des Volksfestes mit der Disziplin des militärischen Aufmarsches verbindet. Die Aussöhnung der älteren mit der jungen Generation vereinigt kleinbürgerliche Jovialität mit der Achtung vor Tugend und Würde.

Dabei wird wiederum auf ein Sozialisationsschema angespielt, dessen kontradiktorisch sich ergänzendes Gegensatzpaar in der Bildungsgeschichte des deutschen Bürgertums verankert ist. Verwiesen wird vor allem auf einen utopischen Begriff von aufgeklärt-vernünftiger Autorität des Alten und ehrwürdig Traditionellen, auf die gute Macht verantwortlicher Väter; ihm steht die Vorstellung vom Regulativ des phantasiebegabt Genialen, des freien Geistes der Jugend zur Seite. Es ist dies ein Modell, das in zahlreichen Variationen als Leitbild für die Erziehung zu gesellschaftlicher Integration diente.[2] Goebbels macht sich dieses Paradigma zueigen, freilich mit einer charakteristischen Verschiebung der Relationen. Denn der Repräsentant privilegierter Altersweisheit, die auf Tradition und Leistung gegründet und um die Ordnung besorgt ist, kann zwar noch die Erfolge pragmatischer Weitsicht für sich verbuchen und wird deshalb mit einer mythischen Aura umgeben. Doch er ist schon der Gefahr existentieller Erstarrung und dem Prozeß natürlichen Absterbens erlegen, steht also am Rand der Ohnmacht. Befreiung aus dieser Not kommt durch eine künstlerisch inspirierte Führerschaft, die Macht aus neuem Geist verspricht. Dabei ist zu akzeptieren, daß deren Autorität im jugendlichen Ingenium selbstgesetzt ist; allenfalls als Zugeständnis an bürgerliches Nützlichkeitsdenken wird sie im Verweis auf ihre Befähigung zu konzentrierter Arbeit legitimiert. Was an diesem Anspruch auf Autorität jedoch fasziniert, ist der Impuls des Spontanen und das Versprechen, daß schon jetzt, im Heute, die ganze Fülle des zukünftig Möglichen als Erlebnis vorweggenommen und gegenwärtig geworden ist. Das Erlebnis bleibt daher auch unverlierbar:

> Wer einmal wirklich jung war, wird jung bleiben bis in das jahresmäßige Alter hinein. [...] Wir haben vor uns das beste Beispiel im Führer selbst – im Führer, der doch nun bald fünfzig Jahre werden wird und trotzdem innerlich und geistig immer der Jüngste unter uns ist.[3]

Eine solchermaßen existentialisiert verstandene Rechtfertigung des jugendlichen Führungsanspruches durch die Privilegierung des genialisch kreativen Geistes ist nicht allein eine ideologische Finte faschistischer Kulturpolitik in der Anfangsphase ihrer legalisierten Machtausübung. Die Implikationen reichen beträchtlich weiter. Sie verweisen auf gewisse Gemeinsamkeiten, welche die intellektuellen Propheten des totalen Staates und diejenigen unter ihren Widersachern verbinden, die in der inneren Opposition und im Exil eine Synthese von Geist und Macht unter Führung einer der Kunst verschworenen Elite anstrebten. So befürwortete z. B. Gottfried Benn, als er sich den neuen Machthabern nicht gerade subtil zu nähern versuchte, deren "Behauptung völliger Identität von Macht und Geist" mit der Feststellung:

Führer ist nicht der Inbegriff der Macht, ist überhaupt nicht als Terrorprinzip gedacht, sondern als höchstes geistiges Prinzip gesehen. Führer: das ist das Schöpferische, in ihm sammeln sich die Verantwortung, die Gefahr und die Entscheidung, auch das ganz Irrationale des ja erst durch ihn sichtbar werdenden geschichtlichen Willens, ferner die ungeheure Bedrohung, ohne die er nicht zu denken ist, denn er kommt ja nicht als Muster, sondern als Ausnahme, er beruft sich selbst, man kann natürlich auch sagen, er wird berufen, es ist die Stimme aus dem feurigen Busch, der folgt er, dort muß er hin und besehen das große Gesicht.[4]

Aber auch Heinrich Mann plädiert immer wieder für die (gewiß volkstümlich humanitär und verantwortungsbewußt einzusetzenden) Vorrechte einer intellektuell-künstlerischen Sondergruppe innerhalb der Gesellschaft. Vor allem im frühen Exil verwendete er sich immer wieder im Interesse einer sprachlichen Kultur,

die sich daraus ergibt, daß die Dinge des Intellektes als Tatsache und als Macht anerkannt werden. Wirkliche Lebensnotwendigkeit war dies wohl immer nur für eine kleine Schicht – immerhin zuletzt d. h. in den guten Jahren der Weimarer Republik nicht mehr für eine ganz kleine. Als Voltaire und seine Genossen die geistige Welt, zunächst die geistige, veränderten, wurde ihre Arbeit verfolgt von vielleicht zweitausend Lesern der bevorrechteten Stände.[5]

Im Prinzip handelt es sich um sehr ähnliche Positionen. Denn es geht darum, ein Führerprinzip aus geistig-künstlerischem Anspruch zu begründen, das sich auf die Notwendigkeit berufen darf, die Welt nach eigenem Bilde umzuschaffen. Dem einen sind die neuen Herrscher die Sachverwalter dieses Auftrags, dem anderen sind sie die Usurpatoren der mit diesem Auftrag verbundenen Autorität; folglich sind sie dem einen die wahren Meister, dem anderen die Scharlatane der Kunst. Deswegen erscheint dem Exil die Herrschaftsform des Geistigen im Dritten Reich mit seinen Versprechungen als "Betrug an der Jugend"[6], als Mißbrauch, Verfälschung und Indiz einer allgemeinen Verdummung. Der Herrschaftsanspruch des Geistigen wird als solcher jedoch nicht in Frage gestellt. Aus dem Grunde hat gerade die künstlerische Intelligenz des Exils keine überzeugende Antwort auf die Frage gefunden, warum vor allem die deutsche Studentenschaft sich schon früh und proportional in großen Zahlen der Ideologie des Nationalsozialismus angeschlossen hat. Mit dem Hinweis darauf, daß "vorab die Burschenschaften"[7] auf Hitler "hereinfielen", ist wohl die Tatsache des Standesdünkels als eine wichtige Ursache erfaßt. Jedoch die Anfälligkeit gerade der akademisch Gebildeten für literarische Heilsbotschaften wird damit nicht erklärt.

Als Antwort der bürgerlichen Literatur auf den mit faschistischer Geistideologie verbrämten Kampf der Nationalsozialisten um die Macht entsteht seit Mitte der zwanziger Jahre eine Anzahl von Großromanen, die sich offensichtlich die beispielhafte Rechtfertigung vernünftig-demokratischer Gesinnung zur Aufgabe gestellt hat. Unter ihnen kommt Thomas Manns

Joseph-Tetralogie (Ende 1926 begonnen, abgeschlossen 1943) und Heinrich Manns *Henri Quatre* (seit 1925 geplant, beendet 1937) besondere Bedeutung zu. Beide Bücher gestalten exemplarische Lebensläufe, die die Utopie humaner, gerechter Herrschaft zu verwirklichen suchen. Als Protagonisten fungieren jugendliche Außenseiter, phantasiebegabte Prinzen mit dem Talent, die Menschen zu begeistern und zu führen, ohne dabei ihren natürlichen Vorrang durch anbiedernde Zugeständnisse an die Forderungen der Masse zu kompromittieren. Durch göttliche Bestimmung, die den Humanitätsauftrag der Geschichte metaphysisch verankert, sind sie zur Führerschaft bestimmt; nach vielen Rückschlägen und mit letztlich skeptischem Respekt vor dem irdisch Möglichen finden sie zur Vollendung als gütige Volksherrscher. Ihre Autorität jedoch, die niemals fest verläßlicher Besitz sein kann, muß immer wieder gegen den fanatischen Irrationalismus egoistischer Scharlatane erkämpft werden. Am Schluß steht dennoch ein Scheitern, das bei Th. Mann mit der Verweigerung des großen Segens der *ultima ratio* gottväterlicher Allmacht, bei H. Mann als Martyrium im Auftrag einer großen Idee der Gebrechlichkeit menschlicher Verhältnisse zugeschrieben wird. Es bleibt aber trotzdem festzuhalten, daß hinter beiden der Richtspruch einer väterlichen Autorität steht: hier der an seinen Gottesglauben gebundene Patriarch Jaakob und dort der Philosoph Montaigne als geistiger Vater der Neuzeit.[8]

Auch der Titelheld von Brechts Schauspiel *Leben des Galilei*, das die sozialistische Alternative zum bürgerlichen Programm zu versprechen scheint, folgt dem mühsamen Weg des Fortschritts im Glauben "an die sanfte Gewalt der Vernunft über die Menschen."[9] Als Heros progressiver rationaler Autorität wird er zum vorbildlichen Lehrer, weil er neue Wirklichkeitserkenntnis beispielhaft überzeugend veranschaulicht. Sein Musterschüler ist Andrea, das Kind einer armen Arbeiterfrau, dem durch den Erwerb fortschrittlicher Erkenntnis auch der soziale Aufstieg gelingt. Das hindert ihn jedoch nicht, seine eigene Existenz gegen die Inquisition aufs Spiel zu setzen – als Bekenntnis zum anderen, zur Alternative des Galileischen Systems:

> Andrea: Aber es ist alles verändert heute! Der Mensch hebt den Kopf, der Gepeinigte, und sagt: ich kann leben. So viel ist gewonnen, wenn nur einer aufsteht und N e i n sagt! (166)

Galilei dagegen, der die Sache der Wissenschaft hauptsächlich um ihrer selbst willen, also kompromißlos als reine Lehre und ohne Interesse an ihrer pragmatischen Verwertung betrieben hatte, steht zum Schluß ohne politische Freunde da und muß widerrufen, um ein sinnlos gewordenes Martyrium zu vermeiden. Bei allem Sinn dafür, daß Wirklichkeit ein Produkt der Wahrnehmung ist und sich am besten "beispielhaft" vermitteln läßt, und bei allem Verständnis für die materiellen Anforderungen des

Lebens hatte er es wiederholt versäumt, im richtigen Moment akzeptable Risiken einzugehen, um seine unwiderlegbaren Einsichten auch gesellschaftlich durchsetzen zu können. Andrea dagegen, nun auch durch die Mißgunst der Zeiten dazu gezwungen, verhält sich auch darin anders, daß er die Wahrheit der Lehre nicht preisgibt – allerdings ohne mehr als die Chance ihrer Bewahrung unter den drastisch reduzierten Möglichkeiten des Exils erreichen zu können. Der Schüler, der sich noch eine Zukunft schaffen kann, macht so wenigstens teilweise die Fehler seines väterlichen Lehrers wieder wett.

Während dem gelehrigen Andrea das letzte Opfer erspart bleibt, gehen die drei Kinder der Mutter Courage zugrunde. Es liegt nahe, dafür die in kleinbürgerlichem Geschäftsdenken befangene Uneinsichtigkeit dieser Frau verantwortlich zu machen und sie sogleich wieder zu entschuldigen mit dem Hinweis, daß ja gerade sie, die prekär Überlebende, sehr wohl weiß, wie gering *ihre* Chancen sind, sich ungeschoren aus dem Glaubenskrieg der Mächtigen herauszuhalten. Doch nicht nur die Verhältnisse der großen Politik wirken gegen sie. Auch ihre Verantwortung als alleiniges Familienoberhaupt, das mit der Sorge um die Kinder auch die geschäftlichen Verpflichtungen übernommen hat, macht eine andere als die tödliche Lösung ihres Dilemmas praktisch unmöglich. Denn als Mutter, die ihre Familie zusammenhalten muß, bleibt ihr nichts übrig, als die Kinder an sich zu binden. In ihrer Rolle des Arbeitsvorbildes kann sie ihnen als Leistungsansporn und zur Stärkung des Selbstwertgefühls nur die Plackerei mit dem Marketenderwagen bieten, also allenfalls Frauenarbeit und nicht einmal das Prestige von relativ selbständigen Juniorpartnern. Die beiden Söhne drängt es daher von Zuhause weg: sie lassen sich von Leuten anwerben, die sie als ihre Feinde erkennen müßten. Aus welchem Impuls? Sicher doch, weil sie sich das Recht nehmen, gerade auch in ungewissen Zeiten etwas vom Leben zu haben und dieses Leben nach ihren eigenen Fähigkeiten selbst zu gestalten. Sie merken allerdings erst wenn es zu spät ist, daß der Krieg diese Wahl nicht mehr erlaubt. Das macht sie zu unfreiwilligen Opfern ihrer Zeit, und zwar unter Umständen, in denen das Fehlen väterlicher Autorität eine entscheidende Rolle spielt. Die Gegenseite bietet auch, wenigstens vorübergehend, d. h. aber bis zum bitteren Ende, den Ersatzvater, der zu praktischer Bewährung im Leben anspornt und der dafür zu garantieren scheint, daß sich diese Anstrengung auch lohnt. Die Tochter jedoch, die sich nach Schönem und nach Liebe sehnt, muß das Leid der Entsagung und zum Schluß das Martyrium des Opfertodes auf sich nehmen, um unschuldiges Leben vor den schlimmsten Konsequenzen menschlicher Lebensverachtung zu bewahren. Ihr Beispiel, mit dem sich die Unterlegenen ihre Autonomie erhalten, hat erweckende Kraft, indem es den jungen Bauern dazu hinreißt, sich in letzter Minute gegen die Warnung seiner Eltern auf ihre Seite zu schlagen, wenn auch nur mit ganz wenigen Worten und bevor er selbst niedergeschlagen wird. Auf jeden Fall aber besagt die Schlußbemerkung "Sie hats geschafft," mit der die christliche Kreuzesbotschaft in die Sprache des bürgerlichen Leistungsgethos übertragen wird, daß zukünftiger Befreiung und Erlösung die Tat jugendlichen Selbstopfers aus Widerstand vorausgehen muß. Das Weitermachen im eigenen Interesse und jede andere Art des Todes ist völlig sinnlos.

Es geht also auch in diesen beiden Stücken Brechts prinzipiell um die gleiche Problematik, der historischen Situation zur Zeit ihrer Entstehung gemäß freilich um das Versagen der väterlichen Autorität und um die Konsequenzen, die dieses Versagen für die Kinder mit sich bringt. Es ist ein Thema, das sich in der Literatur der dreißiger Jahre zumeist als produktives Verhältnis von Lehrer und Schüler, von Meister und Lehrling ausdrückt und an das im Expressionismus entwickelte Schema vom Vater-Sohn-Konflikt anknüpft. Daher sei noch einmal kurz an das Paradigma "greiser Präsident und junger Führer über der jubelnden Masse"[10] erinnert. Es spiegelt im großen der öffentlichen Verhältnisse die Mikrostruktur besonders der bürgerlichen Familie und ist Abbild u. a. eines Hierarchiedenkens, das dem Vater die meiste und die letzte Verfügungsgewalt zuspricht. Man muß dabei nur in Rechnung ziehen, daß dem weiblichen Teil die prinzipiell passive Rolle zukommt, Ermutigung, Beifall und Stolz über den männlichen Erfolg auszudrücken. Ansonsten wird ein dominant männliches Element als ideale Konstellation vorgestellt, in der sich der Sohn am Vater ausrichtet, den er aber früher oder später verdrängen und ersetzen muß. Unter gewissen Umständen kann er sich durchaus im Sinne des Vaters sogar als Alleinherrscher etablieren. Übertragen auf eine primär ästhetische Lebenshaltung und unter völligem Ausschluß des Femininen bildet dieses Modell in der quasi-mythischen Vereinigung von "poeta vates", "puer aeternus" und "comes sacer" das Sozialmodell, dem sich nach Vorschrift des *Stern des Bundes* (1914) der George-Kreis verpflichtet fühlte. Gerechtfertigt freilich durch den letztgültigen Anspruch einer im göttlichen Auftrag verankerten Moral liegt es jedoch auch judaischer Theodizee und einem gottwohlgefälligen jüdischen Rollenverhalten zugrunde. Zur Illustration dieses Sachverhalts sei beispielsweise auf Friedrich Torbergs Roman *Hier bin ich, mein Vater* verwiesen,[11] dessen Titel und Motto Isaaks Gehorsamsformel seinem Vater Abraham gegenüber (vgl. Genesis XXII, 7-8) zitieren und auf dessen Unterwerfung unter den Willen des göttlichen Allvaters anspielen.

Dieser Roman erzählt die als autobiographisches Bekenntnis gestaltete Geschichte eines jungen Wieners, der sich dazu bereit gefunden hatte, mit den Nazis in scheinbar kleinen Dingen zusammenzuarbeiten. Dadurch hatte er sich das Versprechen erwirkt, daß sein im KZ Dachau inhaftierter Vater, ein Arzt, freigelassen würde. Zugleich meint er, er könne dieses

Bündnis mit der Macht des Bösen später gegen seine Versucher und Peiniger wenden. Beides muß mißlingen, was in ihm die quälende Frage provoziert, warum gerade er als Jude dazu verurteilt, d. h. aber in Wirklichkeit auserwählt ist, höheren moralischen Ansprüchen genügen zu müssen als alle anderen. Die Antwort wird durch seinen ehemaligen Religionslehrer vorbereitet, den er als sehr alten Rabbiner im Pariser Exil wiedertrifft. In einer Art Religionsgespräch, das sich fundamental von einem fast gleichzeitig durchgeführten Polizeiverhör unterscheidet, wendet der Jüngere sich nach talmudischer Art fragend an den alten Professor, dessen Antworten ihm zur Selbsterkenntnis verhelfen. Sein ganzes Leben ist geprägt durch den Konflikt von Macht und Stärke, der ihn seit frühester Kindheit verfolgt. Die Begegnung mit den Machthabern und den Stärkeren ruft in ihm Aggressions- und Abwehrreaktionen hervor, in denen sich Abscheu und Faszination vereinigen. Das zeigt sich beispielhaft während einer Rauferei in der Schule, die durch antisemitische Bemerkungen provoziert worden war. Sein Gegner ist ein nicht unintelligenter junger Kraftprotz, der ihn später als Gestapofunktionär in seine Dienste nimmt. Es heißt anläßlich ihrer ersten Auseinandersetzung:

> Und da, mitten in dieser angespannten Stille, in der wir reglos lagen, geschah mir das Merkwürdige, das Unvergeßliche und bis heute Unerklärliche: Ich wußte plötzlich nicht mehr, ob ich mit Macholdt überhaupt kämpfte; ob es ein kampfbereiter und feindseliger Griff war, in dem wir uns umklammert hielten, oder ein männlich-kameradschaftlicher; ich wußte nicht mehr, warum Macholdt eigentlich mein Feind war, ja nicht einmal, *ob* er mein Feind war. Wie wir da unsere Köpfe aneinander preßten, hatte es fast schon etwas Friedfertiges, etwas Versöhnliches an sich, und ich spürte das vehemente Bedürfnis, meinen Kopf an seine Brust gleiten zu lassen, unsere Umklammerung zu einer Umarmung umzuwandeln, zu einer erhabenen Verbrüderung, von der niemand – außer uns beiden – etwas ahnen würde und die uns für alle Zeiten über die andern hinaushöbe, in einer stolzen, gleichgestimmten Gemeinsamkeit. (48)

Die rabbinische Lösung des Dilemmas, das aus der zunächst unbewußten Veränderung des Ringkampfes in eine Liebesvereinigung entsteht und das in der "mythischen" Gleichzeitigkeit der Gegensätze aufgehoben scheint, besteht darin, daß der absolute Anspruch der Moral vor der Gewalt als Auftrag Gottvaters zu erfüllen ist, auch mit dem Opfer der Selbsterniedrigung zu tatenloser Ohnmacht. Dieses Opfer um des Vaters, um des leiblichen und des ewigen willen, kann jedoch nur bringen, wer selbst die moralisch-soziale Verpflichtung zur Vaterschaft übernommen hatte. Daher lautet die Schlußfolgerung:

> "Man darf sich gar nicht einlassen mit ihnen, auch um des eigenen Vaters willen nicht. Aber dazu muß man freilich die Kraft haben, selbst ein Vater zu sein. Schade." Er klappte das Heft zu und sah mich an. "Schade, daß die gute Sache so oft die schwachen Vertreter hat." (337)

Am Ende steht deshalb statt des freiwillig übernommenen Opfers der Freitod in der Gefängniszelle. Damit ist ein Urteil gesprochen über den Versuch, sich der Verpflichtung zu gesellschaftlicher Bindung durch die eigene Familie und der Bindung an das vorbildliche religiöse Erbe der Väter zu entziehen. Statt den Auftrag anzunehmen, selbst väterliche Autorität zu werden, hatte sich der Held, der ohne Mutter aufgewachsen war, nur ans Gegenteil gehalten und sich im recht "anrüchigen" Künstlerberuf des Jazzpianisten ziemlich gedankenlos und ohne sonderlichen Erfolg durchs jugendliche Leben geschlagen: als Absage an seine soziale Aufgabe und als Vergeudung seines Talents.

Der Zusammenbruch väterlicher Autorität und die damit verbundene Desintegration der Familie bzw. die Entmächtigung ehemaliger Vorbildgestalten aus den öffentlichen Institutionen, besonders der Lehrer, bedingt die Suche nach Surrogatfiguren, die die Jugendlichen zu neuer Identifikation anreizen und zu treuer Bindung überzeugen können. Damit ist das gemeinsame Grundthema praktisch aller Erzählliteratur des Exils zum Thema Jugend unter dem Faschismus angesprochen. Generell läßt sich eine chronologische Gliederung in drei Phasen mit ihren jeweils eigenen fiktionalen Orientierungen und Darstellungsweisen erkennen:

1. Von 1933 bis 1936 dominieren fast hektische Versuche, mittels des primär dialogisch argumentierenden Zeitromans Gründe dafür zu finden, daß den Nationalsozialisten auch bei der Jugend der Sieg gelungen ist. Diese Gründe sollen durch rationale Gegenargumente und Alternativverfahrungen widerlegt werden. 2. Danach folgt eine kurze Periode nach dem Scheitern der Einheitsfrontbestrebungen bis zum Kriegsausbruch, in der die Form des moralisierenden Gedankenromans zur Besinnung auf die "tieferen" Ursachen anleitet und dazu mit Vorliebe parabelhafte Handlungsmodelle konstruiert. Es herrscht der Zwang zu rückhaltloser Selbstprüfung der jetzt heranwachsenden Elterngeneration vor. Am Ende steht zumeist die Resignation. 3. Kurz vor und nach Kriegsende wird eine prinzipielle Abrechnung mit der unmittelbaren, doch seit langem vorbereiteten Vergangenheit und mit dem "Deutschen schlechthin" versucht. Es überwiegt eine märchenhaft entwirklichte, fast surreale und mit den Stilmitteln des Expressionismus evozierte Erfahrungsrealität und die Suche nach beispielgebenden Ansätzen für eine radikal neue Zukunft. Jugendliche im noch kindhaften Alter erscheinen als geschichtsunabhängige Naturwesen bzw. als unheilbar verdorbene oder gebrannte Kinder mit der Attitüde von Übererwachsenen. Teils halten sie mit fanatischer Verbohrtheit an den Befehlen ihrer "Vorbilder" fest, teils sind sie durch nichts mehr zu erschüttern, haben sich aber trotzdem einen Kern sanftmütiger Güte und spontaner Menschenliebe bewahrt, was besonders dann zum Ausdruck kommt, wenn sie unter sich sind.

Die realistisch erzählten Zeitromane der ersten Exilphase werden geschrieben im Vertrauen auf die schnelle, wenn nicht sofortige Wirkungsmöglichkeit von Literatur in der Öffentlichkeit und im Glauben an die Überzeugungskraft besonnen demonstrierter Vernunftsargumente. Zu diesem Zweck wird fast durchweg ein repräsentativ breit gefächertes Spektrum sozialer Lebenswirklichkeit aus dem großstädtischen Milieu von Arbeitern, Angestellten und mittelständischen Bürgerlichen bzw. aus der kleinstädtischen Welt von provinziellen Honoratioren, Gewerbetreibenden und Handwerkern entworfen. Die Extreme, etwa die wirtschaftlich-politischen Führungsspitzen oder die tonangebenden Kulturträger, fehlen. Auch die fanatisierten Nazis bleiben als individuelle Sonderfälle praktisch ausgeklammert. Dennoch ist gerade die Gestalt des durch seinen Idealismus attraktiv wirkenden älteren Hitlerjungen als schwer einzugliedernder Einzelgänger eine beliebte Kontrastfigur. Sie hebt sich sowohl von den eigennützigen neuen Parteimitgliedern aus der älteren Generation wie von den disziplinierten jungen Kämpfern aus den Reihen kommunistischer Organisationen ab. Anfällig für die Verführung durch den Nationalsozialismus sind grundsätzlich alle Menschen, die nicht festverankert sind in den Traditionen ihrer ererbten Lebenswelt. Altersgruppe und sozialer Stand spielen allenfalls eine minimale Rolle. Im Vordergrund steht vielmehr der zu gesellschaftlicher Entwurzelung führende Bruch mit der engeren Familie. Durch diesen Bruch soll prinzipiell das Festhalten an der sich äußerst langsam ändernden Gültigkeit traditioneller Sozialwerte ex negativo befürwortet werden. Deren Begrenzungen müssen im Interesse der Gesamtheit fast fraglos akzeptiert werden, womit die Absage an den sozialen Aufstieg oder an die Verbesserung des Sozialprestiges verbunden ist. Demgegenüber versprechen der Ausbruch aus der alten Ordnung und die Parteinahme für die Nationalsozialisten auch sehr solide wirtschaftliche Vorteile.

Aus der primär bürgerlichen Orientierung z. B. von Hermynia zur Mühlens Roman *Unsere Töchter die Nazinen*[12] wird daher für eine Zusammenarbeit zwischen einem sozial verantwortungsbewußten Kleinadel und tüchtiger Arbeiterschaft plädiert. Das bedeutet für die alte Gräfin Agnes die Absage an die Möglichkeit, sich im Strom der sozialen Veränderungen nach oben schwemmen zu lassen. Dieser Einstellung entspricht die Weigerung der verwitweten Arbeiterfrau Kati Gruber, das sozialdemokratische Erbe ihres Mannes zu verleugnen. Beide Frauen praktizieren einen traditionsreichen liberalen Humanismus, der im Prinzip den "status quo ante" der Vorkriegszeit herbeisehnt. Gerade weil sie ihre Männer verloren haben, werden sie als Frauen zu Vorbildsfiguren für ihre Kinder, die sich letztlich an ihrer Standhaftigkeit wieder aufrichten können. Die ersten Mitglieder der NSDAP in ihrem Städtchen sind erwartungsgemäß "kleine Krämer und einige Lausbuben, die nie gut getan hatten. Auch der Apotheker von der Seeapotheke gehörte" dazu; "der vom 'Blauen Engel' hingegen war

Demokrat." (11) Es sind folglich neben dem "Gesindel" die zu kurz gekommenen Bürger, die sich mehr vom Leben unter dem Dritten Reich als von der Republik versprechen. Wie die durch Heirat mit einem – wie sich später herausstellt – halbjüdischen Arzt zur Frau Doktor Feldhüter avancierte Krankenschwester sehen sie jetzt ihre große Chance gekommen oder sie passen sich an wie ihr Mann, der immer erst den richtigen Moment abwartet, bevor er Farbe bekennt. Die beiden Jugendlichen des Romans,[13] die arbeitslose Toni, die wie ihr Vater auf einen "deutschen Sozialismus" hofft, und die fast schon als alte Jungfer abgeschriebene Claudia, die sich nach sinnlichen Erlebnissen sehnt, wenden sich von ihren Eltern ab und werden damit für die Versuchung anfällig. Ihr Irrtum, bei der einen durch den unbefriedigten Vitalismus der idealistischen Aktivisten bedingt, bei der anderen durch sexuelle Frustrationen begünstigt, reicht jedoch nicht so tief, daß er nicht doch durch die Lehren vernünftiger Erfahrung behoben werden könnte. Dazu ist es aber nötig, daß sich "alle guten Kräfte der Welt" (113) zusammentun, um dem "Abschaum der Welt" (112) zu widerstehen, was wiederum voraussetzt, daß man sich auch im Alter noch ändern kann (vgl. 114). Auslösendes Element für die Gesinnungsänderung ist die persönliche Erfahrung nazistischer Brutalität, der Claudia unschuldig zum Opfer fällt. Toni dagegen schließt sich dem inneren Widerstand an. Nach der Erkenntnis ihrer Verblendung kämpft sie aktiv für den Umsturz, und zwar mit dem vollen Segen ihrer Mutter:

> Wir Alten sitzen daheim und zittern, daß unsere Kinder nicht wieder-
> kommen. Aber unsere Kinder lachen und sind voller Zuversicht. Und wir, die
> wir nichts mehr zu tun vermögen, können wenigstens unsere Kinder geben
> für die gute Sache. (155)

Die "gute Sache" wird insgesamt durch das "wahre Deutschland" vertre-ten, das jetzt als ein anderes Volk "inmitten dieser wilden Horde" (131) beginnt, sich auf seine Wahrheit zu besinnen. Als ideelle Gemeinschaft überlebt es insular, doch als untergründig verbundene Enklave guter Gesittung. Die Wertschätzung des individuell Eigenen macht es auch verständlich, daß der gewaltsame Einbruch in die Privatsphäre – als Hausdurchsuchung und Leibesvisitation, die versteckte Evidenz zutage fördern sollen – zum schlimmsten Affront seitens der Nazis stilisiert wird (vgl. 99).

Dieses hier am Beispiel eines wenig anspruchsvollen Figurenromans aufgezeigte Argumentationsschema unterliegt ganz und gar der Kontrolle einer allwissenden und eindeutig urteilenden Erzählerin. Sie gesteht weder dem Leser eine textinterne Rolle als (vielleicht dialektisches) Korrektiv zu, noch entwickelt sie selbst die der veränderten Wirklichkeit adäquaten Wahrnehmungs- und Vorstellungsmuster, die sich in einer neuen Fiktions-struktur niederschlagen könnten. Die Logik eines sukzessiven Erzählens wird also niemals durchbrochen. Damit ist ein Modell eingeführt, dem auch die übrigen Romane aus dem frühen Exil verpflichtet bleiben, wenngleich jeweils mit geringen Abweichungen und eigenen Nuancen.

So wird z. B. in Franz Carl Weiskopfs "Roman einer jungen Deutschen" *Die Versuchung*[14] die erotische Attraktion als auslösender Impuls für die politische Verführung hervorgehoben. Damit wird ein irrational-emotionales Element betont, was den Autor wohl auch zu der klischeehaften Entscheidung bewogen hat, eine weibliche Hauptgestalt in den Mittelpunkt seiner Erzählung zu stellen. Das führt dazu, daß die eindeutig rational nachvollziehbaren Rechtfertigungsversuche gelegentlich in den Hintergrund treten. Bei ihrem arbeitslosen Bruder Paul, der es satt hat, "ewig herumzukrebsen," und der "auch etwas vom Leben haben will" (42), ist es die unbestimmte Sehnsucht nach einer halbwegs menschlichen Existenz. Deshalb schließt er sich einer jugendlichen Einbrecherbande an, bevor er Nazi wird. Bei ihrem Mann, einem entlassenen Reisebüroangestellten namens Fredi Fromeyer, ist es die Wut darüber, daß er dauernd herumgeschubst wird, so daß er sich nur "als ein armseliges Häufchen Unglück und Elend" (67) fühlt, bevor ihm die Partei mit der Autorität seiner Uniform zu einem gestärkten Selbstwertgefühl verhilft. Beim kleinbürgerlichen SA-Bezirksleiter Theo Kaczmierczik ist es dumpfe Brutalität, die sich nicht länger unterdrücken läßt. Alle leben sie mit der Angst vor einer ungewissen Zukunft, kennen sie "die Sehnsucht nach einem anderen Leben" (278) und richten sie sich auf an der Hoffnung auf Integration in eine Gemeinschaft (vgl. 370), die ihnen die verlorene Geborgenheit des Elternhauses ersetzt und eigentlich die kommunistische Partei hätte sein sollen. Auf die noch jugendliche Lissy, die in ihrer kurzen Ehe mit dem verkrachten Fromeyer auch wegen eines ungewollten Kindes an ein freudloses Dasein gebunden ist, übt der idealistische Nazi Klaus Karger eine Faszination aus, der sie nur schwer widerstehen kann, da er ihre Sehnsucht nach der Rückkehr zu vitaler Sinnlichkeit und lebensfroher Jugendlichkeit anstachelt. Er nimmt sie zu einer Parteikundgebung im Sportpalast mit (vgl. 226-230), wo Hitler eine Rede hält. Die massenhysterische Suggestivkraft der hier erlebten Atmosphäre wirkt stimulierend auf sie und führt als orgiastische Triebkraft zu der im Titel angesprochenen Versuchung. Um zu zeigen, wie man ihr widerstehen kann, weicht der Autor allerdings auf einen Wechsel der Perspektive aus, der das irrational Faszinierende völlig neutralisiert. Er erzählt die Szene von der Außensicht eines kritisch distanzierten Beobachters her, also nicht aus der emotionalen Intensität der unmittelbar erlebenden jungen Frau. Auch verringert er die Gefahr einer längerwährenden Beeinflussung, indem er den jungen Helden in der Nacht nach Hitlers Sieg beim unfreiwillig mitgemachten Marsch durch ein Kommunistenviertel sterben läßt. "Hinterrücks" wird er von den eigenen Kameraden erschossen.

Der Heldin "Weg aus der Einsamkeit" – so der Titel für den dritten Teil des Romans, der im Jahre 1933 spielt – führt danach in andere Richtung:

> Verweht ist der Marschschritt der letzten Kolonnen paradierender SA- und Stahlhelmbataillone, verklungen das letzte Schmettern der Blechmusik, verglommen das letzte Schimmern der Fackeln; und nur die Zwei, denen Parademarsch und Trompetengeschmetter und Fackelzug galten, stehen vielleicht noch einen Augenblick an den Fenstern der Reichskanzlei: an dem einen der aufgeregte, schwitzende neue Kanzler und an dem andern der eisgraue, wie aus einem Holzblock gehauene General, der den Kanzler ernannt hat. (242)

Aus dieser Parodie auf Goebbels' Paradigma spricht neben der sarkastischen Abscheu vor den nunmehr etablierten Herrschern auch wenigstens implizite das Vertrauen auf die politische Alternative, die sich in einer besseren, d.h. der sozialistischen Jugend verkörpert. Es ist dies freilich ein kurzfristiges Vertrauen, das sich spätestens mit dem Zusammenbruch der Einheitsfrontstrategie als illusorisch erwies.

Aus diesem Grunde mußte Anna Gmeyner in *Manja. Ein Roman um fünf Kinder*[15] das Alter der jugendlichen Figuren in die mittlere Kindheit zurückverlegen und so ihre Abhängigkeit vom Elternhaus besonders betonen. Des weiteren ist zu beachten, daß der Roman zwar noch die vielfältigen Verflechtungen der Eltern untereinander beschreibt,[16] die nicht allein durch die Freundschaft ihrer Kinder herbeigeführt werden. Dabei hebt er besonders die menschliche Affinität der klassenbewußten Proletarierfamilie Müller – der Vater ist arbeitsloser Maschinenschlosser, die Mutter arbeitet als Waschfrau – zur Arzt- und bürgerlichen Intellektuellenfamilie Heidemann hervor, denen sich das musisch talentierte jüdische Kind Manja anschließt. Die Kinder freilich sind zumeist ohnmächtige Opfer ihrer Umwelt und suchen deshalb nach einer eigenen Lebenssphäre, nach einem kleinen Stückchen anderer Welt, das allein ihnen gehört und in dem sie, wenn auch nur vorübergehend, Zuflucht finden vor dem Eingriff der Erwachsenen. Dieses Refugium für ihre Spiele und für die rücksichtsvolle Entwicklung einer aus unterschiedlichen Individuen bestehenden Gemeinschaft finden sie an der Mauer eines abgebrannten Hauses. Es steht in "einem Grund, der einem verwilderten Garten glich" (212), also fast schon wieder Natur, wenn auch nicht ein irdisches Paradies geworden ist. Dieser Ort bedeutet ihnen "ein Geheimnis, das keinem Erwachsenen preisgegeben werden dürfte" (227); hier versetzen sie sich in ihrer Phantasie nach einem selbst abgebrannten kleinen Feuerwerk als ewiges Sternbild an den Himmel.

Ein zweites Mal gelingt solche symbolische Entrückung aus der Zeit, und zwar im Fiebertraum des einzigen der Gruppe, der "in der braunen Jacke des Hitlerjungvolkes" (295) auftritt, weil seine Eltern, neureiche Besitzbürger, ihn völlig vernachlässigen. Harry fühlt sich in einen Baum verwandelt

(307 f.) und erlebt so einen Augenblick vollkommenen Glücks. Doch die brutale Außenwelt macht ihre Rechte sofort wieder geltend, zuerst in der Person einer fanatischen Lehrerin, die Manja nach einem angeblich gestohlenen Täschchen durchsucht, dann in der Gestalt des Raufboldes Martin Hammelmann, der sie zu vergewaltigen versucht. Schutzlos in die Enge getrieben nimmt Manja sich das Leben. Doch ihr Andenken wird durch den Arztsohn Heini bewahrt, der als 13-jähriger zum Erwachsenen wird, indem er das väterliche Ethos des gewaltlosen Widerstandes akzeptiert. Zwischen ihm und dem Vater

> entstand unmittelbar aus den Trümmern der alten das Wunder einer neuen und erwachsenen Liebe. Die Hand, die seine faßte und hielt, war nicht mehr die ziehende, rastlose Kinderhand dessen, der geführt sein will, sondern die ruhige, beruhigende eines Freundes. (467 f.)

Grundlage für dieses Einverständnis ist die väterliche Einsicht: "Wir leben in einer Zeit, in der man in die Katakomben muß. Nicht sich verstecken, sich bewahren" (464) ist höchste Pflicht unter diesen Umständen. Deren praktische Verwirklichung ist jedoch nur durch den Eingriff des Zufalls möglich: die Übernahme einer Erbschaft von 50000 RM erlaubt den Abschied von allen öffentlichen Verpflichtungen und erleichtert den Rückzug in die Einsamkeit der Natur. Nur in der privaten Rettung durch ein gütiges Schicksal läßt sich ein Erbe bewahren, das mit der Anerkennung guter Autorität den Kontrast bildet zur Abhängigkeit von Befehlen, die der Ausdruck unverdienter Macht und falsch verwalteter Befugnisse sind.

Auch Anna Gmeyners Erzählerin hält an der Perspektive einer umsichtig erfahrenen und einfühlsamen Erwachsenen fest. Sie bedient sich eines nahezu gleichmäßig durchgehaltenen Beschreibungsstils distanzierter Besonnenheit und stellt eine recht umfangreiche Gruppe unterschiedlicher Sozialtypen aus der zur Diskussion stehenden Zeit vor, ohne daß die Kinder, wenn sie nicht unter sich sind, ein psychologisches Eigenleben führen. Fast durchweg sind sie nahezu exakte Abbilder ihrer Eltern. So läßt sich zwar ein durchaus repräsentatives Panorama gesellschaftlicher Wirklichkeit entwerfen; das Element der Entwicklung und des Übergangs ins weniger abhängige Jugendalter bleibt aber ausgespart und damit auch die Darstellung jener Sozialisationsproblematik, die durch den Kontakt und aus den Erfahrungen mit Verhaltensweisen entstehen, welche für nationalsozialistische Mentalität typisch sind oder als charakteristisch für den "neuen Menschenschlag" propagiert werden.

Ein Ausweg aus dieser Schwierigkeit gelingt Irmgard Keun in ihrem Roman *Nach Mitternacht*[17], indem sie den Blickwinkel der lebenserfahrenen Erwachsenen aufgibt. Ihre Ich-Erzählerin ist eine neunzehnjährige Verkäu-

ferin in einem Papierwarengeschäft. Sie stammt aus einer ländlich-klein-
bürgerlichen Wirtshaus- und Weinbergbesitzerfamilie mit einem weiten
Verwandtenkreis, war aber schon mit sechzehn Jahren nach Köln gekommen und hatte dann breiten Kontakt zu Menschen aus anderen Gesell-
schaftsschichten gefunden. So lernt sie auch unterschiedliche politische
Einstellungen kennen. Vor allem schärft die unmittelbare Begegnung mit
dem, was sich unbewußt als faschistische Mentalität ausdrückt, ihr eigenes
Orientierungsvermögen und damit ihren Sinn für die politische Relevanz
des alltäglich Privaten, d. h. sie erfährt etwa den "lautlosen Familiendespo-
tismus"[18] ihrer Tante Adelheid, bei der sie wohnt, als Vorform der bald
auch öffentlich praktizierten Gewalt. Mit ungezwungener Naivität, hinter
der sich das sozialpsychologische Beobachtungs- und Darstellungsvermögen
der Autorin verbirgt, registriert die Erzählerin Sanna die Unsicherheit, ja
Hektik und Verzweiflung im Leben derer, die aus Zwang oder Neigung
überall mit dabei sein müssen: "Man ist ja gewöhnt, daß immer was los ist
in Deutschland mit fieberhaften Feiern, darum fragt man oft schon gar
nicht mehr, warum eine Feier nun wieder ist mit Guirlanden und Fahnen."
(33) Das öffentliche Leben im Dritten Reich erscheint ihr als ein nicht
immer sehr imposantes Ballet, in dem "der Führer wie der Prinz Karneval
im Karnevalszug" (43) sich umjubeln läßt. Dabei geht freilich das tägliche
Leben mit seinen vielen Problemen weiter, einfach weil es weitergehen
muß. Doch läßt sich die Erfahrung nicht lange verdrängen, daß nunmehr
alle Menschen sich den Forderungen der Politik anzupassen haben, bald
aber von diesen überfordert und zum Schluß wohl auch größtenteils von
ihnen zerstört werden.

Das ist mit sarkastischer Deutlichkeit, ja in satirischer Übertreibung die
Szene mit dem Kind Bertchen Silias, das dem Prestigegefühl seiner Eltern
und den Propagandamanipulationen eines Führer-Regisseurs zum Opfer
gebracht wird, dessen "ungeheure Leistung" es ist, "ununterbrochen sich
photographieren zu lassen mit Kindern und Lieblingshunden, im Freien und
in Zimmern - immerzu." (45) Mit ihr wiederholt sich, und zwar diesmal
schon mit tödlichem Ausgang, was Sannas Geliebtem Franz von seiner
Mutter als Lebenstrauma aufgezwungen wurde: die Unterwerfung unter den
sich als bieder-sadistische Quälerei auswirkenden Machtwillen der Eltern
bzw. der Mutter, die damit ihre eigene Zukunft zerstören. Aus Franz ist so
ein grüblerischer, menschenscheuer Einzelgänger geworden, das ambivalent
gezeichnete Gegenbild und doch die unumgänglich nötige Komplementär-
figur zu Sannas naiv-gewitztem Nonkonformismus. Allein sie kann sich ihre
kritische Unabhängigkeit erhalten, was die Bereitschaft zur zwanglosen
Anpassung freilich nicht ausschließt; und allein sie bewahrt die Fähigkeit,
sich von niemandem etwas vormachen zu lassen. Das ist um so bemerkens-
werter, als sie dazu sich nur auf ihren gesunden Menschenverstand und
ihren sogenannt natürlichen Sinn für das Ordentliche beruft. Sie nimmt

keinerlei Hilfe in Anspruch und unterstellt sich keiner fremden Autorität. In ihrer ungezwungenen Sittlichkeit ist sie autonom. Doch als sie ihre spontane Liebe zu Franz, den sie heiraten möchte, mit der Frage der Existenzsicherung konfrontiert, zeigt es sich, daß das junge Paar sich nach der Denunziation durch das SA-Mitglied Schleimann nur mit einem Totschlag aus den durch wirtschaftlichen Konkurrenzzwang herbeigeführten Verflechtungen retten kann. Die Liebenden werden zur Flucht nach Holland und zum Bekenntnis für das Exil gezwungen, obwohl sie doch beide nur ihr Anrecht auf ein bescheidenes Leben selbst im Hitler-Staat geltend machen wollten.

Das in Keuns Roman ausgesprochene Bekenntnis zu privater Unabhängigkeit angesichts der öffentlichen Verpflichtung zur wenigstens passiven Komplizenschaft mit den Praktiken des Regimes läßt sich, zusammen mit dem im gleichen Jahr erschienenen Roman von Ödön von Horváth *Jugend ohne Gott*[19], als Wendepunkt in der fiktionalen Darstellung der Jugend unter dem Nationalsozialismus bezeichnen. Beide Bücher stehen zwar noch *vor* einer perspektivischen Neuorientierung, lassen die Notwendigkeit eines solchen Wechsels jedoch schon erkennen. Von jetzt ab ist vorauszusetzen, daß die zeitgenössische Jugend die Frage nach den Gründen ihrer Identifikation mit dem Nazismus gar nicht mehr stellen läßt. Denn die in den zwanziger Jahren Geborenen kennen überhaupt nichts anderes als eine Sozialisation außerhalb der Familie und unter der Kontrolle der Nationalsozialisten. Sie sind von vornherein Opfer der dominanten Ideologie, die sie bedenkenlos akzeptieren, und zwar in ihrem privaten Verhalten wie in ihrem öffentlichen Auftreten. Das gibt ihrem altklug "überlegenen" Sprechen den Tonfall "zeitloser Wahrheit." Denn unter den Nazis ist auch das bisher übliche Verhältnis von realer Lebenserfahrung und Idealismus in sein Gegenteil umgedreht worden: die Jungen gebärden sich als abgebrühte, zynische Pragmatiker, und die Alten lassen nicht ab von ihren immer wieder enttäuschten Hoffnungen und Utopien. Damit hat sich aber auch das Paradigma von Altersweisheit und jugendlicher Genialität in sein Gegenteil verkehrt. So moniert z.B. der Schüler Z, ein vaterloser und von seiner Mutter zeitlebens vernachlässigter 13/14 jähriger Sohn eines Universitätsprofessors, die Ansichten seines vorzeitig gealterten Lehrers (aus dem Jahrgang 1902) seien ihm oft zu jung, weil "der Lehrer immer nur sagte, wie es auf der Welt sein sollte, und nie, wie es wirklich ist." (21) Zugleich entwickelt der Lehrer als Ich-Erzähler vermittels der Gespräche der Hauptfiguren ein mythisch-existentielles Rechtfertigungsschema, das sich auf die Vorstellung von der Erbsünde beruft, um neben anderen irdischen Gebrechen auch die "Verrohung der Jugend" zu erklären.

Mit solchen Analogien verschleiert der Lehrer zunächst seine Schuldgefühle, über deren Entstehung er sich immer stärker Rechenschaft geben will. Bei der Untersuchung eines durch einen Diebstahl ausgelösten Mordes kommt er zu der Einsicht, daß ein wie als mythischer Zwang erfahrener Schuldzusammenhang, der sich aus vielen und im einzelnen gar nicht böse gemeinten Einzeltaten zusammensetzt, nur vom freien Willen zur Selbsterkenntnis und zur öffentlichen Ehrlichkeit durchbrochen werden kann. Seine Aussage über die eigene Verwicklung in die Schülermordgeschichte löst dann die wahren Aussagen der anderen aus. Nach seinem Beispiel findet sich eine kleine Gruppe seiner Schüler unter dem Leitsatz "Für Wahrheit und Gerechtigkeit!" (234) zusammen. Sie bilden unter seiner Aufsicht eine Zelle oppositionell Denkender und Lernender, die sich zur moralischen Verantwortung bekennen und ihre Erkenntnis in den Dienst praktischer Hilfe stellen. Damit ist es auch wieder möglich geworden, ein distanziert nur beobachtendes "Darüberstehen" durch die Erinnerung daran zu überwinden, "wie es sein sollte auf der Welt." (237) Implizite wird damit ein tatenloses, intellektuelles Überlegenheitsgefühl kritisiert, das im Interesse der eigenen Sicherheit sich nicht bereit gefunden hatte, unmenschlichem Verhalten zu widersprechen. Die psychologische und soziale Verantwortung für den Erfolg primitiv-barbarischen Verhaltens liegt damit voll und ganz bei den Erwachsenen; die Jugendlichen sind deren Abbilder, im Guten wie im Bösen. Sie sind verführbar durch das schlechte Beispiel, lassen sich aber auch vom moralischen Vorbild beeinflussen, das, wenngleich unter gegenwärtigen Umständen ohne Aussicht auf Erfolg, doch wenigstens das Versprechen einer besseren Zukunft enthält.

Die Besinnung auf den guten Kern eines solchen "besseren Deutschland" ist auch die Absicht von Alfred Neumanns "Weiße Rose"-Roman *Es waren ihrer sechs*.[20] Er gestaltet eine Ausnahmesituation studentischen Widerstands gegen die sinnlos gewordene Kriegsführung an der Ostfront nach Stalingrad, indem er die wenigen, die zum Protest aufrufen, als eine ganz kleine Gruppe ohne Kontakte innerhalb der Universität und unter der Bevölkerung Münchens darstellt. Obwohl die charakteristischen Stationen im Lebenslauf der sechs Verschwörer in ihrer je eigenen Ausprägung erzählt werden, fehlt doch der Sinn dafür, daß ihre Existenz in gesellschaftlichen Beziehungen verankert ist. Betont wird die individualistisch unterschiedliche Motivation, die den verbindenden Entschluß zur persönlichen Opposition herbeigeführt hat. Diesen Entschluß festigt vor allem die Vorbildgestalt des mit verantwortungsvoller Autorität lenkenden Professors. In seinem privatim gehaltenen Seminar entsteht unter ihnen die menschliche Solidarität, auf der sich eine neue öffentliche Moral gründen müßte. Die zentrale Rolle des beispielhaften Lehrers als Integrationsfigur ist freilich nicht ganz frei von anachronistischen Zügen. Das läßt sich auch über seine viel jüngere Frau sagen, die im Moment ihrer Verhaftung "Das siebente Kapitel" aus *Lotte in Weimar* liest, eine Hommage an Thomas Mann und zugleich die fiktionale Beschwörung der Gestalt Goethes, in der proteusartig die Einheit von Altersweisheit und kreativer Jugendlichkeit verkörpert ist. Dora personifiziert fast allegorisch die Idee schöpferischer Genialität, was u. a. durch den wiederholten Verweis auf ihre "flammenden Haare", ein Emblem des Barock, zum Ausdruck kommt.

So ergänzen sich nochmals besonnen autoritatives Alter mit begeisterungsfähiger Jugendlichkeit zu einer idealen Geistes- und selbst Tatgemeinschaft, in der mit der Romanfigur Christoph Sauer die Gestalt des Außenseiters unter Außenseitern – er wird sogar des Verrats verdächtigt – eine besondere Rolle übernimmt: in ihm haben sich die Männlichkeit eines erotisch aktiven Naturburschen mit einer sozusagen hölderlinisch problematisierten Geistigkeit und mit faustischer Entschlossenheit zur bedingungslosen Tat verschmolzen. Er ist also so etwas wie ein Idealjüngling, ein Genius der Deutschen. Es sei jedoch nochmals erwähnt, daß auch seine Absage an die eigene wie die nationale Vergangenheit und der Protest gegen die schändliche Gegenwart nicht sozialgeschichtlicher Einsicht oder sozialpsychologischem Verständnis entspringt, sondern literarisch vermittelten Bildungstraditionen entstammt. Deren Wert als exemplarische Richtschnur für die *Zukunft* sucht der Autor durch einen allwissenden Erzähler zu erweisen, der den modellhaft erzählten Einzelstudien einen etwas aufdringlich didaktischen Vorbildcharakter zuschreibt.

Damit schließt sich ein Kreis, dem die übrige deutschsprachige Romanliteratur aus dem Exil zum Thema "Jugend unter dem Nationalsozialismus" nichts grundsätzlich Neues hinzufügen wußte. Der Durchbruch zu neuen Modellen aus der Zerstörung der alten gelingt erst den Autoren der Gruppe 47 und ihren Altersgenossen. Versuche von Exilautoren in der unmittelbaren Nachkriegszeit[21], die Folgen von Nazierziehung und Kriegseinwirkungen am Beispiel verwilderter Jugendlicher, den älteren Geschwistern der Halbstarken, und die Problematik ihrer "Umerziehung" darzustellen, scheiterten gerade daran, daß sie auf die alten Stereotypen zurückgriffen und sie nun zu simplistisch überzogenen Klischees verzerrten. Damit ist aber endgültig das Ende einer einstmals dominanten literarischen Orientierung erreicht.

Zum Schluß dieser größtenteils deskriptiv verfahrenden Untersuchung sei jedoch daran erinnert, daß fiktionale Literatur nur äußerst selten Erwartung und Anspruch dokumentarischer Wirklichkeitstreue erfüllt. Sie reagiert besonders in Zeiten, in denen ein als normal etabliertes Verhältnis zwischen den Autoren und ihrer Leserschaft nicht mehr funktioniert bzw., wie in der Situation des Exils, nahezu gänzlich zerstört ist, zumeist mit dem Versuch, diesen "Kommunikationszusammenhang" auf der Grundlage der gewohnten Beziehungen wiederherzustellen. Diese Tendenz wirkt sich oft als Absage ans künstlerische Experiment und als Rückgriff sowohl auf erprobte

Wirkungsstrategien wie auf bekannte (weltanschauliche) Orientierung aus. Das bedeutet häufig eine verstärkte Auseinandersetzung mit literarisch vorgeprägten Mustern, ja selbst deren variierende Imitation. Der unvermittelte Bezug auf die Veränderungen in der sozialen und politischen Realität tritt demgegenüber in den Hintergrund. Das bedeutet aber, daß die fiktionale Literatur nur sehr bedingt befragt werden kann nach Materialien und Informationen, die sich für eine soziologische Analyse der in Romanen dargestellten Zeitverhältnisse eignen. Literatur läßt sich daher zur Interpretation der "tatsächlichen Zustände" nur sehr indirekt verwenden. Sie vermittelt ein Bild von der Situation ohne Anspruch auf verifizierbare oder statistisch belegbare Sachgerechtigkeit.

Die Beschränkung auf einige repräsentative Werke der Exilliteratur zum Thema Jugend im Dritten Reich muß die Tatsache verdecken, daß die Strukturpsychologie der Jugendlichen auch im totalitären Staat sehr viel komplizierter war, als die hier zu Rate gezogenen Romane erkennen lassen. Nicht nur für die bürgerliche Jugend trifft außerdem zu, daß die Lebensverhältnisse und der Erlebnisraum, in denen sich die spezifischen Ausdrucksformen von Jugendkultur entwickelten, beträchtlich weniger homogen waren, als zeitgenössische Literatur es darstellt. Das zeigt schon ein so lebensunmittelbar mit Detailindizien arbeitender und zugleich auf symptomatische Zeugnisse konzentrierter Bericht wie Erika Manns Buch *Zehn Millionen Kinder. Die Erziehung der Jugend im Dritten Reich*.[22] Ähnliches spricht auch aus den (zahlenmäßig noch wenigen) Erinnerungs- und Bekenntnisberichten von jenen, die ab 1933 mitmarschierten.[23] Sie bestätigen einige und widerlegen andere der Verhaltensweisen und Sozialfaktoren, die der Exilroman profiliert. Dabei ist es nicht so sehr die unterschiedliche Nähe (bzw. Distanz) zum Wahrnehmungshintergrund, die den Ausschlag gibt. Andere Bewußtseinsformen und vor allem historisch bedingte Verschiebungen in der Wirkungsabsicht spielen eine ungleich wichtigere Rolle. All diese Aspekte legen es nahe, das im Exilroman vermittelte Bild von der Jugend unter Hitler primär von seiner literarischen Intention her zu verstehen und es durch die Evidenz anderer Erkenntnisquellen zu modifizieren.

ANMERKUNGEN

1. München: Eher, 1934. – Bei der Identifizierung der Zitate wird die Seitenzahl jeweils direkt im Text angegeben.

2. Diese Hinweise treffen sich mit Überlegungen von Herbert Lehnert, "Die Krise der Autoren-Autorität in der Exilliteratur," in: *Realismuskonzeptionen der Exilliteratur zwischen 1935 und 1940/41*, hrsg. von Edita Koch und Frithjof Trapp. Sonderband 1 der Zeitschrift *Exil. Forschung. Erkenntnisse. Ergebnisse*, Maintal 1987, S. 1-11.

3. Rudolf Heß, *Reden*, München: Eher, 1939, S. 176.

4. Aus dem Essay "Züchtung I", in: *Der neue Staat und die Intellektuellen* (1933), zitiert nach *Essays, Reden, Vorträge*, hrsg. von Dieter Wellershoff, Wiesbaden: Limes, 1959, S. 214 f.

5. Aus dem Essay "Verfall einer geistigen Welt," zuerst in: *Die neue Weltbühne* vom 6. 12. 1934, wieder in der Sammlung *Es kommt der Tag* (1936), zitiert nach: *Verteidigung der Kultur. Antifaschistische Streitschriften und Essays*, Hamburg: Claassen, 1960, S. 104.

6. So der spätere Titel eines repräsentativen Essays von Heinrich Mann, der als "Hereingefallene Jugend" zuerst am 3. 5. 1934 in: *Die neue Weltbühne* erschienen war, zitiert nach *Verteidigung*, S. 46–49.

7. Vgl. den Aufsatz "Forscher, Betrüger, Schandpragmatismus" (1936), doch auch schon "Jugend, Hindenburg und Republik" (1919) von Ernst Bloch, zitiert nach: *Politische Messungen, Pestzeit, Vormärz*, Frankfurt/M.: Suhrkamp, 1970, S. 117.

8. Horváth persifliert im Abschnitt "Der verlorene Sohn" seines letzten Romans *Ein Kind unserer Zeit* (1938) die Idee des väterlichen Segens. Die Hauptfigur, die mit verbittertem Realitätssinn nicht mehr ans "verwunschene Schloß" (340) glaubt, redet sich dort zu: "Ehre deinen Vater, auf daß du ihn erpressen kannst. Geh zu ihm hin, fall auf die Knie und bitte ihn um seinen Segen! Er muß dir Geld geben." Freilich widerlegt der Vater, der als "Trinkgeldkuli" (325) den servilen Dienst eines Bierkellners versieht, jegliche Vorstellung von guter väterlicher Autorität.

9. Bertolt Brecht, *Stücke aus dem Exil. Dritter Band*, Frankfurt/M.: Suhrkamp, 1957, S. 49. Ich beziehe mich hier nur auf die erste Fassung des Stückes, die Brechts *Arbeitsjournal* zufolge nach dreiwöchiger Niederschrift am 23. 11. 1938 abgeschlossen war.

10. Relevant für diesen Kontext ist auch die Verfasserschaft der wohl ersten öffentlichen Selbstbesinnung des Exils. Die 1934 im Verlag *Europäischer Merkur* in Paris veröffentlichte Schrift *Der Sinn dieser Emigration* nennt als Autoren "Heinrich Mann und Ein junger Deutscher." Der anonyme Vertreter der Jugend war der 1898 in Prag geborene Philosoph Paul Roubiczek, der Besitzer des Verlags. H. Mann wirkte besonders in der Phase des französischen Exils als Integratios- und Vaterfigur nicht nur der sozialistisch engagierten Emigration. – Zum weiteren Themenkreis auch Max Horkheimer, "Autorität und die Familie," in: *Studien über Autorität und Familie*, hrsg. von Max Horkheimer et al., Paris: Institut für Sozialforschung, 1936.

11. München: Langen-Müller, 1962. Der Roman wurde in den Jahren 1943 bis 1946 geschrieben.

12. Nach einem Vorabdruck in der Saarbrücker Zeitschrift *Deutsche Freiheit*, 20. 6. – 16. 8. 1934 erschien das Buch ohne Jahresangabe 1935 im Wiener Verlag Gsur. – Zur Kritik auch Helmut Müssener, "'Wir bauen auf, Mutter.' Wie man sich 'draußen' das 'Drinnen' vorstellte. Zu Hermynia zur Mühlens Roman *Unsere Töchter, die Nazinen*," S. 127–143 des in Anm. 2 angeführten Bandes.

13. Ihnen steht als passive Kontrastgestalt die Arzttochter Lieselotte gegenüber, die von ihrer ehrgeizigen Mutter in die Heirat mit einem aufsteigenden Adligen gedrängt wird. Zu erwähnen bleibt auch die Nebenfigur des ehrlichen Kommunisten Fritz, eines jungverheirateten Gärtners (vgl. 51), dem der häufig betrunkene Kommunist Hermann gegenübersteht und der dann zu den Nazis überläuft. Seiner Rolle widerspricht ein Berliner Prolet (vgl. 145), der aus idealistischem Glauben an die Revolution von Hitler weg zur KP findet.

14. Zürich: Oprecht, 1937.

15. Amsterdam: Querido, 1938. Das Buch erschien unter ihrem Pseudonym Anna Reiner, ein Neudruck, Mannheim: persona-Verlag, 1984. Zur Biographie der Autorin vgl. Heike Klapdor-Kops: "Und was die Verfasserin betrifft, laßt uns weitersehen.' Die Rekonstruktion der schriftstellerischen Laufbahn Anna Gmeyners," in: *Exilforschung, Band 3* (1985): *Gedanken an Deutschland im Exil und andere Themen.* München: text + kritik, S. 313-338.

16. Die fünf Kinder des Romans werden am 25. Mai 1920 geboren und entwickeln sich zunächst gemäß der milieubedingten Möglichkeiten ihrer Eltern. Die Erzählung konzentriert sich dabei auf die schwere erste Zeit ihres Lebens während der Jahre 1920-23, überspringt dann die Stabilisierungsphase der Republik und führt, nach besonderer Berücksichtigung des Katastrophenjahres 1929, in die Zeit von 1933, meint damit aber auch die folgenden fünf Jahre etablierter Naziherrschaft.

17. Amsterdam: Querido, 1937.

18. Gert Sautermeister, "Irmgard Keuns Exilroman *Nach Mitternacht*," in: *Faschismuskritik und Deutschlandbild im Exilroman*, hrsg. von Christian Fritsch und Lutz Winckler (Argument Sonderband 76), Berlin: Argument, 1981, S. 23.

19. Amsterdam: Querido, 1937.

20. Stockholm: Neuer Verlag, 1945. – Die wahrscheinlich 1944 in Amsterdam erschienene Broschüre der Holland Gruppe "Freies Deutschland" von Ottmar Hammerstein, *Studenten gegen Hitler,* war mir nicht zugänglich. Vgl. auch Hans Siebert, "Der Fall Professor Kurt Huber," in: *Freie deutsche Kultur,* hrsg. vom Freien Deutschen Kulturband in Grossbritannien, Sept. 1944, S. 1-11.

21. Z. B. Robert Neumanns englisch geschriebener Roman *Children of Vienna.* London: Gollancz, 1946 und New York: Dutton, 1947, der in einer Eigenübersetzung als *Die Kinder von Wien.* München: Piper, 1974 wieder veröffentlicht wurde, und Leonhard Frank, *Die Jünger Jesu.* Amsterdam: Querido/Bermann-Fischer, 1949. Zum Vergleich auch der 1946 in amerikanischer Kriegsgefangenschaft beendete Roman von Walter Kolbenhoff, *Von unserem Fleisch und Blut.* Stockholm: Bermann-Fischer, 1947.

22. Amsterdam: Querido, 1938, das besonders in den USA unter dem Titel *School for Barbarians; Education under the Nazis.* New York: Modern Age Books (1938) zahlreiche Leser fand. Vgl. auch Ernst Erich Noth, *La tragédie de la jeunesse allemande.* Paris: Grasset, 1934 und Otto Zoff, *They shall Inherit the Earth.* New York: Day, 1943.

23. Vgl. z. B. Carola Stern, *In den Netzen der Erinnerung. Lebensgeschichten zweier Menschen.* Reinbek: Rowohlt, 1986, aber auch Stephan Stolze, *Innenansicht. Eine bürgerliche Kindheit 1938 bis 1945.* Frankfurt/M.: Suhrkamp, 1981.

ABSTRACT

My discussion starts by outlining a model of fascist youth propaganda as it is suggested in central scenes of Goebbels' *Vom Kaiserhof zur Reichskanzlei* (1934). It is an account of the Party's struggle for power in 1932/33, which utilizes literary elements from the traditions of the heroic novel of manners in combination with an autobiographical account and aspects of the bourgeois confessional novel of (self–)education. Its purpose is to situate the author's own (extraordinary) position within the acceptable conventions of German cultural history, both exemplifying it and, in part, liberating itself from it. In this way he hopes to legitimate his newly gained power. Goebbels' text is full of contrary suggestions that satisfy divergent expectations, primarily those of the petite–bourgeoisie, without allowing itself to face the charge of self–contradiction. Its central paradigm is the complementary conjoining of two basically oppositional figures: venerable old President – young Chancellor as the new leader, both surrounded by the gratefully jubilant enthusiasm of the masses – a model of the 19th century bourgeois family (Horkheimer).

Youth is fully integrated into the fabric of this new society, as an equal partner in discipline, labour, martyrdom, and recognition. Social and generational differences are eliminated (uniform), as are traditions of privilege and other forms of bonding. Thus a seemingly ideal form of social existence has been achieved, i.e. the utopian concept of "good" authority has been realized. This concept, considered paramount in the traditions of German bourgeois culture, is explained briefly – with emphasis being placed on the conflict between authority and renewal, on the reverence for artistically inspired leadership, on the idea of genius as a form of cultural impetus. Youth is associated with inspiration, vitalism, the demands of "Geist" for power, and authoritarian forms of social transformation. Examples from both Gottfried Benn and Heinrich Mann refer to common cultural roots and to the antithesis of "good" and "bad" power, the good artist as a responsible propagator of new visions, the bad artist as a seducer who abuses his prerogatives.

To vindicate "good" culture, Thomas and Heinrich Mann (*Joseph*, *Henri IV*) portray exemplary leaders (who rise to success from obscure origins, but fail in the final reckoning), and so also do Bert Brecht (*Galilei* – with a different model in *Mother Courage*) and the Jewish writer Friedrich Torberg. Their aim: the (re)establishment of good paternal authority.

The loss of this authority, with its consequences for the family, is seen to be of primary importance in any answer to the "who and why" of attraction to Nazism. Three historical stages: a) 1933–36, "traditionally" realistic popular front discussion–novels which seek to persuade with sound argument; a rather broad spectrum of characters taken from working class, petite–bourgeoisie, and salaried employees encounters times of trial and temptation; those with a strong grounding in the family or the work–ethic prevail over, while others succumb to, the lure of fascism. Strong older workers, idealistic young communists and their Nazi counterparts, who are often erotically seductive, are standard characters. Self-sacrifice in the interest of human morals is expected by the elders, surprisingly often accepted by their grown children. b) 1937–40, moralising novels of self-examination often with a parabolic plot that look for "deeper" reasons; youth generally seeks to live an alternative life of innocence and small freedoms from the troubles that poison public life; it values its own separate existence without, of course, being able to preserve it, or alternatively it longs for a rekindling of its natural trust in its elders. Teachers take over the function of moral guardian where parents fail – usually at great risk to their safety but with "revolutionizing" effect. c) 1940s, programmatic search for an alternative future with faith in the existence of a "better Germany" that preserves the old values for later reference. Society (and with it historical time) has come to a standstill (example: the totally destroyed cities and resultant refuge in nature), but "good" nature, often in the form of good instincts and inclinations (and thus often represented by the actions of idealistically motivated youth / children), will provide for a more just and humane life in the new time to come.

Hans-Joachim Sandberg, Bergen

FASCHISMUSKRITIK ALS SELBSTKRITIK BEI THOMAS MANN VOR 1933 UND IM EXIL

Von den 2500 deutschsprachigen Exilautoren war Thomas Mann neben Bertolt Brecht der bekannteste. Er galt weltweit als der repräsentativste Autor der Weimarer Republik. Er hielt sich zufällig im Ausland auf, als Hitlers Regierungskoalition (DNVP und NSDAP) am 5. März 1933 bei den Reichstagswahlen die Mehrheit (340 von 647 Stimmen) erhielt. Unmittelbar danach führten die Nationalsozialisten in Deutschland die sogenannte Gleichschaltung durch. Auf dringenden Rat beschloß Thomas Mann, vorläufig im Ausland zu bleiben. Schon bald sah er sich von seiten des kulturellen Milieus scharfen Angriffen und Verunglimpfungen ausgesetzt. Die Nationalsozialisten hielten sich öffentlich zunächst zurück. Der Nobelpreisträger hatte international einen zu bedeutenden Namen, als daß die Machthaber es sich hätten leisten können, ihn direkt zu diffamieren. Auch hofften sie noch auf seine Rückkehr. Er schwieg zunächst und forderte die Nationalsozialisten öffentlich nicht heraus. Es war ihm darum zu tun, seinem deutschen Publikum die Möglichkeit zur Lektüre seiner Bücher nicht vorschnell zu erschweren. Am 1. Januar 1937 sah er sich jedoch genötigt, mit den Nationalsozialisten offiziell zu brechen. In seinem berühmten Brief "An den Herrn Dekan der Philosophischen Fakultät der Universität Bonn" (GW XII, 785-792)[1] ging er mit ihnen scharf ins Gericht. Niemand griff von nun an die Nazis heftiger an als Thomas Mann. Damit wurde er der unbestrittene Wortführer der deutschen Literatur im Exil.

Thomas Manns Auseinandersetzung mit dem Faschismus, bzw. National-sozialismus tritt in seinen Essays, Reden und Tagebüchern offenkundiger zutage als in seinen fiktionalen literarischen Arbeiten. Im Hinblick auf die Behandlung einiger Beispiele seiner Erzählkunst kann man folglich Thomas Manns essaystische Beiträge nicht übersehen. Sie beeinflussen die folgenden Darlegungen auch dort, wo ich darauf verzichten muß, explizit auf sie einzugehen.

Die bekanntesten Exilwerke Thomas Manns sind: die Romantetralogie *Joseph und seine Brüder* (1933-1943), die Romane *Lotte in Weimar* (1939) und *Doktor Faustus* (1947) sowie die Erzählung *Das Gesetz* (1943). Von ihnen ist der Roman *Doktor Faustus* besonders aufschlußreich. Bedeutsam und unerläßlich für die Erhellung unserer Fragestellung ist aber auch eine Erzählung, die Thomas Mann bereits 1929 schrieb: *Mario und der Zaube-rer*, die im Jahre 1930 erschien, drei Jahre vor seinem Exil. In der

Forschung ist man sich bis heute nicht einig, ob man in dieser Novelle, der ein selbsterfahrenes Reiseerlebnis in Mussolinis Italien zugrunde liegt, eine Faschismus-Studie zu sehen hat oder ob es sich um eine vorwiegend literarisch-psychologische Novelle handelt. Diese Frage soll und kann hier nicht entschieden werden. Einer frühen Aussage Thomas Mann zufolge ist *Mario und der Zauberer* nicht als "politische Satire" aufzufassen. Vielmehr behandele sie "ethische Probleme" (am 15. 4. 1932 an Bedrich Fucik).[2] Erst nach dem Ausbruch des Zweiten Weltkrieges gab er einer politischen Interpretation des Textes den Vorzug.[3] Vor dem Hintergrund der damaligen politischen Entwicklung ist der Hinweis auf die klare antifaschistische Tendenz der Erzählung durchaus verständlich. Wenn Thomas Mann 1932 auch noch "keine politische Satire" in seiner Novelle zu sehen wünschte, so muß doch der Hinweis des Autors auf die ethische Grundhaltung der Erzählung ernst genommen werden, da hier die entscheidende Frage nach der Widerstandskraft des Bürgers gegenüber totalitären Zwängen gestellt wird. Nach Einschätzung des Erzählers scheint es um diese Widerstands- kraft schlecht bestellt zu sein. Aus der Perspektive des Autors läßt sich diese Ansicht auf die Erkenntnisse der Philosophie Schopenhauers zurückführen: Die Welt als Vorstellung kann sich gegen die Welt als Wille nur schwer zur Wehr setzen, geschweige denn behaupten. Der befreiende Schuß, mit dem Mario gegenüber dem aus heutiger Sicht offenkundig als Faschisten gezeichneten Zauberkünstler Cipolla seine individuelle Würde wiederherstellt, geht einem kritischen Einwand zufolge[4] nicht zwingend aus der Erzählung hervor. Nach ihm hat der Schuß in erster Linie die Souverä- nität des Erzählers zu retten, der im Kontext der Novelle dem suggestiven Einfluß Cipollas ebenso erliegt wie dessen Landsleute. Gerade dieser Umstand ist nun allerdings ein Indiz dafür, daß der Autor es 1929 für richtig hielt, die Notwendigkeit eines engagierten Widerstandes gegen faschistische Verführungskünste zu vertreten. Aus diesem Grunde folgte er dem Rat seiner Tochter Erika, die spontan dieses Ende vorgeschlagen hatte.[5]

Die Erzählung *Mario und der Zauberer* führt die dargestellten Begeben- heiten auf irrational gesteuerte Verhaltensweisen zurück. Offenkundig stützt sich der Autor auf die durch Schopenhauer vorbereitete und von Nietzsche weiterentwickelte Analyse der Dekadenz. Cipolla ist Faschist nicht zuletzt deshalb, weil er die Gelegenheit wahrnimmt, den sich widerstandslos ergebenden, bzw. durch die Dekadenz widerstandslos gewordenen Bürger zu unterwerfen, der im übrigen nur zu gern bereit ist, sich unmündig machen zu lassen. Cipolla, der mit körperlichen Mängeln behaftete Schwächling, rächt sich für eben diese Mängel an den "gesunden" Mitbürgern, indem er diesen seinen Willen aufzwingt. Cipolla ist darüberhinaus ein Komödiant, der sich, um triumphieren zu können, bezeichnenderweise einer Reitpeitsche sowie wiederholter Schlucke aus einem Stärkungsgläschen bedienen muß.

Der Faschismus Cipollas ist die Darstellung einer krampfhaft erzwungenen Stärke aus Schwäche.[6] Gleichzeitig hat man in ihm die ins Diabolische verzerrte Karikatur eines späten Wagnerianers zu sehen. Thomas Manns Faschismus-Kritik ist entscheidend mitbestimmt durch seine von Nietzsche übernommene kritische (aber doch auch bewundernde) Einstellung zu Wagner als einem wichtigen Wegbereiter der Décadence.

Thomas Mann war einer der ersten deutschen Schriftsteller, die den Faschismus in seiner Gefahr erkannten. Schon 1921, im selben Jahr, in dem Hitler Chef der NSDAP wurde, bezog er in einem für die Münchner Zeitschrift *Der neue Merkur* geschriebenen, seinerzeit allerdings zurückgezogenen Brief-Artikel "[Zur jüdischen Frage]" Stellung gegen den "Hakenkreuz-Unfug" (GW XIII, 473).[7] Es war Thomas Manns eigene literarische Entwicklung, die ihn zu dieser illusionslosen kritischen Stellungnahme befähigte. Da Thomas Mann die Dispositionen und Haltungen, die sich später als Keimzellen latenter faschistischer Entwicklungen erkennen ließen, schon an sich selbst wahrgenommen hatte, war er imstande, den Faschismus früh zu entlarven. Die Seelenlage, die den Bürger in *Mario und der Zauberer* anfällig sein läßt für die Verführungskünste eines Cipolla, entsprach im Grunde Tonio Krögers Sehnsucht nach den "Wonnen der Gewöhnlichkeit" (GW VIII, 337), dem Verlangen nach dem "Wunder der wiedergeborenen Unbefangenheit", von dem der Prior in *Fiorenza* (GW VIII, 1064) spricht, der enthusiasmierten Hingabe Gustav von Aschenbachs an die Verheißungen des "fremden Gottes" im *Tod in Venedig*[8], aber auch der Absage an den Geist der Politik in den *Betrachtungen eines Unpolitischen*.

Für Thomas Mann ist die Erscheinung des Faschismus eine Folge der Aufgabe rationalen Denkens. In freier Entscheidung der Vernunft zu folgen, kann anstrengend sein. Es mag oftmals als leichter empfunden werden, die Erkenntnis aufzugeben zugunsten irrationaler Gefühle. Kurz vor Hitlers Ernennung zum Reichskanzler bezeichnete Thomas Mann den Nationalsozialismus als eine "Naturrevolution gegen das Geistige" (GW XI, 904). Schon zwei Jahre zuvor, 1930, ist für Thomas Mann der Nationalsozialismus "ein irrationalistischer, den Lebensbegriff in den Mittelpunkt des Denkens stellender Rückschlag, der die allein lebensspendenden Kräfte des Unbewußten, Dynamischen, Dunkelschöpferischen auf den Schild hob" (GW XI, 877). Thomas Mann hatte ehemals, während des Ersten Weltkrieges[9], ähnliche Ansichten selbst vertreten. Um seine eigenen Auffassungen nicht dementieren zu müssen, führte Thomas Mann nach 1933 den Begriff der "Verhunzung" ein. Der Nationalsozialismus habe den von ihm (Thomas Mann) durchaus als legitim angesehenen Irrationalismus der unpolitischen Geistestradition der Romantik plump verdreht. In der für sein Faschismusverständnis außerordentlich aufschlußreichen und sehr mutigen Skizze

Bruder Hitler (1939) heißt es: "Und wirklich, unserer Zeit gelang es, so vieles zu verhunzen: Das Nationale, den Sozialismus – den Mythos, die Lebensphilosophie, das Irrationale, den Glauben, die Jugend, die Revolution und was nicht noch alles" (GW XII, 852). Kein Beitrag Thomas Manns läßt klarer die ästhetische Herkunft der Faschismustheorie des Autors erkennen als *Bruder Hitler*. Wie Cipolla wird Hitler gesehen als ein auf den Hund gekommener Künstler, der seine Minderwertigkeitskomplexe überwinden muß durch Inszenierung eines öffentlichen Spektakels.

Im Hinblick auf die "Who and Why"-Frage ist, wie bereits angedeutet wurde, von Thomas Manns Exilwerken vor allem der in den Jahren 1943 bis 1947 entstandene Roman *Doktor Faustus* relevant. Er trägt den Untertitel: "Das Leben des deutschen Tonsetzers Adrian Leverkühn erzählt von einem Freunde". Die anderen bereits erwähnten Arbeiten: die Josephstetralogie, der Roman *Lotte in Weimar* sowie die Erzählung *Das Gesetz* sind zwar auch wichtige Dokumente für eine Untersuchung der Auseinandersetzung Thomas Manns mit dem Faschismus. Zur Erhellung der "Who and Why"-Problemstellung allerdings tragen sie nicht allzuviel bei. Im folgenden werde ich mich auf den *Doktor Faustus* beschränken, da an ihm m. E. gut zu belegen ist, inwiefern sich die in ihm hervortretende Faschismus-Kritik von der anderer Autoren unterscheidet.

In der Personengalerie des Romans treten so gut wie keine Figuren auf, die man hinsichtlich ihrer Lebensführung als offenkundige Faschisten einzustufen hätte. Vielmehr werden in ihm Gestalten porträtiert, die mit der Einstellung und dem Habitus von Faschisten augenscheinlich nichts gemein haben. Zumeist handelt es sich um Repräsentanten aus dem sogenannten gehobenen bürgerlichen Milieu, die sich auf die von ihnen jeweils vertretene Rolle als Träger der kultur- und staatstragenden Gesellschaftsschicht (Akademiker, Beamte, Künstler unterschiedlicher Provenienz: Dichter, Maler, Musiker) nicht wenig zugute halten. Mit dem Protagonisten verbindet sie, unter denen Außenseiter und Sonderlinge nicht fehlen, eine, wenn nicht politikfeindliche so doch vermeintlich unpolitische Haltung der Indifferenz zur gesellschaftlichen Wirklichkeit ihrer näheren Umwelt, eine Grundhaltung, die sich als anfällig für Verführungskünste faschistoiden Zuschnitts erweist. Im übrigen war es Thomas Mann nicht so sehr um die Erkenntnis der historischen und sozialen Bedingungen zu tun, unter denen sich der Faschismus entwickeln und als nationalsozialistische Bewegung unter breiter Zustimmung der deutschen Bevölkerung etablieren konnte, als vielmehr um die Erhellung der Seelenverfassung jenes Bürger- und Künstlertums, das er selbst wie kein anderer repräsentierte und in dessen (selbst-)kritischer Darstellung er die ihm einzig angemessen erscheinende Aufgabe in seiner Auseinandersetzung mit dem Faschismus sah. Die Frage nach dem "Who and Why" läßt sich im Hinblick auf die Darstellung des

Faschismus im Werk dieses Autors am besten beantworten, indem man seine Bemühungen ins Auge faßt, spezifische Ursachen und Antriebe der Anfälligkeit des deutschen Bürgertums und der deutschen Intellektuellen für die nationalsozialistische Bewegung zu ergründen.

Der Roman geht auf einen alten Plan aus dem Jahre 1904 zurück. Nach dem Beginn des Exils im Jahre 1933 beschäftigte sich Thomas Mann von neuem mit diesem Vorhaben, zunächst im Hinblick auf eine Novelle.[10] Aber erst 1943 entschied er sich definitiv für die Bearbeitung des Faust-Stoffes. Thema des Romans ist die schon aus der Erzählung *Tonio Kröger* (1903) bekannte Problematik des Verhältnisses von Kunst und Leben. Auf einer höheren Erfahrungs-und Erkenntnisebene steht die Frage nach der politischen Verantwortung des Geistes im Mittelpunkt der Darstellung. Als fatale Ursache für die im Faschismus sich vollziehende Katastrophe wird eine vorwiegend ästhetizistisch bedingte Gleichgültigkeit gegenüber der Welt verantwortlich gemacht. Aus dem Blickwinkel des Chronisten, Serenus Zeitblom, analysiert der Erzähler die Entwicklung, die für den Musiker Leverkühn zum individuellen Zusammenbruch, für das Volk der Deutschen zur nationalen Katastrophe führt. Anders als im Frühwerk Thomas Manns wird in diesem Spätwerk der sozial verantwortungslose, degoutiert sich von der Gesellschaft abwendende, nur in ästhetischen Fragen nicht indifferente Künstler zur Rechenschaft gezogen. Das individuelle Schicksal Leverkühns wird vom Chronisten im Roman in Paralelle gesetzt zum Schicksal seines Volkes, das, wie er zu erkennen wähnt, aus mangelndem Verantwortungsgefühl für die Umwelt, aus Hochmut nicht zuletzt, "vom Teufel geholt" wird.

Die Behandlung der Problematik des Verhältnisses von Leben und Kunst im *Doktor Faustus* zeigt einerseits deutliche Akzentverschiebungen im Vergleich zur Behandlung dieser Problematik in Thomas Manns Frühwerk. Andererseits ist eine beharrliche Konstanz in der Darstellung dieser Thematik im Gesamtwerk des Autors nicht zu übersehen. Das entscheidende ist jedoch der Verzicht auf die ehemals unverbindliche, scheinbar ganz unpolitische Position, die das Verhalten des Bürgers ebenso wie das des Künstlers lange Zeit bestimmt hatte. Als Zeuge der geschichtlichen Entwicklung seit dem Ersten Weltkrieg rechnet Thomas Mann, unter dem Druck des nationalsozialistischen Terrorsystems bis zur Entfesselung und während des Zweiten Weltkrieges, mit den früher auch von ihm selbst vertretenen reaktionären Haltungen ab. Erstmals gelingt dem Autor im *Zauberberg*, jener bis heute unübertroffenen literarischen Darstellung der mit dem Ausbruch des Ersten Weltkrieges definitiv beendeten Epoche, die sich im fiktiven Rahmen allerdings nicht allein auf die erzählte Zeit bis zum Jahre 1914 beschränkt[11], eine von hintergründigem Humor erhellte selbstbefreiende Standorterkundung, die, nach der "Galeerenfron" (GW XII,

40) der *Betrachtungen eines Unpolitischen*, nunmehr entscheidend dazu beitrug, daß er sich von den vor allem durch Naphta vertretenen Positionen zu lösen und gegenüber dem um sich greifenden Faschismus immun zu bleiben vermochte. Als Dokument der "Leiden an Deutschland" bildet der Roman *Doktor Faustus* die Klimax einer (Selbst-)Kritik, welche an schonungsloser Radikalität ihresgleichen sucht. Er ist das Ergebnis eines schmerzhaften, auch durch Anflüge von Humor nicht mehr zu mildernden Erkenntnisprozesses, zu dem der ehemals unpolitische Künstler sich durchringen mußte. Die emotional geführte Diskussion nach dem Erscheinen des Romans in Deutschland hat diesen Sachverhalt zunächst weitgehend verdeckt, bzw. verdrängt.

Der bildlich gesprochen vom Teufel geholte Adrian Leverkühn tritt selbst zwar *nicht* als Faschist auf. Nach dem Vorsatz des Autors hat er aber eine für die Kennzeichnung der (un-)geistigen Verfassung tonangebender Repräsentanten seines Volkes paradigmatische Funktion auszuüben. Folglich muß die Entwicklung von Leverkühns forciert avangardistischer Musik bei aller Modernität paradoxerweise die Rückschlägigkeit in Atavismus und Barbarei bekunden, wie sie für den Faschismus symptomatisch ist. Obwohl Adrian an den Aktivitäten des Kridwiß-Kreises nicht teilhat, ist er in absentia gleichwohl in sie einbezogen. Als alter ego des Autors läßt seine Musik zwangsläufig das Krankheitsbild der für das Aufkommen des Faschismus mitverantwortlichen Kreise erkennen. Der elitären Gesinnung des Komponisten entspricht der ästhetizistische Habitus seiner im Kern inhumanen Kunst, deren Zustandekommen eine ausschlaggebende Folge der Gleichgültigkeit gegenüber den Mitmenschen und der gesellschaftlichen Wirklichkeit ist. Wie auch der junge Thomas Mann unter dem Eindruck etwa der Schulerziehung seiner Jugend von "Hohn über das Ganze" (GW XI, 99) erfüllt war, so nicht anders Leverkühn im Roman. Angewidert von der Banalität und Borniertheit der gesellschaftlichen Umwelt, wendet er ihr den Rücken und zieht sich aus Hochmut auf sich selbst zurück, um im Bewußtsein seiner Erwähltheit ausschließlich seiner elitären Kunst zu leben, ähnlich wie Josef Knecht, der magister ludi in Hermann Hesses Roman *Das Glasperlenspiel*, der zwar nicht vom Teufel geholt wird, doch bezeichnenderweise im eisigen Wasser eines Bergsees seinen Tod findet.

Bekanntlich sind die Protagonisten im Roman *Doktor Faustus*, der Erzähler und Chronist Zeitblom, und der Tonsetzer Adrian Leverkühn, fiktive Verkörperungen des Autors, wobei Zeitblom die bürgerliche, Adrian die künstlerische Komponente seiner Existenz zu vertreten hat. In den Protagonisten schildert der Autor u. a. die auch in ihm vorhandenen Neigungen und Haltungen, von denen er sich, anders als seine Protagonisten, freigemacht hat. Thomas Mann repräsentierte selbst eben nicht mehr oder doch nur teilweise die bürgerliche Position Zeitbloms. Dieser ist immer noch der unpolitische deutsche Bildungsbürger, während Thomas Mann sich unterdessen zum Citoyen gewandelt hatte, dem er während des Ersten Weltkrieges in den *Betrachtungen eines Unpolitischen* vehement entgegengetreten war. Leverkühn verkörpert somit den Typus des Künstlers, der Thomas Mann selbst gewesen sein mochte, und mit dem er sich insgeheim wohl auch immer noch identifizierte, als er während des Krieges und unmittelbar danach den *Doktor Faustus* schrieb. Nicht zuletzt aus diesem Grunde bezeichnete er Adrian Leverkühn als die liebste seiner Imaginationen (GW XI, 203). Im Herzen, nicht aber mit dem Verstande, fühlte er sich dem Komponisten verwandt. Der Citoyen Thomas Mann war längst zu einem kompromißlosen Kritiker des Faschismus geworden, schon in den Tagen der Weimarer Republik. Während des Krieges führte schließlich niemand schärfere Angriffe gegen die Nazis als Thomas Mann in seinen Rundfunkreden *Deutsche Hörer*. Der Künstler war gegen seinen Willen politisch geworden. Diese Rolle lag ihm gewiß nicht, er hielt sie bis zuletzt für fragwürdig. Im Herzen blieb der Autor Schopenhauerianer. Dessen Anschauungen schienen ihm eine tiefere Wahrheit auszusprechen als diejenigen Hegels. Der Pessimismus des Weltverneiners überzeugte ihn im Grunde mehr als der Optimismus des Vorreiters unter den Verfechtern der preußischen Staatsdoktrin. Zwar übte Schopenhauers Lehre zeitlebens eine große Anziehungskraft auf seine Kunst aus, zur Direktive für das Leben in der Praxis erwies sie sich ihm nach dem Ersten Weltkrieg als ungeeignet. Beurteilte der Künstler Thomas Mann die Sphäre der Politik eher skeptisch, so trat er als Citoyen entschieden für ihre Berechtigung ein, in Erkenntnis der Notwendigkeit einer ethischen Haltung, im Sinne des kategorischen Imperativs.

Leverkühn tritt zwar, wie bereits hervorgehoben, nicht als Faschist auf. In seiner hochmütig-elitären Haltung wird er nichtsdestoweniger mitschuldig am Heraufkommen der inhumanen Bewegung des Nationalsozialismus, jener deutschen Abart des Faschismus. Diese Auffassung wäre noch etwas eingehender zu begründen. *Doktor Faustus* ist u. a. der Roman einer Abrechnung mit Nietzsche. Thomas Mann hat in die fiktive Biographie Leverkühns immer wieder Einzelheiten aus dem Leben Nietzsches übernommen. Bekanntlich beschreibt Thomas Mann die Inspiration, die im Roman der Teufel Adrian Leverkühn für dessen Seele verspricht, mit den gleichen Worten, die Nietzsche wählte, als er nachträglich sich über seine Erfahrungen bei der Niederschrift von *Also sprach Zarathustra* äußerte.[12] In Thomas Manns Essay *Nietzsche's Philosophie im Lichte unserer Erfahrung* (1947), einem Ableger des Romans, wird dieser Text (*Also sprach Zarathustra*) als Beispiel eines für faschistische Ansteckung disponierten Vitalismus erwähnt. Im Ausgangspunkt ist daraus die Annahme abzuleiten, daß Leverkühns Kompositionen mit Hilfe eines faschistisch inspirierten Rausches zustande kommen müßten. Das war vermutlich die ursprüngliche

Konzeption des Romans, der zufolge Leverkühn als Spätwagnerianer dargestellt werden sollte. Diese Konzeption gab der Autor auf, nachdem er im Juli 1943 Adorno kennengelernt und von ihm das Manuskript zu dessen Abhandlung *Die Philosophie der neuen Musik*[13] erhalten hatte. Er studierte sie gründlich. Die jetzt einsetzende intensive Zusammenarbeit mit Adorno führte dazu, daß Leverkühns Kompositionen je nach Blickwinkel eine unterschiedliche Funktion zukommt. Vom musiktheoretischen Standpunkt aus sind sie als Werke mit eindeutig antifaschistischer Tendenz anzusehen. Das Oratorium *Apocalipsis cum figuris* ist als unverhohlene Darstellung faschistischen Terrors zweifellos eine erbitterte Abrechnung mit der Schrekkensherrschaft des Nationalsozialismus. Gleichzeitig sollen paradigmatisch Adrians Werke als Dokumente einer vom Autor beabsichtigten Selbstkritik die zunehmende Verstrickung des Künstlers in Handlungsweisen bekunden, welche den Faschismus ermöglichten. Das Verdikt trifft keineswegs nur die Haupttäter, sondern auch deren mitverantwortliche Helfer und Helfershelfer.

Die Veränderung der ursprünglichen Konzeption führte zu einem Bruch in der anfänglich geplanten Struktur des Romans. Eigentlich sollte Leverkühn als eine Künstlergestalt vom Typ Tonio Krögers oder Gustav von Aschenbachs hervortreten, denen es in ihrer Kunst darum ging, das "Wunder der wiedergeborenen Unbefangenheit" (GW VIII, 1064) zurückzugewinnen. Der Komponist Leverkühn hat sehr bald die Grenzen des in seiner Zeit künstlerisch noch Möglichen erreicht: alles erscheint ihm banal, nur noch als Zitat oder zur Parodie verwendbar. Was ist an der Kunst noch echt, wenn der Glaube an die Unbefangenheit künstlerischer Hervorbringung fehlt, wenn der Künstler nur noch kalkulierte Wirkungen zustandebringt? In dieser Situation läßt sich Leverkühn von der sogenannten Hetaera Esmeralda willentlich mit Syphilis infizieren, in einer Begegnung, bei der insgeheim der Teufel seine Hände im Spiele hat. Der Protagonist erteilt der dem herkömmlichen bürgerlichen Vorurteil entsprechenden Auffassung von der Normalität der Gesundheit eine entschiedene Absage. Statt dessen ergibt er sich aus freien Stücken der Faszination durch eine verheißungsvoll erscheinende Sünde, von der er sich Inspirationen unerhörten Ausmaßes für seine Kunst verspricht. Diese Lösung war schon im ersten Arbeitsplan von 1904 vorgesehen. Die Décadence-Thematik erwies sich allerdings nach der Begegnung mit Adorno als überholt, da die neuen musikhistorischen und -theoretischen Erkenntnisse, die Thomas Mann von seinem Mentor übernahm, der ursprünglichen Intention des Teufelspaktes zuwiderliefen. Auf den Teufelspakt jedoch konnte der Autor wohl schon aus Gründen einer von ihm als verbindlich erachteten und somit für unerläßlich gehaltenen deutschen Traditionslinie (*Historia von Doktor Johann Fausten*, Goethes *Faust*, *Doktor Faustus*), als deren Gipfelund Endpunkt er seinen Roman verstanden wissen wollte, nicht verzichten.

Im Roman erscheinen die Kompositionen Leverkühns nun nicht mehr als rauschhaft gesteigerte Durchbrüche zur Irrationalität, sondern als kalt kalkulierte Kompositionen in Anlehnung an Arnold Schönbergs Reihentechnik, sehr zum Mißfallen Schönbergs. Damit wird die ursprünglich plausible, das heißt chronologisch, historisch und musiktheoretisch zutreffende Motivation für den von Thomas Mann zugrundegelegten Teufelspakt als Bedingung für eine rauschhaft erfahrene Inspiration à la Wagner gegenstandslos. Mit Rücksicht auf das theologisch orientierte Motiv der Teufelsverschreibung wurde dieser zweite zentrale Grundgedanke des Romans gleichwohl beibehalten. Die Bereitschaft zum Pakt mit dem Bösen besiegelt das Schicksal Leverkühns und das des deutschen Volkes, als dessen Prototyp Thomas Mann den Tonsetzer verstanden wissen wollte. Ausdruck der Einsicht in die Heillosigkeit und Unabwendbarkeit des von ihnen heraufbeschworenen Verhängnisses und zugleich des Bewußtseins und Eingeständnisses der Schuld ist die Kantate *Dr. Fausti Weheklag*.

Der *Doktor Faustus* besteht aus vier thematischen Strängen, die Thomas Mann zu einer geschlossenen Romaneinheit verbinden wollte, was ihm nur teilweise gelungen ist.[14] Außer dem Künstlerroman gibt es den Faustroman, den Gesellschaftsroman und den Deutschlandroman. Obwohl der Autor alle vier Stränge mehr oder weniger plausibel miteinander zu verknüpfen versucht hat, sind für die Erörterung der "Who and Why"-Problematik vor allem die beiden letztgenannten relevant. Thomas Mann kannte sich am besten in dem Milieu aus, dem er entstammte und für das er vorzugsweise schrieb: das gutsituierte Bildungsbürgertum. Über Arbeiter und Bauern, Kleinbürger und das mittelständische Bürgertum ist in seinem Werk nicht allzuviel zu erfahren. So konzentriert sich seine Faschismuskritik im wesentlichen auf Vertreter des sogenannten gehobenen Bürgertums, zu dem er sich selbst zählte und dessen latente Anfälligkeit für verführerische Einflüsterungen er nur zu gut kannte. Im *Doktor Faustus* richtet sie sich unter anderem gegen das Tiefengeschwätz der Mitglieder des Winfried-Vereins zu Halle. Einblicke in dieses Milieu, das Adrian Leverkühn als Student der Theologie kennenlernt, vermittelte ihm bekanntlich der Theologe Paul Tillich.[15] Die Verquollenheit der Anschauungen, die bei den Nachwuchsakademikern im Schwange sind, verheißt nichts Gutes. Ebenso wenig das Gebaren eines Professors, der zwar nicht mehr wie weiland Luther mit dem Tintenfaß, doch wenigstens noch mit einer Semmel nach dem Teufel wirft. Hier setzen sich problematische Ideen relativ leicht fest und finden günstigen Nährboden. Leverkühn durchschaut dies Treiben schnell. Später ergeht es ihm in München nicht anders, und er läßt sich in den konservativen bürgerlichen Salons denn bald auch nicht mehr sehen. Er zieht die selbstgewählte Klausur vor. Aber eben dadurch erscheint er im Roman als der Schuldige. Gewiß kein Faschist, wird er

gerade durch seine Indifferenz und den Rückzug auf sich selbst mitverantwortlich am Aufkommen des Faschismus.

Der Träger des Deutschlandromans im *Doktor Faustus* ist nicht so sehr
Leverkühn, sondern Serenus Zeitblom, der bürgerliche Chronist, auch er
ein alter ego des Autors. In seiner Darstellung erscheint die Geschichte
Deutschlands als Geschichte der vorgeblich unpolitischen Innerlichkeit des
deutschen Bürgers. Die Ideen der Studenten im Hallenser Univer-
sitätsmilieu, die politische Ahnungslosigkeit, die in ihren ausufernden
Diskussionen zutagetritt, lassen einen beunruhigenden Mangel an intellektueller Besonnenheit erkennen. Das gleiche gilt für die in den Salons der
Münchner Halbwelt-society kursierenden Anschauungen, insbesondere
jedoch für jene der durchwegs ohne Adrian stattfindenden Zusammenkünfte
des Kridwiß-Kreises, in deren Akteuren Thomas Mann bestimmte
tonangebende Gestalten der damaligen Zeit (u. a. Oswald Spengler als
Chaim Breisacher) und Personen aus seinem früheren Bekanntenkreis
porträtiert. Der geistige Zustand, bzw. das mehr oder weniger geistvolle
Gebaren dieser Repräsentanten des bürgerlichen Establishments ist
gekennzeichnet durch Borniertheit und Dünkel, durch das Fehlen jeglicher
Sensibilität für die politischen Auswirkungen ihres Verhaltens, vor allem
aber durch "die Nachbarschaft von Ästhetizismus und Barberei" (GW VI,
495). Auf höherer Erkenntnisstufe als in seinem Frühwerk analysiert
Thomas Mann einige ihm symptomatisch erscheinende Einstellungen, in
denen er präfaschistische bzw. für faschistische Denkmuster und Verhaltensweisen anfällige Orientierungen wiedererkennt. Seine Analyse des
Faschismus stützt sich auf das an Nietzsches Entlarvungspsychologie und an
Schopenhauers Lehre geschulte Durchschauen bürgerlicher Vorstellungs-
und Lebensformen. Die aus der Analyse der Dekadenz entwickelte Faschismuskritik Thomas Manns veranlaßt seinen Chronisten Serenus Zeitblom,
einen Zusammenhang zu sehen zwischen der individuellen Laufbahn
Leverkühns und dem Schicksal Deutschlands.

In seiner Faschismuskritik folgt Thomas Mann der ihm von frühauf
vertrauten Linie, auf der wir die wichtigsten seiner literarischen Gestalten
wahrnehmen, bzw. wahrzunehmen genötigt sind: Tonio Kröger, Gustav von
Aschenbach, Cipolla, ja selbst noch den "Bruder Hitler". Alle leiden an der
Décadence, aus der sie irgendwie den Ausbruch bewerkstelligen müssen.
Leverkühn allerdings kann nicht länger als der anfänglich vorgesehene
Prototyp eines Faschisten gelten, da er, dank Adorno, nicht mehr als
Spätwagnerianer in Erscheinung tritt. Die ursprüngliche Konzeption des
Romans war noch darauf angelegt, in und mit den Kompositionen deren
Urheber zu widerlegen. Dessen Musik hätte als warnendes Beispiel für die
rauschhafte Innerlichkeit des deutschen Bürgers hingestellt werden sollen.
Die Position eines unbestechlichen Kritikers an jener von Wagner in-

spirierten Kunst vertritt Settembrini im *Zauberberg*, wenn er die Musik der Anfälligkeit für die "Sympathie mit dem Tode" verdächtigt. Adorno sorgte dafür, daß Leverkühns Kompositionen zu einer scharfen Abrechnung mit dem Faschismus werden mußten, den sie (selbst-)kritisch widerspiegeln und entlarven. Aber damit sichern sie dem Komponisten alles andere als einen Freispruch. Im Gegenteil: sie sind zugleich Ausdruck des Eingeständnisses seiner Schuld an der bewußt herbeigeführten oder in Kauf genommenen Rückwendung zur Inhumanität. Die Verfassung der ihn umgebenden Gesellschaft ist ihm gleichgültig. Er weiß sich der Verantwortung für seine soziale Umwelt zu entziehen. Als Deserteur, der seine bedrohte Mitwelt sich selbst überläßt, wird er mitverantwortlich für das Unheil. Nach der Einsicht, der Überzeugung und dem Willen des Autors fährt nicht allein der Faschismus zur Hölle. Dieses Schicksal teilt mit seinen Handlangern das von Leverkühn desavouierte eigene Volk. Von einer Mitschuld an dessen Schicksal kann auch das andere alter ego des Autors, der Chronist Zeitblom, sich nicht freisprechen. Eine Erkenntnis, die "dort, wo die Seele keine Faxen macht" (GW VII, 255), nicht mehr zu verdrängen war, führte zu der von Thomas Mann seinerzeit[16] vertretenen These von der Kollektivschuld der Deutschen am Aufkommen des Faschismus sowie an deren Unfähigkeit, ihm ein Ende zu setzen. Es sollte zu denken geben, daß Thomas Mann, der als Citoyen dem Faschismus schon früh keine Zugeständnisse machte, sich als Künstler von dieser Mitschuld nicht ausnahm.

Zur Erhellung der historischen und sozialen Bedingungen, die das Aufkommen des Faschismus und seiner deutschen Variante, des Nationalsozialismus, ermöglichten, trägt die Thomas Manns fiktionalem Werk zugrundeliegende ästhetizistisch ausgerichtete Faschismus-Theorie nur partiell bei. Im vorliegenden Fall erweist sich die Beantwortung der Frage nach dem "Who and Why" als relativ unbefriedigend, da seine den Sachverhalt unangemessen intellektualisierende Darstellung des Faschismus die sozialgeschichtlich und individuell sehr unterschiedlich gelagerten Voraussetzungen und Zusammenhänge dieses vom Autor über Gebühr dämonisierten Phänomens zu wenig berücksichtigt. Gleichwohl ist der Erkenntniswert der weitausgreifenden, sehr persönlichen, von anderen literarischen Darstellungen abweichenden Auseinandersetzung Thomas Manns mit dem Faschismus nicht zu unterschätzen. Sie tritt nicht in scharf umrissenen Konturen, sondern in vielfältig gebrochenen Spiegelungen zutage. Dieser Sachverhalt erklärt sich nicht zuletzt aus seiner tief im Denken des 19. Jahrhunderts, vorwiegend dem der Romantik verwurzelten geistigen und literarischen Orientierung, vor allem aus seiner von ihm selbst als problematisch empfundenen Sympathie für das "Dreigestirn ewig verbundener Geister": Schopenhauer, Wagner und Nietzsche. Im Gegensatz zu vielen anderen seiner deutschen Zeitgenossen, die ähnliche Voraussetzungen mit sich brachten, war aber Thomas Mann auf der Hut. Er erkannte schon gleich nach dem Ersten Weltkrieg die heraufziehenden Gefahren und zog die Konsequenzen. Sicher nicht leichten Herzens nahm er Abschied von vertrauten, inzwischen überholten Positionen und bekannte sich zur Republik, für die er, aus einem untrüglichem Gespür für das ethisch Gebotene, öffentlich eintràt. Dafür verdient er Anerkennung, trotz allem, was immer auch im einzelnen an seinen mitunter recht problematischen Stellungnahmen auszusetzen sein mag.[17]

ANMERKUNGEN

1. Thomas Manns Arbeiten werden zitiert nach der Ausgabe *Gesammelte Werke in dreizehn Bänden* (= GW), Frankfurt am Main, Fischer 1974.

2. Thomas Mann, *Briefe 1889–1936* (= Br. I), Frankfurt, Fischer 1961, S. 315.

3. In dem selbstbiographischen Abriß "On Myself" (1940) heißt es: "Die politisch-moralistische Anspielung, in Worten nirgends ausgesprochen, wurde damals in Deutschland, lange vor 1933, recht wohl verstanden: mit Sympathie oder Ärger verstanden, die Warnung vor der Vergewaltigung durch das diktatorische Wesen, die in der menschlichen Befreiungskatastrophe des Schlusses überwunden und zunichte wird" (GW XIII, 167).

4. Hartmut Böhme, "Thomas Mann: Mario und der Zauberer. Position des Erzählers und Psychologie der Herrschaft", *Stationen der Thomas–Mann–Forschung*, hg. von Hermann Kurzke, Würzburg, Königshausen und Neumann 1985, S. 177ff.

5. Siehe Thomas Manns Brief vom 12. 6. 1930 an Otto Hoerth, Br. I, S. 300.

6. Ein Thomas Mann schon früh vertrautes, seit der Erzählung *Der Wille zum Glück* (1896) von ihm immer wieder variiertes Thema, dessen zugespitzter Ausdruck der "Aphorismus" aus dem Jahre 1905 ist: "Die Hemmung ist des Willens bester Freund." Gleichlautend in *Fiorenza* (GW VIII, 1063) und in *Die Zeit*, Wien, 23. 4. 1905, Nr. 926, Beilage: Die Schiller–Zeit, S. IV. Jetzt auch in: Thomas Mann, *Aufsätze, Reden, Essays*, Band 1 (1893–1913), hg. und mit Anmerkungen versehen von Harry Matter, Berlin/Weimar (Aufbau–Verlag) 1983, S. 58; vgl. dort auch die Anmerkung S. 381.

7. Erstveröffentlichung 1966. Siehe zur Entstehung und Überlieferung des Textes die Erläuterungen zu diesem Beitrag in Thomas Mann: *Aufsätze, Reden, Essays*, Band 3 (1919–1925), hg. und mit Anmerkungen versehen von Harry Matter, Berlin/Weimar, Aufbau–Verlag 1986, S. 771–774.

8. Hinsichtlich der Affinität zur Dionysos–Thematik in den Erzählungen *Mario und der Zauberer* und *Der Tod in Venedig* siehe Klaus Müller–Salget, "Der Tod in Torre di Venere. Spiegelung und Deutung des italienischen Faschismus in Thomas Manns 'Mario und der Zauberer'", *Arcadia* 18 (1983), S. 61f., und Ronald Speirs, *Mann: Mario und der Zauberer*, London 1990, S. 37–39. Zur Relevanz des *Tod in Venedig* als unbeabsichtigt vorgreifender Auseinandersetzung mit Verhaltensweisen, deren Affinität zum Faschismus der Autor rückblickend erkannte, siehe Ronald C. Speirs, "The Embattled Intellect: Developments in Modern German Literature and the Advent of Fascism", S. 29–36 in diesem Band.

9. Siehe z. B. "Gedanken im Kriege" (1914) (GW XIII, 527-545).

10. Siehe hierzu Thomas Manns *Tagebücher 1933-1934*, Frankfurt, Fischer 1977, passim.

11. Obwohl der Autor den Roman mit dem "Donnerschlag" (GW III, 985) des Ersten Weltkrieges enden läßt, reflektiert der Text über diese Epochenzäsur hinaus seine bis zum Erscheinen des Werkes im Jahre 1924 gesammelten Erfahrungen und Erkenntnisse der fortgeschrittenen historischen Entwicklung von zehn Jahren. Für eine angemessene Einschätzung der politischen Umorientierung Thomas Manns siehe vor allem die Untersuchungen von Terence J. Reed: *"Der Zauberberg.* Zeitenwandel und Bedeutungswandel 1912-1924", in: Heinz Sauereßig (Hg.), *Besichtigung des Zauberbergs*, Biberach 1974, S. 81-139; jetzt auch in: Hermann Kurzke (Hg.), *Stationen der Thomas-Mann-Forschung*, Würzburg 1985, S. 92-134; dazu ergänzend *The Uses of Tradition*, Oxford 1974, passim (bes. S. 226-274) sowie den Beitrag "Thomas Mann: The Writer as Historian of his Time", in: *The Modern Language Review* 71 (1976), S. 82-96.

12. Siehe z. B. Hermann Kurzke, *Thomas Mann. Epoche, Werk, Wirkung*, München, Beck 1985, S. 274.

13. Das intensiv mit dem Bleistift durchgearbeitete Manuskript befindet sich in der Nachlaß-Bibliothek des Autors im Thomas-Mann-Archiv der ETH Zürich. Siehe zum Adorno-Einfluß auf den Roman *Doktor Faustus* Näheres u. a. bei Kurzke, *Thomas Mann. Epoche, Werk, Wirkung*, S. 274 ff. Hier auch Angaben zur Literatur.

14. Die notgedrungen knappe Zusammenfassung folgt im wesentlichen den Ausführungen Hermann Kurzkes. Siehe hierzu im einzelnen *Thomas Mann. Epoche, Werk, Wirkung*, S. 276-283.

15. Siehe dessen Antwort vom 23. 5. 1943 auf Thomas Manns Anfrage vom 12. 4. 1943, in: *Blätter der Thomas Mann Gesellschaft Zürich* 5 (1965), S. 48-52.

16. Außer im *Doktor Faustus* (GW VI, 669; 676) vor allem in *Deutsche Hörer!* (GW XI, 983-1123); *Die grosse Kontroverse. Ein Briefwechsel um Deutschland*, hg. von J. F. G. Grosser, Hamburg, Genf, Paris, S. 13ff. und im Vortrag *Deutschland und die Deutschen* (GW XI, 1126-1148).

17. Siehe z. B. die unlängst erschienene Kritik von Georg Bollenbeck: "Resistenz und Rhetorik. Politik bei Thomas Mann", *Merkur* 44 (1990), S. 433-440.

ABSTRACT

From 1937 onwards Thomas Mann was regarded throughout the world as *the* representative author of German literature in exile. For this reason great importance attaches to his critique of fascism. Thomas Mann was one of the first German writers to recognize (by 1921 in his case) the danger of the rise of fascism and warned the public accordingly. Admittedly, he was listened to by only a small section of his readership. Thomas Mann's own literary development was not favourable to the effective reception of the arguments he presented. A large part of the predominantly bourgeois public who read him regarded him, in any case, as a renegade after he had freed himself, at the end of the First World War, from his earlier conservative sympathies and effected his so-called turn to republicanism. Thomas Mann had only an inadequate understanding of contemporary social reality. As the son of a upper-middle-class patrician family from Lübeck he hardly came into contact with workers, farmers, petit bourgeois and the representatives of the so-called middle strata of society. He wrote his literary works for the educated classes in Germany (the "Bildungsbürger").

At the beginning of his career Mann was decisively influenced by the decadent movement which held sway in the literature of the time. The "triple constellation of eternally related spirits" (Schopenhauer, Wagner, Nietzsche) stamped his literary work to such a degree that it continued to determine his critique of fascism many years later. This critique has a particularly strong artistic-psychological orientation. His criticism of fascism in his fiction can best be clarified if it is analysed from the point of view of the relationship of art to life. Texts like *Tonio Kröger, Der Tod in Venedig, Mario und der Zauberer* and *Doktor Faustus* all belong to the same line of thought, from which his critique of fascism can be derived. To a great extent it is aesthetic in its emphasis. To this extent, Mann's critique of fascism is not immediately relevant to the analysis of the social conditions which made possible the rise of fascism.

The development of Mann's thinking on fascism, or National Socialism, can be illustrated better from his essays, speeches and diaries. In his literary works it really only comes to the forefront in two of his texts: in the story *Mario und der Zauberer* (1930) and in the novel *Doktor Faustus* (1947). The paper concentrates mainly on these two texts, and demonstrates both the aesthetic orientation of Thomas Mann's critique of fascism and his development beyond this original position.

Lone Klem, Oslo

WHAT WAS LITERATURE TO FASCISM AND FASCISM TO LITERATURE IN ITALY? A SURVEY

To the post-war generations in the northern countries fascism is mostly known for its effects. But if one wants to get an idea of Italian Fascism – and especially about the inter-connections between Italian literature and Fascism – one must look for its causes. The origins, the characteristics and the repercussions of Fascism is a large field of research that includes cultural, political, military and economic factors covering at least a century, from the final unification of the Italian nation in 1871 to the present[1]. And even if one wants to limit the perspective to the relationship between literature and fascism, as in this context, an almost equally long period has to be considered.

Seen from the end of the Second World War, the Fascist period was an interlude of non-culture, and this is also how it has been considered both in the public debate and in literary studies almost until the present[2]. Yet, from the point of view of its origins before the First World War, Fascism was to a high degree a product of culture – but certainly not *only* a cultural product, and not only a product of *Italian* culture.

Fascism is a response to a given situation – the crisis of a young liberal democracy and its ruling class – a situation which arose in an atmosphere of common European, post-Nietzschean, anti-rational "decadence"[3] under changing conditions. It also developes historically, so that the essential questions of "who" and "why" can not be given any relevant answer without the additional questions of "when?" (which is a double one: at which age did you join Fascism, and in which phase of its development?) and "where?" (against which regional background?). Therefore we need to begin with a sketch of the history of Fascism and its crucial moments.

From being a movement which absorbed various and substantially divergent "revolutionary" tendencies of aggressive protest against bourgeois democracy (considered as synonymous with "national weakness"), Fascism became a political party in 1919 after fusion with the nationalist movement. The first radical national-socialist programme has single items in common with other revolutionary movements. It contains anti-clerical, republican, socialist and anti-capitalist ideas, but the stress is on the general aspects expressed in the prelude and the conclusion in well-known Fascist rhetorical terms: revolutionary action as a value in itself, "details can come afterwards"[4]. And so they did.

Fascism considers itself to be an anti-party or a super-party, unifying all Italians of every belief and every (productive) class "in new inevitable battles", "the victory of which will pay the price of the sacrifices" (unlike the "mutilated victory" of the Great War). In other words, Fascism is above all a dynamic process, a feeling of enormous drive towards a new totality, which is defined by its ability to give to Italy and the Italians the national prestige they deserve.

In the programme's aggregation of divergent elements, superficially unified by a combination of vagueness and all-inclusiveness, the central ideological components are nationalism and corporatism, and these remain recurring elements throughout the whole period dominated by Fascism. All the radical ideas are subsequently forgotten.

The violent extra-parliamentary activity of Fascism as an anti-party was more successful than its reception among the ordinary electors. The party got no deputies after the elections in 1919 and only 30 – among them Mussolini – in 1921 with an entirely altered programme. After a spectacular demonstration which, without irony, has passed into history in the triumphant Fascist terminology as "The March on Rome"[5] in October 1922, Mussolini was assigned (by the King) the right to form a government in collaboration with other parties in the chamber. His transition period as a semi-legal Prime Minister ends with the Mateotti-crime (the murder by a Fascist gang of the socialist deputy Giacomo Mateotti in June 1924), and the crisis which followed it. This was settled by the final establishment of Fascism as a true super-party. This was achieved in the course of 1925 by the abolition of all other parties and by the suppression of previous constitutional liberties and rights: dissolution of the trade unions as well as the political parties, elimination of the freedom of the press, creation of a Fascist militia, of the secret police and a "Special Court for the Defence of the State".

After 1925 the liberal state was dissolved. Fascism was no longer a movement nor a party, but a totalitarian regime. Mussolini's new official title as dictator is "Capo del Governo", "Duce del Fascismo". The "Carta da Lavoro" in 1927 confirms the corporative organisation of labour in "collaboration between the classes" under the control of the state. Strikes and other types of wage dispute became criminal acts.

In 1929, there followed the Concordat with the Vatican: with this the anti-clerical attitude disappears from Fascism as the most persistent of its originally radical ideas. (The programme of 1919 proclaimed the confis-cation of all church-property. In his socialist period the young Benito Mussolini published a feuilleton-novel *L'Amante del Cardinale*, 1910 (The

Cardinal's Mistress), of which the most outstanding value is its effectiveness as anti-clerical propaganda.) Thus Mussolini obtained the collaboration of the extensive apparatus of the Catholic church in his efforts to educate the Italian people – a task in which nobody will ever succeed.

The victorious attack on Abyssinia in 1935-36 confirmed the dream of the Fascist regime to be "The Third Rome", a worthy heir to the ancient Roman empire. Like Hitler, Mussolini joined the Spanish War on Franco's side in 1936 and many Italians volunteered, mostly poor people who could not get any other job[6].

In 1938 the race laws were introduced, under German inspiration or even pressure. Though very proud of its glorious Latin traditions, Fascism had no original concept of racism, and no anti semitism was latent in the Italian population, where the Jews numbered only a few thousands. Of course the "African War" was fought on the normal imperialistic assumption of black men being inferior to white.

The "Pact of Steel" between Berlin and Rome in 1939 obliged Italy to enter any eventual war on the German side. This then happened in June 1940, when Italy, after 15 years of a militarist regime, was even less prepared, strategically and technically, for a war than in 1915.

After the Allied invasion of Sicily in July 1943 Mussolini was deposed by the majority in the Fascist "Supreme Council" and arrested by the "Carabinieri"-corps under the supreme command of the King, who also gave Marshal Badoglio, the most prominent of the generals loyal to Fascism, the task of forming a provisional government. The continuation of the war on the German side while the armistice negotiations with the Allies were taking place did not prevent the Germans from suspecting what was going on and from preparing their reaction. By Sept. 8th, when the armistice was put into force, the numbers of German armed forces on the Italian peninsula had trebled.

From that day onwards the situation in Italy was comparable to what is found in the occupied countries: an anti-fascist resistance fighting a fascist aggressor and its collaborators, both sides more or less supported by the local population. There is an enemy and an image of him, in literature as well as in reality. But in Italy there are some additional complicating factors. There are not two sides, but at least four (if we disregard the different political shades on both sides). There are the Allies and the Germans fighting each other on foreign territory; there is the civil war between Italian anti-Fascists (of whome some have returned from exile and many from the war "on the wrong side") and Fascists, where the contending parties literally could be brothers or kinsmen. An especially aggravating circumstance was the resentment of the Germans, who were dealing with a treacherous former ally.

After a few days of great Italian relief and still greater confusion, the Germans had military power over the peninsula down to Naples. On Sept. 12th they liberated Mussolini – or recaptured him, one might say – from his confinement at Ponza, and with German support a new Fascist republic was founded in the North. The headquarters were at Salò, on Lake Garda, and its Duce was again Mussolini, but the whole construct was politically and militarily absolutely dependent on Germany.

These, then, are the historical premises. In what follows, the connections between literature and Fascism will be dealt with in three main sections:

1. The contribution of the literati to the Fascist attitude and its various forms of behaviour, a vague totality, which is later defined as *religious* by the philosopher Giovanni Gentile[7], originally a liberal idealist, who became the main ideologist of Fascism. By using the word "religious" he underlines both its idealistic foundations and its non–rational character, at the same time as he excuses conduct that certainly was not grounded in humanistic values. (Gentile followed Mussolini to the end and was killed by the anti–Fascists in 1944.) This section will cover the period in which Fascism is emerging as a movement until it is confirmed as a political force about 1925.

2. The relation between literature and the Fascist state 1925–43. (One might consider a transition period 1922–25, but the limited scope of this account does not permit any subtle distinctions.)

3. The image of the Fascist / anti–Fascist struggle in the partisan war 1943–45 in contemporary and later literature. The limited framework of this chapter only permits me some observations of general interest. It is a rich and well–known period in Italian prose fiction, where the stream of documentation from the partisan war is almost endless. Even after 45 years it is possible that more material will appear, for instance from the Fascist side.

In all three stages numerous writers are relevant. To obtain a complete picture one ought to treat all Italian writers. It could be equally interesting to see *who* had *no* proto–Fascist tendencies at all and *why*, as these sometimes were the minority. But in order not to have only lists of names, I can only illustrate developments with reference to a few of the most important examples, and attempt a more thorough analysis in just a few instances.

But first we must return to the point of departure: the political and spiritual crisis in Italy at the end of the 19th century:

> ...in those days mud was raining from the Italian sky; yes, just mud, and you played with balls of mud; and mud stuck to everything, to the pale and violent faces of the attacked and of their attackers, to the medals that long before were gained on the battlefield (and those at least, by God, should have been sacred), to crosses and distinctions, to the braided gala-dresses, to the billboards of the newspapers and of the public offices. It was a flood of mud; all the drains of the city seemed to have unloaded their contents, and you felt as if the new national life of the Third Rome were drowning in this turbid, stinking stream of mud, over which were flapping hideous, black, screaming birds: suspicion and slander. Under the ashen sky, in the thick smoky air, while the electric lights were lit with a buzzing sound like pale moons in the moist, gloomy twilight, the crowd was squeezed around with its waving umbrellas in the incessant splashing of the rain, and cav. Cao saw in those days that every public square had the function of a pillory. He found an executioner in every clay-covered news-vendor, who swung his dirty sheet like a sword, just arrived from the filthy workshops of blackmail, and who in an obscene way vomited the most disgusting accusation. And no policeman would dare to tell him to shut up. But truly, the facts themselves cried out in a still more obscene manner...[8]

This page of mannerist prose is the description Luigi Pirandello (b. in 1867) gave in 1908 of the atmosphere after the Banca Romana went bankrupt in 1893, the first bank-scandal that involved politicians in criminal acts. It comes from his attempted historical novel *I vecchi e i giovani*, 1909 (The Old and the Young), and is, from an aesthetic point of view, probably the worst page he ever wrote, but precisely the lack of balance in his furious, moralizing reaction to an event which is interpreted as symbol of the total defeat of all values in the society concerned, is a sign of its personal authenticity. Another sign is the reference to the medals won in the Risorgimento-battles and thereby to Pirandello's Garibaldian family-tradition. It is not the narrator's voice but an inner-monologue from a subordinate character representing the "Old" who accomplished the unification of Italy, only to hand the young state over to an egoistic younger generation, absorbed in the ruthless pursuit of material advantage without regard to the means (swindling, corruption and destruction of political opponents) and absolutely unable to carry out its historical task of giving Italy a solid future. These ideas are the ideological basis of the novel. The massive condemnation of actual liberal democracy, which is not accompanied by any analysis of how it really works, but is based on the accusation that it is too materialistic and too individualistic, combined with a feeling of national betrayal are the author's premises – as they were his motives for joining Fascism much later. Pirandello's discontent with the rulers is shared by many other members of his class.

Another equally significant protest is directed against the intellectual tradition left by the former generations: the belief in scientific and technical progress (note how Pirandello mentioned the electric light). It comes from a group of intellectual adventurers, founders of the Florentine review *Leonardo* (1903-1907), who easily agree at least about what they hate:

> positivism, learning, realistic art, historical method, materialism, the bourgeois and collectivist interests of democracy – all this stench of carbolic acid, of grease and smoke, of the people's sweat, this squeaking of machines, this commercial officiousness, this hubbub of advertisements...[9]

A general impression that the social structures were disintegrating, and distrust both of former religious truths (and the moral laws derived from them) and of the possibility of valid understanding of the world, is accompanied by the claim that all traditions should be destroyed in order to recreate the world from the beginning. On solid irrational ground. We shall meet the notion of myth in many contexts within and around Fascism.

1. The contribution of literature to the Fascist myths

The most influential of the pre-fascist myths derives from a rather superficial reading of Nietzsche's works: the myth of the "Superman". This variety of the "Übermensch" is not the next step in evolution, created by mankind through serious reflection on all its values, but an entirely human superior man, born to dominate others by virtue of his special gifts and still more special claims. For almost half a century Italians saw Gabriele D'Annunzio as the incarnation of this superman-ideal, both as a writer and as a man. Above all because he gave the impression of living life extremely intensively, beyond the wildest dreams of ordinary people. Sumptuous luxury, passionate love-stories with extraordinary women, duels, scandals, sudden escapes, an abundance of splendid verses and overloaded prose, brilliant speeches, bold and fantastic military actions, uniforms, horses, automobiles and aeroplanes were managed in a gigantic "mise-en-scène" by the man who was the first in history to be his own mass-medium. And at least in his case the medium was the message, since no distinction between art and life can be made. His first prose-works were short-stories about peasant-life, but the approach is not naturalistic as in the writings of the former generation. He seeks in primitive and barbarian characters the power of violence and blood. In his best lyric poetry a very sensitive feeling for nature, expressed by a marvellously efficient language, comes close to an orgiastic experience. The dramatic works, which are concentrated on the mythical aspects of life, unite these and other of the vitalistic tendencies that are characteristic of the art of D'Annunzio.

However the most direct expression of the D'Annunzian ideology is to be found in the novels. Andrea Sperelli, the hero of the novel *Il piacere*, 1889 (The Pleasure), is the first Italian variant of the European decadent aesthete, (a kinsman of Huysmans' Des Esseintes and Oscar Wilde's Dorian Gray). He is a refined aristocrat who despises "the grey democratic flood of today, in which so many rare and beautiful things are miserably submerged", and who is destroyed by the complications of passion.

In *Il trionfo della morte*, 1894 (The Triumph of Death), the problem is passion in itself, which subjects the hero to the instinctive forces of nature, as incarnated in woman. D'Annunzio has indeed not forgotten the whip in his descriptions of women: they are instinct, sexuality, an enemy that must be overcome while changed into a stimulant. As the hero does not succeed in completing this process, remaining subject to his passion, he kills both his mistress and himself.

The influence of Nietzsche is still more evident in *Le vergini delle Rocce*, 1895 (The Virgins of the Rocks). The superman–motif is not implicit; it is the theme of the plot, where it is even applied to political life. The hero, Claudio Cantelmo, is a politician with an explicit programme:

> Fortunately, the State based on equality and universal suffrage, strengthened by fear, is not only a dishonourable construction, but also a fragile one. The State should only be an institution perfectly suited to the gradual elevation of a privileged class to an ideal form of existence. Above the economic and political equality to which democracy aspires, you shall therefore form a new oligarchy, a new realm of force, and only very few of you shall, sooner or later, succeed in grasping the reins in order to subdue the masses to your own profit. Indeed, it will not be too difficult to lead the flock back to obedience. The mob will always remain slaves, it has an inborn need to stretch its wrists towards the chains.[10]

For his own part he aspires to create the sublime work of art, and to become the father of a son, who shall be the peak of the race: he shall reconquer Rome and return it to its ancient glory. For this noble purpose Cantelmo is in search of the ideal mother and is about to choose which of the three virgin–sisters of an ancient noble family is most suitable. None of them is really worthy to receive the honour.

The poetic genius Stelio Effrena in *Il fuoco*, 1900 (The Fire), has similar idealistic–patriotic aims for his art, but he has no precise political program–me. As an improviser in the old Italian tradition he addresses a band of young aristocratic admirers at the Doge's Palace, speaking about the art around them, the glorious past and the promising future against the background of a splendidly decading Venice, where the old, decrepit Wagner is dying. The listeners are overwhelmed by a vital drive to action and by a firm will to do something (– "details can come afterwards"). The words are different, but the combination of a fervent aspiration and a very vague goal, determined only by the glory of the nation, is the same as one finds in fascist communications, also of the one-way type.

As a tragic poet, Stelio collaborates with his mistress, a great but ageing tragedienne in creating a new national tragedy, which will transcend yet more limits than the Wagnerian "Gesamtkunstwerk", in a new and more Latin spirit: more vigorous, more sunny, more winey. Stelio's project has serious political implications: the unity of Wagner, the Nibelungenring, and Bismarck's and the Emporor's new strong Germany, will be followed (and overcome) by a new triangle: Stelio (= D'Annunzio), his and Perdita's "Roman" tragedy, and a future Italy.

If we go on to *La Nave*, 1908 (The Ship), politically the most significant of the tragedies D'Annunzio wrote for the theatre of Elenora Duse (who was not very pleased to be portrayed as the declining foil to her triumphant super-lover - and by *himself*), we shall see that at least the spirit of this new Italy is clearly fascist. The background is the foundation of Venice. The super-human forces are concentrated in the two antagonists: the hero or founder Marco Gratico and the satanic, lecherous whore ("das ewig-Weibliche" in D'Annunzian perception), Basiliola Faledra. She uses her art of seduction to avenge the violence of Marco (who has blinded her father and four brothers), provoking bloody fratricidal strife, which ends with the departure of Marco on a mission of naval conquest: "Arma la prora e salpa verso il Mondo... Fà di tutti gli Oceani il Mare Nostro" ("Arm the prow and weigh anchor towards the World... Let all the Oceans become Our Sea"). An Italian expert on D'Annunzio, Emanuella Scarano Lugnani, has described the writer's attitude in *La Nave* thus: "Il poeta come vate che spinge il suo popolo al dominio attraverso il sangue, la guerra e la strage"[11] (The poet-prophet who drives his people to dominion through blood, war and massacre) - not much different from the attitude of Mussolini in his last days as Duce of "The republic of Salò".

So much for the literary works that are most concerned with our subject. From the poetry of action, we shall now pass to D'Annunzio's extremely literary way of behaving in political action. The period of the Nietzsche-inspired novels mentioned above coincides with D'Annunzio's first involvement as a politician. In 1897 he is elected a deputy by the right wing, but with the words: "Passo verso la vita!" (I pass to life!), he departs to join the Left. From 1910 to 1915 he is "voluntarily exiled" in France, from where he returns triumphantly in April 1915, recalled by the Italian government who needed his brilliant rhetorical gifts to convince the popular masses of the necessity of joining the First World War on the side of the Entente - while Italy was still committed by treaty to the other side, the

Triple Alliance. Regardless of which side was joined, the commitment to national war was the important thing! It is taken for granted that the government paid his debts, the reason for his not totally voluntary absence, in order to facilitate his return. After the success of D'Annunzio and other active interventionists, he entered the Italian forces as a sort of public relations agent, serving in all branches of the forces, with a clear preference for the airforce as the most fascinating novelty. His most spectacular adventure was the "flight to Vienna", which was bombarded with small Italian flags and beautifully formulated proclamations.

More dangerous was the post-war occupation of the town Fiume on the Adriatic coast, carried into effect by D'Annunzio and his "legionaires", a complex group of military people of all political shades, from all classes and from the different arms of the service, but all of them nationalists, agreed on rejecting the "mutilated peace" (of Versailles), which had not left to Italy the areas in Dalmatia and on the east coast of the Adriatic that were hoped for by the "arditi"[12]. The occupation started in September 1919 and was carried through for 15 months, until the end of 1920, even if it was declared mutiny by the government, one of the reasons being that both army and navy were favourable to D'Annunzio. In this period D'Annunzio was the dictator, the Commander of the Reggenza di Carnaro, an "independent" state, which was supported economically by the Italian government, who could not run the risk that private citizens in this particularly turbulent corner of Europe should suffer. The lasting result of the adventure, which was rather more ridiculous than dangerous, was the ruling-style of the "regency", a choreography that passed directly to Fascism. The dressing-up in black shirts with skull-and-crossbones in white, the violent attacks on opponents, who are also forced to swallow castor-oil in public, and the use of the Roman "fasces" as a symbol are immediately copied by the Fascist Action Squads. The "Roman greeting" (a precursor to the "Heil Hitler"-salute, but not identical with it), and the special form of "dialogue" between the leader and the masses later become important elements of Mussolini's "personal" style as Duce and as dictator of the Fascist Regime.

The way of addressing the people is of special interest. The people is not (as in a democracy) speaking through its elected delegates; it is considered as a mass, unable to respond by anything other than monosyllabic expressions of consent or protest (generally against people other than the speaker). It is addressed in large assemblies, where the people are gathered in the square under the speaker's balcony or rostrum, a situation in which it is practically impossible to behave as anything but a crowd. This is what D'Annunzio did in the May days of 1915, when he moulded the mob to his bellicose will, as the sculptor shapes his bronze (to use his own words[13];

thus he behaved in Fiume, as did Mussolini from the balcony of the Palazzo di Venezia.

D'Annunzio, who had no natural propensity to adhere to other people's movements, did not join Fascism until very late; but he was no anti-Fascist. He was Mussolini's precursor and competitor. A "March-on-Rome" to be led by D'Annunzio in 1921, was planned but not accomplished. When Mussolini took over power, he also took over the duty of stopping his former rival from being dangerous. The method was the classic one: D'Annunzio was put into a golden cage. He was installed as a national treasure in the luxurious villa "Vittoriale degli Italiani" on Lake Garda, which is still a museum, now deprived of its most precious object, the poet himself. He was supported economically (a lifelong necessity for a person born with "an instinctive need for the superfluous"[14]) and covered with honours: Principe di Montenevoso (Prince of the Snow-crowned Mountain, 1924), General of Honour in the Air force 1926, President of the Royal Academy of Italy – all new institutions, created by Fascism.

The Futurists

A whole group of artists who contributed considerably to Fascism in the preparatory period were the Futurists. As in the case of D'Annunzio, their influence is due both to their artistic experiments, to their way of performing a life-style (which in their case was revolutionary in the radical sense of the word) and through direct action. Unlike D'Annunzio, they joined the Fascist movement from the first hour and took part in the Fascist Action Squads, who fought the first battle in the civil war against the socialists in Via Mercante on April 15th, 1919. The Futurists were the intellectual core of the movement in the most fanciful phase of the rebellion. But above all it has to be admitted that Fascism was not the core of Futurism. Futurism, the first modernism, was an event of extreme importance for Italian art in the 20th century, and its clear avant-garde attitude might even be the explanation of why Mussolini, in debt to the Futurists, never developed any notion of "entartete Kunst"[15]. Futurist poetry, which would have been declared "entartet" in Germany, was the officially accepted art of young talents. This is not because Mussolini had better artistic taste than Hitler; he had no such taste at all and left the matter to others. When it became a regime, Fascism, too, developed a neo-classic "Roman" style, especially in architecture.

> They had a clear-cut and lucid conception of our epoch. The epoch of great industry, of the large city of workers, of intense and tumultuous life, had to find new forms of art, of philosophy and of language. They had this idea, which is clearly revolutionary, absolutely Marxist...

This characterization, which certainly was not written by a Fascist, but by Antonio Gramsci, the founder of the Italian Communist Party (in 1920) as early as in 1921[16] is still the most precise brief description of the importance of Futurism. In the beginning Marinetti and the Italian Futurists were connected with their anarchic Russian colleague Mayakovski, who was later rejected by Marinetti (and by the Russian Communists as well).

An anti-bourgeois attitude was common to all the spiritual trends in the period (and they all had the same middle-class origins), but it is peculiar to Futurism that its demonstrations were sometimes joined by workers. The general hatred of all tradition and all existent structures, of the whole world taken over from the past, is expressed through the glorification of war. *Guerra, sola igiene del mondo* (War, the only Health of the World) is the symptomatic title of a pamphlet by Filippo Tommaso Marinetti (1876–1944) from 1908, written even before the first Futurist Manifesto[17] (also by Marinetti), published in Paris in *Le Figaro*, Febr. 20th, 1909. The latter is the manifestation of a new movement, vitalistic, aggressive and anti-rational like the other contemporary movements.

Futurist literature, which was really new in accepting the technology of the industrialized world, was not revolutionary (and certainly not Marxist as Gramsci initially insisted – probably with polemic intent). Technology is neither a servant to progress, nor an instrument to organize human relations in a certain way. On the contrary, it is the efficient cause of these relations, the acting subject of history[18]. From an ideological point of view there is absolute concordance between Marinetti's novel *Zang Tumb Tuum* 1914, and Fascism.[19]

To this substantially conservative ideology, we must add an extremely aggressive nationalism as the core of the direct political activity of the Futurists. This activity takes place on several levels: in a political programme, through riots in the streets (both elements are later coordiunated with the corresponding Fascist activities), through a newspaper, *Roma Futurista*, founded in 1918 by Marinetti (as a parallel to Mussolini's *Popolo d'Italia* and to the nationalists' *Idea Nazionale*) and through a particular Futurist invention, "le serate futuriste".

In the *Futurist Political Programme* (1913) the concept of war is no longer the general Nietzschean subversion of all existing structures and values. It is not an idea, but a practice: specifically, the Italian nationalist and imperialist war (the Libyan War and later the intervention in the Great War in Europe). Both the programme and the later *Manifesto of the Futurist Political Party* are absorbed in the above mentioned first programme of the Fascist party of 1919, the so-called "Fasci del Combattimento".

The political party and squad-activities of Fascists and Futurists were not distinguishable from one other, at least until 1920.

From the first moment the "serate futuriste" had a double purpose: to develop an avant-garde theatre on a large scale and to nourish the nationalist ferment. Unlike other experimental groups, who generally made use of small chamber-stages, the Futurists availed themselves of the great theatres and opera-houses in order to reach an audience not only of intellectuals, but also of the middle class in the stalls and in the boxes, the students and the workers on the gallery. Their way of addressing this audience is different from the method applied by D'Annunzio and by Mussolini. The Futurists chose deliberate provocation, which caused reactions among the audience at least a little more complicated than the unison cries from D'Annunzio's listeners. Conflicts and even riots arose between the performers on the stage and the audience, and among the various groups of the audience; but still the reactions were willingly provoked and directed from the stage. The tomatoes and the pieces of anthracite flung at the stage were asked for, the result of planning, not of a spontaneous interaction between stage and audience. What led to them was the content of the performance: avant-garde music and the recitation of modernist poetry accompanied by spectacular effects (both of which were provocative by virtue of a violently anti-traditional form) and speeches of ever increasing aggressiveness, offensive because of their subject-matter, directed against socialism and other forms of internationalism.

From the first evening on Feb. 12th, 1909, the nationalist element in the activity is remarkable. When we come to 1913, at the conclusion of the Libyan War, the nationalist and imperialist elements dominate over the artistic experiments even during the soirées.[20] The next step is the total renunciation of the project of theatrical renewal in favour of war propaganda. The Futurists also leave the theatres to join D'Annunzio and the other interventionist groups on the streets and in the squares. Thus a demonstration at the University of Rome against pro-German professors in December 1914 – for which occasion the painter Giacomo Balla had invented an "anti-neutral dress" – ends up in the streets. The Great War is at the gates, and the specifically Futurist part of the adventure is over.[21]

The novel, which has been chosen here to illustrate another Fascist myth, complementary to the Futurist myth of industrialization and imperialist war, the myth of the rural tradition of the Italian people: the sane and simple peasant who patiently works his fathers' soil in harmony with nature and in obedience to his destiny, was strangely enough written by a Futurist. It must be mentioned that the double myths of city and country, of nationalism and regionalism, correspond to a reality which has been the historical condition of Italy since its (never completed) unification.

Ardengo Soffici (b. in 1879) was a man of many talents: a painter, a writer, a critic of art and literature, an editor and pamphleteer, whose importance for posterity is connected with some of the most long-lived futurist lyrics (while the surviving part of Marinetti's literature are the manifestos). His background is that of a Florentine city-dweller, a Tuscan cad and a European intellectual, personally acquainted with the Paris avant-garde, not far from the vaguely indicated background of his hero *Lemmonio Boreo*. Lemmonio Boreo is a provincial intellectual who, after many years in foreign capitals, returns, disgusted, to his native ground in Tuscany. At his first contact with the fertile landscape, on seeing "Three cities, famous in the history of beauty and of strength: Firenze, Prato and Pistoia"[22], and on meeting the rural population, he feels reborn – and reborn to complete a great task in the service of this glorious earth (which means: to lead its life in the proper direction). Especially significant is his meeting with the people. First with three stone-cutters:

> With their sobriety, with the strength of their naked, sun-tanned arms and their ferocious work and capacity for resistance to pain, these three men were to him a solemn lesson of a virility hard enough to be equal to the task, and he felt that his hopes were strengthened. They were the prototypes of a race, his own, undamaged for thousands and thousands of years, on which you could always rely any time you had to build up or to destroy.[23]

Then a little, poor peasant-family surrounding a woman feeding her youngest baby:

> They too, like the road-menders, might have had their imperfections: they were probably a little thievish, a little stingy [...] but on the other hand, was not this a sort of fatality inherent in their condition, largely compensated by their attachment to the family, the simplicity of their manners and the fulfilment of their duties? This beautiful, modest and loving woman, this strong and hard-working man, these kids with their firm flesh, beautiful too, and gay, were in the eyes of Lemmonio a precious material, which could always be used by the geniuses of his race to create their works of art and life.[24]

Two mutually connected features of these descriptions make them a regressive myth: 1. The notion of the sane rural world as unchangeable, outside history, where even the social conditions are considered to be "nature". 2. The concept of fatality. The poor peasants obey forces outside themselves; and their dignity depends on this adaptation to sacrifice. Their unchangeable conditions are due to universal laws and shall not be changed. A third feature makes the myth a Fascist myth, one incorporating the myth of the superman. It is the idea that these samples of a noble millenarian race are examples of a lower stratum of this race, destined to serve as raw material for the operations of the genius (such as Lemmonio Boreo, D'Annunzio, Mussolini and others). In other words history exists, it is the sphere of the genius; the rural population normally lives outside (not to say "under") history, but can at crucial moments be raised to serve as objects for the acting subjects of history. The novel is structured in sequences in which this ideology comes to practical demonstration, though normally at the level of a picaresque plot and not of history. In the central scene of *Fontamara*, Ignazio Silone's famous anti-Fascist novel from 1931, we shall see the same mechanisms analysed from the opposite point of view.

The two first, more naive, notions of rural life are widespread; they are the subject-matter of the Nazi-myth of "Blut und Boden", and they are frequent in Knut Hamsun's works, particularly in the novel *Growth of the Soil*.[25]

After these initial revelations Lemmonio decides to continue his intellectual work, going thoroughly into contemporary national literature in order to join his spiritual companions. After more than three weeks of intense reading he knows everything of his country, and the disillusion is complete. The only possibility left is to walk out into the bad world himself to teach justice like the famous Knight of the Rueful Countenance. He has no great success in this wild goose chase. Justice is not sufficient to his attempt to "radrizzare le gambe ai cani" (to adjust the legs of the dogs). The Italian expression for the impossible project has a more subtle double-sense: Lemmonio really considers his fellow-men as dogs. He then allies himself with strength in the shape of Zaccagna, a vital and violent young bandit (the portrait of whom is in itself a Fascist myth). For some time the two of them are successful until a new need is discovered: astuteness. Fortunately they are joined by the very shrewd Spillo, and the mission is complete. Lemmonio, who represents justice, necessarily needs to know what the others are doing, but he seems to accept everything. Their noble enterprises are carried through with a combination of just and unjust speeches, threats, violence and trickery. Their group and its way of action is a perfect prefiguration of the later Fascist Action Squads. This becomes very clear in the central episode (Canto IX-XIII)[26], where a political meeting arranged in a small town by a socialist deputy from Florence is dispersed and completely ruined. Their motive is to "excite hatred in simple minds against the imposture and the fraud of the mendacious politicians"[27], but they, or at least Lemmonio and the author, consider the "simple minds" to be a mob and treat them in accordance with the opinion that they are objects you can manipulate to play the part you want in history. The adventure becomes a roaring success, also because somebody (Spillo) has the brilliant idea of throwing a couple of small bombs and of accusing his opponents of being the aggressor.

It is necessary to repeat that Fascism is not the product of literature. It has many other determinant causes, but as to the ideology, to the way of expressing and behaving in the first rebellious, "creative" phase, the Fascists did not have to invent a single item. They could read about them all, and they had many poets among them.

2. Literature in the period of Fascist power

a. The war and the anti-Fascists of "the first hour"

When it came to an "adjustment" of spiritual life and the repression of the opposition in the following phase, it was no longer a literary, but a political question; and Mussolini had to use his own wit, which was however perfectly adapted for the purpose.

As already mentioned, the Fascists, unlike the Nazis, never won any elections with universal suffrage. They had many and serious adversaries, above all among the politicians rooted in the despised democratic system: Luigi Einaudi (world-famous as an economist and therefore untouchable for the Fascists during the whole period)[28], Salvemini, don Sturzo, Amendola, Salvatorelli and others.

Some of them were writers too, who considered that culture and particularly literature had an important part to play in the political struggle for what was to them a better society. The most important was Antonio Gramsci (b. in 1891), who after the split of the Socialist Party in 1921, became the spiritual leader of the new Communist Party, editor of L'Ordine Nuovo (The New Order), elected as a deputy in 1924, arrested in 1926 and dead from tuberculosis after 11 years in prison[29], and Piero Gobetti, a radical liberal, editor of two reviews Rivoluzione liberale (1922–25) and Il Baretti (1924–28). The latter, which was a literary review (as open political discussion had become impossible) had two important tasks: to call literature to active commitment in public affairs in the best traditions of the period of enlightenment (instead of choosing splendid isolation in formalism); to keep people's minds open to modern Europe as a reaction to the nationalism and the provincialism of official culture. Gobetti died in exile in Paris in 1926 at the age of 25 in consequence of a Fascist beating.

Some writers were inspired to attitudes that lead to anti-Fascism by their real experiences in the First World War, in sharp contrast to the glorious dreams and the violent rhetoric of the nationalist interventionists[30]. Piero Jahier (b. in 1884), author of an experimentalist novel about the spiritual crisis of his period, *Resultanze in merito alla vita e al carattere di Gino Bianchi*, 1915 (About the Life and Character of G.B.), was among those who volunteered in the war for "democratic reasons" (because the German-Austrian authoritarian states with their nationalism and imperialism had to be stopped), and for another reason not unusual in the period: that this was the war against War, the struggle for the values of life against modern, technical non-civilisation. His experiences lead to a deep solidarity with the common soldiers, the peasants, for whom nobody cares until the day you have to dispose of their lives, expressed in *Con me e con gli alpini*, 1919, (With me and with the Alpines). The Alpines are the mountaineers of northern Italy, accustomed to a hard climate and therefore considered as elite-troops for winter war.

Jahier survived in Italy (in a modest position as a railway employee), paying for his anti-Fascism by being subject to constant political supervision, enforced silence and the suppression of his work. Two others with similar experiences in the war as the premises for their literary production and political engagement, had to choose exile. Emilio Lussu (b. in 1890, anti-Fascist deputy in the early twenties) wrote in Switzerland a critical and extremely amusing account of *La Marcia su Roma e dintorni*, 1933, (The March on Rome and Surroundings) and a realistic, anti-heroic novel, or diary of the war *Un anno sull' Altipiano*, 1938, (A year on the Upland Plain) – of Asiago, where the most important battle was fought. The Sicilian literary critic G. A. Borgese (b. in 1882), who wrote what is considered as *the* autobiography of the post-war period, the novel *Rubé* (1921), left his chair at the University of Milan to go to the U.S.A.[31]. Rubé is the rootless intellectual, disillusioned by the war, who cannot adapt himself to the conditions of contemporary society. After a series of rather casual but symptomatic events, he finds a still more casual and symptomatic death: he is killed in a political riot either by the Fascists or by the revolutionary socialists – a lack of clearness which is the symbolic expression of the ambiguity of the time and of the political roles. (And the ambiguity above all is the protagonist-antagonist relationship between Fascism and the middle classes. Fascism, which originally was the anti-bourgeois revolt of the young bourgeois intellectuals' becomes in this period the triumph of a pervasive, apparently classless, bourgeoisie).

The conditions that are the premises of *Fontamara*, the novel in which Ignazio Silone gave the outside world the first image of the repressive character of Italian Fascism, are a two-fold exile. As a communist after 1921, he had to leave Italy almost immediately after 1922, but he often returned as a clandestine organizer of communist resistance after 1926, when parties were forbidden. This lasts until his rupture with the party after a congress in May 1927, where Silone refuses to side with Stalin against Trotsky on the question of agriculture in China (because he does not know anything about Chinese agriculture). He is not expelled from the party until 1931, but he has to express his political engagement in activities other than party work.

So the journalist who became a politician returns to his writing, fiction this time. Until he returns to southern Italy with the Allies in 1944, he lives in Davos in Switzerland. The novel was written in 1930 and immediately after its first appearance in German in Zürich (1933) it was translated into many languages. Fontamara is a fictive village in the Abruzzi, but similar to the one in which Silone was born (in 1900) and to many he visited. The plot is the clash between an archaic peasant world at the bottom of society and outside of history, and "history" in the shape of Fascist repression. The inhabitants of Fontamara are not anti-Fascists -they are nothing but "cafoni", poor landworkers, exposed to the misfortunes of nature and the frauds of men - but they misunderstand the Fascists' strange orders - of course their straightforward interpretations of the new phenomena are used by the author with humorous and satirical intention. The Fascists who find them obstinate send a punitive expedition to Fontamara; a woman is raped, and the men are humiliated in a political catechization in the middle of the square. They then understand for the first time that something new is happening, which is not one of the usual variations of an ancient fate. The oppressors pretend to represent their true interests, and what is done to them is committed in the name of justice. From the initial understanding there develops a growing refusal of what they are asked to accept. Their "revolt" reaches the point of publishing a little news sheet, entitled *What shall we do?* (a Lenin quotation) before the whole village is annihilated, and the question is all that is left of it - apart from the three who have escaped to tell their story to the writer. Silone thus answers the question of "who" the Fascists were in terms diametrically opposed to Fascist ideology. Far from being the natural supporters of Fascism, the "simple peasants" opposed it and were brutally "disciplined" by Fascist thugs for doing so.

Two other novels from the exile period: *Pane e vino*, 1935 (Bread and Wine), and *Il seme sotto la neve*, 1940 (The seed under the snow), connect the revolutionary experience of the protagonist (as well as of the author) with the Christian symbols in an allegorical form. Here Fascism is particularly criticized for its rhetorical distortion of natural language. The dialogue *La Scuola dei Dittatori*, 1938 (The School of the Dictators), is a witty satire of Fascism and of Mussolini's road to the totalitarian state.

b. The common life of Fascism and culture

Mussolini was no fervent admirer of art and culture. When Marinetti once proposed that the museums – which to him were "cemeteries" – not only should be closed but materially wiped out, he accepted the idea, which however was abandoned (by Marinetti too) when the Fascists had acquired power. He was too pragmatic a politician not to see that an alliance between Fascism, which claimed to embrace the totality of Italian life, and "Culture" was necessary, and not only for reasons of national prestige (or for tourist–income). Once consolidated, the Fascist regime was the government of the upper and lower middle classes, for whom culture is a traditional necessity and who are great consumers of the public cultural goods. One of the "details" that had to "come after" was an extensive, elaborate cultural programme, working on many levels. And to achieve this end Fascism had to make use of the intellectuals. Those who were direct political opponents (of which the above–mentioned are a part) were persecuted, but well–known non–Fascist intellectuals were normally left in peace as long as they stuck to their proper work, isolating themselves from all political activity.

And that was exactly the choice they made. The great modernist lyric poet Eugenio Montale is often quoted for one poem, which is considered the – negatively defined – programme of that generation. It ends with these lines:

> Codesto solo oggi possiamo dirti
> ciò che *non* siamo, ciò che *non* vogliamo.[32]

Montale was the exception to the above–mentioned general rule: he lost his post as a director of Gabinetto Vieusseux – a library in Florence – because he refused to be a member of the Fascist party. On the other hand, refusing was not very normal. In 1930 the university professors had to swear loyalty to the regime. 12 of 1200 (one of whom was the above–mentioned G.A. Borgese) refused and consequently lost their posts. (Teaching personnel at lower levels had to wear uniforms; overall, the repression was more effective the lower you were in society).

The first attempt to establish a cultural gathering under Fascist patronage was the "Convegno per le istituzioni fasciste di cultura" (The Congress of Fascist Cultural Institutions) in March 1925. A couple of hundred confirmed their loyalty to the congress, without all of them being present. Among the best known writers were: Marinetti (who was present and spoke on the value of national art, museums included), Soffici, Alfredo Panzini, Curt Suckert (the later Curzio Malaparte), Fausto Maria Martini and Luigi Pirandello (not present). As an answer to the need for some theoretical definition of the Fascist phenomenon, felt by the congress –

146

which certainly was not the last to suffer from the lack – Giovanni Gentile elaborated a *Manifesto degli intellettuali del fascismo* (Manifesto of Fascism's Intellectuals), published by the national press on April 21st, the anniversary of Rome and signed by the adherents to the congress and some others (among them Ungaretti).

The main items were the declaration of the idealistic and "religious" character of the movement; its nature as a political and moral movement, where the individual submits to the idea that gives his life a meaning (which means: "where the individual is subjected to the State"); the ideas of corporativism (which are to reconcile or unify the State and the trade unions); a defence of the action squads with reference to the activity of previous, glorious minority–groups (such as Mazzini's "Giovine Italia" and Garibaldi's "Thousand"); critical statements about the opponents of Fascism (who were said to be mostly foreigners).

Immediately afterwards, on May 1st, Benedetto Croce published a *Contra-manifesto*, entitled "An answer from Italian writers, publishers and professors to the manifesto of the Fascist intellectuals". It was indeed a counter-manifesto, which advanced logical arguments against Gentile's statements point by point (nothing very difficult), relating the rhetoric to the corresponding realities. The most important of the signatures was Croce's own, because it represented a definitive change in his attitude to Fascism after a long period of "wait–and–see". After this he never collaborated in any Fascist project. The document was signed by intellectual authorities on a much larger scale than Gentile's document – among others by hundreds of the university professors who five years later swore allegiance to the Regime. Among the politicians who signed or adhered to the manifesto were Giovanni Amendola, Luigi Salvatorelli, Luigi Einaudi and Gaetano Salvemini; among the writers Roberto Bracco, Carlo Cassola, Piero Giacosa, Corrado Alvaro, Matilde Serao and Sem Benelli.

Some signatures on both lists were unexpected[33] and some fluctuations occurred in the years to come. The frontiers between the intellectuals were not very clear, except in the case of the politicians. The deeply disdained young democracy had a certain dignity. Recent publications of archive-material from the Fascist administration[34] document the fact that rather many Italian intellectuals (and also many unexpected names) in one way or another were involved in work paid by the Fascist government.

In reality, this is only apparently strange. The Fascist Cultural Congress was a conference for new cultural institutions which were about to be built up in the legislative phase of Fascism[35] in a total vacuum of cultural politics, which was the legacy of all former governments. Not even the largest opposition party, the Socialists, had a programme of cultural politics – the critics did not lie when they asserted that the politicians wasted too much time in quarrels. Many of the participants at the conference were young people in search of a job (an eternally recurring situation in Italy), later inserted as "cultural workers" in some "corporation" of an artistic or cultural branch or in some public institution.

The most important of these institutions were: The Royal Academy of Arts and Sciences, The Fascist Institute of Culture (organized in every town), the yearly book fairs, the Ministry of Popular Culture (MINCULPOP), the organization of the radio (in EIAR, later RAI), of the cinema (the LUCE– foundation, the national cinema school, the Centro sperimentale, Cinecittà), of the theatre (The Thespian Cart for propagating the theatre, the Institute for Ancient Drama, The Academy of Dramatic Art Silvio d'Amico) and the Giovanni Treccani Institute for the Italian Encyclopedia. Many of these institutions are still valuable parts of Italian cultural life. The clearest example of collaboration between intellectuals on both sides of the frontier is the *Enciclopedia Italiana*. It was a Fascist prestige–project, but Gentile invited all the major intellectuals who were specialists in the various subjects, whatever their political or ideological attitude, to collaborate. Many of them accepted – of whom eighty had signed the Crocian counter– manifesto, but not Croce himself.

In this way Fascist Italy managed to carry out its greatest cultural project in a decent, neutral way – and obtained the consequent prestige, which might be undeserved. On the other hand Italy still has a usable and renewable encyclopedia. The only article which is by definition Fascist is the one titled *Fascismo*, signed by Mussolini in 1931. The paragraphs which define fascism and its history were, however, written by Giovanni Gentile, who completes the theoretical reflections begun in the manifesto of 1925 in this way:

> Thus fascism cannot be understood in many of its practical aspects, as party–organization, as educational system, as discipline, if it is not seen in the light of its general concept of life. Which is a spiritualistic conception. For fascism the world is not the material world, which appears on the surface, and in which man is an individual separated from all the others, all for himself and ruled by a natural law, which instinctively leads him to live a life of egoistic, momentary pleasure. Fascist man is an individual who is nation and country, a moral law binding together individuals and generations in a tradition and in a mission, which suppresses the instinct of a life enclosed in a narrow circle of pleasure, in order to establish a superior life of duty – a life in which the individual, through self–denial and through the sacrifice of his particular interests, even beyond the boundaries of death, creates the totally spiritual existence in which he finds his value as a man.[...] Fascism wants man to be active and engaged in action with all his energy: it wants him to be conscious of the existing difficulties in a manly way, and ready to face them. It regards life as a struggle.

In this final product of its most authoritative theorist Fascism does not seem less vague than at the very beginning. Anyone not in the habit of comparing words with deeds, and animated by a non–specific spirit of self–sacrifice might be able to agree without difficulty. That is probably the main reason why so many did so. Mussolini himself is more explicit in his part of the article, which deals with the Fascist conception of the State: for Fascism the State is an absolute value before which all individuals and groups are relative.

c. Pirandello and the anti–bourgeois critics of society

The most important supporter of the Fascist manifesto was Luigi Pirandello (1867–1936), at that time a world–famous playwright, and later, in 1934, a Nobel prize–winner. The question of Pirandello's relation to Fascism is almost as intricate as the question of Hamsun's connection with Nazism – although it is different from it; for instance it does not imply any element of national treason.

On the surface, from the biographical point of view, the case is clear: Pirandello was a member of the Fascist party. He joined it late, in September 1924, not when he was an anarchic youth, but when he was a mature man of 57 and in a moment of the deepest crisis for the party, which had just sealed its period of violence with its most outrageous crime, the murder of the legally elected Socialist deputy Giacomo Mateotti in order to stop his increasingly convincing criticism of the Fascists. In other words Pirandello embraced the cause of Mussolini when any other reasonable person would have abandoned it. (And many did: this was the moment at which Mussolini might have fallen, the only one until 1943). The first explanation of course is that Pirandello was not a reasonable person. His art until then is populated with strange characters who are incessantly reasoning over the tragic incompatibility of reason and life. He mistrusts reason – a general trend in the spiritual life of the epoch. As an artist he had been courageous and controversial. In this sense you might say his alignment with Fascism was a product of the artist Pirandello, but in all other senses the relation between Pirandellian art and Fascist ideology is doubtful. A discussion of this topic can only be sketched here.

> Your Excellence, I feel that this moment is the most propitious for me to declare to you a faith which I have always nourished and served in silence. If Y.E. consider me worthy of entering the National Fascist Party, I shall esteem it the greatest honour to obtain the position of its most humble and obedient follower. With total devotion.[36]

These were the words, published in an open letter to Mussolini in the Fascist newspaper *L'Impero* on Sept. 19th,1924, which gave rise to violent polemics. (At least Pirandello kept some distance from the style of his former antagonist D'Annunzio). So far Pirandello had lived an isolated working-life, withdrawn from the external world and without any contact with politics; but his moral and nationalist commitment to public matters was evident, from his sympathy for the revolt of the Sicilian "fasci" to the outbreak of the Great War, when he tried to enlist as a volunteer. He was considered too old, but both his sons volunteered.[37] His silent thoughts cannot have been exactly contrary to the vague ideas of Fascism as they are expressed by Gentile, but probably he had little knowledge of the Fascists' squad activities. For instance he does not seem to have noticed "The March on Rome"[38]. Once uttered, however, his statement was used to the utmost degree by the Fascists, as was intended. Mussolini owed him gratitude.

His official allegiance to Fascism coincides with the general recognition of Pirandello's art and with a turning point in his artistic interests. The playwright is opening his mind to the theatrical realization of his dramas and he begins a career as a director and theatre manager. In this field the support of Mussolini and the State was of extreme importance. Italy had only private, independent theatre-companies, and many before Pirandello (among others Eleonora Duse) had tried to establish "art-theatres" playing a high-level repertoire with less regard to money than usual, and therefore in need of public support. After all the theatre is – together with the cinema – the cultural area which has derived most advantage from Fascist politics.

In 1924 nine of Pirandello's young friends founded the *Teatro d'Arte di Roma* (The Roman Artists' Theatre)[39], which very soon came under the direction of Pirandello himself. Eight months previously a description of the very ambitious project had been handed over to Mussolini. The group hired the theatre in Palazzo degli Odescalchi in central Rome and rebuilt it totally for their purpose – an extremely expensive affair. The theatre was inaugurated on April 4th, 1925 with a one-act play *La sagra del Signore della Nave* (Our Lord of the Ship) by Pirandello, directed by himself, from the theatrical point of view an audacious experiment. The performance was a success, and Mussolini, who was present, baptized the theatre "Il teatro del Regime" – an expensive name. Above all because the theatre remained the spiritual property of the artists, and particularly of Pirandello. No compromises of an artistic, economic or ideological order were made, nor even asked for.[40] The conflicts grew as the independence of Pirandello and the repression of the regime both became increasingly inflexible. A talent for showing the promised humble obedience was not among Pirandello's greatest gifts. Mussolini himself took part in the booing of *La favola del Figlio Cambiato* at the opera of Rome in 1934 (music by the modernist composer Malipiero), and this musical fairy-tale about the changeling was forbidden in Germany as "entartete Kunst".

It appears from the Secret Police files on Pirandello (quoted by Alberti) that his longer and longer stays in foreign countries were not appreciated[41]. "Esterofilia", love of the foreign, was a crime during Fascism. Particularly interesting are the observations on the occasion of the award of the Nobel prize:

> The award of the Nobel prize to Pirandello raises some just considerations among the experts. Everybody asks himself whether Pirandello is exactly a proper exponent of corporative reality, he, who is so analytical and so anatomizing, opposed to every synthesis, and who in the essentials of his art is the least corporative person one could ever imagine. It is thought that the persons who have awarded him the Nobel prize might have had the intention of giving a subtle and peaceful, but very firm demonstration of anti-corporatism.[42]

A.C.S., the unknown police-official, must have been an expert, for his short description of the main essentials of Pirandello's art and its relation to corporatism, the concept which serves to distinguish Fascism from all other anti-rationalistic ideologies, is precise.

Pirandello's inspiration is the epistemological chaos of modern man, defined by himself as a "relativism" in which the identity of the "I" is dissolved. Unlike other contemporary writers of the "decadent" movement, Pirandello never hides the symptoms of crisis under a mask of idyll or of consoling myth[43]. His image of human existence is absolutely negative[44], and his characters are always presented with a naked awareness of their desperate situation – but often in the light of a grotesque humour. "Niente è vero" is a symptomatic statement, both of Pirandello's own position[45] and that of one of his main characters, Henry IV, the unknown man who willingly and with lucid madness plays the part of the German emperor as a substitute for his own identity, lost in a long period of real madness. "The great and tragic Emperor" has nothing of the D'Annunzian superman, he is a large-scale image of "Everyman", who lives alone in an empty, un-communicable universe of total absurdity. However one element in his existence is above the conditions of ordinary men: he is creative. As nothing is true, he has to invent his reality, and his acting the part of Henry IV from moment to moment on the basis of the well-defined historical material is artistic creation, both freedom and stability. He has a way to escape the normal conditions of life.

Exactly this element, the creation of life and reality, is for Pirandello a characteristic of Mussolini.[46] He underlines in a homage to Mussolini in L'Idea Nazionale, entitled The created life, which brings a portrait of

Mussolini that does not resemble "the model" at all, but which resembles the actual ideas of Pirandello a great deal[47]. (He also found similarities between his own relativism and the theories of Einstein).

Pirandello's criticism of bourgeois society from within is sharp, but always concentrated on the moral and psychological aspects of social problems; it never brings him to any anti-Fascist position. As he died in 1936, we can only guess his eventual reactions to the Second World War. Two other, younger writers drew the consequences from their social criticism and must be considered as anti-Fascist writers: Carlo Emilio Gadda (1893-1973) and Alberto Moravia (orig. Pincherle, b. 1907).[48]

Gadda's language, at least, is anti-Fascist, explosions of violence and hatred against all that is baroque and grotesque in the contemporary Italian world. Fascism is just the culmination of its "asinity". The grotesque in his writing is not there by the author's will;[49] it is inextricably bound up with nature and with history. Gadda is not writing to give an image of reality, but to create a supplement for it, a sort of counter-product in his endless (and hopeless) struggle to reconcile chaos and order.[50] It has been said of him that "he loves and hates, he rejects and betrays the idea of a literary order, in which is reflected the ideal order of bourgeois society".[51] Gadda's relation to the class and the society from which he came – and whose "ideal order" he might have been willing to represent, if he had not found it insulted and denied by all the facts he met – is just as traumatic as his relations with anything else: his family (especially his mother), his childhood and education, his experience in the First World War, in which he volunteered in a spirit of patriotism, of anti-parliamentarism and out of respect for military discipline – values that nobody else seemed to share to a sufficient degree. His *Diario di guerra e di prigionia* (Diary of War and Prison), written in the years 1915-19, but not published until 1955, shows a man who has all the makings of a first-class "first-hour Fascist", plus one decidedly superfluous quality for the purpose: a deep attachment to intellectual consistency and logical order. As an engineer (rather than a philosopher, as he felt called to become) he published technical articles on metallurgical and energy questions in connection with (and in favour of) the government's programme of economic "autarchy".[52]

Another problem which complicates a more profound discussion of Gadda's relation to Fascism is the chronological question. To which period do his – in my opinion clearly anti-Fascist – works of fiction belong? Gadda was internationally recognized as one of the greatest Italian writers of the 20th century during the avant-garde period in the 1960s, and all his works were published. Some had been partly published in the non-Fascist reviews in the thirties, while some had been waiting for better times, and some were more recent. But, for instance, the publication in periodicals of parts of his main work *La cognizione del dolore* (The Knowledge of Pain, complete edition and International Literary Award 1963), between 1938 and 1941 documents the fact that his way of parodying Fascist society dates from an epoch of Fascist power. In this novel the distorted image of Italy between the two wars, in the shape of the Latin–American state Madaragàl, which has emerged victorious but ruined from a war against Paparagàl, is just the background. The phonology of the two names indicates that the author finds them equally idiotic, and that he connects them with the concepts of "mother" and "father". The main subject is the tension between the protagonist and his mother, in a deep analysis of their mutual pain and of the matricidal possibilities in man. The novel is a rare example of the productiveness of a neurosis.

We find grotesque portraits of Mussolini and of Fascist bureaucracy in *Novelle del Ducato in fiamme* 1953 (Short Stories from the Duchy in Fire, an allusion to the Duce's Italy, most of them are written 20 years earlier), as in the crime– and mystery–novel *Quer pasticciaccio brutto de via Merulana* 1957 (That ugly wretchedness in Via Merulana, some parts published in 1946), a picture of the dregs of Roman society in the twenties. In *Eros e Priapo* 1967, but written in 1957, a historical treatise in the form of an animal fable, Mussolini, "The Priapus in Fez", is the protagonist. Fascism is seen as the victory of Eros, in the degenerate shape of the bestial Priapus, over Logos.[53] Again, Fascism is presented in terms which challenge the official ideology. Where Mussolini and Gentile had stressed the importance of the spirit and the moral will, Gadda sees the dominance of animal, selfish instincts.

d. From Fascism to anti–Fascism

In the course of time, with the growing repression of its opponents, with the increasing amount of "asinity" among the Fascists, and because of the increasing acceptance of German claims (of which the entry into the Second World War was only the most extreme), many intellectuals changed their minds and lost faith in the regime. Already on the occasion of the Concordat, the Futurists left the party en bloc, although they did not become anti–Fascists en bloc. One can also speak of an increasing influence from the opponents on their colleagues: Corrado Alvaro and Alberto Moravia induced the Sicilian writer Vitaliano Brancati to break with Fascism. Others grew up in an anti–Fascist climate, such as the classes at the secondary school Professor Augusto Monti in Torino (among them Cesare Pavese and the circle around Giulio Einaudi). The two clearest exponents of the two divergent tendencies in Fascist culture, "Strapaese", the anti–European rural tradition in continuation of Soffici's above–quoted novel, and "Stracittà", the modernist city-orientated interest, Curzio Malaparte and Massimo Bontempelli, for instance, both left Fascism.

First Curzio Malaparte (born Curt Suckert in 1898 of German-Italian origin). He was a brilliant journalist and later an officer, a war-correspondent and in addition a diplomatic delegate in Germany, Finland and Eastern Europe. He had some of D'Annunzio's facility to excite interest and glamour round his person, from his political tract *Technique du coup d'état* (Paris 1931) to his novel-diaries from the war *Kaputt*, (1945) and from Naples under American occupation *La pelle*, 1949 (The Skin). Malaparte was the typical anti-bourgeois subversive, the "enfant terrible" of Fascism, who often treated him with suspicion (and even with prison). Therefore going over to the Allies after the invasion was no problem for him. Serious research into Malaparte's role in Italian culture in this century might be a desideratum.[54]

Massimo Bontempelli, editor of the important and rather open review *Il '900*, 1926-29 (The Twentieth Century), and, as a writer and critic, inventor of what then was called "magic realism", was a highly placed Fascist cultural worker, until he refused to replace the Jewish professor Attilio Momigliano at the University of Florence in 1939, an event that subsequently caused his rupture with Fascism.

In the case of a very important writer Elio Vittorini (1908-66) we have the possibility of illustrating his development from Fascist to anti-Fascist, both as a man and as a writer, through three novels: *Il garofano rosso* (The Red Carnation), written in 1933, but stopped by the Fascist censorship after three chapters, rewritten with regard to the censorship in 1935-36 for Mondadori, who however could not publish it before in 1947; *Conversazione in Sicilia* (published as *Nome e lagrime*, 1938-39 (Name and Tears); *Uomini e no*, 1945 (Men and Not-men). *Il garofano rosso* is a "Bildungsroman", a typical autobiography of a generation of Fascist adolescents in generational revolt. It is not literally autobiographical. Vittorini's background is in the Sicilian working class and a technical school, while the protagonist Alessio Mainardi is a secondary school pupil in Florence and son of a factory owner (with slightly socialist sympathies, that is why his revolutionary son has become a Fascist). But the spirit and the age are the author's. Alessio is 16 years old at the moment of the Mateotti-crime in the summer of 1924, when the action takes place. As a child he has dreamt of killing someone, "and now, more than ever, I felt that if you really wanted to enter life it was necessary to have knocked somebody down till he was lying on the ground in his blood"[55]. He is growing (maturing is too much to say) through friendship, studies, political activity and love-affairs. His political engagement is on the Fascist side: "Now, when we have killed

[Mateotti] and when all the bourgeois and all the teachers are against us, I am very proud to be a Fascist, very proud, and I will remain so"[56], but their methods are mixed: they beat up the participants at a Mateotti-commemoration, but they occupy the classrooms (also a left wing habit at that time); their thoughts are a mixture of Communist and Fascist ideas;[57] and their heroes are Karl Liebknecht and Rosa Luxemburg. Alessio and his slightly older friend Tarquinio meet in a secret pit and discuss

> women, fields, beating, aeroplanes, automobiles, football, books and the future. That was what we had in common.
> Then they took Karl Liebknecht while he was asleep, and brought him to the general. And so you will not break up the League? said the general. Why should I break up the League? said Liebknecht. If I break up the League, who else shall defend the people of Berlin against men like you?[58]

The novel is not well-balanced, but it has an authentic tone of juvenile boldness. The characterization of the generation had hit the mark. It is understandable that the book was forbidden: in its regime-phase Fascism could not admit a portrait of its wilder days, signed by an adherent who excuses killing, and it could still less tolerate such communistic reasons for joining Fascism. The edition of 1947 is supplied with an important intro-duction, where Vittorini explains his poetics as a mature writer (of his later books) and tells why he has agreed to publish *Il garofano rosso* after 13 years, even if he is no longer the author who wrote it: if the book does not belong to him anymore, he has no right to suppress it, for it belongs to the period. It is a historical document.

Conversazione in Sicilia is one of the century's greatest documents of anti-Fascist literature. It was not hit by the censor, and came out in many reprints before it was forbidden in 1942. Vittorini had found his form of "dire senza dichiarare" (to say without declaring). His method of indirect expression is more than a political necessity; it is his approach to a non-intellectualistic form, where he tries to integrate the whole human being in the reception: the intellect, the feelings and the subconscious in order to create a general mood of sorrow and anger on behalf of offended man-kind.[59]

> That winter I was a prey to abstract furies. I shall not say which, it is not this I have begun to speak about. But I have to say that they were abstract, not heroic, not alive; furies that somehow were for lost mankind. For a long time it was like this, and my head was bowed. I saw resounding newspaper posters and bowed my head; I saw friends for an hour, for two hours, and stayed with them without saying a word, I bowed my head; I had a girl or wife, who waited for me, but also to her I did not say a word, also with her I bowed my head. It rained in the meantime, and the days, the months went by, my shoes had gone to pieces, the water came into my shoes, and there was nothing left but this: rain, massacres on the posters of the newspapers, water in my worn-out shoes, silent friends, life in me as a dumb dream and no hope, quiet.

155

The moment was the winter of 1936-37, and the triumphant fanfares "resounding" from the newspapers are the reports from the Spanish War. This Fascist war is not the object of the narration, but its efficient cause. The plot is the narrator's journey deep down into his past: to his mother and his childhood in Sicily, to the low levels of society and to the repressed subconscious of man. The result is a new, binary opposition between the Oppressor and the Oppressed, of which only the latter category belongs to Mankind. The man who laughs while the other cries, and because he cries, is no man: "One persecutes and one is persecuted; and not all mankind is mankind, only the persecuted part. Kill a man, and he will be more of a man..."[60]. Exactly the opposite of the attitude we found in *Il garofano rosso*. The notion is derived from the expression "más hombre" he had heard in the wireless reports from the Republican side of the Spanish War.[61]

Conversazione in Sicilia is a series of dialogues where some essential myths are destilled from a very simple narration. It is built up as a sort of melodrama in five acts where the themes are musically elaborated in variations[62]. The opposition between men and not-men is not tied to single characters in a plot, and thus the novel does not suffer from any psychological manicheeism. It is the realization of a unique form.

3. *The resistance-war 1943-45*

When Vittorini returns to the description of human actions in a plot, as he has to do when he writes about the political fight that was the consequence of his anti-Fascist commitment, the problem of psychological representation reappears. This happens in *Uomini e no*, a novel about war of resistance, 1943-45. It is a collective novel. The protagonists (the "men") are a GAP-group (Groups of Patriotic Action) and the whole oppressed people who suffer from the reprisals which are the reactions of the Fascists to the group's sabotage-activity. The antagonists, the "not-men", are the Fascists or rather the Germans who held power in Milan at the time. Both sides are represented with "mythical" simplicity. The "men" are reflected on like this: "Why did they kill, if they were not terrible? Why did they fight, if they were simple men? Why had they entered this mortal duel and endured it, if nothing forced them?"[63] And here is the observer's image of the "not-men", young German soldiers who eat chocolate and play with the dogs: "They were graceful. The blows they gave each other were graceful, too. They had graceful behinds. But what were they? Gnomes of the tanks".[64]

Their superiors are even more mythological figures. The German commander, Captain Clemm, is an animal-loving sadist, provided with psychological qualities well-known from the history of Nazism. But the chief of the enemy, "Cane nero" (the black hound)[65], is a faceless shadow, a demon without identity. You hear his baying in the streets and listen to the rumours of his conduct. Once his voice is heard on the telephone asking for hostages, but he only appears a few times, recognizable because of a long whip, which is his attribute, as lightning is Jove's.

More traditional psychological features are not absent from the novel. They are connected with two levels added to the historical conflict: the existential conflicts of N 2, one of the partisans, and his woman, and a meta-level, where the author discusses which other possibilities he could have given his character N 2. The best parts of the novel are, however, the lyrical prose passages, where the themes of offence and redemption are treated in a chorus-dialogue between the observer and the killed hostages.[66]

The "manicheeism" in Vittorini's *Uomini e no* was connected with the gap between two enemies: the partisans and the Fascists (or the Nazis); but the contrasting images of the two sides had to do with their roles in an eternal mythical play between oppressors and oppressed, and not with their personal psychological qualities. When we come to the mainstream of anti-Fascist literature dealing with the partisan war, the so-called neo-realism which concentrates on the moral and psychological aspects of the conflict, we find that the manichean conception of the Good on our side and the Bad on the other is almost entirely absent. Italian intellectuals were too aware of the arbitrariness of the many circumstances that served to place the individuals on one or the other side of the fraternal conflict. This fact did not prevent the struggle itself from being bitter and cruel; but the literary image of it was in many cases contemplated through reducing lenses.

The notion of "realism" must also be interpreted in a broad sense, to mean the possibility of expressing the truth about reality[67], of which, however, the image is no mere mimetic representation. The neo-realistic literature inspired by the war used various techniques of estrangement to obtain a general effect of *detachment*. A possible explanation for this might be that the anti-Fascist intellectuals were critical spirits from the beginning. The younger generation, who fought the partisan war as a struggle for a new and just world, was at the same time aware of the fact that they were living the adventures of their own youth; consequently they saw their own activity in a slightly ironical double-light.[68]

Cesare Pavese (1908-50) was not very interested in politics, but his friends were engaged in anti-Fascist activities, and Pavese took part in them. As a punishment he spent a year in forced residence in Calabria; but he never joined the war. Bound to what for him was the profound incompatibility between living and writing, he lived through the partisan war as an isolated spectator in his native landscape in *Le Langhe*, the same hills south-east of Torino where some of the hardest fighting took place. The novel *La casa in collina*, 1948 (The House on the Hill) is a daring inquiry into treason and faith in a conflict, in which he could take no active part, other than that of the involved spectator who condemns himself for his own lack of engagement. But this is precisely the engagement of the writer, who wants to grasp, not the events, but their meaning:

> But I have seen the unknown dead, the dead republicans. It was their task to wake me up. If an unknown man, an enemy, becomes, in dying, such a thing that you must stop and be afraid of striding over him, it means that the enemy, however defeated, is someone whose blood you must reconcile after you have spilled it. You must give a voice to this blood, to justify the man who shed it [...][69]

Italo Calvino's (1923-85) first novel *Il sentiero dei nidi di ragno*, 1947 (The Path with the Spiders' Nests) is a vigorous product of the fertile climate of the immediate post-war years:

> The fact that we had emerged from an experience -a war, a civil war - that had spared nobody, established communication immediately between the writer and his public. You were face to face, equals, loaded with stories to tell. Everybody had his, everybody had lived irregular, dramatic, adventurous lives, and everybody snatched the words from each other's mouths. In the beginning the reborn freedom to speak gave the people a tremendous need to tell [...][70]

The author himself had an irregular experience of youth as a partisan in the mountains behind San Remo, the town of his childhood. He felt a tremendous desire to tell and at the same time the need to express a world infinitely greater than himself. To unify this doubleness - that his experience was an adventure, a sort of a magic fairy tale, and that it was overwhelmingly serious, superior to the mind which had to communicate it - Calvino chose to see the events with the eyes of a child. He thus invented the figure of the boy *Pin*, a symbol of all the ambiguities of just that civil war and of the young persons who lived through it, passing from total ineptitude in relation to the political present to feverish activity in the service of the future. The child's perspective also permitted him to represent the partisan war as grotesque and marvellous at the same time. Thereby he both avoided the two opposing pitfalls in the current public judgement of the partisans' role: hero-worship and defamation.[71]

Pin comes to the encampment of Dritto (the Straight), a sort of human laboratory, whose members have all joined the war for various reasons of personal or social despair:

158

> A nothingness, a mistake, a flaring-up of the soul, is enough, and you are
> on the other side, like Pelle from the black brigades, shooting with the
> same fury, the same hatred, at the one side and at the other, it is all the
> same [...][72]

So thinks Kim, their political commissioner, who is a projection of the
author as a reflective intellectual. But the projection of his poetic genius is
Pin, who is equally attracted to and scared by the two opposed adult
figures: the ideal partisan Lupo Rosso (Red Wolf), who is aware of
everything and able to invent every possible and impossible means to
achieve his purpose, and Pelle, a pale young fellow with a chronic cold, too
unaware to be a real traitor, just a man who will do whatever is dictated
by his impulses. In his case treason is provoked by a mad love of arms.

Beppe Fenoglio (1922-64) is the great epic of the war of resistance in the
Langhe around Alba, his native town. (The same landscape was the centre
of Pavese's work.) You find two tendencies in Fenoglio's approach to the
war: the epic-lyrical, bound up with the existentialist motifs in his main
work, *Il partigiano Johnny*[73], and the realistic-ironical, represented by the
short stories in *I ventitre giorni della città di Alba* 1952. In both cases the
image of Fascism and Fascists is detached, not individualized.

Il partigiano Johnny is connected with another group of works, the cycle
about the peasants from La Langhe and their struggle for existence – or
rather for survival in a morally decent way. The Fascists are seen as a
totality, they are the enemy, the antagonist in a fight for the values of life.
You see them as a massive threat: as endless columns of German tanks
and vans moving upwards through the hills – as happened during the great
German raid in the winter of 1944, which broke up the partisans' encamp-
ments and forced them to survive as single individuals throughout the
winter, only to encounter yet another raid when they were united again.
You hear the bursts of the machine-guns, which systematically visit every
tree and every rock; you see the columns of smoke from the burnt villages
after the Fascist punitive expeditions. And the eyes you see with belong to
a male, middle-class intellectual in his twenties, whom you might call a
hero, because his fight is conceived from an existential, heroic point of
view. He is committed to a life-and-death struggle for a just cause of
much wider importance to him than the current political strife. It is a
personal cause, not a political one, even if his political position is clear
enough: he has had no doubts about the side to choose. Johnny's aim is to
find a meaning in life and to be able to live up to its challenges: the fight,
the enemy, the landscape, the cold and the loneliness. In the portrait of the
Communist partisan Kyra, who is destroyed by a passionate admiration for
his Fascist brother, Fenoglio underlines the ambiguity of the war, and he
directs attention to the tragic situation of the parents.[74]

Two other uncompleted novels have the same background and a similar starting point: *Primavera di bellezza*, 1959 (the title is the second line in the Fascist song *Giovinezza*), about the turbulent period until the protagonist's arrival at the partisans' camp, and the posthumous *Una questione privata*, 1963 (A Private Question).

When the eyes of the writer–protagonist are turned to the outer world, to observe the actions of his fellow partisans and their Fascist adversary, the impression they give is ironical and anti–heroic, and the irony strikes both sides. "Two thousand of them were there to take Alba on October 10th, and two hundred of them lost it on November 2nd in the year 1944" is the ironical opening of *Ventitre giorni della città di Alba* (The 23 Days of the City of Alba)[75], which tells of the partisans' militarily useless "heroic" gesture: the transitory "liberation" of Alba, which cost many lives. The partisans "conquered" the city without combat, after a quiet agreement with the Fascists. At the end of the adventure there was no such agreement:

> The Fascists did not want to admit that they did not want to use force to take Alba back, the partisans did not want to admit that they did not feel like defending it for a long time, and out of these concealments arose the Battle of Alba.[76]

The battle is planless, absurd and bloody, although not for the Fascists who did not even use their tanks. Fenoglio's detailed, matter–of–fact descriptions of military combat go hand in hand with understatement in his narrative discourse. This is only apparently a paradox: a close–up of a battle, seen from an objective point of view, is a bloody affair.

The anti–heroic and ironical attitude is continued by the author of the last book on the civil war included in this survey: Luigi Meneghello's *I piccoli maestri*, 1964 (The Small Masters). Here the events have passed through another filter: memory, whose duty is to forget the non–essential. And Meneghello's memory is tied to words and expressions. He writes in 1963, without the help of notes, about events that took place 20 years before, recollected from the sound of the voices and from the intense meeting with his native dialect. "This way, Alpines, that way!" The Italian people defended its army, as the latter had not been able to defend itself.[77] The cue, the few words of directly recorded speach, clearly date from the moment when the young, newly trained, but unused officers of the Alpine Corps crossed the railway–station of Vicenza one day in September 1943 on their way home from something, of which they had just begun to suspect its true character. The "Mozartian" irony of the following sentences about the army and the people, almost as brief as an inquit, is loaded with and lightened by 20 years of reflection. That the years between were spent in England, at the Department of Italian Linguistics at the University of

Reading, is probably not relevant. The distances of time and space, the occupation with linguistic structures which make it possible to preserve words from the past and equally to preserve the differences, contribute to a rare union between the two moments concerned in the narration. The effect on the present reader is that the moment of 1943 is both preserved in its original freshness, freed from the superfluous and seen in the cool light of the past which also implies a not at all cool recollection of a lost world.

In spite of its apparent simplicity, this is the result of many complicated techniques as well as of a great narrative talent:

> Nello and I stayed alone at the bottom of the plateau till about ten o'clock in the morning; he had approximately one more month to live; we started to climb the hill-side humming little defeatist songs that I composed; defeatist, of course, in relation to ourselves, to fight an eventual attack of rhetoric. We also repeated to each other the little songs of the Fascist Movement, the merry verses on Italy and the Duce, that contain such a high charge of pleasing energy, and which I still find perfect, in their genre.

> Dio ti manda all'Italia
> come manda la luce;
> Duce! Duce! Duce![78].

I piccoli maestri is a collective novel about a group of students – who have grown up with Fascist rhetoric as their lullabies – who become a band (or in Fascist terminology "a gang") of partisans on the plateau of Asiago among the trenches from the First War. The many layers of irony (of which self-irony is the dominant) do not exclude tragic and poetic notes from the discourse. *The Small Masters* of the title refer to the upper class snobs, who bought themselves the privilege of being in the front-row of French theatres in the seventeenth century, sitting on the stage ("Les petits maîtres" who were a bore to the greater maître Molière). They are also an allusion to the group's situation among the peasants and the mountaineers with whom they fought. They were educated, and some of them even trained in officer schools, with the consequence that they became the leaders of the bands, but, considering themselves as masters, they felt (or Meneghello felt on their behalf) that they were very small ones. In relation to the Fascists, from among whom they sometimes took prisoners, they behaved like gentleman-thieves.[79]

The presentation of the few Fascists who appear as characters in the narration is generally detached. They are ancient and rather decrepit authorities, or just miserable cases. One Fascist phenomenon is, however, treated without indulgence: torture. I shall refer to three examples in different tones. The first is the ironical tone. Meneghello speaks about a secret code-book he made in the first phase of the clandestine organisation, a *Cahier jaune* with strange signs and numbers, absolutely incomprehensible at the moment of writing: "But certainly, we must admit, that it was we who obliged them to inaugurate the system of torture [...] The idea of being tortured on account of some annotations, of which you have forgotten the secret, seems interesting to me, from an aesthetic point of view."[80] The second is understatement. The band has met a group of Communist partisans, whom they regard as the real, authentic, popular part of the resistance. They spend some pleasant hours with them, learning to swear properly in dialect, before they separate: "Some arms had been launched in our district, and we went literally to take up arms, leaving the others to their destiny. Which was: hooks, ropes and horses."[81]

The third example is understatement concerning the details but also a direct expression of a judgement, neither filtered by irony, nor mitigated by twenty years of distance: "Marta was in prison, or perhaps already at the hospital; because from the prison, where they did, those villains, to her what they did, she was directly transferred to the hospital."[82] As far as I remember, these are the only lines where Meneghello does not keep his distant style. But this in itself is an important stylistic statement.

To sum up, no clear and certainly no simple image of the Fascists emerges from Italian literature. The writers who were initially so enthusiastic about the *idea* of Fascism, such as the Romantic D'Annunzio or the Futurists with their enthusiasm for the machine age, having helped to shape the myths and rhetoric deployed by the Fascists, left behind no portraits of real Fascists. Whereas Lemmonio Boreo's pro-Fascist picaresque fiction represents Fascism in allegorical terms, as an embodiment of the justice, strength and astuteness needed to renew Italian society, in Vittorini's anti-Fascist work the same thing occurs, but in negative form. As against such one-sided, black-and-white simplifications, the neo-realism of Pavese and others suggests that there was no outright "fascist personality", since individuals could find themselves in one camp or the other largely due to contingent circumstance, while the case of Vittorini illustrates Fascism's changing character: the allegiance of a politically engaged youth is gradually replaced by the mature writer's struggle against it.

NOTES

1.   One of the first examples of a total description of Italian Fascism, its origins and its role in society is that given in the so-called Harvard lectures by Gaetano Salvemini in 1943. In August 1925 Salvemini, who was a professor of economic history at the University of Florence and an anti-Fascist politician, had to leave Italy. From 1934 he had a chair in the History of Italian Civilization at Harvard University. The lectures, which give an analysis of Fascism as a historical phenomenom, resulting from a series of circumstances, and not as a "natural" answer to a need in the Italian population, are only edited in Italian, in the *Opere di G.S.*, in vol. I *Scritti sul Fascismo* with the subtitle "Italy 1919-29", (Milano 1961) and

reprinted in a cheap edition *Le origini del fascismo in Italia* ed. Roberto Vivarelli, Milano 1966.

2.   Cf. Norberto Bobbio "Profilo ideologico del Novecento" pp. 119–22 in Cecchi/ Sapegno (ed.): *Storia della letteratura Italiana*, vol. IX, Milano (Garzanti) 1969 and Guido Quazza (ed.) *Fascismo e società Italiana*, Torino 1973 for the description of Italian culture as isolated from Fascism, and *Romano Luperini: Il Novecento*. Torino 1981, and Robert S. Dombroski: *L'Esistenza ubbidiente*, Napoli 1984, for the assumption of a more extended interaction between Fascism and literature.

Nobody, however, has asserted the existence of a proper Fascist culture. An anthology of *Italiensk Prosa i det 20. Årh.* by Mario Pensa in Oslo 1943 can serve as indirect proof of the assumption that no such Fascist culture actually existed. Mario Pensa, who was probably a cultural delegate of the Italian Foreign Office, has also published an introduction to *Fascismens historie. En ny verdensidé*, Oslo 1941, which is clear-cut Fascist propaganda, but his prose-anthology prints only the well known 20th. Century classics (with the exception of a few now forgotten names). No specifically Fascist texts were found to be exportable for the use of foreign adults, but the introduction uses Fascist values in the classification and evaluation of the texts.

3.   The notion has been debated, but the existence of a general tendency of "decadence" is now accepted.

4.   The first programme is not often reported. Here it is quoted from a text anthology: Tullio De Mauro: *Parlare Italiano*, Bari (Laterza) 1972, pp. 773–74.

5.   Cf. Emilio Lussu: *Marcia su Roma e dintorni*, 1st edition in Italian in Paris 1933, cheap ed. Milano (Mondadori) 1968.

6.   Cf. Leonardo Sciascia's short story "L'antimonio" (antimony) in *Gli zii di Sicilia* (Sicily's uncles), Torino (Einaudi) 1958.

7.   Giovanni Gentile (1875-1944), originally a friend and collaborator of Croce, with whom he founded the review *La Critica* in 1903 and co-edited the journal for about 20 years. ("La Critica" continued until 1944).

8.   *Tutti i romanzi*, Milano 1966, pp. 697-698.

9.   Giuseppe Prezzolini, "Alle sorgenti dello spirito" (At the Fountains of the Spirit), in: *Leonardo* 3 (1903).

10.   *Prose di romanzi*, Milano 1964, pp. 421-422.

11.   *Letteratura Italiana Laterza* 58, E. S. Lugnani: "D'Annunzio", Bari 1976. p. 48.

12.   The "arditi" = "the fearless", name of the military assault troops, as well of the most aggressive of the nationalists.

13.   In: *Notturno*, 1916. *Prose di Ricerca di Lotta, di Commando*, Milano 1958, pp. 234-238.

14.   In a letter to Maffeo Sciarra 1986, quoted in G. Gatti, *Vita di G. D'Annunzio*, Firenze 1956, p.71.

15. Mario Pensa operates with "healthy" and "unhealthy" literary approaches to the "I".
     The healthy ones consider the self as a totality, and they are: the heroic approach
     (D'Annunzio) and the dynamic approach (the Futurists). He distinguishes between
     5 different categories of egoistic, unhealthy approaches to the I: *psychologism* (Svevo,
     Borgese), *crepuscolarism, problemism* (Pirandello), *over-sophistication* and *indifferen-
     tism*.

16. In his newspaper *L'Ordine Nuovo*, Jan. 5th, in the article "Marinetti rivoluzionario",
     now in: *2000 pagine di Gramsci*, ed. G. Ferrata, Milano 1954, vol.I, p. 552. Gramsci
     was a distinguished literary critic.

17. Now in: Luciano de Maria (ed.) *Teoria e invenzione futurista*, Milano 1968.

18. Cf. Dombrosky op.cit. p. 35.

19. Cf. de Maria: *Teoria e invenzione futurista*, Introduction pp. XLIV–V.

20. Cf. C. Scalia (ed.): *La cultura italiana del '900 attraverso le riviste*, vol. IV, Torino
     1961, p. 290.

21. Cf. Gigi Livio: *Il teatro in revolta*, Milano 1976, pp. 39f.

22. *Opere*, vol. 2, Firenze 1959, p. 39.

23. Ibid. p. 40.

24. Ibid. pp. 43–44.

25. In his analysis of *Lemmonio Boreo* in *L'Esistenza Ubbediente* (op.cit.), Dombroski
     underlines the similarity of his observations and Leo Löwental's, who deals with
     Knut Hamsun in: *Literature and the Image of Man*, Boston 1966, pp. 190–229.

26. Op.cit. pp. 145–243.

27. Ibid. pp. 191–192.

28. The publishing house, founded by his son Giulio Einaudi in Torino 1933, became
     the bulwark of non fascist literature, together with Laterza at Bari, controlled by
     Benedetto Croce, who became an anti-Fascist after a period of non-commitment.

29. The edition of the *Lettere dal carcere* (Letters from Prison), Torino 1947, *La
     letteratura e vita nazionale* (Literature and National Life), Torino 1950 and later of
     Gramsci's Quaderni dal carcere (Note-books from Prison) were of extreme
     importance for the political and cultural debate in post-war Italy.

30. The most notorious example is Giovanni Papini's article "Un caldo bagno di sangue"
     (A hot Bath of Blood) in *Lacerba*, Oct. 1st, 1914.

31. There he wrote inter alia *Golia, marcia del fascismo* (Goliath, the March of
     Fascism) in 1938.

32. From *Ossi di seppia*, 1925. "Only this can we say to you today / what we are *not*,
     what we do *not* want." This poem is more complex than a political statement.

33. The texts of both manifestos and the documentation of the signatures are published in: Emilio R. Papa, *Fascismo e Cultura*, Venezia 1974.

34. Cf. A. C. Alberti, *Il Teatro nel Fascismo*, Roma 1974, and the edition of the material from MINCULPOP, 1986.

35. After the Mateotti-crime, but not all the laws were repressive.

36. Quoted from G. Giudice, *Luigi Pirandello*, Torino 1963, p. 425.

37. The collection of short stories *Berecche e la guerra*, Milano 1919, proves the personal conflict between the current anti-German commitment and Pirandello's cultural debt to Germany, where he graduated at the University of Bonn.

38. A letter to his daughter, written on Oct. 29th 1922, the day after the March on Rome, does not mention the event – which according to Lussu however seems to have been overestimated as a demonstration. Cf. "Lettere ai famigliari" in: *Terzo programma: Quaderni trimestrali*, 3 (1961).

39. Cf. A. C. Alberti, op.cit. pp. 123-126.

40. A detailed documentation of the economic, administrative and theatre-political relations between Pirandello and the Fascist regime is found in the above-mentioned study by A. C. Alberti: *Il teatro nel fascismo, Pirandello e Bragaglia*, Rome 1974. It proves that it was a marriage marked by strife; only the wedding day seemed to have been relatively harmonious – except for the moment when Pirandello had to say that hitherto the account for the new theatre amounted to over 700,000 lire!

41. Cf. Doc. 110, Alberti, op. cit. p. 210.

42. Ibid. p. 217.

43. Cf. Carlo Salinari: *Miti e coscienza del decadentismo italiano*, Milano [15]1980. Here Salinari presents D'Annunzio as the exponent of the myth of superman, Pascoli as the exponent of the myth of the child, and Fogazzaro as the exponent of the myth of the saint, while Pirandello represents "la coscienza della crisi", the awareness of the crisis.

44. Mario Pensa classifies Pirandello as an unhealthy problematist, and seems to agree with Salinari on different premises.

45. Cf. the essay "L'umorismo" in: *Saggi, Poesie e Scritti Vari*, Milano 1960, p. 153 and Lone Klem, *Pirandello og dramaets Krise*, Odense 1977, pp. 8-17.

46. Mussolini used the notion of the dynamic creativeness of Fascism as a rather bad excuse for the vagueness of his politics.

47. Oct. 28th 1923. Cf. Giudice, op. cit., p. 418 and Alberti, op.cit., p. 330.

48. See the article by Tommy Watz in this volume, pp. 170-176.

49. "An unknown hand, as if made of iron, lies on top of our child's hand and holds the pen against our will", he writes in the essay "Come lavoro" in: *I Viaggi, la morte*, Milano 1977, p. 11.

50. Cf. Romano Luperini's chapter on Gadda in op. cit., vol.II, pp. 487–515.

51. Cf. P. Bonfiglioli, in: Boarini–Bonfiglioli, *Avantguardia e restaurazione*, Bologna 1976, p. 422.

52. Cf. R. Dombroski, *Introduzione allo studio di Carlo Emilio Gadda*, Firenze 1974. In "L'esistenza ubbidiente" (op.cit.) Gadda's relation to Fascism is treated from a psycho-analytical point of view, a natural approach to Gadda's work.

53. Cf. R. Luperini, op. cit., p. 507.

54. But it has to be carried out by someone who is really able to consider Malaparte as a serious writer. I was prepared to do it, but the reading of his works left me with the feeling that Malaparte treated the war and the post-war period as a cocktail-party of horrors just to show that he was invited.

55. The Oscar-edition, Milano 1966, p.44.

56. Ibid. p. 72–73.

57. Cf. ibid. pp. 47, 57, 67 and 158.

58. Ibid. p. 46.

59. See also my chapter about Vittorini in: *Eksistens og form*, Oslo 1982.

60. Edition "Nuova Universale Einaudi", Torino 1976, p. 100.

61. Cf. *Garofano Rosso*, Oscar edition p. 330.

62. Vittorini's poetics are deeply inspired by Verdi's operas. In his search for a non-analytical and non-intellectual way of writing novels, he experiments with the choral expression of music. Cf. the Introduction to *Il garofano rosso*, pp. 320–324.

63. P. 55 in the Milano-edition 1948.

64. Ibid. p. 115.

65. Cane Nero is without identity, but both his nickname and his attributes indicate that he is an Italian Fascist, a mythical projection on a large scale of Fascism's inherent possibilities for repression.

66. Vittorini, *Le opere narrative 1*, Milano 1974, pp. 806–810.

67. The notion of neo-realism is a vexed question. Italo Calvino, for instance, considers his own, not very realistic novel *Il sentiero dei nidi di ragno* (1947) an example of the tendency. Cf. preface, reprint Torino 1970.

68. Calvino's above-mentioned *Preface* contains an important documentation of these and other problems.

69. P. 235 in the edition "Il Bosco", Milano 1962 of *Prima che il gallo canti*.

70. Calvino, op. cit. p. 7–8, reprint Torino 1970.

71. Some partisans were or became outlaws. In some cases because they could not accept giving up their arms without the predicted radical change of Italian society. Carlo Cassola has portrayed the attitude in the male protagonist of *La ragazza di Bube*, 1960.

72. Op. cit., p. 234.

73. Posthumous edition of the unfinished novel, Torino 1968. A critical edition, directed by M. Corti in *Opere I – V*, Torino 1978, establishes the novel as a work in progress in three uncompleted versions, the first of which is in English. The sketches for the novel have served as source material for all Fenoglio's other works on the partisan war.

74. Cf. *Opere II*, p. 548. See also: Lene Waage Petersen, "Beppe Fenoglio" in: *Moderne Italiensk Litteratur*, Copenhagen 1982.

75. Torino 1970 (with *La malora*), p. 7.

76. Ibid. p. 17.

77. Quoted from the edition Oscar oro, Milano 1986, with a preface by Maria Corti, p. 27.

78. Ibid. pp. 71–72 ("God sends you to Italy, as he sends the light: Duce!...").

79. Cf. the tragic-comic episode with the Fascist doctor, op. cit., pp. 135–141.

80. Op. cit. p. 38.

81. Ibid. pp. 69–70.

82. Ibid. p. 250.

ZUSAMMENFASSUNG

Die faschistische Periode 1922–1943 trägt im Italienischen die Bezeichnung "Il ventennio nero" – "Die zwanzig schwarzen Jahre". Die faschistische Bewegung hatte keine eigene Kultur, und die führenden Persönlichkeiten des italienischen Kulturlebens wandten dem Faschismus den
Rücken zu und hielten sich außerhalb, obwohl eine solch apolitische
Haltung immer auch den Vorwurf des Verrats nach sich zieht. Das Bild,
das in der unmittelbaren Nachkriegszeit entworfen wurde, ist im wesentlichen richtig, aber nach fünfzig Jahren bedarf es einiger Nuancierungen.

Auf politischer Ebene war die Grenze zwischen *faschistisch* und *antifaschistisch* scharf und eindeutig, während man im Kulturleben ziemlich lange von gleitenden Übergängen ausging, wie dies etwa aus den Dokumenten der staatlichen Archive hervorgeht, die in den letzten Jahren freigegeben wurden. Der Faschismus war ein Produkt politischer, militärischer und ökonomischer Umstände, zugleich aber auch eines allgemein vitalistischen und antidemokratischen geistigen Klimas, welches die italienische Literatur in hohem Maße prägte um die Zeit des Ersten Weltkriegs. Wenn der Faschismus sein politisches Programm, das nur zwei konkrete Punkte enthielt: Nationalismus und Korporativismus, so vage formulierte, wie dies der Fall war, so geschah dies zum Teil deshalb, weil der spiritualistische Teil der ideologischen Voraussetzungen von einer Generation von Literaten ausgeformt und deshalb wohlbekannt war. Zugleich bewirkte die Unbestimmtheit, daß man sich Ideen anschließen konnte, deren praktische Konsequenzen erst viel später klar wurden.

Der Artikel versucht, anhand ausgewählter Beispiele einen Überblick zu geben über das Zusammenspiel der italienischen Literatur mit den ideologischen Ursprüngen des Faschismus seit Ende des vorigen Jahrhunderts, über die Konsolidierung des faschistischen Machtapparats in den zwanziger Jahren und die beginnende Opposition gegen ihn am Ende der dreißiger Jahre bis hin zum Widerstandskampf nach 1943, wo es um das Bild der gegnerischen Parteien im Widerstandskampf geht, wie es in der Literatur zum Ausdruck kommt. Das Verhältnis von Literatur und Faschismus läßt sich allerdings nicht darauf begrenzen und es ging darum, anhand ausgewählter Beispiele der wichtigsten Autoren, die in diesen Zusammenhang gehören, zu zeigen, welches Bild des Faschismus und der Faschisten faßbar wird. Dabei ist zu bedenken, daß die Entstehung und Entwicklung des Faschismus seit fast einem Jahrhundert Gegenstand der italienischen Literatur ist.

Der erste Teil dieses Artikels behandelt den Beitrag der Literatur zu den faschistischen Mythen. D'Annunzio gibt in seinen Romanen einen literarischen Ausdruck für den Mythos des Übermenschen, und in den Tragödien verbindet er ihn mit dem Gedanken eines triumphreichen imperialistischen Italiens. Gleichzeitig trägt sein Lebensstil als Ästhet und grenzensprengender Handlungsmensch dazu bei, das faschistische Männerbild vorzubereiten. Die Futuristen gehen von einer Einheit von Leben und Kunst aus. Sie preisen die moderne Technik und Zivilisation und schaffen eine modernistische Kunst, die nicht an sich faschistisch ist, wogegen ihre Ideologie jedoch als präfaschistisch bezeichnet werden kann. Das gilt etwa für die Kontamination von Mensch und Maschine zugunsten der Maschine, für ihre Verachtung der Demokratie und den zunehmenden Nationalismus, der nach und nach die originellen Abende in reine

Propaganda-Versammlungen für einen neuen Krieg verwandelt. Zum Mythos der Technik gesellt sich analog der Mythos des archaischen, gesunden Bauernstandes, dessen Mitglieder in die Richtung geführt werden sollen, welche der Nation am besten dient. Dies ist klar formuliert beim Futuristen Ardengo Soffici in dessen Roman *Lemonnio Boreo*.

Der Abschnitt über die faschistische Machtperiode behandelt zuerst einige Schriftsteller, die aufgrund der Erfahrungen des Ersten Weltkriegs Antifaschisten wurden und ins Exil gehen mußten, wo sie schon früh antifaschistische Bücher schrieben, wie z.B. Ignazio Silone. Es folgt eine kurze Darstellung der faschistischen Kulturpolitik und der konfliktgeladenen, aber immerhin vorhandenen Zusammenarbeit zwischen den Kulturträgern und dem Regime während des ersten Jahrzehnts. Weiter eine nähere Diskussion von Pirandellos profaschistischer Haltung und deren Bedeutung für ihn als Dramatiker und als Dichter, dessen künstlerischer Ausdruck gegenüber dem Faschismus vollkommen antagonistisch bleibt, obwohl er Ideen mit ihm gemeinsam hatte. Auch Gaddas kritisches Bild des Faschismus in Italien wird behandelt. Schließlich zeigt die Analyse einiger Autoren, die sich von einer profaschistischen Haltung zum Antifaschismus bewegten, die Konsequenzen für ihre künstlerische Entwicklung, dargestellt am Beispiel von Elio Vittorinis drei Romanen *Il garofano rosso* (1933–36), *Conversazione in Sicilia* und *Uomini e no* (1945).

Uomini e no behandelt den Widerstandskampf und gehört zur dritten Phase. Vittorinis manichäisches Bild vom Menschen und Nicht-Menschen ist Ausdruck der Suche nach einer volksnahen Literatur und weicht damit ab vom allgemeinen Bild des Partisanenkampfes, wie es in der italienischen Literatur anzutreffen ist, wo die Autoren in hohem Ausmaß um Distanz zum Thema bemüht sind. Calvino, Fenoglio und Meneghello wählen verschiedene Perspektiven ironischer und selbstironischer Distanzierung in bezug auf die Rolle der kämpfenden Partisanen, während das Feindbild für sie weniger wichtig ist. Cesare Pavese ist ein Außenseiter, ein Beobachter, der nicht unbeteiligt, sondern mit-leidend die Ereignisse verfolgt.

Tommy Watz, Oslo

MORAVIA AND FASCISM

Although Alberto Moravia has provided the Italian book market with highly praised, world wide best–selling and award–winning titles for more than sixty years, many intellectuals still debate whether his numerous short stories, novels and plays are to be considered as works of art. Frankly speaking, it must be admitted that the "highlights" of Moravia's enormous literary production are quite few; what is of interest for us is not so much the artistic value of his writing as its continuity and extension in time. There is undoubtedly no other Italian author still living whose work serves our purpose better, which is to offer a modest contribution to an analysis of the influences of fascism upon literature and vice versa. We shall consider Moravia above all as a witness, and a most perspicacious one, of the developments in Italian society and literary life throughout most of this century.

Alberto Pincherle Moravia, born in Rome in 1907, has developed some almost bureaucratic methods of writing. Besides being an author of fiction, he has for decades been editor of his own periodical; he is a frequent contributor to the most influential newspapers in Italy, and he still retains a certain reputation as a film critic. Apparently no subject seems to be too trivial to escape a public expression of opinion from the "grand old man" of Italian literature. Rightly insisting on the individual character of his art, Moravia has gradually become part of the deeply rooted tradition created by Italy's many engaged authors, "scrittori impegnati". Initially he became one by accident.

More than fifteen years after the appearance of his first novel, *Gli indifferenti* (The Time of Indifference) of 1929, Moravia wrote:

> someone might want to know why I don't speak about the social intentions of the concealed anti–bourgeois criticism so many find in reading my book. My answer to that is that I don't speak about it because it didn't happen to be there. If by anti–bourgeois criticism you mean a clear awareness of class–difference, nothing was farther from my imagination in those days, and, being a bourgeois myself (at least as far as my way of living was concerned), writing *Gli indifferenti* was at the most a way of becoming conscious of this condition of mine. On the other hand, if this awareness of class–difference had been within me, I would never have written *Gli indifferenti*. To me it seems impossible to write against something. Art is interior, not exterior. I wrote *Gli indifferenti* because I was inside the bourgeoisie and not outside. If I had been outside, as some seem to believe who make me responsible for a certain criticism of the bourgeois, I would have written a quite different book, from inside that what–ever–it–might–have–been society or class I belonged to.[1]

Despite Moravia's many assurances that his first novel was nothing but a result of his own imagination and his needs to express his inner self, the first edition (paid for entirely by the author, since the editor, Arnoldo Mussolini, the dictator's brother, suddenly refused to finance it) created quite a stir. Among the leading critics, Borgese proclaimed Moravia as the very first representative of a new and promising generation of writers, "the indifferent ones".[2] (Subsequently, this book written by the young Italian has often been labeled as the first European novel to express existentialist philosophy in terms of art, more than a decade earlier than Sartre's *La Nausée* and Camus' *L'Etranger*.)

Fascist critics did not at all appreciate the far from flattering insight Moravia gave into the life of a Roman bourgeois family in his first novel. The two following quotations are, each in its way, typical examples of the degenerate standards of literary criticism Italian authors of the twenties and thirties were exposed to:

> The latest rubbish that I found laying on my doormat, was *Gli indifferen-ti* by Pincherle Moravia, a most ignoble novel made of nothing but shit, obviously written by a Jew, and in content quite indecent, infecting even the cover of the book, this too designed by a Jew.[3]
> What times is Moravia talking about? About his very own times, of his own days and hours may be; certainly not about our times, so bright, luminous and clear, that the lack of dignity of his writing seems just too obvious in comparison [...]. The incredible beauty of the last seven years! Fields in blossom, the eager sounds of prospering workshops, great projects being realized, everybody singing: the most hearty lovesongs, vibrating war hymns, odes to life itself [...]. Rome is illuminated by a meridian light, and she is guided by a Genius. Poor boy, he really is to be pitied. We feel sorry for this poor Moravia, deaf and blind as he is, buried in his pigsty.[4]

It may very well seem strange that a novel like *Gli indifferenti* could provoke such reactions. Moravia's own summary of the book's contents is simply: the seduction of the daughter of a family, carried out by the lover of the mother.[5]

But fascist critics paid less attention to the immorality (the supposed incestuous relations), for they were preoccupied by the profound lack of engagement and solid attitudes in the novel's two young protagonists. Without expressing any clear will of her own, the twenty-four-year-old Carla gives herself away, marrying the family's main creditor, while her younger brother Michele, suffering from the falsity of the arrangement, finds himself unable to interfere or prevent it. Great parts of *Gli indiffe-renti* contain descriptions of Michele's mental paralysis and inability to act, and this very first Moravian character has often been described as a modern Hamlet: the Hamlet of the fascist era. Having introduced the famous Danish prince in an interpretation of Moravia's first novel, there is no way to avoid quoting the line: "Something is rotten... ". Of course the young Moravia used details and particulars of his own environment when writing *Gli indifferenti*, but he started to write without being aware of the fact that the environment described was (or at least was considered to be) that of "the ruling class". Quite innocently Moravia opened up "cabinets secrets". Scared by what he found, the authorities decided to prevent this authorship from developing.

When his second and, from an artistic point of view, less successful novel, *Le ambizioni sbagliate* (Mistaken Ambitions[6]), was published in 1935, the "Ministero della cultura popolare" (MINCULPOP) sent a circular to all Italian journalists and critics in which they were ordered not to review the book. Moravia was forced to use an assumed name when signing his articles and short stories; the pseudonym he chose for his writing was a most transparent and provocative one: "Pseudo".

Most of the fifty–five short stories that constitute the collections *I sogni del pigro* (Dreams of a Lazy Man) of 1940 and *L'epidemia* (The Epidemic) of 1944, are written pseudonymously. Some of them have the form of social satire; e.g. the short story from which the latter collection derives its title has a theme resembling that of Ionesco's play *Rhinoceros* in many ways.

His short novel of 1941, *La mascherata* (The Fancy Dress Party) is another social and political satire. Here Moravia says how he got the idea for the book:

> For years I had felt the desire, almost a physical need to write something against totalitarian regimes. But it was impossible to do it in realistic terms. It was necessary to present the satire wrapped in a picturesque wrapping of cellophane, a wrapping that was transparent enough, and at the same time gave an impression of something festive. At last, travelling in Mexico, I found the wrapping I had been searching for: I could write a fable about some very folkloristic totalitarian regime in South America. The key to my story could nevertheless be the "Reichstags"-fire organized by the Nazis with the aim of reinforcing Hitler's dictatorship.[7]

La mascherata is the story of the attempted assassination of general Tereso Arango, dictator of this "very folkloristic" South American country of Moravia's invention. The attempted assassination, planned to take place during a fancy dress party at a nobleman's estate, is a fake. Everything is organized by some of Arango's military subordinates who are in fear of losing their jobs, as the opposition (represented by a few members of an anarchic movement that has gone underground) has been virtually eliminated. When the arrangement fails, it is because of some quite complicated amorous intrigues. MINCULPOP could not decide what to do with a book like *La mascherata*, and the manuscript was handed over to "il Duce" in person. Mussolini read it, found it rather amusing and did not withdraw his approval until a second edition was on its way out to an even more amused public: the "cellophane wrapping" that Moravia had chosen for his satirical fable was after all not transparent enough for the Italian dictator to recognize the descriptions of the South American despot as a portrait of himself.

The fact that Moravia was the son of a Jew caused his relationship with the authorities to get worse as the fascist regime gradually adopted Hitler's racism. In 1942 he was denied the right to express himself by writing for newspapers and periodicals, and he was also refused the right to continue his work as a script-writer. Then came the 25th of July 1943 and the fall of Mussolini, and Moravia wrote some enthusiastic artlicles on the subject for Alvaro's *Popolo di Roma*. Warned that the Gestapo was planning his arrest, he left Rome with his first wife, Elsa Morante, and headed south, hoping to join the Allies. Unable to cross the lines, they took refuge in the isolated mountain hamlet of Fondi, halfway between Rome and Naples. There they spent nine months, sleeping in a stable and sharing the life of local shepherds and peasants.[8] After their return to Rome at the end of the war, Moravia set out to write a novel centered upon his recent experiences, but he abandoned the project after some eighty pages, concentrating instead on what was going to become his second main success in Italy and his international breakthrough, *La romana* (The Woman of Rome) of 1947.

Although the events of the novel take place in the midst of the fascist euphoria, culminating with the Ethiopian war 1936-37, *La romana* contains few critical comments on political matters. The young and poor Roman prostitute Adriana (the first of Moravia's female protagonists to tell her story in the first person) has a chief inspector of the fascist police as one of her main clients when she falls in love with an anti-fascist student of bourgeois upbringing. For Moravia it becomes a problem to explain the ideological conflicts between the two men using Adriana as his spokes-woman. This *Moll Flanders* of the 1930s is provided with a lot of (female) intuition, but, being young and uneducated and in addition a rather naive representative of the lower classes, she does not have the vocabulary to express complex ideas.

The problems created by the gap between the choice of a first person narrator of humble origins and the complexity of events to be narrated, found their successful solution in Moravia's second contribution as a novelist to the so-called "neo realistic" tradition of post-war literature in Italy: *La ciociara* (Two Women) of 1957. (Being the final elaboration of the eighty pages of war-experiences mentioned above, *La ciociara* is here considered as belonging chronologically to the same period of Moravia's production as *La romana*.) When the protagonist of *La ciociara*, Cesira, tells the story of her own and her daughter Rosetta's lives during 1943-

44, the story has many affinities with Moravia's own experiences during the same period: the nine months he spent in the vicinity of Fondi after his flight from Rome ("his first prolonged personal contact with simple, uneducated people"[9]). That this second "popolana" of Moravia's invention seems more convincing, as a character as well as a narrator, than the young prostitute of *La romana*, is also because Cesira tells her story in a language that the reader will identify as hers: a fairly rough language of (apparently) simple syntactic structures intermingled with elements of popular Romen dialect, "romanesco".

Cesira, a thirty-five-year-old widow, keeps a grocery store and lives with her teenage daughter Rosetta in Rome's Trastevere. Seeing that the scarcity of food makes her trade increasingly difficult and that the frequent air-raid warnings make her daughter more and more nervous, Cesira decides to leave Rome and take refuge in her native village, Sant'Eufemia near Fondi. She finds that the war has even reached her once so peaceful spot. Mother and daughter join the villagers and other refugees in a small, temporary settlement founded high in the mountains. Most of *La ciociara* describes the two women's brave struggle for existence, waiting for peace to come. But peace brings no happiness; Rosetta is brutally raped and abandoned in a church by a group of Moroccan soldiers attached to the French army. Desperate and totally disillusioned, Cesira witnesses how her shy and pious daughter turns into an unscrupulous nymphomaniac and prostitute.

Besides being a personal and individual drama of two women's destinies during the last part of World War II, *La ciociara* is also Moravia's attempt to give, in the form of a novel, a more general view of the nature of war and of its many effects on a nation. He has Cesira and her daughter meet German Nazis and Italian Fascists, anti-Fascists and renegades, deserters and prisoners of war on the run, starving peasants and townspeople in search of food and shelter, black-marketeers and ordinary people trying to make a little profit out of the desperate conditions of others. Unconfirmed rumours are circulating, that people have been deported to labour camps in Germany without any particular reason. Then, finally, comes the time of liberation: the Italian peninsula is invaded by all the most modern machinery of war, transporting Americans, English, French and Moroccans, soldiers and commanders eager to reward even the smallest of heroic deeds, completely ignorant of the real needs of the liberated people, lecherous after an unexpectedly protracted period of military service. *La ciociara* could very well be read as a novel in which war itself is the "protagonist".

Less successful was Moravia's attempt to turn an analysis of the psychology of fascism into fiction. With *Il conformista* (The Conformist) of 1951 Moravia sets out to explore the inner forces that may make a man want to annihilate his own personality and disappear behind a mask of supposed "normality". This novel got rough treatment from the critics. Only a few years had passed since the peace settlement, and the book was read as a "roman à clef"; objections were raised to the picture given of some anti-fascists in exile. Moravia uses haste as an excuse when he expresses a certain dissatisfaction with the rather easy conclusion he chose for *Il conformista*, where the protagonist, Marcello Clerici, is killed in an air attack together with his wife and daughter. In any case, the main objection to be raised against the book must be that Moravia, through his psycho-analytic approach to fascism, ends up describing the phenomenon as a result of individual neurosis, and thereby he falls into the error of under-rating this mass movement that in a short period of time managed to make Europe an inferno of terror and violence.

Il conformista is written in the third person, but, perhaps better than in any other, Moravia in this novel demonstrates his admirable ability to get inside the minds of his characters. Extraordinary examples of this are the descriptions in the "Epilogue" of the teeming crowds in the streets of Rome on the 25th of July 1943, all seen from the loser's point of view. The "Prologue" brings scenes from Marcello's childhood, the most important of which describes how, at the age of only thirteen, he is seduced by a homosexual. Scared by the abnormal feelings evoked in himself, he shoots the man down, using the revolver promised him as a reward. This traumatic experience determines Marcello's future life. He tries to escape the memories of his misdeed by denying his individuality and by striving to become the perfect conformist, in which he succeeds in every respect .

The main events of *Il conformista* take place in 1937, when Marcello has reached the age of thirty. He is working for the "Servizio segreto" (the Fascist secret services) hoping for advancement. He is going to marry a girl he does not love, but he considers the match a marriage of convenience. The plot of the novel is that of a political thriller (and thrilling it is indeed!). Pretending to be on honeymoon, Marcello goes to Paris, where he cleverly infiltrates groups of anti-Fascists and prepares the assassination of a former professor of his from the University of Rome. Again, as always in Moravia's novels, there are amorous intrigues disturbing the plans made by the characters. Even if *Il conformista* is far from convincing as an analysis of the psychology of fascism, the novel is an impressive study of fraud.

In the fifties and sixties the novels of Moravia become more and more introverted, concentrating on personal problems of artists and intellectuals who, in one way or the other, are in conflict with their environment. (His use of a Freudian approach in *Il conformista* may be seen as a first step towards this quite considerable change of theme.) In the "Prologue" of the perhaps most successful of his so-called "essay-novels" ("romanzi-saggi") from this period, *La noia* (The Empty Canvas) of 1960, he has Dino, a painter in crisis, make the following statement:

> my adolescence, therefore, was spent under the black banner of fascism, a political regime that had reduced incommunication to a system; incommunication between the dictator and the masses, between the individual citizens, and between the individual citizen and the dictator. During the entire fascist era, boredom, that is the lack of relations to the surroundings, was like the air one breathed.[10]

Even if presented as a statement made by a fictional character, it sounds like sheer provocation to name the twenty years of fascism as an "era of boredom". We are inclined to read Dino's words as Moravia's announcement to his audience that he regarded fascism as a closed chapter from now on, that the time had come for him to concentrate on other matters.

NOTES

1. A. Moravia, "Ricordo de 'Gli indifferenti'" (1945) in: *L'uomo come fine e altri saggi* (Milano: Bompiani), 1963, pp. 13-14. This, as all the other quotations used, is translated from Italian by the author of this article.

2. G.A. Borgese in: *Corriere della Sera*, 21th of July 1929.

3. F. Agnoletti in: *Il Bargello*, 17/1929.

4. A. Campanile in: *Antieuropa*, 15th of November 1929.

5. A. Moravia: "Ricordo de *Gli indifferenti*", op. cit., p. 13.

6. The first English translation of 1937 was given the title *The Wheel of Fortune*.

7. Quoted from: O. Del Buono, *Moravia*, Milano 1962, p. 43.

8. See "Autobiografia in breve di Alberto Moravia" ("Short Autobiography of A. M.") in: O. Del Buono: *Moravia*, op. cit. p. 15.

9. L. Rebay, *Alberto Moravia*, New York/London 1970, p. 23.

10. A. Moravia, *La noia*, Milano 1960, p. 11.

ZUSAMMENFASSUNG

Alberto Moravia wird in diesem Beitrag in erster Linie gesehen als ein engagierter Zeuge der Entwicklung der italienischen Literatur und Gesellschaft, die er durch den größten Teil dieses Jahrhunderts mitverfolgen konnte. Schon sein frühreifer Debut-Roman *Gli indifferenti* (Die Gleichgültigen) von 1929 brachte ihn wegen seiner Darstellung des haltlosen römischen Bürgertums in Konflikt mit den faschistischen Zensurinstanzen. Fortan gezwungen für seine Publikationen ein Pseudonym zu benutzen, wandte sich Moravia in den dreißiger Jahren einer vorsichtigen politischen Satire zu. Mussolinis zunehmende Adaption von Hitlers Rassenpolitik führte zu einer allmählichen Verschlechterung der Lage von Moravia, der selber Halbjude war, und zum schließlichen Schreibverbot. Nach dem Fall Mussolinis und der Machtübernahme der Deutschen im Sommer 1943 floh Moravia aus der Hauptstadt und zog sich zurück in eine Art inneres Exil. Seine Kriegserfahrungen gaben den Stoff zu dem breit angelegten, neorealistischen Roman *La ciociara* (Cesira. La Ciociara) von 1957, ein Roman, der beabsichtigt, ein Totalbild über das Wesen und die Wirkungen des Krieges auf eine Nation und ein Volk zu geben. *Il conformista* (Der Konformist) 1951 stellt Moravias nicht ganz geglückten Versuch dar, mit Hilfe Freudscher Methoden jene Kräfte zu analysieren, die einen Menschen dazu bringen, Faschist zu werden. In den fünfziger und sechziger Jahren wendet sich Moravias Werk introvertierten und persönlichen Themen zu, wobei der Faschismus aus seinem Gesichtsfeld verschwindet und ein abgeschlossenes Kapitel zu sein scheint.

Sven Otto Scheen, Oslo

PASOLINI AND FASCISM

The idea of fascism in the ideology of Pier Paolo Pasolini is strictly connected with the meaning he gives to key words like the Catholic Church, the peasant and working class, the bourgeoisie, homosexuality/diversity, Communism/Marxism and consumer society.[1] Using a metaphor, we could say that between these concepts there is a strong relationship of attraction and opposition similar to that between the planets in a constellation, and that these gravitational forces express Pasolini's constant and intense social engagement. In this way we want to underline the difficulty of reducing Pasolini's vision of Italian society to a simple logical system. As he was mainly a poet and a film director Pasolini uses these key words in his ideological writings as if they also had a symbolic meaning and as if they expressed a kind of poetical image. They are like the myths of childhood which reveal his passionate way of living, his likes and dislikes. By treating them only as rational ideas one risks stressing some apparent contradictions in his ideology which we think belong mainly to Italian society. Pasolini is not like a philosopher who considers things in a cold manner and from a distant point of view. He rather "lives" them from the "inside", relishing them in all their sensible variety. The vehicles of Pasolini's ideological thought are some important social phenomena, which he – by giving an existential meaning to them – makes into emblems of his strong need to understand and change Italian society. His most important manner of expression in this moral and civil struggle is to provoke by representing in his works certain realities that society refuses to accept.

Pasolini was born in Bologna in 1922, the year in which the Fascists seized power. He belongs to the generation of intellectuals who grew up under Fascism and who obviously did not think of it at first as anything more than one political system among others. They gained awareness of it in a slow process of personal (psychological) and social (political) maturation. Therefore one should not be surprised to find the young Pasolini (whose father was a Fascist) in one of the Fascist youth organizations. This was usual among the youth of the time. Pasolini first began to oppose Fascism for aesthetic and, as it were, aristocratic reasons. He reacted with distaste to the vulgarity of Fascist mass demonstrations (as did Italo Calvino). Yet Pasolini's consciousness of belonging to an "elite" was counterbalanced by a certain populism with didactic intentions. Pasolini in fact idolized the peasants' way of life as he came to know it in the region where his mother was born: Friuli, in north–eastern Italy. The first artistic result of the encounter between these apparently opposite attitudes are his early poems in the Friulano-dialect.[2] They are based on very thorough linguistic research into the local farmers' way of speaking and take their inspiration from the landscapes and the peasant life of those places, following the lines of the school of poetry called "Ermetismo". We can already distinguish some elements of Pasolini's future ideological constellation: born into an urban middle-class family and with very refined cultural interests, Pasolini despises those vulgar expressions of the lower middle-class like parades, marches etc. that played so great a part in the propaganda of Fascism. The poetic conception of "Ermetismo" gave the poets the possibility of not compromising themselves with the regime by taking shelter in a literary "hortus clausus" where the individual can reflect upon his existential situation. On the other hand, Pasolini's sentimental opposition to what he calls the falsehood and the corruption of the middle-classes make him always prefer the company of the young peasants. Among them he first discovers his sexuality, which always contains, in his view, an element of protest and transgression. Such affection for regional culture was necessarily in conflict with the nationalistic and pseudo-classical Fascist rhetoric.

What makes Pasolini and most Italians take a hostile stance towards Fascism are the violent events of the war. He is evacuated to Friuli where the people live in constant fear of the bombardments which destroy many of the villages. Pasolini was also afraid of being arrested by the Fascists as he had deserted from the Army, in dramatic circumstances, soon after he was enlisted. His brother joined the partisans operating in the mountains and was killed in an absurd fight between two groups of partisans. That was a serious trauma Pasolini never got over. The sacrifice of a young life full of altruistic idealism who had fought for a better world, was the concrete configuration in Pasolini's private life of the glorious battle of the "Resistenza". It inspired his political engagement for ever after.

When peace came, Pasolini joined the Communist party, as did most of the Italian Intellectuals (and the majority of the "friulani" peasants). They wanted to give power to the peasants and working class and to create a new democratic, liberal society based on human equality and tolerance. Before long, however, Pasolini discovered, in relation to his own homosexuality, that the Communists were no more liberal than the Fascists and the Catholics, and in 1949 he was thrown out of the party and had to escape to Rome because of the unfriendly atmosphere created by an "incident" with some young, under-age farmers. Nevertheless, Pasolini continued to fight as a democratic Marxist for a more enlightened society for the rest of his life. In the neo-realistic climate lasting for 10-15 years after the fall of Fascism the artists, full of democratic and socialist idealism, wanted to describe the real Italy – poor, regional, peasant and full of local diversities

– which Fascism had tried unsuccessfully to hide and abolish for the sake of its ambition to create a "Grand Nation" equal to the great European powers. In the books and films of this period there is an important re-emergence of the local dialects which are now considered capable of giving new life to the Italian language by simplifying its syntax and enriching its vocabulary. The Fascist regime, by contrast, had cultivated a language of pseudo-classical "purity" which sounded like a mannered and empty exercise in form. In fact, it had no real social class to support it, since the Italians normally only spoke their own dialect. When Pasolini arrived in Rome his attention was caught by the dialect spoken by the "pariahs" of the city's poor outskirts. He participated in the neo-realist movement with two novels, several short stories and later with a set of films[3] in which he depicts those poor but lively suburban boys in a language strongly influenced by their Roman dialect.

For Pasolini, Fascism expressed the mad dreams of power of the disin-herited provincial Italian middle-class. Intolerance and stupid, authorit-arian principle (which he hated in his father) were the real nature of this class, which in Italy had had a very marginal historical role compared with the other European middle-classes. Pasolini believed that the Italian middle-class could never become a progressive social force because it was so reactionary and stagnant. Fascism was an unsuccessful attempt to overcome Italy's belated arrival on the historical stage. But it was impossible to pull the country out of its backwardness by dusting off only its very aristocratic artistic tradition – or by going so ridiculously far back as the Roman imperial period, which has no connection with real people's lives. As a reaction to all this, Pasolini dedicated himself to re-establishing folk poetry. He published a large collection of traditional dialect songs and poems from all parts of Italy.[4] This regional literature had been rejected by the official Italian tradition from the time of Dante. In folk culture Pasolini found again the authentic Italy that Fascism had not managed to destroy. It was still the basis of the country's social and cultural life and the only continuous tradition of values and customs in Italy's long and tormented history. True "Classicity" was therefore to be found precisely here. As a bourgeois, and therefore "different" from the peasants, Pasolini felt a strong passion for their vitalistic simplicity and genuineness – and paradoxically this idea in a way makes one think of D'Annunzio and Nietzsche. They retained their own mentality, Pasolini said, even when they had moved into the big city to seek their fortune and were forced to live in dreary places like the Roman suburbs. Pasolini's attraction to these people was both a kind of political protest against bourgeois society and a poetic idealization of peasant life not so different from the one we find in many aristocratic Italian poets from the Renaissance onwards. But it is also mixed with Marxism, which wants to turn this class into a progressive historical force.

This is a necessity produced by a typical contradiction in Italian society: the absence of a social force with which the intellectuals can identify in order to escape from ages of aristocratic isolation. To Pasolini's mind, peasant culture until now had not really participated in history. Social and cultural developments since the industrial revolution had concerned only the Nothern European middle-classes. It seems that Pasolini imagined that the lower classes now would take political power in a peaceful revolution and that they would then develop without sudden alterations, preserving their own cultural traditions.[5] It did not turn out like this. First of all, because Italy did not really want to put its Fascist past on trial and change direction radically. The Communist party never managed to form a political majority, probably because it had undervalued the religiosity and the attachment to the Catholic Church of the poor masses, especially those of the South. Or perhaps the real reason was that the real winners of the Second World War did not want a Communist Italy. Pasolini saw a sort of continuity between Fascism and the Christian Democratic regime which he called "clerical Fascism"[6]. He complained that the new political class partly consisted of ex-Fascists, that some important Fascist laws were not changed (e.g. censorship), that the Church remained an important political power, instead of only a spiritual one, that the state did not try to improve and modernize the mentality of the citizens. Instead of carrying out the ambitions of the Communist-inspired "Resistenza", Italian society became blocked, thanks to its reactionary middle-class, and remained static again.

Yet there has been a great social change in Italian society since the late 1950s which does not depend on the traditional political struggle. It is the beginning of what Pasolini calls the consumer era. The country lost its ancient peasant values but without gaining any positive new ones. The destruction of the traditional way of life of the normal poor Italian people threw him into a personal and ideological crisis. He compared the present consumer society to historical Fascism, and not only because this word is still able to scandalize people (Pasolini had always provoked Italian provincialism and backwardness). He was convinced that only an extremely authoritarian power with full control over the people could transform the citizens into pure "consumers" after having destroyed their traditional way of life. What could seem like a liberation from poverty and moral duties actually creates enormous frustration in the masses. To Pasolini's mind it is very difficult to protest against this new power, as it is not based on direct and concrete oppression as "Historical Fascism" was, but attacks people's psychology directly[7]: consuming looks like freedom. Behind the appearance of tolerance, consumer society is even more intolerant than Fascism. The outsiders, such as Jews, homosexuals and negroes, are not physically eliminated but excluded from society: those who are not able to follow the new models of the mass media automatically become "losers".

Probably he did not speak of the "New Fascism" in a merely allegorical sense. It rather seems he was afraid that the general frustration created by the loss of traditional values could turn people into a violent mass like the SS. In fact, he believed that what was happening in Italy today was similar to the social revolution in Germany between the two World Wars.[8] However, the two concepts "Fascism" and "Consumer Society" are so close to each other in Pasolini's ideology and poetic imagination that in his last and most desperate film *Salò, or the 120 days of Sodom and Gomorrha* he represents a disgusting sex orgy organized by Fascist leaders in a villa in the Fascist republic of Salò during the last war to symbolize consumer society.

For the Marxist Pasolini, all forms of fascism come from the bourgeoisie. Only the people of the lower classes have an original moral integrity, as their poverty and ignorance are seen by Pasolini as evangelical values. Therefore the people (with the help of Italy's intellectuals) must create a new society in which there is no space for the corrupt bourgeoisie with its hunger for power, glory and material goods that had led Italy into the catastrophe of the war. "Historical Fascism" was in fact just the real face and the true expression of this, and only this, class. Therefore Pasolini regarded "Historical Fascism" mainly as a "false" ideology. Only with the help of Marxism could one create real social progress in Italy, as Marxism was not merely a "correct" ideology but a science able to give a complete explanation of history and the "whole" society.[9] In Pasolini's Marxism, the authentic Italian people is supposed to become the progressive force of history for the first time. But when this people is corrupted by the bourgeois way of life in consumer society, there exists no further alternative for Pasolini. Consumer society has managed what "Historical Fascism" did not achieve: to make the whole of society bourgeois. To Pasolini's mind, this "New Fascism" is therefore much worse than Mussolini's. It is no longer possible to talk about "who" the fascists are when the whole consumer society is "fascist". People become "fascists" because they are corrupted by the bourgeois mentality, which means the false ideology for which the only real things of life are production and consumption.

NOTES

1. These are concepts which return not only in his specifically ideological writings, but also in the films, novels, poems etc. However, most of what is discussed in this article is based, on the one hand, on Pasolini's essay collections *Scritti corsari*, Milano 1975 and *Lettere luterane*, Torino 1976, which represent the most complete and mature elaboration and, at the same time, a synthetic summary of Pasolini's ideology. Other important collections of essays by Pasolini are *Il caos*, *Le belle bandiere* and *Emperismo eretico*. References to biographical information, on the other hand, have been found mainly in the autobiographical novel *Amado mio*, Milano 1982, and in the two volumes of *Lettere 1940–1975*, Torino 1989, with an

introduction and notes by Nico Naldini. The short quotations in English from
Pasolini's writings in English are my own translations.

2.   The first collection of Friulano-poems he published was *Poesie a Casarsa*, Bologna
     1942.

3.   The two novels are *Ragazzi di vita*, Milano 1955 and *Una vita violenta*, Milano 1959.
     The short stories and some scenografies are collected in *Ali dagli occhi azzurri*,
     Milano 1965. The most "Roman" of the films are *Accattone*, 1961 and *Mamma
     Roma*, 1962.

4.   *Canzoniere italiano. Antologia della poesia popolare*, Parma 1955.

5.   *Scritti corsari*, p. 179.

6.   The expression "clerico-fascista" is very often used by Pasolini in *Scritti corsari* and
     Lettere luterane.

7.   *Scritti corsari*, pp. 164-65.

8.   *Lettere luterane*, pp. 154-155.

9.   Ibid., p. 184.

ZUSAMMENFASSUNG

Ausgehend von der politischen Ideologie Pier Paolo Pasolinis (1922-1975)
wird versucht, sein Verhältnis zu Mussolinis "Historischem Faschismus" zu
beschreiben und seine Ideen über den "Neuen Faschismus" zu beleuchten,
mit dem er die gegenwärtige Konsumgesellschaft gleichsetzt. Da Leben und
Werk bei Pasolini eng mit einander verbunden sind und seine Lebensauf-
fassung sehr speziell und oft sehr rätselhaft ist, soll ein Überblick gegeben
werden über die verschiedenen heterogenen Elemente, aus denen sich seine
Ideologie und seine Kunst zusammensetzen. Von daher erweist sich das
Verhältnis zwischen "historischem" und "neuem" Faschismus als wesentlich
zum Verständnis seiner Auffassungen. Für den Marxisten Pasolini war der
historische Faschismus ein pöbelhafter und deshalb lächerlicher Ausdruck
einer machtgierigen, degenerierten und provinziellen Bourgeoisie. Er brachte
das Land an den Rand der Katastrophe, vermochte aber trotz allem nicht
die Volksseele zu zerstören, welche er idealisierte. Der ökonomische Auf-
schwung seit den fünfziger Jahren machte aus Italien eine USA-inspirierte
Konsumgesellschaft, die das ganze Volk in kleinbürgerliche Konsumenten
verwandelte. Die Volksseele der Italiener wurde nach Pasolini diesmal
wirklich in Mitleidenschaft gezogen, die Mentalität veränderte sich und das
Volk verlor mehr und mehr seine traditionelle Wertorientierung. Der
Gegensatz zwischen den Kleinbürgern und dem Bürgerstand verschwand,
was zu einer Krise des Marxismus führte und Pasolini in persönliche Ver-

zweiflung stürzte. Das Leben in dieser Gesellschaft, in der er alles als Ausdruck des "Neuen Faschismus" sah, den er als viel destruktiver einschätzte
als den historischen Faschismus, wurde für ihn unaushaltbar.

Drude von der Fehr, Oslo

ANTI-FASCISM AS RHETORICAL STRATEGY AND CULTURAL UTOPIA IN ELSA MORANTE'S *HISTORY*

One of the most widely read post-war novels in Italy is Elsa Morante's *History*, published in 1974. The novel is built around the argument that fascism did not die in 1945, but is still alive as an integral part of Italian culture and society. The novel includes a meta-fictional discourse centered on the proposition that fascism was and still is so fundamentally embedded in the Italian cultural language that to be an anti-fascist writer necessarily involves the effort to create, through rhetorical and communicative strategies, the preconditions for social change. According to the novel *History*, history is but the ever continuing scandal of the violence of power, always fascist at its roots.

In the opening pages of the novel a short preview is given of the period 1924–1925, when Mussolini reached totalitarian power and the status of "mass idol" under the title of Duce. Here Mussolini's influence on the large Italian middle class, is attributed to his opportunism and mediocrity, resulting in his well known style of demagogy, especially designed to consolidate his own power through a rhetoric of violence.[1]

On the literal level *History* tells the pathetic story of the elementary school teacher and widow, Ida Ramundo, who was raped and gave birth to a son during the Second World War in Rome, and who fought a hopeless battle to save her children from starvation and death. Seen on this level *History* tells a tale of non-communication and suffering, a tale of a non-verbal experience of reality. It is also a tale of the gradual loss of innocence, hope and poetry in the accelerating process of history's fascist mediocrity and violence. Even though the novel's action takes place in Italy during the war years, there are virtually no direct descriptions of Fascists. This is highly significant. Fascism is not pictured as a personal vice or as a political ideology. Fascism is in itself language, discourse, culture.

As a consequence of this view of fascism, the novel builds a very effective anti-fascist strategy on the rhetorical level. From a logical point of view, the strategy is based on quantitative argumentation, giving the discourse authoritative value by means of the many examples of violence towards the suffering, innocent and powerless in the world.

The predominant speech-act is the accusation. The purpose of the accusation is to put the reader into the emotional states of horror and anger, the effect of which is to persuade the reader to finish the reading with one word on his lips – "guilty".

To be effectively communicative the novel had to elaborate a genre strategy that could stimulate a potential mass public. To be able to achieve this it was of fundamental importance to establish a relationship of trust and confidence between the two main narrative instances in the text and the potential readers. This difficulty is solved through a rather complicated texture of intertextual frames and genre–strategies that together successfully accomplish a relationship of solidarity and shared emotions between the narrators in the text and the novel's potential readers.

As a common ground of reference in *History*, or as pretext, we find the neo–realistic novel. Historically, the neo–realistic novels were mainly written during or just after the war, and were either primarily documentary texts or very strong emotional and unmediated personal reports of horror and hatred, written by partisans, often published in the underground press and originating in the solidarity and common experience of the partisan struggle.

The Italian critic, Maria Corti, maintains in her large essay on neo–realism in *Il viaggio testuale*, that neo–realism was a way of organizing a collective social experience.[2] It is in other words difficult to find one unifying genre strategy in the neo–realistic novels. There are, however, some common traits. According to Corti's essay, both the documentary texts and the I–oriented novels use the persuasive technique of the narrator as a witness. This "I saw it happen" as narrative technique was a sure success when reliable information was scarce. In 1974, however, the effect would have been different. The neo–realistic belief in the possibility of telling the truth exactly as it was, no longer held water. It was no longer believed that truth was so easily discernible. Fascism had gone underground, but it was still there. And power relations were the same as always.

Between neo–realism and 1974, there had also been a significant literary historical change, namely the advent of the neo–avantgarde. The neo–avantgarde writers saw it as their main achievement to evade the fascist dominance of verbal Italian art. According to them, the neo–realistic texts naively and unintentionally transmitted a conservative ideology. The neo–avantgarde maintained that only a brutal break with normal Italian syntax and textual logic could guarantee an anti–fascist discourse.

Written in 1974, *History* had to come to terms with the neo–avantgarde as a genre strategy. This is mainly visible in the text through the pathetic anti–hero, the worn and helpless, middle–aged Ida; a discourse balancing on the very edge of verisimilitude. It is also done through the continuous

186

questioning of so-called normality. What is normal in history? The daily rationality of people who under no circumstances would be able to survive, and could have no use for truth? Or the rationality of a Hitler who meticulously planned genocide? Or the delirium of the Jew, Davide, who seeks death in a carnevalesque dialogue with himself? Or in the prophetic madness of the washer-woman Vilma? Or in the utopian dream of human dignity, embodied in the Christ-like child, Useppe?

The novel seems to hold as an overall view, that the normal is what is naturally human. However, the naturally human is seldom realized in history, rather it is violently destroyed with ever increasing force. Reminiscences of the truly human are to be found in the prophetic madness of the suppressed masses: mutilated women, children, Jews, soldiers.

The main ideological strategy in the novel is, however, connected with the genre strategy of the historical novel. According to the literary critic, Georg Lukács, in his book *The Historical Novel*, the vision of the historical novel is the vision of history as a continuous crisis.[3] The communicational strategy is to make identification with this vision of history as crisis possible for a large, uneducated reading public. To communicate history as crisis through the description of small and unimportant events is the strategy of the humanistic anti-fascism of the historical novel, according to Lukács.

Important from a communicational point of view is the effect of identification between potential readers and their situation in the world and this vision of history from "underneath", from the point of view of history's potential victims. This identificational strategy is made emotionally satisfying through a poetic intertextuality with the Bible, several novels of Dostoevsky and the ideological language in the texts of the Italian Marxist and victim of Fascism, Antonio Gramsci. Gramsci's theory of the function of the intellectual in society is connected in the novel with humanistic moral philosophy.

History is trying to place itself above the interest of specific classes or groups, outside the centre of power, but at the same time right at the centre of moral responsibility for the humanity of the nameless and speechless masses of suffering humans. In 1974 such moral responsibility had to be achieved through the mobilisation of a potential mass public.

History can be read as an enormous persuasive effort to make the masses see the crisis and threat of total destruction inherent in their own times. The Second World War had ended. Now time had come for the final destruction by atomic weaponry. To evade final destruction, humanity has only one weapon, the prophetic word – logos – the word as action. Only

187

poetry can communicate the utopia of the naturally human, not by being a positive model, but by taking part in the destruction and the reorganization of culture. To fight fascism is to fight the established culture and the dominance of the grammar of written art.

The energy of the persuasive rhetorical technique is overwhelming. Against fascist rationality, *History* puts up the prophetic potentiality of the people. Small wonder that the communicational strategy of the novel is important – the main theme of the text is to transfer the responsibility for the history of mankind from the novel to the mass public. The prophecy being that those same people will have to suffer the consequences of "the final solution" if they do not engage in the struggle against the logic and the demagogy of fascism.

So far *History* is a happy text. It functions well according to its own premisses. It is, however, possible to read the novel as fundamentally ambivalent or self–denying. There are in the novel quite a few descriptions of sexual violence. These descriptions are difficult to interpret from the point of view of an anti–fascist humanism. In a curious way the rapists and the murderers seem to love their victims. Such a phenomenon is not explicable from within the ideological frames of humanism. These descriptions give an altogether different picture of human culture. This culture is based on a sexual desire which is always tragic, so that man's identity is based on the desire for something which is forever denied him. Desire itself has no authentic character but is imitative and essentially aggressive, seeking surrogates and making victims of the surrogate objects of love.

René Girard, in his book *Violence and the Sacred*[4], holds the view that culture is born through the aggressive and desirous relationship between humans, religion being the only means society has to keep violence under control. By ritualizing sexual surrogate violence and equally ritualizing the punishment of the guilty, society is saved from the threat of extermination. It is possible to interpret *History* as a novel which does just that – it ritualizes sexual violence – to save society from the "final solution". But where does that leave us ideologically?

The French philosopher, Felix Guattari, in his article "The micropolicy of fascism" points out how totalitarian regimes have always known how to turn the desire of the masses to their own use. Fascism is no exception. On the contrary, fascism is deeply rooted in the collective desire of our culture.[5] Fascism knew only too well how to ritualize sexuality and violence. If the function of religion is to ritualize violence to keep it away from the centre of culture and to keep it from accelerating so as to threaten society as a whole, then to unmask religion would mean to expose society to final destruction. And furthermore, to fight fascism would mean to fight religion as a stabilizing factor in society.

Seen from this point of view, *History* can be read as a text that knows that fascism has to do with the fundamental and sexist desires and relations on which society is built. But this is an insight that the novel must not communicate to its readers under any circumstances. The text tries to keep its knowledge secret to the potential readers, because to destroy fascism as understood on this level of abstraction, would be to commit cultural suicide.

The task that *History* leaves those uninvited interpreters who are able to evade the rhetorical persuasion of the text, is to consider the meaning of this will to optimism, but behind that a potential for an utterly destructive pessimism. What is there in *History* to set against such an all-embracing, sexist, fascist violence? Do we find the image of a feminine, self-mutilating mascochist?

No, the novel pictures the utopia of the poetic word. *History*'s very last lines are taken from the writings of prisoner no.7047, in the Penitentiary of Turi, Antonio Gramsci, and runs as follows:

> All the seeds failed, exept one.
> I don't know what it is, but it is
> probably a flower and not a weed.[6]

NOTES

1. Elsa Morante: *History* (Penguin), Middlesex 1985, p. 16.

2. Torino 1978.

3. Merlin Press, London 1965.

4. The John Hopkins University Press, Baltimore/London 1977, pp. 20, 145, 240

5. "Fascismens mikropollilkk", *Agora* 3 (1987), p. 41-56, p. 56.

6. *History* (1985), p. 725.

ZUSAMMENFASSUNG

Elsa Morantes *La Storia* von 1974 wurde zu einem der meistgelesenen Nachkriegsromane in Italien. Seine zentrale Aussage ist, daß der Faschismus 1945 nicht zu Ende war, sondern als ein integrierter Teil der italienischen Gesellschaft und Kultur weiterbesteht. Dem Roman zufolge ist der

Faschismus so tief in der italienischen Sprache verankert, daß ein antifaschistischer Schriftsteller in Italien notwendigerweise durch seine sprachlichen Wirkungsmittel für eine soziale Veränderung arbeiten muß. Die Geschichte wird aufgefaßt als eine kontinuierliche Machtdemonstration, die in ihrem Ursprung immer faschistisch ist. Eine Konsequenz dieser Sehweise ist der Gebrauch einer rhetorischen Strategie, die sehr kompliziert ist und sich zusammensetzt aus Teilen der Gattungsstrategien des neorealistischen und des historischen Romans sowie der Poetik der italienischen Neo-Avantgarde der 60er Jahre. Zusammenfassend kann man sagen, daß der Roman Träger einer Form von antifaschistischem Humanismus ist. *La Storia* kann gelesen werden als eine Riesenkraftanstrengung, die einem Massenpublikum klarzumachen sucht, daß Geschichte eine andauernde Krise ist. Gegenüber einer Entwicklung vollständiger Vernichtung hat der Mensch nur eine Waffe: das dichterische und utopische Wort, der Logos, das Wort als Handlung. Nur das dichterische Wort kann die italienische Kultur aus der faschistischen Logik und Demagogie befreien. Gegen den Faschismus kämpfen heißt, gegen die Sprache der etablierten Schriftkultur anzugehen. Der Roman kann auch gelesen werden als das pessimistische Bild einer Kultur, die auf zunehmend gewalttätiger sexueller Begierde basiert ist. Die Gewalt bedroht die Gemeinschaft und muß durch zentrale Organe abgelenkt werden, wenn die Gemeinschaft gerettet werden soll. Dies ist die primäre Aufgabe der Religion. Der Faschismus hat tiefe Wurzeln in den gewalttätigen Wünschen der Gesellschaft und weiß die unbewußten Wünsche der Massen zu ihrem Vorteil auszunützen. Den Faschismus bekämpfen kann auch heißen, den Schutz, den die Religion gegen die Destruktion gewährt hat, niederzureißen.

Francisco Caudet, Madrid / M. Bertrand de Muñoz, Montreal

HISTORY AND LITERATURE IN THE FASCIST PERIOD IN SPAIN. AN OUTLINE

The 19th Century brought in its train a number of political and historical upheavals, with the change from absolutism to liberalism, the provisional governments and, finally, the re-establishment of the Bourbon Monarchy under Alfonso XII. The 20th Century began with the accession in 1902 of Alfonso XIII (1902-1931), who had been declared of age at the age of seventeen. His wedding in 1906 was threatened by an assassination attempt in which the young couple nearly lost their lives. The "tragic week" of Barcelona in 1909, Spain's neutrality in the First World War, the Moroccan War and the terrible defeat of Annual (1921), the activities of armed gangs in Barcelona, Primo de Rivera's dictatorship (1923-1930) – all these are only a few of the most important events in the difficult historical phase which Spain experienced during the first thirty years of this century.

Miguel Primo de Rivera, dictator from 1923 to 1930, had partly tried to follow the Italian model in his attempt to establish order and carry out reforms. He proclaimed the abolition of class-warfare and tried to improve the condition of the workers, but the changes were minimal compared to their needs and expectations. Primo de Rivera's political failure became ever more apparent. He had imitated fascism superficially with his party of national unity, "Unión Patriótica", but he had no success at all in creating a mass party. The intellectuals opposed him utterly and the young were deaf to his utopian ideology. In 1930 he resigned and shortly afterwards he died in Paris.

This first attempt at introducing a system which resembled Italian Fascism in certain respects was followed by the fall of the Monarchy in April 1931 and the proclamation of the Second Republic. "The dictatorship had ruled and changed nothing. The Republic wanted changes, but had difficulties in ruling."[1] Every advance which the republican leaders tried to achieve, for instance the improvement of the school- and university system, the solution of the religious problem, the problems of the regions, agriculture and the armed forces, all these had only been achieved with great difficulty and to an inadequate extent.

The rise of the labour movement coincided with the world economic crisis which followed the collapse of the New York stock-exchange in 1929. The demands of the workers increased, as did the number of assassination attempts. The Republic was able to satisfy only very few people. The

191

opposition of the Right and of the Left became ever greater, social disruption increased, a handful of generals were preparing a rebellion, and on the 18th July, 1936 they attacked the lawfully installed Government.

Because of the political turmoil of the twenties and thirties, parties with a fascist tendency emerged. Even before 14th April, 1931 the first edition of *The conquest of the state* by Ramiro Ledesma Ramos and Ernesto Giménez Caballero was published. It was quite clearly orientated on Hitler, but his racism had been replaced by the mystical notion of the glorious imperial past. Another movement arose in Valladolid, where the young lawyer, Onésimo Redondo, presented in his book *Freedom* his idea of a state in which Castillian unitarism was the inner motive force. These two groups united under the name "Juntas de Ofensiva Nacional Sindicalista" (J.O.N.S.), and the symbol of the yoke and the arrow, which had been the symbol of the Catholic Kings, was adopted by the group. By the end of 1931 the J.O.N.S. had already formulated a programme of anti-liberalism, anti-Marxism and anti-semitism along with a dominating Spanish tradition.

On 29th October, 1933 José Antonio, the son of the former Dictator, proclaimed his doctrine in Madrid. He believed that Spain had been chosen to lead the revolution of the 20th century. In February 1934 the "Falange Española" and the J.O.N.S. were united under the leadership of Primo de Rivera, Ruiz de Alda and Ledesma Ramos. In the same year storm-militias were formed, and amongst these several military people were to be found. They tried, unsuccessfully, to form a national syndicalist central workers' organization. José Antonio's authority became ever stronger and in October 1934 he was appointed leader of his party in the first national council.

The Falange Española of the J.O.N.S. presented their programme in twenty-seven points. These included: the unity of Spain; a strong government; a cooperative state with a national syndicalism that was to embrace both capital and labour; the nationalisation of the banks and the credit system; an energetic army; cultural traditionalism and the expansion of the empire. From now on José Antonio refused to identify himself with Italian Fascism, which was too conservative for him.

From 1934 to 1936 falangist attacks became increasingly frequent, and these, along with communist, socialist and anarchist disturbances, resulted in an intolerable climate of terror. On July 6th 1936 José Antonio was arrested and taken to jail in Alicante. He was accused of crimes against the state and sentenced to death. Despite attempts to prevent the execution, he was summarily shot on November 20th 1936, and from this point on he was looked upon as the martyr of the nationalist cause.

When the coup by a group of generals, including Franco, Sanjurjo and Mola, led to the outbreak of war, the conservative masses placed themselves under the authority of the clergy and the army, and José Antonio's supporters joined the rebels. Having distinguished himself as Commander-in-Chief, Franco was appointed "Generalíssimo" and "Caudillo" after the death of all the other men who could have taken over command. He adopted parts of the ideology of all those who supported him, maintained order with an iron hand and controlled the army. He assigned many tasks to the Falangists, particularly that of propaganda. He reassured the traditionalists and the rich landowners and assured the church of his total loyalty. It took some time for him to define his regime, and the negotiations with the individual groups ended with the foundation of a national party which chose a complicated name: "Falange Española Tradicionalista y de las Juntas de Ofensiva Nacional Sindicalista" (F.E.T. y de las J.O.N.S.). Against all expectations, the Falangists were not of great importance in the development of war policy, and received no guarantee of participation in the national cause.

The war really started the downfall of the Falangists, in spite of their large membership and the support which they offered Franco's troops. Their main leaders died in republican prisons, and Franco did not allow the young party to take any special position when the new government began. Rather, he made himself their Chief Commander and united them with the Carlists. Although Falangist doctrine was adopted as the ideology of the State, Franco made it clear that their programme was only a starting point, which could be changed as required. In 1937 the new constitutional principles of the party were announced and from this moment on, as Stanley Payne explains:

> It was strongly emphasized that the new state of Spanish nationalism would be based on traditional and religious values rather than the revolutionary twentieth-century culture of radical fascism. Whereas some Falangists still used the label and banner of fascism as such, the government tried to avoid close mimetic political identification with Germany and Italy. Church commentators declared that they were not opposed to fascism it that meant traditionalism, religiosity and national unity, but rejected fascism that was an imitation of the political systems of Hitler or Mussolini.[2]

Much has been written about the political regime installed by Franco after the Civil War. Were the fundamental ideas of José Antonio retained? Were they really fascist? The founder of the Falange wanted a nation which was to be based on historical and economic traditions, on the principle of private property, God and the Church, the Army and the different social classes. He thought of organizing "vertical" unions, which were to represent the interests of workers, students etc. During the period of Francoism most of these ideas were also those of the government. But alongside the

Falangists there were the Army and the Church, which formed the other two pillars of the new state. In particular the Church and official Spanish Catholicism distinguish the "Movement" (as the national party that replaced the Falange during the Franco years was known) from the general European type of fascism. In her article "The characteristics of Spanish 'fascism'" Felícitas Lopez Portillo draws the following conclusion:

> To sum up, I believe that the Franco regime can be described as a military dictatorship with fascist characteristics, such as repression, the foundation of a party of national unity, the development of a corporatist and authoritarian and strongly centralised state. But in general one will also find these characteristics in military dictatorships and in some formal democracies. One could simply describe it as a *clerical-military half-fascism* or a *conservative military dictatorship*, but not as fascism in the true sense of the word. The main difference lies in the absence of industrial development and therefore in the non-existence of the monopoly capitalism which could encourage the expansionism and competition found in other capitalist nations.[3]

Other authors assure us, however, that fascism really did exist in Spain. One of them, no less a man than Herbert Rutledge Southworth, wrote: "Was Spain a Fascist country when the Civil War ended? The touchstone for his problem lies in the definition of fascism". Furthermore he wrote that fascism had continued to exist in Spain until after Franco's death:

> Finally, time – and the death of Franco – freed the Spanish people, although not completely. It is significant that the last of the delegations which the Falange had established to control the inhabitants of Spain, the organization for the working class, the "vertical Syndicates", was the last to disappear.[4]

Literary trends in Spain in the 20th century

When the Civil War broke out in 1936 Spanish culture was at a peak. This process of cultural renaissance had begun in 1869 after almost two hundred years of stagnation. The generation of great realist writers of the 19th Century, such as Galdós, Clarín, Pereda, etc., was followed by the generation of 1898: Unamuno, Baroja, Valle-Inclán, Machado. With the generation of 1927 (García Lorca, Alberti, Cernuda, Aleixandre, etc.) lyric poetry reached a high degree of poetic distinction. Between 1931 and 1936 Spanish intellectuals were faced with the question of political engagement. Neither the Bourbon restoration (1875–1931), nor Primo de Rivera's dictatorship had been able to stop the growth of Spanish cultural life because, long before Primo de Rivera, the Bourbon monarchy had had to accept political parties and the transfer of political power from one party to another, even when the politicians bought votes and a new degree of political corruption had been reached at that time.

Primo de Rivera's dictatorship had introduced very strict censorship of the press, which did not however affect books of more than 200 pages, because it was believed that no-one in Spain read books anyway. In consequence many publishing firms sprang up which published numerous books of a revolutionary character, thus accelerating the politicisation of the intellectuals and the working classes.

At the beginning of the war many of the new theories were put into practice, which gave Spanish culture a special significance. Typical of this development are the journals *Octubre*, *Nueva Cultura*, *Hora de España* and *El Mono Azul*, which appeared between 1933 and 1939. The republican defeat of 1939 thus represented the interruption of a cultural process of enormous importance. In any discussion of Spanish culture in the post-war years, one should on the one hand bear in mind that about 80% of the intellectuals were in exile and, on the other, that the newly-established censorship was in operation.

Under difficult circumstances the intellectuals in exile kept on working without a public and far away from Spanish reality. Important journals such as *La España Peregrina* or *Romance* were published, and poets like Juan Ramón Jimenez, Jorge Guillén, Luis Cernuda and Leon Felipe kept on writing their books in exile; so too the novelists Francisco Ayala, Ramón Sender and Max Aub or the playwright Alejandro Casona, the critics and historians Amado Alonso, Américo Castro and Claudio Sanchez Albórnoz.

The censor in Spain demanded ideological uniformity and any kind of freedom was restricted, thus the country became isolated from the rest of Europe in cultural matters. However, a literature gradually arose which went back to realism. Certain books such as Camilo José Cela's *La familia de Pascual Duarte* (The Family of Pascual Duarte, 1942), Dámaso Alonso's volume of poetry *Hijos de la ira* (Sons of Anger, 1944) and the drama *Historia de una escalera* (Story of a Staircase, 1949) by Antonio Buero Vallejo initiated a process of rebuilding Spanish literature in the country itself. (See Paul Ilie, *Literatura y exilio interior* (Literature and Inner Exile), Madrid, 1981.)

The collapse of the Berlin-Rome axis forced Franco to adapt to the new historical conditions. He used the climate of the Cold War and the fact that the United States was looking for an ally against the East bloc powers, to sign a contract with the USA in 1953, which made it possible to set up U.S. military bases in Spain. The Franco regime, which had never stopped being authoritarian and practising strict censorship (although there were "liberalising" measures like the Press Law of 1966), was forced to loosen its structures, and a difficult but steady process of cultural regeneration began, which linked up with the cultural process that had been interrupted in 1939, and drew on the cultural creativity of the Spaniards in exile. This was a development of great complexity which corresponded to the accelerated progress of Spanish society between 1953 and 1975 (the year of Franco's death), the product of an authoritarian regime that was subject to a gradual process of economic and cultural colonization by the USA.

In spite of censorship Spanish literature developed between 1955 and 1965 towards a depiction of the social context. Between the lines both narrative prose and lyric poetry provided glimpses of social conditions, which the press were not allowed to describe. This was a literature of a quite elementary realism. (See: Pablo Gil Casado, *La novela social en España* [The Social Novel in Spain], Barcelona: Seix Barral, 1968.)

Since the end of the sixties and with the beginning of economic growth one notices a greater emphasis on form, and there are clear indications of an increasing depoliticisation of literature. These were symptoms of Spain's beginning neo-capitalism and consumerism. (See: R. Carr and J. P. Fusi, *Spain: Dictatorship to Democracy*, London: George Allen & Unwin 1979.)

NOTES

1.   P. Vilar, *Histoire de l' Espagne* (Paris: Presses Universitaires de France, 1968), p. 88.

2.   "Falange Española" in: *Historical Dictionary of the Spanish Civil War. 1936 – 1939*, ed. J.W. Cortada (Westport:Greenwood Press, 1982). p. 193.

3.   *Thesis. Nueva Revista de Filosofia y Letras* (Mexico), October 1979), p. 75 – 76.

4.   *Historical Dictionary of the Spanish Civil War*, p. 200.

        Literature:
        J.L. Abellán, ed., *El exilio español de 1939* (The Spanish Exile from 1939), Madrid: Taurus, 1977. Six volumes dedicated to studies of the Spanish exiles from different perspectives.
        R. Carr and J.P. Fusi, *Spain: Dictatorship to Democracy*, London: George Allen & Unwin, 1979. A survey of the years of the Dictatorship with an abundance of information about culture during the period of democracy.
        P. Gil Casado, *La novela social en España* (The Social Novel in Spain), Barcelona: Seix Barral, 1969. A well documented history of the Spanish social novel from 1941 to 1968.
        P. Ilie, *Literatura y exilio interior* (Literature and Inner Exile), Madrid: Fundamentos, 1981.
        J.C. Mainer, *Falange y literatura. Antologia* (The Falange and their Literature. Anthology, Barcelona: Labor, 1971). Apologist studies of the Falange and their literature, but well documented.
        S.G. Payne, Falange. *Historia del fascismo español* (Falange. History of Spanish Fascism), Paris: Ruedo Ibérico, 1965. A good introduction to the history of Spanish fascism.
        H.R. Southworth, *El mito de la cruzada de Franco* (The Myth of Franco's crusa-

des), Paris: Ruedo Ibérico, 1963. An excellent study of the mythology of Francoism. The bibliography used for this subject is the best documented there is.

M. Tuñón de Lara, ed. *España bajo la dictadura franquista 1939–1975* (Spain under Franco's Dictatorship), Barcelona: Labor 1980. A very complete study of the social, political and cultural history of the period.

P. Vilar, *Histoire de l'Espagne*, Paris: Presses Universitaires de France, 1968. One of the best introductions to Spanish history.

Francisco Caudet, Madrid

RHETORIK UND ÄSTHETIK IM DIENSTE IDEOLOGISCHER MANIPULATION. FASCHISTISCHE LYRIK IN SPANIEN

Es bereitet gewisse Schwierigkeiten, aufgrund eines dichterischen Werkes soziologische Untersuchungen zu den Gründen ("why") anzustellen, aufgrund derer gewisse Gesellschaftsgruppen ("who") die faschistische Ideologie in Spanien verfochten haben, wenn man diese Fragen mit schlüssigen Beweisen zu beantworten gedenkt. Die Beweggründe für die ideologische Stellung einer sozialen Gruppe aufzufinden ist durchaus möglich; wo es sich jedoch um Einzelpersonen handelt, die von ihrer gesellschaftlichen Gruppe abgetrennt waren, liegt der Fall anders. Zum Beispiel stammten die Brüder Antonio und Manuel Machado aus einer altliberalen Institution des damaligen Spanien und waren in der fortschrittlichsten akademischen Institution erzogen worden (in der "Institución Libre de Enseñanza"). Als der Krieg 1936 ausbrach, kam es zwischen ihnen trotz ihres brüderlichen Wohlwollens und trotz ihrer engen literarischen Beziehung (sie arbeiteten vor dem Bürgerkrieg in zahlreichen Theateraufführungen zusammen) zu einem ideologischen Bruch. Antonio Machado blieb der liberalen republikanischen Tradition seiner Familie treu. Manuel Machado wurde zu einem der führenden Lyriker im nationalen Lager. Wie erklärt sich diese Tatsache? Wenn wir, von der lyrischen Produktion ausgehend, eine soziologische Untersuchung zur Mentalität beider Autoren durchführen, so sehen wir uns mit einigen Fragen konfrontiert, die sich aus der Natur jeglichen literarischen Schaffens ergeben. Die Darstellung der Welt, die uns die Literatur bietet, ist gewöhnlich kein zuverlässiges Abbild der Wirklichkeit; sie ist eher die künstlerische Wiedergabe der Wirklichkeit, vermittelt durch eine Sprache mit ihren eigenen Gesetzen. Aber sie ist nicht *die* Wirklichkeit.

Nach diesen einleitenden Bemerkungen dürfen wir die Behauptung wagen, daß es Gesellschaftsgruppen gab (industrielles und landwirtschaftliches Großbürgertum, Sektoren der gewerblichen Mittelstände, Klerus und Militär), welche den militärischen Aufstand grundlegend unterstützten. Aus diesen Gruppen ("who") gingen die Wortführer der faschistischen Gegenrevolution hervor, um Klassenprivilegien und solche vermeintlichen überlieferten Werte wie Besitz, Familie, Ordnung und Religion zu verteidigen ("why").

Andererseits besteht kein Zweifel, was die Natur des Kunstwerks anbelangt, daß sich die Literatur während der Epoche des Faschismus in einer ganz besonderen, fast möchte ich sagen einzigartigen geschichtlichen

Situation befand. In Spanien war das ausgeprägt, denn die lange geschichtliche Etappe geistiger Toleranz seit 1868 schlug plötzlich – mit Ausrufung der Republik 1931 – in eine Radikalisierung des öffentlichen Lebens um, die eine Fortdauer des Klimas toleranten Zusammenlebens von Literaten und Öffentlichkeit unmöglich machte. Symptomatisch dafür ist zum Beispiel, daß in der Zeitschrift *La Gaceta Literaria*, 1927 gegründet von Ernesto Giménez Caballero (der in den 30er Jahren der Hauptvertreter des italienischen Faschismus in Spanien werden sollte), die repräsentativsten Schriftsteller der Zeit Beiträge publizierten und ohne Anfeindungen Themen zum Kommunismus und Faschismus erörtern konnten. Doch nach 1931 waren diese Debatten nicht länger möglich. Das faschistische Phänomen war zu einem Verteidigungsmechanismus für sehr konkrete, genau gekennzeichnete Klasseninteressen geworden, und von jenem Moment an trübte die ideologische Fehde jede literarische und intellektuelle Debatte.

Dennoch breitete sich die faschistische Ideologie in Spanien nur mit großen Schwierigkeiten aus. Vor 1936 fand sie im Land kaum Resonanz, außer unter wenigen Minderheitsgruppen, die hauptsächlich den Universitätskreisen angehörten. Der Militäraufstand vom Juli 1936, von welchem man glaubte, er würde nur ein paar Tage dauern (als ob es sich um einen Putsch des neunzehnten Jahrhunderts handelte), mündete in einen Bürgerkrieg, dessen Ausmaße wohlbekannt sind. Und die Militärs bedienten sich der nationalsyndikalistischen Ideologie, um ihr militärisches Abenteuer in einen ideologischen Mantel zu kleiden, der ihnen seines abgrundtiefen Antikommunismus wegen sehr gelegen kam. Die orthodoxe Rechte hatte, wie Payne schreibt, "keine dem Verlauf eines Bürgerkriegs angemessene Mystik geschaffen, und sie bot keine neue Ideologie, die den Konflikt hätte rechtfertigen können...". Angesichts dieser Tatsache war "die attraktive falangistische Rhetorik" – so meint José Carlos Mainer – "das ideale Mittel, um das Bedürfnis nach Symbologie und Entrüstung zu befriedigen, welche die neue Bewegung brauchte".[1] Diese "attraktive (!) Rhetorik" war von Anfang an militärischen Interessen unterstellt und hatte gleichzeitig die Ideologien der verschiedenen schon erwähnten Gesellschaftsgruppen, die den Militärputsch unterstützten, unter einen Hut zu bringen. So entstand, was unter spanischem "Nationalkatholizismus" bekannt ist. Die faschistische Lyrik beschränkte sich also darauf, ein Instrument im Dienst der nationalistischen Sache zu sein, und in ihrer Gesamtheit legte sie erneut nichts anderes als die faschistische Mentalität in ihrer spanischen Version an den Tag. Diese Mentalität muß – und das haben schon viele Wissenschaftler unternommen – mit der Krise des Kapitalismus in den 20er und 30er Jahren in Zusammenhang gebracht werden, welche in Spanien ganz bestimmte Züge aufwies, die man den besonderen sozioökonomischen Strukturen zuzuschreiben hat.

Dichtung, der beste Dung für unseren Frühling

Als im Jahr 1931 die II. Republik ausgerufen wurde, bildeten sich die Industriebourgeoisie, die andalusischen Latifundisten, die alfonsinische Aristokratie, die Carlisten, die Kirche und das Militär als diejenigen sozialen Kräfte heraus, die sich dem neuen demokratisch-republikanischen Regime widersetzten. In diesem Rahmen tauchten einige faschistische Kleingruppen auf, aus denen die reaktionäre Rechte zu gelegener Zeit Nutzen zog, als sie nach ihrer Regierungsperiode vom November 1933 bis Januar 1936 (dem "schwarzen Biennium") die Wahlen vom Februar 1936 verlor und die Volksfront an die Macht kam. Die ständigen Regierungswechsel während der 2. Republik wurden somit von reaktionären und antidemokratischen Kräften zu ihren Gunsten ausgenutzt. Schon im März 1934 schrieb man in einer faschistischen Zeitschrift:

> Es soll ruhig viele mögliche Regierungen, viele Pakte, viele gebrochene Pakte, viel Hin und Her, viel Parlament, viele lange Tiraden, viel Wortgewandtheit und Verschwörungen, viele "wir sind vorbereitet zu regieren", viele Programme, viele Versprechen, viele Drohungen geben; das ist es, was wir brauchen. Das entleert Spaniens Leib, das ist der beste Dung für unseren Frühling.[2]

Von allen faschistischen Kleingruppen, die in den 30er Jahren auftauchten, war "Falange Española" diejenige, die die größte Rolle spielte[3]. Ihr Gründer, José Antonio Primo de Rivera (1903-1936), Sohn des Diktators Primo de Rivera, war ein junger Aristokrat, der sich in Madrid als Rechtsanwalt niedergelassen hatte. Seine Anhänger, in erster Linie Studenten, gehörten dem Adel und der oberen und mittleren Gesellschaftsschicht an[4]. Es war eine Partei von *señoritos* (junge Männer von Stand), welche sich offen und mit Stolz zu ihrer Stellung bekannten. In seiner Rede anläßlich der Gründung von "Falange Española" (im Oktober 1933) sagte José Antonio:

> Ich wünschte, das Mikrophon, welches ich vor mir habe, könnte meine Stimme in die entlegensten Ecken der Arbeiterwohnungen dringen lassen, um ihnen zu sagen: ja, wir tragen einen Schlips; ja, ihr könnt von uns sagen, daß wir *señoritos* sind. Aber wir bringen den Kämpfergeist gerade um dessentwillen mit, was uns als *señoritos* angeht; wir kommen um zu kämpfen, damit vielen aus unserem Stand harte und gerechte Opfer auferlegt werden, und wir kommen um zu kämpfen, damit ein totalitärer Staat mit seinem Gemeinwohl sowohl zu den Mächtigen als auch zu den Niedrigen gelangt. Und wir sind so, weil in der Geschichte Spaniens die *señoritos* immer so gewesen sind. Auf diese Weise konnten sie die wahrhaftige Rangordnung von Herren erreichen, denn in fernen Ländern und in unserem Vaterland wußten sie dem Tod ins Gesicht zu sehen und die schwersten Sendungen auf sich zu nehmen, gerade weil ihnen, wie wirklichen *señoritos*, alles einerlei war.[5]

Die "Falange Española" proklamierte sich selbst als antidemokratisch ("zerbrochen zu werden ist das edelste Schicksal der Urnen"), als antiliberal, (denn der liberale Staat hat den Arbeitern "die wirtschaftliche Sklaverei" gebracht) und als antisozialistisch, (denn der Sozialismus "sieht in der Geschichte nichts anderes als ein Zusammenspiel von wirtschaftlichen Triebkräften; das Geistige wird unterdrückt; die Religion ist Opium für das Volk; das Vaterland ist ein Mythos, um die Armen auszubeuten... Schließlich verkündigt der Sozialismus das Dogma, daß der Klassenkampf unerläßlich sei..."). Die Falange Española, die sich weigerte, ein *konkretes politisches* Programm vorzubringen, definierte sich selbst als Antipartei, da sie ja gegen jegliche Toleranz von politischen Parteien war, und wollte, wenn nötig auch durch Gewalt (José Antonio sprach bei der Gründung der Falange von der "Dialektik der Fäuste und Pistolen"), die Einheit des Vaterlandes erreichen (Spanien sollte "eine Einheit in der universalen Bestimmung" sein), den Klassenkampf aufheben und den traditionellen religiösen Geist wiederherstellen.[6]

Bei der Verbreitung dieses Programms dürfe man all das nicht geringschätzen (auch dies wurde bei der Gründung im Oktober 1933 betont),

> was eine Gefühlsregung hervorrufen oder eine energische und extreme Stellungnahme kennzeichen kann... Völker sind immer nur von Dichtern bewegt worden, und wehe dem, der gegenüber der Dichtung, die zerstört, nicht eine Dichtung, die verspricht, errichten kann!
> In einer dichterischen Bewegung wollen wir dieses innige Bestreben Spaniens auferstehen lassen...[7]

José Antonio zeigte bei vielen anderen Gelegenheiten eine Tendenz zur Sublimierung, indem er etwas als poetisch oder literarisch bezeichnete, was in Wirklichkeit bloße Rhetorik war, die darauf hinzielte, auf dem Gemüts- und Gefühlsweg ein vages und nebelhaftes, ein abstraktes und irreführendes politisches Programm zu vermitteln.

Der Faschismus hat immer mit den primärsten Gefühlen und Impulsen gespielt, indem er sich die Unsicherheiten und Schwächen der Massenpsychologie zunutze machte. Wilhelm Reich hat zu diesem Punkt darauf hingewiesen, daß der Nationalsozialismus auf die Gefühle und Überzeugungen der Massen einzuwirken versuchte und Argumente vermied.[8] Giménez Caballero, der als Theoretiker des spanischen Faschismus bezeichnet worden ist, hat häufig auf seiner Abneigung gegen die Intelligenz beharrt und dabei das Instinktive und Viszerale verteidigt. In *Der neue Katholizismus, Allgemeine Theorie über den Faschismus in Europa* (1933) schrieb er:

> Ich glaube nur an solche Dinge, die sich mir durch den Unterleib offenbaren... Ich werde es nicht überdrüssig zu wiederholen, daß Kulturen, Städte, Politik, in einem Wort die Geschichte nur so verstanden werden können, wie ein Mann eine Frau verstehen kann: durch eine Eingebung des Herzens.[9]

Von diesem Standpunkt aus formulierte er eine Ästhetik, die seinem Begriff von der faschistischen Doktrin angemessen war. Er begann mit Wörtern umzugehen, welche abstrakte Begriffe vermittelten, die potentiell extreme und unvorhergesehene Reaktionen bei den Massen hervorrufen konnten. Aber diese Begriffe wurden außerdem neu bestimmt und verdreht. Katholizismus, zum Beispiel, war für Giménez Caballero das "Universelle, etwas Allgemeines und Notwendiges". Christus war "vor allem Kampf, Kriegsdienst". Und all dies, weil Giménez Caballero "die faschistische Miliz, die in aller Welt wie die ehemaligen Milizen der Dominikaner und Tempelherren entstehen: voller Geist und Aggressionslust"[10] zu rechtfertigen und zu sakralisieren suchte.

Es galt nämlich, eine Sprache zu gebrauchen, die dazu beitragen sollte, Fanatismus und Überschwänglichkeit zu propagieren. Giménez Caballero verzeichnete in seinem Buch *Kunst und Staat* (1935) mit Behagen:

> Ich merke, daß in Spanien das Wort "Exaltation" nach und nach in unserer geistigen Welt das andere der "Meditation" ersetzt. Und daß der Typ des jungen "Grüblers" von dem der frenetischen Seele abgelöst wird: vom "Exaltierten". Vom Verstand weg gelangen wir jetzt auf einen Weg, der uns viel vertrauter, bekannter, sicherer und wirksamer erscheint: den des Glaubens... Der Mißbrauch des Verstandes pflegt Unschlüssige, Feige, Agnostiker, Verirrte hervorzubringen. Das Einzige, was der Glaube hervorbringen kann, ist der Fanatiker. Aber im Leben eines Fanatikers ist alles beschlossen. Das ist die höhere Bestimmung des Menschen.[11]

Der Dichter Dionisio Ridruejo, der während des Spanischen Bürgerkrieges einen verantwortungsvollen Posten im frankistischen Propagandaministerium innehatte und sich kurz nach Kriegsende von Franco trennte, hat in seinem Buch *In Spanien geschrieben* (1962)[12] das spanische Phänomen des Faschismus unter dem doppelten Gesichtspunkt der Politik und Ästhetik zu entschlüsseln versucht. Die faschistische Ästhetik, so meinte Ridruejo, sei, was auch Lionel Richard[13] gezeigt hat, Widerspiegelung und Unterbau der faschistischen Ideologie gewesen. Der Staat förderte dichterische Rhetorik, eine "Trunkenheit des Stils", die dazu benutzt wurde, aus Kalkül Mythen zu verbreiten und das Denken zu manipulieren.

Lyrik als Vermittlerin

Der dichterische Ausdruck, wie die Gesamtheit der faschistischen Sprache, wurde benutzt, um eine Reihe von Begriffen zu vermitteln, die die Stelle von unwiderlegbaren Wahrheiten einnehmen und als Dogmen akzeptiert werden sollten. Um diese Grundgedanken herum entwickelte man nun einige Schlüsselwörter, die voll magischer Bedeutung sein und zu einem Ritual einladen sollten.

Man ging nun unfehlbar zu der Äußerung über, daß Gott auf der Seite der Frankisten kämpfe und daß José Antonio, der für die Erlösung der Spanier gestorben sei, dazu geschickt worden sei, dem spanischen Volk seine religiöse und kriegerische Sendung zu überbringen. Die Gewalt wurde auf diese Weise sublimiert und zur Kategorie des einzigen Mittels erhoben, das diese göttliche Sendung durchzuführen imstande war. Andererseits bedeutete der Heldentod in einem heiligen Feldzug, im spanischen Fall *Kreuzzug* genannt, die beste Möglichkeit, in den Himmel zu gelangen. Somit wurde auch der Tod sublimiert.

In *Sonettenkranz zu Ehren von José Antonio Primo de Rivera* (1939) schrieb Pedro Laín Entralgo, heute Vorsitzender der "Real Academia de la Lengua":

> Und um seinen Weg zu verkürzen,
> tauschtest du das Leben für den Ruhm ein,
> und Gott erhob dein Schicksal zur Norm.[14]

In Worten von José María Pemán:

> Dein Werk, wie klassisch und gefaßt!
> Gottes Werk in dir... Welch tiefes Geheimnis![15]

Und der Dichter Félix Ros:

> aber deine Stimme erreicht uns wie zuvor.
> In eine zornige Fahne verwandelt,
> peitscht sie ihre Losungen das ganze Jahr,
> und der Flug deiner Pfeile bringt uns Kunde.[16]

Die Anstachelung zum Krieg hat nicht immer José Antonio zum Vermittler. Im "Gedicht von der Bestie und dem Engel" von José María Pemán lesen wir:

> der Finger Gottes hat für Spanien
> ein Sternenschicksal bedeutet,[17]

Franco selbst, in seiner Eigenschaft als Caudillo, führt eine göttliche Sendung aus:

> und Clio wird bewundernd
> in die Ewigkeit mit goldenen Lettern gravieren,
> daß DEIN HELDENHAFTER ARM GOTTES ARM GEWESEN IST.[18]

Diese Auffassung von Gott als Anstifter zu Gewalttaten und gleichzeitig als Verbündeter der Nationalen wurde bis zum äußersten ausgenutzt und zum Dogma für die Nationale Erhebung gemacht. Giménez Caballero hatte sich in seinem Buch *Kunst und Staat* gefragt: "Gibt es denn überhaupt etwas Totalitäreres als die Idee von Gott?"[19]

Die Sprache des Mythos

"Spanien" ist ein weiteres Schlüsselwort mit mythischem Wert. Manchmal wird es dazu gebraucht, durch seine bloße Wiederholung die Tatkraft anzuregen:

> Spanien, Spanien, Spanien steht aufrecht und fest,
> mit geschulterter Waffe und über ihm die Sterne.[20]

"Spanien" beschwor eine traditionelle Wesensart herauf, die in Gefahr war und um jeden Preis verteidigt werden mußte. Diese "Wesensart" war etwas Vages und Unkonkretes, aber sie besaß absolute Gültigkeit. Die Hingabe an diese undefinierbare Idee wird hier und da gefordert und als einer der wichtigsten Gründe für Kampf und Tod angesehen. Ein Dichter läßt einen toten Helden sagen:

> Ich bin tapfer... Das Leben
> war mir wertlos. Ich will
> siegen... Siegen! Ich wollte
> Spanien retten...![21]

Luis Rosales, in "Die Stimme der Toten", erklärt ebenfalls, Spanien sei ein Grund zum Sterben:

> Land, für das man stirbt...
> Oh, Spanien, Mutter Spanien![22]

Man rechtfertigte eine Gewaltanwendung dadurch, daß man erklärte, die Integrität und das Wesen Spaniens wahren zu wollen, welches mit den Begriffen von Glauben, Religion und Schicksal übereinstimmte:

> Spanien steht vor der Welt und erfüllt seine Sendung,
> die spanische Rasse befruchtet die Geschichte,
> dieser Strom von Blut, der ihren Weg kennzeichnet
> ist kein Todespfad, er ist ein Siegespfad.
>
> ... ...
>
> Gott hat es so gewollt; für ihn ist unser Krieg;
> seit Spanien existiert, war dies unser Gesetz:
> wir sind das erwählte Volk, das auf Erden verteidigt
> die gesegnete Religion von Christus, unserem König.[23]

Das Schüsselwort "Krieg" wurde meistens von "Winden" und "Stürmen" begleitet, von blinden und unkontrollierbaren Naturgewalten. Die Opfer des Krieges "fielen" lediglich und kamen immer in den Himmel. Sie waren "Märtyrer", denn sie kämpften gegen die "Satansbrut" (die Republikaner). Engel und Falangisten standen in gutem Einvernehmen miteinander. Man bedenke, daß die Falangisten himmelblaue Hemden trugen, und so schreibt man von einem jungen Gefallenen:

> Das Blau seines Hemdes
> ist jetzt das Blau des Himmels...
> Engel und Falangisten
> bringen ihm Weihrauchrosen dar.[24]

Man versichert uns, der Krieg könne sogar vom Himmel aus geleitet werden:

> Gloria! Gloria! Den Krieg
> führt man besser vom Himmel aus
> als von der Erde.[25]

Der Krieg war somit freudige Annahme eines neuen göttlichen Vorhabens. In einem anderen Gedicht heißt es:

> wenn das Wunder einer neuen Heldentat
> vollbracht werden soll,
> blicken die bei Gottes Thron sitzenden
> Engel auf Ihn... und denken an Spanien.[26]

In dieser Art von Lyrik gibt es eine Häufung von kriegerischen Bildern. So wird zum Beispiel durch das Wort "Schwert" die Männlichkeit und der Stolz der Soldaten auf ihr Kriegertum ausgedrückt. Wenn man sich auf die Heere bezog, wurden sie mit Wäldern verglichen, die dicht, massiv und vom gleichen Saft genährt sein mußten. Diese Heere, hieß es, seien vor allem von jungen Männern geformt worden, die dieselbe Opferbereitschaft vereine und die vom selben Licht geleitet werden. Dieses Licht, dessen Wesen in keinem Augenblick bestimmt wird, trieb sie also zur Tat. In vielen Gedichten hieß es, man müsse ständig wachsam sein. Aus diesem Bestreben leitet sich die große Anzahl von "Trompetenstößen", "Gesängen", "Rufen", "wütenden Fahnen" und eine Vielzahl von Dingen, die "glänzen", "leuchten", "aufflammen" und "knallen" her.

Der Kriegskult ging Hand in Hand mit einem Todeskult, mit dem man den Wunsch nach Überlegenheit durch Gewalt bekräftigte. Das Sterben – oder besser: "zu sterben verstehen" – wird zu einem Glaubensbekenntnis, das die faschistische Ideologie zusammenfaßt:

> Sterben können, sterben können!: das ist
> die höchste Tugend.
> ... ...
> Das Feuer umkreisen, ohne die Flamme zu fürchten,
> ohne Furcht vor Blindheit das Licht zu suchen,
> oder hinaufzusteigen, hinauf, wenn uns auch
> auf dem Gipfel ein Kreuz erwartet.
> Mit einem Lächeln auf den Lippen immer
> unser Leben leben,
> und wenn der Tod uns winkt, lächelnd
> ihm entgegengehen.[27]

Messianismus

Für den spanischen Faschismus ist "Caudillo" ein weiteres wichtiges Schlüsselwort. Er war eine charismatische und messianische Figur, deren Befehle blind befolgt wurden. Hitler sprach in diesem Sinne von "Führerprinzip", und Mussolini wandte sich mit den bekannten Worten ans italienische Volk: "Obbedite perchè dovete obbedire" (Gehorcht, weil ihr gehorchen müßt). Spanische faschistische Dichter hatten sich dieses Prinzip auch angeeignet. In dem Gedicht "Caudillo" heißt es:

> Deinetwegen sind wir, was wir sind,
> wir schulden es dir,
> daß wir Menschen sind und erneut
> das Brot schmecken können.
> Für dich wollen wir alle sterben,
> du bist unser Feldherr,
> Francisco Franco Bahamonde,
> Caudillo und geborener König.[28]

Franco wurde häufig besungen; er war ein bevorzugtes Thema der faschistischen Lyrik. Eine charismatische Figur mit den wunderbarsten Fähigkeiten und Begabungen wurde er fast als übernatürliches Wesen betrachtet. Aber er und seine Heldentaten wurden mit so großem Eifer und solcher Unbeholfenheit geschildert, daß er in einigen Gedichten wie eine Art "Supermann" oder eine Figur aus einem Comic wirkt. In der Romanze "Franco. Legende des visionären Cäsars" wird der Staatsstreich, den Franco von Marokko aus angeführt hatte, sein Einzug in Spanien und die außerordentliche Wirkung seines Feldzugs über Spaniens Boden hinweg, gefeiert auch von der restlichen Welt, beschrieben:

> vom legendären Marokko her
> auf eisernem Adler
> flog Francisco Franco.
> ... ...
> Cäsar erhob sein Schwert
> wie ein Krieger früherer Zeiten,
> und jenseits des Meeres
> stellte er seine Fahnenträger auf...
> ... ...
> Die Brände in den Kirchen
> erloschen, als er vorüberzog.
> Blumen und Ähren ersprossen
> in den verheerten Feldern.
> In jedes Heim zogen ein
> Gerechtigkeit und Bauernbrot.
> Die Berge beugten hernieder
> ihre Gipfel, um ihn zu küssen.
> ... ...
> Und mit den Weltwinden,
> mit einem Schauder der Mittagshöhe,
> vom jungfräulichen Amerika her
> bis zum fernen Orient

erscholl der Name des Cäsaren:
Franco!... Franco! Franco![29]

Im Faschismus gab es immer eine zwar tragische und morbide, aber auch
allzu offensichtliche Komik.

Blut und Boden

Der spanische Faschismus bediente sich des Mythos von der Verbunden-
heit mit dem Boden. Man wollte dadurch ein traditionelles Lebensgefühl
wachrufen und mit ihm alle darin enthaltenen reaktionären Elemente,
insbesondere das Patriarchat als Bild der Autorität. Die Bauern und das
Land, das sie bestellen, wurden im Idealzustand geschildert. Weil Kastilien
für die faschistischen Ideologen ein Symbol des Nationalwesens war,
besangen sie nur den kastilischen Bauern. Die Dichter malen ihn als
glücklich und zufrieden in seiner idyllischen Existenz, einer Ordnung, die
seine Feinde (die Republikaner) zu zerstören trachten:

> Kastilien war glücklich; es hatte Brot und Wein;
> Gesänge für seine Tennen; einen Himmel für seine Sehnsucht;
> ... ...
> doch eines Tages, mit haßerfülltem Flüstern,
> gelangten giftige Körner auf seine Felder.
> Seine Richtfurchen wurden krumm, seine Dörfer erschauderten;
> Versuchung der Hoffart für seine Herbheit;
> Sie wollten es ablenken von seiner harten Arbeit
> und leise das Übel in seine Furchen säen.[30]

Die Falange Española wollte für die Felder und ländlichen Gegenden von
Mittelspanien, die sie mit einer "fortdauernden Substanz des spanischen
Wesens" gleichsetzte, eine Mystik schaffen. Man könnte diese Haltung auf
verschiedene Weise interpretieren. Sie ist mit der Nazimystik des "Blut und
Boden" in Verbindung zu bringen, oder auch mit Oswald Spenglers Kult
des preußischen Militarismus (Spengler sah in Kastilien ein spanisches
Preußen). Aber was mir besonders erwähnenswert scheint, ist der kategori-
sche Widerwille gegen Fortschritt und Industrialisierung. Andererseits
konnte ein politisches Programm wie das von Falange Española (von dem
Unamuno sagte, es wolle "dem Land sein Bewußtsein nehmen") nur in den
rückständigsten Gebieten Spaniens (in Kastilien) eine relative Erfolgsmög-
lichkeit besitzen. Daß die Falangisten dies auch so sahen, kommt in
folgendem Gedicht klar zum Ausdruck:

> Kastilien ist nicht wissenschaftlich; auf seinen Schollen
> wachsen keine Fabriken, sein Lehm bringt wie Athen
> Theogonien und Olivenbäume hervor, Schlachten, Könige, Götter...
> Um Spanien zu gewinnen, muß man wie Christus sagen:
> "Mein Reich ist nicht von dieser Welt"; man darf nicht
> die Sichel erheben, noch dem Leib weltliche Lüste versprechen.[31]

Das Bild der Frau

In der faschistischen Lyrik waren Mann und Frau zwei total getrennte Kategorien. Der Mann spielte als Krieger eine aktive Rolle, der Frau gebührte es zu warten und keusch zu bleiben. Wenn der Ehemann oder der Bräutigam im Krieg fiel, mußte sie warten, bis der Tod sie mit ihm auf einem Stern vereinte. Jeder Gefallene hatte auf einem Stern einen gesicherten Platz. Das Treueprinzip bei der Frau war das absolut Wichtigste. Ein Soldat verabschiedet sich so von seiner Braut:

> Wenn ich in dein Haus nicht wiederkehre,
> such nach mir am Himmelszelt.
> ... ...
> Bis dahin, Maria,
> gib keinem andern einen Kuß.[32]

Und in einem weiteren Gedicht lesen wir:

> Einen, der glücklich
> in den Kampf marschierte
> traf eine Kugel,
> und... er kommt nie zurück.
> Das arme, arme Mädchen
> heiratet nicht mehr!
> Denn seit damals
> unberührt
> gibt sie Spanien
> ihren hellen Traum.
> Sehet, wie sie stickt,
> stickt ohne Unterlaß.[33]

Ein Nebenthema der spanischen faschistischen Lyrik war der Antisemitismus. Man darf nicht vergessen, daß die katholischen Könige Ferdinand und Isabelle schon im 15. Jahrhundert die Juden aus Spanien vertrieben hatten. So oft in dieser Lyrik Hinweise auf Juden vorkommen, werden sie von Angriffen gegen die Freimaurer begleitet. Franco war besessen vom Gedanken an eine jüdisch-freimaurerische Verschwörung.

Hofdichter

Von den Dichtern des spanischen Faschismus zeichnet sich keiner aus. Sie waren alle mittelmäßige Lyriker. Sie schrieben wenig (nur rund 60 Bücher wurden während des ganzen Krieges veröffentlicht). Ihre Sprache war gehoben, sie besaßen einen gekünstelten Wortschatz und einen Bilderreichtum wie ein Feuerwerk. Sie verwendeten eine klassische Metrik, vornehmlich die Sonettform. Es war eine Poesie, die wegen ihrer Rhetorik nicht zum Volk vordringen konnte. In dieser Beziehung unterscheidet sie sich wesentlich von der Lyrik im republikanischen Lager, die einen Romanzero mit seiner volkstümlichen Metrik hervorbrachte, bei dem sowohl die renommiertesten Dichter Spaniens, als auch rund 5000 Unbekannte, in der Mehrzahl Soldaten an der Front, mitwirkten.

Die faschistische Lyrik hat niemals weder auf die aktive Beteiligung von seiten der Volksdichter, noch auf die eines breiten Leserpublikums zählen können. Obwohl man eine Parallele zwischen der Sprache der faschistischen und der republikanischen Dichter ziehen könnte, da ja der Stil bei beiden auf Schwarz-Weißkontraste ausgerichtet ist, besteht der grundlegende Unterschied darin, daß der lyrische Gedankengang der Faschisten in keiner Weise die Wünsche der Volksmassen miteinbezog. Es war der Gedankengang einer Minderheit *für* eine Minderheit. Sie waren sozusagen Hofdichter.

Nach Kriegsende

Ein Jahr nach Kriegsende, im August 1940, als praktisch die Gesamtheit aller spanischen Intellektuellen ins Exil gehen mußte, bekannte der Falangist Torrente Ballester in einem spontanen Artikel, der in Spanien stark kritisiert wurde, weil er die kulturelle Wirklichkeit aufdeckte:

> In kultureller Hinsicht sind wir hiesigen Spanier entwaffnet. Unter uns herrscht die größte Verwirrung, und solche Leute, die schon lange tot und begraben sind und das Gespött der Besonnenen innerhalb und jenseits unserer Grenzen sind, gelten als vorzügliche Größen. Die Dinge müssen dringend ins rechte Licht gesetzt werden, falsche Werte entlarvt und zurück in die Dunkelheit, aus der sie gar nicht erst hätten hervortreten sollen, gestoßen werden. Wir müssen auch dringend klar und polemisch neue Richtlinien für unsere Kultur setzen und so viel Mittelmaß, das heute leider unser Land belastet, beseitigen.[34]

Diese Worte bestätigen die Verse von León Felipe, der im Namen des besiegten Spanien schrieb:

> Franco, dir gehört das Vermögen,
> das Haus,
> das Pferd
> und die Pistole.
> Mir gehört die alte Stimme der Erde.
> Du behältst alles und läßt mich nackt
> in der Welt umherirren...
> Aber ich mache dich stumm... stumm!
> und wie willst du das Korn ernten
> und das Feuer schüren,
> wenn ich die Lieder mit mir nehme?[35]

In den Jahren nach dem Spanischen Bürgerkrieg spielten faschistische Dichter trotz allem immer noch eine entscheidende Rolle. Sie schrieben sogar an der russischen Front, wohin sich einige als Mitglieder der Blauen

Division verdingt hatten. Der Bedeutendste unter ihnen war Dionisio Ridruejo, der Autor von *Poesie in Waffen. Aufzeichnungen aus dem Rußlandfeldzug* (1944)[36].

1941 gründeten die faschistischen Dichter Zeitschriften wie *El Escorial*, in denen sie die Ideologie des Francoregimes durch ständige Bezüge auf die glorreiche nationale Vergangenheit und auf die katholische Religion, die eine Verbündete der Habsburger in den Glaubenskriegen des 16. und 17. Jahrhunderts gewesen war, zu rechtfertigen suchten. (*El Escorial* ist der Name des Palastes, wo Philipp II. die letzten Jahre seines Lebens verbrachte). Das Francoregime wurde somit zum Erben der Habsburgischen Reichspolitik erhoben, die, wie Franco, immer mit der Unterstützung der katholischen Kirche rechnen konnte. Gleichzeitig machten die faschistischen Dichter Franco zum schlimmsten Feind der beiden großen modernen Ketzereien: Universalkommunismus und spanisch-republikanischer Laizismus.

Anpassung

Die Niederlage von Hitler und Mussolini 1945 zwang Franco dazu, seine Politik zu ändern, und es entstand ein starkes Interesse an einem allmählichen Abbau aller äußeren Anzeichen des Faschismus. Kurze Zeit später nutzte man die Jahre des Kalten Krieges und Franco proklamierte sich als erbittersten Feind des Kommunismus und als Verteidiger der abendländischen Werte. Franco begann somit eine Annäherung an die Vereinigten Staaten, mit denen er 1953 den Madrider Pakt schloß. Er wurde zu einem Verbündeten des Westens und sicherte sich dadurch sein politisches Fortbestehen. Im Jahr 1953 - was für ein Zufall! - wurde der letzte offen faschistische Gedichtband veröffentlicht: *Persönlicher Gesang* von Leopoldo Panero, für den er den Nationalen Literaturpreis erhielt. Dieser Autor rechtfertigte den Bürgerkrieg, der eine Million Todesopfer gefordert hatte, und die Ideologie der siegreichen Partei. In seiner Polemik, die er mit all den Dichtern führte, die das Francoregime aus dem Exil kritisierten, ermahnte er sie mit der Arroganz des Siegers:

Wo eine Million fiel, ist das Land mein.[37]

Dieses Buch war zwar der Schwanengesang der faschistischen Lyrik in Spanien, aber nicht des Faschismus, welcher weiterhin ein Komparse des Diktators Franco sein sollte.

Ab 1953 mußte das Francoregime sich vom deutschen Nationalsozialismus und vom italienischen Faschismus distanzieren, um so zum Bundesgenossen der Vereinigten Staaten werden zu können. Die USA sicherten

Franco als Gegenleistung das Fortbestehen seines Regimes in der Macht–position. Von diesem Augenblick an entwickelte sich der National–katholizismus zu einem politischen Mittel der kulturellen Überwachung, aber man gab langsam die faschistische Rhetorik auf, die während des Bürgerkrieges und den ersten Jahren des Zweiten Weltkriegs zur Schau gestellt worden war. Jetzt brauchte Franco keine Sänger für seine kriegeri–schen Taten mehr, sondern treue und pragmatische Mitarbeiter. Die faschistischen Dichter entwickelten sich zu Regimebürokraten oder gliederten sich in die hegemonischen Klassen ein, zu denen sie gehörten und deren Interessen sie von 1936–1939 mit ihren Versen aus einer bequemen Nachhut vertreten hatten.

ANMERKUNGEN

1.   J. C. Mainer, *Falange y literatura* (Die Falange und ihre Literatur) (Barcelona: Labor, 1971), S. 37.

2.   *F. E.*, VIII (1. März 1934), zitiert von I. Gibson, *En busca de José Antonio* (Auf der Suche des José Antonio) (Barcelona: Planeta, 1980), S. 86.

3.   Vgl. S. G. Payne, *Falange. Historia del fascismo español* (Die Falange. Geschichte des spanischen Faschismus) (Paris: Ruedo Ibérico, 1965), und H. Thomas, "Spain", in *European Fascism*, Hrsg. S. J. Woolf (New York: Vintage Books, 1969), S. 280–301.

4.   Laut H. R. Southworth, *Antifalange. Estudio crítico de "Falange en la guerra de España: la Unificación y Hedilla"* (Die Antifalange. Kritische Analyse von "Die Falange im spanischen Krieg: die Vereinigung und Hedilla") (Paris: Ruedo Ibérico, 1967), S. 19: "Der typische spanische Faschist von 1936 war ein junger Mann, vielleicht Anwalt oder Landarzt, selten ein Arbeiter."

5.   J. A. Primo de Rivera, "Discurso de la Fundación de Falange Española" (Überle–gungen über die Gründung der spanischen Falange) (in *Obras Completas*. 1 (Madrid: Instituto de Estudios Políticos, 1976), S. 194.

6.   Alle Zitate des obigen Absatzes stammen aus dem "Discurso..." (vgl. Anm. 5), S. 189–195, passim.

7.   Ibid., S. 194–195.

8.   Vgl. W. Reich, *The Mass Psychology of Fascism* (New York: Farrar, Straus & Giroux, 1970).

9.   E. Giménez Caballero, *La Nueva Catolicidad. Teoría General sobre el fascismo en Europa*. (Die neue Katholizität. Allgemeine Theorie über den Faschismus in Europa) 1 (Madrid: La Gaceta Literaria, 1933), S. 11.

10.   Ibid., S. 107 und 119.

11. E. Giménez Caballero, *Arte y Estado* (Die Kunst und der Staat) (Madrid: Gráficos Universales, 1935), S. 14.

12. D. Ridruejo, *Escrito en España* (In Spanien geschrieben) (Buenos Aires: Losada, 1962), S. 79.

13. L. Richard, *Nazisme et littérature* (Paris: Maspero, 1971), S. 27.

14. *Corona de sonetos en honor de José Antonio Primo de Rivera* (Sonettenkranz zu Ehren von José Antonio Primo de Rivera) (Barcelona: Jerarquía, 1939), S. 9.

15. Ibid., S. 14.

16. Ibid., S. 16.

17. J. M. Pemán, *Poema de la Bestia y el Angel* (Gedicht von der Bestie und dem Engel) (Zaragoza: Jerarquía, 1938), S. 19.

18. J. Martínez Arenas, *Cancionero de la esclavitud* (Liederbuch von der Sklaverei) (Madrid: Aldus, 1939), S. 60.

19. E. Giménez Caballero, *Arte y Estado* (Die Kunst und der Staat), S. 83.

20. *Corona de sonetos* (Sonettenkranz), S. 5.

21. R. Duyos Giogieta, *Romancero de la Falange* (Romanzensammlung der Falange) (Valencia: Vuelo, 1939), S. 40.

22. L. Rosales, "La voz de los muertos" (Die Stimme der Toten), in: *Jerarquía*, 2 (Oktober 1937).

23. J. Martínez Arenas, *Cancionero de la esclavitud* (Liedersammlung der Sklaverei), S. 10-11.

24. R. Duyos Giogieta, *Romancero de la Falange* (Romanzensammlung der Falange), S. 38-39.

25. Ibid., S. 32.

26. J. M. Pemán, *Poema de la Bestia y el Angel* (Gedicht von der Bestie und dem Engel), S. 19.

27. E. Calle Iturrino, *Cantos de guerra y de Imperio* (Lieder von Krieg und Reich), (Bilbao: Dochao, 1937), S. 65-66.

28. J. R. Camacho, *Los versos del combatiente* (Die Verse des Kämpfenden) (Bilbao: Arriba, 1938), S. 49.

29. F. de Urrutia, *Poemas de la Falange eterna* (Gedichte von der ewigen Falange) (Santander: Aldas, 1938), S. 79-80.

30. F. J. Martín Abril, *Castilla y la guerra* (Kastilien und der Krieg) (Valladolid: Talleres Gráficos Cuesta, 1937), S. 7.

31. A. de Foxá, "Poema de la Antigüedad de España" (Gedicht von Spaniens Altertum) (1938), zitiert von F. Díaz Plaja, *La guerra civil y los poetas españoles* (Madrid: San Martín, 1981), S. 29.

32. J. V. Puente, "Despedida" (Abschied), *Vértice*, 2-3 (Mai 1937).

33. A. Haupol Gay, *Antología poética del Alzamiento* (Poetische Anthologie des Aufruhres), Hrsg. J. Villén (Cádiz: Cerón y Cervantes, 1939), S. 75.

34. G. Torrente Ballester, "Presencia en América de la España fugitiva" (Das Dasein des fliehenden Spanien in Amerika), *Tajo*, 10 (3. August 1940).

35. L. Felipe, *Antología rota* (Gebrochene Anthologie) (Buenos Aires: Losada, 1957), S. 161.

36. D. Ridruejo, *Poesía en armas. Cuadernos de la campaña de Rusia.* (Empörte Dichtung. Hefte über den russischen Feldzug) (Madrid: Afrodisio Aguado, 1944).

37. L. Panero, *Canto personal* (Persönliches Lied) (Madrid: Cultura Hispánica, 1953), S. 46.

ABSTRACT

From 1868 the history of Spain was marked by a high degree of intellectual tolerance, but this came to an end in 1931 with the proclamation of the Second Republic and the radicalization of public life. This was a fundamental change of circumstance for writers since it denied them the freedom of expression and opinion to which they had been accustomed. Nevertheless, fascist ideology had difficulty in gaining acceptance and until 1936 it was mainly restricted to groups in university circles. From 1936 the military used the nationalist ideology as a cover for its own militarist and profoundly anti-communist interests. It was supported by certain groups in society (the wealthy bourgeoisie in industry and agriculture, sectors of the professional middle classes and the clergy), who perceived in fascist ideology a means of defending their concrete class interests.

Literature, and lyric poetry in particular, put itself at the disposal of the nationalist cause and reveals in its forms the specifically Spanish version of the fascist mentality. This mentality is connected with the crisis of capitalism and its particular socio-economic structures in Spain. The most important of Spain's small fascist groupings, the "Falange Española", lacked a political program but demanded its own peculiar poetic movement. As a consequence, poetic and religious values are dressed up with rhetoric to convey a nebulous program without content. The new aesthetic remodels and distorts

213

concepts, language becomes an instrument of propaganda expressing ecstatic feelings, fanaticism and calculated myths. Aesthetics and poetic rhetoric can be seen to reflect fascist ideology and its manipulation of thought.

The analysis of a number of poems demonstrates that fascist rhetoric develops a few key concepts to which it ascribes ritual character in the evocation of absolute truths, culminating in the mythical–messianic identification of the "caudillo" with Spain's divine mission and with all eternal values. War and struggle, death and destruction end in images of victory and assured salvation. For all their tragedy and morbidity such poems are often not without their comic aspects. What is typical, however, is that the lyric flights of the fascists never represent or address themselves to the mass of the people; they were written by a minority for a minority. Fascist rhetoric was only abandoned slowly after 1953; the fascist poets became bureaucrats of the regime.

Maryse Bertrand de Muñoz, Montreal

FASCISM IN THE SPANISH NOVEL

The analysis of fascism in the Spanish novel must take into consideration the nuances of this political movement in order to avoid any possible misinterpretation.[1] Rafael Conte calls Falangism, the Spanish version of Italian and German fascism founded by José Antonio Primo de Rivera in 1933, "a special form of fascism" that was soon replaced by "the simple and pure Francoism that evolved from autocracy, corporatism, corruption and violence".[2] Felicitas López Portillo draws the following conclusion in her article on the "Características del 'fascismo' español" [Characteristics of Spanish "fascism"]: Franco's regime was, she writes,

> a military dictatorship with fascist characteristics, such as repression, the foundation of a party of national unity, the formation of a corporate, authoritarian, and highly centralized state, but in general those characteristics can also be found in [...] formal democracies [...] The main difference lies in the lack of industrial development and therefore the non-existence of the monopoly capitalism that would encourage expansionism and competition with other capitalist nations.[3]

Fascism in Spanish culture

During the Civil War an ideology partly inspired by the Falange was imposed on the Nationalist side. This ideology evolved, as we have said, during Franco's regime from various sources and tendencies. In his article "Fascismo y cultura franquista" [Fascism and Francoist culture] José Ortega insists upon the mutual influence of ideology and aesthetics:

> From the vast majority of the texts written between 1936 and 1945, one can clearly deduce that aesthetics fundamentally constitutes an instrument of ideology and not a means of expressing or confronting reality. Fascist ideology, as a conception of a social group and class, the bourgeoisie, makes aesthetics into a simple instrument of ideology. Francoist aesthetics, a derivative of fascist aesthetics, serves that same class, and its aesthetics is not directed towards the raising of people's culture, nor towards a scientific theory of society, since this would come into conflict with its own interests. The prime objective of Francoism is the creation of an utopian and aberrant synthesis between autarchy and socialism which would guarantee the perpetuation of a dictatorial, totalitarian order.[4]

The new culture claimed to provide stability after the discontinuity of the immediate past, to go back to the imperial age of the 16th Century and the old tradition. Therefore, it wanted to mark an obvious rupture with the Republic and even more so with Liberal, anti-Catholic and Communist ideas. Already back in July 1936, Franco claimed to be crusading in the name of Christ. During the post-war period, the Head of State stood as an

Antichrist. "If the Catholic religion is opium", wrote Umberto Silva, "fascist ideology is heroin".[5] In this way, Franco's regime linked both sets of beliefs, even though, as has been mentioned already, fascism was adapted to Spanish circumstances and mentality. All this explains why severe censorship was imposed and many authors were proscribed. Among them are Clarín, Pérez de Ayala and Max Aub. Unamuno's texts and those of Baroja, who was still alive at that time, were mutilated. Nothing is better than censorship to ensure the break with the past. For the diffusion of the new ideology one of the favourite groups was the "Organizaciones Juveniles" (Juvenile Organizations). Its motto was: "The Juvenile Organization has one leader: Franco. It obeys one discipline: the Falange. And it carries out one order: 'For the Empire towards God'".

This epoch was not a happy nor an easy one and many Spaniards took the famous words of José Antonio very seriously, if not to the letter, who said: "We are Spanish, which is one of the few serious things one can be in this world". Thus a rhetoric was imposed throughout the war and the years immediately following it, a rhetoric of admiration for the vigorous, the virile, the heroic, and an insistence that language should not be corrupted when it follows reality.

Fascism and the novel

In this atmosphere, and even creating this very mentality, we find the novelists of the "Empire", who are analysed in the first part of this paper. In their work the praise of the Falange and Falangists is dominant. But in the novels of the Republicans and the exiles, from 1940 onwards, the ideology is totally different and directed against the fascists. Beginning in the sixties in Spain, an opposite movement can also be clearly perceived: the fascists are not heroic any more, nor worthy of praise or admiration, they are mean, inhuman and absolutely despicable.

Before going on to discuss the novels that have Falangists as protagonists or antagonists in some detail I would like to give a brief general idea of such novels. They are aesthetic products even if the aesthetics is not the most important quality for the readers of the nineteen-forties. In fact there are many novels in those years that really are not artistic products at all but merely sub-literary. I will therefore limit myself to the books that deserve the name of literature. The novels I will analyse try to give the reader an image of Spain as their authors saw it, a world where either Falangism was possible, as the founder of this political movement, José Antonio Primo de Rivera, believed, or, alternatively, Republican ideals could be realized. Their heroes are in general young, enthusiastic, profoundly

216

fond of their mother-country and they fight during the Civil War of 1936-1939, not being afraid to die for Spain if necessary. Just like the fascists in National Socialist literature their attitude is one of religious belief; but in general they are *patriotic and Catholic*, which makes them different from the real fascist heroes. A characteristic that we can find in almost all the novels, whether written by Falangists or Republicans, is violence and sometimes cruelty: the main characters are not afraid to inflict physical and moral damage if they think it will be useful to their cause. The novels have clearly fictive elements, plots, characters and actions, but most of the time the protagonists are very close to their authors.

Novels with a Falangist protagonist

The first and most notorious of the Falangists is the Navarrese Rafael García Serrano [b. Pamplona, 1917]. He started his career with *Eugenio o la proclamación de la primavera* (1938)[6] [Eugene or the Proclamation of Spring], a career which culminated in *Diccionario de un macuto* (1964) [Dictionary of a Haversack] and *La paz ha terminado* (1980) [Peace Has Ended]. A staunch partisan of José Antonio's doctrine, García Serrano, who was a very young man at the beginning of the war, began to write very early. He published "Carta de las ansiedades" [Letter of Anxieties] in *Haz*, the journal of SEU (Spanish University Union). "It looks like a rough copy of his future *Eugenio o proclamación de la primavera*"[7]. This little book is a story of youth, almost of adolescence; in fact, its subtitle is "Testimony of experiences before the age of twenty". The author proclaims his limitless enthusiasm for the Falange and the beauty of heroism. Their love for the mother-country is so great that the characters feel frustrated at not being able to die on the battlefields. Full of freshness of feeling, of vigour and the purity of youth, this book grasps very well the social climate of the moment and remains one of the first and most lyrical works from the group of Falangist militants.

However, *La fiel Infantería*[8] [Loyal Infantry], published in 1943, had more importance and influence. This is a vibrant novel of the war: a realistic vision of life at the front, yet it lacks any essential sense of structure. It resembles rather a succession of reports on infantrymen: the narrative thread is again missing. The author hops from one theme to another, making numerous flashbacks without transitions in the present in order to evoke memories, and writes in a worthless, ambiguous style. Nevertheless, there is a main character, Miguel, one of the infantrymen, whose best friends are Matías and Ramón. He became a fascist before the war when he got to know about Primo de Rivera's theories. He was against the disorders of the Republic and thought that the ideas of the Falange were perfectly adapted to Spain. He is the head of a "Company" in the war and he "preaches" the theories of the Falange to all soldiers and friends. He is in his twenties, belongs to the middle class, has a university education and is a fervent Catholic. In him and his friends the fighting youth appears full of enthusiasm and the author seems to be very close to his hero. The refutation of Erich–Maria Remarque's *All Quiet on the Western Front* dominates the whole novel, as poetry and idealism are mingled with the lowest realism of the soldiers. This work, which won the José Antonio Primo de Rivera National Prize for Literature in 1943, was nevertheless withdrawn by the censor in 1943, since this was demanded by the Bishop of Toledo and therefore the ecclesiastic censorship. It did not re–appear until 1957 but has been republished many times since then. The film made from the book also won many prizes. *La fiel Infantería* was held to be a major work, yet it is very far from deserving the fame it once achieved.

Other novels by the same author should be mentioned as representative of works with a Falangist protagonist, such as *Los ojos perdidos* (1958) [Lost Eyes], *La paz dura quince días* (1960) [Peace Lasts Fifteen Days] and *La ventana daba al río* (1963) [The Window Looked over the River]. Yet their value is even less than the two others previously studied.

García Serrano still remains faithful to his youthful ideal, his nationalist fervour and admiration for Franco have not diminished, and in 1980 he admitted so in his book *La paz ha terminado*: "For me Franco's death means the disappearance of the general of my youth and the politician who gave Spain the longest period of peace that history has known. Today we can say that peace has ended"[9].

Another novelist who attempts to reply to Remarque is Cecilio Benitez de Castro in his *Se ha ocupado el kilómetro seis*[10] [The Sixth Kilometer has been Occupied]. Born in Ramales in the province of Santander in 1922, Castro went into exile in Argentina after the Civil War. His writes a patriotic novel in which young Falangists constantly risk their lives in the battle of the Ebro. Julio Aguilar, also a Falangist, gives a first person account of this famous battle in its three aspects of the front, the rearguard and the vanguard. The main war episodes are blended with a sentimental plot, the love affairs of Julio with Lucia and then with Nuri. Although a youthful work, in which grammar and syntax are often flawed, *Se ha ocupado el kilómetro seis* does nevertheless overflow with freshness and love of the mother–country.

García Serrano and Benítez de Castro present in their books some stories directly from the front while others set out to expound their point of view on Spanish history or to analyse the consciousness of their generation as they understood it. Agustín de Foxá [b. 1903 in Madrid, d. 1960], in his book *Madrid, de corte a Checa*[11] [Madrid, from Royal Court to Cheka], makes us see the evolution of the Spanish capital from the years of Monarchy through the Second Republic to the war. He narrates the adventures of a youngster from the Spanish upper class, José Félix Carrillo, who met José Antonio Primo de Rivera in 1933. A few weeks later three Falangists were killed. He then decided to become a member of the Falange for he wanted order, peace and tradition in his country. He composed the Falangist Hymn with the founder of the Falange and other friends. He is about twenty-five years of age, he studied Law at university and is a lawyer from an aristocratic and rich family. When we compare Foxá's life with that of José Félix we can find many similarities. He fights in the streets during the Republic and with the Nationalists during the war, even when he could have gone to France at the beginning of the struggle and remained there.

By means of this hero the narrator brings us into contact with the different strata of society. In the first part, "Flor de Lis", he presents the higher spheres, the Royal Palace, the elegant cafés, the houses of some famous politicians. Then, when the King goes into exile, one can feel the influence of the mass, and the author carries the reader along with him to lower levels. And in the third part, "Hoz y martillo", we are shown the invasion of Madrid by the plebeian classes: there is nothing but sorrow, desolation, hunger, pillaging, low and frantic passions, hatred and crime; people enter the slums, the sordid houses and the cafés of ill repute. Only at the end, with the escape of José Felix and Pilar – a young woman married against her will to a man who died in the war and thus freed his wife – and their arrival in the Nationalist zone, does hope revive. In spite of everything, a deep love has survived which, it once seemed, would never flourish again.

In the end, José Félix decides to fight with the Falangists and to defend his mother country ardently. Yet when he entered this political party he was not totally convinced. The war had to urge and force him to understand the reality of his times. Within the life of the protagonist many fictional characters appear and many real ones as well. The historical elements and the properly human ones blend harmoniously. The construction of the work is solid, the characters well portrayed; the historical fresco is obviously tendentious but drawn with skill. The style is distinguished, elegant, precise, without redundancy or pedantry. "One of the few novels published during the war that is still read with interest", as José Luis Ponce de León said in his essay *La novela española de la guerra civil*[12] [The Spanish Novel of the Civil War].

There is an interesting detail to be added about the way Foxá is described in his own book. In the first edition, one can read how a group of friends near José Antonio composed the Falange Hymn, the "Cara al Sol". And among them stood the count of Foxá. However in the second edition (of 1962) the author's name has been suppressed as one of those present at this reunion. A clear sign of times!

Among the interpreters of their generation are men like Felipe Ximénez de Sandoval, José Antonio Giménez Arnau, José María Alfaro y Gonzalo Torrente Ballester. The first of them, Ximénez de Sandoval [b. Madrid, 1903], published *Camisa Azul*[13] [Blue Shirt] as early as 1937. This "Portrait of a Falangist", as it is called in the subtitle, presents the figure of a convinced partisan, Víctor Alcázar. At thirteen years of age, he was already fighting in the streets during the chaotic years of the pre-war period; he was appointed an infantry corporal in the Legion and died heroically at Toledo. This book resembles *Manolo*[14], a biography of Francisco de Cossío's son, and *Más vale volando* [Better Flying] and *Sacrificio y triunfo del halcón*[15] [Sacrifice and Triumph of the Falcon], a biography of Federico García Sanchiz' son. It is well written but again it lacks real interest as fiction since it is too limited: it becomes a mere Falangist breviary.

Giménez Arnau [b. 1912, at Laredo in the province of Santander, d. 1985] wrote in *El puente*[16] [The bridge] the novel of the founding members of the Falange. It covers the years from 1910 to 1940. Four schoolfriends, Alberto Rodríguez Acosta, Domingo González, Gómez and Perico Gil, studied Law together and later proceed to their Doctorate. They all belong to the middle-class, became Falangists in the early thirties and are very enthusiastic about José Antonio's theory. They part when the war breaks out, the four men fight with the Nationalists and two of them, Alberto and Perico Gil, die during the struggle. The other two leave their place to the next generation. The book is full of love affairs and love. Yet, more than a novel of friendship or love, it is the story of a generation that was meant to serve as a "bridge" to the following generation. The author was a Nationalist and his characters are close to him and his friends: he and his narrator and characters all wished for a better distribution of wealth, order and the maintenance of the Catholic religion in the country.

The construction of the book is solid and each step of the protagonists proves what the author wants to demonstrate. Yet it is not dull, nor too limited, the plot takes place in an indefinite location without any mention of names of cities and battles. The style is fluid, vigorous, without any affectation, but then again full of evocative power. *El puente* will remain as another example of militant literature yet full of dignity.

José María Alfaro Polanco [Burgos, 1906] was another notorious Falangist in the forties and here we can verify the truth of Rafael Conte's statement, "The theme of the war seemed to be reserved exclusively to the Falangist writers"[17]. In Alfaro's novel, *Leoncio Pancorbo*[18], the protagonist, Leoncio, is about thirty-five years of age, he belongs to a rich family and has properties in the country. In him we have another model of the young Falangist, an ideal human being, a man who after much hesitation and many challenges finally finds himself. We witness the moral, intellectual, religious and political education of a young Castillian. Born in Dueñas del Campo, he goes to study in Madrid. He then meets all kinds of people, he reads the classical and modern Spanish and foreign authors. He goes through a very severe religious crisis but he overcomes it. He falls in love with a young lady, and reforms his political ideas on the masses after the events of the first years of the Republic. And finally, he feels so anguished and lonely that he decides to go back to his home-town after learning that his father has died. Life in the fields brings him back to happiness even though the political situation of the country worries him more and more every day. He thought that he had found the right way by getting married, but he does not have time to enjoy his new status: he dies in January 1937, after having fought heroically for his mother-country with the Nationalists.

Here again the author seems to be very close to his hero; the reasons for fighting on the Nationalist side, which he thinks is the same as fighting for the Catholics, seem to be the same for the hero as for the author. As a linear work, extremely patriotic and with a style that is often rhetorical and inefficient, this book recalls *Eugenio o proclamación de la primavera* by Garcia Serrano, yet Alfaro is more tactful than the coarse Navarrese.

Finally, the last of the four novelists who have tried to analyse the surrounding reality, Gonzalo Torrente Ballester [b. El Ferrol in the province of La Coruña in 1910] left, in *Javier Mariño* (1943), a faithful testimony of his past interests. Javier Mariño was the first literary attempt of a young Falangist who was to evolve later toward a more liberal doctrine and who was to gain fame, first as a critic and then as an excellent novelist. His main character, Javier Mariño[19], is a youngster of twenty-six years who escapes from Spain on the eve of the Civil War; his family is not from the upper class, but he is quite snobbish; he has studied at university in Spain and he spends some months in Paris to learn French. There he is literally thrown into various circles. He first meets a young French hispanist, Madeleine, who became a Communist after a disappoint-ment in love and he feels so upset by his own ideas whenever he is with her that he decides not to see her again. On meeting Eulalia, a young mystic, Javier is suddenly attracted to faith and Eulalia's brother suggests to him that Madeleine's salvation lies with him. Javier, who has shouted "¡Arriba España!", the Falangist slogan, at a Communist demonstration in Paris, resists and decides to leave for the Spanish War in order to fight with the Nationalists. His family is Catholic, traditionalist and he wants Spain to follow the same path as it has for centuries. Madeleine accompanies him to Boulogne where he is to embark on a ship for Lisbon; at night they share a single room and the morning after Javier understands that they are inseparable. He will fight in the trenches but his life is bound to Madeleine's as well as to Spain.

This work, in spite of all its faults, is rather interesting. The technique is weak, the numerous hesitations of the still untrained novelist abound. False elements in the psychology or behaviour of the character are frequent. Yet the solid qualities of profound humanity and excellent atmosphere do capture the attention and are even moving. The novel was not very famous, was supressed two weeks after its publication and was finally forbidden by the censor at the end of 1943 for being "sinful". The author himself did not attach much importance to this novel in his literary career, yet it remains one of the most interesting novels of Falangism.

I would like to comment on one last novel published in Spain in the forties before going on to another subject: La mascarada trágica[20] [The Tragic Masquerade] by Enrique Noguera. It mainly narrates the story of a retired colonel, Don Emilio Flores, who lives in the "Asilo de las Hermanitas de los Pobres" in Madrid, an institution for the poor, and that of his family. The father of two children, Don Emilio wished to see only one of them since the other was still a Leftist intellectual at the beginning of the struggle. The latter, Eduardo, had been disappointed by his Marxist ideas during the war; after a stay in prison for political deviation, he joined a storm-troop with the Falangists. At the end of the conflict they are all together again, but Don Emilio has died. Eduardo marries Elena, a young aristocratic widow of a "red" and mother of a little girl. The plot reveals very well that the ideology of this book is totally lacking in subtlety: the "tragic masquerade" was the Marxist ideology, and only the Francoist view is an acceptable attitude. Each chapter starts with a sentence from the Falangist hymn, the "Cara al Sol", and as the author of the preface says, Noguera "talks about that world of feelings with accents of tenderness and uses crude words for the wicked [Republicans]"[21].

All the books analysed so far have similar qualities and defects: they are all products of young authors, in general they all lack structure and all of them are very anxious about the future of Spain. All the heroes are so sure that Falangism can reign in Spain and that it would be the best political party that they are prepared to face anything, even death, to achieve their ideal; they are all traditionalist, Catholic and full of hope for their country.

Novels with Falangist antagonists: Republican Novels

Many critics tend to deny any value to the literature written in the Nationalist zone during the war or in Spain in the immediate post-war years. The following is the verdict of Carlos Blanco Aguinaga, Julio Rodríguez Puértolas and Iris M. Zavala in the *Historia Social de la literatura española, III* [Social History of Spanish Literature III]:

> Within this literature, taken as whole, we find a common scheme. It is a scheme of strict division between the good and the bad, a division that is achieved on the basis of various processes, from the simple falsification of historical reality up to the creation of an "ideal iconography" of the Nationalist hero and including the humiliation of the Republicans to sub-human status, using at all times a rhetoric that oscillates between the oldest literature and the new phraseology and fascist imagery.[22]

However, one could practically make the same comment about the books written by the Republicans during the conflict. Among them too one finds the same rhetoric wavering between old literature and new phraseology (though now from the Left) and the same manicheism. Elías Palma and Antonio Otero Seco [b. Madrid, 1905, d. Rennes, France, 1970], authors of *Gavroche en el parapeto* [Gavroche on the Parapet], confirm this view:

> The Red answers: [to the White]
> You are the past. You are death, you are crime.
> You are terror, you are the scoundrel, you are
> Inquisition, hunger and prostitution [...] We are
> schools and culture, work as the fundamental
> capital of life [...] We are all beauty,
> all the grandeur and and all the sublimity that
> Mother Nature possesses.[23]

The same ideal hero, bearer of true values and beauty, is found in the novels of both sides. In almost all novels published during the conflict, one can read examples of humiliation of the enemy, of utter scorn. One could list all the arguments that condemn without reservation the literature of Franco's partisans. Yet one has to take into consideration the fact that during the war everyone, whether Nationalist or Republican, was pursuing the same aim of persuasion and all means to that end seemed good.

In most novels written by the partisans of the Republicans, whether Spanish or foreign, the enemy is called a fascist, or even "factious" or "rebel". The partisans of the Nationalists or Falangists, on the other hand, never use the expression "fascist". The anti-Francoists hold the unqualified conviction that the rebel generals as well as their followers are fascists. Let us take as an example a fragment from *Acero de Madrid*, [Steel of Madrid] written by a well-known author during the war, José Herrera Petere [born in Guadalajara in 1910, he went into exile to Mexico and Geneva after the war; he died in Geneva in 1977]:

> Black, grey, traitors, tricksters, the rebel officers carried out their uprising with the youngsters the State had entrusted to them.
> At the outset they lacked the courage to tell the truth about their plans.
> They lacked courage and said the revolt had been carried out to defend the Government.
> They lacked the courage to say it was done to
> implant fascism in Spain.
> They lacked the intelligence to see that it was done in order to give Spain to Italian and German imperialism.[24]

Published in 1938, *Acero de Madrid* won the National Prize for Literature that year. It is made up of a group of short novelas which all deal with the resistance in Madrid and which, taken together, form a long work of fiction in which the war is at the centre of the plot. The title was surely inspired by Lope de Vega. The author shows, from the point of view of his beliefs, the victory of the people of the capital over the fascists and he expresses it in a poetic way, even if the events are particularly tragic.

Herrera Petere has written two more books about the struggle of the Spanish people against the abominable ennemy: *Puentes de sangre* [Bridges of Blood][25] and *Cumbres de Extremadura* [Summits of Extremadura][26]. In these books the fascists always appear as the persecutors of the good people, of the young girls or the fighters in the mountains who are defending the interests of the lower classes. The propagandist tone is dominant and we can often read sentences like the following: "A young force, a new luminous life existed in Spain. It was necessary to resist"[27]. For Herrera Petere, as for most of the Spaniards during the war or in the early post-war years, the only true Spaniards were the ones they were defending, be they Republicans or Nationalists.

After the war, the novelists of the Peninsula took longer to adopt a more moderate tone than those who had gone into exile. However the latter were profoundly convinced that the generals and the Rightists had committed a very grave error and had subjected the country to great chaos, followed by decades and decades of darkness and misery. Arturo Barea [born in Madrid in 1897, he went into exile to England; he died in London in 1957], possibly one of the most famous exiled writers, states in his work of 1951, *La Llama* [The Flame]:

> Our war was caused by a group of generals, who were strictly manipulated by sectors of the Spanish Right, mostly fanatically determined to fight any development of the country that might entail a possible threat to their caste.

Yet the rebels had committed the error of using external help, thus converting a civil war into an international conflict. Spain, its people and its Government, did not exist any more in clear, definite form. It was the object of an experiment in which the countries who were partisans of international fascism and the countries who were partisans of socialism or communism took an active part, while the other countries watched us as vitally interested spectators. What was happening was a clear prelude to the near future of Europe and possibly the rest of the world.[28]

I will quote another writer, José Gomis Soler [born in Constantine, Argelia, exiled in Mexico, where he died in 1971], who left for Mexico at the end of the war and shared the same ideas about the multiple errors committed by the Nationalists. However he was favourable for a time to the rebels. In his novel, *Cruces sin Cristo*[29] [Crosses without Christ], he presents the case of a parish priest from Cadiz who recognizes that it was fair and even necessary to rebel against the Republican government. Yet he was soon disappointed and proclaimed his horror of the crimes committed in the name of Christ. His family begged him to recant his opinions but the priest refused. He escaped and was caught by the Falangists and was imprisoned. Once freed, he passed to the Republican zone and was appointed at the Health Department as priest and administrative assistant. He died when going to help a dying Arab. This protagonist is very different from those analysed in the first part of this paper: he is a Catholic priest who takes the side of the Republicans, and his enemies are the fascists who are wicked, violent, and who have no pity for anyone who does not share the same political opinions. The work is very dense at the beginning but later on the author gets lost in accusation and expositions of the Francoists' faults: the novel and the pamphlet-like narration follow each other without blending in together.

One can find another type of novel published by men and women who left Spain between 1936 and 1939 or later: they denounce the regime established at the end of the war. This is the case particularly of Luisa Carnés [born in Madrid in 1905; she went into exile to Mexico in the 1950s and died there in 1964] who wrote a novel, *Juan Caballero*[30] on the guerrilla fighters who had acted during the post-war years to overthrow the regime. The local Falange leader inspires horror in his wife and she decides to bring some medication to a wounded guerrilla fighter for she has been in love with his leader since infancy. Her family does not belong to those who raise their fist but those "who raise their face".

The Falangists commit all kinds of humiliations and barbarities: they beat up the father of the protagonist, and afterwards they hang him up, even though he is dead already. They organize raids with the Army to finish off the guerrillas and they shoot everybody without remorse. The guerrilla fighters want to wipe off "the pain of an enslaved Spain". Yet they do not succeed as Juan Caballero, their leader, dies.

Another author, José Corrales Egea [born in Larache, Morocco, in 1919. He lives in Paris], describes another very interesting aspect of the anti-Francoist struggle in his novel: *L'autre face* [The Other face][31]. In this book over sixty characters represent the different ways of life in many parts of Spain: we can see on one side the winners – Falangists, military men, priests and monks and all those who benefit from the Regime – and the losers – those who suffer from repression, hunger, the material, moral and intellectual misery, the proletarians, the peasants, the intellectuals and all those who want to think for themselves. The lack of liberty is so great, the poverty and misery so tremendous, that nobody can live happily in such a country. This is the "Other Face" of Spain, the real one, not the official one that the papers and authorities try to pretend is the true one.

I could extend the list of exiled novelists who hurl all kinds of insults and accusations against the Spanish authoritarian regime or against the fascists during the hostilities but I will limit myself to two very special books: *Entre dos fascismos*[32] [Between Two Fascisms] by Fernando Palacio Solano and *Rojo y Azul*[33] [Red and Blue] by Fernando Real. In these two novels both protagonists, one who fights with the International Brigades and the other with the Republicans during the fratricidal war, have seen so many horrors, so many massacres, slaughters, blood-baths that they ask themselves which of the two camps is the worse rather than the better one. Both heroes are so disillusioned by what they see in Spain that they do not believe in any idealism any more. For them fascism is just the same on one side as on the other: "While those are murdering their enemies, these murder anyone who does not submit to their dictatorship"[34]. They both denounce the war. In a fratricidal war, we read in *Rojo y Azul*,

> popular disunity is immediate; the people begin to renounce themselves and it is necessary to resort to non-existent ideals, in which nobody believes, but to which everyone clings in order to justify a struggle that has no justification. It is illicit to invoke a feeling of patriotism that nobody can feel. It is the instinct of conservation that obliges them to stir up everybody and everything in a blind desire to save his own life.[35]

Novels in Spain and abroad after 1966

In 1966, Manuel Fraga Iribarne, Minister of Information and Tourism on whom censorship depended, promulgated a new Press Law that abolished the above-mentioned law of 1938. This law guaranteed the liberty of press and print; yet this liberty was far from being absolute, but it did mean a great advance, in comparison with the previous situation. Many novelists took advantage of this occasion to write much that they could not write before, and the vast majority of novels reflect this political change.

One the most obvious results of this law was the appearance of Republican protagonists in the novel of the Civil War. Before, when a character belonged to the Left ideology, he was always the wicked, the damned, the scoundrel. Starting from 1967, when *Las últimas banderas* [The Last Flags][36] by Angel María de Lera[37] was published, the characters of the "defeated" started to abound as heroes of the novels. Lera was himself a defeated man who was in prison for eight years and remained in Spain thereafter. He presents the war as he experienced it, from the Republican side, and his protagonist, Federico Olivares, is similar to him. He describes him and his Republican friends as brave and generous:

> In the centre of the movement of the whole company, Federico is standing and does nothing but yell and indicate with his arms the direction of the attack. Swarms of bullets buzz through the air, from one side to the other, but yet the thunder of the cannons has diminished a lot. [...] Trujillo goes ahead alone, unprotected, defenceless, and throws the first hand-grenade that explodes near the door of the enemy's shelter.[38]

But Lera, like so many writers of the Civil War, condemns the whole enterprise: "Everybody wishes to finish once and for all and to return to a normal life [...] Who are the winners? A few. And those who lose [...] are all the others. The whole people, those on this side and those on the other".[39]

Las últimas banderas opens a new chapter in the history of the fiction of the Civil War. One has to admit that the authors took advantage of the political situation in order to choose scandalous titles, and let us admit it, commercially profitable ones, such as *Memorias de un intelectual antifranquista*[40] [Memories of an Anti-Francoist Intellectual], *Los niños que perdimos la guerra*[41] [We, the Children Who Lost the War], *El mono azul*[42] [The Overall, – typical costume of the workers and Republican soldiers during the war], *El miliciano* [name of the soldiers in the Republican militias], *Borrás*[43], *Azaña*[44] [Name of the President of the Second Republic and of the hero], *Los que perdimos*[45] [We Who Lost].

I will dwell for a moment only upon *Memorias de un intelectual antifranquista* by Angel Palomino [born in Toledo in 1917]. The author pretends to write the diary of a man who lived "thirty years of naive waiting in hope that "this" (the Regime) would fall"[46], a Leftist intellectual without a political flag. A young university student in 1936, he joined the Nationalist troups and fought as little as he could in order not kill his fellow men. However, he started to rebel against the Regime when he understood that they would not let him broaden the Francoist ideology, and make an effort towards democracy. A full professor at Madrid University, he wanted to "make Spaniards adults, free, with brains"[47], but he was accused of provoking disorder and was relieved of his chair and expelled. Since then he has lived in the United States as a professor and spends five months a year in Spain, still hoping that the situation in his country will be resolved.

As a politically bold novel, written in a direct style, sometimes brilliant and humoristic, it had a great success in the bookshops, but the constant irony makes one sometimes wonder about the sincerity of the author towards his character; very often one has the impression that it is more a critique than an apology of anti-Francoism. The author satirizes all the intellectuals who pretended to have always been in the "opposition", just as did Fernando Vizcaíno Casas after Franco's death in *De "camisa vieja" a chaqueta nueva. Crónica de una evolución ideológica* [From "Old Shirt" (Fascist shirt) to New Jacket. Chronicle of an Ideological Evolution][48]. In some fragments the taunt is almost explicit, particularly in the first part, "Memorias íntimas. Justificación" [Intimate memories. Justification]:

> Even with such little skill as I can invest in the task, I will be portrayed as the one I wanted to be, as the one who, occasionally, I believe I am: a Catholic intellectual, critical and non-conformist: the Sartre, the Gandhi of the Spanish University, of Spanish youth.[49]

Another author writing before Franco's death should be mentioned: Juan Marsé [born in Barcelona in 1935, he is one of the best novelists since the seventies], an excellent prose writer, who published *Si te dicen que caí*[50] [If They Tell You I Fell], which was awarded the first International Prize of Mexico in 1973 but could not be published in Spain before Franco's death. The title, taken from the first words of the "Falange Hymn": "If they tell you I fell, I left, to the post I have there. Victorious flags will return to the happy place of peace"; it is pure irony for none of the characters live happily in Francoist Spain and each of them states, in his own way, his discontent as well as his exasperation. Neither peace nor happiness has arrived with victorious flags, rather their opposites, violence, hunger and misery dominate.

Politics and the recent war have a tremendous importance in the narration and at the end the narrator talks about the "long list of phantoms" who are the characters, and he says:

> They would talk about weapons that never arrived and of obscure disillusions, of that helplessness and that obstinate loneliness of the one who is hidden, weaving labyrinths in the memory, of friends tortured and bulleted to the bone; they would talk of the "cause" that would end up buried under the dirty code [...] of an ideal whose origin they could not even define precisely. [...] They would evoke men [...].[51]

All through the book, Barcelona in the post-war years appears horrible, infernal under Marsé's vigorous hand, and the city resembles a microcosm of the country as a whole.

Novels in Spain after Franco's death

a) With a fascist protagonist

During the era of post-Francoism, Falangists and fascists are seldom mentioned in novels. Yet we can point to the first two novels whose protagonist is a fascist: *Sima Jinámar*[52] [The name of a chasm into which victims of Nationalist repression in 1936 where thrown] by José Luis Morales [born in Agüennes, province of Las Palmas, Canary Islands, in 1944], and also *Memorias de un fascista español*[53] [Memories of a Spanish Fascist] by Fernando González [born in 1939, exiled in France for a few years after the war]. The first of these, Sima Jinámar, takes place in the Canary Islands during the war: a Spanish Army unit of regular Moroccan troops, whose sergeant is Arturo Laine, has settled down in a small village. He joined the Falange when three leaders came to indoctrinate the boys at his school, but when the war broke out he was so terrified that he got drunk on the train taking him to the front. He drank and smoked until the end of the battle and came back totally wasted. He wanted to strangle the person who had incited him to enrol in the Falange and he avoided being shot because of mental illness. He recuperated with time and his son inherited his hate of the regime installed at the end of the war. He became a revolutionary, was punished and finished his days in the chasm of Jinámar, the common grave for victims of Nationalist repression in 1936. The Civil War, the Falangists and Francoism are seen here as destructive of lives, of minds, and Arturo Laine, who was deceived by false ideologies, was destroyed forever.

In *Sima Jinámar*, the Falangists and Francoists are described as being even more evil than they are shown to be in the novels of the Republicans in exile and much more so than in the novels after 1966 in Spain; the sarcasm is so tremendous that the reader cannot believe that all the narrator's story can be true, but there surely is a good portion of truth in the text.

The second book, *Memorias de un fascista español*, has more importance and quality as a literary text, but the description of the Falangists and fascists is so caricatured that it is difficult to read it as a fierce critique. The character who writes his story is an ordinary man from the masses. He once was a Falangist during the Civil War, he fought with the "División Azul" [A division of Spaniards who fought with the Germans against the

Russian Army during the Second World War] and then in the German Army. He saw how the future of Spain was not the one he had dreamed of and he confessed that he died morally in 1956. Yet in reality he did not commit suicide until July 18, 1976: "My political disappearance", he writes,

> took place on a fateful morning, quite windy, in the month of February 1956. The fact that I have been continuing my vegetative life until these last moments of July 1976 means that nature has imposed upon me a sentence of more than twenty years to lash me, confirming "with my own eyes" how absolutely none of the ideals that moved me in 1939 have been realized.[54]

This protagonist-narrator believed in the possibility of the triumph of true fascism. He played and lost. In 1976 he has nothing to do in the post-Francoist new world and he prefers to die; he thought that Franco could bring real fascism to Spain, but Franco was a traitor and if Spain was awful during his regime, it became even worse afterwards.

Though the author of this black novel states that it is not a humorous or cruel text, nor a complete and orthodox version of recent Spanish history, all these things are present within the text. The character is infantile and credulous, as well as too exaggerated to be realistic. Moreover the newspaper extracts chosen in order to prove the veracity of his words are among the most ridiculous ever published by the Francoist Press, and cannot be a good proof of his idea; here is an example of such a text:

> Are all the ideas respectable? Does everybody have the right to profess those he thinks convenient? Two centuries of liberalism answer both questions positively. Franco's victory which erased, fortunately for Spain, those two centuries of liberalism, makes us look at truth with a proper awareness. No; the erroneous ideas are not respectable and nobody has the right to profess and propagate them. (Editorial of "ABC", June 1939).[55]

Through all this a fierce satire is achieved, yet often toned down by the humour of the character and the epoch.

b) With republicans as protagonists

In the post-Franco period we find very few fascist heroes besides the ones mentioned in the last paragraph. Times had changed and it was considered bad to be a Francoist and for that reason the majority of the protagonists of the novels with a political ideology are Republicans.

Two old authors, Gregorio Gallego [born in Madrid; fought with the Republicans during the war, was in concentration camps and prisons after the war, was freed in 1963] and Segundo Serrano Poncela [born in Madrid in 1912, exiled in Latin America since 1939, he died in Venezuela in 1976], published novels with a clearly Republican ideology: *Asalto a la ciudad*[56] [Assault on the city] and *La viña de Nabot*[57] [Naboth's Vineyard]. In the first of these a whole family of "anarco-sindicalistas" [anarchists and therefore fighting with the Republicans] is described; the younger son, Javier, is more educated than the others and could study to be a journalist. The book begins with the execution of the three Revilla brothers at the end of the military conflict and then we go back to July 1936. The three brothers fought heroically in the armed struggle and died for their ideal; but Javier, more capable of objectivity than the others, understood perfectly, ahead of time, that anarchism was impossible to live and to sustain in the modern world. So, through him we can feel the same disillusion as in many other novelists: the revolution putrefies, the rulers and the press-directors are not as honest as they should be and no dream of a better society can ever be realized.

In *La viña de Nabot* the protagonist is also a journalist, but instead of being of the lower class like Gallego's Javier, he belongs to the bour-geoisie. This man, Tomás Dídimo Balsaín, was living very well when the army rebelled against the Republic; he decided to enrol in the "militias" and he became the leader of a battalion that was named after him. He fell in love with his cousin Marta María, they lived a life of great passion, but Tomás was executed by the Francoists at the end of the war and Marta María will have to suffer for ever the curse of everybody in her native village. The title of this splendid novel is inspired by the Bible, by Jehovah's words to Elias, and these words drive Tomás, condemned to death, to sorrowful and bitter reflections on his country: "Naboth's vineyard, Spain's vineyard, stoney, dead, they have killed and taken possession of it, and the dogs will lick it tomorrow"[58].

A younger novelist, Juan Benet [b. Madrid, 1927], very well known for his fictional account of the Civil War, *Volverás a Región*[59] [You Will Go Back to Region], published in the sixties, wrote other novels on the fratricidal conflict of the thirties, among which *Saul ante Samuel*[60] [Saul Facing Samuel] is without doubt the best. It is a difficult text, in the style of the "novela estructural" [structural novel] of the end of the Franco's era, and in it the long interior monologue of a man who is waiting, like Saul, for the man who has murdered his brother, a Republican who went into exile, is a profound reflection on the Civil War. The protagonist is the second son of the family, he stands as Cain in front of the pious "Abel, the resigned Saul, the incredulous, puffed up with his own pomp enough to hallucinate a generation of widows or old maids"[61].

As we can see, since democracy was restored in Spain at the end of 1975 the general tendency is to condemn fascism, the military men who began

231

the Civil War, and most of all the Civil War itself which tore Spain apart for generations. I will only mention two books that support this statement: both of them are works of historical fiction and they were very successful in terms of sales, even if they were not really good literature: *El desfile de la Victoria*[62] [The Victory Parade] by Fernando Díaz-Plaja [Barcelona, 1918] and *En el día de hoy*[63] [Today] by Jesús Torbado [León, 1943]. Both works take as their imaginative starting point the idea that the Republicans have won the war and that the Nationalists were the losers. The second of these was really a best-seller with its cover showing a Republican flag and the following text: "Today, with the fascist army captured and disarmed, the Republican troops have achieved their last military objective. The war has ended", signed by Manuel Azaña, President of the Republic. This was like Franco's text at the end of the war but here the names of the defeated and the victor were exchanged one for the other. The interesting point of these two novels is that the situation after the war in a fictional Republican Spain is no different from the way things really were in Franco's Spain; in both books the incidence of political dissidence and the social problems are the same and in each there is a political murder. So the Civil War has changed nothing in Spain, the winners were no worse than the losers would have been and a Civil War is always a pointless barbarity.

At the end of these reflections on fascism in the Spanish Novel, one can say that although a good many works are to be found in Spanish literature of the war and the years following it, in reality they are few in comparison to the long extent of Franco's authoritarian regime. Nor can we find novels of great distinction, but then again some are enjoyable to read for their literary merit or for the veracity of atmosphere and character.

This conclusion may stem from the fact that Francoism was not entirely a fascist political system in the true sense of the word and no clear position could be taken by anybody. Let us quote a long fragment of Dionisio Ridruejo, who was one of the more famous young Falangists during the war but one who completely changed his political ideology during the forties. He first defines fascism:

> Here we call Fascist those movements that are characterized by a series of features – including rituals – which, taken together, defined an ideology, a strategy and even a political style: transcendent nationalism, an authoritarian and totalitarian conception of the State, vindication of power for a messianical minority, the identification of nature and "people" in order to create the illusion of a harmonious society, more or less corporate in its organization, the cult of violence and the adoption of the appearance of militarized movement.

Later he states: "Pure, technocratic Francoism conforms to other models of the reactionary family"[64]. Whatever Francoism actually was, it was conceived by the majority of intellectuals and its political opponents[65] at least as a movement with fascist tendencies, and all the characters of the novels during the war or after are always painted by the enemies of the Nationalists as the worst evil that can be imagined. Real Falangism, on the other hand, lasted for such a short time that it could really inspire just a few, generally very young authors who were not yet ready to write novels of a genuinely aesthetic and artistic character. In both groups at any rate, whether favourable or unfavourable, political passion was too deep and partiality too evident. And as we all know, without objectivity there can be no great literature.

To conclude these reflections on the works of fiction that have as protagonist a Falangist or comment negatively on the actions of the Fascists, the Francoists or the Falangists, I should like to quote a significant sentence from a novelist, Francisco Umbral, that sums up the feelings of so many people to-day, fifty years after the tremendous war of 1936-1939 and more than a decade after Franco's death. This man, Francisco Umbral, born in Madrid in 1935, is very well known in the world of press and literature. In *Trilogía de Madrid. Memorias* [Trilogy of Madrid. Memories] he states flatly: "Fascism is the leprosy, epilepsy, syphillis and Inquisition of the Twentieth Century"[66].

NOTES

1. Cf. "Falange española" and "Fascism, Spanish" in *Historical Dictionary of the Spanish Civil War, 1936-1939*. Edited by James W. Cortada. Westport, Conneticut, London, England: Greenwood Press, 1982, pp. 191-195, 196-202.

2. "La novela española y la guerra civil". *Historia y memoria de la guerra civil. Encuentro en Castilla y León*, Valladolid: Junta de Castilla y León, 1988, p. 449. Author's translation.

3. México: *Thesis*, 3, October, 1979:75. Author's translation.

4. Texto critico. Vol 14, 1979, p. 159. Author's translation.

5. *Arte e ideologia del fascismo*. Milano: Gabriele Mazzotta, 1971. Valencia: Fernando de Torre, 1975, p. 152. Author's translation.

6. Burgos, Editora Nacional.

7. José-Carlos Mainer. *Falange y literatura*. Barcelona: Labor, 1971, p. 35. Author's translation.

8. Madrid: Editora Nacional, 1943.

9. Barcelona: Planeta, p. 209. Author's translation.

10.   Prólogo de Luys Santa Marina. Barcelona: Editorial Juventud, 1939.

11.   San Sebastián: Librería International, 1938. Second edition: 1962.

12.   Madrid, Insula: 1971, p. 104. Author's translation.

13.   Valladolid: Sentarén.

14.   Valladolid: Sentarén, 1937.

15.   San Sebastián: Editorial Española, 1939.

16.   Madrid: Ediciones Españolas, 1941.

17.   "La novela española y la guerra civil", p. 449. Author's translation.

18.   Madrid: Editoria Nacional, 1942.

19.   Madrid: Editora Nacional, 1943.

20.   Prólogo de "Spectator". Zaragoza, 194?

21.   Ibid. p. 7. Author's translation.

22.   Madrid: Castalia, 1979, p. 62. Author's translation.

23.   Madrid: Nueva Imprenta Radio, 1936, p. 119. Author's translation.

24.   Madrid-Barcelona: Editorial Nuestro Pueblo, 1938, p. 116. Author's translation.

25.   Barcelona: Editorial "Nuestro Pueblo", 1938.

26.   Barcelona: Nuestro Pueblo, 1938. México: Ediciones Isla, 1945.

27.   *Fuentes de sangre*, p. 13. Author's translation.

28.   Buenos Aires: Losada, pp. 264-5. Author's translation.

29.   Mexico: Compañia General de Ediciones, 1952.

30.   Mexico: Novelas Atlante, 1956.

31.   Paris: Gallimard, 1960. *La otra cara*. Paris: Librería española, 1961. Paris: Ediciones Hispanoamericanas, 1972.

32.   *Memorias de un voluntario en las Brigades Internacionales. Novela histórica.* Valparaiso de Chile: Editorial "Más Allá", 1940.

33.   Buenos Aires: Ediciones Peuser, 1957.

34.   *Entre dos fascismos*, p. 44. Author's translation.

35. P. 110. Author's translation.

36. Barcelona: Planeta, 1967. (39 editions in 1983).

37. Born in Baides, province of Guadalajara, in 1912. He was a Republican during the war, was imprisoned for eight years in 1939, but he remained in Spain after he was released, died in Madrid in 1984, and was at the time the president of the Association of Authors of Spain.

38. Op. cit., p. 166. Author's translation.

39. P. 86-7. Author's translation.

40. Angel Palomino. Madrid: Alfaguara, 1972.

41. Luis Garrido. Madrid: Ediciones Literoy, 1971.

42. Aquillino Duque. Barcelona: Destino, 1974.

43. Luis Perpiñá Castellá. Barcelona: A.T.A., 1971.

44. Carlos Rojas. Barcelona. Planeta, 1973.

45. Angel María de Lera. Barcelona: Planeta, 1974.

46. Op. cit., p. 425. Author's translation.

47. Op. cit., p. 244. Author's translation.

48. Barcelona: Planeta, 1976.

49. *Memorias de un intelectual antifranquista*, p. 54.

50. México: Novaro, 1973.

51. Op. cit., p. 345.

52. Madrid: Ediciones de la Torre, 1977.

53. Madrid: Editorial Personas, 1976.

54. Op. cit., p. 221. Author's translation.

55. Chapter 2. Justice. Author's translation.

56. Barcelona: Argos Vergara, 1984.

57. Madrid: Albia, 1979.

58. Op. cit., p. 421.

59.   Barcelona: Destino, 1967.

60.   Barcelona: La Gaya Ciencia, 1980.

61.   Ibid., p. 132.

62.   Barcelona: Argos, 1976.

63.   Barcelona: Planeta, 1976.

64.   "Los escritores fascistas". *República de las Letras*, Mayo, 1986, pp. 79-80. From *Destino*, 1 Feb. 1975.

65.   However I cannot in any way agree with Julio Rodrigues-Puértolas, in *Literatura española fascista* (Akal, 1986) that: "In this work we call "fascist" everyone who in one way or another has put his pen and his thought at the service, with all the nuances that we could wish, of the political regime risen from the military rebellion against the Second Spanish Republic on the 18th of July 1936" (p. 9. Author's translation).

66.   Barcelona: Planeta, 1984. Author's translation.

ZUSAMMENFASSUNG

Eine Analyse, welche die Darstellung des Faschismus im spanischen Roman zum Thema hat, muß die verschiedenen Nuancen dieser politischen Bewegung in Betracht ziehen, um Fehlinterpretationen zu vermeiden.

Während des Bürgerkriegs entstand auf seiten der Nationalisten eine Ideologie, die hauptsächlich von der "Falange Española" geprägt war. Diese Ideologie wurde verschiedenen Einflüssen unterworfen und entwickelte unter der Regierung Francos divergierende Tendenzen. Die neue Kultur gab vor, mit der unmittelbaren Vergangenheit zu brechen und auf die Zeit des Römerreichs, des 16. Jahrhunderts und die alten Traditionen zurückzugreifen. Damit sollte ein deutlicher Bruch sowohl gegenüber der Republik als auch den liberalen, antikatholischen und kommunistischen Ideen sichtbar gemacht werden. In dieser Atmosphäre, und eben zu dieser Mentalität selbst beitragend, schreiben die Romanautoren des "Empire", die im ersten Teil der Arbeit analysiert werden: Rafael García Serrano, Cecilio Benítez de Castro und Agostin de Foxá. In ihrem Werk werden die Falange und die Falangisten verherrlicht. Zu den Interpreten dieser Generation gehören auch Autoren wie Felipe Ximénez de Sandoval, José Antonio Giménez Arnau, José Maria Alfaro und Gonzalo Torrente Ballester. Ein anderer Autor, Enrique Noguera, gehört zu den ersten Darstellern der Kriegs- und Nachkriegszeit.

Der zweite Teil der Arbeit befaßt sich mit Romanen von Republikanern, die gleich nach dem Krieg im Exil geschrieben wurden, und solchen, die ab 1960 in Spanien entstanden. In diesen Werken zeichnet sich eine Gegen-tendenz ab: die Faschisten werden nicht mehr wie früher als heroisch oder bewunderungswürdig dargestellt, sondern im Gegenteil als böse, inhuman und verachtenswert. Diese Autoren sind überzeugt, daß der Feind einen schweren Irrtum begangen und das Land ins Chaos gestürzt hat, was Jahrzehnte der Dunkelheit und des Elends zur Folge hatte. Diese Ansicht findet sich auch im Werk der folgenden Autoren: Arturo Barea, José Gomis Soler und Luisa Carnés. Im Jahre 1966 erlaubte ein neues Pressegesetz die Darstellung republikanischer Protagonisten in Romanen über den Bürgerkrieg. Bis dahin hatte eine Figur, die der Linken angehörte, stets als der gemeine, verwerfliche Schurke aufzutreten. Mit Angel Maria de Leras Roman *Las últimas banderas* (Die letzten Banner) von 1967 begannen die Verlierer in großer Zahl die Heldenrollen in den Romanen zu übernehmen. Das wichtigste Beispiel dafür sind die *Memorias de un intelectual antifranquista* (Erinnerungen eines antifrancoistischen Intellektu-ellen) von Angel Palomino sowie Juan Marsés *Si te dicen que caí* (Wenn sie dir sagen, ich sei gefallen).

In der Zeit nach Franco werden Falangisten und Faschisten selten erwähnt in den Romanen. Die ersten beiden Romane, deren Protagonisten Faschisten sind, können jedoch genau bestimmt werden. Es sind José Luis Morales' *Sima Jinámar* von 1936 und Fernando González' *Memorias de un fascista español* (Erinnerungen eines spanischen Faschisten).

Abschließend zu diesen Überlegungen über die Darstellung des Faschis-mus im spanischen Roman läßt sich sagen, daß die Anzahl von Werken der spanischen Literatur, welche den Faschismus und die Nachkriegs-Periode behandeln, obwohl beträchtlich, doch letzten Endes viel geringer ist, als es die lange Regierungszeit Francos hätte erwarten lassen. Auch sind diese Werke, was ihre literarische Qualität betrifft, nicht von erstem Rang.

António Costa Pinto, Lisbon

THE LITERARY ASPIRATIONS OF PORTUGUESE FASCISM[1]

As the organized expression of Portuguese fascism during the 1930s, the National Syndicalist Movement concentrated a significant number of young intellectuals in its founding nucleus. A small group, young and for the most part university students, who closely associated pretensions towards political intervention with others of a cultural nature, were the initiative behind the creation of this fascist movement in 1932.

Certain National Syndicalist leaders figure among the "greats" in the history of Portuguese literature and fine arts in the 20th century, as in the case of António Pedro (1909–66), the principal figure of surrealism. Others, such as Dutra Faria, faded out as officials of the Salazar regime's propaganda apparatus, and can only be found as a minor note in literary encyclopedias.

National Syndicalism (N/S) had specific ideological origins, not being an externally influenced and accidental phenomenon. These origins can be found in the emergence of the Portuguese radical right at the beginning of the century, and fundamentally in the so-called Integralismo Lusitano (IL), a political and intellectual movement founded on the eve of World War I. The IL, the most obvious inspiration for which was Maurras's Action Française, defined itself as an anti-liberal, monarchist, corporatist and traditionalist movement. The ideological combat propagated by its leaders was quite diversified and widespread.[2]

In following this strict association between cultural intervention and political action, the N/S were doing nothing more than following the footsteps of their "spiritual fathers" of the World War I generation. For, despite the political and aesthetic differences which separated them, futurists, modernists, and traditionalist intellectuals played an important role in the restricted criticism of parliamentarism and in defence of authoritarian alternatives to liberal democracy. It is not worth going more deeply into this already classic social science research theme, but it does serve as a synthesis of the main tendencies this movement came to assume in Portugal.

1. The Intellectual Challenge to the Liberal Order: Between Nostalgic Ruralism and Modernist Cosmopolitanism

The Portuguese First Republic (1910) represented a failed process of democratization. The republican elites had made their programme one of

238

universal suffrage, anti-clericalism, and nationalism, based on the fight against dependence on Britain and in defence of the colonial patrimony. The year 1910 saw the promulgation of a complete body of legislation on accelerated secularization, which, accompanied by a strong anti-clerical movement, would lead to the breaking of relations with the Holy See. These measures, for the most part inspired by those taken five years before by the Third Republic in France, had a profound impact on the Catholic hierarchy. Wider suffrage would never be embraced, the pretext being the first monarchic revolts launched from Spain. Inheriting some of the electoral notables of the liberal monarchy, the Democratic Party turned rapidly into a hegemonic one.

The crisis provoked by the Republicans' defence of intervention in the war as a means of protecting the colonial patrimony accentuated the crisis of legitimacy for liberal parliamentarism. The small but aggressive working-class movement continued to inspire fear among the upper classes, given the notorious inability of the republican regime to promote their integration. However, the role of the Portuguese "bienio rosso" in the authoritarian wave that overthrew liberalism cannot be exaggerated. To cite Organski's model: breaks such as those between city/country, traditional/modern elites, typical of a "dual society" – as Portugal was in the twenties – relate better to any analysis of the fall of Portuguese liberalism than industrial bourgeoisie / working class.[3]

The 1926 military coup that put an end to the parliamentary Republic was not just a pretorian-like military intervention in political life.[4] Liberal republicanism was overthrown by an army divided and politicized, and fundamentally so since the intervention in the First World War. It had suffered calls to revolt from organized factions within itself, running from conservative Republicans to the Social-Catholics and the Integralists, along with related fascist appendices, particularly influential among young officers. It was these officers who formed the basis of the first modern dictatorship established in Portugal – the short Dictatorship of Sidónio Pais (1917–18) – which was a preview (namely in its anti-plutocratic populism) of certain features of fascism.[5]

The ideological influence of these agents was not equal. Without doubt the principal ones were the Integralists and the Catholics. The former were traditionalist monarchists and made "integral corporatism" their alternative to liberalism, stressing rural and anti-cosmopolitan values. These last two values were also held by the latter, whose platform came from the corporatism of the papal encyclicals. While still mainly monarchists, the Catholics adopted a pragmatic attitude of acceptance of the republican formula. Yet they shared the anti-liberal intransigence of the IL, theirs being a firmer programme of support for the teaching profession and the influence of the church, directly expressing the voice of a religious hierarchy profoundly shaken by republican anti-clericalism and its secularization programme.[6]

The Military Dictatorship (1926) straight away took care of certain problems dear to the conservative bloc. The Democratic Party was driven from power, its leaders exiled. The trades unions - dominated by anarcho-syndicalists - saw the right to strike and their room to manoeuvre greatly restricted by law. Nevertheless, revolutionary challenges to the Dictatorship came almost exclusively from the republicans, one exception being the 1934 "general strike" against Salazar's corporatist system. The Catholic church gave its blessing to the coup, although prudently so, given the presence of many military men and civilian republicans, and it offered up its lay sector for eventual ministerial posts. The Military Dictatorship was, however, a very unstable regime. A succession of conspiracies, palace coups, and even revolutionary attempts clearly demonstrated the struggle for hegemony among the vast conservative coalition that was its base. Given the political diversity of the conservative bloc and its inability to overcome the military establishment, there were continuing difficulties in the consolidation of an authoritarian order. Curiously enough, it was under the Military Dictatorship that the fascists already enjoyed a certain influence, as they were present in the young officers' groups, led certain autonomous organizations, and developed a certain role in the removal of the republican military component.[7] It was this unstable "limited pluralism" which had the military acting as mediators that was progressively dominated by Salazar, a leader of the small Catholic Centre Party. He had been nominated Minister of Finance in 1928 and, although he had technocratic polish as a "financial saviour", he was neither unknown, nor, above all, apolitical.

The growing nationalism of the Integralists, who had begun their activity in 1914, was based on a true "reinvention of tradition". Most of their leaders wrote unending historical essays on the legitimacy of an authoritarian alternative to liberal republicanism and they claimed a close association with the political arena, never hiding the ideological function of their writings. António Sardinha (1888-25), the founder of IL, connected his nostalgic poems about traditional rural society to a group of historical essays in which he attempted to prove the decadence which "foreign imported" liberalism had brought to Portugal. The direction taken by his political and literary prose was one of clear rejection of modernization and all phenomena associated with it, which, although modestly, had characterized Portuguese society since the turn of the century.

This ideological reaction to industrialization, urbanization and (relative) mass politics, aggravated by the abruptness of the republican secularization program, was the expression of still dominant values among the provincial elites. Yet through aggressive publicity and active political intervention in all anti-democratic movements – particularly in attempts to restore the monarchy – the political and intellectual dynamism of the Integralists rapidly overflowed into student and university circles.

Portugal's participation in World War I and the brief Dictatorship of Sidónio Pais came to contribute to the mobilization and diffusion of a new and more modern literature. However, this literature had enormous political affinities with the Integralists, given their radical anti-liberalism. A new generation of poets and writers, under the influence of Italian futurism and modernism, above all came to consecrate nationalism and war. Messianism was reborn in the shape of a defence of the appearance of a "saviour", for many crystallized in the fleeting figure of Sidónio.

The most well known Portuguese poet of the 20th century, Fernando Pessoa (1888–1935), dedicated one of his best poems to the figure of the young Dictator. Throughout his poetry and political essays he reveals himself to be a defender of dictatorial order.[8] Fundamentally, literary production associated with the cultural vanguards of the twenties expressed a growing disaffection from liberal republicanism, an exacerbated nationalism – authoritarian and elitist nationalism – , and an inclination towards ideas of order and hierarchy.[9]

Specifically in poetry, the number of citations could go on and on. The "holiness" of the fatherland's regeneration through military intervention and of a "leader" brought through providence was a constant theme. This dynamic was in any case aided by many "minor" poets and writers in a constant intertwining of political action and literary production. The first attempts to creat fascist movements in the twenties are an example of this synthesis.

João de Castro Osório is a typical example. Founder of the *Nacionalismo Lusitano* in 1923 – an embryo fascist party destined to weakness – he was a poet and dramatist.[10] In his works he always sought to reconcile historically restrained nationalism with Italian fascism as an external influence and the figure of Sidónio Pais and his brief and incomplete regime as an internal one. Other writers such as António de Cértima and Augusto Ferreira Gomes participated actively in this movement.

António de Cértima introduced the figure of the "ancien combatant" of World War I, consecrating Portuguese soldiers in poems and novels, par–

ticularly those who had fought in Angola for the defence of the Portuguese colonies threatened by the German presence in South West Africa. In the late 1920s Cértima would publish *The Dictator*, a mystic defence of a "super-chief" for Portugal.[11] Although they were less stamped by any clear political militancy, the majority of Portuguese futurists and modernists did not hide their active participation in the dissolution of the liberal order.

António Ferro, who in the mid-thirties would be nominated the chief of propaganda for the Salazar regime is one example of permanent political mobilization. An important exponent of the first Portuguese modernism, Ferro was a journalist and writer fascinated by Sidónio Pais.[12] He was an active member of far-right organizations which throughout the 1920s used the dead dictatorial candidate as their political point of reference.

In short, the intellectual legitimation which Sternhell called the "undermining of democracy" was particularly strong in the Portuguese cultural elites during the 1920s.[13] Their dominant values were: reviving the defence of a traditional social order and a ruralist and Catholic mould. The modernists and futurists, however, introduced some more modern themes and new "aesthetic" colours, they deified violence and strength, and a dictator as mystic "saviour".

2. National Syndicalism and Fascist Literature

National Syndicalism had been born during the Military Dictatorship, with the transition to Salazar's "New State" already in full swing. This determined its nature as one of the political "families" under the Dictatorship, in "fascist opposition" to the rising authoritarian power. It is a situation comparable to some of those experienced in Eastern Europe, where fascist movements suffered hostility and enforced integration at the hands of such rising authoritarian powers.

Formed in 1932 by Rolão Preto, one of the youngest IL leaders, the movement's base consisted of a nucleus of students who some months before had begun publishing *Revolução*, a daily newspaper. As heir to IL's most radical and pro-fascist wing, NS attracted a growing number of adherents, especially among students. What made it particularly dangerous to the dictatorship was that, additionally, a large section of the army officers who had taken part in the 1926 military coup were also members.

Salazar was already the Dictatorship's principal figure even though he was still just Minister of Finance and, having some years before created the embryo of the "single party" through government initiative, he was received with suspicion by the NS on his nomination as Prime Minister in 1932.

A law of 1930 decreed the formation of the *National Union*, with the purpose of bringing together the civilian forces supporting the regime. In 1933 Portugal was proclaimed a "Corporatist Republic". It was a compromise between liberal and corporatist principles of representation, but the former would be corrupted by later legislation and the latter limited and made secondary. What remained were the iron-handed Dictatorship of Salazar and a National Assembly occupied by the single party, elected through non-competitive elections. In order to avoid the loss of any powers, even through a Chamber dominated exclusively by the National Union, the almost complete autonomy of the executive was consecrated.

As guarantor of the military interests, General Carmona was kept as President of the Republic. The censorship office eliminated any idea of conflict and turned on the opposition in much the same way as they had earlier turned on the fascist minority which had insisted on challenging the new regime. This was all accomplished "from above", without mass demagogic fascism, counting more on generals and colonels than on lieutenants, and more on the Interior Ministry than on the street. With a few minor shocks, political liberalism was in eradicated in 1934 and the republican institutions replaced.

Salazar had always maintained certain central ideological features derived from the cultural wellspring from whence he had come: a Social Catholic of traditional and anti-liberal origin, in a context of accelerated modernization and secularization which for him symbolized the First Republic. He was an ultra-conservative in the most literal sense of the word. He defended uncompromisingly his rejection of any kind of democracy. Conscious of the inevitability of modernization, he led the country, always concerned with the survival and well-being of anything threatened by waves of modernity.

National Syndicalism became more and more a fascist opposition to the new power and, after backing a split within the movement, Salazar dissolved it. In 1935 NS, already an underground movement, would participate in an attempted coup aimed at overthrowing Salazar.

The limitations of a literature with a positive fascist content are easily detectable in Portugal. There was no movement, no positive goal (such as the civil war in Spain), or Dictator to galvanize the literary field. Salazarism was the inspiration for an abundant literature based on Catholicism, but held little attraction for the fascist-type models.

The following two examples of literary production close to the NS demonstrate the contradictions pointed out above. In the case of António Pedro, fascist prose was accompanied by a demarcation of authoritarian power. As for Dutra Faria, he was a more concrete example of the limits of an "engagé" type of fiction associated with fascism.

2.1. António Pedro and the "Seven Demons of Democracy"

With no exaggeration, António Pedro was one of the most enthusiastic and virulent adherents to fascism. As one of his best students would state, "he was a fascist in 1934 and a socialist in 1948", but "with a common denominator: a visceral repugnance for the cold paternal provincialism of Oliveira Salazar(...)".[14]

A member of a wealthy family from northern Portugal, Pedro had collaborated on far-right publications linked to the IL since high school. He was one of the leaders of NS and chief editor of *Revolução*, its central organ. Along with his NS activity he also founded Lisbon's first modern art gallery, the UP, and the publishing house of the same name. After the repression and dissolution of the movement he went to Paris where he removed himself from political activity and linked up with surrealist circles. He would again take up political activity, though more in the democratic opposition, during the Second World War as a BBC announcer and after his return to Portugal. In the 1950s he declared in an autobiographical letter to a friend, in a flight of self-criticism, that "politically, I only know what I don't want and thus I have been mistaken a number of times, and always when the circumstances demanded positive action. Demanded, no. Had demanded. Politics is for me the only thing that I no longer have time for."[15] In the early thirties, however, he dedicated much of his time to "politics".

Pedro proclaimed himself the herald of a "new generation" and for him the fascist is young and "modern". One who should develop himself and oppose the "old" and "liberal". " We", he proclaims, "men of the 20th century and in opposition to the intellectual lyricism of Tolstoyan Christianity, (...) we owe to the war, under whose crash and din we were born, the awakening of a new virility and of a clan – that is to say – the rebirth of a gregarious and collectivist instinct, ready to accept an imperialist and constructive regime of force."[16].

Using the League of Nations as a representative of the liberal "old world" associated with the 19th century, Pedro profiles for us the enemy to be defeated in images of extreme virulence. The profile of a League of Nations, "feeble caricature of a concert of anachronisms (...). Followed by weeping charlatans (...) later come the hooked-noses, the Jews of finance, vultures without a nest, (...) whispering (...). They follow, greasy and fat, the bowler-hatted bourgeois daddies, monopolizing (...) middlemen sucking on both teats (...) and at the tail end of the procession, in threatening and starving bands, millions of unemployed, and all the injustice, and all a lie (...)."[17]

In a series of articles published in 1932 under the catch-all title "The Seven Demons of Democracy", our young poet stigmatized the "sins" of liberalism, "the seven demons who have poisoned the minds of men": individualist arrogance, capitalist avarice, revolutionary anger, luxury of words, democratic envy, constitutional lassitude, and budgetary greed.[18] As a whole it can be taken as a violent yet not very innovative repository of the anti-democratic tendency of fascism. However, in a veiled criticism of the path followed by Salazarism, it radicalized anti-conservatism and the rejection of "bourgeois values".

According to Pedro, once liberalism was overthrown, the fascists should not be content with mere repression but should be protagonists of the "revolutionary spirit". With regard to the Portuguese political situation they should take part in the construction of a "new order" against those who wanted just a preventive dictatorship. On the other hand, youth was always one of the characteristics associated with their condition, active and devoted in the building of a society reconciled with tradition and replacing "bourgeois liberal" domination forever. It is in the name of "youth" that Pedro presses the claims of fascism, and the demands the new regime should entrust important tasks to the young.

Communism's mirror effect is also evident in the writings of Pedro, as in the typical alternative, "either communist or fascist". Fundamentally, however, António Pedro's prose remains for the most part negative, more preoccupied with criticism of liberalism and "conservatism". It is from this criticism that the role of the fascist emerges. a virile youth, conscious of his "revolutionary" condition, the advance guard of an authoritarian regime, disciplined and dedicated to the Fatherland, in whose hands should be placed the most difficult jobs in the construction of the "new order".

2.2. From Communism as a "Mirror of Hate" to Christian Resignation

One of the rare works approaching a militant and "engagé" fascist literature strictly associated with National Syndicalism was written by Dutra Faria, a friend of António Pedro and another founding member. Unlike Pedro, he supported the Salazar regime and fulfilled various functions within the propaganda apparatus of the regime.

Diary of a Communist Intellectual was written after the dissolution of NS by the Salazar government.[19] It is a minor literary exercise but an interesting example of the political situation during the mid-thirties and of the mirror effect the communists provoked on the fascist generation grouped around the NS movement.

The characters are young university students, members of a Lisbon communist cell and the diary's "author", Augusto Severino, is a medical student. Together, they actively prepare for an underground May 1st demonstration, to be accompanied by bombings. Two delegates from the III International, a Spaniard and a Bulgarian, come to take part in a number of the preparatory meetings and shock Severino by their bourgeois habits and easy lifestyle that includes visits to prostitutes and fine meals.

Right from the start, the author is assailed by intellectual doubts about Marxism and the future construction of a communist society. Carlos, his one and only friend, shares some of his beliefs, and protects him from accusations of "intellectualism". In the middle of a description of unhappiness and hate of the communist cell, Severino slowly comes to remember the ivory crucifix over his bed in childhood, a Christ with its "expression of infinite pain and infinite sorrow." He also remembers his mother, who died an early death.

The main character and his comrades are of bourgeois social background, some of them well off, others just plain rich. All are eroded by doubts as to their positions as intellectuals and about the class they think will lead the liberation of humanity.

The story unfolds rapidly. Betrayed, the delegates from the III International and a number of militants are denounced and imprisoned by the police. The traitor is quickly discovered – a female "comrade" who will have to be executed, the job falling to one of her ex-lovers. Already in hiding, our "hero" and his friend Carlos, who is sick with a high fever, weep over the news of still more imprisonments as well as the confirmation of the traitor's death.

May 1st arrives and what is left of the cell leaves for the demonstration, armed to a man with pistols and home made bombs. Once on the street they mix with workers "constituting a strange force. The electricity of hate". Workers now collect on the other side of the street and Augusto Severino thinks that they have come to join the demonstration. The comrade at his side soon corrects him: "comrades? Them? They're fascists! Fascists?... We were face to face with the enemy. Inexplicably the enemy were workers. They were also workers, just like the men along with whom I was marching for the conquest of a life with more dignity."[20]. In the confusion that descended shots and bombs going off were heard and by the time the police arrived to "clean-up" the street of demonstrators, there were already a number of dead.

Our "hero" gets safely away from the fascists and the police and, after verifying that most of his comrades had been killed, his friend Carlos among them, he decides that there is no other solution but to flee from Lisbon. It is then he remembers Father Angelo...

Part 3 of the novel deals solely with the story of Augusto Severino's regeneration and his finding of himself. He is sheltered in a bucolic village, in the priest's house. Angelo was a "very special priest" and Severino told him the truth about his past. The central character's admiration for the padre stemmed also from the latter's anti-bourgeois sermons, in which he held forth a Christ "who has absolutely no similarities to aristocrats married to Jews in the Synagogue, the large Alentejo landholders who enliven Maxim's, the ranchers from São Tomé who own Rolls Royces and have fathered a gaggle of mulattos (...)".[21] The priest, victim of intrigues, had taken refuge in this village in the middle of the country, among the "severe mountains". Here he cultivated the "Christian virtue of resignation."

There is another discreet character who keeps our ex-Communist company in his rural exile. A young archaeologist who, during long walks around the village, will reveal the life to be found among the ruins of the medieval castle erected by the Knights Templar, snatching "from the heart of the land the secrets of bygone days.": "in the village calm (...) it is as if my past had never existed.".

Inevitably, there comes a woman – the priest's sister, wholesome and simple. She recounts country legends during trips to the well and makes him forget Lisbon's sad prostitutes and pseudo-intellectuals.

Before succumbing definitively to this country woman, Augusto Severino questions himself about his "new table of values". They are to be seen in the "romanticism" of the girl, the "nationalism" of the archaeologist and the priest's "Christianity", and not to be forgotten is the place where they all meet: the perfect synthesis that the village offers. What was needed for him was "a definition of romanticism: the acknowledged dream as a part of real life. A definition of nationalism: the primacy of time over space. A definition of Christianity: the liberty obtained through an act of submission."[22].

The course of the plot in this novel represents well the conformist alternative for an ex-fascist now in the service of the "New State". The project of a working class integrated into corporatist structures and far from communist temptations was one of the main objectives of NS, yet Dutra Faria by now doesn't look to the fascists as a positive point of reference. In vain the reader looks for "revolutionary" statements and para-military action on the street. Of these only the usage of "anti-plutocratism" is evident. But the "new order" to which our "hero" has been converted seems directly to copy the basic tenets of the official propaganda of the Salazar regime, a regime in which the author, incidentally, passes for a loyal civil servant.

The "third way" of Dutra's character finds support in Salazarist values, represented by the three elements that sustain him in his exile in the small village universe. The option of love for a healthy candidate to mother his family. The discovery of the "past" among the ruins of medieval castles, giving support to nationalist pride and the culture of "Christian Resignation".

3. The Limits of Anti-fascist Literature

Throughout the long years of the Salazar regime, Portugal never knew a literature of exile. Although certain writers did come to know periods of academic or political exile, the most important anti-fascist literature was published in Portugal, with all the limitations inherent under severe censorship and not abroad.

The representation of fascism in this literature suffers from the same limitations and is sidelined by the hegemony of *neo-realism*. Risking a certain simplicity, we can say that the intellectual anti-fascist camp, and most particularly its literary side, was coming more and more under the domination of the Communist Party. This hegemony grew during the post-war period, entered into decline in the 60s, and only ended with the transition to democracy.

So-called neo-realism, closely linked to the PCP, embodied as a literary current this "resistance" literature and its balance exceeds the scope of this chapter.[23] Fascism here means Salazar's "New State" and for now, beyond the State apparatus of the regime, the fascists are the economic and social forces which support it.

Generally, this resistance literature preoccupied itself with denouncing the dominant social groups. The principal themes of neo-realist literature and poetry were poverty, ignorance, the Catholic religion and church, large landholders, the police, strikes, the provincial bourgeoisie, and the "people". Circulated in the underground, some of this deals directly with the political activity of the communist militants, but was, however, moderate in references to the theme which interests us.

It was to be a writer associated with the Communist party during the 30s and later exiled in the USA who would give us the most rich (at times caricature–like) portrait of the crisis in Portuguese society following World War I.

In *The Miracle according to Salome*, a long novel written in the forties but only published after the transition to democracy, José Rodrigues Migueis (1901–80) described with the eyes of a young leftist intellectual the Republican parliamentary crisis and the military conspiracy leading up to the 1926 coup.[24] Some characters are purposely based on real ones, as is the case of General Belmaço e Couto, who represents the coup leader General Gomes da Costa. Others are fictitious, namely the young pro–fascist lieutenants who take part in the coup along with him or the corrupt conservative politicians who shelter the military men and incite them to action. Even beyond the extremely precise portrait he gives us of the political atmosphere of the time, Migueis underlines the messianist keynote with which the far Right awaited a "saviour".

The most provocative aspect of this work has to do with the central reference to the Miracle of Fátima. An important historic episode of 20th Century Portugal and the site of a cult still recognised today by the Catholic Church, the Virgin's appearance before some shepherds in 1918 was consecrated and continuously nurtured by the "New State", which gave the religious cult plenty of room. Politically, Fátima was even used for anti–communist purposes, since one of the Virgin's messages had referred to Russia's "salvation" and "conversion". In Migueis's novel, Salomé, a prostitute later to became the official mistress of a republican financier, has fallen in love with a leftist intellectual. It is she who, travelling on a stormy night on a clandestine visit to the village of her birth (designated here as Mecca), ends up being taken for the Virgin.

Another writer with a long university career in the USA, Jorge de Sena (1919–78), left unfinished his extensive sketch of Portuguese society under Salazar. Published after 1974, the first and only volume, *Signs of Fire*, takes place in 1936 at the beginning of the Spanish Civil War.[25] Although perhaps one of the best novels written during and about Salazar's Portugal, it is of only very indirect use to us.

The images left to us by the "opposition" literature of fascism – understood to be the Salazar regime – fundamentally refer to the authoritarian, traditional and Catholic ideology. Above all it concerns itself with the ways of life and mentalities of the upper classes and popular social groups, with only a bare presence of "fascists" in the strict sense.

The same can be said of literature of conservatism. For Salazarism never fathered an official literature in spite of a number of attempts by the modernist António Ferro. Some examples of children's fiction can be cited, along with certain nationalist poets who wrote hymns and proclaimed "Lusitanian glory" to the corners of the globe, but the search for what interests us here will be in vain. What is to be found is historical fiction or poetry, romanticizing the past according to the ideological model of IL.

Somewhat closer was part of the literature produced at the beginning of the 1960s. But this has more to do with an ideological neo-fascism at the outbreak of the colonial war and it hardly refers to the historic reality of fascism between the two world wars.[26]

4. Final Note

Portugal experienced a strong tide against the liberal order as well as one of the 20th century's most enduring authoritarian regimes. The intellectual and political influence of fascism was important throughout this movement. However, the reduced and belated impact of National Syndicalism in its Portuguese expression, together with Salazarist ideology, did not make for the appearance of a fascist literature.

With the previously discussed exceptions, it becomes clear that the literature effected under the New State is one of exacerbated nationalism, with abundant recourse to historical legitimation. The "opposition" literature, strongly influenced by *neo-realism*, tended towards denunciations of the system of exploitation and the dominant social groups' privileged relationship with the Salazar regime. The identifying features of the "fascist" become minor and secondary, following barely individualizing stereotypes, whether from the one side or the other.

NOTES

1.   The first version of this chapter was presented in the workshop "Fascism and European Literature", Werner-Reimers-Stiftung, Bad Homburg in November 1987. Some of its topics were later debated under a different title ("Is There a Fascist Literature? Fascist intellectuals under Portuguese authoritarian Rule") in a lecture delivered at the Department of Spanish and Portuguese at Stanford University in

May 1989. I would like to thank Professor Michael P. Predmore, for his invitation to present it when I was there as a Luso American Foundation Visiting Fellow at the Center for European Studies, in 1988-89.

2. Cf. M. Braga da Cruz, 1982 "O intergralismo lusitano nas orígens do salazarismo" in: *Análise Social*, Lisbon 1982, 18 (1), pp. 137-182, and António Costa Pinto, "A formacão do integralismo lusitano:1907-17" in: *Análise Social*, Lisbon 1982, 18 (72-73-74), pp. 1409-1419.

3. Cf. A.F.K. Organski, *The Stages of Political Development*, New York 1965 and "Fascism and modernization", in S.J. Woolf (Ed.), *The Nature of Fascism*, New York 1968, p.20.

4. Cf. António José Telo, *Decadência e Queda da 1a República Portuguesa*, 2 vols., Lisbon 1980-1984; Maria Carrilho, *Forças Armadas e Mudança Política em Portugal no Séc. XX*, Lisbon 1985.

5. Cf. Manuel Villaverde Cabral, "A Grande Guerra e o sidonismo: esboço interpretativo" in: *Análise Social*, 15 (58), 1979, pp. 373-392.

6. Cf. M. Braga da Cruz, A Democracia Crista nas Origens do Salazarismo, Lisbon 1980.

7. Cf. António Costa Pinto, "The Radical Right and the Military Dictatorship in Portugal: the 28 May League (1928-33)" in: *Luso-Brazilian Review*, Vol.23, no.1 (Summer 1986), pp. 1-15.

8. Cf. António Costa Pinto, "Modernity against Democracy? The Anti-Liberalism af Fernando Pessoa, 1915-1935", Paper presented at the conference "The Intellectual Revolt against Liberal Democracy, 1870-1945", The Hebrew University of Jerusalem, June 24-28, 1990 (Forthcoming). Cf. also the political essays of Pessoa: *Sobre Portugal. Intruduçao ao problema nacional*, Lisbona 1978; *Da República (1910-1095)*, Lisbon 1979 and *Ultimatum e Páginas de Sociologia Política*, Lisbon 1980.

9. Cf. Manuel Villaverde Cabral, "The Aesthetics of Nationalism: Modernism and Authoritarianism in Early Twentieth-Century Portugal" in: *Luso Brazilian Review*, Vol. XXVI, 1, 1989, pp.15-43.

10. Cf. António Costa Pinto, "O Fascismo e a Crise da 1a República: os "Nacionalistas Lusitanos (1923 25)" in: *Penélope*, no.3, Junho de 1989, pp. 43-62.

11. Cf. António de Cértima, *O Ditador*, Lisbon 1927.

12. Cf. António Ferro, *Obras*, Vol 1 *Intervenção Modernista*, Lisbon 1986.

13. Cf. Zeev Sternhell, "Modernity and its Enemies: From a Revolt against the Enlightenment to the Undermining of Democracy", Paper presented at the conference "The Intellctual Revolt against Liberal Democracy, 1870-1945", The Hebrew University of Jerusalem, June 24-28, 1990 (Forthcoming).

14. Cf. José Augusto França, "O Político e o Jornalista", in: *António Pedro, 1909-1966*, Lisbon 1979, p.43.

15. Cf. Carta de 19/10/1955.

16. Cf. António Pedro, *Esboço para uma Revisão de Valores*, Lisbon 1932, p. 10.

17. Ibid., p. 7–8.

18. *Revolução*, 17 till 25/3/1932.

19. Cf. Dutra Faria, *Diário de um Intelectual Comunista*, Lisbon 1936.

20. Cf. op. cit., p. 55.

21. Cf. op. cit., p. 66.

22. Cf. op. cit., p. 76.

23. As one author pointed out, "neo–realism, in the closing years of the 1930s, is oriented in practice (...), not so much by aesthetics as by an ideology: marxism. Neo–realism aspired deeply and with conviction to socialist revolution and it was only out of fear of censorship that the movement adopted in Portugal the euphemistic name by which it is known", cf. João Camilo dos Santos, "Belles Lettres, Revolutionary Promise and Reality", paper presented to the conference "Portugal Since the Revolution", University of California–Berkeley, September 21–22 1990.

24. Cf. *O Milagre Segundo Salomé*, 2 vols., Lisbon 1974.

25. Cf. Jorge de Sena, *Sinais de Fogo*, Lisbon 1979.

26. Cf. Eduardo Lourenço "Fascismo e cultura no antigo regime" in: *Análise Social*, 1982, XVIII (72–73–74), pp. 1431–1436, and António Costa Pinto,"The Radical Right in Contemporary Portugal" in: Luciano Cheles et al. (Ed.), *Neo–Fascism in Europe*, London 1991, pp. 167–190.

ZUSAMMENFASSUNG

Es sind hauptsächlich zwei Strömungen, die den portugiesischen Faschismus kennzeichnen, von denen die erste, der "Integralismo Lusitano" sich schon 1914 herausbildete und unter dem Einfluß von Maurras' "Action Française" stand, wobei das ideologische Schwergewicht der Partei auf Antiliberalismus, Korporatismus und Traditionalismus lag. Die andere war der "Nationale Syndikalismus" von 1932, eine Organisation von Studenten und Angehörigen des Militärs, die von antiliberalen und korporatistischen Ideen geprägt war. Schon 1930 bestand aber bereits die "Nationale Union", eine Staatspartei, durch die Salazar die Stabilität des Regimes sichern wollte, so daß der "Nationale Syndikalismus" schon bald als eine faschistische Opposition innerhalb des autoritären Regimes empfunden und deshalb nach 1935 aufgelöst wurde.

Als 1926 die Diktatur eingeführt wurde, waren dafür keine faschistischen Gruppen ausschlaggebend und die "Nationale Union" besaß keine expansive faschistische Ideologie. Was in Portugal seit der Einführung der "Korporativen Republik" 1933 als faschistische Diktatur bezeichnet wird, der "Estado Novo", muß als patriarchalisches, konservatives, nationalistisches, katholisches Regime charakterisiert werden. Dieses Regime gab weder Anlaß zu faschistisch inspirierter noch zu antifaschistischer Dichtung. Es finden sich nur wenige Figuren in der portugiesischen Literatur, die Faschisten darstellen. Eine Ausnahme wäre Dutra Faria mit seinem *Tagebuch eines intellektuellen Kommunisten*, das die Bekehrung eines jungen Kommunisten zu einem "Regimefaschisten" zum Inhalt hat.

Die eigentliche Anti-System-Literatur innerhalb des Landes – es gab keine Exil-Literatur von Bedeutung – war kommunistisch inspiriert. Sie betrachtete das "Who" des Regimes als eine Gruppe der Reichen, der Oberklasse und der Kirche, einer Klasse, die der Zukunft des Volkes im Wege stand. In ihren Werken kommen jedoch keine klar definierten Faschisten zur Darstellung.

Für die Zeit nach der kurzen Militärdiktatur von Sidonio Pais (1917–18) hingegen finden sich einige Beispiele für das Engagement der Dichtung im Hinblick auf die politische Strömung der "Integralisten". Portugal trat erst gegen Ende 1916 auf seiten der Alliierten in den Krieg ein. Der junge Diktator war ein messianisches Symbol für die Verteidigung von Tradition, Nation und Ordnung, wie es in Fernando Pessoas Gedicht zum Ausdruck kommt. Ein Teil der Literatur entwickelte sich unter dem Einfluß des Futurismus und Modernismus und heroisierte den Krieg und die Nation. Sie folgt der Tradition der faschistischen Dichtung anderer Länder mit der Verherrlichung des heiligen Vaterlands und der Bedeutung des Führers (Pais).

Im ganzen finden sich jedoch wenige Beispiele einer rein faschistischen, ideologischen Dichtung in Portugal oder einer Literatur, die sich mit "dem Faschisten" beschäftigt. Die Erklärung dafür liegt darin, daß der portugiesische "Faschismus" ein integrierter Teil des "Estado novo" war und zu den stillschweigenden Stützen des Regimes gehörte. Dies waren im wesentlichen die Kirche, die Gutsbesitzer, die reiche Oberschicht und weite Kreise der führenden Staatsbürokratie. Portugal wurde nicht berührt vom Zweiten Weltkrieg und die Militärdiktatur von 1926 war nicht mit einem Bürgerkrieg eingeführt worden wie in Spanien. Damit fehlte die Grundlage für heroische historische Episoden und Herausforderungen, die eine Literatur von Faschisten oder über den Faschismus als Themen und Motive hätte ausnützen können, wie es in den andern europäischen faschistischen Systemen der Fall war.

FASCISM AND LITERATURE IN COUNTRIES ALLIED WITH GERMANY

György Csepeli, Budapest

J. ERDÉLYI, A FASCIST POET AND HIS SOURCES OF INSPIRATION. POETRY AND NATIONAL SOCIALISM IN HUNGARY

József Erdélyi was born in 1896 as the third son of a Hungarian peasant family. Hungary, inhabited by several nationalities, belonged at that time to the Austro–Hungarian Monarchy. The vast majority of Hungarian society consisted of the peasantry. This class lived in villages, forming culturally homogeneous communities but with a highly differentiated social structure. The social structure was based on the ownership of land. Most of the peasantry was landless although there were large numbers of small-holders. As much as 40% of the country's agricultural area belonged to big landed proprietors and the Church.

Erdélyi's life was marked by the long–lasting impact of poverty, social deprivation and frustration as he came from a family that belonged to the lowest stratum of rural society. His village was dominated by the proximity of two large estates, one owned by Hungarian aristocrats, the other leased by Jewish tenants. Erdélyi was sent to secondary school, which was unusual for his class. After leaving school, he fought in World War One as an officer. As a consequence of the lost war, the Austro–Hungarian Monarchy disintegrated and Hungary became a democratic republic. Lacking support both internally and externally, the repubic collapsed and was replaced by a Communist dictatorship. In this period of social turmoil a significant role was played by the urban radical intellectuals, many of whom came from Jewish families assimilated to the Hungarian nation but who remained "Jews" in the eyes of the Hungarians.

The terms of the peace–treaty signed at Trianon imposed a most severe burden on the country. Hungary lost two thirds of its territory. Slovaks, Romanians, Serbians, Croatians and Germans could join their mother nations but the newly formed or enlarged neighbouring states absorbed one third of native Hungarians as well.

The Hungarian social structure remained essentially unchanged after the dismemberment of the country. The peasant majority of the population, consisting of small–holders as well as masses of landless, powerless, poor and frustrated agricultural workers, found life unbearable. A conservative authoritarian political system was formed, legitimating itself with the help of a "Christian and National" ideology. Nationalism and anti–Semitism became means to express the mood generated by social inequalities.

Liberalism and parliamentarism as well as social democracy were tolerated only on the margin of political life.[1]

After the end of the war Erdélyi moved to Budapest, the only real city remaining in Hungary. (His native village was joined to Romania.) From the very beginning Erdélyi's poetry was inspired by his childhood experiences. The frustration, complaints and sadness of the lowest social stratum are expressed in his poems. He considered himself a stepchild of the nation. Having been tossed about by life, he feels hurt and full of uncertainties. His poetry is shaped by the lack of identity characteristic of the lowest social stratum. His poems resist translation. Due to the obstacles created by the peculiaritics of the Hungarian language, translations of good Hungarian poetry hardly ever reflect the quality of the original.

The three million people belonging to the agrarian proletariat accounted for 69% of the entire peasant population and one third of all inhabitants of Hungary. This was an exceptionally high proportion, for which the cessation of modernization, industrialization and urbanization was to blame. Absolute indigence and deprivation determined the life of the agrarian proletariat. Food consumption among this stratum was very low and peasants bought hardly any industrial products. Tuberculosis killed a much larger percentage of them than the rest of the population and other infectious diseases also took a heavy toll of their numbers. Even scurvy was not unusual among them. The whole family generally lived in a one-room shack where it was impossible to isolate a sick person. As all the able-bodied members of the family had to work from dawn until sunset, care for the aged and sick was a burden nobody was able to cope with.

As development and modernization stopped in the ranks of the agrarian proletariat, society was unable to absorb unemployed agrarian labourers. Access to land was virtually impossible. True, there was a land reform in 1920, but it actually maintained the system of large estates. Its primary aim was the consolidation of the counter-revolutionary system in rural Hungary. This aim was achieved by the land reform, for about half of the agrarian proletariat was able to acquire at least a site for a house and a small garden to produce vegetables. The land reform divided the agrarian proletariat since the law did not define clearly who was entitled to receive land. Access to land thus depended on patronage by the authorities.[2] Of course, all members of the agrarian proletariat craved land but they did not have the means to acquire any. Very little land was available for purchase and prices were unreasonably high. These anomalies explain the gloom which pervades the works of Erdélyi and the other peasant poets (Sinka, Sértö) who followed him. Words of grief, humiliation and vulnerability abound in this poetry, inspired by a sense of isolation and lacking all hope of improvement.

László Németh, the eminent populist writer and critic of the times, evaluated Erdélyi as the best of the populist poets. He defined Erdélyi's poetry as a sad symbol of the outcasts of the Hungarian soil:

> Only the poet flaunts the bitter anger of the people in the sunny colonies of the hunting and polo-playing gentry, wearing, in his grief over the state of the world, the wounds of the people like a servant-Christ.[5]

No doubt, such a situation was likely to engender susceptibility to any radical social program which gave shape to a hope that *everything* could be improved. The only question is why this susceptibility in Erdélyi (and generally in part of the agrarian proletariat) absorbed the ideas and values of the Right, and why this radicalism did not take a turn to the Left.

As has been mentioned, a bourgeois democratic revolution broke out in Hungary toward the end of 1918 which was, however, unable to withstand attacks by the victorious Great Powers and their allies in the neighbouring countries, which posed a threat to the territorial integrity of the Hungarian state. Aware of their entrapped situation, the bourgeois democratic government yielded power to the radical Communists who immediately proclaimed the dictatorship of the proletariat in Hungary and organized military resistance against the invading armies. When, however, because of the misleading peace proposal of the Entente, the Communist regime began to evacuate the already occupied areas, it lost even the remnants of its internal supporters and collapsed by August 1919.

The skilful propaganda of the counter-revolutionary system managed to blame the bourgeois democratic, Social Democratic and Communist forces in the country for the tragic consequences of the Trianon peace treaty. Consequently, the Hungarian population came to associate the Trianon borders, which narrowed Hungary down to roughly one third of its original territory, with the failure of the progressive Left. As a matter of fact, their failure did indeed divide and weaken the Left.

The possibility of choosing the Left alternative was further constrained by a special feature of Hungarian social development, namely the fact that the most prominent representatives of the bourgeois intellectual group wanting and envisaging progress were Jews. Counter-revolutionary propaganda was therefore able to make it appear that progressive leftist thinking was alien to Hungarians and was, in fact, something akin to the betrayal of national interests. National frustration and social frustration reinforced each other. It was inevitable that the "socialist" program which called for the eradication of the causes of social dissatisfaction should swing the national flag, for the leftist alternative had lost credibility.

The social categories of "proletarian" and "bourgeois" became psychologically untenable. The exigencies of everyday life swallowed them up but their radical potential survived. The injuries nursed by the category "proletarian" were absorbed by the "Magyar" category, while the category of those hostile to the "bourgeois" category remained, though undergoing considerable transformation and becoming absorbed by the category of "Jewishness". The pre-condition for this was created by the fact that the Jews, ousted from feudal society, were able to make more of the opportunities for capitalist development which began to grow in the 19th century, whereas the peasantry and the nobility were still enclosed in the feudal system of values. Consequently, bourgeois development was more intensive among that part of the population which was of Jewish (and other non-Hungarian) descent. In the eyes of the Hungarian population, Jews were proportionately more highly represented amongst the well-to-do than their absolute numbers justified, so that they were particularly identified with an oppressive socio-economic system. Obviously, the Christian elite, which held political power, actually welcomed this phenomenon.

This is how the polarization of "poor Hungarian" and "rich Jew" developed in everyday consciousness, particularly amongst the most backward strata of Hungarian society, for the meaning of the words employed relied directly on everyday experiences. The radical programs formulated in terms of this opposition could expect to receive greater credit and authority than the leftist radical programs which were not rooted in nationalism and whose vocabulary, deriving from Marxist theory rather than the everyday life-experiences of the people, was more difficult to understand. The terms "poor Hungarian" and "rich Jew" lent themselves immediately to the task of putting class-conflicts into words and, at the same time, creating a sense of totalitarian national identity.

Hungarian writers were divided into two main groups at the time.[4] One group was centered on bourgeois political, economic and moral values. The other, sensitive to the social injustice suffered by the peasantry, tended to subscribe to socialist values. Initially, Erdélyi's poetry was well received in both literary camps. His anger, grief, bitter social impulses and harsh childhood experiences linked him to the peasant literary camp, but the strength of his imagery, the purity of his language and his genuine popular tone were appreciated in the urban democratic literary camp as well. Erdélyi did not want to belong to either of these camps. His negative attitude toward urban life, his suspicion of democracy and his compulsive, vehement anti-Semitism distanced him from the mainstream populist group. As a radical fighter for social justice he could only go towards the Right because, unable to forgive the revolutions of 1918-19, he felt hatred for the Left. Condemned to be the mouthpiece of the lowest social stratum, with its lack of cognitive sophistication, he had only anti-Semitic and nationalistic rhetoric at his disposal to articulate the social impulses generated by social injustice.

Hungary, in alliance with Hitler, declared war on the Soviet Union in 1941 and later on all the Allied Powers. In the war-years anti-Semitism, nationalism and anti-communism inspired Erdélyi to many new poems of ideologically motivated hostility towards various out-groups.[5] The motive of nationalism in József Erdélyi's case was further complicated by the fact that the poet was half Romanian. His mother was Magyar but his father was a Romanian who chose assimilation to Hungary. The craving for assimilation may have served to intensify his identification with the Hungarian national ideology.

Erdélyi's poetry draws its strength from the combination of social and national frustration, further intensified by a sense of prophetic mission. The life of a poet means for Erdélyi emancipation from the status of an underdog. In his autobiography he does not deny the effect of national and social motives on the creation of his poetic self. His sense of social identity is, however, paradoxical[6]:

> I travelled the right road when, independently of everyday national and international party politics, I strove to depict the life of the people on the basis of the Gospel and my own experiences. Consciousness of my roots compelled me to seek isolation and to find a path in solitude, to find a path which leads to universal human truth. The Gospel, the example of St. John, was my only guide. I did not want to act as a Hungarian nor as a member of my class. The Hungarians would have said I was pushy and the Romanians would have called me a traitor, renegade, and turn-coat. I had to obtain the right - the full human right - to my half-blood Hungarianness, in order to have my say in the affairs of the Hungarian nation. Red Social Democracy, Communism, Bolshevism, these were not enough for me, representing only the first, most blatant and yet the least brilliant hue in the rainbow I was chasing. I preferred the other six colours. In the eyes of the "proletarian" I did not belong to the proletariat, and in the eyes of the "bourgeoisie" I was not of their class. I was an artist, a poet, a useless and unnecessary person, a poor man, a social outcast.[7]

There is no doubt that Erdélyi was a great poet. The miseries of his childhood formed the primary source of his inspiration. Drawing on such memories, he was able to create great lyric poetry in the 1920s. The secret of his greatness is that he employs the simplest means of folk poetry (forms, words and imagery) but the poetic feeling they express is of cosmic dimensions. By his sovereign handling of his finite system of means he is able to suggest infinity. These poems rank with the greatest examples of

Hungarian verse. His aesthetic intensity, however, inevitably loses force as soon as he leaves the cosmic solitude he created for himself and attempts to build a social and national program into his poetry. His verse is crippled by the Hungarian national socialist idiom he chose for himself.[8] The initial lyrical self was swallowed up by the fascist self.

He published his notoriously anti-Semitic poem, with which he pledged himself to the Hungarian national socialists.[9] He wrote in his autobiography: "It was good to publish the poem: the cautious Jewish jackal abandoned its goat's skin and came into the open"[10]. This poem did indeed prove to be a watershed in Erdélyi's career. The leftist part of the populist authors turned away from him and the poem contributed to the sentence of the People's Tribunal which sent Erdélyi to prison for several years after 1945.

The charge of ritual blood sacrifice brought against the Jews at the end of the 19th century in Hungary is revived in the poem. Actually, the case before the court did not fulfil the intentions of those who framed the charge, for the courts declared the accused innocent. The name of the dead girl, however, survived. Eszter Solymosi was the name of the little serving-maid who met her death under mysterious circumstances in the River Tisza. She probably committed suicide. In the poem, Erdélyi revives the accusation rejected by the courts. According to the accusation, Jews who had assembled for a feast had murdered the peasant girl. The poem does not openly say that the ritual murder actually occurred, but it does suggest that the case should be regarded as a symbol of the eternal conflict between Hungarians and Jews - between Hungarians and "aliens". The essence of the conflict, according to the poet, is that Hungarians are always losers and the Jews always winners. He often uses this term metaphorically, and it provides him with the opportunity to play effectively with the word "blood", since it is able to stir up in the uneducated Hungarian reader fear and hostility toward all those whom the poet presents as aliens opposed to the Magyars. The Magyars are depicted as an innocent, tormented, vulnerable and forever bleeding people. Foreigners and Jews conspire to injure this people. The only chance for this people, sucked dry of its life-blood, lies in the "dawn" painted by the poet on the "Hungarian sky", when "Eszter Solymosi's innocent people" will at long last awaken to a new vigilance. This program of vigilance is, of course, addressed to those who can be considered Hungarians by blood.

During World War Two Erdélyi's poetry loses its depth and much of its aesthetic quality. It becomes mechanical, monotonous and primitive, as fascist views and prejudices infiltrate his verse. In this process the poet loses the absolute control he earlier enjoyed over words. The idiom borrowed from national socialist ideology is no longer capable of creating a semantic universe. At best it is able to trigger off barbarously ethnocentric feelings and primitive, undigested ideas in the reader who shares the same outlook.

Fascist poetry comes from the unreflected stock of knowledge in the "Lebenswelt". This stock of knowledge lacks any element of self-criticism. It shuts man into his everyday existence, for all it "explains" is what should be taken for granted and what should not. The words of genuine poetry blaze a trail toward knowledge of the unconscious and the transcendent. The terms of fascist poetry, on the other hand, barricade off these paths, locking the poet and the readers who identify with him into the prison-cells of their prejudices and stereotypes. The words of fascist poetry may blind the reader; they certainly do not provide light to see.

In conclusion let me sum up how this poet visualized and conveyed "who" the fascists were in Hungary and "why". Erdélyi's lyrical hero is both the poet himself and a reflection of a type of fascist personality. Although he does not call himself fascist, it is not difficult to reconstruct the social and psychological components of the fascist self from his poetic utterances. The subject of the utterances is a person of low social origin, a son of the landless and frustrated peasantry. Nevertheless, this individual voice already belongs to the middle class. Social mobility yields no sense of satisfaction. The hero can find no place in society because he is seemingly unable to compete in terms of achievement with his colleagues. The initial frustration grows as a result.

Two major motives operate in this self. Anti-Semitism is one of them. This deeply rooted prejudice emerged in the poems in the second half of the thirties when the extreme Right was gaining strength in the country. Since that time the self portrayed in the poems has become obsessed by this prejudice. The lyrical hero remembers that in his childhood his mother had frequently frightened him by references to foxes and Jews. The connotations of "tenant", "innkeeper", "grocer", "successful classmate" gradually formed a firm psychological basis for the creation of a stereotyped picture of "the Jew".

As the reconstruction of the lyrical hero proceeds, he moves to the capital where the negative experiences of childhood increase and accumulate. The figures of the "Bolshevik revolutionary", the "rich capitalist", the "corrupt critic", the "cruel colleague", the "cynical lawyer", and the "greedy physician" all serve to build up the phantom of the stereotyped "Jew". As a result, the self finally acquires a fixed, paranoid anti-Semitic prejudice. The positive ideals of the hero become order, work, prayer and leadership, and these form a rigid, authoritarian and dogmatic set of ideological motives. The second major motive comes from nationalism. The hero portrayed in the poems defines the nation in ethnocentric terms, identifying the nation with the peasantry. National instinct and a sense of ancestry are viewed as direct consequences of being born into a Hungarian peasant family.

Fascists were not models favoured by Hungarian authors. Erdélyi is unique among writers in his identification with fascist ideology and his portrayal is biased by the populist myth of the peasantry. Fascism in Hungary had very important links to urban life. Many skilled industrial workers, miners, intellectuals, officers, bureaucrats belonged to the fascist movement but they were not portrayed by insiders. If they were represented at all it was by an outsider, from an anti-fascist point of view.[11] Erdélyi was the only real author who became a victim of his mean ideological and political passion.

Current events in Hungary and elsewhere in Eastern Europe have given renewed relevance to the dangers inherent in the social and psychological processes illustrated by Erdélyi's poetry. Having thrown off Communist oppression, people in these countries should reflect on the course of their history before the intervention by the Soviets, and understand that integration into Europe as it has developed since the end of the war must mean a complete break with *any* of the tendencies on which fascism once fed. Investigations like this study on Erdélyi's poetry might ease the painful ideological surgery.

NOTES

1.   The best introduction to the social and political history of Hungary in the period after World War I and the defeat in World War II was written by C.A. Macartney: *A History of Hungary. 1929–1945*, vols. I–II, New York 1956.
      Lóránt Czigány gives a comprehensive overview of Hungarian literature in: *The Oxford History of Hungarian Literature from the Earliest Times to the Present*, Oxford 1984.

2.   See: Z. Ferge, *A Society in the Making*, New York 1979.

3.   Németh László, "Uj Nemzedék" 1931 (New Generation) in his *Két Nemzedék. Tanulmányok.* (Two Generations. Essays), Budapest 1970, p. 319.

4.   The most comprehensive description of the Hungarian populist literary movement is Gyula Borbándi's *Der ungarische Populismus* (The Hungarian Populist Movement), Mainz 1976.
      The major periodical of the time was *Nyugat*. Among authors associated with this periodical one finds Mihály Babits, an excellent poet and essayist (he became the editor of *Nyugat* in 1929), Lörinc Szabó, a master of poetic technique who renewed Hungarian poetic expression, and Dezsö Kosztolányi, whose verse and prose established the highest standards up till now. Under the influence of Babits, *Nyugat* avoided the temptation of putting ideological values above aesthetic ones. The populist *Válasz* and the periodical of the urban intellectuals, *Szép Szó* were the focal points of the popularization of Hungarian authors. In the *Válasz* camp one finds

Gyula Illyés, Áron Tamási, János Kodolányi and László Németh. Among many others they found inspiration in the life and misery of the peasantry. Németh was the major ideologue of the group formulating the programme of the *Third Road*. In the camp of *Szép Szó* brilliant essayists and political thinkers can be found (Ferenc Fejtő, Pál Ignotus, Tibor Déry and the classic Attila József). Lajos Kassák's avant–garde and socialist radicalism found few adherents.

5.   Erdélyi's poetry can be studied on the basis of *Emlék* (Remembrance), Budapest 1940. This volume contains a fairly broad selection of his poetry. *Riadó* (Alert–Signal), Budapest 1944, contains many of his nationalist and anti–Semitic poems.

6.   *A harmadik fiú önéletrajza* (Autobiography of the Third Son), Budapest 1942. This is the first volume of the poet's autobiography. The reference to the *third son* can be understood on the basis of Hungarian folk tale knowledge. The third son is usually the gifted but most oppressed one who succeeds after many battles against Evil.

7.   *Fegyvertelen* (Unarmed), Budapest 1943, p. 121. This is the second volume of the autobiography. Both volumes were published by the author.

8.   The best treatise on the ideology and the movement of Hungarian fascists is the book by Lackó Miklós: *Nyilasok, nemzetiszocialisták* (Arrow–Cross National Socialism), Budapest 1966.

9.   The title of the poem is *Solymosi Eszter vére* (Blood of Eszter Solymosi). It was published in 1937 in the periodical of the Arrow–Cross Movement entitled *Virradat* (Dawn) and later in the poet's *Collected Works*, forming a major piece of the volume *Emlék*, Budapest 1940.
     The poem is quite lengthy. It contains 60 lines divided into six sections. Its narrative follows the pattern of the folk chronicler's speech, that of an everyday observer orally reporting the story of the murdered girl. The epic nature of the text is striking in contrast to the lyrical means of expression (emotionally loaded words, biblical references, vague formulations, restrained passion). Sociologically, the reporter is presented as an everyday peasant who is traditionally suspicious of everything which is connected with the world of city and state, especially jurisdiction. The poem strongly implies that the folk version of the mysterious affair at Tisza river is the real one as opposed to the official, legal version which cleared and acquitted the Jews of the burden of the sin attributed to them. The poem formed one of the major charges against Erdélyi in 1945 in his trial in the People's Tribunal. He was sentenced to 3 years imprisonment and he could not publish again until 1954. Erdélyi never recovered again as a poet. His poetry after 1954 was a faded repetition of his early period. See M. Szabolcsi (ed.): *A magyar irodalom története 1919–től napjainkig* (History of Hungarian Literature from 1919 to the Present), Budapest 1966, pp. 586–591.

10.   *Fegyvertelen*, Budapest 1943, p. 151.

11.   See the article by A. Wessely in this volume "From the Labour Movement to the Fascist Government. *The End of the Road* by Lajos Kassák", pp. 268–281.

ZUSAMMENFASSUNG

József Erdélyi wurde 1896 als Sohn eines Bauern geboren und gehörte damit in sozialer Hinsicht zur großen Mehrheit der ungarischen Bauernschaft. Ungarn, zu jener Zeit Teil der Österreichisch-Ungarischen Doppelmonarchie, war von vielen Nationalitäten bevölkert, doch bildete diese Klasse eine kulturell homogene, wenn auch soziologisch stark strukturierte Gruppe, abhängig von der Größe des Landbesitzes. 40% des Landes waren Eigentum von Großgrundbesitzern und der Kirche, die Mehrheit der Bauern war ohne Landeigentum. Erdélyis Kindheit war geprägt von Armut und Frustrationen aufgrund des geringen Ansehens seiner Familie, doch konnte er die Schulen besuchen, nach deren Abschluß er am Ersten Weltkrieg teilnahm. Nach der Auflösung der Doppelmonarchie wurde Ungarn eine demokratische Republik, die jedoch bald zerfiel und von einer kommunistischen Diktatur abgelöst wurde.

Der Friedensvertrag von Trianon wirkte sich am härtesten aus auf die Landbevölkerung. Ungarn verlor zwei Drittel seines Territoriums. Slowaken, Rumänen, Serben, Kroaten und Deutsche konnten in ihre Länder zurückkehren, die Erweiterung des Areals der Nachbarländer aber bedeutete für Ungarn den Verlust eines Drittels der einheimischen Bevölkerung. Die Schuld für diese Teilung wurde den demokratischen und kommunistischen Revolutionären zur Last gelegt, obwohl der Trianoner Vertrag von der kurzfristigen kontrarevolutionären Regierung unterzeichnet worden war. Die Sozialstrukturen blieben unverändert nach der Entvölkerung der ungarischen Landgebiete. Das autoritäre, konservative politische System berief sich auf eine "christliche und nationale" Ideologie. Nationalismus und Antisemitismus wurden zu Mitteln, die Aggressionen loszuwerden, die sich aufgrund der sozialen Ungleichheiten einstellten. Liberalismus, Parlamentarismus und Sozialdemokratie wurden nur noch am Rande des politischen Lebens toleriert. Erdélyi zog in die Hauptstadt, nachdem sein Geburtsort an Rumänien abgetreten war. Er sah sich als Stiefkind der Nation, umhergeworfen, der Unsicherheit und Trauer anheimgegeben.

Dies kommt in seiner Lyrik zur Sprache, die geprägt ist von einem für diese niedrige soziale Klasse typischen Mangel an Identität. Die ungarische Literatur jener Zeit bestand aus zwei Richtungen, einer auf humanistisch-demokratische Werte konzentrierten sowie einer mehr sensitiven, zu sozialistisch-progressivem Gedankengut tendierenden Komponente. Beide Richtungen waren gleich positiv in ihrer Reaktion auf Erdélyis Lyrik, doch wollte er keiner der beiden Seiten angehören. Seine negative Haltung gegenüber dem Stadtleben, sein Argwohn gegenüber der Demokratie und sein starker Antisemitismus verunmöglichten eine Verbindung mit der urban–demokratischen Richtung. Gleichzeitig entfernte er sich von der "populistischen" Hauptströmung der anderen Richtung. Als Radikaler konnte er nur nach rechts gehen, weil er die Linke haßte wegen der Revolution von 1918/19. Verurteilt zum Sprachrohr der niedrigsten und zahlenmäßig stärksten sozialen Schicht ohne die Mittel kultivierter Intellektualität, hielt er sich an die antisemitische, nationalistische Rhetorik, um seinen Gefühlen Ausdruck zu verleihen. Antisemitismus ist auch die stärkste Komponente seiner Gedichte aus der zweiten Hälfte der dreißiger Jahre, in der sich Stereotypien aus der Kindheit mit Erlebnissen in der Hauptstadt verbinden, die sich in einem Phantombild des "Juden" verdichten. Sein antisemitisches Vorurteil erhält paranoide Züge, ist aber weiterhin einflußreich. Hitlers Machtübernahme 1941 inspiriert ihn zu Agitationslyrik, in der die Sprache jedoch ihre ästhetische Komplexität und frühere Tiefe verliert, mechanisch, monoton und primitiv wird. Die faschistischen Schlagwörter lähmen die poetische Souveränität. Die Gedichte vermitteln nicht mehr Einsichten, öffnen keine Zugänge mehr zu Mysteriösem oder Transzendentem, sondern konfrontieren mit einer Welt des Unreflektierten, Unkritischen und Klischierten. Ihre kommunikative Wirkung besteht nur, solange die Macht existiert, der sie dienen.

Anna Wessely, Budapest

FROM THE LABOUR MOVEMENT TO THE FASCIST GOVERN-
MENT. *THE END OF THE ROAD* BY LAJOS KASSÁK

Introduction

The counter-revolutionary regime which had seized power by overthrowing
the Hungarian Republic of Councils in 1919 was conservative, authoritarian
and expressly anti-liberal. Its consolidation, achieved with the help of a loan
from the League of Nations, did not survive the Great Depression, so that
it had to face growing opposition from all sides of the political arena.
Hungarian fascism turned into a powerful mass movement enjoying
significant electoral success.[1] Although banned in 1939, the National
Socialist Party went on organizing its supporters undisturbed and came to
form the government during the German occupation of the country.

Both during and after the war Hungarian literature hardly dealt with these
developments in depth, indicating that Hungarian writers, like the general
public, did not take fascism seriously. They seem only to have noticed
fascism when they were already suffering from the consequences of its unrestrained power. The fascist figures in their war diaries and later novels
are unpredictable criminals, idiotic drunkards, brutally sadistic man-
hunters. This image is so lacking in human features that, apart from greed,
cruelty and a lust for power, the personal motives and social roots of the
fascists are not even touched on and the writers' interest is directed towards
intelligible behaviour – the cowardice, corruption or sudden heroism
provoked by fascist terror.

The novels of the late forties, written with the aim of understanding and
analysing Hungarian society historically, simply do not describe fascism, as
if it had been something external to that society. In the very few instances
where a contrary attitude is taken, traditional (cultural and political) anti-
Semitism is identified with the Holocaust, with the result that the whole of
Hungarian society is condemned as fascist. Although the fascist takeover is
at the centre of the novels by leading writers (Tibor Déry, *Szemtöl-szembe*
or *Face to Face*, 1933 and Sandor Márai *A hang* or *The Voice*, 1947), the
analysis of Hungarian fascism offered by Kassák's novel *Az út vége* (*The
End of the Road*) is exceptional. Written in 1946, but not published until
1963, the work attracted little attention, even during the 1960s when
important literary works by Ferenc Sánta and István Örkény had taken up
the theme of fascism anew. For these two novelists the experience of
fascism was mainly a background onto which they could project such

general problems as the possibility of moral action in the face of brutal force, or the mechanisms of moral degradation. Similarly, the fascist figures in the writings of outstanding authors like János Pilinszky or Agnes Nemes Nagy tend to be seen in a context of universal human sinfulness, with the alienation this brings, and in a framework of possible redemption. On this point there is no difference between Hungarian literature in exile and the writers who stayed at home. Kassák, by contrast, deals with the career of a fascist in a specifically political and social perspective.

1. The fascist worker and the labour movement

Macrosocial analyses of the rise of fascism often keep awkwardly silent on its appeal to sections of the organized working class. Historical accounts of fascism stress either the exigencies of industrial growth and the imperialistic interests of monopoly capital, or the economic insecurity and political uprootedness of the peasantry and the lower middle–class, or the conservative reaction of the landed aristocracy, the army or the bureaucracy to parliamentary democracy and to the liberal economic and social policies of the modern industrial state. The spread and success of fascism among workers are explained away by reference to ideological manipulation which proved especially effective at the time of the Great Depression and mass unemployment. But were workers deluded into supporting and voting for fascist parties solely by promises of job security and welfare? Was it only the rabble of the proletariat that cheered for their political programme?

In Lajos Kassák's *The End of the Road* we possess a valuable testimony to the contrary.[2] It describes the journey of a socialist worker from the confusion of the labour movement of the late twenties and early thirties through the national socialist party and into the fascist government of 1944.

Confusion within the Hungarian working–class parties was fed from several sources. There was a social democratic leadership which, for the sake of legality and parliamentary presence, acquiesced in government limitation and police control of party activity. It was hostile to the opposition within the party and the unions, who were provoked by its opportunist policy and en‐couraged, or even directed, by an illegal communist party which was in turn intent on broadening its mass base while launching suicidal ventures in an allegedly "revolutionary situation". Dissatisfaction with the strategies of both parties led to the proliferation of factions and oppositional groups among and outside their ranks. Even the best educated socialist worker who had devoted his whole existence to the cause of socialism, after being tolerated by the social democrats and courted by the communists, could find himself suddenly rejected by both parties if his activities did not conform to party lines.[3]

The situation became critical by the early thirties when two important events weakened the labour movement, disqualifying it for any effective resistance to fascism. First, the congress of the MKP (Hungarian Party of Communists), held in the Soviet Union in 1930, openly declared war on the unions and the social democratic party by naming them "social fascists", arch-enemies of the working class. Secondly, the Hungarian government, justifying the introduction of summary jurisdiction by reference to the blowing-up of a railway bridge, arrested and, in spite of international protests, executed the two leaders of the illegal communists, Imre Sallai and Sándor Fürst in 1931. Although martial law was suspended later, the wave of persecution against communists and the permanent obstruction of social democratic organization continued. The story of the rise and fall of a fascist minister is recounted by his own wife in Kassák's novel. She begins writing a book after her husband's execution, addressing it to

> those who search for the sense of the apparently nonsensical, who are curious, too, about the invisible side of visible life. Or is it not worthwhile to take a closer look at a man who had built himself from iron and cement before our eyes (or, at least, it seemed to be so) and then irretrievably collapsed one day? Yes, it is worthwhile, for by looking at him more closely, we shall see ourselves, the complex beings that we are, better. (p. 9)

The narrator herself is the daughter of a poor family, who started work in a Budapest printing-house at the age of fourteen. She joined the union and the Social Democratic party and got involved in the cultural work of a young workers' group. These contacts widened her horizons, engaged her in political action, and bound her in deeply felt solidarity to the working class. Her descriptions of the situation of the labour movement flow from instinctive reactions rather than political analyses. Yet she is perceptive enough to note:

> It is well known how flat and lame the labour movement was in the second half of the twenties. The membership of associations and organizations had grown, but what sort of people filled them? Salesmen, lower middle-class people, and industrial workers, most of whom had tired of an apparently vain struggle. At best, they were quarrelling and intriguing against their own leaders whom they regarded as wolves or sheep-dogs that herd the flock badly. Mobile youth was forming separate groups, forced into murmuring behind their hands. (p. 35)

> As I have indicated above, the movement presented a deplorable sight in those times. The leadership opposed the more educated and revolutionary members of the unions and the party. This not only swamped instruction. It was as if the horses had been put not in front but behind the cart. We were moving but without progressing at all. (p. 57)

While rightly blaming the cowardly leaders, she is not blind to the fact that the oppositional groups, among them the cultural group to which she and her husband belonged, lacked the vision of a clear political alternative. And she illuminates well the situation in which young members of workers' associations could be driven by their wish for radical action to seek contact with fascist groups:

> Ever since the execution of Sallai and Fürst, when the country suddenly experienced a feverish state, when the political right feared an unexpected storm of an as yet unknown nature, that is, ever since the gallows were set up again, the "authorities" tightened the leash and did all they could to push the legal movement into the background and to liquidate the illegal groups, – as those engaged in "big" politics are wont to say. It was therefore high time for serious elements within the labour movement to join forces at last and prepare for defence, after having neglected for so long to inform members about the state of the struggle. Nothing significant was done in this direction, even the existing forces collapsed. People were squabbling with one another as if each had been beset by the wish to get into a leading position. (p. 131)

Finally, her diagnosis of the ills of the movement after the annexation of Austria in 1938:

> We were crushed and scattered. It was as if a new epidemic had been spreading among young workers. The more cowardly and hesitant were swallowed up by the dull and indifferent mass, the more active were as if suddenly crippled. They had lost themselves in their souls and filled the waiting rooms of psychoanalysts.[...] Our movement had already experienced one shock like that with the collapse of the German communist party. Most of them had been struck so unexpectedly that they broke down under the burden. Now we were flooded again by the tide of unwelcome events and confused ideas.
> The legal party organizations lost many members and those forced into illegality remained helpless too. Even the cultural movement lost its exciting and fermenting influence. (p. 177)

Her fictive account is less unambiguous than the analysis given by Kassák himself in a series of articles, published under the title *Napjaink átértékelése* (Revaluation of our Times) in 1934. Here he suggested that a totally new strategy of working-class politics was needed if workers ever wanted to achieve socialism. Such a strategy had been blocked by the existing workers' parties so far; now, at last, "the new organizational forms and new methods would be born in the shadow of triumphant fascism"[4]. It had destroyed democratic parliamentary forms, thus opening the way for a genuine, radical alternative strategy of socialist politics.

The hero of Kassák's novel is also experimenting with a new form of radical politics. He is, however, according to the typology Kassák developed in the *Revaluation*, not a revolutionary but a rebel. While the revolutionary has a well-balanced personality and rises out of his community only to represent their interests, the rebel, with his unbalanced temperament, drifts

271

further and further apart from the community from which he has emerged. The hero of *The End of the Road* perfectly embodies the latter type without being an abstract construct. Kassák himself emphasized that the subject–matter of this book had been taken from life. He presented the novel to the public with the following words:

> The story is a real story, its heroes are real persons with their individual tragedies and social environment. Makai, the protagonist, was an active participant in the labour movement, who, because of his unbalanced temperament, was driven by careerism and the will to power into the camp of the arrow–cross fascists. He was a worker and so was his wife. The woman remained, up to the climax of the tragedy, bound in sympathy to the leftist movements. Yet, being a woman with little strength of resistance, a wife compelled by love and faithfulness, she passes over her husband's blind and obstinate conversion. Her tragedy is a typical feminine tragedy, while that of the man is the typical tragedy of an ambitious person denying his own past.
> The book was written in the first person as the woman's confession of the story of love and the lust for power. I believe that this piece of writing is not just literature but documentation as well.[5]

This presentation was written eighteen years after the novel was finished (in 1946), no publisher having dared to bring it out at the time. It makes no mention of the political factors that motivated the hero's conversion, although they are, as shown above, not absent from the novel itself. While Kassák considers social factors in the spread of fascism to be irrelevant (among the fascist figures in his novel we meet workers, professionals, army officers, police agents, and outright criminals), he concentrates on the moral aspects, on the psychological factors which lead to the estrangement between the rebel and the collective and, finally, lead to his advocacy of fascist destruction. Kassák evidently thought this last aspect fundamental. This kind of psychological determinism is manifest in the structure of the narrative itself. It shows no evolution of character, the familiar pattern of the "Bildungsroman", but depicts rather the decisive events in which this character is revealed to objective observers (the workers' collective), to an intimate observer (his wife) and, in a final act of introspection, to the person himself.

2. Social characteristics and career

The hero of the novel, Sándor Makai, was born in the north of Hungary in 1904. His father, a village baker of German origin, was killed in the First World War. Soon afterwards the mother, a peasant of Slovak origin, dies during an operation. Left without shelter and food, the child goes on the road, begging and stealing until he meets the troops of the Hungarian Red Army in June 1919. This leads, in his own view, to the decisive turning point in his life:

272

> They did not want to take me, chased me away, but I stole back again and when they saw that there was nothing to be done with me, I could stay around. I was a restless and venturesome child, rather daring and they noticed that too. Then I begged them to give me a good Alsatian. I got it and was sent with Flóri (that was the dog's name) to go and look around the enemy camp. Thus I worked for them and got them news they could not have obtained themselves.
>
> Then [...] we were defeated and the whole company fell apart. I was left alone, again. But I was no more that old, insignificant kid. There, in the camp, I too had listened to the lectures of the political commissar. They opened my eyes and turned me into a dissatisfied rebel. For my whole life, I think. [...] Not even God can force me to accept either patience or His hair-splitting laws, I have got this cultural group together, but I would much rather provide it with arms and break out of the stocks of today's world. What are we waiting for? [...] We have suffered enough, we have the right even to set this ugly world on fire. (pp. 72-73)

He comes to the capital, experiences much hardship but, at last, becomes a skilled worker, a moulder. As a member of the trade union and the Social Democratic party, he engages in all kinds of political activity. He reads a lot and attends political seminars on Marxism, held by communist students. Another turning-point in his life occurs at the trial after an unsuccessful strike. Prepared to act like "the heroes of the socialist movement, of whom he was proud and often speaking almost feverishly" (p. 8), he is made ridiculous by the judge and punished by not being taken seriously: he receives no sentence at all. From that time on, his relationships with his comrades become tense, and he engages in a battle of rivalry within the group. Although he keeps on attending meetings, he stays apart from group work and spends his time trying to win over single members to his side by constant intriguing. He forms more and more outside contacts with dubious or right-wing groups, until the communists will not talk to him any more, and the Social Democrats and the trade union expel him.

It is at a meeting of the cultural group, just after they have heard the news of Austria's annexation, that he first gives expression to his newly acquired ideas:

> We revolutionaries know what is to be done. The Jews, of course, may be frightened. The real-estate speculators, the stockbrokers, the landlords and bank-usurers, yes, they may tremble.[...]
> I shall tell you how it is. The Jews have always supported the ruling class and benefited from oppression. I do not speak of Hitler, although he may be right here and there. But now there is a chance to teach them as well. (p.167)

Around 1938 he joins the fascist Arrow-Cross party, leaves his job and, as a paid functionary, recruits workers for the national socialists. He is still convinced that it is the cause of the working class that he is serving. In a

273

final conversation with former comrades, by then already members in the illegal communist party, he declares:

> Basically, there is no difference between you and me. We all want to improve the workers' lot. But you are dogmatic, and opportunists as well, because you shrink back from consistent action. You cannot achieve anything all by yourselves. My idea is to join forces with the army. We must organize the officers and if that works, we shall have won our case and we will drive the government out. (p. 196)
> Believe me, my intentions are just as good as yours. I inspect each of my steps, asking whether it is right or wrong. For a while we have to go together with the Germans but then, at the right moment, we will make ourselves independent of them. (pp. 198)

He is soon arrested and condemned to two years' internment camp because of fascist propaganda activity. There he continues his organizing work and, when set free around 1941, he is already one of the most respected leaders of the national socialists. With the coup of 1944, he is appointed minister of propaganda in the fascist cabinet. Slowly, without ever openly admitting it, he begins to see that he has lost:

> Makai was blind or, in his final desperation, pretended to be so. He did not want to notice that he was being pushed into the background by former friends he had helped to get into the saddle; his rights were violated, his decrees disregarded; nobody wanted to listen to his social tirades any more while they were plunging him ever deeper in blood and mud. He kept on writing his propaganda articles with promises of a new social order and a better future for the workers, but only torn fragments of them could still appear in print. (pp. 296–297)

In 1945 he flees to Bavaria from where he is transported back to Hungary, tried and sentenced to death. He is hanged on March 14th, 1946.

3. The character of a fascist rebel

He is energetic, well-read, and inspiring. His persuasive behaviour, overwhelming manner and speech make people accept and follow him for a while. It is not the strength of his arguments but rather the emotional power of his words that affects them. The audience enthusiastically agrees while he gets drunk on his own words. He is vain and insistent and not overfastidious as to the means for achieving what he thinks right. Critical situations, however, soon reveal his unreliability and petty motives. One of his disillusioned fellow-workers describes him, as yet an ardent socialist, as follows:

> He bustles around until he finds some success with which to flatter himself. And when he achieves that, he throws it all to the dogs even if others break their neck for it. That is what he does in the factory, too. He would constantly intrigue with the others against the bosses but, as I see it, not in

order to wring something from our employers but only to be important himself, to show off in negotiations with the bosses. (p. 88)

His wife, a loving but critical observer, describes the years they have spent together, her futile attempts to fathom his character and, at the same time, to go on loving and accepting him. Her initial respect for the man turns into indulgent care and, in spite of her reservations, she keeps up the role of the obedient wife. She is able to perform this feat only by sacrificing all the friendships and social contacts she used to cherish. While not shutting her eyes to his faults and ignominious political role, from time to time she attempts to create a stylized image of the two of them, likening the man to Raskolnikov, who wanted to achieve the good by bad means, and herself to Sonia who hoped to save him by her sacrifice and devotion. Yet, all the while her attitude remains ambivalent, for she cannot but coolly register his transformations, wondering whether she is confronting his real self at last or whether it is out of some further, hidden motives that he behaves as he does. She soon realizes that the man, admittedly an excellent performer, is always playing a role:

His behaviour was solemn, he gesticulated a lot. He would squeeze his throat when speaking, just as unpractised singers do when they try to give more resonance to their voice. He certainly did not make a good impression but nobody made a remark. I found that Makai was above the average in every respect. If we recruited two new members to the group, he would bring along ten; if we tried to evade some unpleasant work, he would set to it with zeal. It is true that he always managed to find someone to do the hard and demanding part of the work for him. Nevertheless, it is a valuable asset in itself if a man can arouse the curiosity of the lazy and fussy and spur them to action. (pp. 34-35)

After their marriage in the early thirties she notices more. She recognizes his deeply buried sentimentality which he tries to conceal and overcome. Although a gentle husbland, he obstinately refuses the idea of having a child. As the wife reports:

It is not that he wanted to spare me the suffering. He was afraid of himself, dreading that I might bear a cripple, a baby deformed in body or mind.[...] Makai did not trust either his strength or his health. He dared to oppose the whole world but was not brave enough to recognize himself in his own child. Perhaps, it was his anxieties somewhere under the surface that determined the actions of this man. (p. 223)

He is haunted by nightmares, a bad sleeper who grinds his teeth horribly at night. But it is difficult to see through him in daytime conversations for "he never comes out in the open, never pronounces a clear 'yes' or 'no'. He treats people as a spider does flies. First he ensnares them in his web and then sets about conquering them" (p. 189).

After having joined the Arrow–Cross party and donned its uniform, his behaviour undergoes a significant change:

> Ever since he started to wear the uniform, his words have become harder, his steps louder. He does not walk as he used to: close to the wall, with upturned collar and hands in pocket. Oh, no. He straightens his back, sticks out his chest, and walks in the middle of the street with his head thrown back as if he made a splendid procession all by himself. In other words, he knows that he is somebody to reckon with. (p. 244)

His conduct changes again after he has become a minister. She works as his secretary and observes him during a cabinet meeting:

> Makai sat in silence, supporting his chin in his palm and staring at the floor, Was he sunk in meditation or was he only playing another role again? It was rather the latter. He behaved as someone who knew a lot and could "cut the neck" of many with a single word. Yet he was silent, lit one cigarette after another, taking off his glasses from time to time and carefully polishing them with his handkerchief. On such occasions he would look around the company with blinking, myopic eyes. He gave an air of superiority with the promise of an attack. Or he would be bored with that role and simply lean back in his chair, with legs crossed and eyes fixed on the ceiling. (p. 262)

At home, however, he can no longer conceal his uneasiness. As his wife reports:

> I had to notice that he was no longer his old self. His voice became subdued, his gestures smaller and rounder and he would often look around the room where only the two of us were sitting, as if he were on the look-out for a hidden third party. (p. 273)

After the fascists' defeat by the Soviet Red Army the couple flees to the West. There he becomes very calm and silent. Once she witnesses an unexpected scene: she finds him kneeling and praying before a small altar in the Bavarian peasant house where they are staying until his extradition to the Hungarian tribunal for war criminals. Then he suddenly starts recalling childhood memories of an understanding mother's indulgence whenever he had unintentionally done something wrong. In such a state of mind, he is looking forward hopefully to the outcome of the trial, "as if he were only to account for some childish mischief. He prepared for the trial as if it were just another show to perform." (p. 321)

The shock of the death sentence makes him return to God. In letters to his wife he complains that God has fatefully forgotten about him since he has not committed any deadly crime and is to be punished now perhaps for sins of his ancestors but not his own. It is only in the last hours of life that he soberly faces himself and his actions; he admits to his cowardice and bragging, and rejects the solace religion could offer:

I did not confess [to the prison priest] and did not repent for his sake. What use could yet another compromise be? It would be much more difficult for me to die if I thought myself innocent in the final minutes. (pp. 329-30)

4. Fiction and documentation

Lajos Kassák was a unique and most fascinating figure in 20th century Hungarian culture. Born in a working-class family in the north of Hungary, he came to find work in Budapest as a 17-year-old locksmith in 1904. Here he became an intransigent and independent socialist for life and, within a decade, not only the first major working-class author but the country's most important expressionist-surrealist poet. An untiring worker and excellent organizer, he created his own journals – the antimilitarist *Tett* (Action) in 1915-16, the avantgarde *Ma* (Today) in 1916-21, then *2x2* and *Kortárs* (Contemporary), followed by *Dokumentum* (Document) in 1926-28 and *Munka* (Work) from 1929 until 1938. By the end of the First World War he had already published several volumes of poetry, short stories and a novel, and organized numerous exhibitions of modern painters. After the collapse of the Hungarian Soviet Republic which eventually had prohibited his *Ma* on account of his rejection of political compromises in the domain of art, he emigrated and lived in Vienna until permitted to return in 1926. In 1920 he began to paint and had successful one-man shows in Vienna and Berlin. He designed not only the beautiful and elegant typography of his journals and books but book-covers and commercial posters as well. In the period between the two wars he published several novels, dramas, and volumes of poetry, political analyses in *Szocializmus*, the theoretical organ of the Hungarian Social Democratic Party, and also art criticism. After the liberation of Hungary he became a leading figure in the reviving culture, editor of several journals and member of parliament, to be forced into inner emigration again from 1950 to 1956. From 1957 until his death in 1967 he had several exhibitions of his early constructivist painting, first in Paris, then in Munich, London, Cologne, Turin and, finally, at the age of 80, even in Budapest. In that last period he published novels (among them, the twentieth and last: *The End of the Road*), poetry, and a book on modern painting.

He was always at the centre of Hungarian culture but never part of any movement or trend, never a follower. On the contrary, he was the one around whom the youngest generation would gather in every period, on condition that they were willing to cooperate. Since the early 30s two main "camps" in Hungarian literature have been formed by the so-called "urbanists" and the "populists". He did not belong to either of them, being neither of peasant nor of middle-class origin. The former group appreciated him very much, he regularly appeared in their journals; the latter group earned from him only contemptuous criticism of their political conceptions.

At the age of thirty–seven he began writing his autobiography, published in 1927–35. It is a monumental masterpiece of realist prose, entitled *Egy ember élete* (The Life of a Man), regarded by many critics as his best work, while the author himself viewed it as documentation that had nothing to do with literature as art.

This sharp distinction between fiction and reporting was formulated most clearly in his open letter to Ilya Ehrenburg, published in the *Munka* in 1934:

> I too am a writer, a socialist even, and, consequently, I am justified in demanding human responsibility and professional honesty from any writer who accepts a social role. In your above mentioned piece of writing [*Civil War in Austria*] you have disregarded these two basic requirements of social writing. You speak as an eye–witness about details of an historical event which you have not seen happen, and you present them in such a sentimental–romantic light and arrangement as best suits your momentary mood [...].
> Distortion and calculated vagueness cannot be our bread. The writer is obliged, if he speaks, to utter the truth.[6]

For Kassák, his own novels belonged to literature as art, distinct from truthful reporting even where they contained a considerable amount of documentary material. *The End of the Road* seems to be a notable exception since he presented it to his readers as a book which is both literature and documentation. He knew the protagonist of his story, in fact, very well. Makai was Ferenc Kassai–Sallmayer, a printer who became minister of propaganda and protection of the nation in 1944; the cultural group of young workers in the story is the so–called "Munka Circle", directed by Kassák and his wife, Jolán Simon, an actress.

It was probably Kassák's wish to stick to the facts of which he had direct knowledge that suggested to him the idea of drawing a sharper dividing line between the political conceptions of man and wife in the novel than actually had been the case. By turning the woman into a detached observer, he could avail himself of his own personal experiences of the "fascist rebel" and restrict the narration to documented events, while disclosing at the same time the web of personal motives that had led a former comrade to fascism.

A valuable and as yet unpublished document is preserved in the "Kassák Múzeum" in Budapest. It is a letter he received from Kassai–Sallmayer's wife in the first days of 1947. It suggests both that the relationship between the writer and the future fascist minister may have lasted longer than available documents allow us to conclude (i.e., until the early thirties), and that the wife herself had a much more positive attitude to her husband's role than her "alter ego" in the book. The letter reads as follows:

Dear Comrade Kassák!

It is a sad duty for me to convey to you my husband's last greetings. He remembered you with love and respect in his last hours. He asks you not to think of him with anger but to believe in his goodwill and honest intent until his role has been cleared up after some time has passed and the agitation is over. Besides, he wrote you a long letter in the condemned cell which the censor would not hand over to me.[...]

I see a peculiar sign of destiny in the fact that 24 hours after his death a tiny newcomer arrived in the Sallmayer family, baptized Ferenc. Perhaps he, born on the anniversary of the revolution (October 31st)[7], will be called to continue what his uncle began, and we hope that people will accept it then with more understanding. They will be politically mature enough to under-stand that somebody can be a socialist outside the parties as well, and that a revolution is not necessarily made under red banners alone...
Besides, I would like to talk to you as well. Let me know, please, when I could call on you.

I wish you and your wife a Happy New Year,
Maca

NOTES

1. See the contributions by G. Ránki and M. Laczkó in the volume *Who were the Fascists?*, Bergen 1980, pp. 395–416.

2. Quotations from the novel are taken from: Kassák Lajos: *Az út vége*. Budapest, Magvetö Könyvkiadó, 1963.

3. A good example is the case documented by R. Köves in her study "A kiátkozott ember: Weisshaus Aladár" (An Excommunicated Man: A. Weisshaus), in: *Valóság* 30 (1987), No.6., pp. 76–89.

4. Kassák, L.: "Napjaink átértékelése IV." (The Revaluation of Our Days, Part IV), in: *Munka* 6 (1934), No.35, p. 1021.

5. Kassák on his forthcoming book in: *AKV Tájékoztató*, Oct., 1963.

6. Kassák, L.: "Nyílt levél Ilja Ehrenburghoz" (An Open Letter to Ilja Ehrenburg), in: *Munka* 6 (1934), No. 35, pp. 1010–1012.

7. The reference is to the revolution in Budapest in the year 1918.

ZUSAMMENFASSUNG

Das gegenrevolutionäre Regime, das nach dem Sturz der Ungarischen Räterepublik 1919 die Macht ergriffen hatte, war konservativ, autoritär und ausgesprochen antiliberal. Ein Konsolidierungsversuch mit finanzieller Unterstützung von seiten des Völkerbundes dauerte nur bis zur Weltwirtschaftskrise, mit der die Opposition auf allen Seiten der politischen Arena zu wachsen begann. Der ungarische Faschismus wurde, wie der Wahlerfolg zeigt, zu einer kraftvollen Massenbewegung. Die nationalsozialistische Partei, 1939 zwar verboten, konnte ihre Mitglieder ungestört organisieren und bildete schließlich während der deutschen Besetzung die Regierung.

Weder die zeitgenössische noch die Nachkriegs-Literatur befassen sich eingehend mit dieser Entwicklung – ein Zeichen dafür, daß weder die Schriftsteller noch die ungarische Öffentlichkeit die Faschisten allzu ernst nahmen. Sie schienen den Faschismus vielmehr erst wahrgenommen zu haben, als sie unter den Konsequenzen seiner uneingeschränkten Macht litten. Die faschistischen Gestalten der Kriegstagebücher und ersten Romane werden dargestellt als unberechenbare Kriminelle, idiotische Trunkenbolde, animalisch-sadistische Menschenjäger. Sie entbehren so sehr aller menschlichen Züge, abgesehen von Grausamkeit, Gier und Machtbesessenheit, daß die Frage nach persönlicher Motivation oder sozialer Herkunft dieser Faschisten überhaupt nicht berührt wird. Vielmehr interessieren die Reaktionsmuster, die der faschistische Terror auslöst: Feigheit, Korruption oder auch plötzlicher Heroismus.

Die Romane der späten vierziger Jahre, die in der Absicht geschrieben wurden, die ungarische Gesellschaft historisch zu verstehen, beschreiben den Faschismus, als ob er diese Gesellschaft nicht berührt hätte. In den sehr wenigen Gegenbeispielen wird der traditionelle (kulturelle wie politische) Antisemitismus mit dem Holocaust gleichgesetzt und die ganze ungarische Gesellschaft als faschistisch verworfen.

Unter den Romanen, welche die faschistische Machtübernahme in Deutschland zum Thema haben – wie Dérys *Szemtől-szembe* (Von Angesicht zu Angesicht) von 1933 und Márais *A hang* (Die Stimme) von 1947 – stellt Kassáks Roman *Az út vége* (Das Ende des Weges) als Analyse des ungarischen Faschismus eine Ausnahme dar. 1946 geschrieben, aber erst 1963 publiziert, fand das Werk wenig Resonanz, selbst als der Faschismus in den sechziger Jahren durch die bedeutenden literarischen Werke von Sánta und Örkény wieder zum Thema erhoben wurde. Für die letzteren war die faschistische Erfahrung mehr ein Hintergrund, auf den Probleme allgemeinen Inhalts projiziert werden konnten, etwa die Möglichkeit moralischen Handelns angesichts brutaler Gewalt oder die Mechanismen moralischer Erniedrigung. Ähnlich werden die faschistischen Gestalten im Werk hervorragender Autoren wie Pilinszky oder Nemes Nagy eher in einem Kontext universaler menschlicher Sündhaftigkeit gesehen, in ihrer Entfremdung und im Rahmen möglicher Erlösung. In diesem Punkt unterscheiden sich die ungarische Exilliteratur und die einheimische Literatur nicht voneinander.

Kassák ist einer der wichtigsten Autoren der ungarischen Literatur des 20. Jahrhunderts, auch wenn er am Rande der literarischen Szene stand. Zur Zeit des Ersten Weltkrieges entwickelte er sein avantgardistisches Programm in Opposition zum liberalen Humanismus der Zeitschrift *Nyugat*, dem Forum der Revolution und der Modernisierung der ungarischen Dichtung. Sein Protest gegenüber der parteiausgerichteten Literatur der Räterepublik machte ihn für immer zu einer verdächtigen Figur in den Augen der Kommunisten. Als sich in den dreißiger Jahren die literarische Welt in die beiden gegnerischen Lager der "Populisten" und der "Urbanisten" teilte, gehörte Kassák nicht zu den Urbanisten, die hauptsächlich Juden waren, obwohl er den Ideen der Populisten ausgesprochen feindlich gegenüber stand. Kassák repräsentierte auch innerhalb der sozialdemokratischen Partei einen separaten, individuellen Standpunkt. Seine kurze Aktivität als einer der Reorganisatoren der literarischen Szene zwischen 1945 und 1949 wurde abgelöst von zehn Jahren des erzwungenen Schweigens. Die Anerkennung, die er in seinem letzten Lebensjahrzehnt genießen durfte, betraf bereits den "grand old man", den "lebenden Klassiker der ungarischen Avantgarde in Dichtung und Malerei". Abgesehen von seinem monumentalen Meisterwerk, der Autobiographie *Das Leben eines Mannes* hat seine Prosa, darunter 20 Romane, wenig Aufmerksamkeit erhalten.

Kassák behielt stets den Kontakt mit den sozialistischen Arbeitern, indem er organisierte Arbeiter in die kulturellen Aktivitäten im Umkreis seiner Zeitschrift *Munka* einbezog. Er erkannte die Spannung zwischen einer sozialdemokratischen Strategie, die um den legalen Status der Partei fürchtet, und der wachsenden Unzufriedenheit der Arbeiter, die nach Handlung verlangen. Diese Situation bildet den Ausgangspunkt für den Protagonisten seines Romans, den Anfang eines Weges, der in das faschistische Regierungs-Kabinett führt. Der Roman ist in der Form eines Tagebuchs aus der Perspektive der Ehefrau geschrieben.

Die Analyse dieses Romans soll die psychologischen, sozialen und politischen Motive darlegen, die organisierte Arbeiter zum Faschismus trieben.

Tarmo Kunnas, Paris

DIE DARSTELLUNG DES RECHTSRADIKALISMUS IN DER FINNISCHEN NACHKRIEGSLITERATUR

Der finnische Rechtsradikalismus hatte zur Zeit seines Höhepunktes in den dreißiger Jahren einen spezifischen Charakter. Es gab in der finnischen Geschichte Faktoren, die das Entstehen einer rechtsradikalen oder sogar faschistischen Bewegung begünstigen konnten, denn Finnland erhielt seine Selbständigkeit erst 1917. Ein enthusiastischer Nationalismus war demzufolge spürbar im Lande noch in den 20er und 30er Jahren. Unmittelbar nach dem Erreichen der Selbständigkeit 1918 brach in Finnland ein kurzfristiger, aber harter Bürgerkrieg aus, in dem die Weißen, d. h. die Bürgerlichen, die Roten, d. h. die radikalen Sozialisten, schlugen. Die Sieger bestimmten nach dem Krieg das politische und kulturelle Leben des Landes. Diese bürgerliche Hegemonie bot einen fruchtbaren Boden für einen heftigen Antikommunismus. Was früher ein Mißtrauen dem zaristischen Rußland gegenüber war, war jetzt ein Mißtrauen der russischen Sowjetunion gegenüber. Die Vorbedingungen für eine nationalistische und antikommunistische Denkweise waren da. Andererseits gehörte Finnland zu der alten sozialen Tradition der skandinavischen Länder, die das Individuum und die Demokratie dem Kollektiven und dem Antidemokratischen vorgezogen hatte. Das finnische Volk, das sich zum großen Teil als finnisch-ugrisch betrachtete, konnte nicht von einer arischen oder germanischen Rassenmystik träumen. Das Land hatte nur eine ganz unbedeutende jüdische Minderheit, so daß ein Antisemitismus in Finnland keinen großen Erfolg gehabt hätte. Angesichts der nach dem Bürgerkrieg und nach der Niederlage der Roten herrschenden antikommunistischen Stimmung im Lande verwundert es jedoch nicht, daß im November 1929 in der ostrobotnischen Kirchgemeinde Lapua national und konservativ gesinnte Bauern über eine Versammlung von Jungkommunisten herfielen.

Dieses Ereignis war der Anfang für eine breitere antikommunistische Tätigkeit im ganzen Lande, die einen rechtsradikalen Charakter hatte. Sie entwickelte sich zu einer Volksbewegung, die sich nach der Ortschaft Lapua die Lapua-Bewegung nannte. Die zumeist religiösen Anhänger dieser Bewegung hatten nicht unbedingt eine faschistische Identität. Die Lapua-Bewegung zielte darauf ab, dem Parlament ein Staatschutzgesetz vorzulegen, das die Auflösung und das Verbot aller kommunistischen Gruppierungen möglich machen sollte. Der politische Zeitgeist war in Finnland so sehr antikommunistisch, daß zuletzt nur die Sozialdemokraten gegen eine solche Gesetzgebung stimmten, und damit fand sich im Parlament die notwendige Zweidrittelsmehrheit für den Beschluß.[1]

Die Anhänger der Lapua-Bewegung waren jedoch damit noch nicht zufrieden. Der faschistische Zeitgeist war auch in Finnland spürbar. Die Lapua-Leute setzten ihre Terrortätigkeit fort. Kleine, unbedeutende Leute, die kommunistisch oder linksliberal gesinnt waren, wurden in der Nacht entführt, geschlagen, im Auto an die sowjetrussische Grenze transportiert oder in einigen Fällen ermordet. Sogar der erste finnische Staatspräsident, der liberale K. J. Ståhlberg, der schon pensioniert war, wurde entführt und mit Gewalt nach der karelischen Stadt Joensuu gefahren. Die ausländische Presse fragte sich, ob Finnland das Mexico des Nordens geworden sei. Der Botschafter von Mexico in Stockholm protestierte gegen den Mißbrauch des Namens seines Landes. Im Februar 1932 versammelten sich Tausende von Angehörigen der Lapua-Bewegung in Mäntsälä, in der Nähe der Hauptstadt Helsinki. Sie wollten von dort aus einen Marsch auf die Hauptstadt antreten. Erst jetzt reagierte das ganze Land, auch die Konservativen. Die Lapua-Bewegung wurde aufgelöst. Sie ging in der im Juni 1932 gegründeten "Vaterländischen Volksbewegung" auf, die bewußter faschistisch war – bis hin zum Gebrauch schwarzer Hemden und eines faschistischen Grußes.[2]

Bei den Parlamentswahlen 1936 errang die Vaterländische Volksbewegung ihren größten Erfolg: sie erhielt 14 von den möglichen 200 Mandaten im Parlament. Der Faschismus war keine sehr populäre Importware in Finnland, das seinen demokratischen Traditionen treu bleiben wollte. Kurz vor dem Winterkrieg 1939 errangen die Vertreter der Vaterländischen Volksbewegung nur noch acht Mandate im Parlament.[3]

In den Jahren 1941–1944 kämpfte Finnland bekanntlich gegen die Sowjetunion in dem sogenannten Fortsetzungskrieg auf der Seite von Hitler-Deutschland. Das war jedoch kein Zeichen dafür, daß die Finnen inzwischen stärker faschistisch gesinnt waren. Schon während des Winterkrieges 1939–1940 suchte Finnland vergebens die politische Stütze der Westmächte. Die Finnen wollten ein Gleichgewicht zu ihrem mächtigen östlichen Nachbarn, der Sowjetunion finden. Die einzige Alternative war Deutschland. Während des Ersten Weltkrieges wurde die finnische Unabhängigkeitsbewegung von Deutschland unterstützt. 2000 finnische Freiwillige nahmen auf deutscher Seite im 27. Jägerbataillon am Ersten Weltkrieg teil. Diese Jäger (auf finnisch jääkäri) waren wichtig für die weiße Armee im Bürgerkrieg. Später hatten viele "Jäger" eine wichtige Position in der finnischen Armee. Das verstärkte die deutsch-finnischen Beziehungen.

Auch die alten Kulturbeziehungen zwischen Finnland und Deutschland vermehrten die Popularität der Deutschen in Finnland. Die finnische Intelligenz und die finnische Bourgeoisie fragten auch nach 1933 nicht sehr genau, was für ein politisches System in Deutschland herrschte. Viele finnische Intellektuelle, die nicht selbst Faschisten waren, hatten ein gewisses Verständnis für die Ziele des nationalsozialistischen Deutschland. Die Kooperation mit den Deutschen während des Fortsetzungskrieges war nicht auf die Unterstützung der finnischen Faschisten angewiesen.[4]

Dieser historische Hintergrund mag verständlich machen, daß das Problem des Faschismus in der finnischsprachigen Literatur anders behandelt wird als in der deutschen oder französischen Literatur. Die finnische Nachkriegsliteratur bietet eigentlich wenige Beispiele für die Darstellung der Rechtsradikalen oder der Faschisten. In der schwedischsprachigen Literatur unseres Landes sieht es nicht sehr anders aus. Die für viele anderen europäischen Literaturen typischen Fälle der Vergangenheitsbewältigung, die Probleme der nationalen Schuldgefühle, die politische Beichte oder die Geschichten aus der Zeit der Kollaboration spielen eine ganz marginale Rolle in der finnischen Literatur. Die Darstellung des Rechtsradikalismus oder des Faschismus ist in der finnischen Literatur eine relativ späte Erscheinung, die sich erst in den sechziger Jahren bemerkbar macht.

Es gab finnische Schriftsteller, die, ohne eigentliche Faschisten zu sein, ihre Sympathie zu Deutschland offen zeigten: V. A. Koskenniemi, Maila Talvio, Arvi Kivimaa. Es gab finnische Schriftsteller, die offen Faschisten waren wie Heikki Asunta und der schwedischsprachige Örnulf Tigerstedt. Auch diese haben nach dem Kriege wenig von ihrer politischen Vergangenheit gesprochen. Die linksradikalen Schriftsteller hatten vor dem Kriege und während des Krieges Schwierigkeiten, so daß sie damals Faschisten oder Rechtsradikale eigentlich nicht schildern konnten. Auch nach dem Krieg fanden sie keine künstlerisch angemessene Form, um die politische Vergangenheit zu beschreiben. Nur der bedeutende finnische Schriftsteller Pentti Haanpää hat ganz früh, schon 1932, die Erscheinungsformen des finnischen Rechtsradikalismus in drei kleinen Erzählungen geschildert, in *Isänmaallisuuden tulenpatsaat* (Die Feuersäulen des Patriotismus), *Isänmaallisuuden ilmenemismuodot* (Die Erscheinungsformen des Patriotismus), und *Kuinka isänmaallisuuden vaunut sattuivat viemään erään miehen* (Wie es geschah, daß der Wagen des Patriotismus einen Mann mitnahm). Das Wort "Patriotismus" wird in allen drei Erzählungen tief ironisch benutzt. Der Rechtsradikalismus zeigt sich in diesen Erzählungen vor allem als Mißbrauch vaterländischer Ideale. Der Schriftsteller sucht hier nicht die sozialen, materiellen oder ideologischen Hintergründe des finnischen Rechtsradikalismus. Er sieht ihn aus der Perspektive eines Einzelmenschen. Die Rechtsradikalen terrorisieren in der finnischen Provinz Arbeiter-Vereine. Die gewalttätige Politik appelliert vor allem an die negativen Gefühle ihrer Anhänger. Sie ist bald ein Mittel, einen Rivalen herunterzumachen, bald seinem eigenen Neid freien Lauf zu geben. Die wenigen, knapp skizzierten Rechtsradikalen erscheinen in diesen kurzen Erzählungen als entwurzelte, nihilistische, alkoholisierte und halb kriminelle Menschen.

Schon in diesen Erzählungen zeigt sich eine Vorstellung von der geistigen Haltung, die gewisse Finnen zum Rechtsradikalismus geführt hat. Die politische Tätigkeit ist in diesem Fall gleichsam eine Flucht aus der Routine des Alltags, der Rechtsradikalismus wird in diesem Zusammenhang zu einer Karikatur der Ideale der vergangenen Epoche: des Militaristischen, Heroischen und eines Geistes, der die großen Taten inspirieren sollte. In Wirklichkeit ist die politische Aktivität der dargestellten finnischen Rechtsradikalen ohne Größe. Sie terrorisieren schwache Leute, sie sind agressiv ohne Risikos, ohne Gefahr, ohne Widerstand. Trotzdem sprechen sie von "Eisen und Blut".

Ein Journalist und Schriftsteller, Olavi Paavolainen, hatte 1936 die Nürnberger Parteitage besucht und darüber ein politisch ambivalentes Buch geschrieben.[5] Nach dem Krieg 1946 veröffentlichte er sein Kriegstagebuch, in dem er in mancher Weise den Nationalismus und die Kriegslust der Finnen kritisierte. Es ist symptomatisch, daß Olavi Paavolainen nicht die finnischen Rechtsradikalen oder die finnischen Faschisten angreift, sondern die ganze bürgerliche Ideenwelt und Mentalität.[6] Auch in seinem Tagebuch findet man kein nationales Trauma, keine Schuldgefühle.

Der auch international einigermaßen bekannte Schriftsteller Väinö Linna schildert in seinem 1954 erschienen Kriegsroman *Der unbekannte Soldat* einen Offizier namens Lammio, der als ein Faschisten-Typ gelten kann. Er imitiert die preußischen Militärs. Er ist pedantisch streng, leicht sadistisch und denkt mehr an die äußeren Merkmale der Disziplin als an die Leute selbst. Die anderen Menschen und die Soldaten sind für ihn wichtig nur als Objekte seines eigenen Machtwillens. Ein anderer Offizier, der junge Leutnant Kariluoto, träumt kindisch vom deutschen Militarismus und singt betrunken das *Horst Wessel-Lied*. Aber er lernt später verstehen, was für eine Kluft seine heldenhaften Wunschbilder von der harten Wirklichkeit trennt.

Viel umfangreicher behandelt Väinö Linna Rechtsradikale in dem dritten Band seiner Trilogie *Hier unter dem Polarstern* aus dem Jahr 1962. Zwei rechtsradikale Menschen treten im Roman auf. Der eine ist ein Pfarrerssohn namens Ilmari Salpakari, ein ehemaliger Jäger, "jääkäri", der seine Militärausbildung im kaiserlichen Deutschland bekommen hat. Während des Bürgerkrieges ist er in seine Heimat als Retter und als Held, aber auch als strenger Kommandant zurückgekehrt. Er hat nicht viel menschliches Verständnis für die besiegten Roten. Dieser junge Mann, der Berufsoffizier ist, besitzt gewisse Merkmale des finnischen Rechtsradikalismus: Verachtung für die Masse, eine nationalistische und antikommunistische Denkweise. Sein Weltbild ist sozialdarwinistisch. Er glaubt an den Kampf ums Dasein, in dem die Stärksten überleben. Er hat auch viele Tugenden: Zähigkeit, Mut, Vitalität und Energie, aber er gebraucht sie nicht richtig. In seiner Ideologie ist ein konservativer Zug sichtbar. Er will keine wirkliche Revolution, sondern einen Rückschritt. Er träumt von einem Ständestaat. General Mannerheim wäre seiner Meinung nach ein guter Diktator. Er meint, die Finnen sollten die Preußen des Nordens werden. Finnland solle seine Ostgebiete erweitern und ein Groß-Finnland werden.

Man sieht auch an dieser Gestalt, wie der Rechtsradikalismus eine Fortsetzung des finnischen Bürgerkrieges ist. Ilmari Salpakari lehnt unmittelbar nach dem Bürgerkrieg die Versöhnungspolitik des liberalen Präsidenten K. J. Ståhlberg ab. Seine spätere antikommunistische Haltung setzt diese strenge Linie fort. Sein Weltbild hat keinen Platz für Nuancen, für die Ausnahme, für den relativierenden Humor. Auch er flieht aus dem grauen Alltag in eine Welt der abstrakten Ideale. Die Welt, wie sie ist, hat für ihn keinen Wert. Er will den Wert des Lebens in der Verwirklichung eines militärischen, asketischen und heldenhaften Ideals finden. Er füllt die Wertleere mit Träumen und Illusionen, die nichts mit der Wirklichkeit zu tun haben. Er nennt sich den letzten Römer. Der junge Mann vernachlässigt seine nächste menschliche Umgebung und folgt abstrakten Gedanken und Verhaltensmustern.

Im selben Roman wird ein zweiter Faschist dargestellt, der viel Gemeinsames mit Ilmari Salpakari hat. Der Volkschullehrer Rautajärvi ist Nationalist und Antikommunist. Auch er denkt sozialdarwinistisch. Er verherrlicht die physische Kraft und die kämpferischen Tugenden. Er ist auch energisch und vital. Seine Frau soll möglichst viele Kinder gebären. Der Volkschullehrer Rautajärvi identifiziert seinen Rechsradikalismus mit dem Finnentum. Er sieht Feinde sogar unter den schwedischsprachigen Aristokraten. Er betont das Volkshafte im Finnentum. In seiner Moral ist er christlich und streng idealistisch. Darin unterscheidet er sich von dem Offizier Salpakari, der ein Nietzsche lesender Atheist ist. In diesen zwei Typen kommt der religiöse Widerspruch der faschistischen Bewegung gut zum Ausdruck. Einerseits bekam der Faschismus viel Unterstützung von der Kirche, andererseits aber war seine Ideologie im wesentlichen antichristlich.

Die Provinz um die Kirchgemeinde Lapua heißt Ostrobotnien. Am Ende des 16. Jahrhunderts rebellierten die Bauern dieser Provinz gegen den schwedischen Statthalter in dem sogenannten Keulenkrieg. Im 19. Jahrhundert war diese Provinz ein Schauplatz der Gewalttätigkeit unter Bauern. Auch tief religiöse Bewegungen waren typisch für die Gegend. Im Bürgerkrieg war dieselbe Provinz gleichsam das Land der Weißen, die dort vorläufig auch ihre Regierungsstadt Waasa hatten. Die Lapua-Bewegung erschien manchen Finnen als eine Fortsetzung dieser Tradition, die in ihren verschiedenen Äußerungsformen extrem und fanatisch gewesen war.

Der ostrobotnische Charakter des finnischen Rechtradikalismus kommt in den literarischen Darstellungen sehr stark zum Ausdruck. Der Volksschullehrer Rautajärvi schämt sich, daß er als Rechtradikaler nicht aus Ostrobotnien stammt. Er spricht mit dem ihm selbst fremden ostrobotnischen Akzent, um den richtigen Eindruck zu erwecken. Er kleidet sich wie ein Ostrobotnier. Die Grobheit und der unfreundliche Stolz der einfachen Ostrobotnier werden von rechtsradikalen Südfinnen als positive Eigenschaften betrachtet. Die Rechtsradikalen erscheinen in diesem Roman von Väinö Linna als große Kinder, die zuviel Heldenromane und nationalistische Literatur gelesen haben. Beide vertreten sie im Wort und in der Tat eine autoritäre Haltung, die keinen Platz für Offenheit und für Nuancen hat. Beide kennen sie nur absolute Werte, die sie mit Fanatismus verteidigen. Sie vertreten eine vergangene Heldenmythologie, in der sie sich selbst als Helden sehen. Beide folgen dem Ideal des preußischen Militarismus, obgleich sie auch positive Hinweise auf das Italien Mussolinis geben. Im Fanatismus des Volksschullehrers steckt eine Unfähigkeit, sich über die kleinen Dinge des Lebens zu freuen. Der Volksschullehrer sucht in seiner Weise das gefährliche Leben. Die Gefahr einer geistigen Leere kann er nur durch überaktive Tätigkeit kompensieren.

In einem politischen, etwas brechtisch angehauchten Musikschauspiel aus dem Jahr 1966, der *Lappo-Oper* von Arvo Salo, propagiert der sozialdemokratische Schriftsteller eher neue sozialistische Ideen, als daß er die Vergangenheit verstehen und analysieren will. Im Vergleich zu den Romanen Väinö Linnas ist hier alles vereinfacht. Die Ideen sind wichtiger als die Charaktere, die Grenze zwischen Gut und Böse ist klar, doch gibt auch dieses Schauspiel Material für das Porträt eines finnischen Rechtsradikalen. Die meisten Charaktere sind historische Gestalten: der potentielle Mussolini Finnlands, der Bauer Vihtori Kosola, der die Vaterländische Volksbewegung führte, sowie seine Gehilfen. Historische Gestalten sind auch seine Opfer, der Journalist Asser Salo und der Schuster Mättö. Der Autor folgt der historischen Dokumentation bis in die einzelnen Repliken hinein.

Typisch auch hier: die Rechsradikalen begehen Terrorakte, brauchen emphatische Slogans und haben realitätsferne, heldenhafte und gewalttätige Wunschbilder. Leute werden bedroht, entführt und ermordet. Der Aufstand von Mäntsälä, den sie inszenierten, scheitert. Es gibt keinen richtigen Boden für den Faschismus in Finnland. Das faschistische Abenteuer der ostrobotnischen Bauern endet als eine politische Farce.

Auch in diesem Musikschauspiel, in dem authentische politische Lieder gesungen werden, zeigt sich der finnische Rechtsradikalismus tief religiös. Die Rechtsradikalen sprechen trotz ihrer sichtbaren Grobheit idealistisch vom Geist der Aufopferung, doch ihre Taten sprechen dagegen: Sie wählen sich ihre Opfer unter den Schwachen. Die finnischen Faschisten scheinen in diesem Schauspiel an einem Größenwahn zu leiden. Sie überschätzen sich selbst, sie sind autoritär und folgen auch selbst gern blind einem Befehl. Der Mensch, der im Banne des Faschismus steht, denkt nicht an das Leiden der anderen. Er hat ein besseres Verlangen: abstrakte Ideale und schnelle Aktion ersetzen das Nachdenken. Der Parlamentarismus und die Pressefreiheit werden von den Faschisten des Schauspieles offen verachtet. Widersprüchlich ist die Tätigkeit der finnischen Rechtsradikalen in dem Sinne, daß sie einerseits Ordnung, Disziplin und soziale Hierarchien beibehalten wollen, andererseits illegal rebellisch sind. Sie wissen eigentlich nicht, was sie wollen. Nicht einmal bei dem Aufstand von Mäntsälä haben sie einen konkreten Plan. Das entspricht auch historischen Tatsachen. Der finnische Faschismus hatte keine ernsthaften Chancen, an die Macht zu kommen. Er hatte keine kompetenten Führer. Arvo Salo gibt in seinem Schauspiel zu verstehen, daß auch materielle Faktoren zum Entstehen des finnischen Rechtsradikalismus beigetragen haben. Diese politische Bewegung stützt gleichzeitig das Kapital und dessen Überbau, die Kirche. Die Vaterländische Volksbewegung wird neben ein paar Bauern von Pfarrern und von Bankdirektoren geführt.

Die Darstellung des Rechtsradikalismus ist in der finnischen Nachkriegsliteratur überraschend jovial. Sie wird nicht nur mit scharfer Ironie oder mit kämpfender Satire durchgeführt, sie kann auch mit einem beinahe versöhnenden Humor verbunden sein. Auch der Kampf gegen den Faschismus ist in der finnischen Literatur nicht so hart wie in manchen anderen Literaturen. Der Faschismus kann hier auch mit Lachen geschlagen werden. Der dargestellte Rechtsradikalismus mit seinen authentischen, historischen Liedern kann für gewisse Zuschauer und Zuhörer sogar einen bestimmten Charme haben. Die Dramatik dieses Schauspieles verdankt vieles dem Lokalkolorit, das der ostrobotnische Rechtsradikalismus anzubieten hat und dessen politische Mittel dienen den ästhetischen Mitteln des Autors. Die Alternative, die Arvo Salo in seinem Musikschauspiel für den Faschismus vorschlägt, ist nicht der revolutionäre Sozialismus, sondern eher ein idealistischer Sozialismus ohne Haß, ohne Gewalt, ohne Rachegefühle.

Die Darstellung des Rechtsradikalismus, wie er in der finnischen Nachkriegsliteratur zum Ausdruck kommt, könnte eine politisch-ideologische Analyse dieser Bewegung in mancher Weise stützen. Der finnische Rechtsradikalismus hatte wenig ideologische Konturen. Er war zum Teil ein spontaner, nationalistischer und antikommunistischer Versuch, die alte Ordnung beizubehalten. Im Vergleich zu vielen anderen rechtsradikalen oder faschistischen Bewegungen der Zeit war der finnische Rechtsradikalismus im lutherischen Sinne christlicher als die anderen, doch hatten auch materielle Faktoren ihren Anteil an dieser Bewegung. Vor allem die weltweite Wirtschaftskrise erzeugte Unruhen in Finnland, die von Politikern ausgenutzt wurden.

Charakteristisch für den dargestellten finnischen Rechtsradikalismus und Faschismus ist die Abwesenheit rassenbiologischer oder rassenhygienischer Ideen in seinem Weltbild. Einige Hinweise auf die amerikanischen Juden im Schauspiel von Arvo Salo erscheinen als zufällig. Bezeichnend für den finnischen Faschismus ist, daß er relativ wenig in der Literatur besprochen worden ist, und wenn schon, dann satirisch oder humorvoll. Der Faschismus war für die Finnen letztlich keine ernstzunehmende Gefahr. Die Zusammenarbeit mit dem nationalsozialistischen Deutschland während des Krieges ließ kein nationales Trauma entstehen, sondern wurde mehr als ein politischer Zwang und als eine notwendige Realpolitik betrachtet. Der finnische Rechtsradikale zeigt sich in diesen Darstellungen als ein wirklichkeitsferner Mensch, der sich mit einem äußeren Idealbild identifizieren will. Er ist kulturell nicht reif genug, um den Unterschied zwischen ästhetischen Mythen und der politischen Wirklichkeit zu sehen. In einer höheren, abstrakten Wirklichkeit, im Reich der Ideen sucht er den Lebenssinn, den er nicht in seinem alltäglichen Leben finden kann. Der finnische Faschist wird durch seinen Stolz, durch seine Eitelkeit und Eingebildetheit irregeführt.

Typisch für den dargestellten finnischen Faschisten ist ein kompromißloser Fanatismus, eine vereinfachende Denkweise, die nur absolute und unbedingte Werte akzeptiert. Für ihn gibt es nur eine mögliche Menschenrolle. Dem Rest des Menschseins gegenüber verschließt er seine Augen. Der Faschist und der Rechtsradikale sind eindimensionale Menschen. Das bedeutet, daß es unästhetische Menschen sind, die ihre Welt nicht als ein inneres Erlebnis, sondern als ein pedantisches, abstraktes Ideal kennen. Dies hindert sie auch, ihre Erlebnisse mit anderen Menschen zu teilen.

ANMERKUNGEN

1. Siehe Eino Jutikkala / Kauko Pirinen: *Geschichte Finnlands*, Stuttgart 1964, S. 368–369.

2. Siehe Anm. 1, S. 371.

3. *Uusi tietosanakirja*, Osa 4, Porvoo 1966, S. 979.

4. Vgl. Mauno Jokipii, *Jatkosodan synty*, Keuruu 1987.

5. *Kolmannen valtakunnan vieraana.*

6. *Synkkä Yksinpuhelu. Päiväkirjan lehtiä vuosilta 1941–44.*

ABSTRACT

The bourgeoisie won the Finnish Civil War in 1918. That meant there was a bourgeois hegemony in Finland in the 20s and in the 30s. During the period of European fascism Finland was a relatively conservative, nationalistic and anti-communist country. But Finland belonged to the old Scandinavian, individualistic and democratic tradition. Even if there was much sympathy in Finland for National Socialist Germany, the numbers of Finnish fascists were never very great. In 1936 only 14 out of 200 Members of Parliament belonged to the right-wing Patriotic Popular Movement led by Vihtori Kosola. Although public opinion in Finland was quite favourable towards National Socialist Germany, fascism or national socialism were never a real danger for the country. That is why Finnish literature does not analyse right-wing radicalism or fascism very profoundly. It can even laugh at fascism.

Väinö Linna is the Finnish writer who describes right-wing radicalism most deeply: the Finnish fascist was more conservative and more religious than his German or Italian counterpart. It was not only material factors which contributed to the birth of fascism. The Finnish fascist was also moralising and idealistic, although his deeds often contradicted his ideals. Finnish literature describing fascism is more interested in propagating new ideas than in analysing the past. That can be seen very clearly in the play *The Lapua Opera* (1964) by Arvo Salo. Even there Finnish fascism has its comic dimensions.

The man of the Right is vital and energetic. He tries to surpass himself. But he does not experience his abstract ideals of the past emotionally. He is looking for heroic ideals in order to escape the banality of modern life and his own nihilistic frustrations. His ideals are finally cut off from reality. The fascist does not accept any human nuances, any human exceptions, any compromise, any relative values or any humour. He does not share other men's suffering and feelings when he is fulfilling his tragic, heroic task which proves, however, to be only a ridiculous illusion.

FASCISM AND LITERATURE IN OCCUPIED COUNTRIES

Željka Švrljuga, Bergen

THE POLITICS AND POETICS OF BLOOD AND KNIFE: SOME REFLECTIONS ON THE REPRESENTATION OF FASCISM IN YUGOSLAV LITERATURE

1. History and creative writing

To talk about reactionary representations of fascism in Yugoslav literature is not an easy or unproblematic task due to the existing difficulties of examining texts written by the extremists, be they the Croatian Ustashas or the Serbian Chetniks, as many are no longer found in public libraries.[1] Fascism, however, is frequently portrayed in Yugoslav post–war literature, especially in the first two decades, as fascism and its Balkan variants are viewed relationally, in connection with the partisan revolution and the National Liberation War. The change of political system (from monarchy to a socialist federation), the revolution and the war were exalted literary themes, and after literature got rid of its official programmatic tendencies (directly inherited from Soviet socialist realism) and stopped operating with the exclusive binary oppositions *we/they*[2] but relied more on poetic expression and individualism, a literature of high quality became possible.

To talk about the post–war representations of fascism is as valid as to talk of the pre–war or the war–time representations, for fiction, poetry and drama are not mirrored history but are representations of "history". Creative writing cannot unconditionally and a priori be viewed in relation to a writer's personal and political views, as a study of Dobrica Ćosić's *Divisions* will demonstrate. In addition, the general and generalized term "fascism" is used to refer to the ideologies of the German Nazis, the Italian Fascists, the Ustasha and Chetnik movements and specific moral attitudes.

Like all fascist ideologies, the Ustasha and the Chetnik ones were based on myths: national purity, glorification of the past, heroism and tradition, male virility and feminine purity. Different versions and intensities of these deeply rooted traditional values formed the dowry that the three signatory countries brought into the newly created Kingdom of the Serbs, Croats and Slovenes in 1918 after the dissolution of the Austro–Hungarian Monarchy. The unity of the new state was continuously undermined by internal tensions. While Serbian political circles propagated a centralistic government (thus regarding the newly created state as an extended Serbia), Croatian and Slovenian politicians were in favour of a federal system. Nevertheless, there were factions that cherished certain totalitarian ulterior motives based on nationalist tendencies: Serbian centralistic policy inspired Croatian and Slovenian separatism, which in turn sought the support of fascist ideologies. After the assassination of three Croatian politicians in the Parliament in Belgrade in 1928, King Alexander of Yugoslavia introduced a so-called monarcho-fascist dictatorship on January 6, 1929, abolishing the constitution and prohibiting parties. This absolutist regime encouraged the formation of the Ustasha movement which got support from fascist Italy in the planning of the assassination of King Alexander in Marseilles in 1934. Earlier and later fascist support of the Ustasha movement was based on German and Italian aspirations in the Balkans to which the Ustashas acceded under the condition that the two powers help them undermine the Kingdom of Yugoslavia and form a separate, pro-fascist state. The Ustasha movement operated from abroad: training camps for anti-Yugoslav activities were organized in Italy, Austria and Germany. The exiled members returned to Zagreb upon the overthrow of the Cvetković-Maček cabinet (March 27, 1941) and in April of the same year formed the Independent State of Croatia. After the formation of the fascist oriented separatist Croatia, the blackest pages of its history were written. Inspired by the German model, the new state erected concentration camps with the aim of exterminating Jews, Serbs, Gypsies and communist oriented Croats.

On the Serbian side, fascist tendencies were promoted by Dimitrije Ljotić of Smederevo, Minister of Justice in the early thirties, who insisted on a unitary Yugoslavia. During the war his followers collaborated closely with Nazi Germany and suffered considerable losses in the struggle against the exiled monarchy's Draža Mihajlović as well in the fight with Tito's partisans. However, Mihajlović's early anti-fascist orientation gradually changed in the course of the war so that his Chetnik troops (besides the already mentioned Ustashas) turned into most ardent enemies and exterminators of the Yugoslav people.

A decisive element in the history of fascist movements in Yugoslavia lies in the fact that on the territory of each individual province[3] different nationalities were mingled which, on the one hand, strengthened the partisan movement but, on the other, led to the fascist-like extermination of ethnic minorities.

That particular chapters of World War II history (especially those concerning the Ustasha and the Chetnik movements) have for decades presented a sore point for the Yugoslav people can be exemplified by the non-existence of any definition of the term "Ustasha" in the seven-volume Encyclopedia which the Yugoslav Academy of Arts and Sciences published as late as the 1960s. Consequently, post-war literature seldom examines anything that has to do with a pro-fascist inclination in its treatment of the war period. This topic could have been taboo, but silence could also be the result of not wishing to remember the blackest pages of Yugoslav history.

The literature of the first two decades after the war drew heavily on this historic event and its consequences. The criteria for the selection of two texts for this article were the need to have representations of the different national and political affiliations of the major pro-fascist groupings (the Ustashas and the Chetniks), different genres (an epic-lyric poem and a novel), different positions in time (a war-time text and a reconstruction of the past written almost twenty years later), and literary quality. The texts in question are Ivan Goran Kovačić's "The Pit" (1943)[4] and Dobrica Ćosić's *Divisions* (1961).[5] A careful examination of the two texts will reveal certain textual and thematic similarities: both pieces talk about war cruelties. While the poem clearly expresses terror over the Ustashas' slaughter as experienced by a survivor of a massacre, the novel depicts a series of characters and their reasons for joining the Chetniks, letting each of the characters speak for himself.

2. Writing oneself out of chaos

Ivan Goran Kovačić (1913-1943) and his long epic-lyric poem in ten cantos, "The Pit", is an obvious choice because of its status in Yugoslav literature as an anti-fascist text. A poem, however, is a very subjective utterance whose primary concern is neither reasoning, explaining nor mere description. Rather, it is an expression of the imagination, of emotions and impressions, and although it is not completely devoid of external reality, it is hardly an adequate source for the study of a socio-historical phenomenon.

The reason why a study of the representation of fascism in "The Pit" could still be relevant is its structure: it is a confession by an anonymous survivor of a massacre. His poetic account is a scream and a warning to the living. He translates the event into his experience of it, thus superseding a purely epic narration or an attempt at an epic description.[6] The "story" of his nightmarish experience is told retrospectively in strong naturalistic and expressionistic images: a group of over fifty men and women, who had dug a huge pit the day before, first had their eyes scooped out and were then forced to smash them with their own hands. Having done as commanded, the speaking I fainted and his consciousness was soon afterwards restored with innumerable kicks and cold urine. As if that had not been enough, those who had been blinded suffered the piercing of their ears with blunted spikes through which wire was threaded in order to prevent escape. Thus threaded, the victims were led to the edge of a pit where their throats were slashed and their backs stabbed as they were pushed into it. Half dead, slimy, hallucinating, jerking from pain and muscular contractions, they received the executioners' last "treat" – quicklime was poured over the bodies so that they would not stink and contaminate the area. The speaking I's supernatural effort to climb out of the pit is rewarded: he climbs out, and under the protection of the night which he feels in the air and in the dew that he drinks, he crawls to his freedom.

The source of the poem is the stories Kovačić heard from the survivors of three such massacres in the Bosnian town of Livno where, in the course of 1942, the Ustashas brutally murdered some two thousand ethnic Serbs. By translating their experience into a poem and by not naming the executioner, Kovačić builds an open poetic structure which allows the position of *they*, the fascists, to be filled with any oppressor's name. The poem may thus demonstrate how literature reflects historical realities, yet it is more than history and more than objective reality. Historical events (and records) may serve as clues to who "the slaughterer", "the murderer", "the executioner", "the cruel captor" or "the tyrant" are. By *not* naming this enemy–other, a greater artistic and historic quality is achieved, thus making a national work of art universal. However, the reader of the poem should appreciate that in the Yugoslav historic context the anonymity of this historical other is a necessity: both the Ustashas and the Chetniks often applied the monstrous and bloody method of cutting their victims' throats. By writing "The Pit" the poet unknowingly wrote a version of his own destiny. Some five months after he had finished his poem, Kovačić was caught and executed by a Chetnik troop on the mountain of Zelengora. His grave has never been discovered. It is as if his prediction in the 1937 poem, "My Tomb", had come true:

> Let me repose in a tomb on a dark mountain,
> With the wolves howling, bows murmuring like a fountain.[7]

A typical feature of the poetry of the period is the structuring of a text on a *we/they* antithesis. Such a composition necessarily avoids particularization, and *they* (the fascist–oriented enemies) are presented through action and not as individuals. Therefore the questions of *who* adopts a fascist ideology and *why* are irrelevant: the fascist is a type and so is the partisan. Motives for becoming a fascist are assumed on a historical basis and it is therefore not considered necessary to explain them. Any explanation may be taken as an excuse, something that a Yugoslavia still recovering from a fratricidal war could not afford.

The chaos of the fascist slaughter is counterbalanced by the smooth, rhythmic form of the poem. Written in ten cantos on a dramatic principle,

Kovačić's stanzaic form recalls the popular 11-syllable rhymes commonly used in folk poetry. The English translation in iambic, often unrhymed pentameters is as close as one can get to the rhythm of the original. By writing the poem in a fixed form – in sestets, except for seven quatrains in the last canto – the poet controls and structures chaos. His insistence on details of perception is an attempt to visualize terror through verbalization, where seeing and the seen merge into one and where safety and distance are only possible through language. Even though Kovačić operates with traditional imagery in his poetic account of war cruelties (blood, torture, darkness, death), he nevertheless ponders each one of them, often by using oxymoron as one of the means, with the intention of probing their meaning, as he is convinced of their inherent ambiguity:

> Blood is my daylight and darkness too.
> Blessing of night has been gouged from my cheeks
> Bearing with it my more lucky sight. (45)

When the speaking subject declares at the opening of the poem that blood is both his daylight and his darkness he seemingly speaks in paradoxes even though he refers to two levels of meaning: a literal and a figurative one. Literally, as he has been blinded, blood *is* darkness, yet blood is also light as it refers to a necessary sacrifice for liberty, a claim which becomes explicit at the end of the poem:

> Comrades were (sic!) come, the avenging battle started!
> Light as strong as health lit up my heart! (54)

Blood is also darkness on a metaphorical level as it refers to a criminal act. By giving the word "blood" such a vital place, Kovačić seems to underline its mythical and existential position. The drama of light and darkness is not interpreted in stereotypical terms as a conflict between forces of good and evil. When in line two the speaking I states "Blessing of night has been gouged from my cheeks", blindness acquires a positive, *blessed* quality as it prevents him from seeing the cruelties of torture. Yet line three undermines the meaning of line two, as we read that by scooping out his eyes, the torturer has also robbed the subject of his "more lucky sight". The "blessing of night" suddenly recovers its literal meaning: the poetic I has been deprived of the night's blessedness (be it sleep or dreams) as well as the light of day and is permanently forced to live in a cursed darkness. By reading lines two and three at their face value, implying primacy of sight (due to the intensifier 'more') over blessed darkness, we do not deny their interrelatedness. That sight and dreams are closely connected is exemplified in the tenth canto in its series of seven quatrains. The poetic I remembers with nostalgia his village past, his memories provoked by the smell of fire coming from the burned-down village, and many of the memories are visual.

> That simple happiness, the window's glint;
>   Swallow and young; or windborne garden sweet–
> Where? – The unhurried cradle's drowsy tilt?
> Or, by the threshold, sunshine at my feet? (53)

According to a critic, however, the "blessing of night" is that of innocence,[8] a claim which can be granted only if innocence is not taken as an absolute category, in unambiguous opposition to the experience of torture, but as a fortunate lack of knowledge of how bestial humanity can be. The poet's resistance to any fixed meaning is reflected in his pondering the complexity of experience, and not just based on traditionally understood connotations. Thus words like "light", "death" and "whiteness" acquire in his verbal universe both positive and negative implications: the final light the speaking I has experienced is the flashing of the knife with which the torturer scooped out his eyes. Yet the negative experience of light, the frenzy of pain, is transformed only two stanzas later into a positive quality:

> A lovely light – a light which sanctified –
> Bright birds, bright river, trees and, brilliant
> Boon pure as mother's milk, still brighter moon. (46)

The qualifier "white", traditionally indicating innocence and purity, gets an ironic turn. Besides the knife, it was "the bleach–white bodies of the murderers" (45) the poetic I perceived before his final night, and irony is intensified by the reason given for their nakedness – hard work or "sweaty task". The second canto contradicts what the first one stated, the executioners' toil, yet presents the torturer by means of bodily functions, distorted sexuality and foul words which sound trivial in comparison with their deeds.

Having lost his sight, the I relies on other senses and through them the reader experiences his terror: he hears a woman go mad and physically experiences her fall in his ear lobes; then two knife–blows with which the torturer awards a victim's getaway attempt; he counts death blows and awaits his inescapable turn; he tastes another's blood on his lip just before he himself is stabbed. While in the pit his experience is primarily tactile and expressionistic details make the reading nauseating. In the madness of massacred bodies the I has not lost his humanity and with tenderness fondles an old woman's face and tries to warm her fingers with his breath, imagining her to be his mother. In his effort to get out of the heap of dead bodies ("the ice of death", 50) death becomes "hell inflamed". A hallucinated scream for water is answered with quicklime which first stirred and then quieted the sea of flesh. Creeping on all fours, the victim clambers from the pit and, animal–like, drinks the dew.

His brief happiness at being alive is broken by the executioners' song which brings hatred and desire for revenge to his mind. A distant sound of battle brings back confidence, which is increased when he is discovered by his comrades who tend and comfort him. Even though the end implies death, it is a promise of light, life and liberty:

> But who are you, and whence? I only know
> That your light warms me. All – Sing! for I can feel
> At last I live; even though I'm dying now.
> 'Tis in sweet Liberty, with Vengeance stolen
> From death. Your singing gives my eyes back light,
> Strong as our People, and our sun as bright. (54)

Thus the poem ends in an optimistic, though somewhat pathetic tone. Merging with "you" – "my own kin" – the speaking I expresses his oneness with the collective subject, the partisans, and with his remaining strength supports the fight "till we've won" (54).

Even though the hope expressed in the end may seem unconvincing, it is, nevertheless, almost a textual necessity if one is to preserve sanity after the suffering described. Writing himself out of chaos, the poet has not only used a fixed rhythmic pattern (narrative sestines and lyrical quatrains) with a carefully worked out rhyme scheme, but has built up his scream for freedom *gradatim*; after the culminating howl from the brink of the pit, a death rattle or a hope that may transcend it are the only alternatives. Although the man is "saved", what is essential is not his self-preservation, but the story, his warning.

3. Being by transgression: filicide, fratricide, genocide

When the 1,100 page-long *Divisions* was published in 1961, Dobrica Ćosić, born in 1921, was already a well established writer. He earned his reputation with his first novel *Far Away is the Sun* (1951, English translation 1963) and surprised his critics and readership with the second, *Roots* (1954), as he moved away from the war theme to 19th century Serbia and the strivings of a peasant family for the preservation of its lineage, honour and wealth. With *Divisions*, Ćosić not only returns to the war of liberation but tackles the theme from a different and daring perspective: a Chetnik point of view. As a well established writer and a politically tested person (a communist party member with war experience with the National Liberation Army) Ćosić not only relied on his position but furthermore played safe by prefacing his monumental novel with "Hesitation", a sort of explanation of why his nightmare had to be written down.

> Remembrance is my punishment. I have to talk in order to forget, so that we do not forget, to remind the living: before going to sleep, and when you are weak, when you are afraid, and when you doubt, and when you are very happy and choked with hope, when you want to hug a woman and

when she hugs you, I warn you, winners and losers, carefully examine your throats and always unprotected necks. If knives are not in them, look at your hands: maybe you are holding a knife? (I, 15-16)

According to his prominent contemporary Oskar Davičo, the author neither accuses nor passes any judgement. [9] Although he is the declared narrator of the introduction, Ćosić absents himself from the three volume novel, except for the single instance when one of the characters refers to the author when he is asked about his guilt before being executed by his own Chetnik comrades. Had the insistence on the "writer's" physical presence been left at that, the relation between the "writer" and his creation would have been more interesting. Yet for Ćosić this does not suffice. He seems to have needed a political justification and has one of the executioners exclaim: "Ask him? What did you say? Him, the incorrigible communist who escaped me by a hair's breadth? Have we come so far as to have a notorious good-for-nothing and liar for a witness" (III, 208). Although the novel speaks through the minds of the Chetniks, it is the readers' conscience and their knowledge of the recent dark history the novel heavily relies on. It is *we*, the readers, who pass judgement and therefore the reference to "Ćosić's" political affiliation becomes redundant.

Divisions is not a historical novel although it is deeply rooted in history; it is a psychological, a poetic and a polyphonic novel, yet also an action and/or reaction novel as Davičo claims.[10] As its title indicates, it is a novel about dividing: families are split because of the different political ideologies of their members (one of the main protagonists, Uroš Babović, even kills his partisan son Miloš because he refuses to join the Chetniks); the Serbian population in the Morava valley is split between the partisans and the Chetniks; on a wider scale, fratricide marks the division between the Croats and the Serbs; the population is divided economically, ideologically and morally.

It is impossible here to recapitulate a three-volume novel when the happenings which cover a three-year span are filtered through the minds of seven major characters. Each of them has *his* own motive for joining the Chetniks, and Ćosić is careful in choosing representatives from different walks of life: Uroš Babović, the Chetnik duke, a kind of King Lear, joins the movement in order to preserve his property; his "guest" at the beginning of the novel, the former law professor and the present politician, Bata Pavlović, is an aspirant to a ministerial position; General Kosta Cvetić, an ardent royalist and a person misplaced in time who still lives in World War I and its strategies, constantly wants to fight the partisans and is obsessed by their student leader Dušan Katić. The latter is a direct descendant of the family in *Roots* and not much more than a name in the novel. Yet the Chetniks also have younger adherents. One of them is Ljubiša

Dačić, a former servant in the house of Dušan Katić's father, who for opportunistic reasons betrays his young master and the ideas Dušan stands for and turns against him in order to save his skin. He not only publicly humiliates Dušan's father, but does not refrain from killing his own benefactors. One of the "masters" of the knife who has cut many a throat, he cannot wash his hands clean and is executed by his own comrades. A law student Mladen Rakić, a romantic fool who admires the purity of the Serbian race and village life and is proud to have killed, dies by his own hand having realized what a farce the whole war situation has turned into. His friend Mile Savković, the son of a rich small-town merchant, joined the Chetniks in order to affirm himself as a person, being tired of getting all that his father's money can buy. He has killed the woman he thought he could have loved and is haunted, more by regret and his desire for the only unconquered woman's body, than by actual remorse. Representatives of the Serbian Orthodox church are not spared: hieromonk Gavrilo, an unwanted child, was placed with archimandrite Sava, and out of his wish to do good and to be loved by the man whom he calls father, he unwittingly causes the two major disasters in the novel: a bloody slaughter of the wounded partisans who hide in the monastery and whom he betrays to the Chetniks and the execution of Miloš. These characters from different strata of society all represent types that made up the membership of the Chetniks: they do not change in the course of the novel but remain as we meet them in Book I.

From the opening of the novel the key word is fear. Its numerous repetitions explain the feelings of the villagers of Trnava driven into the local church to be blown up by the Germans as their revenge for the fifteen soldiers killed by the partisans. The villagers' panic is reflected in the polyphony of voices, their screams for self-preservation no matter what the cost, their regret at not having finished the harvest. When senior villagers demand of the girls that they say the most beautiful words in Serbo-Croatian to the enemy, we "hear" words like "knife" and "death" which clearly belong to the sphere of the male. Even before the church is blown up the villagers get a glimpse of the whole village burning, except for one house, the home of Uroš Babović. No reasons are given for his property being spared, yet the sight of it makes his son Miloš, one of survivors of the massacre, head for the forest (in Yugoslav war literature this is a common metaphor for joining the partisans). When wounded, Miloš returns to his father's house only to disappear after the Chetniks' attack on the partisans who took refuge in the monastery. The sparing of Uroš's home remains a mystery for another hundred pages until we learn that at the time of the massacre Uroš was in the town of Palanka revealing the names of communists and partisan collaborators to the Germans. Uroš would collaborate with the devil in order to preserve his property for his son

Miloš. After Miloš is gone, preservation of property is an end in itself. As a man of the land, while waging the war not against the German occupation forces but against the partisans and their threat of expropriating his land and starting a kolkhoz agricultural policy, the father renounces his son and through this act transgresses the moral law.

The Chetnik activities in the novel are based on transgression. According to the definition of one of its most hardened members, a "Chetnik is a man who can do anything, who dares everything. If there is someone who can do more, who dares more, it must be the very devil" (I, 294). Lazar Običan[11] transgresses all the moral norms in his perverted stories of bestial slaughter. He boasts of killing people

> Like lambs. The speed has to be such that the victim has no time to yowl. You have to slaughter his voice, his yowl too. Your hand has to be light, quick and energetic. Songs have been made about that hand. Don't you remember? (I, 295)

Although Lazar meets with disapproval from his interlocutors who are disgusted with his version of a so-called Serbian tradition, many of the novel's characters do not refrain from this "Balkan" method. Transgression as a sign of perversion is not only associated with the act of killing, but also with the Chetniks' way of being. Their symbols, the knife and the cockade with a skull, and their long hair and unshaved beard make them, according to Kosta Cvetić, into creatures infested with lice, into scarecrows. When the British and American troops are introduced in Book II on the eve of the exiled King Peter's birthday, for which a grandiose celebration is being prepared, a "report" by the Allies is quoted in full, giving an account of Serbian customs and vices which to the people from the West are signs of primitivism. One of the cultural shocks for the foreigners is sexually coloured swear-words, described as "the strongest emotional, intellectual and professional expression[s]" (II, 188). These swear-words, in a slightly moderated form (the initial consonant of the word omitted), are a textual and a cultural sign of a moral and linguistic transgression. Yet linguistic transgressions are also found in the problematic foreign language deviations: it is not the phoneticity of the source language which presents a problem, but the nonphoneticity of the target language. Such are the artificially constructed Chetnik songs in English written down in Cyrillic alphabet and in bad grammar. These language twists would have made sense had they been uttered by foreign language users, like in "Xay ap jy?" the Cyrillic for *Hau ar ju? (How are you?), an attempt by the local girls to pronunce English idioms.

Whatever the Chetniks do is done with excess in order to show their superiority. For the celebration of the King's birthday and in order to show their hospitality to and respect for the British and the US allies, Uroš Babović not only demands ten thousand people to be present, but arranges a bacchanal of a sort and orders two hundred pigs and one hundred rams to be roasted and ten young bulls for cooking, and demands that every village should provide two hundred liters of old plum brandy and the same quantity of the best wine. On the eve of the feast, while waiting for the parachutists to bring the exiled King's flag for Uroš's army, the Chetniks are attacked by the partisans and a number of the latter are captured. Before they are executed, there is a detailed description of how the cattle for the feast was slaughtered, either by an axe or by a knife, and the description is constantly interrupted by an onomatopoetic thud which not only indicates the deadly activity of the knife, but in its rhythmic repetitions contributes to the verisimilitude of the act and intensifies the reader's disgust. This is further enhanced by the reader's awareness that the captured partisans will also be the victims of the knife, but fortunately the reader is spared any direct descriptions of their torture and murder.

The chaos of the events in the novel is reflected in its structure. While the first two books are divided into chapters which either bear a name or a number and are thus "ordered", Book III, which bears the title *The Death Rattle*, represents the chaos in the preparation for the final battle between the partisans and the Chetniks (the Allies have left the latter as the Chetniks had refused to fight the Germans). There is chaos because the soldiers get drunk, the recently promoted general Cvetić is a chronic drunkard and there are vague references to his sleeping with his little daughter. Women who travel with the army, no matter whether they are soldiers' wives or not, are considered whores, as are partisan nurses.[12] Cvetić's right hand, Lieutenant Spasojević, and the general's son desert and join the partisans; the former hieromonk Gavrilo takes back his worldly name Dobrivoje and is looking for a woman to make love to. Being refused by all, he persuades a pregnant woman, abandoned and discarded by her lover Mile Savković as well as her family, to do him a favour. Earlier in the novel his homosexual relationship to another monk is hinted at. When Ljubiša is introduced we learn that his obsession is women: he hallucinates them, including his own mother, in his bed not only as objects of sexual pleasure but also as victims of his knife. Stabbing and its relation to the sexual act is an often repeated image. There is no end to the Chetniks' atrocities: on a Christmas Eve when the death squadrons are off to capture partisan collaborators the soldiers ironically salute their leader with their customary greeting "So help us God". As the plot gets madder and more perverse, voices merge. When the main characters speak or think, their names are indicated almost as in a play. Sentences get broken, punctuation is slackened, sometimes almost abandoned. Ćosić's sentence is neither Joycean nor Pythian; it is a more readable sentence, which nevertheless indicates a breach with the norm. In *The Death Rattle* the course of events is interrupted by Cvetić's little daughter's repeated question: "And what's gonna happen afterwards?" which, together with the repeated lyrics of a Chetnik song "Neither in happiness nor in sorrow / Is anyone greater than us", not only determines the hopelessness of the situation but gives it a desperate, rhythmic ring. The final punishment in the novel is when Uroš is beheaded by his wife for his filicide, a World War II Yugoslav version of Judith and Holofernes. She commits the murder with the same sickle Uroš used to cut the umbilical cord when Miloš was born. Thus life and death are united by the same blade, and the novel moves full circle to where it began, in the small village of Trnava. With her husband's head on a pitchfork, Vida walks down to the Morava river and throws the head into the water. The other women have returned from the site of the final battle where they have collected all the knives. Throwing the knives into the river, they make it the last victim of war.

Writing about the Balkan version of fascism, about ethical, familial, human, moral, political, religious and sexual transgressions, Ćosić seems to be fascinated with perversion, with the chaotic, the logic of which he tries to reach through language. Fascination with what is taboo consequently undermines his language and makes it chaotic, turns it into a scream and a death rattle. Systematizing the chaotic through language and subverting that which is structured through chaos is Ćosić's way of representing the Chetniks' atrocities.

4. Instead of a Conclusion

"Some reflections" on the representation of fascism have retained their quality of both *some* and *reflections*. Making significant conclusions on the basis of the two works is impossible even though this article has tried to show how fascination with transgression, with the forbidden, has driven the two writers towards interpretation through representation. In their creative act they have written themselves out of chaos and have pronounced a warning. If only we would listen...

NOTES

1. One of the authors in question is the Ustasha Minister of Church and Education in the Independent State of Croatia (1941–1945), Mile Budak (executed for his Ustasha activities in 1945). His main production belongs to the thirties and his quality of writing has caused many critical disputes, be they on literary critical or ideological grounds. Yet the name is non-existent in the National and University Library in Zagreb. On the basis of excerpts from his writings, it would seem that his work is by no means literature which would be included in the Yugoslav literary canon, not so much because of its ideology but rather because of its nostalgic and pathetic style.

2. In his article "A Partisan World View" *Forum* XLI, 6 (June 1981) Aleksandar Flaker analyses the opposition we/they in relation to war reports printed in partisan newspapers published during the war. This tendency of dividing people into we, the partisans, the good guys, and they, the occupational forces and their collaborators, or the bad guys, is by no means foreign to later fiction, yet it is not categorically applied.

3. I am intentionally using the politically neutral term province for what will be termed republic after the war.

4. The poem was finished in 1943 and soon after read to a group of wounded partisans on February 10. The translation of the poem by Alec Brown is from 1961, yet all the textual references are from a multilingual version, published in *The Bridge* 49 (Zagreb, 1976): 45-54.

5. Dobrica Ćosić's *Deobe* (*Divisions*) has not been translated into English. While the edition used for the article is the original one, Belgrade: Prosveta, 1961, all the translations are mine.

6. This is an important point underlined by Zdenko Lešić in his monograph *Ivan Goran Kovačić*, Zagreb: Zavod za znanost o književnosti, 1984, p. 86.

7. The translations here and later are mine.

8. Svetozar Koljević, "Goranova 'Jama' na engleskom jeziku" ("Goran's 'The Pit' in English") *Izraz* 8-9, 1962.

9. Oskar Davičo, Miroslav Mirković and Muharem Pervić, "Govornica" ("The Speakers' Platform"), *Delo*, May 1961, p. 603.

10. Davičo et al., ibid., p. 611.

11. This is more of a nickname than a proper name. Physically sturdy, Lazar Običan (directly translated "a plain cripple"!) is the most ardent and perverted killer among the Chetniks.

12. There is an interesting and a close relation to the depiction of women as given in Klaus Theweleit's *Male Fantasies, Women, Floods, Bodies, History*, transl. by Stephen Connway, Minneapolis: University of Minnesota Press, 1987, esp. pp. 63-204.

ZUSAMMENFASSUNG

Das eigentliche Ziel dieser Arbeit ist die Deutung zweier literarischer Texte, welche die Darstellung des Faschismus in der jugoslawischen Literatur zum Thema haben, doch soll gleichzeitig das Verhältnis von Geschichte und kreativem Schreiben als einer Wieder-gabe von Geschichte problematisiert werden, wobei festzuhalten ist, daß Fiktion - und besonders Lyrik - kaum als eine adäquate Quelle für das Studium soziohistorischer Phänomene anzusehen ist. Die Auswahl der literarischen Texte, denen ein kurzer historischer Überblick über die faschistischen Bewegungen auf dem Gebiet Jugoslawiens vorausgeht, wurde bestimmt vom Wunsch, zwei der wichtigsten Repräsentanten (die Ustaschas und die Chetniks) vorzustellen und auf diese Weise verschiedene nationale und politische Verzweigungen der faschistischen Gruppierungen zu erfassen. Die Auswahl des literarischen Materials beruht auch auf dem Wunsch, verschiedene Gattungen zu behandeln (ein episch-lyrisches Gedicht und einen Roman) und zeitlich verschiedene Perspektiven zu vermitteln, aus denen heraus die Texte geschrieben wurden: einen Kriegstext selbst und daneben eine Rekonstruktion dieser Vergangenheit, die fast zwanzig Jahre später entstanden ist. Es handelt sich dabei um Ivan Goran Kovačićs "Das Massengrab" von 1943 und Dobrica Ćosićs *Teilungen* von 1961. Was die beiden Texte verbindet, ist ihre Beschäftigung mit dem Chaos, Angstgefühlen und Grenzverletzungen.

"Das Massengrab" ist das lyrische Bekenntnis des Opfers eines Massakers, dessen Greuel und Tortur anschaulich und präzise erzählt werden. Die Grausamkeiten sind unfaßbar und es werden dem Leser keine Details in deren Beschreibung erspart. Obwohl auf einem historischen Geschehen beruhend, dem brutalen Mord von zweitausend Serben durch die Ustaschas, nennt das Gedicht den Namen der Torturisten mit keiner Silbe und erhebt dadurch den besonderen Fall eines faschistischen Feindbildes ins Allgemeine. Auf dem Wir/Sie-Gegensatz aufbauend in der Art eines dramatischen Monologs, strukturiert das Gedicht nicht nur das Chaos durch die Beschreibung von Tortur und Übergriffen in einer geordneten Sprache, sondern bezwingt es zusätzlich durch die Einordnung in eine streng klassische Form von narrativen Sextetten und vierzeiligen Strophen mit abwechselnden Reimen.

Ćosićs dreibändiger Roman gründet ebenfalls auf einem Wir/Sie-Prinzip, doch ist die traditionelle Position des Wir (die guten Kerle und Partisanen) in einem Großteil des Romans auf den Kopf gestellt: erzählt wird aus der chetnischen Perspektive anhand einer Reihe von Charakteren, deren Bewußtsein die Ereignisse filtert. Wie "Das Massengrab" befassen sich auch die *Teilungen* mit Grenzverletzungen, seien sie menschlicher, familiärer, sprachlicher, moralischer, religiöser oder sexueller Art. Der Roman untersucht das Fehlen von Grenzen zuerst auf der thematischen und später auf der diskursiven Ebene, indem die Zeichensetzung nachläßt, die Grammatik verzerrt wird und das Erzählen sich allmählich in eine Polyphonie von Stimmen verwandelt.

Beiden Texten gemeinsam ist eine Faszination durch die Verletzung von Grenzen oder Normen, das Verbotene, und das poetische Verfahren der Texte ist eine interpretierende Re-präsentation der düstersten Ereignisse in der jugoslawischen Geschichte.

Carola Henn, Mons

DAS BILD DES KOLLABORATEURS IN DER NIEDERLÄN-
DISCHEN LITERATUR NACH 1945

Die Niederlande und Flandern sind auf den ersten Blick zwei sehr
verwandte Gebiete, jedenfalls wenn es um sprachliche Angelegenheiten geht.
Die Literatur des Nordens und des Südens wird daher fast immer als
Ganzes beschrieben, als niederländischsprachiges Kulturgut, in dem die
Schwerpunkte dann im Laufe der Geschichte geographisch variieren. Im
übrigen findet heutzutage ein reger Austausch statt, wenn auch die
flämischen Autoren und Verleger über einen gewissen holländischen
Sprach- und Kulturimperialismus zu klagen pflegen, der sich selbst als
Norm betrachte und Abweichendes oder Fremdes als provinziell oder un-
zulänglich stigmatisiere.[1]

In Anbetracht dieser Gemeinsamkeiten verwundert es um so mehr, wenn
man feststellt, daß gewaltige Unterschiede bezüglich des thematischen
Einflusses des Zweiten Weltkrieges zutage treten. Obwohl auch die
historischen Verhältnisse in Belgien und in den Niederlanden in mancher
Hinsicht gleich waren, scheint es fast, wenn man dem Bilde traut, das sich
in der Romanliteratur abzeichnet, als ob es sich um zwei verschiedene
Kriege handelte, oder jedenfalls um zwei verschiedene Besatzungsmächte.
Wo in Holland nach 1945 ganze Werke über die Heldentaten im Wider-
stand entstanden, gab es in Flandern eine solche Tendenz nicht, im
Gegenteil: echte Helden gab es hier kaum, und wenn, dann stellten sie eher
faschistische Ideale dar. So beschreibt Piet van Aken in *De verraders*, 1962
(Die Verräter) einen äußerst edelmütigen Joris van Severen. Dieser,
Gründer und Leiter des "Verdinaso", einer rechtsradikalen belgischen Partei,
war aus (umstrittenen) Gründen von der Staatssicherheit beim Ausbruch des
Krieges mit anderen "Verdächtigen" nach Frankreich evakuiert worden und
kam dort in Abbeville während eines wahren Blutbades ums Leben.

Zum historischen Hintergrund

Als im Mai 1940 Hitlers Truppen in einem Siegeszug Belgien und die
Niederlande eroberten, hatten beide Staaten schwere Jahre hinter sich, die
sich im übrigen mit den politischen Verhältnissen in West-Europa
allgemein vergleichen lassen: ein parlamentarisches System, das in den
Jahren wirtschaftlicher Depression eine schwere Krise durchmachte, der Ruf
nach dem starken Mann, der sich in faschistischen Strömungen äußerte, und
eine Regierung, die sich krampfhaft bemühte, die Neutralität in den

herrschenden Konflikten aufrechtzuerhalten. Nach und nach versuchte man schließlich, sich den Besatzungsverhältnissen anzupassen oder aber sie zu verändern, und in diesen Jahren haben Niederländer und Belgier die Situation grundlegend anders erlebt und eingeschätzt. Belgien wurde von einem Militärbefehlshaber verwaltet[2], der weitgehend zurückgriff auf die bestehenden belgischen Behörden, während in den Niederlanden die Zivilverwaltung von Reichskommissar Seyss-Inquart dazu beigetragen haben mag, daß die Bevölkerung dem neuen Regime gegenüber grundsätzlich feindlich gesinnt war.

Eine weit wichtigere Rolle mag das Verhalten Leopold III gespielt haben. Da dieser sich seiner nach London geflüchteten Regierung widersetzte und sich selbst nach der Niederlage der belgischen Armee als Kriegsgefangener betrachtete, konnte er nicht, wie die niederländische Königin Wilhelmina, die Widerstandskräfte sammeln. Er wurde im eigenen Land zu einer sehr kontroversiellen Persönlichkeit, zumal seine Haltung gegenüber den fremden Herrschern alles andere als eindeutig war und daher als Aufruf zur Kollaboration gedeutet bzw. mißbraucht werden konnte.[3] Dies alles gilt selbstverständlich in gleichem Maße für Flandern und Wallonien; die Volksabstimmung über die Rückkehr Leopold III aus dem Exil aber fiel nur deswegen für diese aus, weil das christ-demokratische Flandern das wallonische Nein überstimmte. Nach schweren Krawallen sah sich der König dann doch noch gezwungen zu abdizieren, was vom flämischen Volksteil als erneutes Zeichen seiner Unterdrückung gewertet werden konnte.

Die historische Diskriminierung der flämischen Bevölkerung im belgischen Staat ist nicht nur in dieser Hinsicht wichtig. Die Diskrepanz in der Wertung der Kollaboration innerhalb Belgiens, die sich in literarischen Manifestationen der Besatzungszeit ganz besonders stark zeigt, kann nur unter diesem Aspekt begriffen werden. Übrigens sprach Hitler selbst 1939 schon ausdrücklich von einer "Flamenfrage", die das Naziregime dann später auch bewußt politisch ausnutzte.

Der Kampf um die Emanzipation Flanderns hat sich schon im vorigen Jahrhundert um die Flämische Bewegung kristallisiert, die sich zuerst um die Anerkennung der niederländischen Sprache im damals einsprachig französischen Belgien bemühte. Nachdem dieses Ziel 1898 zumindest formell erreicht war, setzte sich diese Bewegung auch ein für die Verbesserung der kulturellen und ökonomischen Bedingungen. Im Ersten Weltkrieg kam es zur Uneinigkeit über die Mittel, die dazu in Frage kamen: mußte man den belgischen Staat als solchen intakt lassen oder sollte Flandern eine autonome Regierung bekommen? In den Schützengräben an der Ijzer standen flämische Soldaten unter meist französischsprachigen Offizieren und der sogenannte Aktivismus gewann dort stets mehr Anhänger, die 1918 verurteilt wurden, als das Streben nach Selbstverwaltung als Landesverrat gestempelt wurde. Als Kanonenfutter waren wir damals schon gut genug – aber mitbestimmen läßt man uns doch nicht in Belgien: dieser Gedanke scheint später manchen dazu gebracht zu haben, sein Heil im Anschluß an das wenigstens sprachverwandte Deutschland zu suchen.[4]

Ein Teil der flämischen Nationalisten kam in den dreißiger Jahren schon in den Bann rechtsradikaler Strömungen, die jedoch nicht unbedingt für den Anschluß waren. Die wichtigste dieser Bewegungen, das "Vlaams Nationaal Verbond", nahm Ende 1940 offiziell die nationalsozialistische Lehre an, und unter deutschem Druck gingen auch das früher genannte "Verdinaso" und "Rex-Vlaanderen" 1941 im VNV auf, das inzwischen resolut den Weg der Kollaboration eingeschlagen hatte und zudem durch die Konkurrenz von SS-verwandten Organisationen immer weiter in dieser Richtung getrieben wurde. Obwohl die Flämische Bewegung sich nicht als ganze dem Nationalsozialismus verschrieben hat, hat die Tatsache, daß ihr Ideal – die Befreiung Flanderns vom frankophonen Druck – auch im VNV seinen Ausdruck fand, sie derart kompromittiert, daß es bis nach 1950 dauerte, bevor sie wieder eine nennenswerte Rolle zu spielen begann.

Zusammenfassend könnte man sagen, daß ein fundiertes Urteil über die Kollaboration in Flandern und deren Ausmaß im Vergleich zu den Niederlanden und Wallonien die Spezifizierung ihrer verschiedenen Formen voraussetzt. In der Industrie und in Wirtschaftskreisen wurde in den Niederlanden bestimmt ebensoviel wie in Belgien für die deutsche Kriegsmaschinerie gearbeitet, erzwungenermaßen, aber auch freiwillig.[5] Was die Verfolgung der jüdischen Bevölkerung angeht, hat in den Niederlanden massiver Widerstand dagegen zwar einen eindrucksvollen Streik ausgelöst[6], der jedoch kaum Leben zu retten vermochte. Allem Anschein nach beruht der Eindruck, den man aus zahlreichen Darstellungen in der Literatur gewinnt, als hätte praktisch jeder Niederländer seinen jüdischen Mitmenschen tatkräftig zur Seite gestanden, auf einer Akzentuierung, die der Wirklichkeit nicht unbedingt entspricht.[7] Auf militärischer Ebene, um es bei diesem einen Beispiel zu belassen, warben SS-Formationen in Belgien etwa doppelt soviel Freiwillige wie in den Niederlanden, in Wallonien aber kaum weniger als in Flandern, wenn man den Zahlen glauben darf.[8] Eine vom allgemeinen Bilde radikal abweichende Situation in Flandern zeichnet sich aber ab, sobald die ideologische Stellungnahme zum Nationalsozialismus im Spiel ist. Während Quisling in Norwegen oder Mussert in den Niederlanden eher als frustrierte Schwächlinge galten (der erste sogar international im Sprachgebrauch zum Sinnbild des Verräters wurde), und ihre Anhänger allgemein nur Verachtung oder Haß auszulösen vermochten, wird in der flämischen Literatur, aber auch im alltäglichen oder politischen Leben wie mir scheint, davon ausgegangen, daß der Nazisympa–

thisant zwar irrte, aber daß er dies aus Idealismus tat. Der Verräter wird gewissermaßen zum Patrioten, dem die Geschichte halt nicht günstig war und dem sein Fehler während der gerichtlichen Abrechnung nach dem Kriege zudem noch außerordentlich teuer zu stehen kam.

Die Literatur der Nachkriegszeit

Die Besetzung als traumatischer Faktor hat im allgemeinen literarischen Rahmen der Nachkriegszeit in Flandern, vor allem aber in den Niederlanden, einen unübersehbaren Einfluß gehabt, wenngleich er sich schwer quantitativ erfassen läßt, da er nicht unbedingt dort am tiefsten war, wo die historischen Umstände explizit verwertet werden.[9] So entstand beispielsweise eine regelrechte Polemik um *De avonden*, 1947 (Die Abende) von Simon van het Reve, das manche Kritiker als typisches Produkt einer verlorenen Generation charakterisierten, worin andere jedoch eher ein Symbol des (jugendlichen) Alters als der Zeit sahen.[10]

Die Literatur der unmittelbaren Nachkriegszeit weist Züge auf, die auf eine wahre Umwälzung der vorher geltenden Normen deuten. Die Forderung nach einer Gesellschaft, die mit der Starre der politischen Szene abrechnen und durch weitgehende Reformen eine bessere Welt schaffen würde, in der frühere Mißstände nicht mehr vorkämen, fand, jedenfalls in den Niederlanden, ihr literarisches Pendant im Gebot der Ursprünglichkeit, der Originalität, das nachdrücklich in den Fachzeitschriften gefordert wurde. Inwiefern dieses Verlangen praktische Auswirkungen gezeitigt bzw. verfehlt hat, steht immer noch zur Debatte. In dem Streben nach Erneuerung konnte sich aber auch die größere Gesellschaftsbezogenheit der Schriftsteller, sowohl im Süden als im Norden, äußern. Die konkrete Wirklichkeit wird zur Referenz, mitunter in ihrer ganzen Trivialität. Den Menschen führt man auf seine primitivsten Triebe zurück. Tabus werden bewußt durchbrochen, hauptsächlich von den niederländischen Autoren: Gerard Reve[11] oder Willem Frederik Hermans, später, nach 1960, von Jan Wolkers oder Jan Cremer. Diese Strömung hat selbstverständlich nicht nur manchen Leser schockiert. Auch die Kritiker waren geteilter Meinung, denn das pessimistische Weltbild der neuen Generation, ihre an Deutlichkeit nichts zu wünschen übrig lassende Schilderung körperlicher Vorgänge und die oft reichlich groben Ausdrücke, stießen vor allem konfessionelle Rezensenten vor den Kopf, deren Stimme sich aber als machtlos erwies gegen den Geist der Zeit.

Bei kaum einem tonangebenden Schriftsteller der Niederlande ist die Welt noch in Ordnung, weder bei Simon Vestdijk, dessen erste Romane schon in den dreißiger Jahren erschienen, noch bei Harry Mulisch, der immer wieder Themen wie Krieg und Faschismus aufgreift. Überall werden noble

Gedanken und edle Taten entblößt, bis nur noch ein Skelett der Dummheit und des Eigennutzes zu sehen ist. Bei dieser Konstellation ist es nicht verwunderlich, wenn kaum einer von ihnen nicht wenigstens einen seiner Romane in der Besatzungszeit situiert, während der an moralischen Normen und gesellschaftlicher Ordnung schwer gerüttelt wurde.[12]

Dieses Bild muß jedoch, was die Situation in Flandern betrifft, etwas berichtigt werden. Einerseits ist die literarische Produktion dort sowohl mengenmäßig, und auf Grund der angedeuteten kulturpolitischen Verhältnisse wohl auch qualitativ, geringer als in den Niederlanden.[13] Andererseits ist die enttabuisierende Provokation in Flandern kaum so deutlich wie in den Niederlanden, von Ausnahmen wie den Werken von Marnix Gijsen oder Jef Geeraerts abgesehen; letzterer debütierte außerdem erst in den sechziger Jahren. Engagement und Revolte sind auch in Flandern ein nicht zu übersehender Aspekt der Nachkriegsliteratur, bei Louis Paul Boon zum Beispiel, dessen *Mijn kleine oorlog*, 1946 (Mein kleiner Krieg) bezeichnenderweise vor allem in den Niederlanden Aufsehen erregte, wo er auch verlegt wurde, aber auch bei Piet van Aken oder Gerard Walschap, die sich in manchen Werken intensiv mit Kollaborationsproblemen befaßten. Ihr Aufstand äußert sich jedoch eher in politischer Gesellschaftskritik als auf lexikalisch-stilistischer Ebene.

Neben dieser Strömung der provokativen Kritik gegen bestehende Verhältnisse oder jedenfalls der Auseinandersetzung mit der sozialen Wirklichkeit gab es nach dem Krieg in Flandern auch Romanciers, die der Realität entschlossen den Rücken kehrten und in ein alternatives, magisches Universum flüchteten, das den Alltag transzendiert und eher philosophische Begriffe in eine nicht zeitgebundene Handlung projiziert. Mit diesem magischen Realismus sind hauptsächlich die Namen Johan Daisne und Hubert Lampo verbunden, die in unserem thematischen Rahmen begreiflicherweise kaum eine Rolle spielen.

Diese Skizze will keineswegs den Anspruch der Vollständigkeit erheben, da sie praktisch nur solche Entwicklungen beachten kann, die in der vorliegenden Fragestellung des "Who and Why" relevant sind. Ein Hugo Claus beispielsweise läßt sich auf Grund der Vielseitigkeit seines Oeuvres schwer in ein Schema zwängen, etwa wenn es um *Het verdriet van België*, 1983 (Der Kummer von Flandern[14]) geht, ein Roman, der unmittelbar auf die Kriegsjahre zurückgreift und sich eher ins Bild der belgischen Geschichte als in das der niederländischsprachigen Literatur fügt. Darüberhinaus fehlt der Bezug auf internationale Tendenzen, die doch auch in Holland und Flandern Anklang gefunden haben, wie das Experimentieren mit erzählerischen Formen. Sybren Polet im Norden oder Ivo Michiels im Süden haben diese Versuche bestimmt nicht ohne Erfolg durchgeführt, bieten aber wenig

Aufschluß über die konkreten Fragen, die uns hier beschäftigen und bleiben meines Erachtens Einzelgänger in einem literarischen Kontext, in dem die traditionelle Form generell eher Neuerungen integriert, als daß sie ihnen weichen muß.

Bei der Frage nach dem Standort der Erzählungen über den Krieg bzw. dessen Hintergrund in diesem Totalbild, fällt auf, wie schon erwähnt, daß diese Thematik in der Literatur Hollands eine größere Rolle spielt als in der Flanderns, auch wenn man von der ein breiteres Publikum ansprechenden und von der offiziellen Literaturkritik oft totgeschwiegenen Unterhaltungsliteratur absieht. Die unterschiedliche Fokussierung, die den historischen Verhältnissen in den Niederlanden und Belgien entspringt, ist hier sicherlich nicht ohne Bedeutung, in dem Sinne, daß Besatzung in der flämischen Literatur gewissermaßen verbunden ist mit Kollaboration und in der gegebenen politischen und juristischen Lage polemisch gefärbt ist. Daher wird die Ausgangslage in der Fabel oft nicht sublimiert, und mancher Roman entartet vom Literarischen aus gesehen in ein Traktat, dessen Eindeutigkeit eine klare Zeit- und Situationsgebundenheit voraussetzt und die den literarischen Wert beeinträchtigt. Obwohl hier kaum klare Schlüsse zu ziehen sind auf Grund der verschiedenartigen Beschaffenheit und des unterschiedlichen Umfangs der beiden Literaturen, wird diese Hypothese der Korrelation zwischen der ideologischen Stellungnahme und der literarischen Auswertung gestärkt durch die Tatsache, daß während der ersten Nachkriegsjahre in Flandern, wo relativ mehr bekannte Schriftsteller durch gerichtliche Maßnahmen betroffen waren[15], auch relativ weniger Werke entstanden, die sich mit der Besatzungszeit auseinandersetzen.

Die Niederlande: Die Perspektive des Widerstands

In diesen ersten Jahren war in den Niederlanden alles, was sich mit der unmittelbaren Vergangenheit befaßte, sehr gefragt, ob historische Werke oder Fiktion betreffend. Die meisten der damals erschienenen Tagebücher, Memoiren, Chroniken und Romane haben für uns nur noch dokumentarischen Wert und wirken heute hoffnungslos veraltet. Sie beschreiben die verschiedensten Aspekte des Krieges: sowohl das Untertauchen und die Probleme, denen sich illegale Bewegungen gegenübergestellt sahen, die Verfolgung der jüdischen Bevölkerung, das Elend im letzten schweren Winter 1944-1945, als auch die Greuel der KZ's, die Unzufriedenheit des Bürgers, den Arbeitsdienst in Deutschland – und vor allem alle möglichen Formen des Widerstandes. Sogar über die Widerwärtigkeiten in den damaligen niederländischen Kolonien im Indischen Ozean und die Abenteuer derjenigen, die den Ärmelkanal überquerten, um von London aus für die Befreiung ihres Vaterlands zu kämpfen, gibt es eine umfangreiche Literatur.

An dieser Produktion fällt auf, daß sie, unabhängig von der behandelten Thematik, fast immer aus der Perspektive des "guten" Niederländers geschrieben ist, der sich ohne Rücksicht auf Verluste gegen die fremden Herrscher und den Nationalsozialismus gewendet hat. Es brauchen keine gefährlichen Heldentaten zu sein: im gut abgeschirmten Speicher den englischen Sender einschalten, orangenfarbene Blumen in den Garten pflanzen, um dem Königshaus Treue zu demonstrieren – die Zeichen der Revolte sind für unsere heutigen Begriffe mitunter sehr bescheiden und kleinbürgerlich. Nur selten jedoch wird in den Romanen der frühen Nachkriegsjahre Kritik geübt, wenn es um die "rechte Sache" geht. Der Widerständler ist durchweg der sich für seine schwächeren Mitmenschen – oft Juden – einsetzende Idealist; an Mut fehlt es ihm nie, Angst überwindet er, dem Tode sieht er ins Auge. Ein viel gelesener Roman aus dieser Zeit mit verschiedenen Neuauflagen, *Die van ons*, 1945 (Die Unsern) von Willy Corsari, kann dies zur Genüge illustrieren:

> 'Da gab's Tjerk und Piet. Tjerk studierte Philologie, Piet war Zimmermann. Den lächerlichen Standesunterschied konnte man doch nie mehr so erfahren wie vorher, wenn man dies zusammen erlebt hatte, zusammen solche Gefahren geteilt, zusammen für dasselbe gekämpft hatte, und gegen dasselbe. [...] Gleich gut hatten sie beide getan, was sie für ihre Pflicht hielten, und ohne Aufhebens, ohne das Gefühl, etwas ganz Besonderes getan zu haben. Offensichtlich hatten sie auch beide bis zuletzt geschwiegen und das war ihre größte Heldentat gewesen. Welchen Unterschied gab es noch zwischen ihnen, als sie, vielleicht aneinander gefesselt, erschossen wurden?'[16]

Es ist dies kein wirklich extremer Fall der Schematisierung, aber diese Verherrlichung des Widerstands ist natürlich undenkbar ohne eine sehr negative Darstellung der Kollaborateure und der Deutschen. Die dem Feind günstig gesinnten Niederländer passen meistens in drei Kategorien: nämlich NSB-er, nicht politisch motivierte Verräter von Mitbürgern und schließlich Frauen, die intime Beziehungen zu Deutschen pflegen. Der NSB-er ist oft eine schwache Persönlichkeit, die sich automatisch auf die Seite des Stärkeren stellt, weil er zu unmündig ist, um ohne Führung auszukommen. Theun de Vries hat in seiner Novelle *WA-man*, 1944 (WA-Mann) einen solchen armen Teufel porträtiert, der gefährlich und gemein wird, sobald man ihm eine Uniform und ein Paar Stiefel anmißt. Diese Kurzgeschichte geht zwar auch auf ideologische Züge des Faschismus ein, etwa die Faszination, die die antikommunistischen Phrasen auf die unteren Schichten des Bürgertums ausübten, legt aber doch eher den Nachdruck auf psychologische Motive, indem sie beispielsweise diesen Antibolschewismus auf irrationelle Angstgefühle zurückführt. Es ist übrigens bemerkenswert, daß diese Novelle schon 1944 im Untergrund erschien, nach dem Kriege, 1945, dann wieder verlegt wurde und im Lauf der Zeit noch mehrmals gedruckt wurde, also anscheinend aktuell geblieben ist und daher wohl noch immer dem Bild entspricht, das die Leser erwarten.

Frans Dijkgraaf nun, die Hauptfigur, hat sich der NSB angeschlossen aus Unzufriedenheit und Mißgunst auf alle, die es weiter gebracht haben als er. Er ist der Typ des Mitläufers und in der NSB dient ein gewisser Vogel ihm zum Vorbild. Dieser schätzt ihn gegenüber sich selbst und seine Parteifreunde folgendermaßen ein:

> "Hirn brauchst du bei sowas nicht zu suchen, natürlich, höchstens Groll [...] Übrigens, wir sind alle nachtragende Knirpse" [...] Sein Zahn blitzte im Glanz des Siphons. "Du bist nun weit genug mit uns gekommen, um zu wissen, daß wir nicht wählerisch sein können. Alles, was in der Lumpensammlung der Gesellschaft gelandet ist, taugt für uns. [...] Siehst du, Junge, wir Nazis sind nichts anderes als wild gewordene Kleinbürger, die sich mit dem Abfall des Plebejertums verbinden müssen, um standzuhalten [...] Wir kämpfen für eine verlorene Sache und das hat nichts Heroisches, denn die Sache ist noch traurig und charakterlos dazu [...]"[17]

Sogar das Antlitz der Verräter spricht zeitweilig Bände, wie im schon früher erwähnten *Die Unsern* von Willy Corsari, die Herman, der im deutschen Auftrag eine Widerständlergruppe infiltriert und seine Kumpane der Gestapo ausgeliefert hat, zum Beispiel so beschreibt:

> Unter seinen schweren Augenlidern hervor starrte Herman den Jungen an. Mehr denn je glich er einem Gorilla in Männerkleidern. Wenn er spricht, ist es in einem ganz anderen Ton als vorhin, nicht süßlich, nicht grob. Er sagt zwischen seinen schwarzen Zähnen hindurch: "Paß du auf, Junge, oder du wirst mich von einer anderen Seite kennenlernen."[18]

Der Vergleich der hier genannten Werke von De Vries und Corsari, deren Ton in den zitierten Auszügen exemplarisch illustriert wird, weist auf die Kennzeichen hin, die sehr zeitgebundene Werke unterscheiden von solchen, denen ein größerer literarischer Wert zugesprochen werden kann. Ein zu eindeutig geschilderter Verräter ist eine psychologisch unglaubwürdige Figur, und wenn die Vergangenheit einigermaßen bewältigt ist, möchte der Leser nicht unbedingt nur sein eigenes Ressentiment in einer Karikatur des Bösewichts sehen, sondern einen Typ, bzw. eine Figur, die nicht so extrem in ihrer Deutung festgelegt und außerdem universell genug ist, um auch in anderen Zeiten und unter anderen Umständen noch anzusprechen.

Bezeichnenderweise findet man gleich nach dem Krieg schon Autoren, die – obwohl sie sich in der Besatzungszeit keineswegs als Nazis oder Faschisten kompromittiert hatten – von einer solch manichäistischen Darstellung absehen und zum Beispiel die Heldenhaftigkeit der Widerstandskämpfer relativieren, ja ihre Motivierung mit der der Kollaborateure gleichsetzen. Simon Vestdijk ist einer dieser Schriftsteller, Willem Frederik Hermans ein zweiter, und es ist kaum verwunderlich, daß sie zu den größten der Nachkriegszeit zählen: bei ihnen ist der Krieg Hintergrund für ein viel breiteres Thema, es geht ihnen nicht darum zu beweisen, daß alle Nazis Schurken und alle Opponenten makellose Idealisten waren. Im Rahmen ihrer Thematik ist die Sinnlosigkeit der simplifizierenden Zweiteilung in Gut und Böse zentral; so zeichnet Vestdijk schon 1948 in *Pastorale 1943* Widerstandskämpfer, die getrieben werden von persönlichem Haß, von Aggression oder Geltungsdrang, und auch Deutsche sind hier zuweilen Menschen. Das gilt auch für den anderen kurz nach dem Krieg erschienenen Roman von Vestdijk, *Bevrijdingsfeest*, 1949 (Befreiungsfest) ein ironisch gemeintes Fest, denn der kurze Siegesrausch wird schon überschattet von der Beschränktheit des "durch die grauenhaft überschätzten noblen Untaten von Einzelnen aus einer zusammengetriebenen Masse"[19] Vollbrachten.

Allmählich nahm das literarische Interesse am Zweiten Weltkrieg in den Niederlanden ab, was jedoch nicht heißt, daß er keine Rolle mehr spielt. Die Darstellung der Wirklichkeit gerät lediglich in den Hintergrund, der Krieg dient der Umrandung einer allgemeineren Thematik. Das beste Beispiel dieser Entwicklung scheint mir *De donkere kamer van Damocles*, 1958 (Die Dunkelkammer von Damokles) zu sein. Willem Frederik Hermans schöpfte seine Inspiration aus dem Englandspiel und gab diesbezüglich eine gründliche Dokumentation. Dennoch ist *Die Dunkelkammer* weder eine Kriegsgeschichte noch ein Schlüsselroman. In der Welt der Kollaboration und des Widerstandes wird die gesellschaftliche Ordnung derart in Frage gestellt, daß der Leser am Ende nicht einmal mehr weiß, ob Dorbeck, eine der Hauptfiguren, existiert hat oder der Phantasie eines Wahnsinnigen entsprungen ist. Die Existenz Dorbecks aber ist der einzige Beweis für die guten Absichten Osewoudts, der zum Tode verurteilt wird, weil die Aufträge, die dieser Dorbeck ihm erteilt haben soll, der Sache des Widerstands erheblich geschadet haben. Diese chaotische und ungreifbare Welt wird zum Dekor, in dem das Verlorensein des Individuums in einem Universum, dessen Mechanismus er nicht ergründen kann, an Prägnanz gewinnt. Außerordentliche Umstände geben dem Menschen in seiner Armseligkeit etwas Tragisches, seine Schwäche wird ihm zum Verhängnis, und in dieser Hinsicht ist Osewoudt, der sich jenseits von Gut und Böse befindet, durchaus mit dem NSB-er Frans Dijkgraaf vergleichbar, von dem schon die Rede war.

Die Antithese zu dieser Schwäche, die zum Untergang führt, könnten wir in der Hauptfigur einer auffallenden Novelle – *De nacht der Girondijnen*, 1957 (Die Nacht der Girondiner) von Jacques Presser sehen. Auffallend, weil sie, entgegen dem Strom der Zeit (1957!), nicht den Verfall des Menschen ins Bild bringt, sondern seine Läuterung im faustischen Sinne. Jacques Suasso Henriques kann der Versuchung nicht widerstehen, sein Leben zu retten durch immer weitergehende Kompromisse mit den deutschen Unterdrückern. Im Durchgangslager Westerbork lernt er durch Gespräche mit einem weisen Rabbi seinen Selbsthaß zu überwinden und sein Judentum zu akzeptieren, was ihn in den Tod führt, der für ihn aber zur Befreiung wird.

Wie gesagt, diese Novelle kann keineswegs als illustrativ für die Erzählungen dieser Jahre gelten. Ich erwähne sie vielmehr als Kontrast und möchte hierzu anmerken, daß ihre Eigenheit aller Wahrscheinlichkeit nach auf persönliche Ereignisse im Leben ihres Autors zurückzuführen ist. Presser ist nämlich auch der Verfasser des historischen Standardwerks über die Judenverfolgung in den Niederlanden und faßte *Die Nacht der Girondiner* laut eigener Aussage auf als eine Art Therapie, um seine Erfahrungen zu überwinden und das Ergebnis seiner Forschungsarbeit niederzuschreiben.[20]

Auch auf einer anderen Ebene drücken manchmal persönliche Erlebnisse schriftlichen Äußerungen ihren Stempel auf, etwa wenn Autoren ihre deutschfreundliche Haltung während des Krieges zu rechtfertigen suchen. Als Beispiel sei *Vlucht naar de vijand*, 1954 (Flucht zum Feinde) von Jan Eekhout angeführt, veröffentlicht nach dem ihm auferlegten Schreibverbot; es wurde ihm aber weder von seinen ehemaligen Glaubensgenossen, noch von seinen Gegnern mit Dank abgenommen.[21] Er sei ein "elender Kriecher" (Beversluis), da er nicht einmal sich selbst treu zu bleiben imstande sei, ein Urteil, das sich nicht gerade durch Nuanciertheit auszeichnen mag, mir aber typisch scheint für die in den Niederlanden symptomatische Spaltung der Gemüter: man gehörte zu den Guten oder zu den Schlechten, und diese Kategorisierung beeinflußt die weitere Karriere eines Schriftstellers erheblich, wie der fast paradoxe Fall Kettmann beweist. George Kettmann trug vor dem Kriege schon faschistische Ideale vor, unter anderem in Gedichten der reinsten Blut und Boden-Tradition. Seine ideologische Grundhaltung änderte sich nach dem Kriege kaum und seine Produktion ist literarisch nicht gerade bemerkenswert. Interessant ist allerdings, daß nach 1945 fast nichts anderes mehr von ihm verlegt wurde, als was von rechtsradikalen Ideen durchtränkt war. Mit anderen Worten: nur Verleger mit einschlägigen politischen Absichten fanden sich bereit, Werke von ihm herauszugeben, und dann nur solche, die in diese Linie paßten.[22]

In Flandern hingegen erhoben sich kurz nach dem Krieg schon Stimmen gegen das Publikationsverbot, zu dem Schriftsteller und Journalisten, die sich während der Besatzungszeit kompromittiert hatten, verurteilt wurden. Diese Reaktion ist übrigens nur eine Äußerung des weitverbreiteten Rufes nach Amnestie für Kollaborateure, der auf der politischen Szene laut wurde. Die Abschaffung des besagten Verbotes wurde nicht nur gefordert, es wurde auch provozierend negiert; 1948 wurde sogar ein noch immer aktiver und keineswegs unbedeutender Verlag[23] gegründet, der sich zum

Ziel setzte, Werke verurteilter Autoren zu publizieren, deren bekanntester wohl Filip de Pillecyn ist.

Das Ausmaß der Stigmatisierung, die Kollaborateure in den Niederlanden, also hauptsächlich Mitglieder der NSB, fürs Leben zeichnete, wird vielleicht am deutlichsten in Werken, die jene Probleme darstellen, denen sich deren Kinder gegenübergestellt sahen. In den letzten Jahren erschienen mehrere – teils autobiographische – Erzählungen, die darauf eingehen und die Schmach der Vergangenheit, die auch Unschuldige im wahrsten Sinne des Wortes traf, beschreiben.[24]

Im allgemeinen hat es den Anschein, als wäre Kollaboration nicht mehr tabu als Thema für einen Roman, der weder eine Verurteilung noch eine Verteidigung anstrebt, sondern das Motiv auf einer vornehmlich literarischen Ebene auswertet. Die Hauptfigur in einem jüngeren Roman von Theun de Vries, *Het wolfsgetij of Een leven van liefde*, 1980 (Die Wolfszeit oder Ein Leben der Liebe) ist Mobsie Zeven, eine Frau, die aus Opportunismus ein Verhältnis mit einem jüdischen Geschäftsmann abbricht und sich in die Arme eines SS-Sturmführers wirft, den sie nach der Befreiung durch die Alliierten dann kurzerhand durch einen Kanadier ersetzt. Die Thematik ist neu aus zwei Gründen: einerseits stehen Frauen in der Kriegsliteratur höchst selten im Mittelpunkt, und andererseits herrscht die Perspektive des Widerstandes vor.[25] Die psychologische Darstellung weicht aber kaum vom früheren Bild des Kollaborateurs ab: Mobsie Zeven denkt nur an ihr eigenes Wohl, sie will dem monotonen Kleinbürgeralltag entkommen, kann dies aber nicht aus eigener Kraft. Im rein materiellen Sinne gelingt es ihr dann allerdings dank ihrer Liebhaber, die den Machtverhältnissen der Zeit angepaßt sind, wobei sich alle Beteiligten gegenseitig ausnutzen und ihre moralische Schwäche schließlich fatale Folgen hat.

Einen originelleren Blick auf den NSB-er wirft dagegen Louis Ferron in *Hoor mijn lied, Violetta*, 1982 (Hör mein Lied, Violetta), einem Roman, der zudem durch seinen humorvollen Ton ansprechend wirkt. Charles Rethel, Deutschlehrer im Ruhestand und ehemaliger NSB-er, verbringt seinen Lebensabend meckernd über den Widerstand, die Jugend, das Leben und die Gesellschaft seiner Zeit. Seine Haltung während des Kriegs verteidigt er mit dem Hinweis auf seine (imaginierte) Tochter Elsa, für die seine Frau und er alles auf sich nahmen, auch die Mitgliedschaft in der NSB. Er ist keineswegs reuig, schon verbittert in seiner Grundhaltung, mehr als durch seine Erfahrungen. Er hat's mit den Nazis gehalten – na und? Andere, wie sein Nachbar Boem, saßen

> den lieben langen Tag im Schrank unter dem Spülbecken, um zwischen Aufnehmern, Stöpseln und abblätternden Eimern die himmlischen Stimmen der andern Seite aufzufangen. Kürzlich hat man ihn (Boem) darüber noch

am Fernsehen befragt. Es muß ein richtiges Erlebnis gewesen sein. Ich
hab's mir nicht angeschaut. Mein Apparat ist nicht angeschlossen; im
übrigen mache ich mein eigenes Programm. Mit weniger Orden und
Verdienstkreuzen, eher zum Lachen eigentlich.[26]

Flandern: Triumphierende Kollaboration

Das fast trotzige Selbstbewußtsein eines Rethels mag im niederländischen
Kontext auffallen, in Flandern würde es sich kaum vom allgemeinen Bild
abheben. Schon kurz nach dem Krieg, als Kollaboration noch nicht zu
rechtfertigen und die Repression noch voll im Gange war, zeichnete sich in
den Romanen, die sich hauptsächlich mit Widerständlern befaßten, ein
durchaus milder Blick ab für jene, die auf das falsche Pferd gesetzt hatten.
So vergleicht in *Alleen de dooden ontkomen*, 1946 (Nur die Toten entkommen) von Piet van Aken, dem man keineswegs nationalsozialistische
Sympathien unterschieben kann, eine ehemalige Widerstandskämpferin ihre
Kumpane mit Walter Brees, der sein Vermögen im Handel mit den
Besetzern verdient hat und dessen vorherrschender Charakterzug Unent-
schlossenheit ist:

> Auf einmal wurde sie sich bewußt, wie sehr er ihnen beiden eigentlich glich.
> Genau wie Daasters versuchte er stets, es sich selbst so schwer wie möglich
> zu machen.[27]

Die Gründe, die jemanden dazu bewegen, gegen die Besatzungsmacht zu
agieren, weichen mitunter kaum ab von denen, die einen andern etwa dazu
veranlassen, nach Deutschland zu gehen. Dies wird in *Het verdriet van
België*, 1983 (Der Kummer von Flandern) deutlich, wenn Leon dem Aufruf,
sich für die Arbeit in Deutschland zu melden, folgt, um "einmal eine
andere Suppe zu schmecken".[28] Die Arbeitsbedingungen sprechen ihn an,
und sein Bruder wagt die Überfahrt nach England aus Lust am Abenteuer;
er sei ja schon immer für die Engländer gewesen, was sich in seiner
Vorliebe für englische Zigaretten und Schlager äußert.

Diese Relativierung der Heldentaten, die manchmal der systematischen
Leugnung von jeglichem Idealismus nahekommt, ist in Flandern keineswegs
dem heilenden Einfluß der Zeit zuzuschreiben. Die Versöhnlichkeit grenzt
zuweilen an Defaitismus. Ob Freund oder Feind, jeder ist zuerst Mensch,
und Krieg ist absurd an sich. 1953 schilderte Maurice d'Haese in *De heilige
gramschap* (Der heilige Zorn) die Sinnlosigkeit ideologischer Scheinbilder
folgendermaßen:

> Und dann, wer war der Schuldige? Wer hatte die lächerliche Verehrung für
> Rasse und Volk und Vaterland in sie hineingepumpt? Wer hatte ihnen das
> Gift eingespritzt? Überall war es so. Nicht nur bei den andern, überall war
> es so. Aber sie waren nur viel unvorsichtiger und viel brutaler. Sie

verbargen es nicht mehr, das war der einzige Unterschied, aber überall war es so.[29]

Bemerkenswerterweise ist dieser Nachdruck auf die Sinnlosigkeit des Krieges und die Subjektivität des moralischen Urteils in Flandern generell und jederzeit vorhanden, ob im Jahre 1953 oder 1985, wenn Monika van Paemel in *De vermaledijde vaders* (Die verfluchten Väter) in einer feministischen Perspektive alle Kriege auf den Kampf der Geschlechter bezieht; abgesehen von den gebrauchten Mitteln und dem Ausmaß der Verluste sind alle Kriege gleich. In diesem jeglicher Beschönigung aus dem Wege gehenden, fast aggressiven Roman wird im übrigen auch hervorgehoben, wie das Volk darauf bedacht ist, dem verheerenden Geschehen fernzubleiben:

> Das Volk kuscht. Das Volk hat einige Erfahrung mit Besetzern [...] Darum flexibel mitfedern, alle zur andern Seite schaun, und wenn's geht, dem neuen Herrn eins auswischen.[30]

Kompromisse werden geschlossen, zufällige Ereignisse bestimmen darüber, welche Partei man ergreift, Entschuldigungen für Apathie oder Irrtum sind schnell gefunden: "Wenn unsre Katze eine Kuh wäre, könnten wir sie unterm Herd melken."[31]

Wo in diesem Roman jedoch die illusionslose Wirklichkeit der Schwäche nie als Entschuldigung gelten darf, das Ziel nie alle gebrauchten Mittel rechtfertigt und das Wort 'Held' nur ironisch gemeint ist, führt in vielen andern Werken der Sinn für menschliche Unzulänglichkeit zur Akzeptierung der Kollaboration, da es ja auch im Widerstand Opportunisten, Abenteurer und Hitzköpfe gibt. In *Zwart en wit*, 1948 (Schwarz und weiß) von Gerard Walschap wird dieser Unterschied zwischen Guten und Schlechten konsequent in Figuren beider Parteien projiziert. Im einzigen in der ersten Person geschriebenen Kapitel fungiert ein junger Mann als Erzähler, der, nachdem er einige Zeit an der Seite deutscher Soldaten an der Ostfront gekämpft hat, desertiert und trotzdem nach dem Krieg wegen einer Denunzierung, die er aber nicht auf dem Gewissen hat, zum Tode verurteilt wird. Die gewählte Perspektive bewirkt, daß der Leser geneigt ist, sich mit diesem Jan Gillis zu identifizieren, den die ungerechte, schwere Strafe fast zum Unschuldigen macht.

Auch Erzählungen, die sich kaum mit Kollaboration befassen, sind geprägt vom Zweifel an der Berechtigung der im Widerstand eingesetzten Streitmittel. Valeer van Kerkhove zum Beispiel führt in *De gijzelaars*, 1977 (Die Geiseln) einen Saboteur auf, der nach 22 Jahren noch immer von Schuldgefühlen geplagt wird wegen der Erschießung von Unschuldigen durch die Nazis. Menschliches hat dieser Held ansonsten wenig, er ist ein "Mathematiker der Freiheit und des Vaterlands", er gehört nicht zur Arbeiterklasse und wird sogar von seiner eigenen Frau verurteilt.

Aus dem Vorhergehenden könnte vielleicht der Eindruck entstehen, daß es hier des öfteren um Werke geht, die Kollaboration als solche regelrecht zu verteidigen suchen. Das wäre nicht richtig, handelt es sich doch ausdrücklich um ein milderes Urteil über den individuellen Kollaborateur, das meist durch Verständnis für dessen Motive bedingt ist, die höchst selten wirklich auf ideologische Überlegungen zurückzuführen sind, auch wenn namentlich die Angst vor dem Kommunismus, die noch durch kirchliche Würdenträger angefeuert wird, eine gewisse Rolle spielt. Weit mehr Bedeutung wird aber der Hilflosigkeit des kleinen Mannes zugemessen, dem auf politischer Ebene kein Vorbild zur Verfügung steht, das ihm eine Identifizierung ermöglicht und dessen Sprache ihm die deutschen Besetzer nicht fremder erscheinen läßt als die einheimischen Regierenden.

Daß die belgische Sprachproblematik und ihre Kristallisierung im flämischen Nationalismus nicht nur in der Fiktion, sondern auch faktisch einen nicht zu übersehenden Einfluß ausgeübt hat, ist kaum zu leugnen, wenn man die flämische Literatur über den Krieg mit der französischsprachigen vergleicht[32], die, um es gleich vorwegzunehmen, einen viel begrenzteren Umfang, und – von einigen Ausnahmen abgesehen – auf einen regionalen Leserkreis beschränkt ist. Die Werke wallonischer Schriftsteller sind geprägt vom gleichen Sinn für das Relative wie die der flandrischen, was wohl für Belgien bezeichnend ist. "Selbstverständlich, wie immer in unserm Land, gibt es welche, die dafür sind, und es gibt welche dagegen", wie der Ich-Erzähler in *L'an quarante de mon mononke*, 1973 (Das 1940 von meinem Onkel) von Paul Biron bemerkt, wobei im Original fehlerhafte Rechtschreibung und dialektaler Einschlag für eine zusätzliche humoristische Note sorgen. Politische Ansichten sind Nebensache in Wallonien, scheint es, und eignen sich höchstens für Scherze; wirklich ernstgenommen werden sie auch in Flandern nicht, alles ist nur relativ, also auch Kollaboration. Im französischsprachigen Landesteil aber setzt man sich eigentlich nicht einmal mit ihr auseinander: derjenige, der es mit den Nazis hält, ist, genau wie der Deutsche, der andere – Feind wäre zuviel gesagt, da seine Tölpelhaftigkeit ihn kaum als gefährlich erscheinen lassen kann.

Diesem Argument, daß flämisches Volksbewußtsein in der Literatur über den Zweiten Weltkrieg ein privilegiertes Sprachrohr gefunden habe, ist ein zweites Vergleichsbeispiel hinzuzufügen, das auch die häufige Berufung auf die Machtlosigkeit des einfachen Volkes erklärt. Die frankophone Literatur Belgiens umfaßt nämlich nicht nur Autoren wallonischen Ursprungs, sondern auch solche aus der bis vor kurzem ebenfalls französischsprachigen höheren Bourgeoisie Flanderns. In den Romanen eines Daniel Gilles, der in Frankreich publiziert, aber aus Brügge stammt, ist wieder die Perspektive des Widerstands zentral, noch prägnanter als in den Niederlanden, da die hier tätigen Aristokraten den Nazis über die Landesgrenzen hinaus bis ins annexierte Österreich die Stirn bieten[33]. Einigermaßen schematisch ausgedrückt: der Gebrauch des Niederländischen als Hochsprache ist in Flandern erst seit so kurzem eingebürgert, daß dieses Medium mitunter noch eine kulturpolitische Tragweite hat, die sich in den Werken über den Krieg besonders stark manifestiert.

Eine noch extremere Äußerung der verständnisvollen Haltung der Kollaboration gegenüber als in den bisher genannten Werken findet sich bei den sogenannten Revanchisten wie Ward Hermans, der in *Jan van Gent* (1962) im Grunde die gleichen Ideen vertritt wie schon während des Kriegs als Journalist und Mitbegründer der "Algemene SS-Vlaanderen". Hier geht das Begreifen eines Fehltrittes sowie die Kritik am gewissenlosen Heldentum über in die Verherrlichung der nationalsozialistischen Lehre und des Übermenschen, der sein Vaterland gegen die rote Gefahr schützt und von den daheim gebliebenen Angsthasen und Schlappschwänzen dann auch noch sanktioniert wird.

Aber nicht nur in solchen, dem verbitterten politischen Traktat nahestehenden Büchern wird die Vergangenheit verzerrt und die Kollaboration gerechtfertigt. Jet Jorssen und Karel de Cat zum Beispiel lassen die Hauptpersonen ihrer Erzählung *Trefpunt München*, 1983 (Treffpunkt München) flämische Kinder 1943-44 in deutsche Ferienlager begleiten und später auf die "paradiesischen Monate" zurückblicken, die sie damals dort verbracht haben. Die Ich-Erzählerin, welche nach Ankündigung des Umschlags ausdrücklich als die Autorin zu sehen ist, hat das Leben noch nie so herrlich gefunden wie damals,

> trotz des Krieges, trotz der verbundenen Hände und Füße der Soldaten in Nördlingen und alle Elendsbilder, die sie wachrufen.[34]

In dieser 1983 erschienenen Erzählung werden also noch immer Greuel verschwiegen, wird Entsetzliches beschönigt, und Mitleid möchte man bloß für Soldaten und die nach 1945 Bestraften wecken, die anscheinend immer noch nichts Verwerfliches in ihrer damaligen Haltung sehen.

Diese Werke von Autoren, die sich aktiv in nationalsozialistischen Organisationen einsetzten, sind jedoch ebenso wenig repräsentativ für das Allgemeinbild des Krieges in der flämischen Literatur wie die entsprechende Prosa eines Eekhouts oder eines Kettmanns in den Niederlanden, zumal auch in Belgien diese Erzählungen von kleineren Verlagen vertrieben werden, die kaum einen breiten Leserkreis erreichen können.

Dennoch kommt man nicht umhin festzustellen, daß auch diese Romane nur extreme Schlüsse ziehen aus einer allgemein vorhandenen Tendenz. Wo sich in den Niederlanden die Standpunkte kristallisieren in einem bipolaren

Gegensatz, der keine Unentschiedenheit zuläßt, gibt es in Flandern zwischen einer Handvoll Widerständlern, die keiner für Helden hält, und einer nicht unansehnlichen Zahl echter Nazi-Sympathisanten, die meistens keiner Fliege etwas zuleide tun, eine ganze Masse von einfachen Leuten, die sich den neuen Verhältnissen resigniert anpassen, darin mitunter zu weit gehen, und wenn sie Pech haben, nach dem alliierten Siegeszug dafür büßen müssen, während Politiker und andere ihre Hände in Unschuld waschen. Im Laufe der Jahre wandelt sich dieses Bild kaum, wenn das Thema auch allmählich emotional weniger geladen erscheint und seine literarische Auswertung die zuweilen belehrende Aussagefunktion übertönt.[35]

Wo meistens Schwäche oder eine gewisse geistige oder bildungsmäßige Beschränktheit sowohl in Flandern als auch in den Niederlanden eine entscheidende Rolle spielten im Werdegang des Kollaborateurs, wo Opportunismus und persönliche Gefühle wie Freundschaft oder Eifersucht ebenfalls keine Grenzen kennen, ist der Nazi aus idealistischer Überzeugung anscheinend ein typisches Produkt flämischer Verhältnisse. Der essentielle Unterschied liegt meines Erachtens jedoch kaum in der Frage nach dem Warum, sondern in der Art der Charakterisierung. Die Beweggründe sind in der Tat beidseitig meistens negativ, sei es durch das Vorhandensein schlechter Voraussetzungen oder das Fehlen günstiger Umstände. Die Schriftsteller aber bewirken oder verhindern Verständnis, indem sie dem Kollaborateur Zwerge oder Helden gegenüberstellen, ihn zum verächtlichen Untermenschen in riesigen Stiefeln, zur geldsüchtigen oder mannstollen Hure machen oder zum Suchenden und Irrenden in einer Zeit, der er nicht gewachsen ist, in einem Krieg, den er nicht gewollt hat, und den nur die Reichen und Mächtigen, die so oder so ihr Hab und Gut sicherstellen werden, ungeschoren überleben.

ANMERKUNGEN

1.   Siehe zum Beispiel: J. Brouwers, "Vlaanderen op zijn erghst", in *Maatstaf*, 25/10, Oktober 1977, S. 1-23. Brouwers, ein niederländischer Autor, der jahrelang bei einem belgischen Verlag tätig war, reagiert in dieser Schmähschrift auf flämischen Sprachpartikularismus und den in Flandern oft geäußerten Vorwurf, Amsterdam würde alles Flämische geringschätzen.

2.   Von Falkenhausen, der erst im Juli 1944 ersetzt wird durch Reichskommissar Grohé.

3.   Diese Entstehung der späteren Königsfrage wird aufschlußreich dokumentiert in A. de Jonghe, *Hitler en het politieke lot van België*, Nederlandsche Boekhandel, Antwerpen 1982.

4. Eine literarische Auswertung des Motivs des bleibenden Einflusses der Jahre 1914-1918 auf die Beteiligten findet man u. a. in: G. Duribreux, *De zure druiven*, Desclée de Brouwer, Brugge/Bussum 1952. In diesem Roman terrorisiert ein im Ersten Weltkrieg zum Invaliden gewordener Mann seine ganze Familie, weil er gewissermaßen tot aus den Schützengraben zurückgekehrt ist und darum kein Leben um sich duldet. Aus Verbitterung weist er jegliches Engagement ab und verurteilt sowohl seinen Sohn, der im Widerstand aktiv wird, als seine Tochter, die eine Beziehung mit einem deutschen Marinegefreiten eingeht.

5. Dr. N.K.C.A. in 't Veld in: *Winkler Prins Encyclopedie van de Tweede Wereldoorlog*, Elsevier, Amsterdam/Brussel 1980, S. 153 (Lemma "collaboratie", meine Übersetzung): "Man kann sich jedoch nicht dem Eindruck entziehen, daß im allgemeinen die Bereitwilligkeit – sicher bis 1943 – groß gewesen ist, zu groß. Nach dem Krieg hat man demzufolge von einer gründlichen Säuberung des niederländischen Wirtschaftslebens abgesehen: es war vergebliche Mühe, auch wenn verschiedene andere Faktoren eine Rolle spielten. Es gibt außerdem Anweisungen, daß die industrielle Aktivität zugunsten Deutschlands in den Niederlanden verhältnismäßig größer war als in Belgien oder Frankreich. Die Frage, ob dieser Unterschied als signifikant bezeichnet werden kann, bleibt dennoch bestehen, da eine mengenmäßige Evaluierung in dieser Materie besonders schwierig ist."

6. Theun de Vries hat diesem Streik die 1962 zum ersten Mal erschienene Trilogie "Februari" gewidmet.

7. Von 140.000 Juden, die vor dem Krieg in den Niederlanden lebten, kamen über 106.000 um, während nur 4000 die Deportation überlebten. Zahlreiche belgische Juden – vor dem Ausbruch des Kriegs waren es 90.000 – flüchteten im Mai 1940 mit ihren Mitbürgern ins Ausland; viele von diesen Flüchtlingen kamen jedoch nach der Kapitulation zurück, und von 57.000 Juden, die durch den Sicherheitsdienst registriert wurden, wurden 25.631 deportiert; 1244 von ihnen kamen zurück. Alle Zahlen sind der *Winler Prins Encyclopedie voor de Tweede Wereldoorlog* entnommen.

8. Die Waffen-SS warben in den Niederlanden ca. 22.000 Freiwillige, in der 'Algemene SS-Vlaanderen' dienten mindestens 20.000 Flamen im Laufe der Kriegsjahre, während die Zahl der in der 'Légion Wallonie' aufgenommenen Wallonen auf 20.000 geschätzt wird (Zahlen der *Winkler Prins Encyclopedie voor de Tweede Wereldoorlog*).

9. Diese Hypothese wird durch zahlreiche Beispiele illustriert in: H. Haasse, "Sporen van geweld", in: *Leestekens*, Querido, Amsterdam 1965, S. 148-170.

10. F. Sierksma, "Absolutie van een konijn", in: *Podium*, 4/6, März 1948, S. 321: 'Wil men dit boek persé een symbool noemen, dan niet van een tijd, maar van een leeftijd.'

11. Gerard Reve schrieb auch unter den Namen Gerard Kornelis van het Reve und Simon van het Reve.

12. Ein synthetisches Gesamtbild der Nachkriegsliteratur, das der allgemeinen Entwicklung eher gerecht wird als Fakten und Daten im traditionell-literaturgeschichtlichen Sinn, wird gegeben in: *Nederlandse literatuur na 1830*, BRT-Instructieve Omroep/Teleac 1984, eine für einen breiten Leserkreis gedachte Produktion, zu der namhafte Literaturwissenschaftler aus Belgien und den Niederlanden beigetragen haben. Detailliertere bio-bibliographische Beschreibungen findet man in neueren Enzyklopädien über die niederländische Literatur, wie: *Winkler Prins Lexicon van de Nederlandse Letterkunde*, Elsevier, Amsterdam/Brüssel 1986, während

ich für eine genauere Beschreibung der Tendenzen verweise auf: T. Anbeek, *Na de oorlog. De Nederlandse roman 1945–1960*, Arbeiderspers, Amsterdam 1986; Red. K. Fens, H. U. Jessurun d'Oliveira, J. J. Oversteegen, *Literair Lustrum 1. Een overzicht van vijf jaar Nederlandse literatuur 1961–1966*, Athenaeum/Polak & Van Gennep, Amsterdam 1967. Red. K. Fens, H. U. Jessurun d'Oliveira, J. J. Oversteegen, *Literair Lustrum 2. Een overzicht van vijf jaar Nederlandse literatuur 1966–1971*, Athenaeum/ Plak & Van Gennep, Amsterdam 1973. Red. T. van Deel, N. Matsier, C. Offermans, *Het literair klimaat 1970–1985*, Bezige Bij, Amsterdam 1986. Sämtliche Werke berücksichtigen sowohl die Literatur der Niederlande als die Flanderns.

13. Siehe P. de Wispelaere, "Bestaat er een Vlaamse literatuur?", in: *Het literair klimaat 1970–1985*, Bezige Bij, Amsterdam 1986, S. 249–260, über Umfang und Art der flämischen literarischen Ausgaben. Ferner werden rezeptionstechnische Probleme, die aus der Begrenztheit und lebensanschaulichen Verankerung der flämischen Presse entstehen, angeschnitten und der wechselseitige Import literarischer Werke in Flandern und den Niederlanden verglichen.

14. Der deutsche Titel entspricht dem der veröffentlichten Übersetzung dieses Romans durch Johannes Piron (siehe Anm. 28).

15. Durchweg sind genaue Informationen diesbezüglich relativ schwer zu finden, da die Diskretion, die in literarischen Nachschlagewerken vorherrscht, sobald es um eine umstrittene politische Haltung geht, die Vermutung der Verschönerung durchaus rechtfertigt. Objektive Tatsachen wie Verurteilungen und Sanktionen bezüglich flämischer Autoren, die dem Verein flämischer Schriftsteller (Vereniging van Vlaamse letterkundigen) angehörten, werden erwähnt in: E. V. Willekens, B. Decorte, *Schrijvenderwijs. Een documentatie*, das durch die VVL anläßlich ihres 75. Geburtstags 1982 herausgegeben wurde.

16. W. Corsari, *Die van ons*, Bezige Bij, Amsterdam 1945, S. 155–156. Die Übersetzung aller nachstehenden zitierten Auszüge ist von meiner Hand, wobei ich mich bemüht habe, den ursprünglichen Text so wörtlich wie möglich zu übertragen, da das Fehlen eines umfangreicheren Kontextes hier zu leicht zu Mißverständnissen führen könnte, wenn eine freiere Version aus literarischen Erwägungen mitunter auch vorzuziehen wäre.

17. T. de Vries, *W.A.-man*, Van Gennep, Amsterdam, 7. Aufl. 1986, S. 55–56.

18. W. Corsari, op. cit., S. 168.

19. S. Vestdijk, *Bevrijdingsfeest*, Bezige Bij, Amsterdam, 6. Aufl. 1978, S. 330.

20. Die Wechselbeziehung zwischen der Forschungsarbeit und dem Leben Jacques Pressers wird in Interviews deutlich, die erschienen sind unter dem Titel: *Gesprekken met Jacques Presser, gevoerd door Philo Bregstein*, Athenaeum/Polak & Van Gennep, Amsterdam 1972.

21. Diese und ähnliche Qualifikationen werden zitiert in: A. Oosthoek, "Een ellendige kruiper", in: *Maatstaf*, 17/1, Mai 1970, S. 64–69.

22. W. S. Huberts beschreibt Leben und Werk Kettmanns in: "George Kettmann Jr. (1898–1970)", in: *Maatstaf*, 34/10, Oktober 1986, S. 56–79.

23. De Clauwaert, dessen Entstehen ausführlich dokumentiert wird in: G. Wittebols, G. Durnez, *Van Leeuwtje tot DC. Kroniek van een literaire uitgeverij*, De Clauwaert, Leuven 1984.

24. J. van Gool, *Foute boel*, De Pauw, Haarlem 1981 ist nur ein beliebiges Beispiel solcher Erzählungen.

25. Es sei nochmals darauf hingewiesen, daß hier ausschließlich Werke gemeint sind, die das Geschehene in eine ausgesprochen literarische Form gießen und deren Autoren auch keine pure Darstellung der Wirklichkeit anstreben. Eine schon genannte Novelle wie "W.A.-Mann" hat zudem von ihrer Entstehungszeit her eine Widerstandsfunktion an sich und war von einem engagierten Schriftsteller wie Theun de Vries zu dem Zeitpunkt bestimmt nicht als bloße Entspannungs- oder Informationslektüre beabsichtigt.

26. L. Ferron, *Hoor mijn lied, Violetta*, Bezige Bij, Amsterdam 1982, S. 8.

27. P. van Aken, *Alleen de dooden ontkomen*, Manteau, Brüssel 1946, S. 213.

28. H. Claus, *Het verdriet van België*, Bezige Bij, Amsterdam, 7. Aufl. 1987, S.236. Johannes Piron hat diesen Roman ins Deutsche übertragen: H. Claus, *Der Kummer von Flandern*, Klett-Cotta, Stuttgart, 2. Aufl. 1986.

29. M. d'Haese, *De heilige gramschap*, Holland, Amsterdam 1953, S. 157.

30. M. van Paemel, *De vermaledijde vaders*, Meulenhoff, Amsterdam 1985, S. 90.

31. Idem, S. 91.

32. Für einen Überblick der französischsprachigen Literatur Belgiens greife man zurück auf: R. Andrianne, *Ecrire en Belgique. Un essai sur les conditions de l'écriture en Belgique francophone*, Labor/ Fernand Nathan, Bruxelles/Paris 1983.

33. Siehe zum Beispiel D. Gilles, *Laurence de la nuit*, Albin Michel, Paris 1981.

34. J. Jorssen & K. de Cat, *Trefpunt München*, De Nederlanden, Antwerpen 1983, S. 30.

35. Eine das künstlerische Element ausgesprochen privilegierende Bearbeitung des Kriegsmotivs finden wir beispielsweise in *Orchis militaris* (1968), in dem Ivo Michiels auf fast inkantatorische Weise ein überwältigendes Bild der Schönheit kämpferischer Gemetzel aufruft, unter dem Motto des futuristischen Manifestes von Marinetti.

ABSTRACT

In spite of the obvious similarities between the Netherlands and the Flemish part of Belgium, the literature of both countries shows a fundamental difference when taken as evidence of the thematic impact of World War II. This discrepancy can be related to the respective social and political situations of the two states, which proves to be more important than the cultural link provided by a single language (Dutch).

Factors which play a crucial role are the attitude of the government under German occupation, memories of World War I, and the so-called Flemish question, i.e. the supremacy of the French-speaking Belgians until the recent past.

As a literary topic World War II has been more widely written about in the Netherlands, certainly when one considers just fictional works in which the years 1940–1945 simply provide the background for more universal themes, and leaving out of account novels with an essentially polemic and agitational aim.

The Dutch novelists often show the heroic aspects of the resistance movement. Collaborationists are mostly represented as weak, frustrated people who need a strong leader and outward signs of power to overcome their psychological insecurity. Ideological motives are not decisive. In the first years after World War II some major writers like Vestdijk had already introduced light and shade in their characters, but generally speaking, righteous collaborationists seemed taboo in the literature of the Netherlands. This can be related to the brand of infamy still affecting people associated with the Nazis in Dutch society.

In Flanders, however, collaboration is often connected with respectable motives, both in real life and in literature. Flemish nationalism led numerous individuals to sympathize with the German invader; they considered that they owed nothing to the Belgian state, given the low value it put on the Flemish people. Hitler himself was fully aware of these feelings and shrewdly made use of them for his purposes. The positive image of collaboration is due not only to the influence of this attachment to Flanders, but also to a sense of relativity that is probably typically Belgian, since this easy-going tolerance can also be found to some extent in the French writings of the country.

It has to be said, however, that this comparatively mild judgement is not characteristic of novelists who took up a committed political position during the German occupation. Furthermore, according to recent historical research, it cannot be maintained that collaboration spread more widely in Flanders than elsewhere, when all its modes of expression (military, economic etc.) and not just its ideological aspects are taken into consideration.

A further difference between Dutch and Belgian literature dealing with World War II arises from the attention paid to average people. Many Dutch novels depict the good and the bad in their fixed roles, the upright resistance fighter and the villainous collaborationist. Between those extremes there is no place for the unconcerned or the hesitating. Flemish writers on the other hand show would-be heroes, harmless or even fascinating Nazis, but above all the disarray of the common herd in a period which forced everybody to make up his mind without knowing all the pieces in the game being played by the powerful.

Søren Schou, Roskilde

CROSSING THE CHALK-LINE. NATIONAL SOCIALISM IN DANISH LITERATUE

The story of National Socialism in Denmark is the story of many parties with few members. During the years 1930–45, a considerable number of National Socialist parties and party-like groups – 29 in all – came into existence, but only a few achieved a more permanent status, and none of them had any decisive impact on political affairs in Denmark.

Even during the German occupation of 1940–45, the Danish Nazis remained in a marginal position[1]. No Quisling government was formed. A Danish government, consisting of politicians from the old democratic parties, continued to operate, trying to give as few concessions to the occupiers as possible. On August 29th, 1943, the policy of negotiation finally collapsed, and the Danish government resigned. But even then there were no serious attempts to replace it with Danish National Socialists. A general election, held earlier in 1943, had revealed their isolation in no uncertain way. The largest National Socialist party, "Danmarks National–Socialistiske Arbejder–parti" (DNSAP) only obtained 43,000 votes on this occasion. Furthermore, their internal quarrels and lack of administrative competence made them unreliable allies in the eyes of the German invaders.

The DNSAP was the most important Danish National Socialist Party. Approximately 39,000 Danes had been members at one time or another during the 15 years of the party's existence. From time to time, rival parties appeared, but their numerousness only served to expose the Danish National Socialists' lack of public impact. New "leaders" emerged with new parties, hoping to turn the tide and make Danish Nazism powerful, but they had little success.

Practically all of the Nazi dissidents were former members of the DNSAP. This means that the total number of party organized Danish Nazis was not significantly greater than the 39,000 members of the DNSAP.[2]

It was this group of about 40,000 people, then, that constituted organized Nazism in Denmark. They attacked each other violently, formed rival parties, or merged their groups in order to create *the* influential Danish National Socialist party. They certainly called attention to themselves, arranging rallies and parades, publishing lots of political propaganda (part of which was heavily subsidized by the occupying Germans). But apart from a short period where the DNSAP collaborated with "Landbrugernes

Sammenslutning", a fairly powerful protest movement formed by Danish farmers, their impact on the broader political scene was modest. In the thirties, they were considered more curious than menacing with their Germanic symbols and self-important posturing. During the occupation, they were generally regarded with contempt, as traitors allied with the German invader.

Why was the impact of Nazism so limited in Denmark? Several reasons may be given, but the most important ones are probably these: the economic crisis of the inter-war years was certainly severe in Denmark, but did not have the shattering effect seen in other European countries. During the thirties, a strong government, led by the Social Democratic Party, countered the worst effects of unemployment with an ambitious programme of social legislation. Many considered the prime minister, Thorvald Stauning, a bulwark against chaos. Consequently, Nazi agitators were not able to take advantage of the economic crisis as they did in other European countries.

This does not mean that the democratic institutions of the country were totally unshaken in the inter-war years. Anti-parliamentarism gained some foothold, but not primarily in the form of hard core Nazism. Several right-wing groups and parties, to some extent inspired by Nazism and Fascism, made their influence felt in the thirties. "Landbrugernes Sammenslutning" and "Bondepartiet" (The Farmers' Party) mobilized the most depressed farmers, dissatisfied with their traditional representation in parliament. Some intellectuals were fascinated with the idea of the corporate state. And for a few years the youth section of the Conservative Party flirted with National Socialist ideals.

The existence of these ultra-right movements may be interpreted in various ways. They can support the view that the impact of National Socialism was somewhat larger in Denmark than the mere counting of National Socialists would suggest. The rhetoric of anti-parliamentarism clearly demonstrated that the political and cultural climate of the thirties was influenced by the totalitarian regimes of Germany and Italy. But it is also possible to regard these right-wing protest groups – who were, above all else, anti-Communist in their political outlook – as a "grey zone" on the fringe of democracy, impeding the impact of Nazism in its more radical forms.

An additional obstacle which the Danish Nazis were unable to overcome was a widespread doubt concerning their loyalty to Danish nationalist ideals. Were they Danish-minded, or merely masquerading as patriots? Was their display of nationalistic feelings to be taken seriously? This was a very sensitive point, as Germany had traditionally been the arch enemy of Denmark, and the hatred aroused by the two wars between Denmark and

Germany during the last century – in 1848–50 and 1864 – was still alive in parts of the population.

The Danish Nazis clearly had a "credibility problem" which they tried to solve in a way which can only be described as singularly unimaginative. On the one hand they proclaimed themselves as Danish nationalists, advocating strong military defences and celebrating the great eras of the Danish national past such as the Viking period. But on the other hand they slavishly copied their German models in their ideology and outward appearance. It did not help matters that the very name DNSAP almost sounded like an echo of the German NSDAP – or that the party programme in most respects was a carbon copy of the German one.

The party was founded in 1930 by Cay Lembcke, who incidentally had started the Boy Scout movement in Denmark. From 1933, the leader was Dr. Fritz Clausen from Southern Jutland. At that time, the first splinter groups had already appeared, and to some extent the internal quarrels were caused by the question of national ambiguity. Clausen himself was undoubtedly Danish–minded, but several of his supporters from Southern Jutland – the part of Denmark bordering on Germany – were more vague in their national loyalties.

The party was unable to solve its credibility problem, which took on disastrous dimensions after the occupation. By then, the DNSAP was considered not only as a pathetic carbon copy of the German model, but an organization of potential traitors eager to collaborate with the occupying power. The leaders of the DNSAP tried to change this image, appearing more patriotic in public than ever before. They even arranged a parade in commemoration of the Danish soldiers who had fallen on the day of the occupation. But at the same time, they were trying to install themselves as a puppet government – in vain, as it turned out.

The credibility problem only increased during the last years of the occupation. This was reflected in the fact that the DNSAP obtained a mere 2% of the votes in the general election in 1943 and only managed to retain its usual three seats in Parliament. This result was considered a failure by everybody, not least by the German invaders who lost all interest in their Danish supporters. Acknowledging the defeat, Fritz Clausen himself resigned as leader of the DNSAP and enlisted as an Eastern Front volunteer. A trojka of leaders took over the last fragments of the party.

As already mentioned, many people believed that the Danish National Socialists were merely paying lip service to the ideals of "Danishness" and patriotism. Later studies have argued that this is too simplistic a view. While there is no doubt about their sympathy with the political ideals of Nazi Germany, many Danish Nazis definitely considered themselves fervent nationalists. But they were nationalistic in a special sense of the word. It was a glorified vision of *ancient* Denmark that was the object of their loyalties, not the nation that had emerged after the introduction of parliamentarism in 1901. Significantly, one of Fritz Clausen's greatest idols was the reactionary Danish prime minister J. B. Estrup, a powerful politician during the latter part of the 19th century and a staunch opponent of parliamentarism.

Many Nazis were without any doubt sincere Danish nationalists, but the fatherland they tried to evoke was the Denmark of pre-parliamentary times. The only Nazi party definitely *not* Danish-minded was the small NSDAP-N (N stands for Nordschleswig), formed by members of the German minority in the Danish part of Schleswig. *They* had no ambiguity or credibility problem whatsoever, as their propaganda openly admitted their allegiance to German national and cultural ideals.

Who became National Socialists in Denmark? The question cannot be answered in detail, but a dissertation by Dr. Malene Djursaa about the membership of the DNSAP gives some important (sociological, not psychological) clues, which may be summarized as follows[3]:

Geographically, the Nazis were distributed rather unevenly throughout the country. From the beginning, they had their stronghold in the southern part of Jutland where the headquarters of the DNSAP were situated. In this area, the farming crisis was severely felt, and this – in combination with the keenly felt impact of German culture – may explain the political radicalization of farmers in this region. Later on, the bigger cities figured more prominently. During the occupation, Copenhagen in particular became an important bastion for Danish Nazism (although the absolute figures remained small). The greater presence of the Germans in the large cities, and the move of the party headquarters to Copenhagen, may explain this trend.

As for the social distribution, the most striking thing is how evenly members were recruited from all strata of society. There was over-representation of some specific occupations in the party, but on the whole the class constellation of the party members came close to being a mirror of the general class constellation of Denmark at that time. A slight change of emphasis took place: during the period 1930-45, the higher social classes eventually became somewhat less prominently represented, the lower classes somewhat more. But at no time was there any definite social bias in the recruitment to the party.

In Denmark, Nazism was not embraced by any specific social group. Or to state the point in more theoretical terms: apparently, no particular class or major group felt it had been left in the lurch by the established parties, at least not to such an extent that it would turn to Nazism in order to pursue its political aims. Danish Nazism appealed to individuals and small groups from all strata of society, but to no specific, larger sections of the population.

The Danish heritage

The Danish National Socialists understood the importance of the cultural struggle as part of the larger political fight. Their newspapers and periodicals, publishing numerous occasional poems celebrating ancient national ideals and hero figures, clearly showed this awareness. As already mentioned, some of these cultural manifestations were unimaginative carbon copies of German models. There were, however, aspects of National Socialist culture which were inspired by a specifically Danish cultural heritage. In this chapter, I will try to show how National Socialist literature to some extent continued traditions within Danish mainstream culture.

The early years of the century saw the emergence of the so-called "Great Generation" of Danish writers[4]. They came from the rural areas of Denmark and keenly felt the need to create a literature of their own, different from the urban culture which had been dominant during the last thirty years of the 19th century. The writers of the Great Generation had little sympathy with what they saw as the "degeneration" of urban culture, and they tried to depict the life of ordinary working people – the fishermen, small farmers and day labourers – they knew intimately from their childhood. The introspective, psychological novel of the 1890's was rejected in favour of a more unadorned and realistic mode of narration.

Some of these writers – Jeppe Aakjær, Martin Andersen Nexø and Johan Skjoldborg could be mentioned – took the standpoint of the oppressed and attacked the established society from a radical, socialist position. But by no means all the writers were socialists, and some of them celebrated ideals of country life that had little in common with socialist values. They wrote about the deep-rooted existence of the farmer as a symbol of authenticity in the superficial modern world. And they praised the regional way of living as more genuine than the restless cosmopolitanism of the big cities. It must be stressed that most of the writers of the Great Generation were acutely aware of the inequalities and hardships of country life. The very realism in their novels and short stories made them wary of attempts to idyllize country life. A somewhat younger group of writers, born in the seventies and eighties of the last century, continued the endeavours of the Great Generation, but rural and provincial life now came to be seen through a nostalgic haze. This group – "the Forgotten Generation", as Ole Ravn has aptly named it in his important study of Danish National Socialist literature[5] – was often downright reactionary in its attitudes.

In order to explain the difference between the Great Generation and their successors, it may be noted that the younger writers came of age around the turn of the century, when various kinds of "Lebensphilosophie" and anti-rationalism loomed large in the cultural debate, often combined with imperialist ideology. The occultism and vitalism of the period greatly appealed to many young people disenchanted with the ordered life of civilisation; Nietzsche and Social Darwinism, both very much à la mode during the early years of the century, could be synthesized into a philosophy of life recognizing the principle of natural selection within human society – or to put it differently: the right of the strong to dominate the weak or decadent.

Some of the "forgotten" writers idyllized provincial existence in ways very similar to the German "Blut und Boden" literature. There was a clear National Socialist strain in much of their writing, long before the word came into usage. Eventually, and in more mature years, some of these writers became organized National Socialists.

Harald Bergstedt (1877-1965) is probably the most important single figure of the group[6]. From his youth, he had been a prominent poet and Social Democrat. He published several volumes of poetry with the common title Sange fra Provinsen (Songs from the Provinces), 1913-21, and was in charge of many of the party's cultural activities all over the country. During the occupation his relations with the Social Democrats became strained, as he was considered too pro-German. Eventually he broke away from them and immediately afterwards joined the DNSAP and became an extremely active contributor to the party press.

Why the respected Bergstedt became a Nazi has been a matter of some speculation. As an artist, he may not have been in the same league as Knut Hamsun, but his colourful, mildly satirical poems about provincial existence, lively and well-written, clearly showed him to be a writer of some stature. Bergstedt tried to explain why he left the Social Democrats in order to become a National Socialist in two books published after the war, which we shall return to later. But reading his poems and articles from the thirties, it becomes clear that his conception of what he understood as collective, social values was already then very similar to that of National Socialism. The collectivism he celebrated was the unity of the "Volksgemeinschaft" and had little to do with socialist ideals of class solidarity. He liked to compare society to an ant hill where everyone depended on one another, and he was fascinated with the idea of the strong, but benevolent state towering over the life of the small individual beings, taking care of their every need.

Bergstedt was one of several writers from the Forgotten Generation who joined one of the Danish Nazi parties, and there were others who, while preferring to stay outside the parties, made no secret of their sympathies with the new Germany. In some instances, it is possible to see a clear connection between the imperialist and "lebensphilosophische" attitudes of their literary work and their later choice of political standpoint. Thus, the celebration of "nature's law" was the major theme in Svend Fleuron's (1874–1966) novels with animals as main characters.

It is considerably more surprising that Olga Eggers (1875–1945) became a National Socialist[7]. Eggers was strongly engaged in feminism during the first third of the century. In her novels, revolt against male domination was combined with a struggle for conditions that made it possible for women to devote their lives to meaningful tasks – and to Eggers, motherhood was the supreme vocation.

Perhaps the National Socialist celebration of The Mother struck a deep chord in Olga Eggers, but it is nevertheless astonishing that she decided to join the most spiteful and anti-Semitic of the National Socialist parties (the tiny NSAP) and indulged in vile diatribes against prominent Danish Jews. Only a few years earlier she had travelled in Africa and had, on her return, published a book about her impressions of the continent showing no racial prejudice whatsoever.

The "volte-face" of Olga Eggers may remind us of the fact that it is by no means always possible to "predict" which of the older writers would gravitate towards National Socialism. As for the Forgotten Generation in general, some features in their intellectual make-up – their idyllization of Nature, their encounter with imperialist ideology at an impressionable age – would predispose them for an authoritarian ideology built around agrarian values. But it should be added that far from all writers of this group were in favour of Nazism.

Additional theories may throw some light on the question of "who and why?". It is sometimes argued that writers who became National Socialists have often had an unhappy and loveless childhood, but as no parallel studies have shown them to be significantly different from their contemporaries in this respect, this line of argument is bound to be inconclusive.

With the possible exception of Bergstedt, the writers mentioned above were not generally considered to be of the first rank. This explains why the Danes have experienced nothing like the "Hamsun trauma" of the Norwegians. No Danish writers of his calibre became party members or even fellow travellers during the occupation. A survey of Nationalist Socialist trends in Danish literature during the period leading up to the occupation would be incomplete, however, without a brief discussion of two major figures who in different ways held beliefs similar to those of Fascism or National Socialism: Johannes V. Jensen and Kaj Munk.

Johannes V. Jensen (1873-1950), a Nobel Prize winner in 1944, is one of the truly distinguished Danish writers of this century. He wrote regional stories like some of his contemporaries from the Great Generation, but at the same time he was a staunch believer in the modern world of Imperialism, which he described in his travel book *Den Gotiske Renaissance* (The Gothic Renaissance), 1901. He greatly admired the dynamic world powers which had brought about the technological revolution of the present day.

The Paris World Exhibition in 1900 inspired Jensen to Futuristic eulogies like these: "Listen, how this city, how this enormous city down there is singing! Those are verses of iron, rhymes in steel and stone, rhymes against the sky... A joke has been built nine hundred feet up in the air. This exhibition moves the spirit like wild music, a harmony, a concord of all peoples in spite of all. The twentieth century is whistling round our ears. I confess my allegiance to reality, I confess."[8]

Jensen, the lover of the machine age, also admired the race which had made such poems of iron possible: the white race which in his opinion had reached its summit in North Western Europe. His most monumental tribute to Nordic Man, *Den lange Rejse* (The Long Journey), 1908-22, was a fictional account of the evolution of man from pre-historic times to Columbus's discovery of America. In accordance with his general theories, Jensen tried to argue that Columbus had Nordic origins!

The mixture of Social Darwinism, imperialist ideology and racism gave Jensen's novels and essays a proto-fascist tinge[9]. But it should be added that Jensen, who was fascinated with the Anglo-Saxon world, had no sympathy with the ideologies emerging from Germany or Italy. Certainly, racism played an important part in his writings, but he was no anti-Semite and did not care for any brand of National Socialism, whether Danish or German.

In this respect, the attitudes of the Danish playwright Kaj Munk (1898-1944) were for a long time considerably more ambiguous[10]. Munk, who was a clergyman as well as a writer, tried to revitalize Grand Drama in the interwar years. He wrote plays in the lofty Shakespearean manner, celebrating the great ruler with all his virtues and faults.

A hero–worshipper in his plays, Munk was also deeply impressed by the rulers of the real, contemporary world. Mussolini's attack on Abyssinia was the inspiration behind one of his dramas, *Sejren* (The Victory) from 1939. The Chancellor of the play, clearly modelled on Mussolini, is depicted as a great man, even when he errs, and his decision to attack the African country clearly has the approval of the author. The Hitler regime in Germany came in for a somewhat more thoughtful treatment in *Han sidder ved Smeltediglen* (He Sits by the Melting Pot), 1938. Munk attacks the anti–Semitism of Germany, but is more evasive in his views when it comes to dictatorship itself.

As an essayist and lecturer, Munk expressed the belief that democracy had exhausted its possibilities, and he looked to Fascism and National Socialism as sources of renewal. Even after the occupation, he gave a speech about Hitler, celebrating him as one of the great figures of history. Shortly afterwards, Munk had had enough of the brutality and anti–Semitism of the Nazi regime, and, outspoken as always, he did not keep his disappointment to himself. As a result, he was murdered in 1944 by the GESTAPO and its Danish collaborators.

The examples of Jensen and Munk show to what extent it was possible for respected, if sometimes controversial Danish writers to express opinions which were in some respects similar to those of Nazism and Fascism.

In the first part of this essay we have seen that the limited appeal of Nazi politics in Denmark in no way prevented other political groups from achieving some success when expressing views similar to those of Nazism. As for the world of literature, the situation was much the same. The impact of avowed Nazi writers remained modest during the interwar years, but some of their attitudes were shared by influential artists such as Jensen and Munk.

Denmark is an agricultural country, and much of its cultural heritage reflects this fact. Some traditions are not dissimilar to the German cult of "Blut und Boden". When considering the period 1930–45 in retrospect, it is perhaps natural to ask why National Socialism, even in its more diluted forms, was not ultimately able to take advantage of Danish agricultural traditions to a greater extent than was the case. The shortest possible answer to the question is in my opinion that the cultural heritage of agricultural Denmark has been influenced by democratic ideals in a way quite dissimilar to the development in Germany. These ideals were developed through the Danish farmers' struggle for their rights during the 19th century. The immensely influential figure of N. F. S. Grundtvig (1783–1872), whose contribution to the self–awareness and self–education of the Danish farmer class cannot be overestimated, is one important reason why authoritarian ideologies did not gain a strong foothold in the rural parts of Denmark.

The cheerful "Grundtvigianism" of the Danish farmer class is a multi–layered ideology. It has some Chauvinist features, to be sure, but it is also unceremonious in a way quite at odds with the pompousness of National Socialism. Above all, Grundtvigianism is a democratic, even collectivist ideology. These ideals, which had been kept alive through the cooperative system established by Danish farmers and through an extensive network of "folk high schools" for the cultural education of young farmers, had little in common with National Socialism and certainly restricted its impact on the rural population as well as on Danish culture in general.

During the occupation: patriotic traitors

When German troops occupied Denmark on the 9th of April, 1940, the Danish National Socialists were stigmatized as potential traitors, as we have already seen. Faced with a widespread suspicion concerning their national motives, they had to reconsider their cultural strategy carefully. Aggressive attacks on contemporary persons and events in Denmark would only make their credibility problem more serious.

Ole Ravn, referring to the DNSAP in particular, has described the situation in the following way: "The concrete reality contradicted the picture that the party wanted to draw of itself. Consequently, they had to *compensate* for this problem by dealing with *other topics* than the present political situation."[11]

A way out was to turn to the Danish past, the great periods of bygone ages. Metaphorically speaking, the party poets put on a viking helmet and masqueraded as Old Nordic bards. The two most important pastiche–makers of the party were Dr. Viggo J. von Holstein–Rathlou (1885–1967) and Laurits Skov (1900). Neither had been a writer of any significance in the thirties, and their wartime poems – with their florid imagery and unrestrained use of alliteration – almost read like parody.

Skov's *Korstog i Norden* (Crusade in the North), 1941, is typical of the genre. It is a poem in four parts. The first three recall great episodes of the

Danish past: the Viking era, and the time of the Valdemars (Danish medieval kings). The poem concludes vith a Utopian vision: the Danish banner and the Swastika banner unite and defeat the world of Jews and Communism:

> "In SOVIET lies the world's last Babel,
> Which WE will make a stiffened Fable!"[12]

There is no introspection in this kind of literary propaganda, no discussion of the question why it is desirable to become a National Socialist. At least no question that rises above the most obvious stereotypes about the need to fight the challenge of Communism and the Jews. The precarious position of the Danish National Socialists, forcing them to turn away from the present situation, obviously made it difficult for them to write a more probing kind of literature. What they were able to deliver was fictional propaganda of a very generalized kind. The *themes* were non-specific, and the only features which marked this poetry out as Danish (apart from some concrete historical settings, of course) were the *imagery* and aspects of the *prosody*, inspired by old Danish (and Old Norse) models.

Significantly, these ancient models were also put to use when Nazi writers later on during the occupation left the past in order to deal with current events. In the occasional poems celebrating National Socialist leaders, the Viking era was invariably evoked. And when Holstein-Rathlou wrote about the German defeat at Stalingrad, *Lov-Kvad over Stalingrads Helte* (Paean to the Heroes of Stalingrad) in 1943, he used a setting from Nordic mythology[13]. At the gates of Valhalla, the ghost of General Paulus appears, wanting shelter for himself and his men and telling Odin about the battle in which they had distinguished themselves so nobly.

Contemporary political and military occurrences were filtered through the eyes of tradition and seen as recapitulations of past events. The propaganda posters summoning young Danes to join the Viking Division or the "Frikorps Danmark", a corps of Danish volunteers, contained pictures of vikings. The message was clear: it was the same battle taking place once again.

The most articulate work of fiction published during the occupation supporting the German cause was Valdemar Rørdam's (1872-1946) philosophical poem *Saa kom den Dag* (The Coming of a long-awaited Day) of 1941[14]. Rørdam was a Late Romantic poet. His vast literary production was highly regarded and his patriotic songs well-known by every schoolchild in Denmark; in fact, the wave of patriotism during the first years of the occupation had made his songs more popular than ever before. Rørdam, who had had no affiliation with the Nazis up till then, considered the Danish surrender in 1940 a national disgrace. When Germany attacked the Soviet Union, Rørdam felt the time had come for rehabilitation.

The underlying argument in his very emotional and highly-strung poem can be summarized in the following way: the Germans guard "the gates of Denmark" against our will, although it must be admitted that we had been poor gate-keepers ourselves. Now, with the opening of the new front the situation has changed, and we must join our German brothers in the common cause. Germany and Denmark have the same continent to defend against "Russian barbarism". Eventually, a new Europe will emerge under the leadership of Germany, but it will include the French and the English as well. The poem ends with a plea to the Danes: the heartbeat of Germany summons us to action. Let us give them our answer in Danish!

The poem which was published by the National Socialist Students of Denmark, was received by many Danes with astonishment and anger. How was it possible for the distinguished grey eminence of Danish National poetry to express feelings like these?

Almost certainly, Rørdam's motives were not opportunistic – he was not a Nazi and had practically nothing to do with German or Danish National Socialists during the following years. Neither was there any evidence to support the rumour that Rørdam was growing senile. The answer to the question is probably simple: Rørdam wrote what he felt at the time. The poem gave expression to arch-Conservative sentiments not altogether different from his former opinions – but they appeared in a very delicate context, and at the worst moment imaginable. *Saa kom den Dag* called attention to a deep-lying connexion between staunch patriotism and National Socialism. Maybe this was one reason why many Danes resented the poem so much.

During the occupation much mythological propaganda and many occasional poems dressed up in historical costume were written. There is little individuality in these works. Among party members, only the seasoned versifier and essayist Harald Bergstedt rose above anonymity. None of the writers turned out large works of fiction addressing the question why people might become National Socialists. Indeed, the almost total lack of realistic prose fiction is striking and may have something to do with the curiously unreal situation of the Danish National Socialists, surrounded as they were by people who did not trust them, their fellow-countrymen – *and* the German invaders as well. For these political reasons, the National Socialist poets preferred to indulge in an hallucinatory past of national achievements, and stay away from the issues of the prosaic present. In the post-war years some of them began to talk, with much more interesting results.

Pragmatism and National Socialism

Immediately after the liberation of Denmark in May 1945, a purge was carried out, directed against those who had collaborated with the German occupation[15]. During 1945 about 40,000 people were arrested and interned. Of these, more than 13,000 were sentenced as collaborators. In Denmark, membership of a National Socialist party was not in itself considered a criminal act, but of course many National Socialists were sentenced as a result of their active support of the German cause.

By far the largest group of collaborators were the 7,500 people who had served in some armed body related to the invaders, at home or at the front. But among those sentenced were also several hundred people who had been involved in various kinds of propaganda activities. This group includes some of the National Socialist writers already mentioned.

Harald Bergstedt was one of them. In his autobiography in two volumes *Sange fra Gitteret* (Songs from Prison), 1948 and 1954, he wrote extensively about his years in prison, but he also tried to explain why he had become a National Socialist[16]. Already in the thirties, Bergstedt's concepts of state and collectivism had been close to those of National Socialism, and the autobiography gives further testimony of this. But another type of argument is just as interesting. Bergstedt defends his activities during the occupation by saying that he was in fact *continuing* the endeavours of the Social Democrat prime minister Thorvald Stauning. Stauning, who died in 1942, had been responsible for the policy of negotiation during the first years of occupation, and the only "crime" Bergstedt was willing to admit to, was that he had carried on the pragmatic Social Democratic "line of conciliation" after Stauning's death. Like Stauning, Bergstedt argues, he had realized how futile it would be for a small nation to revolt against the new world order. At the time, the emergence of a new Europe under German leadership seemed to be an undisputed fact, whether we liked it or not. Consequently, we Danes had to adjust, and this was exactly what Bergstedt himself had done, propagating his ideas of collectivity and the strong, benevolent state in the new political environment.

Bergstedt put these opinions into verse – indeed, large parts of the autobiography are fictional in character. In *Aandebesøg i Cellen* (A Ghost visits the Cell) from 1945, Bergstedt depicts himself sitting alone in his prison cell. Suddenly, a ghost with a long white beard enters the cell, the ghost of Stauning:

> He paused astonished and looked severe:
> Why, Bergstedt, why are you sitting here?

> Well, I said, to speak perfectly true,
> I sit here on behalf of you.[17]

Bergstedt then tells Stauning's ghost that those imprisoned are the true Stauning followers. They have been sentenced because they remained loyal to the policy of conciliation. The ghost, somewhat embarrassed by the explanation, ends the conversation by saying that he must return to his urn.

Bergstedt's interpretation of the former prime minister's position may seem perverse, but there is no reason to doubt Bergstedt's sincerity when he defends his own pragmatic position in the autobiography. If one prefers to call it opportunistic instead of pragmatic, then the term may be different from Bergstedt's own, but the meaning is much the same. Bergstedt made a principle out of the need to accommodate at all costs.

Valdemar Rørdam had argued in much the same way as Bergstedt during the war. In an essay he expressed the opinion that small nations had no longer the military or economic means to remain independent. Consequently, they must seek the support of one of the great nations in order to secure some degree of independence for themselves.[18]

Other National Socialists in other countries were obsessed with the idea of *greatness*. Bergstedt and Rørdam would have none of that. If they were obsessed with anything, it was with the opposite idea – of how *small* the Danish nation is. According to these writers, the powerlessness of the country made it imperative that we adjust to the new order, brought about by the great powers of the earth.

Other works written by people who had been sentenced to jail during the purge, are worth mentioning. The purge itself was the subject of a satirical novel, *Manden, der forraadte* (The Traitor) from 1949, written by a sentenced journalist and published under the pseudonym Peter Lille[19]. An innocent man, mistaken for a member of a collaborationist terror group, loses his integrity and health as a result of the brutal treatment given him by the police and the legal system. If Lille's novel, with its innocent protagonist, failed to address the question of why people would join the German cause, other books had more to offer in this respect.

From the Front

A number of autobiographies and autobiographical novels by former Waffen-SS volunteers, some of them published long after the war, dealt with the most common kind of collaboration[20]. It is estimated that about 8,000 Danish citizens enlisted as soldiers in the Waffen-SS, a few in the

Wehrmacht as well. Roughly speaking, half of them died at the front, the other half returned home and were sentenced to several years in prison.

As most works by professional historians dealing with the occupation have chosen to ignore the question of why so many young Danes volunteered, these books are of some importance. By no means all of them should be read as reliable accounts of what actually happened, and without any doubt some embellishment of motives is taking place. Nevertheless, these books call attention to some hard, if controversial facts, especially the quite considerable unemployment at the time which in some cases made working for the Germans the only possibility to get work at all. It is also a fact that the Danish labour exchange was only too willing to reduce the problem of unemployment by assigning young Danes to civil work in Germany – or else they would lose their unemployment benefit. Here, cut off from their usual environment and from public opinion in Denmark, many volunteered as soldiers.

Some had joined the so-called "Frikorps Danmark", a national unit of volunteers which formed part of the Waffen-SS. As most of the autobiographies eagerly – and correctly – emphasize, it was perfectly legal at the time. Danish officers were given permission by the Danish Ministry of War to join the Frikorps, and they were guaranteed the right to return to their former position in the Danish army. Nevertheless, after the war they were thrown out of the army and prosecuted as traitors, together with the other volunteers.

It is not difficult to understand the indignation of the former Frikorps soldiers as they were sentenced for doing something which they had explicitly been told was no crime at the time of their enlistment. One thing, however, is what the volunteers were *allowed* to do at the time. An entirely different matter is what had *motivated* them to enlist. In this respect, the books point to a number of explanations, some of them psychological in character.

There is, for example, the case of Olaf Nielsen, a former member of the DNSAP and the Frikorps. His book *Slettet af rullen* (Deleted from the Register), 1976, tells about the farmer boy who fervently wishes to do military service and follow in the footsteps of his father.[21] As Olaf comes up before the medical board, he is rejected, however, because he is too fat. The experience is shattering, and Olaf clearly feels his father's disappointment in him. Some years later, in 1941, Olaf sees a chance for compensation. He is a civil worker in Germany at the Volkswagen factories in Wolfsburg, when he hears the news about the German attack on the Soviet Union. The old wish to become a soldier is undiminished, and Olaf volunteers. Once again – now in Germany – he comes up before the medical board, and this time he is accepted. In uniform at last, Olaf is able to overcome his self-hatred and gain the respect of his father.

The famous Danish poet, Morten Nielsen, who was a member of the resistance and died during the occupation, probably did not know about the person Olaf Nielsen, but he knew his type well, the boy with a defect for which he tried to compensate by becoming a Nazi. Nielsen's poem *Skœbne* (Fate) describes him in the following way: "Now you are something, Fat Boy!/ A Man and a party member." And Morten Nielsen continues: "Now you get your revenge! Now you walk about/ Wearing lanyard and boots."[22]

Other autobiographies tell the story about "the underdog", the socially oppressed young man in opposition to established values. National Socialism is seen as an alternative authority and a way out of the misery. But there are more "feudal" figures in the material as well, such as the Danish officer Erik Lærum, violently attacking the defeatism of the Danish government. In his book, *Dansk soldat i krig og fred* (Danish Soldier in War and Peace) from 1955, Lærum tells about the deeply depressing situation many officers experienced in the thirties: "We were not considered true representatives of the Danish population. Everybody met us with contempt. Both the authorities and the common man made us feel how superfluous we were."[23]

Lærum, already a prominent National Socialist, joins the Waffen-SS in order to show that Danish soldiers still know how to fight. His book is a tribute to lofty military ideals of bygone ages. On the Eastern Front, Lærum reenacts, as it were, the great medieval battles of King Valdemar the Victorious. The mythical invocation of the past, an important idea in National Socialism, is nowhere better illustrated in Danish literature than in the autobiography of Lærum.

Another chivalrous figure is Ulf Nordensson (a pseudonym) who wrote a novel, aptly titled *Den sidste kavalerist* (The last Cavalryman), which was published in 1959[24]. A daredevil and globetrotter from his early youth, Nordensson joined the Frikorps Danmark, attracted by the adventurousness surrounding the life of a soldier. His novel is a very free fantasy about his experiences on the Eastern Front where Nordensson served as a dispatch rider on horseback, hence the title of the book. Regarded as a historical document, *Den sidste kavalerist* must be one of the most unreliable books ever written dealing with the Second World War. All events are seen through the eyes of a Byron-like character. The realities of modern warfare are suppressed in favour of a highly romanticized depiction of the dashing figure on horseback engaged in valiant battles and ardent love making. There is some relief from all the swashbuckling, when the narrator tells touching little anecdotes about horses.

It is a fact that the author, known as "Balbo" among his comrades, was a dispatch rider in the Frikorps, but apart from this the documentary value of the novel is nil. It deserves to be included in this survey, however, for the things it reveals about the mentality lying behind the fiction. Nordensson is the adventurer *par excellence*, and very likely not the only one in the Frikorps. He uses the war as a vehicle for his own imaginings, some of which look strikingly like magnified versions of a boy's day-dreams. In Nordensson's case, the attractions of war are not political, not even rationalized as such, but of a phantasmagorical nature. The real war takes on a shadowy appearance and becomes a foil for the acting out of regressive male fantasies.

These works by former National Socialists and soldiers are very different and point to various, often incompatible motives behind their choice of standpoint. The political pragmatism of Bergstedt has little in common with Lærum's lofty, medieval ideals. The "Fat Boy's" search for self-respect is not at all similar to Nordensson's obsession with the dashing horseman of his day-dreams. Or to put it differently: there is no recurrent or fixed set of motives to be found in the books of former collaborators.

This is not a negative conclusion, however. The abundance of motives points to the fact that National Socialism was able to fulfil many different needs. The contradictions in its ideology are the reason why it could successfully appeal to the socially deprived underdog of the present as well as to the élitist officer living in the world of yesterday. The persons sentenced during the purge were held in deep contempt by the majority of the Danish population, and the works of former collaborators were largely ignored in the general debate taking place in the post-war years[25]. Only Bergstedt's conversation with Stauning's ghost caught the attention of a larger public; even former members of the resistance were willing to admit that Bergstedt had got a point.

But how were the National Socialists regarded by others? How were they depicted in Danish post-war literature? This is the subject of the next section.

Saboteur novels

Immediately after the war a large number of novels appeared dealing with the five years of occupation. They have sometimes been called "Saboteur

344

Novels", and most were written by former members of the resistance. The main adversaries in this literature were the occupying Germans, whereas Danish National Socialists and other collaborationist groups only appeared sporadically. Many undoubtedly felt that the vital issues lay elsewhere. The Danish politicians worth discussing were those who had been in power during the first part of the occupation. The Nazi leaders were by now stowed away in prison, while some of those responsible for the Danish policy of negotiation in 1940–43 had resumed their political careers.

Many members of the resistance attacked the established politicians as opportunists. The political action during the war which gave rise to most severe criticism was the confinement of leading members of the Danish Communist party after the German invasion of Russia. Yielding to the pressure of the occupiers, Parliament had authorized the confinement which for many resulted in deportation to the concentration camps.

This infringement of the Constitution was certainly not forgotten after 1945, nor did the resistance movement want to forget that established Danish politicians, the prime minister among them, had urged the population to inform on Danish saboteurs as late as 1942. Now, after the war, many felt that the politicians were trying to save their necks, burying the question of their responsibility in a parliamentary commission which was working at snail's pace.

In this political context, Fritz Clausen and his followers did not seem all that important. To be sure, they were despised and ridiculed, but they did not catch the attention of the novelists at the time. Apart from the fact that they were seen as a problem of yesterday, not of the future, it is also very likely that a kind of taboo surrounded the Nazis. It was somehow painful to acknowledge the fact that a number of Danes had joined the wrong side. The time was not ripe for a closer investigation of their motives.

The great novels about the occupation were published much later, when the immediate reactions of the first post–war years had given way to deeper reflection, and when the many myths about the occupation had to some extent been supplanted with hard facts.

One contemporary drama by a major Danish playwright deserves to be mentioned, however. Kjeld Abell (1901–61) wrote the play *Silkeborg* during the last phase of the occupation[26], and it was first performed in 1946. In *Silkeborg*, Abell pays tribute to the Danish resistance fighters who had given their lives so that others might live. But this attitude is polemical, too. Using the traditional setting of the family play, Abell severely criticizes

Danish complacency before and during the war. Through this description of a typical well-to-do family, he calls attention to the passivity of the Danes, which had made us blind to the threat of Nazism - and eventually brought about the policy of negotiation. Interestingly, Abell's mouthpiece in this part of the play is a soldier in Wehrmacht-uniform. Carl Otto is the German-born son of Danish parents. At the end he is compelled by his sense of decency to side with the oppressed, and he eloquently expresses Abell's feelings about the bestiality of Nazism - and about Danish opportunism as well. Those were not only Abell's views. *Silkeborg* gave artistic expression to widespread beliefs and was a great success. It ran for a long time in Copenhagen and was seen by approximately 100,000 people. The drama's mixture of political issues and family intrigue may seem somewhat dated now. As a glowing tribute to the resistance and a biting critique of Danish evasiveness, it nevertheless remains one of the few truly significant plays of the immediate post-war years.

A question of class

The first really comprehensive novel about the occupation was Hans Scherfig's *Frydenholm* of 1962[27]. Scherfig (1905-79), a brilliant satirical writer, was a member of the Communist party. In his book he painted a picture of Danish society during the occupation which was vast in scope, but from the partial point of view of the loyal communist.

According to Scherfig, the occupation did not bring about an entirely new situation, it merely intensified the normal class struggle of capitalist society. Protected by the German occupying powers, the ruling class was at last in the position to act as ruthlessly as it had always wanted to. In the novel some become organized National Socialists, such as the local landowner, Count Rosenkop-Frydenskjold, who organizes affairs on his estate as if he were a feudal prince. Others in command are a bit more discreet in their outward behaviour, but try to take advantage of the situation in an inconspicuous way: an influential literary critic, a clergyman, a Social Democratic president of the local trade union, and several others.

Even the Danish government seizes the opportunity to get rid of its opponents. The novel focuses on the internment of Danish Communists referred to above, and it rejects the explanation given by the authorities after the war that they only reluctantly met the German demands. It is an established fact that the Danish police rounded up many more Communists than the Germans had asked for - some of them died in German concentration camps - and Scherfig's account of this dark chapter in Danish history is poignant indeed.

There are several organized National Socialists in *Frydenholm*, but the important dividing line is not the one that separates Nazis from non–Nazis. The many opportunists who profit from the situation behind drawn curtains, as it were, may use more sophisticated methods than the avowed Nazis, but they are not more likeable. In Scherfig's universe, two main groups exist: those who take advantage of the situation brought about by the German occupation – and those who are the victims. The latter group consists of "ordinary people", who are often Communist party members in Scherfig's books, but they are supported by *some* liberal bourgeois figures with their heart in the right place – for example a Grundtvigian clergyman who is able to convince a young German soldier about the superiority of Danish democratic ideals.

As for the first group, those who take advantage of the situation, several are indeed National Socialists, and they constitute a cross–section of the rural population (as most of the novel takes place in the country, this is the part of Denmark that is most thoroughly analysed by Scherfig): the landowner, some farmers and smallholders, all believing they have every–thing to gain from the new order. In other words, their most important motive is their greed. Here, as elsewhere in the book, the class struggle is seen as the prime motivating force behind human action.

But Scherfig's analysis has a psychological dimension as well. The National Socialists are described as pathological figures, neurotics or sexual deviants. It is a curious fact that Scherfig, who had ridiculed the sexual politics of Wilhelm Reich, whom he considered a fraud, attached some importance to what might be labeled psychoanalytical explanations in his books. Perverted sexual drives partly account for the ruthless will to power and the building of a strong social hierarchy, which is already established inside National Socialism itself. At the bottom of the hierarchy are two young boys, virtually slave workers on the Count's estate. Eventually, they are sent off to the Eastern Front where they can work off all their accumulated hatred and frustrations.

In *Frydenholm*, all significant groups of the rural population are represent–ed. The most important protagonists of this collective novel are not the National Socialists or their supporters, but the Communists ruthlessly pursued by the authorities. *Frydenholm*, then, is not a book on National Socialism in Denmark; rather, National Socialism is treated as a part of the larger political and sociological constellation of Denmark during the occupation. *The* great novel about Danish National Socialism was yet to come. It appeared in 1976 and was written by Erik Aalbæk Jensen.

The responsible victims

As a young man, Erik Aalbæk Jensen (*1923) was a member of the resistance. He was taken by the Germans and spent the last months of the war in the concentration camp Dachau. Like other Scandinavians, he was rescued from the Inferno by Count Bernadotte's white buses. Having personally experienced the mass hysteria of the German population as a prisoner on his way down through Germany, Aalbæk Jensen later tried to solve the riddle as to why people gave their lives to the National Socialist cause.

Already before the war, he had felt the impact of National Socialism in Vendsyssel, the part of Northern Jutland where he grew up. This region was to be the subject of his novel *Perleporten* (The Pearly Gate) from 1964[28]. In this novel, Aalbæk Jensen gives a broad description of an isolated society deeply affected by the agricultural crisis of the thirties. Many farmers have considerable economic problems, and they turn to religion for relief. Most join the "Indre Mission", an austere and puritanical branch of the Church of Denmark, which has its stronghold in this region. To the "redeemed", religion means everything, leaving its mark on the total existence of the hard-working farmers.

Not all people in the region, however, have passed the Pearly Gate to redemption. Some are living outside the community of the believers, particularly two groups: the very poor smallholders who do not have the reserve of strength to seek the consolation of religion – *and* the few very rich who do not need it. In these groups of the very rich and the very poor, National Socialism makes its influence felt, as shown in the case of the rich boy, Bertel, and the poor boy, Hardy.

Bertel, the son of a large farmer, already knows National Socialism from home, his father being the local leader of the DNSAP. He is an adolescent boy with sexual problems, who tries to live up to the ideals of his parents in the party's youth section. Here they practise the use of arms. For the time being, the guns are only spades, and the grenades only beets, but Bertel is well on his way to becoming a fully-fledged Nazi.

Hardy, the poor boy, is the son of a smallholder who is too miserable to take proper care of his son's upbringing. As a recruit doing his military service, the understimulated and impressionable Hardy comes under the influence of a Nazi officer, and for the first time in his life he is presented with a coherent view of the world. Later on, Hardy has to run away from a murder charge. He escapes to Germany, mentally prepared to join the Waffen-SS.

These two figures have only relatively minor parts to play in *Perleporten*. In the sequel, *Kridtstregen* (The Chalk Line) from 1976, they are promoted to main characters[29]. In some ways, this is an entirely different kind of novel. *Perleporten* was dealing with a small, relatively static world, whereas *Kridtstregen* takes place in a large universe full of violent action.

Aalbæk Jensen tells the story of Bertel and Hardy from the time they become Eastern Front volunteers. Both are brutalized by the atrocities of war. The shock brought about through the confrontation with modern warfare makes the idealistic propaganda about the "crusade against Bolshevism" seem like nonsense. On top of this, the guarantees given by the Germans concerning the autonomy of the Frikorps Danmark as a purely Danish unit, turn out to be worthless. But the volunteers seem to be caught in the net. Aalbæk Jensen is at pains to show that once you had joined the German cause, it was almost impossible to get out. On their return to Denmark, Bertel and Hardy are more or less forced to join a pro-German terror corps, organized as a watch bataillon and set up with the purpose of fighting the Danish resistance movement.

During the last winter of occupation, Bertel and Hardy decide they have had enough. They escape from the watch batallion and try to make their way back to North Jutland, heavily pursued by the watch batallion and by members of the resistance.

The two protagonists of the novel are both authoritarian personalities, but they are nevertheless very different as individuals. Bertel, the son of the wealthy landowner, is the classic example of the adolescent trying to earn the respect of his father. In this respect, he very much resembles the SS-volunteer Olaf Nielsen referred to above. Hardy, on the other hand, is the prototypic underdog, full of hatred against the rich and powerful. He believes in the "Socialist" aspects of National Socialism, and the rhetoric about the overthrow of the "Plutocrats" of this world appeals to the underdog in him. Through these two characters, the author is able to describe the class specific impact of National Socialism on young men from different parts of society.

Considered as a study in the mental processes taking place, when the authoritarian individual loses faith in the authority he has so far believed in, the novel is equally subtle. The two young Danes, trying to regain their self-respect by escaping, are still far from acquiring a positive identity. They vacillate between hopes of a new beginning, relapses into the brutal posturing of the front soldier, and gloomy fatalism. As it turns out, Hardy, the more interesting figure of the two, is never given a new opportunity. He is shot, while Bertel is captured by the resistance movement.

In some respects, *Kridtstregen* resembles Scherfig's *Frydenholm*. Both novels are panoramic surveys of Denmark during the occupation. Both use the technique of "montage", quoting speeches and documents from the time in order to intensify the sense of reality, and to confront the reader with some controversial facts.

The attitudes of the authors are nevertheless very different. Scherfig, the Communist, emphasizes economic factors as the motivating force behind human actions. Aalbæk Jensen's position is more complex. Read superficially, his novel appears to be deterministic in outlook, as it gives a very detailed description of all the political, sociological and psychological conditions which made some young Danes join the German cause. The sequence of events leading to Hardy's and Bertel's ideological standpoint seems almost inevitable.

However, this is not Aalbæk Jensen's *only* message. There is an Existentialist dimension in *Kridtstregen* as well, alluded to in the title. The chalk line appears at a crucial point in the plot. It is drawn on the floor of the hall where Hardy turns up in order to join the SS. The line divides the floor into different sections, each representing a possible choice: enlistment for two years, for four years, for the duration of the war. But the chalk line is also the symbol of the more fundamental choice between collaboration and resistance. There is an element of choice in every human action, no matter how hopeless the conditions are, demarcation lines signifying different options, different routes to take. The Pearly Gate of religion in the first novel, as well as the Chalk Line of military life, are such demarcation symbols.

Aalbæk Jensen's views could be summarized in the following way: to some extent human action can be understood in concepts of causality, as a result of a number of determining processes and events. Nevertheless, people in similar conditions sometimes act differently. In response to the same challenges, they often end up – with the novel's own symbol – on different sides of the chalk line. Circumstance does not govern everything. All men have the freedom to *reflect* on the role prepared for them by society, and, through reflection, they can try to change it – as indeed Bertel and Hardy do when they escape from National Socialism.

This complementary view of the human condition, determined and yet free, can probably only be expressed in paradoxes. As for the author's attitude to his own two main characters, the paradox could be put in this way: they are considered the victims of society, and yet responsible for their deeds.

Kridtstregen is generally regarded as an Existentialist novel. So it is, but the description has to be qualified, as Existentialism is often understood as an introspective consideration of "la condition humaine" in the broadest terms. In Erik Aalbæk Jensen's book, an Existential view does not preclude a very thorough analysis of all the historical, sociological and psychological circumstances giving shape to the human universe he describes.

A somewhat more traditional Existentialist view is proposed by Tage Skou–Hansen (*1925) in the novel with the Kierkegaardian title *Springet* (The Leap) from 1986[30]. A brief discussion of this work will conclude my survey of National Socialism in Danish post–war literature.

Tage Skou–Hansen had published *De nøgne træer* (The naked Trees), the most important of the Danish Saboteur Novels, in 1957. In *Springet*, he dealt with the war years from a very different angle.

A group of middle–aged men and women, former class–mates, meet again after forty years at a reunion of students. During their conversation, a painful subject is brought up: why did Aksel, their former class–mate, join the "Wehrmacht"? Had he been an outsider or an eccentric, the puzzle would not have been so great. But Aksel was in fact very popular and intellectually alert; and apparently he had no serious personal problems to run away from. Why would he join the German cause – at a time where everyone could see that the Germans were going to lose the war? Aksel died in combat, and his class–mates have to solve the puzzle themselves.

As it turns out, there was a strong Existentialist urge behind Aksel's decision. Once he had told a friend of his that he did not want to live an unimportant life. This is the key to the mystery Aksel, deeply fascinated by the high–flown ideals of German poetry, tried to transform these ideals into reality. By reaching for the limits of Existence, he intended to escape the emptiness and inauthenticity of normal life. As a soldier in German uniform he believed he could fulfil his ambition: to live an important life.

The novel offers some interesting comments on the hot–house atmosphere of a highly wrought intellectual milieu (Skou–Hansen draws on recollections from his student years at Århus University). In Aksel's circle poetry was worshipped to such an extent that the sense of reality was undermined. One might say that Aksel succumbed to this dangerous infatuation with lofty poetic ideals. But he is not primarily seen as a victim. The novel is at pains to stress that he made his *own* decision. What he wanted was to leap

351

into the bottomless depth of existence, leaving behind the secure ground of everyday life.

The Danish novels about the collaboration of the war years are not numerous, although the collaborator appears as a subordinate character in several novels not mentioned here. However, the three novelists discussed in this article are generally considered to be among the most important in Danish post-war literature, and two of the books, Scherfig's *Frydenholm* and Aalbæk Jensen's *Kridtstregen*, are by common consent regarded as the most outstanding works by their authors. Both have appeared in several editions and are among the most widely read Danish novels of recent times.

In other words, the small number of works dealing with collaborationism do not indicate a lack of interest in the problem. On the contrary; once the taboo of the first post-war years had been lifted, the subject came in for a great deal of attention.

It is difficult to point to a definite trend in this literature, as the number of titles is so small. To be sure, there are some similarities in literary technique between *Frydenholm* and *Kridtstregen*, but the differences in content and attitudes are at least as conspicuous. Conversely, Existentialism may form some common ground between *Kridtstregen* and *Springet*, but the stories are told in quite different ways. If a "trend" does exist, it has little to do with similarities of ideology or literary technique, but with subject matter. The most pertinent feature, which would show even more clearly had this survey also included Danish drama[31], is that *the soldiers* have received more attention than other groups of collaborators.

There are, I think, several reasons for this, and they are somehow connected with the general political situation in Denmark during the war:

1) The most simple explanation is that the 8,000 volunteers were, numerically speaking, the most significant group of collaborators. In a country where National Socialist organizations were small, the number of soldiers constituted the most *visible* problem.

2) The establishment of the Frikorps Danmark, and the subsequent punishment of its members, point to a number of embarrassing facts about the policy of negotiation during the war and the purge afterwards. To write about the volunteers is then, almost automatically, to write about some very controversial issues concerning the political situation in the war and post-war years. The problem was not only visible, but also highly *delicate*.

3) Finally, the *motives* of the volunteers are more difficult to grasp, and thus more interesting, than the motives behind other kinds of collaboration. The fact that some people were willing to risk their lives constitutes a real problem and a considerable challenge for writers, whereas the motives behind – say – the economic collaboration during the occupation seem almost too obvious and banal to merit psychological consideration.

All the explanations may not have been found yet. But the lid is off and since the mid-seventies it is no longer taboo to analyse this part of our immediate past. It is even likely that the interest in the collaborators has been enhanced by recent events on the Danish political scene. In the election of 1973 a right-wing tax refusal party won a landslide victory and for a couple of years established itself as the second largest party in Parliament. This constituted a challenge to the Danish welfare consensus and resulted in a whole new interest among sociologists and historians in explaining sudden changes in political views. The thirties and forties were studied with a new awareness.

NOTES

1. Henning Poulsen: *Besættelsesmagten og de danske nazister*. Gyldendal, Copenhagen, 1970. Summary in German.

2. Malene Djursaa: *DNSAP. Danske nazister 1930–45*. Gyldendal, Copenhagen, 1981. Summary in English.

3. Malene Djursaa: Op. cit.

4. The standard work about this group of writers is Sven Møller Kristensen: *Den store generation*. Gyldendal, Copenhagen, 1974.

5. Ole Ravn: *Dansk nationalsocialistisk litteratur 1930–45*. Berlingske Forlag, Copenhagen, 1979.

6. Cf. Valdemar Pedersen: *Harald Bergstedt. Liv. Livsanskuelse. Digtning. Skæbne*. Gyldendal, Copenhagen, 1967.

7. An attempt to explain the carreer of Olga Eggers is Susanne Fabricius': "Kvindefrigørelsens dilemma. Om modsigelser i den borgerlige bevidsthed". In: *Kvindestudier* I. Fremad, Copenhagen, 1977.

8. Johs. V. Jensen: *Den gotiske Renaissance*, pp. 84–85. Det Nordiske Forlag, Copenhagen, 1901. My translation.

9. Cf. Bent Haugaard Jeppesen: *Johannes V. Jensen og den hvide mands byrde: eksotisme og imperialisme*. Rhodos, Copenhagen, 1984.

10.   On Kaj Munk's views on Fascism and National Socialism, cf. Bent Fausing: *Danmarksbilleder*, pp. 190–205. Gyldendal, Copenhagen, 1981.

11.   Ole Ravn: Op. cit., p. 114.

12.   Skov's poem is reprinted in Karsten Koch, Elo Nielsen and Søren Schou (ed.): *Hagekorset i Norden*, pp. 66–69. Dansklærerforeningen, Varde, 1983.

13.   Holstein–Rathlou's poem is reprinted in Ole Ravn: *Op. cit.*, pp. 119–121.

14.   Rørdam's poem has been reprinted in *Hagekorset i Norden*, pp. 58–59.

15.   By far the most important and detailed work about the purge in Denmark after the occupation is Ditlev Tamm: *Retsopgøret efter besættelsen*. Jurist- og Økonomforbundets Forlag, Copenhagen, 1984. Summary in English.

16.   Harald Bergstedt: *Sange fra Gitteret 1–2*. Nybros Forlag, Copenhagen, 1948, and A. Olesens Forlag, Aabenraa, 1954.

17.   Bergstedt's poem has been reprinted in *Hagekorset i Norden*, pp. 83–85. My translation.

18.   Cf. Ole Ravn: Op. cit. p. 201.

19.   Peter Lille (pseud.): *Manden der forraadte*. Casper Nielsens Forlag, Copenhagen, 1949.

20.   This group of works has been analysed in Søren Schou: *De danske Østfront–frivillige*. Suenson, Copenhagen, 1981.

21.   Olaf Nielsen (pseud.): *Slettet af rullen. En frikorpsmands opgør med fortiden*. Aros, Århus, 1976.

22.   The poem is published in Morten Nielsen: *Efterladte Digte*. Athenæum, Copenhagen, 1945. My translation.

23.   Erik Lærum: *Dansk soldat i krig og fred*, p. 10. Kultur & Politik, Copenhagen, 1955.

24.   Ulf Nordensson (pseud.): *Den sidste kavalerist*. Forlaget Kultur og Politik, Copenhagen, 1959.

25.   Sven Hazel (*1917) may be considered an exception to the rule. A former Eastern Front volunteer, Hazel has reached a vast international audience with a series of sensationalist war novels published since 1953. As they have little connection with actual events and throw no light on the question why Danes would join the German cause, they are irrelevant to the present discussion.

26.   Kjeld Abell: *Silkeborg*. Thaning & Appel, Copenhagen, 1946.

27.   Hans Scherfig: *Frydenholm*. Gyldendal, Copenhagen, 1962.

28.   Erik Aalbæk Jensen: *Perleporten*. Gyldendal, Copenhagen, 1964.

29.   Erik Aalbæk Jensen: *Kridtstregen*. Gyldendal, Copenhagen, 1976. For a closer
        analysis of the novel, cf. Søren Schou: *De danske Østfront-frivillige*. The novel was
        made into a Danish film, *Forræderne* (The Traitors) in 1983, directed by Ole Roos.

30.   Tage Skou-Hansen: *Springet*. Gyldendal, Copenhagen, 1986.

31.   The Dane in SS or "Wehrmacht" uniform is a character in several dramas, e. g.
        Kjeld Abell: *Silkeborg*, 1946; H. C. Branner: *Thermopylæ*, 1959; Henning Kehler:
        Svend, Knud og Valdemar, 1961; Klaus Rifbjerg: *De beskedne* (a radio serial), 1976;
        and Lise Nørgaard et al.: *Matador* (a TV serial), 1978 ff.

ZUSAMMENFASSUNG

In Dänemark entstand schon früh eine nationalsozialistische Bewegung, doch sie bekam nur bescheidenen Zulauf und gewann nie einen eigentlichen Einfluß auf das politische Leben des Landes. Zwischen 1930 und 1945 bildeten sich zahlreiche, untereinander rivalisierende Nazi-Parteien. Von diesen war "Dänemarks National-Sozialistische Arbeiterpartei" (DNSAP) die weitaus größte, doch selbst sie erreichte bei ihrem besten Wahlerfolg 1943 nur 43 000 Stimmen. Als 1940 Dänemark besetzt wurde, hoffte die Partei, die im wesentlichen eine Kopie der deutschen war, auf eine Übernahme der Regierungsmacht, doch verblieb sie bis 1945 in einer Randposition. Die Besatzungsmacht scheute sich, eine lokale "Quisling-Regierung" auf so schmaler und politisch unerfahrener Basis zu bilden.

Die geringe Durchschlagskraft des Nationalsozialismus hing u. a. zusammen mit einem traditionellen Unwillen gegen die Deutschen, der immer noch verbreitet war nach den Schleswiger Kriegen des 19. Jahrhunderts. Außerdem war Dänemark ein Land mit starken demokratischen Traditionen. Diese wurden auch nicht gebrochen durch die wirtschaftliche Depression der dreißiger Jahre, die zwar für viele schmerzhaft war, aber nie dazu führte, das sich ganze Bevölkerungsgruppen von den etablierten Parteien im Stich gelassen fühlten. Bezeichnenderweise läßt sich auch die Gefolgschaft des Nationalsozialismus nicht in ein bestimmtes klassenmäßiges Muster fügen: seine Anhänger waren kleine Gruppen von Unzufriedenen aus den verschiedensten Schichten der Gesellschaft.

Dagegen entstand im Dänemark der dreißiger Jahre eine Grauzone von politischen Gruppierungen (z. B. die Jugendabteilung der konservativen Partei) und Protestbewegungen, die in einigem Ausmaß Impulse aus Deutschland und Italien entgegennahmen. Auf dem rechten Flügel des Kulturlebens gediehen Vorstellungen von der nordischen Rasse, von Übermensch und Nation, die an jene der Nazis erinnerten. Auch anerkannte Gestalten wie der Schriftsteller Johannes V. Jensen und der jüngere Dichterpfarrer Kaj Munk vertraten bisweilen solche Ansichten. Munk wurde aber während der Besetzung ein unerschrockener und offener Kritiker des Nationalsozialismus, was ihn schließlich das Leben kostete.

Zu Partei-Nazis wurde eine kleine Gruppe von Schriftstellern, die seit ihrer Jugend um die Jahrhundertwende von sozial-darwinistischen Ideen, Kiplingscher Imperialismus-Begeisterung oder von deutscher Lebensphilosophie angetan waren. Der bedeutendste Schriftsteller unter den erklärten Nazis war Harald Bergstedt. Er war während langer Jahre eine der führenden Kulturpersönlichkeiten der dänischen Sozialdemokratie gewesen, wechselte aber die Partei während der Besetzung, als er erkannte, daß seine Ideen von Volksgemeinschaft unter der Leitung eines starken Staates mehr nationalsozialistischer als sozialdemokratischer Art waren. Die Schriftstellerin Olga Eggers, die sich für die Frauenbewegung einsetzte, schloß sich einer der kleinen Nazi-Parteien an. Für sie, die die Mutterschaft verherrlicht hatte, wurde wahrscheinlich die Idealisierung der Mutterfigur ein ausschlaggebendes Moment.

Der Kampf der Bauern im 19. Jahrhundert um politischen Einfluß hatte einen starken und selbstbewußten Bauernstand geschaffen. Wohl versuchten einige nationalsozialistische Autoren dänische Agrarideologie mit deutschen Blut und Boden-Vorstellungen zu vereinigen, doch im allgemeinen verhinderte der dänische "Grundtvigianismus" (so benannt nach dem ungemein einflußreichen Inspirator und Schriftsteller N. F. S. Grundtvig) die nationalsozialistische Durchschlagskraft in den Landwirtschaftskreisen. Die heitere Lebensanschauung des Grundtvigianismus, sein Kollektivismus und Glaube an den Wert des einzelnen Menschen hatte wenig oder gar keine Berührungspunkte mit der Nazi-Ideologie.

Bei der Besetzung wurden die dänischen Nazis als potentielle Verbrecher gestempelt. Die DNSAP stand vor einem gewaltigen Glaubwürdigkeitsdilemma, welches sie durch ihre kulturpolitischen Bemühungen zu überwinden suchte. Die Partei gab sich ultra-nationalistisch. Ihre Symbole leitete sie aus der heroischen dänisch-nordischen Vergangenheit her; Parteidichter wie V. J. von Holstein-Rathlou und Laurits Skov deuteten die aktuellen Geschehnisse in Bildern und Versformen aus alten, ehrwürdigen Modellen. Sie erhielten unerwartet Beistand von einer namhaften Persönlichkeit, dem angesehenen Vaterlandsdichter Waldemar Rørdam, der nach dem Überfall auf die Sowjetunion 1941 seine Landsleute aufforderte, sich mit der deutschen Sache zu solidarisieren.

Nach der Befreiung 1945 setzte eine gerichtliche Verfolgung ein, bei der 13 000 Dänen, darunter einige Nazi-Autoren, wegen Zusammenarbeit mit der Besatzungsmacht verurteilt wurden. Einige der Verurteilten schrieben Bücher, in denen sie ihr Verhalten während des Krieges zu erklären suchten, so z. B. Harald Bergstedt. Auch andere, so dänische SS–Freiwillige, veröffentlichten Romane und Erinnerungen. Obwohl vieles in diesen Büchern keiner historischen Betrachtung standhält, wird doch die Vielzahl von Motiven sichtbar, welche dänische Kollaborateure bewogen, mit der Besatzungsmacht zusammenzuarbeiten.

In den Jahren nach 1945 erschienen eine Reihe von Sabotageromanen und einzelne Dramen, z.B. Kjeld Abells *Silkeborg*, das den Widerstandskampf zum Thema hat. Die dänischen Nazis spielen in dieser Literatur eine gleich periphere Rolle wie zur Zeit der Besetzung. Außerdem war das Thema lange tabuisiert. Erst ziemlich viel später erschienen umfangreiche literarische Werke, die sich eingehend mit dem dänischen National-sozialismus befaßten. Hans Scherfigs *Frydenholm* gab aus kommunistischer Sicht einen Überblick über die Okkupationszeit in Dänemark und die verschiedenen Kollaborationsgruppen. Erik Aalbæk Jensen schilderte in seinem Roman *Kridtstregen* (Der Kreidestrich) die jungen Dänen, die sich zur Waffen–SS und zu den Kämpfen an der Ostfront meldeten. Tage Skou–Hansen versuchte in *Springet* (Der Sprung) eine existentialistisch geprägte Erklärung dafür zu geben, weshalb ein begabter und gut gebilde-ter junger Mann sich in deutschen Kriegsdienst begab. Die dänischen Romane der Nachkriegszeit über den Nationalsozialismus ergeben kein homogenes Bild, weder von der Form noch von der Haltung her, und die Erklärungsversuche sind unterschiedlich, von kommunistischer, sozial-psychologischer oder existentieller Art. Während der letzten Jahre machte sich in der Fach– wie in der Schönliteratur ein steigendes Interesse bemerkbar, Kollaborateure darzustellen. Mit der Zeit ist das Thema weniger tabuisiert. Besondere Aufmerksamkeit richtete sich auf die Freiwilligen an der Ostfront. Dafür gibt es mehrere Gründe: die 8 000 stellten ein viel sichtbareres Problem dar als andere Arten der Kollaboration. Daß sie sich mit Billigung der dänischen Regierung werben ließen, nach dem Krieg aber bestraft wurden, weist auf die kontroversiellen Seiten der dänischen Verhandlungspolitik hin und schließlich sind die Motive der Freiwilligen schwieriger greifbar und deshalb eine größere Herausforderung für eine künstlerisch–psychologische Betrachtung als z. B. die wirtschaftliche Kollaboration.

Stein Ugelvik Larsen, Bergen

WHEN FASCISM BECAME TREASON. FASCISM AND LITERATURE IN NORWAY

The first part of this chapter is intended to provide a general introduction to this and the next chapter (Leif Longum). It attempts to give a broad overview over the history of Norway and to underline the preconditions for Nazism/fascism. It also sketches the politicization of the literary milieu in Norway, and outlines the difficulties encountered when trying to trace fascist potential in post-war literature. The brief illustration of Knut Hamsun's involvement with Nazism, within the context of the Norwegian Nazi party, serves to highlight the problems of defining the questions of "who and why" when analysing literature. Two separate sections deal with the fictional representation of figures identifiable as fascists or Nazis in novels written before and after the war. In the pre-war novels such persons tend to be exceptional, misguided members of the middle class; the post-war novels have a more forgiving attitude, stressing the confusions which led men into treason.

The history of modern Norway in the last two centuries runs through two national revolutions. In the first, in 1814, Norway broke away from Denmark, but after half a year of independence Norway was forced to join in a political union with Sweden. This revolution was made in the name of an independent nation, against Danish and foreign influence, but it was introduced into a country which was very little prepared for it. The second national revolution happened in 1905 and resulted in the break-up of the political union with Sweden. The nation had been prepared for this by a campaign for national and democratic rights which was conducted for more than fifty years. In 1905 Norway thus gained its complete independence, and new issues began to dominate the political scene. In wide circles there were strong sentiments in favour of keeping "national unity" as a prime goal for the future, and seeking to remove "artificial party-lines" from politics. The main spokesman for this policy was Christian Michelsen, Prime Minister for the broad national coalition which carried through the famous decision on the 7th of June 1905 in the Storting (Parliament), bringing the Union to an end.[1]

But very soon it was discovered that party politics were regarded as the normal way of articulating and integrating issues in the new democracy, and the "national-unity-policy" came to be seen as artificial. However, specific national policies were pursued on economic and industrial matters, where subsequent governments tried to preserve Norwegian economic resources against foreign capital and international interests, and in cultural policy the goal of standardizing "Norwegian culture" throughout the nation was pursued by preserving and developing the "new-Norwegian" language.

Consequently it was in the economic sphere and in social policies that the most important cleavages were seen. During serious strikes and economic depressions before 1914, after World War I, and with recurring intensity during the 1920s and 1930s, Norway's social and political life was ridden with the same problems observed in most of Europe in the inter-war years. These years will always be remembered as the unstable, confused, crisis-period of Norwegian history.

One factor was particularly important for explaining the background for a fascist/Nazi movement in the country: the radicalization of the Labour Party early in 1919. From the beginning of this century this party was supported by most of the expanding working class. The Norwegian Labour Party was the only major Labour Party in Europe which became a member of the Communist International directed from Moscow. This direct attachment to international Communism, which was partly weakened when the Labour Party withdrew from the International in 1923, gave the non-socialist parties a strong case in their anti-communist and anti-socialist pro-paganda. The brief episode in 1928 when the Labour Party formed a government for 28 days, which was quickly voted down because of its allegedly class-war programme, the working class was further radicalized, and party conflicts polarized.[2] Thus, the radicalization of Norwegian labour seems to have prepared the ground for a third "national revolution" when the Great Depression hit Norway in 1930, a "revolution" that was anti-communist, anti-democratic, anti-liberal, anti-party politics etc., and emphasized "unity", "nationality", "order", "vitality", "tradition", "futurity" etc.

However, when Vidkun Quisling formed his Norwegian variant of fascism, the "Nasjonal Samling" (Party of National Unity) in 1933, his success was very limited. Both to his own surprise, and also to that of many of his enemies.

Quisling's programme for national unity was not a new invention. Most of the ideas had already been tried out by others. Perhaps most typically in the Fedrelandslaget (The Fatherland League, from 1926), but was also incorporated in the platforms of the other non-socialist parties, and Quisling was very anxious not to import too many new ideas which could be said to be a direct imitation of Italy or Germany. National Unity's platform was therefore a very "acceptable", non-socialist programme with little novelty. But in his propaganda and fierce speeches Quisling talked about the very ancient heritage from the Viking era onwards, giving much weight to the 1814 revolution. He also tried to make the most of his earlier friendship and ideological affinity with the great arctic explorer and statesman Fridtjof Nansen, and to the famous, national figure of Christian Michelsen.

Quisling had also made a special impression in Norwegian politics when, as Minister of Defence in the Farmers' Party government in 1932, he had accused the Labour Party of being tied to International Communism, of participating as a member of the Communist International in a wide conspiracy, the goal of which was to undermine Norwegian independence and the constitutional system. He also accused the Labour Party of having received illegal money from Moscow, and that its leaders were thus traitors paid from outside to start a socialist revolution in Norway. In the Parliament the debate and the accusations did not produce any practical reactions. Quisling's "evidence" against the Labour Party was not taken as sound enough to persuade the Parliament to initiate any measure. But Quisling's role in the case gave him a national reputation which he and others thought would be strong enough to bring Norwegian voters to support a new, fascist party alternative.[3]

In the elections of 1933 the National Unity won only 2.8 per cent of the vote and had no representatives in Parliament. It also had, with a few exceptions, very little success in the first local election in 1934, and after the next unsuccessful election in 1936, severe conflicts came to the surface, resulting in splits and withdrawals. Quisling was left with a small group of stout followers, and he was not allowed a further test of popularity. The next election was postponed to the autumn of 1940, by which time the Germans had occupied the country for half a year.

Why were Quisling and fascism/Nazism not successful in Norway before the war, – in a country where nationalism played and had played such a prominent role? And one where economic and social frustration had perhaps never before been so visible?

Many answers have been proposed. One set of answers points to *the political system*: With the election law based on proportional representation, Quisling's party was said to splinter the non-socialist vote, and heavy attacks from the non-socialist parties turned potential voters away from him. The system of d'Hont's method of calculation of mandates won in relation to votes, gave an advantage to the larger parties. A new, small party had obvious disadvantages.

Another type of answer concerns *the economic conditions*: Norway was in general a society where economic inequalities were not very large, and

360

therefore class antagonism was not strong enough really to feed extremism on both sides. When the farmers and the Labour Party accepted a crisis-agreement in 1935 over prices and finances, this took much of the anti-socialist appeal away in the population. When also the great compromise between the Industrial Associations and the national trade unions took shape in 1935, this was regarded as an important sign of a ceasefire between labour and capital, reducing the potential for conflict.

A third set of answers relates to the National Unity itself and *its strategic maneouvres and politics*: When the Conservative Party was re-consolidated after that fatal set-back in 1927, the leadership was able to isolate and pacify a right-radical group (Vort Land) controlling informal channels of political finance and influence. Thus the Conservatives prevented the potential for a right radical split from within and were in good organizational shape to meet the new challenge when Quisling appeared on the scene. Other functional alternatives like two new "centre" parties (Samfunnspartiet: Party for Social Reconstruction, and Kristelig Folkeparti: Christian People's Party) with elements of protest ideologies, were founded and presented themselves in the 1933 election, thus competing with Quisling for the floating, marginal voters in the first and crucial election. The National Unity and Quisling were often ridiculed in both the socialist and the non-socialist press, giving him the appearance of not being a serious alternative. The National Unity's stand on several issues was publicized as a "typical form of Nazism/dictatorship": their support for Mussolini in the Ethiopian War, for Franco in the Spanish Civil War, and their growing anti-Semitism, their admiration of the NSDAP in Germany, and their often provocative disturbances at public meetings and parades. This meant that many potential bourgeois voters turned away from them.[4]

Therefore there were many factors to consider when attempting to explain why Quisling was unsuccessful before 1940. If this apparently insignificant party and potential for Nazism/fascism (comprising at the most 10,000 – 15,000 members) had been the whole story, there would have been rather few and rare cases of domestic "whos" and "whys" to write about in Norwegian literature. But we should also keep in mind that the Norwegian press and media followed in detail the developments of fascism/Nazism outside the country, making the threat of international fascism a very real alternative to the seemingly innocent movement at home.

During some secret meetings in the autumn and winter of 1939 Quisling was brought into contact with the higher echelons in the Third Reich and the position of the National Unity changed drastically. From convincing documentation it has been shown that Quisling had proposed putting himself at the disposal of the Germans in the event of German attack on

Norway. He anticipated that, if German forces took action against Norway, he would organize a coup d'état and officially demand outside help. He also asked for German money in order to strengthen his party, well in advance of such an occasion. The money came through some disguised channels, and when the German attack on Norway started on the 9th of April 1940 Quisling formed his government and proclaimed, over the Norwegian radio, that he had "taken over the responsibility for governing the country", because the Labour government had "escaped" that morning to the regions north-east of the capital.

His "government" lasted for only one week. Hitler decided to try another solution and sent his notorious Gauleiter Joseph Terboven to Oslo who started negotiating a solution whereby a "council" would become a new government with responsibility for running civil affairs in Norway under the "guidance" of the German Reichskommissar. These negotiations broke down but had lasted long enough to implicate many Norwegians in guilt. When the warfare in Norway did not turn out a great success for Norway, even if there were many brave operations carried out, the summer and early autumn of 1940 were marked by great disappointment and pessimism. On the 25th of September 1940 Terboven issued a statement saying that only the National Unity was allowed to function, and a new government, without a prime minister, was appointed from the ranks of the National Unity, with political power based on the German military forces.

By the 1st of February 1942 Quisling was offered a new solution: he was appointed "ministerpresident" and finally head of state. From a very low beginning, on the 25th of September 1940, and until the end of the war, on the 8th of May 1945, more than 50,000 people, representing most of the social groups and classes of the ca. 3.9 million inhabitants of Norway, had joined the party. This was not a very high membership rate, but geo-graphically it was spread fairly evenly throughout the country. Thus a Nazi, or a NS-member, was a well-known fact for most Norwegians; it became a symbol of cooperation with the enemy, a symbol of treason, and a "Nazi" was regarded by many as synonymous with a traitor. He/she was a person you could not trust.[5]

After a hectic trial, reported throughout the world, Quisling was sentenced to death and executed on the 24th of October 1945. He was accused of high treason for actions both before 1939, during his one-week coup d'état in April 1940, and during his and his party's reign 1940-45. In the famous court case many of the arguments Quisling had used in the Parliament in 1932 against the Labour Party, were now turned on him. He was the traitor who had received foreign money and carried out his revolution with help from outside. He was the incarnation of the concept a quisling, and thus he symbolized "fascism/Nazism" in a very special way. The "who" and "why" as general concepts were thus connected to him as the prime example.[6]

1. Literary background

When looking at the two recent Norwegian histories of literature, one is struck by the difficulties of defining the periods of pre- and post-war literature. The 1920s are characterized as presenting no new trends, only some bewildering impulses. The 1930s are sometimes called "the Red thirties", and also described by the following catchwords: psychoanalysis, Marxism, value-conservativism, humanism. Then come five years of "war and censorship", which are followed by a post-war period without any particular label. In the 1950s the "fight" between pro-and anti-modernism dominates the literary milieus. However, one gets the impression that the literary period which covers the Nazi/fascist "problems", has no overriding common characteristic. Periodization and the naming of periods also shifts between literary and political/historical characteristics, clearly reflecting some uncertainty about the theoretical connection beween literature and society.[7]

The fascist era extends from 1923 to 1945, but the impulses in Norway became visible only after Hitler's "Machtergreifung" in 1933, so that literature portraying Norwegian fascists or Nazis was first known from the mid-1930s. At that time most of the well-known essays and novels came from authors belonging to the "radical Left". They were antagonists, an expression used elsewhere in this volume, and their models of fascism were thus based on a combined Freudian-Marxist perspective dominant in the tradition of the 1930s. Their novels were part of the socialists' artistic "war" on Norwegian bourgeois society, and the authors seemed to have been well acquainted with the typical class-based analysis of fascism.

During the war, and after 1945, a number of novels were written where the questions of "who and why" often appeared as motifs within the typical war-novels, or as the theme of some of the most important novels in the post-war period. As Leif Longum states, these novels were concerned with the overall understanding of how it (Nazism) could happen, and they were not mainly novels with outspoken political tendencies. Many of them were written in the atmosphere of optimism and relief after years of war and occupation, and only in an indirect way did they reflect antagonism towards former Nazis. These bright feelings of freedom in Norway were turned after a couple of years into a new form of pessimism shaped by the threatening shadows of Stalinism and the Cold War. In this atmosphere, as fascism had been defeated, no need was felt to advance political or social explanations of literary "whos". With the appearance in 1957 of *Vi har ham nå* (We

363

Have Him Now) by Johan Borgen, and *Under en hårdere himmel* (Under a Harder Sky) by Jens Bjørneboe, two of the major post–war novels analysing "who" and "why", the main phase of literary analyses of fascism/ Nazism had come to an end. Since so many books had been published in the period 1933–1957, with a direct or an indirect focus on fascism/Nazism, we can almost speak of a period of 25 years of literature devoted to just this topic.

A new wave of "politicization" in literature began in the mid–1960s, but then the former fascists/Nazis seemed to have less relevance. Only occasionally did there appear a novel with a theme relevant to our questions of "who" and "why".

2. The literary milieu before the war and the disturbances around the Ossietzky case

The profile of the literary milieu in Norway in the 1930s is well described in the developments centred on the discussion surrounding the award of the Nobel Peace Prize in 1936 to the imprisoned German Socialist and pacifist Carl von Ossietzky. The Norwegian Parliament had been entrusted by the Swedish donor with the responsibility for awarding the Nobel Peace Prize, and in 1935 Ossietzky's name was often mentioned as a nominee for the prize. In the heated public debate the 76 year–old leading figure of Norwegian literature, Knut Hamsun, wrote an extremely critical article where he argued against giving the prize to a person who had so strongly run counter to the "great people he belongs to", who had constantly been "mean to his own government", and who only wanted to get the prize "in order to escape from the concentration camp". Hamsun instantly received a reply from the author Nordahl Grieg, the gifted Communist author who later became a national hero during the war. In public, as well as in an open confrontation within the authors' association in Norway, there were two fronts opposing each other: the group of authors supporting Hamsun under the banner of the right to free individual expression, and the more radical politicized wing attacking Hamsun for his Nazi leanings and his attack on the defenceless Ossietzky. In the association, the National Unity member Eyvind Mehle put forward a resolution in support of Hamsun, but he lost by 60% to 40% in the overall ballot.[8]

This episode was important for two reasons. It initiated a much stronger sense of political awareness among Norwegian authors, and it gave definite proof of Knut Hamsun's sad involvement in support of German Nazism and for the National Unity. Knut Hamsun was an old man at that time. He published his last major novel in 1936, and the support for his side gradually shrank in the last years before 1940.

During the Occupation only 16 authors were registered as members of the National Unity among ca. 200 active authors in Norway at the time. It was the active "leftist" authors who had the "intellectual hegemony" in the period. Their leading authors were men like Helge Krog, Sigurd Hoel, Arnulf Øverland who came from the academic, Marxist, *Mot Dag*-inspired mileu, and others like Nils Johan Rud and Bjørn Rongen who came from the socialist circles around *Arbeidermagasinet* (The Workers Magazine).

The literary milieu in Norway was in an important way becoming "conscious enough" to be immunized against any deep involvement with fascism. The well trained authors in the leftist camp cleared the air, and even if the great Knut Hamsun had some supporters early in the period, the danger that he would bring a larger section of the Norwegian authors on to the wrong side was largely avoided.[9]

3. The "who and why" in "leftist" literature

In his four novels, written between 1935 and 1939, Nils Johan Rud (b. 1908) offers very clear models to explain the "who and why" of the fascist potential in Norwegian society. In his *Jeg er ingen proletar*, 1935 (I am no Proletarian), Rud tells the story of Knut Sole. As the title indicates, Knut is striving to keep his distance from the working class, for he has ambitions to climb and to get a respectable position in society. Knut is filled with the typical expectations of the lower middle class youth fearing absorption into the lower classes: the well known "declassé hypothesis" of fascism. Rud was also strongly influenced by Wilhelm Reich's theory of authority and sexuality. In his explanation of Knut's final overcoming of his difficulties, both with regard to his understanding of the need to stand shoulder by shoulder with his working comrades in the local union, and in the finally revealed tensions in his sexual relations with the woman he loves, Rud also utilized the same model as in Fromm's "fear of freedom" i.e. reliance on "individuality", as "negative proof" of Knut's avoidance of becoming a fascist. Knut had a "false belief" in the importance of freedom and individuality, which could have made him into a fascist, but he was "saved" by his discovery of his need for human solidarity through which he felt fulfilled.

Severin Selje is the typical Nazi portrayed by Rud in the novel. He is a young man of middle class background. He is racist and anti-Semitic, pagan, individualist, anti-socialist, and very lonely. He does not drink alcohol and is seemingly sexually impotent. He does not mingle with the few organized Nazis in the town, but has a strong personality and dominates the weaker Knut. However, he becomes insane, tries to kill Knut and ends up committing suicide. His fascist "why" is not clearly explained by Rud. Severin was from a good family, had studied at the university for a couple of years, but because of some grave "injustice of some kind" (p. 97) he had fallen to the status of a low paid clerk. He is of a higher social and moral status than the others employed at the firm where he and Knut work, but Rud shows how precisely this lower middle class status, even coupled with a strong personality, are bound to end in despair when he is led onto the fascist track. And as part of this model Rud demonstrates how the middle class is unable to act in concert: they are individualists, lonely persons who hate the society they live in, but their total lack of class solidarity inhibits them from improving their situation, thus making them very susceptible to fascism.

Rud has utilized similar models in the next novel: *Han tør ikke være alene*, 1936 (He Does not Dare to be Alone). The "who" is portrayed as a clerk from the middle class and in the novel his inner feelings and psyche are unfolded by Rud. We find him as an example of a person unable to live a full life. He is isolated because of his individuality, which again is rooted in his class predispositions, and he is revealed only when he is confronted with the fascist appeal to the masses – a desire for a great joint action – where Rud invites us to believe that middle class isolationism in particular produces an explosion when some particular person or event become available. Here Rud used the combined middle class–thesis and Wilhelm Reich's theory of mass–psychology and psycho–analysis, when he explains how superior working class solidarity is, compared with the individualism of the middle class, as this makes the latter unable to defend their own class interests.

In *Alle tiders største*, 1936, (The Greatest of All Time), Rud has created a parody of the National Unity and its leader. It is a strange story of an internationally renowned Norwegian boxer, Ole Plassen, who loses an important match to a Jewish opponent. Much of the novel describes the events and characters surrounding the boxer, and at the end of the book Rud has ridiculed the National Unity's election campaign, illustrating it as a tour with viking ships from Oslo to Hafsfjord (Stavanger), which ends in total shipwreck and the extinction both of the boxer and "the Führer", Baldur A. Mauser. The only really interesting part of the novel is the chapter where Rud describes a milieu of young Nazis, ridiculing their behaviour and their "fascism". The hero, Helge, is finally persuaded by sound common–sense to leave the others (his "Hird" i.e. the Norwegian equivalent to the SA), the porno magazines, and to return to his wife who has been waiting for him. The message may be shortened to the following:

366

fascism is just humbug and if you subject yourself to critical scrutiny you will understand the senselessness of its appeal.

In his last novel before the war: *Jakten og kvinnen* (The Hunt and the Woman), 1939, Rud tells the story of Harald Jønn. Rud describes his adventures and thoughts when he moves through the mountains hunting for an elk. In part 2 of the novel we meet Anne Mo, the object of many of his reflections. She is a totally different type from the masculine, introvert Harald whom Rud seems to have portrayed as an incarnation of the Nazi personality–ideal. As in the novels already discussed, the theme of *Jakten og kvinnen* is to show how destructive bottled–up feelings of individualism and authoritarianism, rooted in childhood experiences of repressed emotions, have prevented Harald from an intimate discovery of the nature which surrounds him, and also from appreciating the woman he loves. Rud therefore tries, in a rather obscure setting, to demonstrate how a development or inheritance of the "fascist character" can be genuinely destructive for the person involved and shut out the opportunity for a meaningful life. But Rud does not directly say that Harald is "a fascist" and we find none of the social or historical events of fascism connected to Harald. But from a knowledge of the three previous novels we may identify Harald as a fascist. He bears the same general traits, and Rud also shows how Harald "escapes fascism" in the same way as his other "potential" fascists.[10]

Bjørn Rongen's (1906–1983) novel *Stille smil* (Silent Smile) from 1936, is a novel describing a small Norwegian rural community and its desperate social and economic conditions during the 1930s. Erling Åsheim is portrayed as a young man who, under the severe conditions of unemployment and pessimism, is never able to find a job and sees no future in his local community. He is not able to marry the woman he loves, and he is forced to accept a role of complete disillusionment and passivity. Traditional social morality prohibits him from breaking out and finding some radical new opportunity to improve his situation, since social and economic conditions have deprived him of his will and initiative. He is a loser and falls victim to conditions for which he himself was not responsible. Erling commits suicide, and after his death Rongen introduces the fascists into the village. In the last chapter *Og den nye tid* (And the New Age) a unit of the National Unity is organized and often marches through the village. They recruit a large number of the disillusioned young people and in memory of Erling they develop a sense of "understanding" when they make him their local hero. He fought against the desperate social conditions surrounding him and died before the "new call" could save him. Rongen then indicates that if Erling could have lived a little longer, he would have been at the centre of the new movement of the National Unity. The main importance of *Stille smil* lies in its fine description of Erling's hopeless and almost deterministic drive towards his final end, and in Rongen's analyses of the economic and social forces of the rural community under pressure and hardship. If people had no stability and little opportunity to change their desperate situation, new, radical political movements could easily capture them as they "marched towards the new age under their superior Führer". The "whos" are the persons hit by the crisis, and their "why" is explained in terms of objective moral and economic conditions characterizing the small rural community during the Depression.[11]

Nordahl Grieg (1902–1943) should be briefly mentioned as perhaps the most aggressive and politically oriented anti–facist author in Norway before the war. He wrote several plays demonstrating the conflict between labour and capital, or between workers and capitalists. This is particularly relevant in two of his plays, *Vår Ære og vår Makt*, 1935 (Our Honour and Power) and *Men imorgen*, 1936 (But Tomorrow). The first play describes the situation during World War I, when Norway was a neutral country. However, the sailors on Norwegian ships were often killed when the ships were sunk by German submarines. While illustrating the desperate conditions of the defenceless sailors, the play shows that the shipowners feel no sorrow about lost sailors, but think only of how war brings prosperity to the shipping industry. It is in some senses an experimental drama, often compared to Brecht's style and theories, and its political tendency is crystal clear: capitalism leads to war, because war serves the interests of capital.

In the second play Grieg tries to illuminate the problem of how international capital, particularly when employed in the chemical industry in Norway with the potential for armaments production, has no scruples about either the local director or the Norwegian workers. The action ends with the following words:

> Bertram: Idag kommer de for å hente sine døde.
> Men imorgen –
> (Bertram: Today they (the workers) come to collect their dead (after the forced explosion in the factory)
> But tomorrow –)

Thus we are to understand that war is coming, and that it is a direct and deadly provocation originating in the brutal capitalist search for more profit and control.

What is interesting about Nordahl Grieg's two plays, and also very clearly seen in his many essays in his own journal *Veien frem* (The Way Forward), is his lack of understanding of, or interest in how the fascists were to serve as a "link" between capitalism and politics. The Communist "agent theory of fascism" stresses the role of "agents" acting in the interest of the capitalists. But Grieg has more or less portrayed the fascist "whos" as the capitalists themselves. They act in their own interests and have no need of a movement led by persons embodying ideals. This lack of concern about how people who are not owners of wealth and industry came to support a movement which in many ways acted in the interest of the capitalists makes Grieg's plays, in my opinion, less realistic and valuable as plays demonstrating the social role and political context of fascism. Grieg was also less interested in the psychological exploration of individuals when he wrote his plays. He was mostly concerned with developing the story, dramatizing the events, and with making them illustrate his political and social message.[12]

4. The "potential for fascism" in pre-fascist literature

The example of the Ossietzky debate illustrated the division within the Norwegian literary milieu, but is it possible to talk about a "fascist tradition" in Norwegian literature? In a small book published in 1973, *Fire forfattere og norsk fascisme* (Four Authors and Norwegian Fascism), an effort was made to analyse four Norwegian authors, two of whom were best sellers but not members of National Unity (Trygve Gulbrandsen, 1894–1962, and Øvre Richter Frich, 1872–1945), one who was a member of that party (Finn Halvorsen, 1893–1960), and one who was a strong supporter of it (Sven Elvestad, 1884–1934). Søgaard's book tries to demonstrate how one can detect "traits of fascism" within the works of these authors, and he looks for nine distinct "traits" which he defines as constituting "fascism": dissolutionism, anti-communism, anti-capitalism, class cooperation, anti-intellectualism, nationalism, individualism, "the fight" (vitalism) and racism.[13]

Summarizing Sørgaard's findings very briefly, all his conclusions run in the "right direction"; a potential for fascism can be easily detected in these widely read works of literature. In Frich's novels, particularly *Lucifers øye* (The Eye of Lucifer), the "who" is represented by the tall, blond doctor, Jonas Fjeld, who is described as a Nordic Aryan (p. 101) and with the corresponding "whys": individualism, vitalism, racism. He is also an optimist in a period where society is crying out for "renewal" and the defeat of "current decadence". In Gulbrandsen's trilogy *Og bakom synger skogene* (Behind us Sing the Forests) (1933–35), the "whos" are the true representatives of the Bjørndal family, Old-Dag and Young-Dag. They are strong and broad-shouldered, with the bear-hunter's sharp eyes, and both are proud farmers filled with the inner strength of blood and tradition. They were able to survive the illness of their time and their "why" is illustrated in their belief in tradition, individual struggle, hard work, and not mingling with "weaker people". In his novel *Svalerne*, 1926 (The Swallows), Halvorsen illustrates the problem of people who admire beauty and genius, and who can combine this admiration, after serious personal difficulties, with a practical attitude of responsibility for oneself and one's family. In his portrait of Mens Nygaard's life Halvorsen ends up with a solution where Mens's acceptance of responsibility overwhelms his inner feelings and he breaks off his friendship with the artists. Even if, in the first part of the novel, Mens is spontaneously persuaded by his friend Erik Ravn's intense hatred of the "average" and the masses, this gives very little indication, as Nils–Aage Sørgaard tries to argue, that Halvorsen's potential for fascism is clearly visible in the novel. In another novel, *Mot dag*, 1930, (Towards Day), Halvorsen returns to the same problem of individuality and social responsibility and shows how these often stand in opposition to each other. It is the combination of individuality and human responsibility which saves Halvard Døsen. He rejects the decadence in contemporary society and tries to find firmer ground, condemning those who are led into Communism out of sheer opportunism, or who accept the new lifestyle of "easy love" which leads to superficiality and nothing of value. But little of this, to my mind, can be said to reveal a particular "potential for fascism", as Sørgaard claims.

But both of Halvorsen's novels reveal a particular model of support for fascism which is easily identifiable among the members of National Unity when one reads their statements about why they joined the party. Over and over again the "feeling of individual responsibility" was repeated, not "hatred of the masses", "antagonism towards the Jews", "destruction of the trades unions" etc. When Halvorsen wrote his play *Stormen* (Before the Storm) in 1942, when he was acting NS–director of the theatre bureau under Quisling, he deliberately elaborates this motive. Hans Roald, a poet and farmer, takes responsibilty for guaranteeing that the rights and ownership over the farm "Hallangen" go to the "real farmers" who would continue to cultivate it and use it as their forefathers had done for generations, and against the demands from his children who want to inherit it and just spend the money.

The play seems to have been written clearly in the spirit of the NS–regime at the time. Halvorsen portrays Hans Roald as a courageous "member of the new age". Hans Roald has published a proclamation asking people to support the new leaders, and has been stigmatized as a traitor by his nearest neighbours and by his two children. But he talks of the new seed which will grow and save "Hallangen" and the entire land of Norway. Halvorsen's "who" has a very clear parallel to the familiar figure of Knut Hamsun, who was also a farmer and poet and at the time accused of treason for publishing several statements in support of Quisling.[14]

Søgaard has also discussed Sven Elvestad's two novels *Professor Umbrosius*, 1922, and *Fedrelandets have*, 1915, (The Garden of the Fatherland), as examples of the "potential for fascism in Norway". In *Professor Ambrosius* we see the professor contemplating the future as he writes his diary. He explains that the decadence of the present originates in a number of evils: we have lost contact with the primitive, the orginal, and we need to fight the current ideologies of relativism and communism and return to the solid ground of community life in the villages. This is also given even greater emphasis in the novel *Fedrelandets have*, where the "who", Nørlund, attacks fiercely the absence of national pride, the bankruptcy of democracy and mass party politics. He also talks of treason among those who do not commit themselves fully to the task of stirring the spirit of national pride among Norwegian youth. But again, this can only count as "weak" traces of potential fascism in Elvestad's two novels, if at all.

In 1944 National Unity issued a small book *Høvdingord. Fra Arne Garborg til Erling Winsnes* (Chieftain-words. From Arne Garborg to Erling Winsnes). It includes short extracts from 19 Norwegian authors and most of the quotations represent harsh attacks on democracy, parliamentarism, liberalism, and many of them reveal attitudes of support for nationalism, individual leadership, greater individual responsibility.[15] In the larger volume, *Norsk Ånd og Vilje* (Norwegian Spirit and Will) from 1942, the editor has selected extracts from almost every known Norwegian author in the history of Norwegian literature, as representing ideals incorporated within the ideology/programme of the National Unity. In the autumn of 1940 and the spring of 1941, two more collections of "outstanding Norwegian literature" were published. They were not of Nazi origin, but they stressed how important it was to "keep up national pride and solidarity" in a situation of national crisis. The two idcological-literary world views did thus not seem to be very far apart.[16]

However, it is a substantial problem to define what kinds of people in the literature before 1933, or before 1940, were genuine fascist/Nazi "whos", and which were not. And it is indeed a delicate task to locate the "threshold" at which the distinct traits of "potential for fascism" lead an author, and/or his readers, from believing in the ideals of fascism to joining the ranks of organized Nazism/fascism.

5. Was Knut Hamsun a Nazi?

This point can be demonstrated particularly well by analysing the fate of the Nobel Prize-winner for literature, Knut Hamsun (1859-1952), the most controversial figure in the context of fascism and literature in Norway. Hamsun was an old man when Quisling founded the National Unity. At the age of 77 he wrote his last novel *Ringen Sluttet* (The Ring Closed), and in the same year he wrote his first political proclamation in support of Vidkun Quisling on the 19th of October 1936. During the war Hamsun, along with his wife Marie and his two sons, went on to be one of the most ardent supporters of the Germans and Quisling. He visited both the German Reichskommissar in Oslo and Hitler in Berchtesgaden and wrote in all 14 articles for various newspapers and magazines during the war in support of the regime. Even if his visits and his writings could be said to have been in favour of imprisoned Norwegians and for a national, independent Norwegian course during the Occupation, he was not "forgiven" by the Norwegians.[17]

During the heated court-hearing in 1947 in his hometown of Grimstad in Norway, he was given "påtaleunnlatelse" (the charges were withdrawn), since the psychiatrists had declared him "med varig svekkede sjelsevner" (with permanently impaired mental faculties) but he was required to pay compensation of 325,000 Nkr. He was found to have been a member of the National Unity and therefore a "Nazi" and liable to the same collective payments of collective damage for crimes committed against the Norwegian state and society during the war. In 1949 he published his last book, *På gjengrodde stier* (*On Overgrown Paths*, 1968), in which he proved to the world, at age of 88, that he did not have "impaired mental faculties", and in which he wrote in mild terms about his impressions of the trial and partly explained his attitudes.

The debate among Norwegian critics and particularly the debate arising out of the voluminous biography by the Dane Torkild Hansen in 1978, rests on two issues. First of all it was concerned with the trial itself: had the Norwegians treated the old aristocrat in a fair manner? And secondly: was Hamsun a "Nazi"? This last question is a crucial question in the context of the comparative project presented in this volume, and has been at the centre of the debate on "models of Nazism/fascism" in the social sciences and history since 1923.

It was proved by the police, and concluded in court, that Hamsun had been a member of the National Unity, and he himself explicitly declared in court that "he counted himself as one of Quisling's men". Even if there were some inaccuracies as to his membership registration, the objective sources were clear. But what about the subjective guilt, had he "intended to be a Nazi" when he supported Quisling and the Germans during the war? Was he a "real Nazi" – or had he misunderstood, misjudged or misinterpreted the "Nazi call"?

If one goes into Hamsun's literary works, one will find easily discernible traits of admiration for "the strong unique leader", "for the attachment to and longing for one's native soil", "for disgust at the decline in society", and his anti-liberal and anti-democratic sentiments and his praise of "vitalism" are beyond doubt. Hamsun's admiration for the Germans and his dislike of the English people are evident in many of his works.

In this sense his "idealized who" can be found in several of his novels. In *Markens Grøde* 1919 (*Growth of the Soil*, 1935) the simple farmer Isak Sellanrå with his visions of the value of the soil, represents one type of personality which we can also find among the later, ardent National Unity members. But the novel was written before fascism was born in Italy and Isak had no connections whatsoever to any political or social organization when he went about his work every day! In his three plays: *Ved Rikets Port* 1895 (At the Gate of the Empire), *Livets Spill*, 1896, (The Game of Life), *Aftenrøden*, 1898 (Evening Red), Ivar Kareno represents a "who" resembling a typical member of the declassé middle class, who later flocked in great numbers to the NSDAP in Germany. He is an academic, occasionnally a teacher and journalist, and as a philosopher a great admirer of Nietzsche and the "Übermensch". He is angry about the decline of society and represents the type of protest one later finds in many sections of the disillusioned bourgeoisie. In *Redaktør Lynge*, 1896 (*Editor Lynge*), Hamsun illustrates another "who", the editor who attacks the prevailing liberalism but still becomes a part of the decadence of urban life.

The question will be asked over and over again, whether Hamsun was already a predetermined fascist in his first works of art? He became one, either in 1934, or in 1940, or in 1942, depending on which objective proof for support/affiliation to the National Unity one prefers. But can we deduce from his works of art that he was destined to become one? And what can we learn from his example, when we try to understand and to formulate models of fascism?

If it is possible and sensible to "group" Hamsun's "ideal types" in terms of social characteristics, can we say that they are *not* workers well immunized against fascism by their working environment and trade unions, *not* well established farmers, directors, or "average" middle class professions, *not* people with staunch religious beliefs and of mature years? Does Hamsun portray his "ideal types" as young outsiders, unstable in belief and social position, aiming at some both distant and nostalgic ideals which bring them, during their development, into collision with their society? Is it too great a simplification to "reduce" many of his "whos" to such a definition? And would they have appeared as fascists, or close to fascism, if Hamsun had been at his most creative age when Hitler began to have electoral success after 1930? No positive answer could of course be given to such hypothetical questions. But it is relevant to think of "links" between an author's political ideals, the characters in his works of art, and his factual decision to join a fascist party. However, an easy "linear" connection is hard to establish, given Hamsun's ingenious mind and the enormous inventive talent he possessed.

Why did Hamsun not follow the same course as the great Danish author Kai Munk, or the German Gottfried Benn or other great authors believing in the greatness of the individual genius? Was he too old to judge the realities of the situation? And were there no close friends or colleagues to give him information and to offer opposition capable of changing his mind? Or was there no way other than the one he chose: the perfect "who", with the rightly corresponding "why"?[18]

6. The National Unity authors on "who and why"

The literary works of authors who were members of the party have received little attention since 1945. With the exeption of Hamsun, they have not been regarded as being among the most interesting authors in Norway. However, one of them is now one of the most famous poets, and another of them was one of the real best sellers in his genre before the war.

In an analysis of pre-war novels the following account is given of the novels of Åsmund Sveen, *Svartjord* (Black Soil) 1937, Finn Halvorsen, *Mot Dag* (Towards Day) 1930, *Mannen uten ansikt* (The Man without a Face) 1933, and Karl Holter, *Skinnbrevet* (The Pergament Letter) 1936:

> Some of them have chosen the historical novel. They flee the many social and moral problems in contemporary society (...) and like the dream in Freud's analysis, the historical novel becomes an instrument both for unmasking and for veiling real social contradictions and crises.
>
> (...) While fascism expresses a need for radical alternatives which can solve their contradictions (...) often expressed in militant ideology (...) this operates as an aggressive defence of the imaginary past. Or more precisely: around the false feelings of stability and safety the values of the past breed in us.[19]

This is a very clear account, but how fully docs it analyse the novels, and how many non-Nazi authors wrote in the same manner?

In these novels we find the following "idealized persons": Sveen has made Tore Tølløv Ås his hero, a modest young farmer, but of high moral integrity. He stands up against the decay of the rural community, and promises a new inspiration that can save the traditional farms like the crisis-ridden Svartjord and its people.

Halvorsen has given a particular portrait of the woman Kristine, the sister of Halvard Døsen (cf. later p. 370). She saves the son of her lost lover by blood transfusion after the boy's accident. In that moment – and she dies during the transfusion – she feels that she, through her blood, has conquered her previous lover. The act of giving away her blood to the new generation gives hope for the future.

In Karl Holter's novel we find Terkel Moe as a type picked out from the old Norse fairy tales. He comes from a hidden valley and seduces the old farmer Halvor Kleiva's granddaughter, after having ousted the young, weak Tore who offered to marry her. And Terkel's strength comes from the old, traditional morals he possesses. Neither the woman nor the decadence of his times can stand against him. And he has the solid background and belief which guarantees survival in times of contemporary dissolution.

With such beliefs and such figures in the background, the National Unity could find support when the party launched its propaganda and searched the country for followers. As literary figures, and with the historical setting a hundred years earlier, the "whos" in the novels were not Nazis themselves, but they were the kind of prototypes and ideal the National Unity later used as symbols for their propaganda. But these kinds of figures were not unknown when we examine the members of the party.

7. Post-war literature and Nazism/fascism

No single historical event has made such an impact in Norway in the last hundred years as the Second World War. Almost all Norwegian authors writing in the following ten years, with only very few exceptions, seem to have to "open and empty, or free themselves" from the experiences of war. In terms of writing on the Nazi "who", the concept changed completely. Before the war, Rud and Rongen were interested in understanding why people could become supporters of the National Unity, or if not members, how people could identify with and be absorbed by such an ideology as that of Nazism. After May 1945, and also within the imaginative literature written during the war, the question now became: how could they betray their friends, family, people and their country, and commit themselves to treason?

The novels, short-stories and other works of literature were thus written at a time when fascism was completely destroyed by the victorious allies;

there was nothing to be afraid of, no danger to warn against. The Nazis had become a "mystery", a "puzzle" which literature could solve.

When Nils Johan Rud wrote his post–war trilogy it was only in the first part, *Fredens sønner* (Sons of Peace) 1947, that he mentioned very briefly one Nazi. He was the uncle of the family who visited them on the farm "Hov" during their father's funeral. He was described as "a man of the new spirit" and he argued that the family should join them and be part of the great achievements to come. But this novel and the two that follow are hardly concerned either with Nazis or with traitors. The only acts of "treason" described are the misfortune of the servant Theodor who is killed after having given some information to the enemy while drunk, and the unfortunate woman Eli who was harshly treated by the resistance after the war because of her "sexual collaboration" with the enemy. Rud did not take up his interests in explaining Nazism/fascism again.

In another trilogy by Ingvald Svinsaas we find, in the second novel, *Fem år* (Five Years), two persons briefly described as Nazis. One is Arnt, who finally joins the National Unity as the last desperate option after seemingly endless years of unemployment. He gets a job as foreman in a firm working for the occupying Germans, and even if he knows that he will be punished for it after the war, he sees no other way to survive in the desperate economic situation surrounding him. Another Nazi and SS volunteer, Karl, is reported as fallen on the Eastern Front. His earlier working comrades receive the message with little regret, but remember his words immediately after he was recruited: "I am finished with the old times, that is all. My life has never really had any value" (p. 184). Svinsaas thus describes disillusionment and hopelessness as the main reasons why some chose Nazism as an option, some worked for the Germans, and others tried to go on as usual, – and there was not much difference between them. All were stuck in the same, difficult circumstances.[20]

One highly regarded novel by Kåre Holt is *Hevnen hører meg til* (Revenge is mine), 1953. It is seen as a continuation of *The Great Crossroads*, 1949, and we are told how three men, one Nazi, one "striped" (opportunist / collaborator), and one a former resistance member have tried to make an impression on the young woman Ellen. The plot of the novel concentrates on how Alte tries to get the Nazi Bernt accused and sentenced to death for complicity with the Gestapo in the interrogation and murder of Ellen. Alte seeks revenge for the murder. When he finally succeeds in getting Bernt to confess, his own conscience reveals that he too had once acted dishonestly towards Ellen. Even if Bernt is guilty, actively or passively, in the killing of Ellen, Atle has not himself behaved well in his relationship with Ellen. She loved him but he did not meet her openly, and failed to give her trust and love. Thus revenge belongs to Ellen, not to him. The Nazi Bernt is portrayed as a weak character who was more or less persuaded into Nazism by his employer, the "striped" Rekem. He was led astray, and he felt helpless to do anything to save Ellen when he heard about the arrest and torture of the woman he loved.[21]

In Sigurd Evensmo's novel *Oppbrudd etter Midnatt*, 1946 (Departure after Midnight), he describes how the old Rittmester at Torhov estate avoids becoming a Nazi at one crucial moment during the Occupation. He chooses to join the resistance in the same night (9th April 1940) as Kåre Holt's figure, Kristian. Allthough the Rittmester, in most of his traits, "should have been a Nazi", the attack by the Germans in his immediate neighbourhood makes things different. He was ingrained with authoritarian nationalism, anti-communism, he fights against organized labour and he was an ardent admirer of Nietzsche's life-philosophy. He was also bitterly disappointed by the decline of all his values in contemporary society. His wife did not give birth to a son, and the two boys he tried to bring up in his own values deserted him when they were mature enough to make their own choices in life. The "whos" in the novel are the underdog tenant Mattis and the Maja brothers. The colonel who shared the Rittmester's ideals also becomes a Nazi – he is consistent – and he was not saved "in the situation". The Rittmester's father-in-law – a priest – becomes a Nazi for reasons of mere opportunism, although he was an ardent strike-breaker in the inter-war years (a portrait of the well known senior rector Aandestad, leader of "Arbeidets Frihet").

Thus Evensmo has given a very clear "post-9th April" explanation of how patriotism could be counterproductive to Nazism. When the nation was threatened, other ideals were subordinated to that. In Evensmo's novel nationalism, or national solidarity, overwhelms other ideological commitments.

The problem of nationalism, mentioned at the beginning of this chapter, had this strange effect of either splitting or uniting the Norwegians. Even if people often said after 1945 that the Norwegian Nazis were "non-national / un-national" and that the resistance / the "jøssings", were the "real patriots", I believe that excessive nationalism was a driving force which explains many of the sad fortunes of former members of the National Unity. As we know nationalism today, it is no easy political force to master, and no political ideal has perhaps created more misery than nationalism.[22]

In the novel *Hjemover*, 1951, (On the Way Home), the third volume of his trilogy, we meet another Nazi, Edvard Larsen. He is an old friend of Karl

Martin and has become an agent for the Gestapo in Norway. In a conversation with Karl Martin, Edvard explains his Nazism. His father was a man with strong religious beliefs who had an authoritarian attitude to the upbringing of children. He was always beating Edvard, but never lived up to any standards of behaviour the son could be proud of. The father was a coward when faced with actual conflicts, and Edvard's feeling of misery in his early years seems to have turned him later into a brutal and dangerous Nazi. In this "who" we find elements of Reich's theory, and no "situation" was opened for Edvard to be rescued from his childhood predispositions.[23]

In Johan Borgen's trilogy, *Lillelord*, 1955-1957, (Little Lord), he tells the story of Wilfred Sagen, who is brought up in the atmosphere of an over-protected bourgeois society. Thus he develops the fine tastes of his class and plays the roles expected within "decent families". But throughout his life he experiences a double split in his personality. He has problems in overcoming the "weak" sides of his character, and when he matures he is dragged into all sorts of conflicts in his search for his inner self. He starts out as a painter and artist, and Borgen describes how his "non-real" life and search for meaning lead him into an extremely unbalanced life. In the last volume *Vi har ham nå* (We Have Him Now) he ends up as a Nazi and is enrolled in the SS border-police. When the war is over he shoots himself before the resistance can capture him. In Johan Borgen's novel, Wilfred Sagen's path to Nazism seems to be "predicted" from his class background and its imprint on his childhood, perceived as distance from real life, work, neighbourhood, and from other people. On the other hand, Borgen does not offer the view that there was some inner necessity which made the entire middle class into Nazis. Wilfred's unique personality characteristics were considered to be a more decisive factor than his class background in shaping his fortune. Had not the war come to Norway, he would have ended up quite differently. Borgen also tries to diffuse the picture of Wilfred. Was he really a Nazi, or did he just play the role as if he was one? We never get a clear answer, but have to be aware of several possibilities when trying to identify Borgen's model of "who and why".[24]

In 1957 Jens Bjørneboe wrote *Under en hårdere himmel* (Under a Harder Sky), a novel which did not get much praise for its aesthetic achievements. The author was accused of having written a documentary and polemical novel against the allegedly unfair legal treatment of the National Unity members after the war.

In the novel Bjørneboe portrays a 60 year old major, his two children and their experiences during the war. Initially the major is not a Nazi, he fights heroically against the German invaders in the first period of the war, but, confronted with intensive National Unity propaganda, and with the realization that the Norwegian government prepared their defence of the country so badly, he finally joins the party. Like the Rittmester in *Departure by Midnight*, the major was an ardent nationalist and anti-communist. He believed in the authority of God and was an admirer of Nansen and Christian Michelsen. He was what many would call: "A good Norwegian". But he joined the wrong side, he was neither saved by a "fortunate situation", even against the background of his fighting against the Germans. Bjørneboe puts emphasis on the major's military training and ideological background, but he also explicitly uses the political context as an explanation for the major's conversion to Nazism. The socialist government's enduring anti-military policy, in a situation of steadily increasing international hostility, laid the country open to attack. The National Unity's propaganda efforts finally persuaded him to believe them. Background and actual context thus provide the clues to Bjørneboe's model of "why" he did not end up like Evensmoe's Rittmester.[25]

Some last words

Borgen's and Bjørneboe's two novels were published in the same year as the last leading members of the National Unity elite were released from life imprisonment. An epoch seems to have come to an end, both in politics and in literature.

But new novels, films and a variety of documentary novels and biographical books continued to appear, focusing on the "who and why" of fascism / Nazism. Bjørneboe's approach was followed by Jon Michelet in 1976 with the novel *Jernkorset* (The Iron Cross) but compared to *Under a Harder Sky*, it was written in a "non-apologetic way". Michelet starts from the documented court-case against a few Nazis in Bergen, but ends up illustrating neo-Nazi activities and their acts of violence in Norwegian society.[26]

Another novel by Fridtjof Lande *Ukjent Nazist* (Unknown Nazi), 1965, parallels Bjørneboe's model of using political context as an explanation, when he describes how the farmer Oscar Nordbøe becomes a member of the National Unity, as late as in 1942, and joins the Germans in fighting the Norwegian resistance. Nordbøe becomes a Nazi because he gets angry at the unfair way the resistance backbites the members of the National Unity! His extraordinary feelings of honesty motivate him to join.[27]

More books appeared – the war and Nazism in Norway seem to provide an unending reservoir of literary achievements. But when will the "really great" novel or drama appear, which combines all the elements of the models of "who" and "why" elaborated so far, and even brings some new ones? Today the distance in time is great enough for the authors to be relaxed in terms of personal attachment to the phenomena they describe, and we know today much more about what actually happened after years of historical and social research into the "Crisis and confusion era", as we have called the period. This is a challenge to be passed on to our next generation of authors!

NOTES

1. The only comprehensive history of Norway in English is K.T. Derry, *A History of Modern Norway*, Oslo 1962. The most recent overview in Norwegian is: Knut Mykland (Ed.), *Norges Historie*, volumes 10–12, Oslo 1979.

2. The standard work on the radicalization of the Labour Party is Knut Langfelt, *Moskvatesene i norsk politikk*, Oslo 1961, and the most recent general overview of the organizational history of the Labour Movement is *Arbeiderbevegelsens Historie i Norge*, volume three: Per Maruseth, *Gjennom krise og makt (1920–35)* (Through Crisis and Power 1920–35) and volume four: Tore Pryser, *Klassen og nasjonen (1935–48)* (The Class and the Nation, 1935–48), Oslo 1985–87. See also Bjørgum/Bogefeldt/Kalela "Krisen og arbeiderbevegelsen," in: *Kriser og krispolitik i Norden under mellankrigstiden*, Uppsala 1974.

3. The best single account of Quisling and the confrontations in the Storting is Sverre Hartmann: *Fører uten folk*, Oslo 1959, pp. 174–189. The National Unity also issued a "White Paper" in 1941: *Quislingsakten. Dokumentasjon og referater fra sakens behandling i Stortinget 1932*, Oslo, giving their version of the event.

4. In *Who were the Fascists? Social Roots of European Fascism 1918–1945*, Oslo 1988, S.U. Larsen/B. Hagtvet/J.P. Myklebust (Eds), Part 6, pp. 586–677, give a broad account of various explanations of the development of the National Unity before and during the war. For the development until 1940 see Hans Olav Brevig, *NS-Fra parti til Sekt* (From Party to Sect), Oslo 1970 and the "official" party history, *Nasjonal Samlings Historiske kamp 1933–40*, Halldis Neegård Østbye (Ed.), Oslo 1943.

5. The best overview of the developments which brought Quisling into contact with the German Nazi leadership is Hans–Dietrich Loock, *Quisling, Rosenberg und Terboven. Zur Vorgeschichte und Geschichte der nationalsozialistischen Revolution in Norwegen*, Stuttgart 1970.

6. The entire Quisling case was published as: *Straffesaken mot Vidkun Abraham Laurz Jonsøn Quisling*, Oslo 1946. For an exellent picture of the person Quisling and his role in Norwegian politics before and after 1940, – a book which also may also serve as a well written history of Norway during the Second World War – see Oddvar K. Høidal, *Quisling. A Study in Treason*. Oslo 1989.

7. In *Norges Litteratur. Tid og Tekst I–III*, Oslo 1989, Willy Dahl has mixed literary-historical epochs with general epochs of social history. And the same is true of the latest complete *Norges Litteraturhistorie, 1974–1984*, Edvard Beyer (Ed.), where there are no clear dimensions of classifications of epochs, but we find a mixture of general historical periodization, periodization according to "great authors" etc. Tom

Christensen, "Nokre prinsipielle merknader til Norges Litteraturhistorie", (Norwegian Literary History: Some Fundamental Considerations), *Norsk Litterær årbok*, 1976, pp. 206–19, argues that the aim of connecting social reality and literature, announced in the introduction to the volumes, has not been fulfilled in the actual text.

8.   For more details see Arne Stai: *Norsk Kultur– og Moraldebatt i 1930–årene*, Oslo 1954, pp. 75–91. and Bjarte Birkeland: "Forfattarmiljø og nazisme i trettiåra", in: Birkeland and Ugelvik Larsen (Eds), *Nazismen og norsk litteratur*, Oslo 1975, pp. 21–31, and for a general overview: Leif Longum, *Drømmen om det frie mennesket*, Oslo 1986, pp. 89–136.

9.   The two general histories of the authors' association during the critical period are: Arne Kildal, *Presse og Litteraturfronten under okkupasjonen 1940–45*, Oslo 1945 and the more authorized version by Alex Brinchmann and Sigurd Evensmo, *Norske forfattere i krig og fred. Den norske forfatterforening 1940–68*, Oslo 1968.

10.   Good critics of Rud are: Alf Håkon Hennø: *Nils Johan Ruds roman "Jeg er ingen proletar", sett på bakgrunn av teorier fra Wilhelm Reichs seksualøkonomi"* Mimeographed, Bergen 1975, pp. 36 48, 61–66, Syvert Bruknapp: *Fra samfunnskritiker til naturdyrker og psykolog? En analyse av Nils Johan Ruds trettitallsromaner.* Mimeographed, Bergen 1980, pp. 26–28, 87–91, 101–02, 111–12 and Ingeborg Westerheim: *Nils Johan Rud: "Jeg er ingen proletar". Hovedpersonen og hans sosiale og medmenneskelige holdninger.* Mimeographed, Oslo 1975. A very good discussion comparing Rud and Rongen is: Geir Vestrheim: "Nils Johan Rud og Bjørn Rongen om bakgrunnen for fascismen". *Syn og Segn*, 1977, pp. 281–91.

11.   An important critic of Rongen is Karin Marie Flo: *Bjørn Rongens Trettitalsromaner.* Mimeographed, Bergen 1972, pp. 56–58, 64–66.

12.   Tønnes Thorson: *Kritikerreaksjoner på Nordahl Grieg: Men imorgen.* Bergen mimeographed, 1972. Leif Anker Andersen: *Om Nordahl Griegs "Vår ære og vår makt"*, mimeographed, Bergen 1976. Ole Petter Holm: *Kritikerreaksjoner på Nordahl Griegs tre siste skuespill og litt om striden omkring dem*, mimeographed, Bergen 1972. See also Olav Størsteln, "1920–åt og 1930 åt i norsk litteratur" in: *Sosialisme og litteratur. Fra Albertine til Zink*, (ed. Helge Rønning), Oslo 1975, particularly pp. 114–116. The "agent of capitalism" theory has been thoroughly discussed in Henry Turner: *Faschismus und Kapitalismus in Deutschland*, Göttingen 1972 and Arthur Schweitzer: *Big Business in the Third Reich*, Bloomington 1964, as well as Daniel Guerin: *Fascism and Big Business* (Eng. transl.), New York 1965.

13.   A book which has served in Norway as some kind of 'scientific' overall interpretation of 'Nazism' is Harald Ofstad, *Vår forakt for svakhet*. En analyse av nazismens normer og vurderinger, Oslo 1971 (In Defence of the Weak, 1979). He offered a set of defining characteristics which Nils–Aage Sørgaard used in his: *Fire forfatterer og norsk fascisme*, Oslo 1973.

14.   Halvorsen (together with Åsmund Sveen and Eyvind Mehle) seems to have been the leading literary figure in the National Unity. He was active in promoting the party ideology with reference to literature, and published in 1943 *I Kampens Hete*, a collection of articles from 1940–43 on politics and literature. One article is on Knut Hamsun, "an author who understands his epoch" (pp. 114–22), and he quotes from *Den siste glæde*, 1912 (The Last Joy) where Hamsun describes with disgust the immense decay of his times. The collection has an 'epigraph': "All great things in this country have been done in disagreement. Of single individuals against the wills of others". Finn Halvorsen is portrayed in *Nasjonalsosialister i Norsk diktning, 1. Samling*, Oslo 1943, pp. 19–25, where Halvorsen also wrote on Hamsun, pp. 9–

18. Halvorsen edited an anthology on modern German authors, *Tyske Dikter. Lyrikk og prosa for vår egen tid*, Oslo 1941.

15. The book has the subtitle: Et innsyn i Norsk Åndsliv (An Insight in Norwegian Cultural Life). The small book was to be one of several in a series where Per Sivle, Henrik Ibsen, Olav Aukrust and Erling Winses were to be presented in "eget skrift" (own issues), but no more appeared.

16. Sveen writes that it was "easy to select from the great authors in the early days, but very hard to find anyone of worth amongst contemporary novelists". Therefore he chose to include much more lyric poetry, since: "In lyric, national qualities are given concentrated expression – sometimes national will, often national spirit", Preface. *Ånd og vilje*, may be compared to the German: Hellmuth Langenbucher, *Volkhafte Dichtung der Zeit*, Berlin 1933. The non-National-Unity anthologies were: Emil Smitt, *Norge i tusen tunger I. Naturen og livet*, Oslo 1941 and Minni Sverdrup Lunden, Rolf Thesen and F.Chr. Wildhagen (Eds): *Hårde tider har vi døyet*, Oslo 1940.

17. Tore Stuberg, "Fra landsviker til Dikterkonge. Knut Hamsun i norsk offentlighet 1945–55" (From traitor to King of Authors. Knut Hamsun and Public Opinion in Norway, 1945–55), *Norsk Litterær Årbok*, 1978, pp. 144–62. He describes three phases in the re-acceptance of Hamsun by Norwegian public opinion: 1) 1945–49 "impaired mental faculties", 2) The publication of *På gjengrodde stier*, in 1949 refutes the diagnosis, and 3) 1949–19.2.52, when Hamsun died. In the first period one needed an individualist-psychological explanation of his Nazism: "he was old and senile". Later, the influence of "neo-criticism" in literature made it possible to distinguish between the "political person" and his art, and one could divide one's praise: enjoy his literature and forget the author and his opinions.

18. Thorkild Hansen's book, *Prosessen mot Hamsun*, 1978 (The Trial of Hamsun) aroused intense debate in Norway. In *Det uskyldige geni? Fra debatten om "Prosessen mot Hamsun"* (The Innocent Genius. From the Debate on "The Trial of Hamsun"), Simen Skjønsberg (Ed.), Oslo 1979, the entire problem of Hamsun's Nazism and treason was unfolded. And most important of all, the method used by Hansen to document and to argue for an apologetic understanding was strongly criticized. Two earlier discussions of Hamsun's Nazism are: Sten Sparre Nilsson, *En Ørn i uvær. Knut Hamsun og politiken* (An Eagle in the Storm. Knut Hamsun and Politics) Oslo 1960 and Arild Haaland, *Hamsun og Hoel. To studier i kontakt* (Hamsun and Hoel. Two Studies in Contact), Bergen, 1957, pp. 45–98). A pioneering study in German is Leo Löwenthal, "Knut Hamsun. Zur Vorgeschichte der autoritären Ideologie", in: *Zeitschrift für Sozialforschung*, 1937. An interesting critique from a neo-marxist perspective is Morten Giersin, John Thobo-Carlsen, Mikael Westergaard-Nielsen: *Det reaktionære oprør. Om fascismen i Hamsuns forfatterskab* (The Reactionary Revolt. On Fascism in Hamsun's Literary Work), Copenhagen 1975. The three critics write in their introduction that "the Hamsun-ian consciousness or ideology was not just some form of reaction to the development of capitalism , but was staged as thé typical fascist reaction" p. 31. Their analyses are strongly oriented against traditional efforts to look on the one side at Hamsun's person as a political figure and on the other side at his literary works. The "two Hamsuns" are inseparable in the opinion of these three critics.

19. See Atle Kittang: "Fascisme og diktning i norsk mellomkrigslitteratur. Nokre refleksjonar og eit riss av tre romanunivers", in: *Nazismen og norsk litteratur*, op.cit. pp. 32–56. "A fresh look" at literature sponsored by the National Unity was written by Einar Økland, "Okse med snipp 1940–45" (An Ox with Collar), in: *Bazar*, No. 1, 1975, pp. 52–62. A short story from National Unity circles was republished and

Økland raised the question: Was the ultra-Right literature as bad as we are told? Is there not a need to look at it with fresh eyes?

20.   See Jorulf Haugen: "I de arbeidsløses hær. Ingvald Svinsås og trilogien om Oluf" (In the Army of the Unemployed. Ingvald Svinsaas and the Trilogy about Oluf), in: Norsk Litterær årbok, 1977, pp. 91-105. A very vivid picture of similar experiences as described in Svinsås' novel, is given in the autobiography by the ex-National Unity member, Asbjørn Elden, *Oppgjør* (The Settlement), Oslo 1979.

21.   See Leif Longum, *Et Speil for oss selv* (A Mirror for Ourselves), 1968, pp. 35-6 and Olaf Øyselbø, *Etterkrigsprofiler (Post-war Profiles)*, Oslo 1957, pp. 86-91.

22.   A very clear statement of the danger of nationalism and the ease with which it can be distroted, is to be found in Nordahl Grieg's essays in: *Veien Frem* (Selected Articles), Oslo 1974, particularly p. 170.

23.   The trilogy is discussed in Audun Skrytten: *"Hos det ene mennesket er prøven din" Fra ensomhet til fellesskap. En analyse av hovedpersonens utvikling i Sigurd Evensmos romantrilogi "Grenseland", "Flaggermusene" og "Hjemover"*", Bergen 1973, pp. 92-95. A fine analysis of *Oppbrudd etter midnatt*, gives Leif Longum's article: "Tidløshet og samtidshitorie. Tre forfattere - tre romaner - og noen betraktninger omkring nazisme, individ og samfunn i norsk diktning, in: *Nazismen og norsk litteratur*, op.cit. pp. 200 205. See also Olaf Øyslebø, *Etterkrigsprofiler* (Postwar Profiles), Oslo 1957, pp. 24-30, 41-7.

24.   See Leif Longum: *Et speil for oss selv. Menneskesyn og virkelighetsoppfatning i norsk ettekrigsprosa.* (A Mirror for Ourselves. Human Perspective and World-view Realism in Norwegian Post-war Prose), Oslo, 1968, pp. 206-22, where he discusses the idea behind Borgen's portrait of Lillelord. Longum sees Lillelord as an example of the many-roles-individual with several options for his life (p.208), and thus he finds Borgen's portrait of the "who" a much more complex picture than a first reading of the novel may bring out. Se also Arild Haaland: "Lillelord, eller friheten som baklås" (Little Lord or Liberty as a Closed Door) in: *Nazismen og norsk litteratur*, pp. 159-72.

25.   An interesting critique is written by Sigurd Aa. Aarnes: "Det ondes problem" - nazismen i Jens Bjørneboes diktning" (The Problem of Evil. Nazism in Bjørneboe's Literary Work), in: *Nazismen og norsk* litteratur, pp. 183-94.

26.   Among other novels Sigurd Senje's *Quislings gutt*, 1973 (Quisling; Boy), exemplifies the attempt to explain how the idealized "why" among previous National Unity members could be compared and contrasted to the "why" of the contemporary 1968 neo-Marxist generation. In Torleif Throndsen's *Uviss vei i ukjent terreng*, 1981 (Uncertain Road in Unknown Terrain), we find an example of a typical documentary book treating the "whos and whys". Oddmund Hagen's *Mai 1945*, Oslo 1987, is a more recent novel describing the treatment of the "whos" during the days when the occupation was over. Fredrik Skagen's *Alte Kameraden*, published this year, is one of the most recent accounts of old Nazis and of neo-Nazis.

27.   See Leif Longum: "Tidløshet og samtidshistorie. Tre forfattere - tre romaner - og noen betraktninger omkring nazisme, individ og samfunn i norsk diktning" (Beyond Time and Contemporary History. Tre Authors - three Novels and some Notes concerning Nazism, Individuals and Society in Norwegian Literature), in: *Nazismen og norsk litteratur*, op.cit. pp. 205-7.

ZUSAMMENFASSUNG

Zwei Tendenzen in der neueren Geschichte Norwegens können als Voraussetzungen für den norwegischen Nazismus angesehen werden: ein Nationalismus, auf den man sich im Laufe der historischen Entwicklung gestützt hatte und von dem man sich auch in der Zwischenkriegszeit Schutz versprach, sowie ein radikaler Kommunismus, der sich von 1918 bis 1933 in der Norwegischen Arbeiterpartei inkorporiert hatte und Anlaß zu Befürchtungen einer bevorstehenden politischen Revolution in Norwegen war. Es erschien deshalb paradox, daß die "Nationale Sammlung" 1940 so wenig Zulauf hatte und weder der Appell zu radikalem Nationalismus noch die Angstmache vor einem revolutionären Kommunismus die Wähler in Quislings Partei trieb. Obwohl Norwegens berühmtester Schriftsteller, der Nobelpreisträger Knut Hamsun, die Partei aktiv unterstützte, schienen die maßgeblichen intellektuellen Kreise fast immun gegenüber dem Nazismus, was mit der ideologischen Hegemonie linksradikaler Autoren in der Zwischenkriegszeit zusammenhängen mag. Es sind denn auch diese Autoren, z. B. Bjørn Rongen und Nils Johan Rud, die in der Vorkriegsliteratur die Frage des "Who and Why" aufnehmen und das soziale Milieu und die Hintergrundverhältnisse heranziehen, um zu erklären, weshalb ihre Protagonisten keine Nazis wurden.

Untersuchungen zur Frage, ob in der Literatur vor 1940 ideologische Wurzeln für eine faschistische Disposition zu finden seien, halten ein beträchtliches Potential an faschistischem Gedankengut fest. Das Paradox, weshalb der Faschismus/Nazismus in Norwegen dennoch keine starke Verbreitung erfuhr, könnte teilweise damit zusammenhängen, daß die nationalen Züge in der Literatur und die Betonung des Individualistischen für die norwegische Literatur überhaupt charakteristisch waren. Sowohl die Nazis als auch ihre Gegner konnten diese Tendenzen ausnützen, wie es auch aus den literarischen Anthologien der ersten Kriegsjahre abzulesen ist.

Vor ein ähnliches Dilemma stellt die Frage nach der Rolle Knut Hamsuns während des Krieges. Er wurde als Nazi und damit auch als Landesverräter verurteilt, weil in Norwegen Nazismus und Landesverrat gleichgesetzt wurden. Die Diskussion der letzten Jahre warf allerdings die Frage nach der Definition des Begriffs Nazi auf. Man versuchte, Hamsuns Werk auf nationalsozialistisches Gedankengut hin zu untersuchen, aus dem sein Nationalsozialismus hergeleitet werden könnte. Dieser Versuch einer Verbindung von Dichtung und politischer Handlungsweise brachte keine Abklärung und die Diskussion läuft weiter.

In der Nachkriegszeit wurden die Erklärungsversuche für die Hinwendung der Menschen zum Nazismus ein wichtiges Motiv. Es gibt wohl kein politisches Geschehen, das wie der Faschismus und der Krieg die Literatur in so hohem Maße beeinflußt hat und bis heute aktuell geblieben ist. Zahlreiche Romane und Dramen präsentieren Modelle, in denen die Gründe für das "Who und Why" untersucht werden. Vor dem Krieg sind es hauptsächlich individualpsychologische Modelle, die auf der Psychoanalyse basieren, wie sie durch das Exil von Wilhelm Reich nach Norwegen vermittelt wurde, zum Teil sind es soziostrukturelle Modelle der Linken mit dem Gewicht auf den Gesellschaftsverhältnissen und der Wirtschaftskrise. Nach dem Krieg dominieren Erklärungsmodelle, die individualpsychologische oder existentialistische Faktoren betonen. Die Erfahrungen des Krieges und der Okkupation hatten auch dazu geführt, daß die Schriftsteller nun den Nationalsozialismus aus der Praxis kannten und ihn anders sahen als vorher. Unter dem Einfluß des Machtapparates der deutschen Besatzung gaben sich Norweger her zu Ausführung grausamer Handlungen gegen ihre Landsleute und ließen sich auch als Ostfront-Freiwillige werben. Der Begriff "Nazismus" erweiterte sich und es kamen Romane, die vor allem die Spannungen darstellten, wie Menschen mit gleichem Hintergrund diametral verschiedene Wege einschlugen. Die Erfahrungen aus der Lebenspraxis waren erschreckender als man es sich vorher vorgestellt hatte, und die Erklärungen komplizierten sich. Jeder konnte zum Nazi werden, das "Böse" lag latent in jedem einzelnen und die Voraussetzungen für die individuellen Reaktionsmuster waren schwer zu erkennen.

Leif Longum, Bergen

FASCISM AS A TIMELESS SYMBOL OF EVIL IN NORWEGIAN LITERATURE

Norwegian historians and sociologists have told us much about the Norwegian fascists: who they were, what their motives were for joining the Nazi party, what punishment they were given after the war etc. *My* question, as a literary historian and critic, is whether we can get some additional information from an analysis of Norwegian imaginative literature.

I may just as well confess, from the beginning, that I am sceptical about the usefulness of analysing a body of novels, plays and poems with the standard tools of sociology. First of all you need a large number of books to be able to draw any reliable conclusions. More importantly: novels and other forms of literature are primarily works of the imagination, not a direct mirroring of reality, even in cases where they treat contemporary events.

Nevertheless, I believe that literature offers insights that cannot be gained from any other source. This insight – arrived at by analysing the complex whole of a literary text – can seldom be presented in the form of hard facts. Instead, it may throw light on the elusive dialectic between the individual and society, private experience and historical reality, and on the ideologies and ways of thinking that shape people's awareness of social phenomena, including fascism.

Hitler's "Machtübernahme" in 1933, and the founding, the year after, of Quisling's Norwegian counterpart to the German NS-party, suddenly turned European fascism into something more than a vague threat, too distant to be felt as a real challenge. The arrival of political refugees from Germany, like the young Willy Brandt and Wilhelm Reich, one of Freud's collaborators, who had developed his own radical brand of psychoanalysis, also gave Nazism a new reality. Many of the leading Norwegian writers of the time, with the notable exception of Nobel prizewinner Knut Hamsun, were now mobilized to defend the democratic and humanitarian values rooted in Norwegian society. A broad anti-fascist alliance, which cut across the traditional party lines between radicals and conservatives, did much to awaken a general awareness of the danger represented by Nazism.

The opening of the Moscow trials in 1936 turned this loose alliance into an anti-totalitarian crusade, directed against Stalinism as much as against fascism and national socialism. As a result, the communists were increasingly isolated in the last years before the outbreak of the war in 1939.

Apart from direct warnings against totalitarianism, mostly in the form of essays, polemical articles and poems, the nature of fascism was taken up in the 1930s, more indirectly, in fictional form. A major source of inspiration for these novels was Wilhelm Reich and his *Massenpsychologie des Faschismus*, published in 1933, the year before he arrived as a refugee in Oslo. Reich, in his attempt to combine psychoanalysis and Marxism, analysed fascism in the light of the postulated character structure of the German masses. The reason why so many of the German working-class supported Hitler, against their own interest, was, according to Reich, the sexual repression of a capitalist-patriarchal society. In Oslo Reich became a central figure in radical circles from 1934 until he left for the United States in 1939, and his influence is clearly seen in books written both in the 1930s and after the war.

For the majority of Norwegians, totalitarianism became an immediate concern only with the Nazi occupation in the spring of 1940, so much so that even today the term "nazist" is used more or less synonymously with the terms "traitor" and "collaborator". A result of this is that a large part of the literature written on fascism in Norway has as its background the five years of German occupation. What is characteristic about this literature may, in a very simplified way, be summed up thus:

1. Although dealing with emotionally charged issues – high treason, torture, murder – it contains very little hatred and self-righteousness. I find this fact striking, because the writers represented the side of the victor, those who fought the good fight against the evil of fascism. Instead of a flat condemnation of those who chose the wrong side, we find that the dominating tone is one of self-scrutiny and self-reproach. What respons-ibility have *we*, the "just", for those who became fascists? Could we have hindered their treason?

2. In discussing the question of why some Norwegians turned to fascism, the writers tend to seek the answers in the individual's past; that is: through psychological rather than sociological models, with special emphasis on psychoanalysis.

3. A consequence of this stress on individual factors and psychological models of understanding is that fascism is often seen as a symbol of the irrational or destructive forces in man, or, when the attempt to give a rational explanation fails, as an expression of the timeless evil at the root of man's existence.

If you are willing to accept these sweeping generalizations for the sake of my argument, the pressing question is of course: how are we to explain these characteristics found in much of the literature written about fascism in Norway? I want to approach an answer by commenting briefly on four writers and four novels.

The first novel is *Meeting at the Milestone* (1947) by Sigurd Hoel, one of the outstanding novels about the occupation period, translated into several languages. Sigurd Hoel, born in 1890, was himself one of the central figures of our literary scene for two generations, admired and attacked both for his novels and for his active part in the social and political debates from the 1920s until he died in 1960. He represented from the beginning of his career the radical tradition which has been a strong element in Norwegian literature from the time of Ibsen: critical of all forms of superstition and conventionality, and at the same time a spokesman for the utopian dream of the free individual, a dream also underlying much of Ibsen's work. Both Hoel's criticism and his utopianism had been strongly influenced by psychoanalysis; at first with Sigmund Freud as his main source of inspiration, later, in the 1930s with Freud supplanted by Wilhelm Reich.

Wilhelm Reich came to Norway as a refugee in 1934, and lived in Oslo until his departure for the States in 1939. Sigurd Hoel became one of Reich's close friends and collaborators during the years he lived in Oslo. Hoel underwent analysis with Reich, served as editor of Reich's German-language review *Zeitschrift für politische Psychologie und Sexual-Ökonomie*, popularized Reich's theories in articles and lectures, and used the theories – especially as they were formulated in *Massenpsychologie des Faschismus* – in his own novels.

In the novel *Fourteen Days before the Frost* (1935), Hoel seemingly deals with a purely individual problem: the midlife crisis of a successful doctor. But in *Meeting at the Milestone* (1947) Hoel rewrites his novel of 1935, and with an important difference: the background for the story is now the German occupation, and the question of an individual crisis is related to the more general question: Why did some people turn to fascism?

The narrator and central character of Hoel's novel has a special reason for asking just this question. He is engaged in the Norwegian Resistance movement, and has been forced to go into hiding while waiting for an escape to Sweden. In this situation of inactivity his thoughts return again and again to some of his friends from student days in Oslo, many years ago. Several of them have become members of Quisling's Nazi party or active collaborators. Why? He, who knew them in an important phase of their lives, ought to have some clues to an answer.

He starts to write down what he remembers of these student friends and their lives together, hoping that an answer will gradually be revealed. From the beginning he sees himself as the detached observer, but very soon finds himself more and more involved in the story. He was one of the group, with a similar background – now they are on opposite sides. *He* is "the blameless", as he ironically calls himself, while they have chosen to serve the enemy. He tentatively tries out a psychological explanation – in line with Wilhelm Reich's theories: they are emotional cripples, imprisoned in a character–structure formed by an authoritarian upbringing in a repressive society. Some of the individual life–stories he puts together fit fairly well with both Reich's and later theories, as for instance, that of "the authoritarian personality", the well–known Californian project after the war. But not all of these life–stories fit the theories. Above all there is the complicating factor of the man himself. He is *not* "blameless", far from it: his own cowardliness and fear of life have had an effect on other people's lives. This comes out most dramatically when he is confronted with a young Nazi, the spitting image of himself, who turns out to be the unknown child that he once renounced. "I saw that Nazism was our own illegitimate child."

In the end, after a series of events that show Hoel as a master story–teller, the narrator admits his failure. He has not found the roots of Nazism; the fate of his student friends remains, for the most part, a riddle. But his search for the past has changed the focus of his inquiries. It is no longer a question of a clear dividing line: *they* against *us*. Fascism is rather a shared failure, "something rotten" that we are all responsible for and have to fight against. What I would like to stress in connection with Hoel's novel is his ambiguity: on the one hand he represents the old psychological individualism that psychoanalysis strengthened but did not change. On the other hand his experience of the evil of national socialism turned out to be too overwhelming to be contained in neat psychological categories. This unresolved tension is felt in the novel, and adds to its power.

Sigurd Hoel and the next writer on my list, Ronald Fangen (1895–1946) were both important figures in the informal anti–fascist and anti–totalitarian alliance that appeared towards the end of the 1930s, but represented opposing camps: Hoel a spokesman for the radical side, Fangen for the conservative one.

After a personal crisis, Ronald Fangen joined the international Christian revival known as the Oxford or Group movement, when it was introduced into Norway in 1934, and published a book with the title *A Christian World Revolution* (1935). Here he expressed his new–found conviction that only a re–affirmation of Christianity could serve as an effective bulwark against the threat of totalitarianism.

After Norway was occupied in 1940, Fangen was arrested by the Germans, and spent a short period in prison for having published an outspoken article against totalitarian ideologies. During the last years of the occupation, he wrote the novel *An Angel of Light*, published just after the war, in 1945. The question Ronald Fangen focuses on, is exactly the same one that Sigurd Hoel later discussed in *Meeting at the Milestone*, and his answers are as tentative as Hoel's, but based on a different understanding of man and society.

The biblical quotation Fangen has placed at the beginning of the novel indicates his Christian perspective: "Satan himself recreates himself as an angel of light." The deeper implications of this religious perspective become clear as the story unfolds. The narrator is a young priest, who reads in the paper one day in 1943 the death notices of two younger cousins of his: the one has died in a German prison, the other fallen in battle as a soldier fighting on the side of the Germans in Russia. He has known them both from their childhood, he has seen them develop a close friendship and mature into idealistic young men. But in the last years before the war they parted ways, the one finding his answers to the crisis of the time in a Christian humanism, the other joining the Nazi party of Norway, led by Quisling. When Norway was occupied in the Spring of 1940, the one fought against the invaders and later joined the Resistance Movement, the other went as a volunteer to the Eastern Front.

The narrator tries − by telling the story of these two men who seemed so similar to start with, gifted, privileged, idealistic − to understand why their lives turned out so differently. What he sees is how a need for spiritual meaning in chaotic times can be perverted into "satanism", an ideal striving ending in fanatic blindness.

Ronald Fangen − who very much identifies with the narrator − understands the problem of nazism or "satanism" in psychological terms. He shared with Hoel an early interest in psychoanalysis, but found more inspiration in Alfred Adler's version of Freud than in Wilhelm Reich's attempt to combine psychoanalysis with Marxism. In trying to understand how youthful idealism may lead to fanaticism, he concentrates his interest on the individual's need for spiritual meaning, not on traumatic events in his characters' past. Nazism in this way becomes just one of several quasi-religions available to fill the void left by the breakdown of traditional religion in Western societies.

While the theme of Fangen's novel is important enough, his presentation of it is not wholly sucessful. Parts of the novel read like essays that are not integrated in an artistic whole.

The third of the writers I want to present, Kåre Holt (*1917), has written several psychological novels set during the German occupation. Like Ronald Fangen, Kåre Holt is not primarily interested in finding causal explanations, but does not share Fangen's religious perspective. He is at the same time more experimental in his approach than his two older colleagues, especially in the novel *The Great Crossroads* (1949).

The novel starts out in a seemingly traditional, realistic fashion. A young man is on a desperate mission one light spring night. He wants the daughter of a well-to-do farmer, and will let nothing stop him. He arrives at the farm, and as he enters the kitchen, he suddenly hears the sound of airplanes, flying northward, towards Oslo. It is the morning of the 9th of April 1940, the beginning of the German attack on Norway. In the silence that follows, a door is opened, and he finds himself face to face with the father of the girl. But instead of living up to the vision of himself as a ruthless suitor, he falls back into an old role – the poor outsider, feeling despised in the farm community, and always conscious of his need for the good-will of its powerful representatives.

From this opening scene Kåre Holt follows the fate of his protagonist Christian through the five years of German occupation. He becomes a collaborator, never taking a definite stand against the enemy, but keeping all options open.

If Kåre Holt had limited himself to telling a realistic story in traditional manner, it would have been only one of a group of similar stories about individuals and their reaction to the occupation, its challenges and temptations. But Holt has a more ambitious project: instead of following just one life story from a dramatic starting point, he goes back to the "crossroad", the decisive moment in a person's life. That is: he goes back to the scene with the young Christian facing the farmer, and the sound of German airplanes above. But now Kristian – as his name is changed to – reacts when the man comes towards him: he knocks him down with the axe he is carrying. Now he is a murderer and, feeling he has nothing to lose, he therefore starts on a road that leads him to his final end as a Nazi torturer.

Kåre Holt then returns, and now for the last time, to the kitchen scene: this time the renamed Chris happens to catch a glimpse through a window of the airplanes in the sky, and suddenly feels that the threatening father and everything else, are unimportant. War has broken out, and he soon finds himself fighting against the invaders, as a member of the Resistance movement.

Summarized as briefly as this, without the concrete details and the poetic language of an experienced storyteller, Kåre Holt's experimental narrative may seem contrived. He is obviously not interested in psychological realism, but in trying out the implications of an existential view of man. If our lives are not determined by heredity and environment, there is little point in just going back to the past, as Hoel does. What counts is being conscious of the choices we make and the actions we take. Or, as Kåre Holt puts it: "whatever you do is you."

In much existential thought, man's freedom is postulated. In *The Great Crossroads* the situation is not as clear-cut. For the reader it is difficult to see the three roads that his main character – in three different versions – follows, as the result of a conscious act of the will. Instead one gets the impression that circumstances play an important part, and the philosophical question of determinism/indeterminacy is left open. What Kåre Holt instead demonstrates is how a search for causal explanations easily ends in resigned acceptance of what the past has made us into. He wants to re-direct our interest towards the individual's future, and with a moral appeal: Be conscious of what you do! Your actions will one day speak for you!

The last of the writers I want to present, Jens Bjørneboe, born in 1920, represents our post-war generation. When he committed suicide in 1976, he had for two decades been one of our most controversial writers, in constant revolt against what he saw as an authoritarian society. He was – and has remained since his death – very much a cult figure among the young, more widely read than most of his contemporaries.

On several occasions Bjørneboe has told of a traumatic experience that, in his own opinion, shaped his subsequent writing career. On a beautiful summer day in the 1930s, when he was about fifteen, he started to read a book about the German concentration camp of Oranienburg. As he read, the world around him changed colour, and he knew that it would be like this forever. For the glimpses of the camp reality were such that they could not be forgotten. He had lost his innocence ...

In Bjørneboe's first novel, *Before the Cock Crows* (1952), it is the narrator who tells this story. He is a Norwegian writer, who has gone to Germany just after the war in order to find the truth about the medical experiments carried out in the concentration camps. He feels compelled to carry out this mission, hoping to find some peace of mind in the end. In the midst of the ruins of Germany he hears about one of the doctors involved in these experiments, and he reconstructs what becomes the major part of the novel: the story of Dr. Reynhardt. This Reynhardt is a prototype of the ambitious scientist, engaged in his scientific work, but managing to keep his private life and emotions completely apart from his work: at home, the caring husband and father, at work, in the concentration camp, willing to do anything in the name of scientific progress.

On one level, Bjørneboe's novel can be read as an attack on the ideal of scientific objectivity: when the human element is sacrificed, the result is a fateful split, which fascism carried to its logical extreme. "To the memory of the victims of that blindness of heart, and coldness of mind which have long characterized modern science", Bjørneboe writes in the dedication to the novel. Bjørneboe also makes it clear that his story is not only a story of nazism: "The action is possible in other countries, and other forms of government than those depicted here."

On another level, Bjørneboe wants to demonstrate the limitations of psychological models based on a deterministic view of man. To Bjørneboe, evil is a fundamental, existential fact. But so is human love and – freedom. Man is seen as a battleground for conflicting forces, and fascism just a new illustration of man's eternal capacity for cruelty to his own kind.

This last theme Bjørneboe returned to again and again, and with increasing artistic success. In *Before the Cock Crows* (1952), he has not yet solved the problem that Ronald Fangen was also confronted with: how to communicate a vision of evil in a form that transcends the narrow confines of realistic fiction? In one of his last and perhaps his greatest novel, *The Moment of Freedom* (1966), Bjørneboe finally made his vision come alive. But fascism is now only one of several examples of what the narrator calls his "History of Bestiality".

Four writers, four novels, are obviously too little to give a complete picture of the way fascism appears in Norwegian post-war literature. But I think these novels give sufficient material to illustrate the generalizations I have made.

As I have already pointed out, the overriding problem taken up in much of this literature, is this: why did some individuals become fascists – and what responsibility do we, "the just", have for their fate? For all their differences, I find a common ground in the four novels mentioned, namely a lack of self-righteousness or hatred, a stress on psychological rather than sociological models of understanding, and – finally – a tendency to see fascism as a symbol of destructive forces in man or the ever-present evil in human existence.

What has remained unanswered so far, is the question of *why* Norwegian literature about fascism shows these particular traits. Are similar characteristics to be found in the literature of other countries occupied by the Germans during World War II? I do not know, since I have not carried out relevant comparative studies. My impression, for what it is worth, is that Norwegian literature is a special case. If so, the search for an explanation may point towards certain features of Norwegian society and literature. Let me just mention some possible factors: the democratic and egalitarian tradition of Norway; the individualistic morality exemplified in the works of Ibsen, a living influence in Norway for more than a hundred years; the dominant interest in psychology, rather than philosophy or sociology, that for long characterized influential intellectual groups; a reaction against a deterministic view of man, strengthened both by religious beliefs and by existential philosophy, introduced after 1945.

LITERATURE

Both Sigurd Hoel and Jens Bjørneboe have recently been introduced to an English-speaking audience:

Sverre Lyngstad: *Sigurd Hoel's Fiction. Cultural Criticism and Tragic Vision.* Greenwood Press, Westp.Conn./London 1984.

Janet Garton: *Jens Bjørneboe. Prophet Without Honor.* Greenwood Press, West.Conn./London 1985.

Hoel, Holt and Bjørneboe are also among the writers discussed in a collection of essays on "Nazism and Norwegian Literature": Bjarte Birkeland & Stein Ugelvik Larsen (ed.): *Nazismen og norsk litteratur.* Universitetsforlaget Oslo/Bergen/Tromsø 1975.

ZUSAMMENFASSUNG

Über den Nationalsozialismus/Faschismus in Norwegen gibt es eine umfassende Literatur, die das Thema teils wissenschaftlich, teils journalistisch oder auch belletristisch angeht.

Was die Erzählliteratur über den Nationalsozialismus und die Okkupation betrifft – zwei Phänomene, die in der norwegischen Literatur schwer zu trennen sind – besteht die Möglichkeit, diese mit gesellschaftswissenschaftlichen Methoden zu analysieren. Der Verfasser ist allerdings skeptisch in bezug auf die Zweckmäßigkeit eines solchen Vorgehens. Sein Ausgangspunkt ist der, daß die fiktionale Literatur Einsichten vermitteln kann, die andere Arten von Quellen nicht zu vermitteln vermögen, daß aber diese Einsichten sich nicht als eindeutige Fakten erfassen lassen.

Eingangs werden einige charakteristische Merkmale dargelegt, die einen Großteil der Besatzungsliteratur kennzeichnen:

1. Sie enthält wenig Gefühle wie Haß oder Selbstgerechtigkeit, und dies obgleich sie so emotional geladene Themen wie Landesverrat, Tortur und Mord behandelt und zudem von Autoren geschrieben wurde, die auf seiten der "Sieger" standen. Die Autoren stellen viel eher die Frage, welche Verantwortung *wir*, die Gerechten haben, daß Menschen zu Nazis und Landesverrätern wurden.

2. Die Antworten auf diese Fragen finden viele der Autoren weniger in historischen und soziologischen als in individualpsychologischen Verhältnissen, besonders mit Hilfe von psychoanalytischen Einsichten.

3. Eine Konsequenz der Betonung dieser individuellen Faktoren oder psychologischen Erklärungsmodelle ist, daß der Nationalsozialismus/Faschismus als Ausdruck destruktiver und irrationaler Kräfte im Menschen gesehen wird, oder aber – falls rationale Modelle nicht ans Ziel führen – als Symbol des zeitlos Bösen.

Diese drei Punkte werden aufgrund einer kurzen Darstellung von vier Okkupationsromanen vertieft dargestellt: Sigurd Hoels *Møte ved milepelen*, 1947 (*Begegnung am Meilenstein* 1972), Ronald Fangens *En lysets engel*, 1945 (Ein Engel des Lichts), Kåre Holts *Det store veiskillet*, 1949 (Der große Scheideweg) und Jens Bjørneboes *Før hanen galer*, 1952 (Bevor der Hahn kräht). Die Untersuchung schließt mit der Andeutung einiger möglicher Erklärungen für die gemeinsamen Züge, die dieser Art von Literatur eigen sind.

FASCISM AND LITERATURE IN NEUTRAL COUNTRIES

Beatrice Sandberg, Bergen

DER "SONDERFALL SCHWEIZ": VOM MYTHOS ZUM ALPTRAUM IN DER LITERARISCHEN AUSEINANDERSETZUNG MIT DER FASCHISTISCHEN BEDROHUNG

Im Mittelpunkt der folgenden Ausführungen stehen die Überlegungen: Wie widerspiegeln sich Faschismus und faschistische Bedrohung in der schweizerischen Literatur zwischen 1933–1945, und wie haben sich Schweizer Schriftsteller retrospektiv, also nach 1945, damit auseinandergesetzt? Ist die Frage nach dem "Who and Why" relevant in der Schweizer Literatur?

Wenn dabei von "Schweizer Literatur" die Rede ist, ist das insofern ein problematisches Unterfangen, als es eine schweizerische Nationalliteratur nicht gibt, weder vom Sprachlichen, Thematischen noch vom Stilistischen her[1]. Das schweizerische Literaturschaffen entfaltet sich, entsprechend den vier Sprachen, in autonomen Regionen, die kulturell nach den drei großen Sprachräumen Frankreich, Deutschland und Italien ausgerichtet sind, von denen sie vitale Impulse empfangen. Gleichzeitig aber ist jede von ihnen in den politischen und sozialen Strukturen der schweizerischen Wirklichkeit verankert. Das heißt für unsern Fall, daß die drei Hauptliteraturen zwar aus einer gemeinsamen politisch-staatlichen Grundstruktur erwachsen, sonst aber verschiedenen kulturellen Impulsen ausgesetzt sind. In Phasen politischer Entscheidungen oder notwendiger kultureller Stellungnahmen stellt sich daher immer die Frage, was stärker ist, das gemeinsame politisch-nationale Element oder die unterschiedliche kulturelle Zugehörigkeit. Übertragen auf unser Thema heißt das: Ist die Reaktion auf den Faschismus in der Literatur ungefähr die gleiche in den drei Regionen, also eine eidgenössisch einheitliche, oder gibt es Unterschiede entsprechend der sprachlichen und kulturellen Zugehörigkeit?[2]

Die Untersuchung konzentriert sich auf die deutschsprachige Literatur der Schweiz, doch soll kurz, auf der Grundlage der wenigen bis jetzt vorliegenden Darstellungen, der Befund der französisch- und der italienischsprachigen Literatur der Schweiz zum gestellten Thema skizziert werden. Zuvor sei aber die geschichtliche Situation der Schweiz seit dem Ersten Weltkrieg kurz angedeutet.

Geschichtliche Situation

Die Industrialisierung brachte eine Verschiebung der im 19. Jahrhundert bestehenden Fronten zwischen Freisinnigen und Katholiken. Die Entstehung der Arbeiterbewegung und die Gründung der sozialdemokratischen Partei führte zu einer allmählichen Trennung der Bevölkerung in ein bürgerliches Lager und die Arbeiterschaft. Der Erste Weltkrieg kam für alle Teile vollkommen überraschend und traf die Schweiz politisch und versorgungstechnisch völlig unvorbereitet. Während die deutsche Schweiz wirtschaftlich und kulturell nach Deutschland ausgerichtet war und mit Deutschland sympathisierte, waren die Westschweizer mehr nach Frankreich und Italien orientiert. Die Wahl von Ulrich Wille, einem verwandtschaftlich und sympathiemäßig mit Deutschland verbundenen Mann zum General der Armee, vertiefte den Konflikt zwischen den Kulturregionen, der sich erst wieder beruhigte, als die offizielle Schweiz auf Seiten der Siegermächte dem Völkerbund beitrat.

Neben der durch den Ersten Weltkrieg verstärkten kulturellen Kluft machten sich soziale Spannungen bemerkbar. Der Radikalisierung der Arbeiterschaft durch die Ereignisse in Rußland antwortete die bürgerliche Seite mit einer Konsolidierung ihrer Interessen, denen sich auch die Bauernpartei anschloß. Der Machtkampf führte während der Wirtschaftskrise ab 1920 zu verschiedenen Konflikten, resultierte aber auch in Sozialreformen. Die Industrie hatte sich erst knapp erholt, als mit der Weltwirtschaftskrise von 1930 auch die Schweiz erneut hart betroffen wurde. Die Krise griff auf den politischen Sektor über, der durch die Ausnahmebestimmungen des Ersten Weltkriegs und der Krisenbekämpfung recht undurchsichtig und handlungsuntüchtig geworden war. Der Ruf nach fester Steuerung und die Angst vor dem drohenden Bolschewismus gaben rechtsextremen Strömungen Aufwind. Organisatorische Keimzelle wurde eine Studentengruppe der Hochschulen in Zürich, die selbst nicht faschistisch war, aus der sich aber die "Nationale Front" abspaltete, was Anlaß zu weiteren Gruppenbildungen gab. Ihre Angriffe galten dem Staat, der Gesellschaft, der Politik und der Wirtschaft, doch waren sie gekennzeichnet durch innere Zersplitterung und gegenseitige Rivalitäten, so daß sich ab 1935 die ersten Gruppen bereits wieder auflösten. Einen Höhepunkt erreichten die Auseinandersetzungen 1932 in Genf, als ein Militärkommando beim Schutz einer faschistischen Versammlung gegen die Demonstranten schoß und 13 Menschen umkamen. 1935 bekam die "Nationale Front" einen Vertreter im Nationalrat. Ab 1940 waren die meisten Bewegungen aufgelöst, nach 1943 existierten keine mehr. Die rechtsextremistischen Kräfte hatten im Zuge der Erneuerungsbestrebungen eine Totalrevision der Bundesverfassung vorgeschlagen, die jedoch vom Volk mit massiver Mehrheit abgelehnt wurde. Trotz wechselnder Sympathien von seiten des Mittelstandes und der Bauern vermochten die faschistischen Bewegungen im Volk nicht Fuß zu fassen. Sie brachten es, trotz rund 300 Organisationen, auf nie mehr als 1,5% der Wähler oder 9 200 Parteimitglieder.[3] Die zunehmende Kriegsgefahr führte zudem zu einem Zusammen-schluß der rivalisierenden Lager, und im "Friedensabkommen" von 1937 zwischen dem Industriellenverband und dem größten Gewerkschaftsbund verzichteten die Arbeiter auf jegliche Kampfmaßnahmen (Streikrecht). Bis heute regeln die Partner ihre Interessen in Form einer Sozialpartnerschaft. Die Folge war eine Integration der Sozialdemokraten in den bürgerlichen Mittelstand, was zu einer Dominanz der sogenannten Mittelposition führte (in der Literatur ironischer ausgedrückt als "Heroismus der Mitte"), eine der schweizerischen Wirklichkeit angemessene Position, wie man fand. Abweichungen nach rechts oder links hatten seither einen geringen Toleranzraum in diesem Gesellschaftssystem, was seit den sechziger Jahren zunehmend kritisch beanstandet wird.

Der Ausbruch des Zweiten Weltkriegs traf die Schweiz, im Gegensatz zum Ersten Weltkrieg, militärisch, sozial und wirtschaftlich gut vorbereitet. Durch die Wahl des Westschweizers Henri Guisan zum Armeegeneral gelang ein günstiger Ausgleich zwischen den Sprachregionen, doch war der Druck von außen diesmal ungleich stärker und die psychische Belastung nach der Kapitulation Frankreichs enorm, als das Land von den Achsenmächten völlig eingekapselt war. Die Angst und Unsicherheit kulminierten 1940 in einer Stimmung des Defaitismus. Unverhohlen geäußerten Demobilisierungsabsichten und Anpassungsbestrebungen in den obersten politischen und militärischen Organen begegnete der General mit einem mutigen Akt der Beorderung aller Offiziere zum "Rütlirapport" an historischer Stätte und dem Aufruf zu Widerstand und Durchhaltewillen.[4] Ebenso wichtig für den moralischen Widerstand war Guisans Durchsetzung der "Réduit"-Idee, der Bildung einer Zentralraumstellung oder Kernzone, die mit allen Mitteln zu verteidigen war, während die wichtigen Industriegebiete des Mittellandes preisgegeben werden sollten. Was auf die einheimische Bevölkerung wie eine Flucht oder ein Rückzug wirkte, weckte Zuversicht in der Armee und erschien Nazi-Deutschland als ein Ausdruck verstärkten schweizerischen Verteidigungswillens.[5]

Die dominante Politik der Anpassung und des Nichtprovozierens von seiten der Behörden führte andererseits zu Maßnahmen, die katastrophale Folgen hatten und die Schweiz mitschuldig machten an den Kriegsverbrechen. Dazu gehört der Vorschlag des Chefs der Schweizerischen Fremdenpolizei, Heinrich Rothmund, zur Einführung des berüchtigten Judenstempels zwecks Erkennung jüdischer Flüchtlinge unter den Reisenden und als Schutz gegen die unerwünschte Einwanderung "wesensfremder Elemente". Letztere waren für Rothmund vor allem osteuropäische Juden, die er für nicht assimilierbar hielt.[6] Die Maßnahme wurde am 10. November 1938 durch einen Notenwechsel zwischen Bern und Berlin eingeführt. Als 1942 die Flucht jüdischer Verfolgter einen Höhepunkt erreichte (348 kamen über die Grenze in 13 Tagen), wurde dies den Behörden zu viel, und trotz eines internen Geheimberichts vom 30. Juli 1942 über die Deportation und das Schicksal der Juden, wurde Mitte August die Schweizer Grenze für Juden hermetisch geschlossen. Zwar gab es Beamte und Zivilisten, die sich nicht an die Bestimmungen hielten und Menschlichkeit walten ließen, doch sie machten sich strafbar. Im Oktober unterließ das Rote Kreuz in Genf eine von Carl Burckhardt vorgeschlagene Verurteilung der Massenhinrichtungen, um die weitere Arbeit nicht zu gefährden. Erst im August 1944 öffneten sich die Grenzen wieder dem Zustrom der Flüchtlinge, als die Alliierten die militärische Umklammerung der Schweiz gelöst hatten.

Ein weiterer wunder Punkt ist die Behandlung von Presse und Schrifttum. Bereits 1933 begann der Nervenkrieg Deutschlands gegen die Schweizer Presse, die zum Sündenbock gemacht und ständig der Provokation angeklagt wurde. 1934 wurde deshalb das Presse-Notrecht eingeführt zur Verhinderung der Gefährdung von Außenbeziehungen. Ab 1939 wurde die Zensur von einem Armeekommando ausgeführt, was sehr umstritten war. Um die Information zu verbessern, wurde 1938 die Sektion "Heer und Haus" gegründet, eine Art zivilen Aufklärungsdienstes, wo in kontrollierten Versammlungen, Kursen und Vorträgen zur Sprache kommen konnte, was wegen der Zensur nicht geschrieben werden durfte. Als offensiv antifaschistische Äußerungsformen waren allein die Cabarets (Cornichon, Voltaire, Pfeffermühle) noch funktionstüchtig, aber auch sie waren dauernden Angriffen ausgesetzt.

Zu den beschämenden Kapiteln schweizerischer Einwanderungspolitik gehört auch die Handhabung von Einreisegesuchen emigrierter Schriftsteller. Sowohl die Fremdenpolizei als auch der Schweizerische Schriftstellerverband wachten mit Argusaugen darüber, daß nur "literarisch und geistig hervorragende Schriftsteller" die Einreisegenehmigung erhielten. Ein Grund war die recht egoistische Angst vor erhöhter Konkurrenz auf dem einheimischen Markt, der allerdings so eingeschränkt war nach dem Verlust des deutschen und österreichischen Absatzgebietes, daß kein Schweizer Schriftsteller davon leben konnte. Dazu kam die engstirnige Befürchtung vor der Verdeutschung des Schweizer Schrifttums. Sie hätte zu recht auf dem Gebiet der Kioskliteratur geltend gemacht werden können, wo nationalsozialistisch infiltriertes Schrifttum den Markt überflutete.[7] Die zwischen 150 und 180 in der Schweiz niedergelassenen Exil-Schriftsteller hatten alle Berufsverbot und konnten, wenn überhaupt, nur mit Hilfe von Freunden und Pseudonymen Weniges publizieren. Eine Ausnahme bildete der Europa-Verlag, in dem Emil Oprecht mit großem Mut ausschließlich Bücher von Emigranten und antifaschistischen Autoren herausbrachte. Das von ihm geschaffene Milieu bot, neben dem des Zürcher Schauspielhauses und einigen anderen privaten Zentren (J. R. Humms Rabenhaus u.a.), eine der wenigen Möglichkeiten des Ideenaustausches zwischen Exilanten und einheimischen Autoren. Auf offizieller Ebene blieb die Chance ungenützt, und es kam weder zu den von vielen Exilanten gewünschten geistigen Kontakten, noch zu einer Erneuerung des schweizerischen Schrifttums.[8]

Es dauerte Jahre, bis Historiker und Schriftsteller sich mit der Vergangenheit kritisch auseinanderzusetzen begannen. Wie die literarische Aufarbeitung aussieht, soll im folgenden zur Sprache kommen.

Zur französischsprachigen Literatur der Schweiz

Vierzig Jahre nach dem Krieg muß festgestellt werden, daß es noch keine Geschichte des westschweizerischen Faschismus gibt. Ähnlich steht es mit der Literatur: den Faschismus gibt es kaum als Thema, entsprechend also auch nicht die "Who and Why"-Frage. Das Buch der Genfer Schriftstellerin Yvette z'Graggen (*1920) ist Ausnahme und Beleg für die Tatsache zugleich: mit *Les années silencieuses* bezeichnet sie jene Jahre, wo man sich duckte und schwieg im Bewußtsein, auf der richtigen Seite zu stehen und nicht zu den Betroffenen zu gehören, wo man wartete, bis es vorüber sei und wo nach 1945 auch nichts zu bewältigen war, weil man sich nicht exponiert hatte. Im Jahrbuch der *Alliance culturelle romande* (1984) bezeichnet Jeanine Buenzod die apolitisch verbrachten Kriegsjahre im frankophilen Elternhaus aus der Retrospektive als "naiven Manichäismus": im glücklichen Wissen, auf Seiten der Guten gegen die Bösen zu stehen, enthielt man sich jeglichen Engagements.[9]

Auch George Piroué hält in *Le réduit national* (1970) die Stumpfheit des Grenzbesetzungsdienstes und die Geschichtslosigkeit jener Jahre fest:

> Diese Tage werden nicht zählen, diese Jahre werden nicht in die Chronik des Jahrhunderts eingehen, obwohl gerade sie, als ein Alpdruck, in einer Art Unwirklichkeit den einzigen Beitrag der Schweiz zur Wirklichkeit dieses Jahrhunderts darstellen.[10]

Daß auch die Westschweiz, trotz ihrer Frankophilie, durchaus nicht nur "auf der richtigen Seite" stand, ist nicht zu übersehen, auch wenn es sich nur um eine kleine Minderheit von Faschistenführern und deren Anhängern handelt. In Genf fielen die ersten dreizehn Todesopfer anläßlich eines Zusammenstoßes mit Frontisten (schweizerischen Nazis) und Gegendemonstranten, und Mussolini, der für die Frontistenführer Oltramare und Fonjallaz das Vorbild war, erhielt, man glaubt es kaum, noch 1937 von der Universität Lausanne den Ehrendoktortitel, selbstverständlich aus völlig unpolitischen Motiven, wie der Dekan der sozialwissenschaftlichen Fakultät versicherte. Fragwürdig waren auch die Worte des angesehenen Schriftstellers und "homme de lettres" Gonzague de Reynold (1880–1970), der von seiner anachronistisch–europäischen Weltschau her sich zu zweideutigen Formulierungen über die Notwendigkeit einer neuen europäischen Ordnung verführen ließ. Das heißt: an Stoff für literarische Vergangenheitsbewältigung würde es auch im französischen Sprachgebiet nicht fehlen, ganz abgesehen vom auch dort aktuellen gesamtschweizerischen Problemkomplex, doch sind auf der Literaturskala kaum Darstellungen zu registrieren und die "Who and Why"–Frage ist bisher noch kaum ein Thema.

Zur italienischsprachigen Literatur der Schweiz

Politisch interessant ist die Stellung der Tessiner oder Südschweizer zum italienischen Faschismus, den die Bevölkerung, ebenso wie den Irredentismus, entschieden ablehnte. Ja, die eindeutige Stellungnahme der Tessiner wurde von der offiziellen, auf Lavieren und Nicht–Provozieren ausgerichteten Politik Berns als allzu schroff eingeschätzt, was damit zusammenhängt, daß Genua für die Versorgung der Schweiz der wichtigste Hafen und die Angst groß war, Italien könnte die Zufuhr drosseln.

Neben der generellen Abwehr aber gab es die Affinität intellektueller Tessiner für die "italianità", die ihre Wurzeln schon in der Zeit vor dem Ersten Weltkrieg hat und der Germanophilie vieler Intellektueller außerhalb Deutschlands zu vergleichen ist. Sie waren der sich entwickelnden faschistischen Ideologie gegenüber blind oder zumindest blauäugig und sahen in der Affinität zur Italianität kein Hindernis dafür, gleichzeitig gute Schweizer zu sein.

Zu dieser Gruppe von Intellektuellen gehörte auch der Tessiner Literaturpatriarch Francesco Chiesa (1871–1973), damals wie heute einer der angesehensten Tessiner Autoren auch außerhalb des Tessins, der sich als naiver, autoritätsgläubiger Traditionalist für Mussolinis Kulturpolitik einsetzte, ohne den Unterschied zwischen alter italienischer Kultur und der offiziellen Kulturpolitik des faschistischen Staates zu erkennen, und im Antifaschismus der Bevölkerung die Zerstörung der tessinischen Italianität beklagte[11]. Sein schriftstellerisches Werk aber blieb frei von Zeitgeschichte oder politischer Stellungnahme: Chiesa hielt sich an Natur– und Landschaftsschilderungen, die einem traditionellen Sprachästhetizismus verpflichtet und jedem Engagement abhold sind.

Bei den jüngeren Schriftstellern erfolgte die Abkehr von Idylle und Heimatroman, Prosaexperimente setzten ein und die Zuwendung zu Problemen der Gegenwart wurde vorrangig. Die Vergangenheit aber bleibt vergangen und forderte nicht zu einer Verarbeitung heraus, wie sie jenseits der Grenze im italienischem Sprachraum sogleich einsetzte. Allerdings waren die italienischen Autoren ganz anders betroffen durch die Rolle des Faschismus in ihrem Lande, als es für die italienischsprachigen Schweizer Autoren der Fall war.

Die "Who and Why"-Frage ist somit auch in der italienischsprachigen Literatur der Schweiz irrelevant, das problematische Verhalten politisch Verantwortlicher, die verhängnisvollen Entscheidungen auf Bundesebene während der Zeit der faschistischen Bedrohung sind (noch) kein aktuelles Thema. Es bleibt die Frage: warum? Für diese beiden Sprachgebiete ist dies hauptsächlich zurückzuführen auf die zwar keineswegs einzigartige, aber doch besondere Situation der Schweiz als eines neutralen Kleinstaats, der mehrere Sprachräume umfaßt, von denen jeder kulturell auf seine Mutter-nation angewiesen ist. Im Falle eines Konflikts zwischen den entsprechen-den Nationen bekommt die Schweiz den Zwiespalt sozusagen in die eigene Familie hineingetragen. In dieser Weise war das Verhältnis zwischen der französischen und der deutschen Schweiz im Ersten Weltkrieg äußerst prekär: die pro-deutsche Haltung der deutschsprachigen Schweiz stand gegen die pro-französischen Sympathien der Westschweizer, was zu unangenehmen innerpolitischen Spannungen und Konflikten und zu nachhaltiger Entfremdung führte. Der Rückzug der Künstler auf die Sphäre des Privaten und Unverfänglichen bis hin zum völligen Desengagement könnte als eine Folge jener Erfahrung gesehen werden. Der durch Konflikte oder Krieg unterbrochene Kontakt, die fehlende Symbiose mit den zugehörigen Kulturräumen bedroht den künstlerischen Lebensnerv und zwingt ungewollt zur Privatisierung und Entpolitisierung der Kunst, was auf längere Sicht auch zu einer Provinzialisierung führt.

Allerdings kann selbst eine solch wenig erfreuliche Situation politischer und kultureller Abkapselung fruchtbar gemacht werden, wenn sie zum Anlaß genommen wird, sich intensiver den eigenen Problemen in der engeren oder weiteren Umgebung zuzuwenden. Es scheint geradezu die natürliche Folge einer Abkehr von der großen Arena zu sein, daß die nahen Dinge schärfer ins Blickfeld rücken. Die Schweiz nützte die Chance in dem Sinn, als man sich um ein neues Selbstverständnis der kulturellen Vielfalt bemühte. Die offizielle Anerkennung des Rätoromanischen als vierter Landessprache durch die Volksabstimmung von 1938 darf als direktes Resultat dieser Neubesinnung auf die schweizerische Anerkennung der Multinationalität und der Sprachenvielfalt gesehen werden. Auch die weitaus aktivere Förderung der italienischen Sprache und Kultur nimmt in dieser Zeit ihren Anfang. Dies bedeutet zugleich eine deutliche Ablehnung der faschisti-schen Gleichschaltungspropaganda, die mit ihren Schlagworten "eine Nation – eine Sprache" in höchstem Maße eine Bedrohung für diesen viel-kulturellen Staat darstellte, aber keinen Anklang fand. Mit der Gründung der Kulturstiftung "Pro Helvetia" wurden die Bemühungen zur Bewahrung kultureller schweizerischer Eigenart 1938 institutionalisiert. In der Literatur und bildenden Kunst werden Sprache und Landschaft als historisch mit dem Schweizerischen verwachsene Größen die häufigsten Themen in allen vier Landesteilen. Die Darstellung der Schweiz als einer Schicksalsgemeinschaft entwickelt sich zum Symbol einer Überlebensstrategie. In der deutschsprachigen Literatur beginnt zugleich die Auseinandersetzung mit dem Faschismus, und zwar in seiner deutschen und italienischen Variante. Dies hängt eindeutig mit der ungleich massiveren Bedrohung durch den von jeher für die Schweiz wichtigsten kulturellen und wirtschaftlichen Nachbarn Deutschland zusammen und den Spannungen, die sich ergeben durch den plötzlich in Frage gestellten Vorbildcharakter, welche diese Nation vor allem auf dem kulturellen Gebiet für den kleinen Nachbarn hatte.

Die Literatur der deutschsprachigen Schweiz in ihrem Verhältnis zum Faschismus

1965 hatte Max Frisch (*1911) unter dem Titel "Unbewältigte schweizerische Vergangenheit"[12] die Frage gestellt:

> Wieweit wird die schweizerische Vergangenheit, die Zeit von 1933 bis 1945, erkennbar in unserer Literatur? [...] ich frage nach Darstellungen des schweizerischen Verhaltens selbst, so wie die Deutschen sie haben, die Franzosen, die Italiener. Hat die Schweiz der letzten Jahrzehnte eine Literatur, in der sie sich erkennen muß, und wenn nicht, warum nicht? [...] Wer von unbewältigter Vergangenheit hört, denkt an Deutschland; der Begriff ist in Deutschland formuliert worden. Sprechen wir von der unbewältigten Vergangenheit der Schweiz, so wirkt es peinlich, Gewissensqual aus zweiter Hand; [...] es wirkt sogar komisch durch die Verspätung. [...] Wir sind, indem wir uns terminologisch der deutschen Selbsterforschung anschließen, vergleichsweise immer die Unschuldigen, und was in der Schweiz geschehen oder unterlassen worden ist, scheint nicht der Rede wert. (S. 370f.)

Frischs Formulierung entspricht genau unserer Fragestellung. Zwanzig Jahre nach dem Krieg versuchte er die Autoren aufzurütteln aus dem Geschichtsschlaf. Während das Kriegsende für Europa einen gewaltigen Einschnitt markierte, war dies für die kriegsverschonte Schweiz nicht in gleichem Maße der Fall. Auch literarisch begann vorerst nichts grundsätzlich Neues und man befolgte das Stauffacher-Zitat: "Schau vorwärts Werner, und nicht hinter dich!"

Es waren Historiker und Journalisten, die die Erinnerungsarbeit leisteten und dabei einiges an den Tag förderten, was der Selbstgerechtigkeit einen erheblichen Stoß versetzte und etliche Flecken auf der weißen vaterländischen Weste zum Vorschein brachte.[13] "Bedrohung, Bewahrung, Bewährung" waren die Stichworte der Kriegszeit gewesen. Die kollektive

Sinngebung schien dem einzelnen die persönliche Sinnfrage zu ersparen, wie der Historiker Georg Kreis es ausdrückt.[14]

Max Frisch hatte allerdings schon in den letzten Kriegsjahren seine ersten Stücke geschrieben, in denen er sich mit der Vergangenheit auseinandersetzte (*Nun singen sie wieder* [1945], *Als der Krieg zu Ende war* [1948]), obwohl er mit dem Vorwurf rechnen mußte, über Dinge zu schreiben, für die ein Schweizer als Nichtbetroffener nicht zuständig sei. In beiden Stücken griff er die Schuldfrage auf, indem er die Position des Zuschauers verließ und sich mit den Figuren in die chaotischen Entscheidungssituationen hinein begab. Dabei war für Frisch jegliche Auffassung von Kollektivschuld irrelevant, womit er gleichzeitig für die Schweiz die damals geltende Auffassung kollektiver Schuldlosigkeit in Frage stellte. 1948 hielt er im Stereotyp des russischen Soldaten den Vereinfachern die Unterscheidung zwischen Mensch und Unmensch entgegen und zeigte, daß in jedem Menschen (Volk) die Möglichkeit zum Unmenschlichen steckt. Doch dann dauerte es über 20 Jahre, bis die jüngeren und jüngsten deutschschweizer Autoren sich mit dem Thema zu beschäftigen begannen, Fragen stellten und selbst Dokumente ausgruben. Es bleibt abzuwarten, ob dies auch in den anderen Sprachregionen ein Echo auslöst und dort eine ähnliche Aufarbeitung einsetzt, oder ob sich die These bewahrheitet, die besagt, daß es zwar Ähnlichkeiten, aber keinen inneren Zusammenhang und kaum literarische Kontakte zwischen den Sprachgebieten gebe, und daß die innere Struktur der Literaturen vor allem durch ihre Gegensätzlichkeit bestimmt werde.[15]

Um die späte Reaktion zu verstehen, müssen wir zurückgehen in die dreißiger Jahre und uns die literarische Entwicklung unter den besonderen politischen Bedingungen vergegenwärtigen.

Von den dreißiger Jahren bis 1950

Wenn man sich nach deutschsprachigen Schweizer Autoren in der Zeit nach Keller, Meyer und Gotthelf und vor Frisch und Dürrenmatt erkundigen würde, wären die wenigsten Germanisten imstande, mehr als zwei, drei Namen zu nennen, obwohl es sich um einen Zeitraum von einem halben Jahrhundert handelt. Die Gründe dafür sind komplex und es können hier nur einige zur Sprache kommen. Charles Linsmayer, der sich durch die Herausgabe der Reihe "Frühling der Gegenwart. Der Schweizer Roman 1890-1950" verdient gemacht hat, sieht den Grund für ihre Anonymität bei der Literatur selbst, die sich so sehr in den Dienst des "sacro egoismo" gestellt habe, daß sie uninteressant und den Produkten des faschistischen Deutschland unangenehm ähnlich geworden sei. Diese Charakteristik trifft sicher auf einige Werke und Autoren zu, andere aber – die positive Aufnahme der Reihe mit den vielen wieder ans Licht geholten Werken beweist es – sind gewiß nicht aus diesem Grunde der Vergessenheit anheimgefallen. Die im Vergleich zu den großen Industrieländern gemäßigte Industrialisierung hatte nicht zu einer naturalistischen Protestbewegung geführt, und die weniger repressive demokratische Atmosphäre hatte nicht jene ungesunde Treibhausatmosphäre aufkommen lassen, die in Deutschland und Österreich zu den entsprechenden literarischen und künstlerischen Reaktionen Anlaß gab. Auch im Ersten Weltkrieg war die Schweiz nur als Zuschauer beteiligt, und der Krieg wurde literarisch kein Thema, wie es in den betroffenen Nachbarstaaten der Fall war. Vielleicht ist es ebensosehr den fehlenden Erschütterungen zuzuschreiben als der wenig experimentierfreudigen Tradition, wenn kaum Schweizer unter den Autoren der formsprengenden und modernistischen Richtungen, von Robert Walser und einigen wenigen Ausnahmen abgesehen, anzutreffen sind. Mit der Weltwirtschaftskrise und den aufkommenden reaktionären Tendenzen wurden erstmals Krisen spürbar, die Stellungnahmen und Reaktionen erforderten und die kritischen Geister auf den Plan riefen.

Bedauerlich ist, daß die Situation der dreißiger Jahre nach der Ansicht damaliger verantwortlicher Persönlichkeiten des öffentlichen Lebens ausschließlich eine Rückbesinnung auf die Werte der Vergangenheit zu fordern schien, die ab 1933 unter dem Stichwort "Geistige Landesverteidigung" zur Abwehr faschistischer Propaganda für alle Teile des kulturellen Lebens wie Presse, Rundfunk, Film, Literatur und Kunst als verbindlich empfohlen wurde. Damit wurden Stellungnahmen, die bestimmte Werte der Vergangenheit kritisch oder ablehnend einschätzten, von vornherein als unloyal und damit als unangebracht gekennzeichnet.

Die geistige Landesverteidigung kann im wesentlichen auf vier Punkte festgelegt werden: Betonung der geistig-kulturellen Eigenständigkeit der Schweiz, Rückgriff auf das historische Erbe, Aktivierung der Demokratie und Abwehr von fremden äußeren Einflüssen.[16] De facto deckte sie nach Huonker ein "beängstigend weites Spektrum" ab und reichte vom

> aktiven, auch internationale Solidarität und Verteidigung sozialer Positionen einschließenden Antifaschismus bis zum hemdsärmeligen, sich in die Vergangenheit und an die 'Wurzeln' zurückziehenden Chauvinismus mit seinen von den völkischen Ideen der Schaffung von "Lebensraum nach innen" gar nicht so weit entfernten Parolen, und sie diente sogar auch einer ängstlich-hartherzigen Flüchtlingspolitik als willkommene Tarnung.[17]

Bei kritischen Autoren bewirkte sie eine Besinnung auf vergessene oder zu kurz gekommene Kulturgüter und Traditionen, die nichts mit Heimattümelei zu tun hatte, sondern im Gegenteil zu einer Gewissenserforschung in bezug auf schweizerische Werte aufrief. Autoren wie Meinrad Inglin,

Albin Zollinger und Jakob Bührer gehören zu den Vertretern dieser Richtung und ihre Werke sind es auch, welche die Anonymität der Durchschnittsliteratur durchbrechen.

Es ist auffallend, daß die meisten Künstler und Intellektuellen, anfangs oft widerstrebend, allmählich aber aus innerer Überzeugung auf die Forderung eingingen, ihr Schaffen in den Dienst der Volksaufklärung und der Meinungsbildung im Sinne der geistigen Landesverteidigung zu stellen. Sie taten es nicht zuletzt unter der Last der wachsenden militärischen Bedrohung und eines um sich greifenden Defaitismus gegenüber dem Vormarsch des Dritten Reiches. Selbstkritik und innere Gegensätze hatten zurückzutreten zugunsten eines Eindrucks von Einigkeit und Geschlossenheit nach außen. Die öffentliche Meinung wollte nicht zeitkritische, sondern positiv-aufbauende Literatur. Schriftsteller, die ihre Rolle anders auffaßten, wie etwa Albin Zollinger, litten unter der verstummenden Kritik an Staat und Gesellschaft und befürchteten eine Stagnation im status quo, wo nichts mehr in Frage gestellt würde und die Schriftsteller als das Gewissen der Nation ungehört ihren Auftrag zu erfüllen suchten. "Alles wie in Watte gesprochen" ist sein beklemmter Vorwurf.

Meinrad Inglin (1983-1971) schrieb aus dem Gefühl eines "Auftrags" heraus und mit deutlichem Gegenwartsbezug seinen symbolträchtigen Zeitroman *Schweizerspiegel* über die Zeit des Ersten Weltkriegs, der noch 1938 in Berlin, allerdings nicht zur Erbauung des Propagandaministeriums, erscheinen konnte.[18] Dies ist umso erstaunlicher, als der Roman deutliche Anspielungen auf die aktuelle Situation enthält und die Schweizer Presse von Hitler-Deutschland zur Achillesferse der Schweiz erklärt worden war und schärfstens überwacht wurde. Schließlich wurde auf massiven Druck der Nationalsozialisten die höchst umstrittene Pressezensur eingeführt. Kritisches konnte, wenn überhaupt, auch in der Schweizer Presse nur noch getarnt erscheinen, und Verleger wie Ernst Oprecht und andere unerschrockene, weitsichtige Persönlichkeiten des kulturellen und politischen Lebens hatten einen überaus schweren Stand gegen die Behörden, um überhaupt noch Werke von Emigranten und Exilautoren veröffentlichen zu können.

Unter diesen äußeren Einflüssen verstärkte sich auf allen Gebieten der Kunst die schon seit der Jahrhundertwende - und nicht nur in der Schweiz - deutlich werdende Tendenz zur Flucht aus der Wirklichkeit.[19] Natur und Bergwelt erhielten nicht nur neue Aktualität, sondern eine neue Funktion: sie wurden mit "Heimat" gleichgesetzt und Paradigmen für die "Insel im Sturm", das vom Bösen umbrandete Eiland, als das die Schweiz mehr und mehr dargestellt wurde[20]. Daß dabei die Bilder und Symbole in diesen Werken, besonders in Zusammenhang mit Bergwelt und Bauerntum, Liebe zur Scholle, Sinn für das Natürliche, Unverdorbene, Urtümliche, Reine eine unangenehme Ähnlichkeit mit Produkten nationalsozialistischer Ideologie erhielten, ist ein Phänomen, das auch in andern, sich in ihrer *Abwehr* des Faschistischen auf ihre nationalen Werte besinnenden Literaturen zu beobachten ist.

Eine wichtige Rolle spielte in diesem Zusammenhang der sich gerade etablierende Schweizer Film, wobei immer auch das Buch zum Film erschien, angefangen mit dem Großerfolg *Füsilier Wipf* (1938) des Literaturwissenschaftlers Robert Faesi, gefolgt von Rudolph Bolo Maeglins *Gilberte de Courgenay* (1939) – sie beide hatten den Ersten Weltkrieg zum Schauplatz, historisierten aber nicht, sondern aktualisierten den Stoff, indem sie den drohenden Kriegsausbruch vorwegnahmen und die zu verteidigenden Werte schweizerischer Eigenart in Form von Landschafts-, Heimat- und Menschenliebe in eindrucksvoller Aufnahmekunst vor Augen führten. Später kamen kritischere Filme: 1943 Richard Schweizers *Marie Louise* und 1944 *Die letzte Chance* (beide regissiert von Leopold Lindtberg, dem so wichtigen Regisseur des Exiltheaters am Schauspielhaus Zürich), die die Flüchtlingspolitik zum Thema hatten und die tödliche Bedrohung der Zufluchtsuchenden in ihrem Kampf mit den Verfolgern bis zum Erreichen der Schweizer Grenzen darstellten.

Neben dem Film gewannen Laientheater und Festspiele eine große Breitenwirkung und erfuhren in diesen Jahren eine Hochblüte anläßlich der Schweizerischen Landesausstellung von 1939 und der 650-Jahrfeier zum Bestehen der Schweizerischen Eidgenossenschaft 1941. Hier wurde die Bühne zur moralischen Anstalt, zum Kampfplatz zwischen Gut und Böse, und so konnten unter diesem ins Heroische gesteigerten Aspekt auch Gegenwartskonflikte zur Darstellung gelangen wie die faschistische Bedrohung von innen und außen.

Die Bedingung für alles Geschriebene auch auf diesem Gebiet aber war nach wie vor das Gebot der geistigen Landesverteidigung, wie Cäsar von Arx dies von Bundespräsident Philipp Etter für sein *Jubiläumsfestspiel*, das er schreiben sollte, vorgeschrieben bekam:

> kurz, mannhaft, einfach und wuchtig [...]. Jene Tugenden und Kräfte wecken, die heute nötig sind, um durchzuhalten: Wehrbereitschaft, Opferbereitschaft, Einigkeit, Vertrauen: Gottvertrauen und Selbstvertrauen.[21]

Das von von Arx selbst vorgeschlagene Thema der Flüchtlingspolitik war von der Landesregierung abgelehnt worden![22] Im Spiel tritt ein junger Soldat auf, der unter dem Einfluß der faschistischen Propaganda den Ruf der Zeit und damit der Zukunft zu verpassen fürchtet. Darauf läßt man die Rufe von Verwundeten an sein Ohr dringen, worauf er sich von der humanitären und antifaschistischen Sendung seines Vaterlandes überzeugen läßt, das er auch als Soldat wieder zu verteidigen bereit ist. Faschismus als Verblendung und als Versuchung zur Größe – so finden wir den Faschismus dargestellt in den wenigen Werken, wo dies der Fall ist. Immer ist es ein junger, unsicherer Mensch, dessen Überzeugung noch nicht gefestigt ist, welcher der Versuchung zum Faschismus verfällt, jedoch noch zur Einsicht gelangt und damit also nicht als eigentlicher "Faschist" bezeichnet werden kann.

So verhält es sich auch in Werner Joh. Guggenheims (1895–1946) "Zeitroman" von 1938/1939 *Erziehung zum Menschen* (als Drama 1944 aufgeführt), der in einem Internat spielt und gleichermaßen die Notwendigkeit der Erziehung eines verblendeten jungen Nazis sowie eines in seinem Haß verhärteten jüdischen Zöglings zu guten Menschen darstellt, und in Otto Schaufelbergers *Die braune Brandung* von 1944. Schaufelberger betont das Schillernde, Spannende, Attraktive am Nazisympathisanten, der intelligent, unterhaltsam, erfolgreich und furchtlos ist. Daneben steht der gute Bürger als der langweilige, unsichere, oft gespaltene Zauderer, der den großen Worten und Utopien der Nazis keine Alternative entgegenzusetzen vermag. Das Große besticht gegenüber dem Bescheidenen, Selbstquälerischen; es ist aktionsfähig, weil undifferenziert und nicht von ethischen oder moralischen Skrupeln behindert. Das heute vergessene Buch, "Roman und Tatsachenbericht in einem", konnte erst nach Kriegsende 1945 erscheinen.[23]

Neben dieser originelleren gibt es die klischierte Variante der Darstellung dieses Problems: Erwin Heimann verlegt in *Der letzte Optimist* (geschrieben 1944 unter dem Titel *Sturmzyt*) den Konflikt auf einen Bauernhof und demonstriert anhand von Familienmitgliedern, nämlich dem wohlgeratenen und erfolgreichen Sohn, dem politisch links-orientierten Sohn, sowie dem nazifizierten Schwiegersohn, dem Frontisten, die verschiedenen politischen Versuchungen, denen die junge Generation ausgesetzt ist. Der ehrgeizige, aber arme Dr. jur., ein Redakteur in Geldnöten, läßt sich schließlich zum Landesverrat erpressen, besinnt sich aber noch rechtzeitig und stellt sich der Polizei. 1935 erschien Jakob Bührers (1882–1975) Roman *Sturm über Stifflis*, die eindringliche Warnung eines kämpferischen Sozialdemokraten, der als Kernstück eine Frontistenversammlung schildert.[24] Auch bei ihm sind die Faschisten junge Männer, sie sind gefährlich wegen ihrer Gruppenmentalität, ihrer Demonstration von Übermacht durch Masse, ihrem kollektiven Auftreten, das "Zucht und Kraft" an die Stelle von "Einsicht und Erkenntnis" setzt.

Walter Lesch (1908–1958) stellt in seinem nicht-realisierten Entwurf zum Landesausstellungs-Festspiel die Frage, wie der faschistischen Gefahr begegnet werden könnte. Er verkörpert sie in einer Riesenfigur, die auftritt als ein modernes Götzenbild, halb Mensch, halb Roboter, blutrot und stahlblau strahlend, ein neues Menschenbild verkündend, wo der einzelne nichts zählt, nur der Führer. Vor dieser Führer-Machtfigur erscheint ein erster Schweizer, ratlos, unsicher; dann ein zweiter, der sogleich aufgibt, weil er meint, dagegen komme man nicht an (die Haltung vieler Schweizer, die es zu bekämpfen galt), worauf dann der erste sich plötzlich doch aufrafft, was schließlich auch den zweiten mutiger macht, so daß beide sich ermannen, sich der Führer-Figur entgegenstellen und zusammen auf Freiheit und Demokratie schwören.[25]

Zeuge der Faszination des italienischen Faschismus ist Felix Moeschlins (1882-1969) Roman *Barbar und Römer* von 1931, in dem ein schweizerischer Kongreßteilnehmer Mussolini erschießen will, dann aber der Ausstrahlung des Duce erliegt und erkennt, daß seine Aufgabe, wie der Buchtitel andeutet, darin besteht, "das Wesentliche und Gute des Faschismus mit der Demokratie zu vermählen" (367). Der Roman wird mit Stillschweigen übergangen in den Darstellungen über den mit mehreren Preisen ausgezeichneten Schriftsteller, der von 1924 bis 1942 auch Präsident des Schweizerischen Schriftstellerverbandes war und bei Kriegsausbruch als Freiwilliger der Armee beitrat, in diesem Buch den Helden aber klagen läßt über die langweilige schweizerische demokratische Mittelmäßigkeit, die ohne Größe sei. Beim Versuch, vor einer kommunistischen Versammlung für die Wahrheit zu plädieren, die im Faschismus liege, findet der Protagonist den Tod und wird zum Märtyrer seiner Überzeugung.

Einer, der zeitlebens fasziniert war von der Größe und sich, enttäuscht von der schweizerischen Enge, mit Überzeugung dem Nationalsozialismus zuwandte und bei einem Bombardement in Straßburg das Leben verlor, ist der Schriftsteller Jakob Schaffner (1875-1944). Seine autobiographischen Entwicklungsromane *Johannes* und *Konrad Pilater* gehören zur großen Schweizer Literatur in der Nachfolge Gottfried Kellers, fielen aber nach dem Krieg gemeinsam mit dem Autor der Ächtung anheim und konnten sich trotz mehrfacher Rehabilitierungsversuche bisher nicht davon erholen. Sein umfangreiches Romanwerk wird in den Literaturgeschichten nicht erwähnt, obwohl tendenziöses Gedankengut nur ins Spätwerk eingegangen ist.

Schaffner begründet selbst seine Entscheidung für den Faschismus und gibt seine Antwort auf die "Who and Why"-Frage im Vor- und Nachwort zu zwei Reiseschilderungen, deren Wortlaut hier zitiert wird:

> Zum Schluß noch ein Wort über meine moralische Berechtigung. Was einer als Kind und junger Mensch war, das bleibt er in gewisser Weise durch sein ganzes Leben. Ich war ein armes Jüngelchen, mit sieben Jahren Vaterwaise, nach den Geboten des protestantischen Denkens in eine deutsche "Armen-Kinder-Anstalt" gesteckt, die ganz besonders eindrucksvoll den Zustand der Armut und Niedrigkeit uns einprägte, dann, um zu beweisen, daß auch in

diesem protestantischen Denken das Geld befahl, anstatt ins Lehrerseminar in eine bedeutend billigere Lehre bei einem Schuhmacher, nachher auf der Wanderschaft bei Kleinbürgerelend, in Schuhfabriken und Eisenwerken zwischen dem Proletarierjammer, immer ohne Hilfen, ohne Rat, ohne großherzige Förderung, in Einsamkeit, in Seelenverlassenheit und Geistesnot, und noch als junger Dichter in der Heimat auch nicht von e i - n e r starken großherzigen Hand genommen und geführt denjenigen eidgenössischen Weg, der in einer wahren Volksgemeinschaft jedem begabten jungen Mann offenstehen müßte: Ja, kann denn einer glauben, daß man eine solche Vergangenheit sein ganzes Leben lang, und wenn es neunzig Jahre dauert, jemals vergessen wird mit allen Erfahrungen und Lehren? [...]
Ich bemerke bei dieser Gelegenheit, daß ich es als Schweizer vermieden habe, der Partei beizutreten, andrerseits erkläre ich als alter Demokrat, der die Erfüllungen der wirklichen, lebendigen Demokratie in einem Zustand von freiem Volk auf freiem Grund sieht und sonst nirgends: ich erkläre verantwortlich, daß ich in vielen Schöpfungen des Nationalsozialismus heute echt reinbürtige Verwirklichung von Volksgemeinschaft überhaupt sehe. In einem Staat, der nach dem politischen Bekenntnis der großen Führer in Deutschland ausgestaltet ist, wird es nie wieder einem kleinen, begabten armen Kerl so gehen, wie es mir gegangen ist, er wird nicht so herumgestoßen und sich selbst überlassen werden sowie seinem guten Glück, ob er dabei vor die Hunde geht oder durchkommt, sondern ihn wird die Volksgemeinschaft nehmen und fuhren, entfalten und einsetzen auf die großen Ziele, und dabei werden sie beide ihr Glück und ihren Lebensreichtum finden: die entfaltete Persönlichkeit und der Gesamtstaat, dem seine reife Kraft und Leidenschaft zugute kommt.[26]

Die sozialen und psychologischen Motive kommen hier klar zum Ausdruck. Die Armut seiner Kindheit, die geteilte Liebe zum Land der Mutter (Deutschland) und zum Staat des Vaters (Schweiz), das Erlebnis der Beschränktheit und Enge und die Sehnsucht nach Weite, Geborgenheit und Anerkennung ließen ihn bessere Verhältnisse in Deutschland erhoffen. Seine grenzenlos naive Gläubigkeit und seine fehlende politische Einsicht gehen aus der folgenden Äußerung im Nachwort hervor:

Ich bin schon gefragt worden – scherzhaft auf den Schiffen von deutschem Jungvolk, aber auch ernsthaft und besorgt von schweizerischen Landsleuten –, was ich tun würde, wenn das nationalsozialistische Deutschland die Schweiz mit Waffengewalt angriffe. Meine Antwort ist sehr einfach: "Wenn ein militärischer Angriff des Dritten Reiches auf die Schweiz – nicht herausgefordert – Wirklichkeit würde, also als reiner Willkürakt der Deutschen, so würde ich mir, wenn ich dazu irgend noch im Stande wäre, das beste Gewehr verschaffen, das zu bekommen wäre, und würde damit so gut und so schnell auf die Deutschen schießen, wie ich könnte. Im übrigen würde ich Nationalsozialist bleiben."
Aber diese Gefahr habe ich nicht zu befürchten, da die Achtung vor der freien Selbstbestimmung anderer Völker geradezu ein Grundpfeiler des nationalsozialistischen Weltbildes ist.[27]

Schaffners Schicksal entbehrt nicht der Tragik. Man wollte nicht zwischen dem Menschen und dem Künstler unterscheiden und hat ihn und sein ganzes Werk der Vergessenheit anheimgegeben. Es wäre an der Zeit, dieses Urteil zu revidieren.

Rückblickend halten wir fest: Das geistige und kulturelle Leben der Schweiz wird zwischen 1930 und 1945 wesentlich bestimmt durch die kritische außenpolitische Lage sowie die vorgeschriebene Haltung der geistigen Landesverteidigung. Die territoriale Bedrohung durch die faschistischen Nachbarstaaten sowie die Neutralitätspolitik haben eine Abkapselung von den kulturellen Mutterländern zur Folge, die von den Intellektuellen mehr und mehr als Provinzialisierung empfunden wird. Diese Entwicklung wird verstärkt durch eine fast ausschließliche Hinwendung zu "schweizerischen Themen", die Besinnung auf das historische Erbe und die positiv-aufbauenden Kräfte, weshalb der Faschismus in der Literatur nur am Rande zur Darstellung gelangt. Er war allerdings innenpolitisch gesehen auch nicht das größte Problem. Wo er aber geschildert wird, spiegelt er den Charakter der Bewegung wieder, die hauptsächlich aus studentischen Kreisen hervorging und sich überwiegend aus jungen Stadtleuten rekrutierte. Zur Abschreckung und moralischen Stärkung werden seine Verlockungen, aber auch sein verschlingendes Wesen vor Augen geführt und die Angst vor seiner Übermacht ist vorherrschend. Nicht erfaßt aber werden die faschistischen Helfershelfer in Wirtschaft, Militär und Politik. Sie werden erst von einer späteren Schriftstellergeneration aufs Korn genommen. Nur Kurt Guggenheim hat gleich nach dem Krieg das Thema schon angeschnitten in seinem Roman *Wir waren unser vier* (1949), in dem er die Erschießung eines Landesverräters kritisiert, eines harmlosen Mitläufers, während die Mörder "ihren Beruf als Rechtsanwälte, Fabrikdirektoren, Architekten und Professoren ausüben [...] im Besitz ihrer bürgerlichen Ehre".[28] Niklaus Meienberg (*1940), der provokative Linke, Schriftsteller und Historiker, sucht die Sündenbock-Theorie nachzuweisen, in dem er in *Ernst S., Landesverräter (1919-1942)* dem Leben und Sterben eines Landesverräters nachgeht und dessen Schicksal als eines Zu-kurz-Gekommenen reportagenartig aufzeichnet, ein armer Teufel, der dauernd mit den Behörden in Konflikt gerät und zum Querschläger gestempelt wird. Kein Nazi, aber einer, dem man auch das noch in die Schuhe schieben und der nicht dagegen ankommen kann. Meienberg sieht in den Landesverräter-Prozessen die Tatsache realisiert: "Oben [bei den Offizieren] wurde pensioniert, unten [bei den Soldaten] wurde füsiliert."[29]

Eine solche Aussage ist erst aus der Distanz der späteren Nachkriegszeit möglich und im folgenden soll kurz dargestellt werden, wie die Literatur der letzten Jahrzehnte die Probleme beleuchtet.

Die Zeit des Faschismus in der Literatur nach 1945

Max Frisch hat als erster die mangelnde Auseinandersetzung mit der Vergangenheit kritisiert. Er und seine jüngeren Kollegen sehen im

414

fehlenden kritischen Interesse Nachwirkungen der sacro egoismo-Haltung, in der die Schweiz nach dem Krieg zu erstarren droht. In Dürrenmatts tragischer Komödie *Der Besuch der alten Dame* bleibt es nicht mehr nur bei der Versuchung und auch im Parabelstück *Andorra* von Frisch wird der Verrat vollzogen, kollektiv. Die historische Welt läßt sich nach Frisch und Dürrenmatt nicht abbilden. Möglich sind nur literarische Neuschöpfungen, "Eigenwelten", die dadurch, daß die Materialien zu ihrem Bau in der Gegenwart liegen, ein Bild der Welt geben. Ihre Darstellung ist gewollt geschichtsneutralisierend und (arche-)typisierend. Frisch wollte *Andorra* nicht auf eine bestimmte historische Situation festgelegt wissen, was jedoch nicht eine Rezeption verhindern konnte, die das Stück dennoch auf spezifische gesellschaftliche Realitäten bezog.[30] Ausgehend von seinem Grundanliegen "Du sollst Dir kein Bildnis machen" arbeitet Frisch mit den Schwarz-Weiß-Kontrasten von Gut und Böse, Andorranern/Nicht-Andorranern (wobei die Stereotypien den von der Schweiz existierenden entsprechen), vor allem aber mit allen antisemitischen Vorurteilen, mit welchen die Bürger von Andorra den jungen Andri zum Sündenbock machen. Als Gründe für ihr Handeln führen die Andorraner vor der Zeugenschranke die bekannten, standardisierten Entschuldigungen der Faschisten und ihrer Mitläufer an. Keiner kann etwas dafür und keiner – mit Ausnahme des Paters – fühlt sich schuldig. Die wirklichen Gründe sind Schwäche, Feigheit, Fremdenhaß, Mißgunst, die sich als Aggression und Stärke, Selbstgerechtigkeit und moralische Überlegenheit äußern. Frisch gibt damit ein psychosoziales Erklärungsmodell vom gewöhnlichen Klein-bürger (dem Handwerker, Lehrer, Soldaten, Geistlichen, dem Jemand), der durch sein Mitmachen das Unheil herbeiführt und es nicht einsehen will, weil alle anderen ja auch so gehandelt haben. Er wählt in der Brecht-Nachfolge ein verallgemeinerndes Parabelmodell und zeigt anhand eines exemplarischen Geschehens, welches er aus der tatsächlichen geschichtlichen Verankerung herauslöst, was im großen Rahmen hätte Wirklichkeit werden können, wenn die Gefahr an die Andorraner herangetreten wäre.[31]

Max Frisch ist aber selbst auch ein Beispiel für die Perspektivverschiebung, die stattgefunden hat im Hinblick auf die Beurteilung der Vergangenheit, ablesbar an der Neuschreibung seiner Tagebuch-Aufzeichnungen von 1939: aus den *Blättern aus dem Brotsack* wird das *Dienstbüchlein* von 1974, das eine lebhafte Diskussion auslöste. Frischs erste Aufzeichnungen stehen unter dem Einfluß der Zeit und sind getragen von der Poesie des jungen Dichters. "Treuherzig", meint Frisch. Erschreckend unpolitisch, möchte man von heute aus urteilen, wenn wir in den *Blättern* lesen:

> Ich sehe den Rauch von verbrannten Stauden, der zwischen den blauen Stämmen schleiert, zwischen Erlen und Espen und Birken, und der langsam über den glitzernden See kriecht. Ich stehe am abendlichen Strand, die Füße im gläsernen Wasser, und daß es Krieg gibt, was geht es mich an? Meine Trauben schmecken wunderbar.[32]

Die Sicht ändert sich, geschichtliche Ereignisse werden laufend umge-
deutet. Neuinterpretationen sind notwendig und dabei verfahren die Söhne
mit ihren Vätern nicht zimperlich. Die Gefahr allerdings liegt im Hinter-
herklugsein. Das Handeln und Schreiben der Autoren erfolgte aus der
Situation heraus, wofür Max Frisch ein Beispiel ist. Von heute aus urteilt
er anders, weil Hintergründe und Folgen, die damals im Dunkeln lagen,
nun überblickbar sind. Stimmen, die diesem Buch "erinnernde Wahrhaftig-
keit" des Gesamtklimas gegenüber den nur punktuellen Ergebnissen der
zeitgeschichtlichen Forschung attestieren, übersehen dabei die "Kunst der
Insinuation" oder die Möglichkeit, wie "aus vielen richtigen Einzelheiten ein
falsches Gesamtbild" aufgebaut werden kann durch Erinnerungs- und
sprachliche Manipulation[33]. Damit wird deutlich, daß die Gefahr der
Geschichtskorrektur aktuell wird und der Umgang mit der Geschichte in
solchen Texten sorgfältig überprüft werden muß.

Die heutigen Autoren, die sich mit der Zeit von 1933-1945 beschäftigen,
setzen Fragezeichen und erstellen eine Chronik der Ereignisse aus der
Froschperspektive, wie Heinrich Wiesner es tut in *Schauplätze* (1969) oder
Thomas Hürlimann in *Großvater und Halbbruder* (1984). Sie gehen den
Dokumenten auf die Spur und legen den Finger auf Ungereimtes, Über-
tünchtes. Doch es sind wenige, die sich insgesamt mit der faschistischen
Vergangenheit beschäftigen.

Einer von ihnen ist Walter Matthias Diggelmann (1929-1979). Er kritisiert die Anpassungsmentalität der Schweizer, die nach 1943 stramme
Antifaschisten und seit John F. Dulles stramme Antikommunisten seien. Er
setzt Kapitalisten mit Faschisten gleich:

> [...] Diese Leute, viele hohe Offiziere, Industrielle und Wirtschaftsführer
> unter ihnen, sagten, mit unserer antideutschen Haltung riskierten wir
> schließlich den Einfall Hitlers. Wenige aus dem Volk schlossen sich dieser
> Meinung an [...].[34]

Auch Diggelmann sieht die Vergangenheit im Licht der Gegenwart, leitet
Kritikwürdiges von heute aus den Wurzeln der Vergangenheit her und
projiziert Mißstände von heute in damalige hinein, wie es auch Walter
Schenker (*1943) tut in *Das Lager von Solothurn.* ("War es so, hätte es
damals so sein können?"), wo Schweizer KZ-Lager-Anlagen, "die es nie
gegeben hat", mit den Zürcher Unruhen und der Fremdarbeiterpolitik in
Verbindung gebracht werden.

Hier wird Geschichte frei verfügbar für die Nachgeborenen, ein Stoff wie
andere, der sich in neue Formen kneten läßt, und die Frage nach dem
Quellenwert literarischer Werke spitzt sich zu, besonders im Hinblick auf

eine soziologische Fragestellung. Daß man sich aber auch bei scheinbar dokumentarischen Texten nicht auf Fakten berufen darf, zeigt ein weiterer Text Diggelmanns. Die Geschichte trägt den Titel *Der Jud Bloch* (1974) und hat die Ermordung eines Westschweizer Juden durch frontistische Extremisten zum Inhalt. Name und Beruf des Ermordeten sind identisch mit den Fakten, die Tat aber wird bei Diggelmann von einem Einzelnen begangen, von dem es heißt:

> Wer war Junod? Ein Student. Einer, der kein Examen bestehen konnte. Ein Versager. Einer von denen, die sagten, sie würden die Prüfungen nicht bestehen, weil an den Universitäten die Professoren das letzte Wort hätten. War Offizier. Wie sein Vater. Immer korrekt ... Der Vater war Oberst. [...] Der Vater erschoß sich 1944, als herauskam, daß er [Junod] einer Verschwörung gegen General Guisan angehört hatte [...][35].

In Wirklichkeit wurde der Mord von fünf Angehörigen einer illegalen Frontistengruppe ausgeführt, einem Mechaniker, einem Landwirt, zwei Handwerkern und einem Lehrling. Das Opfer war ihnen unbekannt, der Mord wurde vom kantonalen Frontistenführer befohlen, einem deutschen Agenten der Sektion "Abwehr im Ausland", der sich auf Anordnung des deutschen Konsulats in Lausanne nach Deutschland absetzen konnte. Diggelmann macht, seiner politischen Optik entsprechend und unter dem Einfluß des zeitgeschichtlichen Geschehens, aus den Arbeitern den militaristischen Intellektuellen und Versager, der zwar als möglicher Täter denkbar ist, von den Fakten her gesehen jedoch eine Geschichtsfälschung darstellt. Hier verliert die Literatur ihre historische Funktion und nähert sich in bedenklicher Weise dem Verfahren willkürlicher Geschichtsklitterung. Ein vergleichendes Studium literarischer Darstellungen zum Thema wird allerdings solche Eingriffe erkennbar machen und Anlaß zu Überlegungen für deren Gründe geben.

Abschließend kann festgestellt werden, daß auch in der zweiten Phase der Beschäftigung mit den dreißiger Jahren und der Kriegszeit die "Who and Why-Frage" eine marginale Rolle spielt. Im Zentrum steht vielmehr das Problem der schweizerischen Selbstgerechtigkeit, wie es etwa Peter Bichsel in *Des Schweizers Schweiz* (1969) aufs Korn nimmt oder wie es Frisch und Dürrenmatt in ihren Werken immer wieder darstellen, die vor Überheblichkeit warnen und die Schuldhaftigkeit der Gesellschaft auf verschiedenen Gebieten nachweisen.[36] Sie widerlegen den Mythos, die Schweiz hätte sich anders verhalten als andere Staaten, wenn die Entscheidung für oder gegen den Faschismus auf ultimative Weise an sie herangetreten wäre. So, wie die Dinge sich entwickelten, blieb den Sympathisanten Zeit, die eigenen Anschauungen den sinkenden Erfolgschancen der nationalsozialistischen Großmachtpolitik entsprechend anzupassen und umzumodeln.

Wie viele verdeckte faschistische Sympathien tatsächlich vorhanden waren, die jedoch mit andern Motiven verbrämt wurden, ist nicht nur Gegenstand von Kontroversen zwischen Konservativen und Radikalen, sondern auch zwischen Vertretern der älteren und der jüngeren Generation. Otto F. Walter (*1928) nimmt das Thema in seinem breit angelegten Epochenroman *Zeit des Fasans* (1988) auf, der die Zeit von 1933 bis 1955 behandelt. Hier schildert er auf der Grundlage von eigenen Erfahrungen und neu erarbeitetem historischem Material die Verflechtung wirtschaftlicher, politischer und persönlicher Interessen innerhalb der schweizerischen Gesellschaft und stellt in kunstvoll dokumentarisch-fiktionalen Brechungen (Flugblätter, Briefe, Festschrift, entstehende Geschichtsabhandlung) verschiedene Haltungen in bezug auf den Nationalsozialismus und das Zeitgeschehen dar. Die Durchleuchtung der Zustände erhellt die Motive privaten und öffentlichen Handelns innerhalb eines Familienunternehmens und dessen politische und soziale Implikationen für den Alltag der Betroffenen im engeren und weiteren Umkreis. Der Roman verdient Gegenstand einer eigenen Analyse zu sein und kann in diesem Überblick nicht näher behandelt werden. Im Roman *Sommerwende* (1989) versucht Urs Faes (*1947), in einer literarisch nicht immer geglückten Weise, für seinen Protagonisten das nicht selbst erlebte Milieu des Jahres 1941, die Bedrohung durch Nazi-Deutschland, die frontistischen Umtriebe, Fremdenfeindlichkeit und offenen Antisemitismus zu rekonstruieren und deren zerstörerische Langzeitwirkung für die Betroffenen vor Augen zu führen. Dieser Roman ist ein weiteres Zeugnis dafür, daß die Bearbeitung der Vergangenheit ein wichtiges Anliegen der jüngeren und jüngsten Generation ist.

Ein wichtiger Teil der heutigen Literatur der Schweiz ist nur zu verstehen auf dem Hintergrund der vergangenen fünfzig Jahre. Die faschistische Bedrohung profilierte das Schlagwort vom "Sonderfall Schweiz" in bis dahin unbekannter Weise. In den kritischen dreißiger Jahren sah man darin die Überlebenschance für den bedrohten Kleinstaat. Der Kriegsausbruch und das Schicksal der umliegenden Länder verstärkten die Angst und ließen Konfrontation und Kritik als lebensgefährlich erscheinen – eine Drohung, die von der restriktiver werdenden politischen Führung immer nachdrücklicher geltend gemacht wurde. Doch als der Ausnahmezustand nach der Entspannung der Lage keineswegs rückgängig gemacht, sondern vielmehr zum Normalfall erhoben wurde, legte sich durch die stete Berufung auf Tradition und nationale Eigenart eine Erstarrung über die politischen und kulturellen Tätigkeiten. Seit den siebziger Jahren werden Autoren, Künstler und Intellektuelle nicht müde, in ihren Werken gegen diesen Zustand anzukämpfen, das retouchierte Bild eines selbstgerechten schweizerischen Selbstverständnisses mit der Realität unangenehmer alter und neuentdeckter Wahrheiten und Verdrängungen zu konfrontieren und

die lange als unnötig erachtete Aufarbeitung der Vergangenheit nachzu-
holen. Nicht zu übersehen ist dabei der fundamentale Unterschied in der
Beurteilung von Ereignissen und Handlungsweisen, die aus der Zeit heraus
erfolgen und als idealistisch bezeichnet werden könnten, oder einer
Einschätzung, die aus der Distanz in Kenntnis der Konsequenzen vorge-
nommen wird und die in der Regel moralisierend ist.

Die Frage nach dem "Who", aufgenommen in der Vorkriegszeit, um die
ungesicherten jungen Menschen vor der faschistischen Versuchung zu
warnen, blieb nach dem Krieg den deutschen Nachbarn überlassen, die ihre
faschistische Vergangenheit zu "bewältigen" hatten. Wieweit eine Tabuisi-
erung auf dem Thema lag, ist schwer zu entscheiden. Der Zweck der
öffentlichen Politik: die Schweiz vor dem Krieg zu bewahren, schien lange
auch deren Mittel zu rechtfertigen und vor Kritik zu schützen. Ja, eine
gewisse (gewollte?) Blindheit schien lange das schweizerische Sehvermögen
zu hindern, das Zwielichtige und in höchstem Maße Kritik-würdige in
ihrem eigenen Verhalten dem Faschismus gegenüber wahrzu-nehmen. Doch
als die verwerfliche Handlungsweise eines sich stets auf die Humanität als
eines seiner Grundpfeiler berufenden Staatswesens in der Asylantenpolitik,
dem Waffenhandel und auf anderen Gebieten in ihrem ganzen Umfang
zutage trat, wurde die Frage erneut aktuell. Das Augenmerk richtet sich
auf die verdeckten Motive der hinter der Fassade von Neutralität und
Leisetreterei lavierenden Politiker und Wirtschaftsleute, jene "Stützen der
Gesellschaft", die ihre Gesinnungsgenossen in verschiedenen politischen
Parteien und hauptsächlich im gehobenen Mittelstand hatten.

Die Frage nach dem Grund ("Why") dieser Handlungsweise, die sich ja
nicht in einer konkreten Parteimitgliedschaft, ja, nicht einmal in offenem
Sympathisantentum äußerte, mag - neben sozialen und individuellen
psychologischen Motivierungen, die mit zu berücksichtigen sind - in einem
bedauerlichen Grundzug menschlichen Verhaltens zu finden sein: der Angst
vor dem Verlust des Besitzes auf der einen Seite, und auf der anderen der
Versuchung, diesen auf kluge Weise zu mehren. Mit andern Worten:
Feigheit, dargestellt von Frisch in *Andorra*, Käuflichkeit, verkörpert von Ill
und den Güllenern in Dürrenmatts *Besuch der alten Dame*, schon lange
bevor die einschlägigen historischen Dokumente eruiert waren. "Die
Wahrheit der Dichter" wird hier greifbar, unabhängig davon, daß sie ihren
eigenen Gesetzen innerhalb bestimmter Traditionen folgen und daß ihre
Darstellung, durch vielfache künstlerische Brechungen verfremdet, weder
unmittelbar aus der Wirklichkeit abgeleitet, noch direkt an ihr gemessen
werden kann. Zusammen mit Werken, wo sich Schriftsteller bei der Verarbeitung des Stoffes mit soziologischen, psychologischen und historischen
Erkenntnissen auseinandergesetzt haben und außerdem Techniken benutzen
wie Reportage, Dokumentarberichterstattung, Quellenwiedergaben, Inter-

views o. ä.[37], ergibt sich ein sehr variantenreiches Material, das dank der umfassenden Vorarbeit dem Leser ein konkretes und zugleich kritisches Verständnis faschistischer Phänomene in einer Weise zu vermitteln vermag, wie Geschichtsschreibung es nur in seltenen Fällen leistet.

ANMERKUNGEN

1. Vgl. Ramuz' Äußerung, es gebe keine eigentliche Schweizer-Kunst und Schweizer-Literatur i. S. einer "manière Suisse" mit der darauffolgenden Kontroverse (Wyder, in: *Dreissiger Jahre Schweiz* (1982), S. 71). Gonzague de Reynold vertritt die Gegenposition, indem er einen "esprit Suisse" festzustellen meint.

2. Die Sprachgebiete verteilen sich prozentual ungefähr wie folgt: deutschsprachige Bevölkerung 65%, französischsprachig 18%, italienischsprachig 12%, romanisch 1%. Einwohnerzahl nach 1945 ca. 4,5 Mio.

3. Vgl. dazu Werner Rings, *Schweiz im Krieg. 1933–45*, Zürich 1974; Walter Wolf, *Faschismus in der Schweiz*, Die Geschichte der Frontenbewegungen in der deutschen Schweiz 1930–1945. Zürich 1969, und Beat Glaus, *Die Nationale Front*. Eine Schweizerfaschistische Bewegung 1930–1940, Zürich 1969.

4. Die Erschließung von Archivmaterialien und neue historische Forschungsansätze haben im Laufe der letzten Jahre zu Kontroversen um Personen und Politik der Kriegszeit geführt und zahlreiche Neuinterpretationen veranlaßt. Das Standardwerk über die Zeit ist noch immer der Bonjour-Bericht: Edgar Bonjour, *Geschichte der schweizerischen Neutralität*, Basel 1967-74.

5. Vgl. dazu Oskar Fritschi, *Geistige Landesverteidigung während des Zweiten Weltkriegs*, Dietikon/Zürich 1972.

6. Vgl. dazu Rings (1974), S. 322f.

7. So wurde auch die Übersiedlung des S. Fischer Verlags abgelehnt.

8. Vgl. dazu die Darstellungen von Werner Mittenzwei, *Exil in der Schweiz*, Leipzig [2]1982 und Gustav Huonker, *Literaturszene Zürich*. Menschen, Geschichten und Bilder 1914-1945, Zürich [2]1986.

9. "45 ans plus tard: la seconde guerre mondiale en Suisse et ses conséquences vues par diverses générations", Pully 1984.

10. Zit. nach *Kindlers Literaturgeschichte der Gegenwart*, München 1974, Bd. 4, S. 17.

11. "[...]quel sedime d'antiitalianità che giace come una melma in fondo all'animo di molti Ticinesi". Zit. nach Alice Vollenweider, "Die italienische Schweiz seit 1945" in: *Kindlers Literaturgeschichte der Gegenwart*, Bd. 4, S. 549-607, S. 556.

12. Max Frisch, *Gesammelte Werke*, WA 10, Frankfurt 1976, S. 370-372.

13. *Bonjour–* und *Ludwig–Berichte*; Alfred Häsler, *Das Boot ist voll*, Zürich 1968; Werner Rings, *Die Schweiz im Krieg*, Zürich 1974, Peter Stahlberger, *Der Zürcher Verleger Emil Oprecht und die deutsche politische Emigration 1933–1945*, Zürich 1970; W. Wolf, *Faschismus in der Schweiz*, Zürich 1969, um einige der wichtigsten Bücher zu nennen.

14. "Der allmähliche Übergang vom Krieg zum Frieden", in: *NZZ*, 9. 5. 1985, Fernausgabe Nr. 105, S. 29.

15. Manfred Gsteiger, "Die zeitgenössische Schweiz und ihre Literaturen", in: *Kindlers Literaturgeschichte der Gegenwart*, Bd. 4, S. 77–97.

16. Vgl. Linsmayer, "Frühling der Gegenwart", *Erzählungen*, Bd. 3, Zürich 1982, Nachwort S. 441.

17. Gustav Huonker, *Literaturszene Zürich*, Zürich 1985, S. 76.

18. Vgl. dazu Beatrice von Matt, *Meinrad Inglin*, Zürich 1976, S. 174–190.

19. Vgl. dazu H.-J. Heusser, "Heimatsehnsucht und Katastophenangst", in: *Dreißiger Jahre Schweiz*, Zürich 1982, S. 278–313.

20. Vgl. A. Pfenninger, *Eiland im Sturm. Ein Spiel vom Wesen der Schweiz*, Zürich 1947.

21. Zit. nach Felix Müller, Rez. *NZZ* 5. 11. 1985, Fernausgabe Nr. 256, S. 25. Von Etter findet sich auch die Aussage: "Mir kommt es nicht darauf an, daß einer ein guter Schriftsteller ist, sondern nur, daß er ein guter Schweizer ist". Zit. nach Linsmayer, siehe Anm. 16, S. 437.

22. Einsicht in die Unterlagen auf der Schweizerischen Landesbibliothek in Bern.

23. Schauffelberger betont im Vorwort die Notwendigkeit der Wachsamkeit, da "der Geist Hitlers noch lange nicht überwunden ist". Deshalb wollte er "die bedenklichen Ausstrahlungen des Nationalsozialismus und des Faschismus auf unser Land, auf seine Bevölkerung und auf einige ihrer Einzeltypen literarisch festhalten" (S. 9–10).

24. S. 76f. Hans Rudolf Hilty hat "Die Versammlung" in seine Sammlung *Grenzgänge, Literatur aus der Schweiz 1933–1945*, Zürich 1981, aufgenommen.

25. Vgl. Felix Müller, "Das Staatsfestspiel als republikanisches Weihespiel", *NZZ* 28./29. 7. 1984, Nr. 174, S. 42.

26. *Volk zu Schiff*, Hamburg 1936, S. 10f.

27. Siehe Anm. 25, S. 166f.

28. Neuausgabe in "Frühling der Gegenwart", Ex Libris, Zürich 1984, S. 124–125.

29. *Reportagen aus der Schweiz*, Zürich 1977, S. 202.

30. Da der Faschismus in *Andorra* des Modellcharakters wegen auf den Antisemitismus reduziert ist, können die Figuren des Stücks nicht mit Faschisten gleichgesetzt werden. Deshalb gehört das Drama nur am Rande in unseren Zusammenhang.

31. Frisch äußert sich in einem Interview wie folgt:
"Hier waren die Leute sehr betroffen von dem Stück, die wußten nämlich, daß sie gemeint waren, und zwar hypothetisch: Wie hättet ihr euch verhalten? Das Stück ist absichtlich so gearbeitet, daß die Schwarzen, die Schlächter, die Himmler-Leute nicht in Erscheinung treten: das ist die Maschinerie, der man jemanden ausliefert. Hier, in der Schweiz, waren die Leute sehr schockiert; sie wußten, wo Andorra liegt. In anderen Ländern wieder war es sehr verschieden." Zit. nach Frühwald/Schmitz: *Max Frisch*. Andorra/Wilhelm Tell. Materialien, Kommentare, München/Wien 1977, S. 22.

32. WA 1, S. 145.

33. Ernst Leisi hat das in seinen Bemerkungen zum *Dienstbüchlein* in Einzelheiten dargestellt: "Die Kunst der Insinuation", *NZZ*, 20. 9. 1974, Nr. 437, S. 25.

34. *Feststellungen*. Ein Lesebuch; Texte 1963-1978, Zürich 1978, S. 17.

35. In: *Geschichten aus der Geschichte der Schweiz*, Darmstadt 1983, S. 51f.

36. Dürrenmatt läßt im *Verdacht* den Naziverbrecher Emmenberger Schweizer sein mit der Begründung: "Was in Deutschland geschah, geschieht in jedem Land, wenn gewisse Bedingungen eintreten. Diese Bedingungen mögen verschieden sein. Kein Mensch, kein Volk, ist eine Ausnahme. [...] es gibt [...] den Unterschied zwischen den Versuchten und den Verschonten. Da gehören denn wir Schweizer, Sie und ich, zu den Verschonten, was eine Gnade ist und kein Fehler, wie viele sagen", in: *Der Verdacht*, Diogenes Taschenbuch, Zürich 1980, S. 203f.

37. So etwa N. Meienberg, der selbst Historiker ist (Lötscher: "Zum Beispiel Meienberg, das ist doch Journalismus, Geschichte, Soziologie und Literatur in einem") aber auch Otto F. Walter, Hugo Lötscher, Jürg Federspiel. Vgl. dazu den illustrativen Artikel von Marco Meier "La réalité surpasse la fiction" in: Durrer/Lukesch (Hg.), *Biederland und der Brandstifter. Niklaus Meienberg als Anlass*, Zürich 1988, S. 141-157, der das Verhältnis von Realismus und Fiktion bei diesen Schriftstellern diskutiert.

ABSTRACT

The paper deals mainly with the literature of German-speaking Switzerland, but it also considers briefly whether, or to what extent, fascism is represented in Swiss literature written in French and Italian. As a multicultural, neutral small state which was threatened both internally and externally by fascism, but which was spared the experience of war, Switzerland's situation differed fundamentally from that of countries ruled or occupied by the fascists. One would therefore expect the repercussions of fascism on literature to be different from those in other, more directly affected countries. Astonishingly, however, Swiss authors writing in French or Italian have shown practically *no* interest in exploring the impact of fascism on their country, leaving the subject to German–speaking authors who were more willing to confront the issues because they were affected much more directly by them. Among the German–speaking authors, however, there is a striking difference between literary representations of the theme in the years 1930–50 and later attempts to deal with the problems. During the first phase the question of "who and why" is posed in a fundamentally different way to the approach taken in the 1970s, by which time increased awareness of what was contained in the historical documents had focused attention on hitherto overlooked aspects of the problem.

During the first phase of imminent threat the problems were dealt with by very few authors, and where this was the case the treatment had to be carefully encoded because of press censorship. Writers submitted, albeit reluctantly, to the official line of "geistiger Landesverteidigung" ("the spiritual defence of the country"), which demanded reflection on the positive, constructive aspects of Swissness and abstention from criticism of the government and its policies on refugees, arms sales and neutrality. In festival plays, films and novels of varying literary quality young people were given clear warnings of the dangers of the fascist seductions of grandeur, power and collective thinking and reminded of "Swiss values".

In the 1950s Max Frisch criticized the Swiss for the lack of any con–frontation with the problem of fascism. He corrected his own apolitical attitude during the war years by re–writing his memoirs of his period of military service in his *Dienstbüchlein* of 1974. In response to this, the theme was taken up by younger authors (Wiesner, Bichsel, Diggelmann, Meien–berg, Faes and above all Walter). They criticize the official attitude of the responsible authorities and try to unmask covert forms of fascist thinking and behaviour amongst leading figures in government and business. Whereas in the first phase the questions of "who and why" had been answered by focusing on the type of the ambitious individual, or the disadvantaged or the socially or psychologically damaged individual, the emphasis now shifts to the well–heeled, well–educated type whose mind is bent on profit, who is a member of the upper classes, in a position of responsibility and who places economic interests above human considerations. Having revealed the connections between self–satisfaction and wrong behaviour, these authors assert the need for a fundamental change of mental attitude.

Stein Ugelvik Larsen, Bergen

CONCLUDING REMARKS ON FASCISM AND LITERATURE: MEETING-POINTS AND DIVERGENCIES

Good literature can be appreciated for a great variety of reasons, but there are three in particular which are relevant to this project. Firstly its ability to break new ground in aesthetics and to develop literature as an art form. Secondly because it can raise new and interesting problems in society which are of interest to social analysis. Thirdly because it offers independent explanations for various forms of human behaviour.

What is the unique character of fiction that makes it an important alternative source of insights into the problems of human behaviour which the social sciences also endeavour to explain? The imaginative quality of literature distinguishes it as a particularly "open" and "reflective" medium for the understanding of human society. Fictional literature is "free" in the sense that it can develop complex and "non real" chains of events, a complex interplay of motives and causes, and thus construct a virtually infinite space of individual or social possibility. In addition, the particular artistic mode of expression gives the author a quite unique range of methods which allow him to explore, underline, caricature, invent or speculate on the virtually endless series of conflicts, harmony or paradoxes in the life of the individual or society conceivable by the human mind. Imaginative literature is thus an important source of understanding for each of us individually and for the social sciences. It is outstanding for its quality of reflection and for the rich variety of questions it asks and the answers it proposes.

This is the framework within which I shall attempt to summarize my view, as a social scientist, of the contribution which the various studies in this inter-disciplinary project make to our understanding of the "who" and the "why" of European fascism. A simple summary or definite conclusion would be too much to expect in view of the broad scope of the project and the variety of approaches adopted by contributors. This "conclusion" is perhaps best thought of as an invitation to the social sciences to take up the questions raised here for further consideration.

How is a nation's history reflected in its literature?

The reader of this book will find that the choice of approach has varied from contribution to contribution. Some authors have dealt with literature written by fascist or Nazi writers and some with oppositional literature, some with many works and several authors writing after 1945, while others have dealt with just one author and one novel written either before or after the Second World War. Thus our project has a scope which reflects the openness the participants brought to the study of fascism and European literature. Such openness was deliberately sought because we wanted the questions of "who" and "why" to be considered from as many different angles as possible. Of course we are aware that this is not without its problems, particularly that of the representativeness of the necessarily selective range of material which could be dealt with. In a small country like Norway it is possible to give an overview and comment briefly on the best known literary treatments of fascism. In a much larger country like Germany, by contrast, such an overview is not really feasible. Whereas Norway had in total about two hundred authors writing fiction between 1933 and the 1950s, there were, as Hans–Joachim Sandberg points out, more than 2,300 writers *exiled* from Germany during the Third Reich.

Let us begin by reflecting on the question of the link between a society's historical experiences and the ways in which its literature deals with the questions of "who and why". Hence the division of this volume into groups of countries with comparable experiences of fascism, on the assumption that the literature written in countries with their own fascist regimes would differ from that in countries allied to the fascists or occupied by them (and with fascist movements collaborating with the enemy) or simply threatened by a fascist neighbour, and further that there could be common traits shared by countries in similar situations. What light does this volume throw, then, on the "who" and "why" of fascism as reflected in the literature of comparable and contrasting countries?

The first and perhaps most predictable fact is that the persons portrayed as fascists in the *occupied countries* are often given a double characterization as both fascist and traitor. Sometimes these descriptions are collapsed or intertwined so that a fascist is automatically also considered a traitor or a collaborator a fascist. This type of fiction in the occupied countries tends to "err" with regard to historical truth by failing to take account of the "honest fascist" as a type which really did exist. On the other hand it may well have reflected widely held beliefs or feelings in those countries after the war. Such literature is "true" as a record of commonly held social judgements, but does not necessarily do justice to the complexity of the "whole truth".

My main point, however, is not to pass judgement on the historical truthfulness or otherwise of particular fictions, but to note that there are *differences* in the portrayal of fascism as between occupied countries and the major regimes.

A comparison of Belgian Flemish and Dutch Flemish novels and characters throws interesting light on the problem of collaboration. Amongst Belgians collaboration was not unanimously felt to be treason but regarded as part of the effort to establish a unified Flemish nation state, as the Belgian Flemish population resented the domination of the prosperous French speaking Walloons. The Dutch had a quite different view of fascism and collaboration, particularly during the last winter of the war when hardships were at their worst and hatred of the Dutch NSB-Nazis intensified greatly. In Dutch novels the "who" is described as mean, brutal and unscrupulous whereas he has traits of honesty and idealism in Belgian Flemish novels. Each in its own way, these novels reflect importantly contrasting features of different historical situations.

The link between history and literature is also very clear in the case of Hungary. The upwardly mobile character of Sándor Makai in Lajos Kassák's *The End of the Road* can only be understood in the context of the particular experiences of the working class in Hungary with its unsuccessful revolution in 1919 and difficult conditions in a semi-agrarian country with delayed industrialization. Hungary was the only country where fascism, in the shape of the Arrow Cross party, was supported by the working class *en masse*. The national fascist "who" could only become what it did in this particular country, and Kassák's novel about its development could only arise from these historical roots. Equally, the chapter by György Csepeli shows how the fascist poetry of Jozsef Erdélyi sprang more or less directly from his frustrated Hungarian nationalism and peasant populism. Without some understanding of this backgound it would be hard to understand or appreciate the particular Hungarian feelings voiced by his poetry. However, a nation's literature can equally well present a misleading reflection of the true historical background of its people. Clear evidence of this is provided by Eberhard Mannack's account of the literature of the GDR where, as he shows, political censorship and the "guidelines" on cultural policy defined for many years the terms in which literature could describe fascism, the only model permitted by the authoritarian GDR regime being the so-called "capitalist agent theory". In conforming to the "who" and "why" prescribed by the regime, this literature failed to reflect the real historical experiences or understanding of the Germans who happened to find themselves living after the war in the GDR with its determination to deny any historical linkage between the new nation and Nazism.

A contrasting case is the role of German-speaking writers in Switzerland. During the war their country maintained relations of "friendly neutrality" with Nazi Germany. The moral ambiguity of this position becomes a theme of literature after the war, beginning with Max Frisch. Here the task of literature became one of revealing previously hidden or suppressed elements in the self-understanding of a people which took official pride in the supposed resistance of Swiss national traditions to the temptations or threats of fascism.

Is there anything to be gained for the understanding of history and society, however, by comparing the literature of a major fascist country with that of a small country where fascism was mainly imported by an invader? The cases of Germany and Denmark do seem to me to be illuminating in this respect. The picture of Nazism drawn by Günter Grass in *The Tin Drum* is of very many ordinary people turning to Nazism out of boredom with everyday living and because of misplaced ambitions. Theo Elm has argued that this type of fictional account addressed themes neglected in official historiography and challenged ordinary Germans to "come to terms with the past" in a process of self-criticism. But can Grass's work, with its argument that almost everybody was a potential Nazi, be considered as making a useful contribution to the task of defining the "who" and "why" as accurately as possible? Here the comparison with Denmark is useful, since this too was a country where recruitment to the fascist party (DNSAP) was spread fairly evenly over the different social strata. The crucial difference, however, was one of the overall comprehensiveness of this recruitment, for the Danish Nazis were mostly restricted to southern Jutland and even there represented only a small proportion of the electorate. What Grass's novel, in contrast to the Danish novelists' treatment of fascism (as an existential challenge to each individual), makes clear is that German fascism was specifically a *mass* phenomenon. What it *meant* to be a fascist was very different in each of these countries. Where every third voter or more is a Nazi, the role of the Nazi is very different from a situation where he is the member of a minority voting group. The specifics of mass social reality recorded in German literature grasp features of the phenomenon better, in my opinion, than the social sciences have done hitherto. Equally, the focus of literature (in Denmark, say) on individual choice provides a useful corrective to the tendency of the social sciences always to seek explanations in terms of the group or stratum.

The importance of the mass feature of the phenomenon, but also of the role of specific cultural factors, is equally relevant to the case of Italy where, as Lone Klem shows, membership of the fascist cadres did not stand out as anything extraordinary. The country was prepared for a fascist regime not least by literary traditions, particularly as they were harnessed by D'Annunzio. The social scientist is inclined to conclude that the parties and the social role of fascism would be similar in different countries simply because the social groupings of party membership were similar (the proportion of workers, intellectuals, engineers etc.). What literature reveals is the contrasting meanings fascism could have for people of similar social position but in different cultural and national circumstances. In order to interpret the social situation "reflected" in literature we have to bear in mind the overall historical and cultural framework of the country concerned; a comparative and contrastive analysis helps to focus on the defining characteristics involved.

Clarifying the concept of fascism

Few social phenomena have provoked such intense debate as the definition of fascism. There is a vast literature which addresses the complexities of the problem directly and discusses the difficulties of arriving at a definition which will cover the variations revealed by comparative analysis. Some social scientists have argued for a definition of fascism in terms of "minimum defining characteristics". Others have suggested a necessary "maximum", or the essential characteristics of the "average" fascist. One recent debate, known as the "Botz-Kienzle controversy", concerned the question of whether or not post-war Austria was thoroughly cleansed of fascism, since only a very tiny proportion of a representative sample of the population gave "positive" answers to complex questions designed to measure the degree of fascism on a scale. This scale included most of the conceivable elements of fascism, taken together as one set of answers. Less than one per cent of Austrians had all questions "right". Yet the difficulty with such a method is that a fascist "who", a real fascist, is usually not a "fully fledged fascist" as envisaged in any theoretical definition. He might have fought on the Eastern Front because he was a strong anti-Communist, but he need not have been an anti-Semite. Similarly, a Belgian from the Flemish part of the country might join the fascist movement because he wanted a united Flanders without being particularly anti-liberal or corporatist.

Much of the discussion about the "essential set of defining characteristics" has thus yielded litle by way of fruitful results when it comes to describing the empirical reality of fascism. This applies equally to the main concepts used both by literary critics and by social scientists. We must simply live with imprecise concepts which will never be quite waterproof in practical analysis. Bearing this in mind, what light does the literature analysed in this volume throw on the concept of fascism?

Željka Šverljuga's chapter on Yugoslav literature shows how fascism, both in the Ustasha and the Chetnik sense, meant horror, fear and ruthless brutality. The injection of fascism from Italy and Germany into Yugoslavia's bitter nationalist and separatist conflicts resulted in obsessive repression and violence. This is how fascism was experienced when given the opportunity to govern by the occupying Germans, and it is in images of this type that it is reflected in the two literary works analysed here. The literary "whos" are no more than symbolic representations of blind brutality, so that the particular features of the national fascist ideology acquire no explicit and distinct social identity.

Equally, the image of German Nazism presented in Thomas Mann's fiction has to be understood in relation to the author's gradual progress to greater and more critical political awareness. By the time he went into exile Mann was convinced that Nazism was a revolution against reason and the normal range of human and humane feelings. As Hans–Joachim Sandberg's analysis of *Doktor Faustus* in particular shows, Nazism was seen by Mann as something inherently diabolical and hence ultimately universal in nature which has the effect of making people become Nazis when circumstances, whether personal or social, lead them to break through the limits of rationality. Similarly, in Longum's analysis of Bjørneboe we are told that fascism is the representation of the timeless "evil" in human beings. Fascism is to be understood as the force or set of ideas that permitted the "evil" to appear and to spread to people of different characters. Idar Stegane has formulated the same idea in his analysis of another Norwegian novel, *The House in Darkness* (1945) by Tarjei Vesaas. His favourite term is "savagery"; for Vesaas, people under the influence of fascism lose their ability to feel friendship, true individuality, humanity, so that they begin to behave like wild animals.

From these few, brief examples we can see how different authors have understood fascism or Nazism not as a historical political ideology, nor as an organized movement, but as a universal tendency within human minds. A very similar view can be found in Franz Neumann's *Behemoth. The Structure and Practice of National Socialism* (1942). Neumann describes the political theory of National Socialism as an anti–rational theory. His title indicates his conclusion: Nazism is a monster which in the end will collapse into chaos because of its own irrationality. His long treatise on the Nazi movement and its political praxis thus draws a similar conclusion to those found in a good many works of literature.

The characteristics of this type of analysis is its failure to isolate the specifically fascist elements in all this "horror", "evil" or "savagery". Some people might claim that the horrors of Nazism have not been equalled by anything else in history (while others might argue that those of the Inquisition or of Spanish imperialism in the conquest of Latin America are at least comparable). But one still wants to know what were the particular conditions that turned the masses in Germany and Italy in this century into Nazis and Fascists, or made intellectuals, artists, higher civil servants and so on into instruments of fascist regimes.

Did the threat of modernism, industrialization and the rapidly growing and changing cities give birth to more "evil" than before? Or was there something essentially new in the ideology and organizational techniques of fascism which explains its particular ability to make many people commit acts of brutality? Was it the intense appeal to "vitality", the "exaltation of idealism" in fascist ideology which brought the "whos" to such extremes of violence? In any broader definition of fascism/Nazism it is necessary to answer such questions if one is to go beyond a mere description of the consequences of its emergence.

Fascists as fascists at war

When searching for the "who and why" of fascism in literature we find that they are often described as warriors. In Spanish literature we meet them fighting in Franco's armies, and in Danish and Finnish literature they appear as volunteers in the Waffen SS on the Eastern Front, or as officers in the regular army.

Some authors have shown their figures engaged in a struggle to the death with their most radical ideological opponent, bolshevism. The fascists fulfilled their ideals fighting in war. This is well illustrated by Klaus Vondung's analysis of the choral works of the Nazi writer Gerhard Schumann, in which the ideal fascist is ready to sacrifice himself for "Führer und Volk". Indeed it may be *only* in the sacrifice of his life in war that the Nazi can fulfil his calling. Similarly, Uwe Ketelsen's analysis of Hanns Johst's *Thomas Paine* shows how the Nazi author regards the battlefield and combat generally as the arena where Nazi ideals can be understood most fully.

Thus it is perhaps not surprising to find so few descriptions of "who" and "why", and of fascism in general, in Portuguese literature. The fascist regime that lasted there for almost fifty years did not go to war and had no alliances with the major fascist regimes. Portugal under Salazar also presents a form of fascism which was not installed by popular mobilization, and which was not particularly repressive towards its main opponents. Thus there developed no strong resistance or oppositional literature to portray fascism in brutish personalities and as an important ideological enemy to defeat. The overarching alliance of Conservative and Catholic powers made fascism here into a relatively traditional form of authoritarian, bureaucratic

431

regime which was "mirrored" in a legitimizing manner in the few known works of relevant literature. Only one example of Portuguese writing comparable to the literature written in other fascist countries in Europe is to be found in the portrayal of the brief military dictatorship of Sidónio Pais, 1917–18, which is generally considered to be outside the "fascist epoch" proper. Two other factors were important to explain the absence of both protagonist and antagonist literature there, namely weak liberal traditions and the incorporation, and finally the subordination, of typical fascist ideology when Salazar suppressed National Syndicalism and the remnants of Integralism in 1935. Can we conclude, then, that the Portuguese type of fascism was a weak, dull and all embracing paternalistic rule within the establishment of the traditional, conservative powers? Has Portuguese literature on fascism given us a correct image of what fascism in that country meant – a movement that produced no vigour or exaltation among its followers, and a political power which did not provoke a vital literature of resistance? Is this the reason for the absence in literature of "whos", either as harmless politicians or as demons?

A clear contrast is at any rate provided by the quite different form of fascism experienced by Spain and by the literature accompanying it. José Antonio Primo de Rivera founded the Falange Española in 1933 and became a martyr after his execution in 1936, so that fascism became the inspiring ideology for parts of the Nationalist side in the Spanish Civil War. The international involvement of fascist and Nazi forces on the Nationalist side also helped to make it quite clear that the forces against which the Republicans were fighting were indeed fascist. The story of Spanish fascism became a story of brutality (explained differently, of course, according to the standpoint of the author), of civil war with a million dead, and of the tightly dictatorial transformation of the country in the first years of Franco's rule.

From its early days, Spanish literature on fascism had a much richer range of dramatic events and historic personalities to portray than was the case in neighbouring Portugal. The revolutions of the Syndicalist and Marxist Left in the early 1930s also hardened the fronts, producing a firm camp of antagonist authors who fought their war against fascism in literature. Spanish literature is thus characterized by a great number of works written in an atmosphere of civil war, where the idealization of the "who" on both sides was connected with death, heroism in action, self–sacrifice and worship of national or collective values.

Yet, can we trust the picture Spanish literature generally gives of Spanish fascism? How does it define the fascist "who" and "why"? Caudet's analysis shows how the Spanish lyric dwelt on the dynamics of struggle and values connected with the sacrifice of life and blood for the Caudillo. When there was no more war, fascist lyrics dried up. Undoubtedly, literature in fascist Spain (and elsewhere) was recording a central feature of the appeal of fascism when it focused on war and warriors. However, there is some doubt about its reliability as a historical source, since the inherent excitement of such themes means that they lend themselves to fictional treatment, particularly in popular literature.

"Who" in the social sciences and in literature

Social scientists are trained to think and demonstrate their point in figures, tables and "boxes". Therefore the reader will have to excuse me, if, from now on, I occasionally try to exemplify my point by using standardized figures in order to compress my argument.

If we take a very brief look at the main findings on membership of fascist and Nazi organizations, the following picture emerges. There is a marked change in the social groupings of the membership cadres in most countries from the early years through the period before the fascists seized power. Then there is another change in periods after the regimes were established and when they entered war. Over time the figure of the "who" was therefore not a "stable" one, and especially before the "Machtergreifung", or before the war, most fascist parties experienced a very high turnover in membership.

However, there were some general trends in recruitment. In a general survey of the findings on the Norwegian Nazi party, I have elsewhere stated the following as a conclusion: "High status people formed the party. Lower status people 'filled the ranks'". This applies directly to the social group-ings of the Norwegian National Unity party, which was founded on an ideological basis of exalted nationalism and with fervent anti-communist feelings. It was from the start a party composed of middle sized and better off farmers, but with most of its members from the urban middle and upper-middle classes. During the war, after the party was invested with governmental power by the Germans, it grew rapidly in size and the social structure of the party changed. Many people from the working class as well as from other social strata in Norway joined.

When compared with the social groupings of the German Nazi party, the same structural development took place. In Germany the NSDAP elite wanted, after 1933, to filter out and select entrants according to various principles of representativity and need. But they only succeeded to a limited degree in achieving the kind of social recruitment they wanted. The general picture is the same as for Norway. The proportion of the upper middle class declines gradually, while the proportion of workers increases during the final phases. Similar figures are revealed for the Danish Nazi party when looking at the social groupings from the early 1930s and during the Second World War. The Austrian Nazi party also changed in the same direction when it grew in size. The tendency in all countries therefore seems to demonstrate that after the fascist and Nazi parties grew beyond their initial founding social groups, they became "people's parties" in the sense of comprising most of the social groups in each country.

If we greatly simplify the overall stages of recruitment in three broad phases it is as follows:

	Early years	"Machtergreifung"	Regimes at war
Upper- and Upper Middle	some	some	few
Middle class	many	many	many
Working class	few	some	many

From this highly abstract presentation we can conclude that the middle classes were the stable and most solid social foundation for fascism and Nazism in Europe. But we cannot say that fascist parties based their strength *only* on middle-class appeal. In reality they had to have a very diffuse and varied class attraction.

Another general characteristic of the development of party membership which is not revealed in the table above, is the change in age and sex composition. In most of the parties analysed the following picture emerges: in their first phase the fascist and Nazi parties were parties of young and middle aged people. As time passed and the parties grew, two tendencies were prevalent: the elite grew steadily older ("alte Kämpfer"), but in the influx of new members high proportions of young people dominated. The average age within the parties was thus not increasing, but rather decreasing during war-time, due to the strong recruitment of volunteers in the military formations, – but essentially you could find a mixture of old and young people. The proportion of women was initially very small, but just before and during the Second World War a growing proportion of the members in fascist and Nazi parties were women. However, their proportion in the party elite (among the most well known figures) was negligible, approaching zero.

434

How does this simplified picture of the actual "whos" correspond to the persons portrayed as fascists in European literature? Basically most authors come from the middle class, or they rose to middle class status when they gained recognition. But they are always an unstable element within the middle classes, since they are usually the most notorious critics of their own class.

However, by being part of the middle class, they would naturally select figures and models for their interpretations of fascism from within their own class. Thus we may state that most of the fascist "whos" in literature are middle class persons, because these were the figures the authors were most familiar with. But compared with our table above, the middle class was also heavily represented within the fascist ranks. Thus there must be good reasons to believe that their literary "whos" correspond well to social reality, and that their understanding of fascism was based on intimate knowledge of the relationships they described.

On the other hand, the table tells us that in the final phases of fascism there was a heavy inflow of workers. Yet these "whos" may be rather scarce in literature. We have mentioned briefly one Norwegian novel by Ingvald Svinsaas portraying the workers who opted for fascism in a last, desperate effort to gain employment and to save their families. But one gets the impression that literature has not yet fully explored the "who" and "why" among the working class.

Among the varied "whos" in this volume we find university students, military officers and artists. We find farmers, farmer's sons and clergymen. But very often it is clear that occupation and social background are less important in works of literature than in the social sciences. It is the individual, not the collective, social characteristics which most often have the strongest impact in explaining their attitude towards fascism. Thus literature seems to favour the psychological individual approach more than the social structural one. But this is not always the case, and we shall contrast some of the social explanations offered in literature with the models in the social sciences.

Social class and political perspective

One of the most famous social science propositions about voting for and social recruitment to fascist and Nazi parties, is the middle class-thesis elaborated by the American sociologist Seymour Martin Lipset (*Political Man*, 1959). He argues that economic conditions made the losing, lower middle class susceptible to fascism/Nazism. Squeezed between big capital and big unions, and with the fear of losing out and being deprived of their social status ("declassé"), the lower middle class was forced to give their support to a "Führer" who pretended to be above class interest and appealed to national and traditional interests. Directly or indirectly, this "model" can also be found in fiction.

Another social science proposition is that of the "National Socialist Left", or the "National syndicalist/ corporativist tendency", which explains how the working classes were persuaded to support fascism in Italy or Germany. The idea behind this explanation is that the workers in Italy, and parts of the working class in Germany, did not only passively support Mussolini or Hitler, but saw in their movements an opportunity for workers to gain control over capital and in this way also take part in the dynamics of modernization. This explanation was advanced because social scientists were not satisfied with the explanation that workers only supported fascism/ Nazism out of sheer opportunism or ignorance. In our volume the Hungarian novelist Kassák provides the best example of how people from the working class were motivated to join fascism. Marxist theoreticans were reluctant to admit the great inflow of workers to the Arrow Cross party, and did not give a solid interpretation of it. But Csepely and Wessely clearly tell us that there were understandable, if unfortunate, reasons for workers' acceptance of the fascist option on a large scale in Hungary.

A third example of the many social science models of explanation is Richard F. Hamilton's "upper-class legitimation thesis" (*Who Voted for Hitler?* 1982). In his research on voting for Hitler in Germany he emphasizes the role of the well-to-do upper middle class, living in the outskirts of the cities and commanding the news media. More or less openly they used their channels of influence to support the Nazis and many from this class also voted for them. Perhaps this class did not support the Nazis for their beliefs but out of their own fear of the other alternatives, most notably the socialists and the communists. Thus they made Nazism respectable and at the same time much more dangerous politically. This type of explanation is also found in literature when we look at some of the well to do landowners or rich farmers. They had lost their confidence in parliamentary politics and were in desperate need of better alternatives.

From reading the social science literature on "who" and "why", and from having surveyed many research reports on fascism, we know that fascism was perceived as a multi-ideological and also a multi-class phenomenon. Søren Schou has given us an interesting example of this point when he explains how Erik Aalbæk Jensen's two novels, *The Pearly Gate* and *The Chalk Line*, describe people of very different social classes joining the same Nazi movement. The son of the poor farmer and the son of the rich landowner are both recruited to Nazism in Denmark for very different reasons. But their adventures as Nazi volunteers on the Eastern front, and their judgement of their experiences, turn out to be very similar.

In his novels Jensen has used two different models of explanation: one close to the "National Socialist Left" argument and the other in the tradition of Hamilton's "legitimation thesis". In terms of realism and reasonableness, Jensen's analyses seem to confirm what we know from other countries. These two novels therefore provide evidence for the multi-class explanation of fascism.

In order to visualize the link between class and ideology as related to the support for Nazism I have drawn the following figure.

Social class: Upper + upper middle	D		Conservatives Nationalists A
Middle Lm		Christ. Democrats Farmers Liberals Regionals Republicans B	
Lower	C Communists Socialists		E

Political ideology: Left   Centre   Right

The rationale in the illustration is as follows.

Each social class has its own material class interest and class ideology corresponding to that interest. From a person's social class one can predict her/his ideology. In European inter-war history these ideological options were materialized in support of distinct party alternatives, as indicated in the figure. The general middle class would thus have a "centrist" ideology in supporting Christian Democratic, Farmers, Liberal, Regional or Republican parties. The upper and upper middle classes have a "rightist" ideology supporting Conservative or Nationalist parties; the lower class a "leftist" ideology supporting Socialist or Communist parties. (The upper, middle and lower class divisions roughly correspond to the proportion of the population in these strata during the inter-war period.)

In the inter-war period the fascists broke into these stable relationships and captured political space from other parties. Starting from a rather "narrow" class and ideological basis, fascism quickly broadened its appeal, appearing in the end as a multi-ideological and multi-class phenomenon. Much of its success in Germany and Italy came from obscuring ideology and pretending to be a movement above ideology and politics. The consequences of this successful strategy were that persons ("whos") from many different classes in society (vertical axis) supported the fascist party but with very different motives ("whys"), located differently on the horizontal axis (Left-Centre-Right).

In the above figure I have inserted capital letters representing the best known explanations ("models") mentioned earlier: (A) Hamilton's "legitimation thesis", (B) the Lipset thesis, (C) the socialist/syndicalist thesis. These explanations spell out the logic of why social groups could give up their traditional support and opt for the fascist alternative. They also illustrate the diversity of the fascist appeal, each model being located in a different space.

A particular problem is to explain how the lower middle class (Lm) supported fascism ideologically (Lc). With the Depression and the economic crises in the early 1930s their position deteriorated severely and it adopted authoritarian positions ideologically far to the right of position (B) as indicated in the figure.

Literature, with its imaginative richness may create combinations like (D) in the upper left corner, upper class persons opting for fascism because of its "leftist arguments". Or in the lower right corner (E), lower class people opting for fascism because they preferred "rightist values". Literature may search into little known and poorly understood relationships among former fascists in order to give meaning to such combinations.

But literature also has infinite possibilities to construct universes of many dimensions "outside" this simple two-dimensional scheme, or add a third and a fourth dimension to the table, making the logic of social class and ideological support for fascism much more complex. Thus literature may be a very interesting source of ideas for social scientists to explore models of explanation, and also to visualize, with challenging figures and examples, how an unusual combination of class and ideology would look when placed in a story and a social setting in a novel.

Social networks and contradictions

When mass movements in the recruitment to fascism are studied in the social sciences one seldom finds examples of scholars using private and personal relationships as an important factor in the explanation. That has something to do with the lack of systematic information on networks in the large membership archives, but also with the fact that scholars have not been interested enough in such data.

During interviews with former members of the Norwegian National Unity it was very common to find that networks and family relationship were the most important argument for the decision to join the party. And when tougher times came during the war, the most effective campaigns by the party for new members were directed towards the family, or asking the already recruited persons to try out their close friends or their nearest neighbours.

Close and intimate relationships between people are always the basic structures in literary works. By penetrating into the most sensitive feelings and intimacy between individuals, high quality literature illuminates relationships and gives us a fuller understanding of people's thinking and feeling.

In the literature of fascism at war, and particularly from within the occupied countries, one such motif is often used to create a special dynamic in the story. This is the tension created when two very close brothers, two close friends, lovers or other people with strong ties of intimacy, are split on the issue of joining the fascists, or "crossing over to the enemy". In Ronald Fangen's *An Angel of Light*, this theme has been very well developed and the novel describes how two nephews are split during the war. They both die on the same day: one as a volunteer on the Eastern Front, the other as a resistance fighter imprisoned in a German concentration camp.

In Belgian Flemish literature a similar split is found in Piet van Aken's novel, *Only the Dead Get Away*. In a different and in a more humorous way he portrays two brothers who split for more opportunistic reasons. The one brother goes to Britian for fun and adventure, while the other walks over the border to Germany to obtain better work and "taste a better soup". In Swiss literature Erwin Heimann has developed his novel around similar splits within a family: one of the sons is a generally successful person, one becomes as left-wing socialist, and the brother in law a Nazi and "frontist".

Particularly dramatic is the split described in the Yugoslav novel *Divisons*, by Dobrica Ćosić. The many divisions in the Serbian population within the

Morava valley produced so much hatred that a father even kills his son because he chooses not to join the fascist Chetniks, but opts for the communist partisans.

This important motif of people in close relationships being torn apart and going in opposite directions can perhaps conveniently be termed the "extreme contradiction". But very often strong antagonisms created by people splitting from each other did not come from the most extreme ideological choices. Often we can find that the contradictions between people were as harsh when one person in a social network just "tipped over the barrier" and left for "the enemy". This "simple contradiction" was a common phenomenon during the war. In Norwegian vocabulary a person who flirted with the fascists/Nazis in Norway, or just uttered some "mild opinion" about them during and after the war, was nicknamed "striped" and his social standing was suddenly reduced to nothing. Similarly, there were large reservoirs of ill feelings among passive members of the National Unity party, when someone from the close circle left the party and tried to stay neutral. All sorts of misunderstandings, imagined rumours and contradictions flourished freely at times when it was felt that informers were around every corner. Thus the "fascist period" was an intense atmosphere of virulent hatred, suspicion and it created complicated strains in relationships. It is to this jungle of feelings and close relationships that literature really brings a profound and complex understanding which the social sciences have much to learn from. There are good reasons to believe that each can learn from the other because social science can contribute much to literature by exploring the magnitude and the proportions of such split relationships in large interview projects among former fascists.

In order to work out in a systematic way how these relationships contrast with each other I have drawn the following, simple figure. It may lead us on to wonder about what kinds of contradictions in social networks are most often found in literature and what has yet to be imagined.

| | Pro Nazi Neutral | anti Nazi |
	strong <---- weak	weak ----> strong
Outside own borders	a b	c d
Within the country	e f	g h

During the war most people found themselves in the centre of the diagram (between the two "weak" positions). In the major fascist regimes the sheer size of the fascist parties (in Germany over eight million members) brought a large proportion of the population on to the "wrong side", and many more were "weak supporters". But in the occupied countries the overall majority of the population were neither active in the resistance, nor within the fascist cadres, and would be located on the "right side", as a "neutral" or "weak" part of the anti-fascist resistance "within the country".

For literature, the "extreme contradictions" might be the most challenging motif to explore. In *An Angel of Light*, Ronald Fangen has chosen as the theme of his novel just the most extreme contradiction: between a and h. And Dobrica Ćosić, in *Divisons*, the extreme e and h.

By using literature we might find many other possible contrast-pairs. Naturally, the main dividing line goes between the pro and anti-Nazi types. But there are other contradictions besides the pro/anti-Nazi division, or within either the pro or the anti-Nazi camps. Harsh contradictions were felt among the "weak" Nazis and the "strong" protagonists (f and e), and among the ardent resisters and those who stayed safe and neutral (h and g). Well known are the splits between the exiled governments in London and the Home fronts in Poland, France and Norway (d and h).

Literature on World War II and fascism is a large reservoir of studies and stories of intimate and dramatic contradictions within groups and in individuals' lives. Social science has paid little attention to that literature and much remains to be discovered and learned from reading literature mimetically, i.e. as a transcription of "historical reality".

The theoretical map of fascism

Most of the literary works discussed in this volume have dealt with three different sets of explanations for why people supported, voted for, or in other ways were identified with fascism/Nazism. We can briefly assign these three types as: determinist, voluntarist and fortuitous.

There are two types of determinist explanations: psychological-individual determinism, and social-structural determinism. By psychological determinism we think of individual traits partly inherited or partly shaped through individual adaptation to the immediate milieu in early childhood. By structural determinism we think of general characteristics of the individual's environment, both social and physical.

Many of the explanations discussed in this volume belong to the psychological-determinist type of explanation. By using different forms of retrospective techniques, many authors have tried to uncover how personality traits explain people's conversion to fascism. A typical example is the description of how a person with some psychological "weakness" compensates for this by enroling in the fascist ranks. Dressed in a fascist uniform, or appointed as leader of a fascist cell, the person changes character and demonstrates unexpected "strength" and discipline.

The more social science-oriented type of determinism will look for the individual's "objective" characteristics, when explaining why he/she became a fascist. Economic environment, local traditions, socio-economic characteristics of the individual person, such as occupation, income, education, age etc., and similar characteristics for his family and friends will be used to explain why he/she opted for fascism/Nazism. Many "left-wing" authors have used this kind of explanation when describing how individuals became "victims" of propaganda and charismatic leadership.

Voluntarist explanations are those which involve some kind of rational decision by the person. In contrast to determinist explanations there will be a "situation" where the individual has at least two options. He/she will be in an existential, unforeseen situation, and the course chosen will determine his/her future development. But one cannot assume in advance which choice will be made from knowledge of her/his psychological or structural "predispositions". It is only when directly analysing the "choice in the situation" that one can explain her/his rationality.

The third type of explanation is what a social scientist calls "the residual", i.e. it is inexplicable, and it just happened by chance. Becoming a fascist is the result of an unpredictable impulse, in an unforeseen situation and the individual was not given any conscious choice and could not have acted differently. There was no rationality involved, there were no options available, and anybody could have acted similarly.

One novel which incorporates all three types of explanation in a very interesting way is Kåre Holt's *The Great Crossroads*. In an artistic way Holt has created a three-options situation where his "who" walks out of the house in three different directions, only one of them leading to Nazism. But the author has not told us whether the option was "predetermined", or if there really was a choice or whether it all happened by chance. The plot is created in such a way that all three options are almost equally plausible. And Holt succeeds in sustaining our interest in the person.

In the table below I have sketched the three types of explanation:

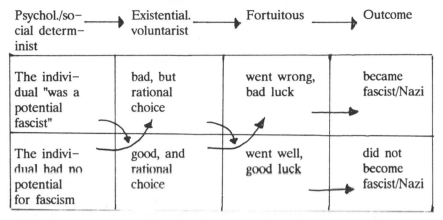

Psychol./so-cial determ-inist	Existential. voluntarist	Fortuitous	Outcome
The indivi-dual "was a potential fascist"	bad, but rational choice	went wrong, bad luck	became fascist/Nazi
The indivi-dual had no potential for fascism	good, and rational choice	went well, good luck	did not become fascist/Nazi

With this table we can place and identify the individual "who" in terms of the kind of explanation the authors have used in their literary work. What I think we have learned from the analysis of literature is that a good author in some way or other, and more or less explicitly, uses the complete chain of all three types of explanation to fully develop his fictitious fascist figure. He will touch on questions of psychological or social determinism, perhaps drop them, then go on to the existential situation, and finally leave it open whether the person was ultimately a victim of chance.

By using arrows I have tried to suggest that there is neither any single nor any certain path leading to one's becoming a fascist/Nazi. Even an individual with no structural potential may become one in an existential situation. He may choose the "wrong option" and also not be saved by "good luck". And an individual with fascist, structural potential, may be "saved in the situation" and make the "right choice". And finally he may have good luck, not "falling back into fascism" by chance. But there may also be many "whos" which could be explained by the direct horizontal line of causes. They were "predetermined", the choices were rational, chance did not eliminate them and they became fascists. In many ways this will be the most favoured social science explanation, but perhaps also the solution found least often in literature?

If I were to sum up these ideas, illustrated by the table, and with reference to literature, I can only say that studying these literary analyses has shown me how literature presents a particular challenge to social science. In many studies we find that the student picks data about the individual's socio-economic characteristics and computes correlations which may or may not give some sort of support to a proposition of causal connection between structural background and propensity for fascism. Usually there will be quite a large residue of "unexplained variation" when using only socio-economic characteristics to construct the explanation. What does a social scientist do then?

Basically he/she will collect another sample of individuals to examine, or go on and compute correlations between fascism and other "background data". These results may bring a somewhat better correlation value, but no study I have seen has produced anything close to a 100 per cent correlation.

Can we then say that the social scientist is wrong altogether, and that background data have very little value in the explanation of individual behaviour? Or should we rather conclude that the social scientist should learn from reading literature that social structures must be evaluated in the existential situation, where different forms of rational thinking are at work, and also to figure out what kind of possibilities for unforeseen, unexplained chance could occur. And with this three step procedure try to reach a fuller understanding and explanation of "why" individuals became "who" in the fascist sense.

Literature, literary critics and the social sciences

In the light of the many warnings in this book, I feel that I must once again state that I understand the problems involved in trying to analyse literature by just extracting types and motives from the entity of a novel or other works of art. But, as a part of scientific activity, and in general, one can not really do any harm to a high quality novel by analysing it in various ways, or even read it with a "wrong perspective". A novel is not destroyed when read by a mean person. It is printed in numerous copies and will change in appreciation by different people and at different times. What is important to my mind is that literature is read, studied and analysed from a multitude of perspectives and with different interests. The author may also feel he achieves a special kind of success when he is read and disputed – not only by "friendly readers", but by "mean readers", "square readers" – and also by being "dissected" by all types of analyses from different positions and angles.

One important angle, which is the essence of this book, is the comparative one. Europe is a world of many languages and many literatures. Only part of this variety will be available even to a polyglot reader, a larger part to those who command several languages, but most people will be limited to the literature of their own country. Thus analyses, when published in one or two of the internationally better known languages, may open up a wider knowledge of literature in general. The general interest in literature outside one's own country can therefore be extended.

But this kind of interest should also be given a particular focus. Interest "in literature" is fair enough, but it is also very important to search for patterns, trends and – as in this volume – try to find out how national experiences with one historical phenomenon have produced a particular interpretation within each country's literature. When comparing literature we must have a focus, such as that provided by our "who and why" question.

We have not "solved" the problem of explaining fully the direct links between society and the "who and why" in literature with our multi-faceted approach in this volume. The book opens up suggestions as to how one can continue to look for research strategies in discovering links between different representations of fascism and to establish more fruitful categories of analysis. To solve a problem does not always mean to give the right answer. It is rather to dissect the problem into its components and to expose uncertainties. As part of this endeavour literature may provoke us to solve problems and to give better explanations of social phenomena.

ZUSAMMENFASSUNG

Das vorliegende Projekt hatte sich zum Ziel gesetzt, die literarischen Darstellungen des Faschismus in einzelnen europäischen Literaturen aus verschiedenen Blickwinkeln und von unterschiedlichen methodischen Ansatzpunkten her zu beleuchten und der Frage nachzugehen, wie die Literatur das Problem behandelt, wer Faschist wurde und aus welchen Gründen dies geschah. Die differenzierte Fähigkeit der Literatur, eine große Anzahl ungleicher Typen und deren vielfältige Motive für die jeweilige Handlungsweise darzustellen, hat das Potential erkennbar werden lassen, das für eine gesellschaftswissenschaftliche Analyse zur Verfügung steht. Die Berücksichtigung der Literatur der relevanten europäischen Länder kann die Gesellschaftswissenschaftler zu neuen und tiefergreifenden Analysen anregen bei ihren Versuchen, Einsicht zu gewinnen in die Voraussetzungen und die Entwicklung des europäischen Faschismus.

Die literarischen Manifestationen repräsentieren in mancher Weise ein Verständnis des Faschismus-Begriffs, das sich von den theoretischen Definitionen der Gesellschaftswissenschaften unterscheidet, wie denn auch bei den literarischen Beschreibungen von Faschisten oft das Gewicht auf andere Faktoren gelegt wird als es bei den Gesellschaftswissenschaftlern der Fall ist. Selbst wenn sich Gesellschaftsforschung und Literaturanalyse nicht ohne weiteres miteinander verbinden lassen, so können sich die Disziplinen gegenseitig auf vielfältige Weise inspirieren und zu neuen Gedankenexperimenten anregen. Aufgrund des vorliegenden Materials zeichnen sich einzelne Gebiete als besonders fruchtbar für Hypothesenbildungen ab. Anhand von Tabellen und Figuren sollten Lösungen oder Problemstellungen illustriert werden.

Es war die Absicht dieses Projektes, auf divergierende Sehweisen aufmerksam zu machen und unterschiedliche Interpretationsmöglichkeiten anzudeuten. Die Problemstellung selbst wurde in verschiedene Fragenkomplexe aufgefächert, um die kontroversiellen Punkte besser sichtbar zu machen. Weiter wurde unterstrichen, daß nur ein komparativer Zugriff eine umfassende Einsicht in die schwierigen Probleme von Verbreitung und Auswirkungen des Faschismus ermöglichen kann. Eine vergleichende Studie, welche die literarische Behandlung des Faschismus in den verschiedenen Ländern untersucht, vermag deutlicher die Verbindungslinien zwischen Geschichte und Literatur aufzuzeigen, als dies anhand des Studiums der Literatur eines einzelnen Landes möglich ist. Analysen dieser Art bedürfen eines Fokus, da man nicht alles zugleich vergleichen kann, doch gibt selbst eine so eng begrenzte Problemstellung wie die "Who and Why"-Frage Möglichkeiten für vielfältige Behandlungsweisen. Es sollte nicht an Inspiration fehlen, die Zusammenarbeit zwischen Sozialwissenschaftlern und Literaturwissenschaftlern zu aktivieren, um bessere Einsicht in wichtige Fragen der Geschichte zu gewinnen. Die Geschichte wiederholt sich zwar nicht auf identische Weise, doch kann aus ihrer Fülle und der Vielfalt ihrer literarischen Darstellungen gelernt werden.

CONTRIBUTORS

FRANCISCO CAUDET, born 1942, Dr. phil., Professor at the University of Madrid. Author of *Hora de España*. Antología (Madrid 1975), *Romance, una revista del exilio* (Madrid 1976), *El hombre y el trabajo* (Madrid 1978), *Cultura y exilio: La revista España peregrina* (Valencia 1976). Presently working on poetry in the Spanish Civil War and literature in Mexican exile.

GYÖRGY CSEPELI, born 1946, PhD in Sociology, Professor of Social Psychology at the Eötvös Loránd University, Budapest. Author of *Structures and Contents of Hungarian National Identity* (Frankfurt/New York 1989), *And it goes on even without the Jew. The Social Psychology of Antisemitism*. (Budapest 1990). Currently working on empirical cross-national investigations into the formation and operation of national consciousness.

THEO ELM, born 1944, Dr.phil 1972 in German and English Studies, Dr.habil 1980, Professor in German Literature at the University of Erlangen–Nürnberg. Publications: *Die moderne Parabel. Parabel und Parabolik in Theorie und Geschichte.* (München 1982), "Siegfried Lenz. Zeitgeschichte als moralisches Lehrstück" (Stuttgart 1977), "Aufklärung als Widerstand. Oskar Loerkes Gedicht 'Das Auge des Todes' (1934)" (Heidelberg 1986). Has specialized on literature after 1945, preparing a book on the German post-war novel.

DRUDE DAAE VON DER FEHR, born 1945, studied at the University of Oslo. Dr. philos. 1988 in Comparative Literature with a study of Elsa Morante's *La Storia*. Research Fellow of NAVF Oslo on a project "Towards a Feminist Reader–Response Theory".

CAROLA HENN, born 1957, studied German and Dutch Literature at the University of Liège. Assistant at the Ecole d'Interprètes Internationaux at the University of Mons. Publications: "Historische werkelijkheid en literaire waarheid; Henriëtte Roland Holst en de biografie" (1982), "Oorlog en collaboratie: variaties op een thema in de romanliteratuur van Nederland en Vlaanderen" (1987), "De Tweede Wereldoorlog in de literatuur van Vlaanderen en Wallonië, een Belgische aangelegenheid?" (1989). Working on the impact of the Second World War on the novel after 1945 and on problems of translation.

UWE K. KETELSEN, born 1938, studied German and History, Professor of German Literature at the Ruhr–Universität, Bochum. Author of *Völkisch–nationale und nationalsozialistische Literatur in Deutschland* (Stuttgart 1976), "Geschichte der politischen Lyrik in Deutschland"

(Stuttgart 1978), "Das völkisch-heroische Drama" (Düsseldorf 1980), "Drittes Reich und unser klassisches Erbe" (Bonn 1983), "Literaturgeschichten als Instrumente literarischer Kanonbildung im Dritten Reich" (Tübingen 1986). Presently working on the literature of the Enlightenment and the conservative literary tradition in Germany.

LONE KLEM, born 1935, M.A. in Comparative Literature, Dr. phil. in Italian Literature in 1977. Professor of Italian Literature at the University of Oslo. Published *Pirandello og dramaets krise* (Odense 1977), *Eksistens og form* (Oslo/København 1982) and several articles on Pirandello and modern theatre. Presently working on an analysis of the transformations of the Italian classical comedy from Plautus to Dario Fo.

STEIN UGELVIK LARSEN, born 1938, studied Political Science, History and Economics. M.A. Oslo. Assistant Professor at the Institute of Comparative Politics, University of Bergen. Co-editor of *Nazismen og norsk litteratur* (Bergen 1975), *Kirken, Krisen og Krigen* (Bergen 1980), *Who were the Fascists? Social Roots of European Fascism* (Bergen 1980). Several articles, e.g. "Conservatives and Fascists in the Nordic Countries: Norway, Sweden, Denmark and Finland 1918–1945", London 1990. Present research interests: editing a comparative volume *Modern Europe after Fascism 1943–1980s*; writing a volume on the social recruitment of the "Nasjonal Samling" in Norway 1933–1945.

LEIF LONGUM, born 1927, M.A. Univ. of Pennsylvania, Mag.art. Oslo, Ass. Professor in the Norwegian Department at the University of Bergen. Publications: *Et speil for oss selv. Menneskesyn og virkelighetsoppfatning i norsk etterkrigsprosa* (Oslo 1968), "Tidløshet og samtidshistorie" (Oslo 1975), *Drømmen om det frie menneske. Norsk kulturradikalisme og mellomkrigstidens radikale trekløver Hoel-Krog-Øverland* (Oslo 1986). Working on "Cultural Radicalism" in a Scandinavian perspective and the history of Scandinavian Studies in Norway.

EBERHARD MANNACK, born 1928, studied German, Philosophy and History, Professor in the German Department at the University of Kiel. Publications: *Zwei deutsche Literaturen?* (Kronberg 1977), articles on Grass, Fühmann, Strittmatter and comparative studies on the literature of West and East Germany. Editions and publications on Baroque Literature and Goethe and his times. Working on new projects within these fields.

MARYSE BERTRAND DE MUÑOZ, M.A. 1959 in Spanish Literature, Montreal, D.U.P. 1962 Paris (Comparative Literature), Professor in the Department of "Etudes anciennes et modernes" at the University of Montreal. Main publications: *La guerre civile espagnole et la littérature française* (Paris 1972), *La guerra civil española en la novela. Bibliografía comentada*, 2 vols. (Madrid 1982), *La guerra civil española en la novela. Los años de la democracia* (Madrid 1986). Further works on the novel of the Spanish Civil War in preparation.

ANTÓNIO COSTA PINTO, born 1953, B.A. (1979) and Lic. (1981) in History, PAPC, ISCTE Lisbon 1986. Lecturer in the Department of Sociology at the University of Lisbon. Main publications: Co-editor of *A Acção Escolar Vanguarda (1933-36)* (Lisbon 1980). Articles: "The Radical Right and the Military Dictatorship in Portugal: the 28 May League (1928-33)" (1986), "Fascist Ideology Revisited: Zeev Sternhell and His Critics", (1986), "The Radical Right in Contemporary Portugal" (London 1991).

BEATRICE SANDBERG, born 1942, studied German and English, Dr.phil. Zürich 1968, Professor in German Literature at the University of Bergen. Publications and articles on Swiss and Austrian Literature (C.F. Meyer, G. Leutenegger, P. Handke), several contributions on "Kafka-Rezeption", "Der deutsche Roman von 1910-1930", Düsseldorf 1983. Presently working on Kafka's novels and German exile-literature.

HANS-JOACHIM SANDBERG, born 1930, studied European Literature, Dr.philos. Oslo 1966, Professor in German Literature at the University of Bergen. Publications: *Thomas Manns Schiller-Studien. Eine quellenkritische Untersuchung* (Oslo 1965). Articles on Thomas Mann and Georg Brandes, Mann and Kierkegaard, Mann and Hamsun, Swiss Literature (E.Y.Meyer) and literary relations between Scandinavia and Germany. Present research interest: Turn of the century literature.

SVEN OTTO SCHEEN, born 1963, cand. philol. in Italian Literature 1989, Research Fellow in the Italian Department at the University of Oslo. Wrote his thesis on Pasolini and Adorno's critical theory. Presently working on political and social commitment in Italian post-war literature, especially Pasolini and Italo Calvino.

SØREN SCHOU, born 1943, M.A. in Comparative Literature, Copenhagen, Assistant Professor at the University of Roskilde. Main publications: *Heinrich Böll* (Copenhagen 1972), *De danske Østfront-frivillige* (Copenhagen 1981), *Hagekorset i Norden. An Anthology of Nordic National Socialist Literature* (Copenhagen 1983) etc. Present research: A study of the process of cultural Americanization in post-war Denmark.

RONALD C. SPEIRS, born 1943, M.A. Aberdeen, Ph.D. Stirling, Reader in German at the University of Birmingham. Publications: *Brecht's Early Plays* (London 1982), *Bertolt Brecht* (London 1987), *Thomas Mann: Mario*

449

und der Zauberer (London 1990). Articles on Brecht, Rilke, Fontane, Mann and Kafka. Work in progress: Studies of Kafka's novels and his imagery. Translation of Max Weber's *Political Writings*.

ZELJKA SVRLJUGA, born 1952, cand.philol. 1986 at Bergen University, Associate Professor of American Literature in the Department of English, University of Bergen. Worked as literary critic and has written a series of articles on the theory of genre, feminist literary theories and in the field of psychoanalysis and literature. Currently working on a project about the rhetorical structure of narrative as related to the thematics of mental aberrations.

KLAUS VONDUNG, born 1941, German Studies, History and Political Sciences, Professor in German Literature at the University of Siegen. Main Publications: *Magie und Manipulation. Ideologischer Kult und politische Religion des Nationalsozialismus* (Göttingen 1971), *Völkisch-nationale und nationalsozialistische Literaturtheorie* (München 1973), *Die Apokalypse in Deutschland*, (München 1988). Editor of *Das wilhelminische Bildungsbür-gertum. Zur Sozialgeschichte seiner Ideen* (Göttingen 1976), *Kriegserlebnis* (Göttingen 1980). Presently working on the hermeneutic traditions in German literature and "Geistesgeschichte" of the 18th century.

TOMMY WATZ, born 1958, studied Italian Literature at the University of Oslo where he is a part-time lecturer. Has translated several Italian authors into Norwegian, including Moravia and Primo Levi. Presently working on a study of the works of Alberto Moravia.

ANNA WESSELY, born 1951, M.A. in Art History and English Literature, Ph.D. in Sociology. Assistant Professor at the Sociological Institute at the Eötvös Loránd University, Budapest. Publications related to the present contribution: "The Elimination of Fascism in Hungary" (1985), "The Status of Authors in Nineteenth Century Hungary: The Influence of the French Model" (1989). Papers on Frederick Antal, Georg Lukács, Georg Simmel, Norbert Elias and others.

MICHAEL WINKLER, born 1937, Ph.D. University of Colorado, Professor of German at Rice University, Houston. Author of *Deutsche Literatur im Exil 1933-1945. Texte und Dokumente* (Stuttgart 1977), "Die Großstadt als Thema der deutschsprachigen Exilliteratur" (1985). Editor of: *Deutsch-sprachige Exilliteratur. Studien zu ihrer Bestimmung im Kontext der Epoche 1930-1960* (Bonn 1984), *Exilliteratur 1933-1945* (Darmstadt 1988). Currently working on problems of continuity/discontinuity in 20th century German literature.

INDEX OF AUTHORS, CRITICS AND HISTORICAL PERSONS